中國古代史學叢書

史記會注考證

[漢]司馬遷 撰　[日]瀧川資言 考證

楊海崢 整理

修訂本

捌

史記會注考證卷一百十七

司馬相如列傳第五十七

史記一百十七

【索隱】司馬相如、汲鄭列傳不宜在西夷之下。【考證】史公自序云：「子虛之事，大人賦說，靡麗多誇，然其指風諫，歸於無爲。作司馬相如列傳第五十七。」愚按：長卿以中郎將略定西夷，邛、筰、冉、駹、斯榆之君，皆請爲內臣，其功尤多，所以次本傳於西南夷之下，索隱未達。劉知幾曰：司馬相如爲自敘傳，具在其集中。子長因録斯篇。梁玉繩曰：史公不說相如自敘，且傳中譏游獵賦侈靡非理義。而天子求書奏封禪，在相如没後，安在其爲自敘？或史公取相如作而增改之。

司馬相如者，蜀郡成都人也，字長卿。少時好讀書，學擊劍。〔一〕故其親名之曰犬子。〔二〕相如既學，〔三〕慕藺相如之爲人，更名相如。以貲爲郎，事孝景帝，爲武騎常侍，非其好也。〔四〕會景帝不好辭賦，是時梁孝王來朝，從游說之士齊人鄒陽、淮陰枚乘、吳莊忌夫子之徒，相如見而說之，因病免，客游梁。〔五〕梁孝王令與諸生同舍，相如得與諸生游士居數歲，乃著子虛之賦。

〔一〕【索隱】呂氏春秋劍伎云「持短入長，倏忽縱横之術也」。魏文典論云「余好擊劍，善以短乘長」是也。【考證】沈欽韓曰：學刺擊之術也。

〔二〕【索隱】孟康云：「愛而字之也。」【考證】中井積德曰：犬子，名也，非字，故曰「名之」也。取其捷便也，因擊劍之便利而名耳。愚按：劍犬，音相近。

〔三〕【索隱】案：秦宓云「文翁遣相如受七經」。【考證】梁玉繩曰：蜀志秦宓云「文翁遣相如東受七經，還教吏民」。宓此語，與漢地理志所謂「文翁倡其教，相如爲之師」者政合。史公但采詞賦，而遺其明經化俗之大端，何也？史通載文篇譏史漢載上林、甘泉等賦無裨勸奬，有長奸詐。

〔四〕【索隱】張揖曰：「武騎常侍，秩六百石，常侍從格猛獸。」【正義】藺相如，六國時人，義而有勇也。以貲爲郎，以貲財多，得拜爲郎。【考證】以貲爲郎，正義是。非納貲得官也，解在張釋之傳。沈欽韓曰：武騎常侍，其官與李廣、李蔡同，亦郎中被選者耳。云六百石，謬。王先謙曰：據史李廣傳，當是「八百石」。

〔五〕【集解】徐廣曰：「名忌，字夫子。」【索隱】徐廣、郭璞皆云名忌，字夫子。案：鄒陽傳云枚先生、嚴夫子，此則夫子是美稱，時人以爲號。漢書作「嚴忌」者，案忌本姓莊，避明帝諱，改姓嚴也。【考證】中井積德曰：「嚴之爲「莊」，是後人之改寫，非改姓。

會梁孝王卒，相如歸，而家貧無以自業。素與臨邛令王吉相善，吉曰：「長卿久宦遊不遂，而來過我。」〔一〕於是相如往，舍都亭。臨邛令繆爲恭敬，日往朝相如。相如初尚見之，後稱病，使從者謝吉，吉愈益謹肅。〔二〕臨邛中多富人，而卓王孫家僮八百人，程鄭亦數百人，〔三〕二人乃相謂曰：「令有貴客，爲具召之。」并召令。令既至，卓氏客以百數。至日中謁司馬長卿，〔四〕長卿謝病不能往，臨邛令不敢嘗食，自往迎相如。相如不得已，彊往，一坐盡傾。〔五〕酒酣，臨邛令前奏琴曰：「竊聞長卿好之，願以自娛。」相如辭謝，爲鼓一再行。〔六〕是時卓王孫有女文君，新寡，好音，故相如繆與令相重，而以琴心挑之。〔七〕相如之臨邛，從車騎，雍容閒雅甚都；〔八〕及飲卓氏弄琴，文君竊從户窺之，心悅而好之，恐不得當也。既罷，相如乃使人重賜文君侍者通殷勤。文君夜亡奔相如，〔九〕相如乃與馳歸成都。家居徒四壁立。〔一〇〕卓王孫大怒曰：「女至不材，我不忍殺，不分一錢也。」人或謂王孫，王孫終不聽。文君久之不樂，曰：「長卿第俱如臨邛，從昆弟假貸，猶足爲生，何至自苦如此！」〔一一〕相如與俱之臨邛，盡賣其車騎，買一酒舍酤酒，而令文君當鑪。〔一二〕相如身自著犢鼻褌，與保庸雜作，滌器於市中。〔一三〕卓王孫聞而恥之，爲杜門不出。昆弟諸公更謂王孫曰：「有一男兩女，所不足者非財也。今文君已失身於司馬長卿，長卿故倦游，雖貧，其人材足依也，且又令客，獨柰何相辱如此！」〔一四〕卓王孫不得已，分予文君僮百人，錢百萬，及其嫁時衣被財物。文君乃與相如歸成都，買田宅，爲富人。

〔一〕**【考證】**漢書「而」下有「困」字。

〔二〕**【索隱】**案：都亭，臨邛郭下之亭也。**【正義】**臨邛縣郭下之亭也。**【考證】**繆，詐也。徐孚遠曰：臨邛多富人，故其令繆爲恭敬，以示相如之重。

〔三〕**【正義】**貨殖傳卓氏之先趙人，秦時被遷，卓氏獨夫妻推輦而行，曰「吾聞汶山之下有蹲鴟」，乃求遷，致之臨邛。程鄭，山東遷虜。

〔四〕【考證】謁，請也，漢書作「請」。

〔五〕【考證】傾首望其風采也。

〔六〕【索隱】案：樂府長歌行、短歌行，行者曲也。此言「鼓一再行」，謂一兩曲。【正義】行者，鼓琴瑟曲也。【考證】周壽昌曰：不敢云娛客，故以自娛爲言。

〔七〕【集解】郭璞曰：「以琴中音挑動之。」【索隱】張揖云：「挑，嬈也。以琴中嬈之。」挑，音徒了反。嬈，音奴了反。其詩曰「鳳兮鳳兮歸故鄉，遊遨四海求其皇，有一艷女在此堂，室邇人遐毒我腸，何由交接爲鴛鴦」也。又曰「鳳兮鳳兮從皇栖，得託子尾永爲妃。交情通體必和諧，中夜相從別有誰」。【考證】中井積德曰：繆與令相重，謂琴歌寓悅慕之意。陽若指令者，而陰挑文君也。其歌今不傳，索隱所引是後人之僞作。張文虎曰：索隱單本、蔡本、中統、游本皆無「又曰」以下三十三字。

〔八〕【集解】韋昭曰：「閒，讀曰『閑』，甚得都邑之容也。」郭璞曰：「都，猶姣也。詩曰『恂美且都』。」【考證】中井積德曰：借「都鄙」之「都」，作容儀之美稱。

〔九〕【索隱】郭璞云：「婚不以禮爲亡也。」【考證】沈家本曰：按禮記「奔則爲妾」，弟謂六禮不備者耳，與文君之私奔不同，不當引此爲訓。又按集解、索隱屢引郭璞，璞嘗注相如傳序及游獵詩賦，見漢書敘例。

〔一〇〕【集解】郭璞曰：「言貧窮也。」【索隱】案：孔文祥云「徒，空也。家空無資儲，但有四壁而已，云就此中以安立也」。【考證】張文虎曰：舊刻及王、柯、凌本並脱「成都」二字。王念孫曰：家即居也。文選注引此作「居徒四壁立」。張文虎曰：御覽百八十七引作「家徒四壁立」，與漢書合。疑本有異文，後人誤併。中井積德曰：徒，猶唯也，言家中無物，唯有四壁植立而已。

〔一一〕【索隱】弟如臨邛，文穎云：「弟，且也。」郭璞云：「弟，語辭。如，往也。」【正義】第，但也。俱，共也。【考證】索隱本無「俱」字，正義本有。

〔二〕【集解】韋昭曰：「鑪，酒肆也。以土爲墮，邊高似鑪。」【正義】顔云賣酒之處，累土爲鑪，以居酒瓮，四邊微起，其一面高，形如鍛鑪，故名曰鑪耳。而俗之學者皆謂當鑪爲對温酒火鑪，失其義也。【考證】漢書「鑪」作「盧」。李慈銘曰：鑪，晉書作「壚」。周禮艸人「埴壚用豕」，注云「埴壚，黏疏者」。埴壚，謂黏合疏土，正所謂以土爲墮，及累土爲盧也。壚，正字；盧，假借字；鑪，通用字矣。愚按：漢書顔注「微起」作「隆記」。

〔三〕【集解】韋昭曰：「犢鼻褌，今三尺布，作形如犢鼻。稱此者，言其無恥也。今銅印言犢紐，此其類矣。」方言曰：「保庸，謂之甬，奴婢賤稱也。」韋昭曰：「器，瓦器也。每食必滌溉者。」【考證】中井積德曰：保亦庸類，若奴而非真奴也。蓋須人之保任而使用，故曰「保」也。

〔四〕【集解】郭璞曰：「諸公，父行也。倦游，厭游宦也。」【正義】諸公，謂臨邛之長者也。非財，言非是錢財。倦，疲也。

居久之，蜀人楊得意爲狗監，侍上。〔一〕上讀子虛賦而善之，曰：「朕獨不得與此人同時哉！」得意曰：「臣邑人司馬相如自言爲此賦。」上驚，乃召問相如。相如曰：「有是。然此乃諸侯之事，未足觀也。請爲天子游獵賦，賦成奏之。」上許，令尚書給筆札。〔二〕相如以「子虛」，虛言也，爲楚稱；〔三〕「烏有先生」者，烏有此事也，爲齊難；〔四〕「無是公」者，無是人也，明天子之義。〔五〕故空藉此三人爲辭，以推天子諸侯之苑囿。〔六〕其卒章歸之於節儉，因以風諫。奏之天子，天子大說。其辭曰：

〔一〕【集解】郭璞曰：「狗監，主獵犬也。」

〔二〕【正義】説文：「札，牒也。」按：木簡之薄小者也。此時未用紙也。【考證】柯維騏曰：相如游梁時著子虛賦，爲武帝所善。此著天子遊獵賦，復借子虛三人之詞，以明天子之義，故亦名子虛賦。賦中敘上林，故又名上林賦，其實一也。文選截爲二篇，以前敘齊楚者爲子虛賦，自「亡是公听然而笑」以下敘上林者爲上林賦，失其旨矣。王若虛滹南文集辨疑、顧炎武日知録、閻若璩潛邱劄記亦各有異説。愚按：子虛、上林，原是一時作，合則一，分則二。而(齊)〔楚〕使子虛使於齊，獨不聞天子之上林乎？賦名之所由設也。相如使鄉人奏其上篇，以求召見耳，正是才子狡獪手段。柯氏疑是篇之外別有上林賦，亦爲相如所欺也。又按王懋野客叢書云：「相如此賦決非一日所能辨者，其運思緝工，亦已久矣，及是召見，因以發揮。不然，何以不俟上命，遽曰請爲天子游獵之賦。是知此賦已平時製下，而非一旦倉卒所能爲者。」西京雜記謂相如爲上林、子虛賦，幾百日而後就，此言似可信，王説尤理。

〔三〕【集解】郭璞曰：「稱説楚之美。」

〔四〕【集解】徐廣曰：「烏，一作惡。」郭璞曰：「詰難楚事也。」

〔五〕【集解】郭璞曰：「以爲折中之談也。」

〔六〕【索隱】借，音假借，與積同音。

楚使子虛使於齊，齊王悉發境内之士，備車騎之衆，與使者出田。田罷，子虛過詫烏有先生，而無是公在焉。〔一〕坐定，烏有先生問曰：「今日田，樂乎？」子虛曰：「樂。」「獲多乎？」曰：「少。」「然則何樂？」曰：「僕樂齊王之欲夸僕以車騎之衆，而僕對以雲夢之事也。」〔二〕曰：「可得聞乎？」

〔一〕【集解】郭璞曰：「詫，誇也。音託夏反。」【索隱】過詫，上音戈，下音勑亞反。誇詫是也。【考證】文選「在」作「存」。愚按：而無是公在焉，豫爲上林作地。楊得意奏子虛時，或無此六字也。

〔二〕【正義】夢在江南華容。雲在江北安陸。而名雲夢，已解在夏本紀。

子虛曰：「可。王駕車千乘，選徒萬騎，田於海濱。列卒滿澤，罘罔彌山，〔一〕掩兔轔鹿，射麋脚麟。〔二〕鶩於鹽浦，割鮮染輪。〔三〕射中獲多，矜而自功。〔四〕顧謂僕曰：『楚亦有平原廣澤，游獵之地，饒樂若此者乎？楚王之獵，何與寡人？』〔五〕僕下車對曰：『臣楚國之鄙人也，幸得宿衞十有餘年，時從出游，游於後園，覽於有無，然猶未能徧覩也，又惡足以言其外澤者乎！』〔六〕齊王曰：『雖然，略以子之所聞見而言之。』〔七〕

〔一〕【集解】郭璞曰：「罘，罝也。音浮。」【正義】說文云「罘，兔罟也」。今幡車罟也。彌，竟也。

〔二〕【集解】徐廣曰：「轔，音吝。」駰案：郭璞曰「脚，掎足。轔，車轢」。【索隱】脚麟，韋昭云「謂持其一脚也」。司馬彪曰「脚，掎也」。說文云「掎，偏引一脚也」。【考證】孔文祥曰：兔小，但以罝羅掩之。漢書「脚」作「格」。顏注「格」字或作「脚」，言持引其脚也。

〔三〕【集解】郭璞曰：「鹽浦，海邊地，多鹽鹵。鮮，生肉也。染，擩也。音而沿反，又音而悅反。擩之於輪，鹽而食之。鶩，馳也。音務。」【索隱】李奇云：「鮮，生肉也。染，濡也。切生肉，濡鹽而食之。」染或爲「淬」，與下文「脟割輪染」意同也。【考證】中井積德曰：染輪，謂血灑兩輪。愚按：濱、山、麟、輪，韻。

〔四〕【考證】沈家本曰：按此句，與上文『獲多乎？』曰『少』不免矛盾。

〔五〕【集解】郭璞曰：「與，猶如也。」【考證】漢書、文選「何」作「孰」。文選「人」下有「乎」字。

〔六〕【考證】李善曰：覽於有無，謂或有所見，或復無也。漢書、文選無「者」字。

〔七〕【考證】漢書無「而」字。

僕對曰：『唯唯。臣聞楚有七澤，嘗見其一，未覩其餘也。〔一〕臣之所見，蓋特其小小者耳，〔二〕名曰雲夢。〔三〕雲夢者方九百里，其中有山焉。其山則盤紆岪鬱，隆崇嵂崒；岑巖參差，日月蔽虧；交錯糾紛，上干青雲；罷池陂陁，下屬江河。〔四〕其土則丹青赭堊，〔五〕雌黃白坿，〔六〕錫碧金銀，衆色炫燿，照爛龍鱗。〔七〕其石則赤玉玫瑰，〔八〕琳瑉琨珸，〔九〕瑊玏玄厲，〔一〇〕瑌石武夫。〔一一〕其東則有蕙圃〔一二〕衡蘭，芷若〔一三〕射干，〔一四〕穹窮昌蒲，江離蘪蕪，諸蔗猼且。〔一五〕其南則有平原廣澤，登降陁靡，案衍壇曼，〔一六〕緣以大江，限以巫山。〔一七〕其高燥則生葴菥苞荔，〔一八〕薛莎青薠。〔一九〕其卑溼則生藏莨蒹葭，東薔雕胡，〔二〇〕蓮藕觚蘆，〔二一〕菴閭軒芋，〔二二〕衆物居之，不可勝圖。〔二三〕其西則有湧泉清池，激水推移；外發芙蓉蔆華，內隱鉅石白沙。其中則有神龜蛟鼉，瑇瑁鼈黿。〔二四〕其北則有陰林巨樹，〔二五〕楩枏豫章，〔二六〕桂椒木蘭，〔二七〕蘗離朱楊，〔二八〕樝梸梬栗，〔二九〕橘柚芬芳。〔三〇〕其上則有赤猨蠷蝚，〔三一〕鵷雛孔鸞，騰遠射干。〔三二〕其下則有白虎玄豹，蟃蜒貙豻，〔三三〕兕象野犀，窮奇獌狿。〔三四〕

〔一〕【正義】唯唯，恭應也。

〔二〕【索隱】郭璞云：「特，獨也。」

〔三〕【索隱】褚詮音亡棟反，又音莫風反。裴駰云「孫叔敖激沮水作此澤」。張揖云「楚藪也，在南郡華容縣」。郭璞曰「江夏安陸有雲夢城，南郡枝江亦有雲夢城。華容縣又有巴丘湖，俗云即古雲夢澤也」。則張揖云在華容者，指巴湖也。今安陸東見有雲夢城、雲夢縣，而枝江亦有者，蓋縣名遠取此澤，故有城也。**【考證】**沈家本曰：隋志「百賦音一卷，宋御史褚詮之撰」。疑索隱奪「之」字，或省文也。

〔四〕**【集解】**漢書音義曰：「高山壅蔽，日月虧缺半見。」**【索隱】**案：漢書注此卷多不題注者姓名，解者云是張揖，亦兼有餘人也。**【正義】**弗，音佛。郭璞曰「相樛結而峻屈竦起也」。**【考證】**漢書、文選「巖」作「崟」。李善曰：崟，音吟。錢大昭曰：江淹雜體詩「岑崟還相蔽」，李善引郭注方言云「岑崟，峻貌」。王文彬曰：蔽，全隱也。虧，半缺也。山岑崟而參差，則日月或蔽或虧。郭璞曰：罷池陂陁，言旁穨也，屬連也。顏氏刊謬正俗「陂池，讀如坡陁，猶言靡迤耳」。文穎曰：南方無河也，冀州凡水大小皆謂之河。詩賦通方言耳。顏師古曰：下屬江河者，總言山之廣大所連者遠耳，於文無妨。何焯曰：今吴諺水無大小，皆謂之河，非冀州方言然矣。愚按：鬱崒，差虧，紛雲，陁河，韻。

〔五〕**【集解】**徐廣曰：「一作『瑕』。」**【索隱】**張揖云：「赭，赤土，出少室山。堊，白堊，本草云一名白墡也。」

〔六〕**【集解】**徐廣曰：「音符。」駰案：漢書音義曰「白坿，白石英也」。**【索隱】**張揖曰：「白石英也，出魯陽山。」蘇林音附，郭璞音符也。**【正義】**藥對曰：「雌黃，出武都山谷，與雄黃同山。」

〔七〕**【集解】**郭璞曰：「龍鱗，如龍之鱗采。」**【正義】**顏云：「錫，青金也。碧，謂玉之青白色者也。」**【正義】**采色相曜，間雜若龍鱗。**【考證】**方廷珪曰：錫碧金銀皆土之色似之，非指其物。愚按：銀、鱗，韻。

〔八〕**【集解】**郭璞曰：「赤玉，赤瑾也。見楚辭。玫瑰，石珠也。」

〔九〕**【集解】**漢書音義曰：「琳，球也。珉，石次玉者。琨珸，山名也，出善金。尸子曰『昆吾之金』者。」**【索隱】**琨珸，司馬彪云「石之次玉者」。按：河圖云「流州多積石，名昆吾石，鍊之成鐵，以作劍，光明昭如水精」。案：字或作「昆吾」。

〔一〇〕**【集解】**徐廣曰：「瑊，音古咸反。玏，音勒，皆次玉者。」駰案：漢書音義曰「玄厲，黑石，可用磨者」。

〔一一〕【集解】徐廣曰：「石似玉。」駰案：漢書音義曰「瑌石，出鴈門。武夫，出長沙也」。【正義】武夫，赤色白采，蔥蘢白黑不分，出長沙。【考證】曾國藩曰：以上敍山上石。漢書、文選「琨珸」作「昆吾」。文選「武夫」作「碔夫」。珸、夫，韻。

〔一二〕【索隱】司馬彪云：「蕙，香草也。」本草云：「薰草一名蕙。」廣志云：「蕙草，緑葉紫莖，魏武帝以此燒香，今東下田有此草，莖葉似麻，其華正紫也。」

〔一三〕【集解】漢書音義曰：「衡，杜衡也。其狀若葵，其臭如蘼蕪。芷，白芷。若，杜若。」【索隱】張揖云：「衡，杜衡，生下田山。」案：山海經云「天帝之山有草，葉如葵，臭如蘼蕪，可以走焉」。博物志云「一名土杏，其根一似細辛，葉似葵」。故藥對亦爲似細辛，是也。蘭，張揖云「秋蘭」。芷若，張揖云「若，杜若；芷，白芷也」。本草云「一名茝」。埤蒼云「齊曰茝，晉曰繭」。字林曰「茝，音昌亥反，又音昌里反。繭，音火嬌反」。本草又曰「杜若一名杜衡」。今杜若葉似薑而有文理，莖葉皆有長毛。古今名號不同，故其所呼別也。

〔一四〕【索隱】廣雅云「烏蓬，射干」。本草名烏扇。【考證】柯維騏曰：此賦三用「射干」。漢書、文選「芷若」下無「射干」。梁章鉅曰：王氏學林云「每四字句，於韻爲協，一爲草類，一爲獸類，與下『射干』不害重複」。按：李注以「芷若」下有「射干」爲非。師古亦云「今流俗本妄增之」。又師古於傳首云「近代之讀相如賦者多矣，皆改易文字，競爲音説，致失本真，徐廣、鄒誕生、褚詮之、陳武之屬是也。今依班書舊文爲正，於彼數家並無取焉」。是漢書所載，獨經師古校定，非他本比也。

〔一五〕【集解】徐廣曰：「䖞，音匹沃反。」駰案：漢書音義曰「江離，香草。蘪蕪，蘄芷也，似蛇床而香。諸蔗，甘柘也。䖞且，蘘荷也」。【索隱】芎藭。司馬彪云：「芎藭，似藁本。」郭璞云：「今歷陽呼爲江離。」淮南子云：「夫亂人者，若芎藭之與槀本。」吴禄曰「臨海縣海水中生江離，正青似亂髮，即離騷所云者是也」。廣志云「赤葉紅華」，則與張勃所説又別。案：今芎藭苗曰江離，緑葉白華，又不同。孟康云「蘪蕪，蘄芷也，似蛇床而香」。樊光曰「藁本，一名麋蕪，根名蘄芷」。又藥對以爲麋蕪一名江離，芎藭苗也。則芎藭、藁本、江離、麋蕪並相似，非是一物也。諸柘，張揖云「諸柘，甘柘也」。搏且，上音並卜反，下音子余反。漢書作「巴且」，文穎云「巴蕉也」。郭璞云「搏且，蘘荷屬」。未知孰是也。【考證】文選「穹窮昌」「江離麋」六字皆从草。漢書、文選「蔗」作「柘」，「猼」作「巴」。桂馥說文義證「蘺」下云「相如傳三句同韻，每句並舉二物。上文云『芎藭昌蒲』，下文云『諸柘巴且』，中云『江蘺蘪蕪』。傳又云『揜以緑蕙，被以江離，糅以蘪蕪，雜以流夷』，此四句各舉一草」。江離蘪蕪，非一草又可見。故顏師古、毛晃、洪興祖皆蘼蕪非江蘺，蘺者蘄也。王先謙曰：說文「藷」下云「藷，蔗也」。「蔗」下云「蔗，藷也」。漢書作「柘」，通假耳。王引之廣雅疏證釋草云：「張揖注漢書云『猼且，蘘荷也』。」蓋一本有作「猼且」者。故索隱引郭璞子虛賦注云「巴且，蘘荷屬」，則亦以「巴且」爲「猼且」也，假借耳。愚按：蒲、蕪、且，韻。

〔一六〕【集解】㢋靡，音移糜。【索隱】司馬彪云：「案衍，窊下；壇曼，平博也。」衍，音弋戰反。

〔一七〕【集解】郭璞曰：「巫山，今在建平巫縣也。」【考證】曼、山，韻。

〔一八〕【集解】徐廣曰：「葴，音針，馬藍也。蔪，或曰，草生水中，華可食。荔，音力詣反。草，似蒲。」駰案：漢書音義曰：「苞，藨也。」【索隱】葴析。音針斯二音。孟康曰「葴，馬藍也」。郭璞曰「葴，酸漿，江東名烏葴」。析，漢書作「斯」，孟康云「斯，禾，似燕麥」。埤蒼又云「生水中，華可食」。廣志云「涼州地生析草，皆如中國燕麥」是也。【考證】蔪，漢書作「析」，文選作「菥」。王先謙曰：說文無「蔪」「菥」二字，蓋皆後人誤加艸耳。

〔一九〕【集解】徐廣曰：「薛，音先結反。」駰案：漢書音義曰「薛，賴蒿也。莎，鎬侯也。青薠，似莎而大也。音煩」。

〔二〇〕【集解】徐廣曰：「烏桓國有薔，似蓬草，實如葵子，十月熟。」駰案：漢書音義曰「藏似薍而葉大。莨，莨尾草也。兼，蒹也。葭，蘆也」。【索隱】庳，音婢。庳，下也。藏莨，郭璞云「狼尾，似茅」。蒹葭音兼加。孟康云「蒹葭，似蘆也」。郭璞云「蒹，蔽也。以藋而細小，高數尺，江東人呼爲蒹蒿」。又云「葭，蘆也。似葦而細小，江東人呼爲烏蓲」。薍，音五患反。蔽，音敵。東蘠，案續漢書云「東蘠似蓬草，實如葵子，十一月熟」。廣志云「子色青黑，河西語云『貸我東蘠，償我白粱』也」。彫胡，案謂菰米。【考證】漢書、文選「卑」作「埤」，「蔷」作「蘠」。文選「雕」作「彫」。

〔二一〕【集解】徐廣曰：「生水中。」【索隱】郭璞云：「菰，蔣也。蘆，葦也。」【考證】漢書、文選「菰蘆」作「觚盧」。

〔二二〕【集解】漢書音義曰：「奄閭，蒿也。軒芋，蕕草也。」【索隱】郭璞云：「菴閭，蒿，子可療病也。軒芋，生水中，今楊州有也。」

〔二三〕【集解】郭璞曰：「圖，畫也。」【考證】漢書、文選「芋」作「于」。葭、胡、蘆、芋、圖，韻。曾國藩曰：此段南有平原廣澤，似最宜畋獵之地。而下文敘獵，但在東西北三處，而不及南之廣澤，蓋虛實相備也。

〔二四〕【正義】郭注山海經云：「蛟，似蛇而四脚，小頭細頸，有白嬰，大者數十圍，卵生，子如一二斛瓮，吞人。鼉，似蜥蜴而大，身有甲，皮可以冒鼓。」瑇瑁，似觜蠵，甲有文，出南海，可以飾器物也。【考證】瑇瑁，漢書作「毒冒」。顏師古曰：蛟鼉之鮫，是鮫魚，非蛟龍之蛟。中井積德曰：鼈黿句無韻，疑與上句誤相易者。沈家本曰：鼉，從單聲，黿從元聲，古韻叶。愚按：池移，華沙，鼉黿，韻。

〔二五〕【集解】郭璞曰：「林，在山北陰地。」【考證】顏師古曰：陰林，言其樹木衆而且大，常多陰也。愚按：文選「巨」作「其」，疑非。

〔二六〕【集解】郭璞曰：「楩，杞也，似梓。柟，葉似桑。豫章，大木也，生七年，乃可知也。」【正義】案：温活人云「豫，今之枕木也。章，今之樟木也。二木生至七年，枕樟乃可分別」。【考證】杭世駿曰：按「活人」，書名，即本草也，「温」字疑衍。

〔二七〕【集解】駰案：郭璞曰「木蘭，樹皮辛香，可食」。【正義】郭璞云：「桂，似枇杷葉而大，白花，花而不著子，蘩生巖嶺，閒無雜木，冬夏常青。」案：今諸寺有桂樹，葉若枇杷而小，光浄，冬夏常青，其皮不中食，蓋二色桂樹。廣雅云：「木蘭似桂，皮辛可食，葉冬夏榮，常以冬華，其實如小柹，辛美，南人以爲梅也。」【考證】中井積德曰：桂是木犀，非藥用之桂。

〔二八〕【集解】徐廣曰：「蘖，音扶戾反。」漢書音義曰：「離，山梨。朱楊，赤楊也。」【索隱】朱楊，郭璞云「赤莖柳，生水邊」。爾雅云「檉，河柳」是也。

〔二九〕【集解】徐廣曰：「梬，音郢。」駰案：漢書音義曰「梬，梬棗也」。

〔三〇〕【正義】小曰橘，大曰柚。樹有刺，冬不凋，葉青，花白，子黄，亦二樹相似，非橙。【考證】章、楊、芳，韻。

〔三一〕【集解】徐廣曰：「音劬柔。」【正義】蠷，音劬。蝚，音柔。皆猿猴類。【考證】漢書、文選無「赤猨蠷蝚」四字。

〔三二〕【集解】郭璞曰：「鵷雛，鳳屬也。孔，孔雀；鸞，鸞鳥也。」漢書音義曰：「騰遠，鳥名。射干，似狐，能緣木。」【索隱】孟康云「騰遠，鳥名」，非也。司馬彪云：「騰遠，虵也。」郭璞云：「騰虵，龍屬，能興雲霧。」張揖云：「射干，似狐，能緣木。」

〔三三〕【集解】郭璞曰：「獌蜒，大獸，長百尋。貙，似貍而大。」漢書音義曰：「豻，胡地野犬，似狐而小也。」【索隱】郭璞云：「獌蜒，大獸，長百尋。」張揖云：「貙，似貍而大。豻，胡地野犬，似狐而小，黑喙。」應劭音顏，韋昭一音岸。鄒誕生音苦姦反，協音，是。

〔三四〕【正義】兕，狀如水牛。象，大獸，長鼻，牙長一丈，俗呼爲江猨。犀，頭似猨，一角在額。漢書無此一句。【考證】漢書、文選無「兕象野犀窮奇獌蜒」八字。錢大昕曰：八字後人妄增。錢泰吉曰：「獌蜒」與上「獌蜒」複出，集解、索隱本葢皆無之，故無辨釋。而「窮奇象犀」注於後也。愚按：干、豻，韻。

於是乃使專諸之倫，手格此獸。〔一〕楚王乃駕馴駮之駟，乘雕玉之輿，〔二〕靡魚須之橈旃，〔三〕曳明月之珠旗，〔四〕建干將之雄戟，〔五〕左烏嗥之雕弓，〔六〕右夏服之勁箭；〔七〕陽子驂乘，纖阿爲御；〔八〕案節未舒，即陵狡獸，〔九〕轔邛邛，蹵距虛，〔一〇〕軼野馬而轊騊駼，〔一一〕乘遺風而射游騏；〔一二〕儵眒淒浰，〔一三〕靁動熛至，星流霆擊，弓不虛發，中必決眥，〔一四〕洞胷達腋，絶乎心繫，獲若雨獸，揜草蔽地。〔一五〕於是楚王乃弭節裴回，翱翔容與，〔一六〕覽乎陰林，觀壯士之暴怒，與猛獸之恐懼，徼谻受詘，殫睹衆物之變態。〔一七〕

〔一〕【正義】專諸，刺吴王僚者也。【考證】文選、漢書「是」下有「乎」字。「專」作「剸」。曾國藩曰：以上東西南北，開下畋獵之地。

〔二〕【集解】漢書音義曰：「馴，擾也。駮，如馬白身黑尾，一角鋸牙，食虎豹。擾而駕之以當駟馬也。」【考證】漢書、文選「駮」作「駁」。駁、駮通假。馬色不純曰駁。詩「皇駁其馬」。王先謙曰：駟，一乘也。

〔三〕【集解】郭璞曰：「以海魚須爲旒旌，言橈弱也。通帛爲旃也。」【考證】中井積德曰：魚須，鯨魚口中之鬚，用以爲旗竿，柔韌易橈。

〔四〕【集解】漢書音義曰：「以明月珠綴飾旗。」

〔五〕【集解】漢書音義曰：「干將，韓王劒師。雄戟，胡中有鉅，干將所造也。」【索隱】應劭曰：「干將，吴善冶者姓。」如淳曰：「干將，鐵所出。」晉灼曰：「闔閭，鑄干將劒。」應劭説是。方言云：「戟中小孑刺者，所謂雄戟也。」周處風土記云：「戟爲五兵雄也。」鉅，音巨。案：周禮「冶氏爲戈，胡三之」。注云「胡其孑」也。又禮圖謂「戟支曲下爲胡」也。【考證】中井積德曰：雄，只取壯辭耳，非制度之名。

〔六〕【索隱】烏號之雕弓。黄帝上仙，羣臣舉弓抱之而號，見封禪書及郊祀志文。韓詩外傳云，弓工之妻曰「此弓大山南烏號之柘」。案：淮南子云「烏號，柘桑，其材堅勁，烏棲其上，將飛，枝勁，復起號呼其上。伐取其材爲弓，因曰『烏號』」。古史考、風俗通皆同此說也。【考證】漢書、文選「嗥」作「號」。

〔七〕【集解】徐廣曰：「韋昭云夏，夏羿也。矢室名曰服。」呂靜曰：「步叉謂之服也。」【索隱】案：夏羿，善射者。又服，箭室之名，故云「夏服」。又夏后氏有良弓，名「繁弱」，其矢亦良，即「繁弱箭服」是也。【考證】中井積德曰：只是夏世之箭服已，何必論羿與繁弱？

〔八〕【集解】漢書音義曰：「陽子，僊人陵陽子。纖阿，月御也。」韋昭曰：「陽子，古賢也。」【索隱】服虔云：「陽子，仙人陵陽子也。」張揖云：「陽子，伯樂也。孫陽字伯樂，秦繆公臣，善御者也。」服虔云：「纖阿，爲月御。或曰，美女姣好貌。」又樂彦曰：「纖阿，山名，有女子處其巖，月歷岩度，躍入月中，因名月御也。」【考證】陽子，張說近是。郭璞曰：纖阿，古之善御者，見楚辭。

〔九〕【索隱】郭璞曰：「言頓轡也。」司馬彪云「案轡徐行得節，故曰案節，馬足未展，故曰未舒之也」。亦曰未得也。【考證】顏師古曰：案，節，猶弭節也。未舒，言未盡意驅馳，已淩狡獸。

〔一〇〕【集解】郭璞曰：「邛邛，似馬而色青。距虛，即邛邛，變文互言之。穆天子傳曰『邛邛距虛，日走五百里』也。」【考證】漢書、文選「邛邛」作「蛩蛩」，「轔」、「躄」二字互易。轔，轢也。中井積德曰：「邛邛」與「距虛」是二物。王先謙曰：此極言車馬迅疾，雖至捷之獸亦不能蹴踐之也。

〔一一〕【集解】徐廣曰：「轊，音銳。」駰案：郭璞曰「野馬如馬而小。騊駼，似馬。轊，車軸頭」。【索隱】轊騊駼。上音衛。轊，車軸頭也。謂車軸衝殺之。騊駼，野馬。【考證】王念孫曰：軼，讀若迭。隱九年左傳「懼其侵軼我也」。注「軼，突也」。漢書、文選無「而」字。

〔一二〕【集解】漢書音義曰：「遺風，千里馬。爾雅曰巂，如馬，一角。不角者騏也。」【索隱】呂氏春秋云：「遺風之乘。」古今注云：「秦始皇馬名。」韋昭云：「騏如馬，一角。」爾雅云：「巂無角，曰騏。」非麒麟之騏。巂音攜。【考證】漢書、文選無「而」字。

〔一三〕【集解】徐廣曰：「淒，音七見反。洌，音力詣反。」駰案：漢書音義曰「皆疾貌」。【考證】儵，文選作「倏」，音式六反。眒、眴、瞬同，四字以狀車騎之迅疾。

〔一四〕【集解】韋昭曰：「在目所指，中必決於眼眥也。」【考證】熛，漢書作「猋」，文選作「焱」，文選是也。焱、飆同，暴風也。顏師古曰：決眥，決獸之目眥。中井積德曰：決裂獸眥也，與「洞胸達腋」相連，共承「必」字也。

〔一五〕【考證】旃箭，御舒虛騃。騏、洌、至、眥、地，韻。

〔一六〕【集解】郭璞曰：「或云節，今之所杖信節也。」【索隱】司馬彪云：「弭，猶低也。或云節，今之所言杖節信也。」郭璞曰：「容與，言自得。」【考證】王文彬曰：弭節，猶案節也。周亞夫傳「天子乃按轡徐行」。按轡、案節，皆安徐之貌也。弭亦安也。

〔一七〕【集解】徐廣曰：「谻，音劇。」駰案：郭璞曰「谻，疲極也。詘，盡也。言獸有倦游者，則徼而取之」。【索隱】徼谻受詘。司馬彪云：「徼，遮也。谻，倦也。謂遮其倦者。」谻，音劇。詘，音屈。說文云：「谻，勞也。」燕人謂勞爲谻。」徼，音古堯反。【考證】曾國藩曰：以上觀於陰林，即上文北有陰林也。中井積德曰：屈，謂窮困也。

「『於是鄭女曼姬，〔一〕被阿錫，〔二〕揄紵縞，〔三〕襍纖羅，垂霧縠；〔四〕襞積褰縐，紆徐委曲，鬱橈谿谷；〔五〕衯衯裶裶，〔六〕揚袘卹削，〔七〕蜚纖垂髾；〔八〕扶與猗靡，〔九〕噏呷萃蔡，〔一〇〕下靡蘭蕙，上拂羽蓋，錯翡翠之威蕤，繆繞玉綏；〔一一〕縹乎忽忽，若神仙之彷彿。〔一二〕

〔一〕【集解】郭璞曰：「曼姬，謂鄧曼。姬，婦人之總稱。」【正義】文穎云：「鄭國出好女。曼者，其色理曼澤也。」如淳云：「鄭女，夏姬也。曼姬，楚武王夫人鄧曼。」【考證】顏師古曰：文說是。王先謙曰：曼，美也。鄭女多美，故鄭女爲當時美女恒稱，不必果出自鄭。「鄭女曼姬」，猶言美女美姬耳。

〔二〕【集解】漢書音義曰：「阿，細繒也。錫，布也。」【正義】按：東阿出繒也。【考證】文選錫從糸，假借字。

〔三〕【集解】徐廣曰：「揄，音臾。」【正義】揄，曳也。韋昭云：「紵之色若縞也。」顏云：「紵，織紵也。縞，鮮支也。」

〔四〕【集解】郭璞曰：「言細如霧垂，以覆頭。」【考證】張揖曰：縠細如霧，垂以爲裳也。李善曰：神女賦曰「動霧縠以徐步」。

〔五〕【集解】漢書音義曰：「襞積，簡齰也。褰，縮也。縐，裁也。其縐中文理，茀鬱迟曲，有似於谿谷也」。【索隱】小顏云：「襞積，今之裙襵，古謂之素積。」蘇林曰「褰縐，縮蹙之」是也。縐，音側救反。齰，音叉革反。裁，音在代反。鬱橈谿谷，孟康曰「其縐中文理，茀鬱迟曲，有似于谿谷也」。迟，字林音丘亦反。【考證】漢書無「紆徐委曲」四字。郭嵩燾曰：說文「襞，韏衣也。褰，絝也」。引春秋傳「徵褰與繻」，葢皆褻服。襞積，狀衣之摺疊，衣在外，袴在內，錫縞羅縠之屬，輕輭多蹙紋，故以「鬱橈谿谷」爲言。言表裏之深邃也。王先謙曰：褰縐，蘇說是。士冠禮注「積猶辟也，以素爲裳，辟蹙其要中」。謂帬要摺疊處也。「鬱橈谿谷」四字，總狀其縮蹙耳。郭說亦通。

〔六〕【索隱】郭璞云：「衣長貌。」【正義】上芳云反，下方非反。

〔七〕【集解】徐廣曰：「袘，音迤，衣袖也。」駰案：漢書音義曰「卹削，裁制貌也」。【索隱】揚袘戌削。張晏曰：「揚，舉也。袘，衣袖也。卹削，裁制貌也。」【考證】漢書「袘」作「衪」。漢書、文選「卹」作「戌」。顏師古曰：揚，舉也。衪，曳也。或舉或曳，則戌削然，見其降殺之美也。王先謙曰：玉篇「衪，衣緣也」。士昏禮「緇袘」，注「袘謂緣，袘之言施，以緇緣裳，象陽氣下施也」。類篇「袘，裳下緣也」。衪、袘，同一字，訓爲裳緣。戌削，狀行時裳緣之整齊。張訓裁制貌，得之。顏說非。

〔八〕【集解】徐廣曰：「纖，音芟。」駰案：郭璞云「纖，袿衣飾；髾，髾髾也」。【考證】漢書「纖」作「襳」。文選注司馬彪曰：「襳，袿飾也。髾，燕尾也。」李善曰：「襳與燕尾皆婦人袿衣之飾也。蜚，古飛字也。髾，所交切。」曾國藩曰：「襞積」至「谿谷」三句，「衯衯」至「垂髾」三句，皆下二句用韻。

〔九〕【集解】郭璞曰：「淮南所謂『曾折摩地，扶與猗委』也。」【正義】與，音餘。猗，於綺反。謂鄭女曼姬侍從王者，扶其車輿而猗靡。【考證】扶與，正義本作「扶輿」，與漢書、文選合。

〔一〇〕【集解】漢書音義曰：「噏呷，衣裳張起也。萃蔡，衣聲也。」【索隱】孟康曰：「噏呷，衣起張也。」韋昭云：「呷，音呼甲反。」萃粲，孟康云「萃粲，衣聲也」。郭璞曰「萃粲，猶璀璨也」。【正義】呷，火甲反。萃，音翠。蔡，千賄反。【考證】漢書、文選「噏」作「翕」。王先謙曰：扶輿猗靡，衣之狀；翕呷萃蔡，衣之聲。

〔一一〕【集解】徐廣曰：「錯，音措。或作『錯紛翠蕤』。」郭璞曰：「綏，所執以登車。」【正義】顏云：「下摩蘭蕙，謂垂髾也。上拂羽蓋，謂飛襳也。玉綏，以玉飾綏也。」言飛襳垂髾，錯襍翡翠之旌旛，或繞玉綏也。張揖云：「翡翠，大小一如雀，雄赤曰翡，雌青曰翠。」博物志云：「翡身通黑，唯胷前背上翼後有赤毛。翠身通青黃，唯六翮上毛長寸餘青。其飛則羽鳴『翠翡翠翡』然，因以爲名也。」【考證】文選「摩」作「靡」，李善作「摩」。古靡、摩通。李善曰：垂髾飛襳，飄揚上下，故或摩蘭蕙，或拂羽蓋。愚按：徐廣引或本可從。錯紛翠蕤，繆繞玉綏，亦承上狀鄭女曼姬之服飾也。靡、蔡、蕙、蓋、蕤、綏，韻。漢書「威」作「葳」。

〔一二〕【正義】彷彿，言似神仙也。戰國策云：「鄭之美女，粉白黛黑而立於衢，不知者謂之神仙。」【考證】漢書、文選「縹乎」作「眇眇」，「彷彿」作「髣髴」。漢書無「神」字。忽、佛，韻。

「『於是乃相與獠於蕙圃，〔一〕媻珊勃窣，上金隄，〔二〕揜翡翠，射鵕鸃，〔三〕微矰出，纖繳施，〔四〕弋白鵠，連駕鵝，〔五〕雙鶬下，玄鶴加。〔六〕怠而後發，游於清池；〔七〕浮文鷁，〔八〕揚桂枻，〔九〕張翠帷，建羽蓋，罔瑇瑁，釣紫貝；〔一〇〕摐金鼓，吹鳴籟，〔一一〕榜人歌，〔一二〕

聲流喝，〔一三〕水蟲駭，波鴻沸，〔一四〕涌泉起，奔揚會，礧石相擊，硠硠礚礚，若靁霆之聲，聞乎數百里之外。〔一五〕

〔一〕【集解】郭璞曰：「獠，獵也。音遼。」【索隱】爾雅云：「宵獵曰獠。」郭璞曰：「獠，獵也。又音遼也。」

〔二〕【索隱】盤跚勃猝。韋昭曰：「盤跚，匍匐上下也。」猝，音素忽反。【考證】漢書、文選「珊」作「姗」。文選「上」下有「乎」字。顏師古曰：媻姍勃窣，謂行於叢薄之間也。金隄，言水之隄塘堅如金也。「上」字下當補「乎」字。

〔三〕【集解】漢書音義曰：「鵕鸃，鳥，似鳳也。」【索隱】司馬彪云：「鵕鸃，山雞也。」許慎云：「鷩鳥也。」郭璞曰：「似鳳，有光彩。音浚宜。」李彤云：「鵕鸃，神鳥，飛光竟天也。」

〔四〕【集解】徐廣曰：「繳，音斫。」

〔五〕【集解】郭璞曰：「野鵝也。駕，音加。」【索隱】駕鵝。爾雅云：「舒鴈，鵝也。」郭璞曰：「野鵝也。」【正義】鴶，水鳥也。駕鵝連，謂兼獲也。抱朴子云：「千歲之鵠純白，能登於木。」【考證】駕，諸本作「鴐」，今從索隱單本、中統、游、毛本。漢書、文選亦作「駕」。

〔六〕【集解】郭璞曰：「詩云『弋言加之』是也。」【正義】司馬彪云：「鶬似鴈而黑，亦呼爲鶬括。韓詩外傳云胎生也。」相鶴經云：「鶴壽二百六十歲則色純黑。」案：弋雙鶬既下，又加玄鶴之上也。【考證】隄、鸃、施、鵝、加，韻。

〔七〕【考證】漢書無「發」字。郭璞曰：怠，倦也。

〔八〕【集解】漢書音義曰：「鷁，水鳥也。畫其象於船首。淮南子曰『龍舟鷁首』，天子之乘也。」

〔九〕【集解】徐廣曰：「音曳。」駰案：韋昭曰「枻，檝也」。【考證】漢書、文選「桂」作「旌」。

〔一〇〕【集解】郭璞曰：「紫質黑文也。」【正義】毛詩蟲魚疏云：「貝，水之介蟲。大者蚢，音下郎反。小者爲貝，其白質如玉，紫點爲文，皆成行列。當大者徑一尺，小者七八寸。今九真、交趾以爲杯盤寶物也。」貨殖傳云「貝寶龜」是也。

〔一一〕【集解】漢書音義曰：「摐，撞也。籟，簫也。」

〔一二〕【集解】郭璞曰：「唱櫂歌也。榜，船也，音謗。」

〔一三〕【集解】徐廣曰：「烏邁反。」

〔一四〕【考證】二句疑倒。

〔一五〕【考證】郭璞曰：奔揚會，暴溢激相彭薄也。中井積德曰：奔揚，濤也。漢書「硠硠」作「琅琅」。「里」下無「之」字。枻、葢、貝、籟、喝、駭、會、磕、外，韻。曾國藩曰：以上與衆女獵於蕙圃，游於清池，即上文東有蕙圃，西有清池也。

「『將息獠者，擊靈鼓，起烽燧，〔一〕車案行，騎就隊，纚乎淫淫，班乎裔裔。〔二〕於是楚王乃登陽雲之臺，〔三〕泊乎無爲，澹乎自持，勺藥之和具而後御之。〔四〕不若大王終日馳騁而不下輿，脟割輪淬，自以爲娛。臣竊觀之，齊殆不如。』〔五〕於是王默然無以應僕也。」〔六〕

〔一〕【集解】郭璞曰：「靈鼓，六面也。」

〔二〕【集解】郭璞曰：「皆羣行貌也。」【考證】漢書、文選「班」作「般」。燧、隊、裔，韻。

〔三〕【集解】徐廣曰：「宋玉云楚王游於陽雲之臺。」駰案：郭璞曰「在雲夢之中」。【考證】文選「陽雲」作「雲陽」。

〔四〕【集解】郭璞曰：「勺藥，五味也。」【正義】文穎曰：「勺藥，五味之和也。」顏云：「芍藥，草名，其根主安和五藏，又辟毒氣，故合之於蘭桂五味，以助調食，因呼五味和爲芍藥耳。今人食馬腸馬肝者，猶合芍藥而煮之，豈非古之遺法乎？」伏儼云：「芍藥以蘭桂調食。」【考證】文選「澹」作「憺」。臺、爲、持、之，韻。

〔五〕【集解】徐廣曰：「淬，千内反。」駰案：郭璞曰「脟，膊；淬，染也。脟，音臠也」。【考證】漢書、文選「而」作「曾」，「淬」作「焠」。顔師古曰：「脟」字與「臠」同。「焠」亦搵染之義耳。言臠割其肉搵車輪，鹽而食之，此蓋以譏上割鮮染輪之言也。愚按：輿、娛、如，韻。

〔六〕【考證】文選「王」上有「齊」字。漢書、文選無「默然」二字。曾國藩曰：以上息獵。

烏有先生曰：「是何言之過也！足下不遠千里，來况齊國，〔一〕王悉發境内之士，而備車騎之衆，以出田，〔二〕乃欲戮力致獲，以娛左右也，何名爲夸哉！問楚地之有無者，願聞大國之風烈，先生之餘論也。〔三〕今足下不稱楚王之德厚，而盛推雲夢以爲高，奢言淫樂而顯侈靡，竊爲足下不取也。〔四〕必若所言，固非楚國之美也。有而言之，是章君之惡；無而言之，是害足下之信。〔五〕章君之惡，而傷私義，二者無一可，而先生行之，必且輕於齊而累於楚矣。〔六〕且齊東陼巨海，〔七〕南有琅邪，〔八〕觀乎成山，〔九〕射乎之罘，〔一〇〕浮勃澥，〔一一〕游孟諸，〔一二〕邪與肅慎爲鄰，〔一三〕右以湯谷爲界，〔一四〕秌田乎青丘，〔一五〕傍偟乎海外，吞若雲夢者八九，其於胸中，曾不蔕芥。〔一六〕若乃俶儻瑰偉，異方殊類，珍怪鳥獸，萬端鱗萃，充仞其中者，不可勝記。禹不能名，契不能計。〔一七〕然在諸侯之位，不敢言游戲之樂，苑囿之大；〔一八〕先生又見客，〔一九〕是以王辭而不復，何爲無用應哉！」〔二〇〕

〔一〕【集解】郭璞曰：「言有惠况也。」【考證】文選「况」作「貺」，「齊」作「吾」。

〔二〕【考證】漢書無「發」字。

〔三〕【正義】先生，言子虛也。

〔四〕【考證】高，高談也。「奢」字屬下讀。漢書「高」作「驕」，恐非。

〔五〕【考證】文選無「有而言之是章君之惡」九字。漢書「惡」下、「信」下有「也」字。

〔六〕【考證】漢書、文選「君」下無「之」字。

〔七〕【索隱】陼，蘇林音渚。小洲曰陼。謂東有大海之陼也。

〔八〕【集解】郭璞曰：「山名，在琅邪縣界。」【正義】山名，在密州東南百三十里。琅邪臺在山上。

〔九〕【集解】徐廣曰：「在東萊不夜縣。」【索隱】張揖云：「觀，闕也。於山上築宮闕。」郭璞云：「言在山下遊。觀，音館也。」【正義】封禪書云「成山斗入海」，言上山觀也。括地志云：「成山，在萊州文登縣東北百八十里也。」張揖說非也。【考證】中井積德曰：觀，游也，與下文「射」字「浮」字一例，正與孟子「觀於轉附」之「觀」同。

〔一〇〕【集解】漢書音義曰：「之罘山，在牟平縣。射獵其上也。」【正義】括地志云：「罘山，在萊州文登縣西北百九十里。」言射獵其上也。罘，音浮。

〔一一〕【集解】漢書音義曰：「海別枝名也。」【索隱】案：齊都賦云「海傍曰勃，斷水曰澥」也。

〔一二〕【集解】郭璞曰：「宋之藪澤名。」【正義】周禮職方氏「青州藪曰望諸」，鄭玄云「望諸，孟豬也」。

〔一三〕【正義】邪，謂東北接之。括地志云：「靺鞨國，古肅慎也，亦曰挹婁，在京東北八千四百里，南去扶餘千五百里，東及北各抵大海也。」

〔一四〕【正義】言右者，北向天子也。海外經云：「湯谷在黑齒北，上有扶桑木，水中十日所浴。」張揖云：「日所出也。」許慎云：「熱如湯。」【考證】中井積德曰：左右，只據其所而爲言耳，不必據天子。

〔一五〕【索隱】郭璞云：「山名。出九尾狐也。」【正義】服虔云：「青丘國在海東三百里。」郭璞云：「青丘，山名。上有田，亦有國，出九尾狐，在海外。」

〔一六〕【索隱】張揖曰：「刺鯁也。」郭璞云：「言不覺有也。」

〔一七〕【正義】俶儻，猶非常也。禹爲堯司空，辨九州土地山川草木禽獸。契爲司徒，敷五教，主四方會計。言二人猶不能名計其數。【考證】漢書、文選「萃」作「崒」。

〔一八〕【考證】邪、罘、諸，界、外、芥、類、萃，記、計、大，韻。

〔一九〕【索隱】先生，指子虛也。如淳曰：「見客，見賓客禮待故也。」李善曰：「言見先生，是賓客之也。」

〔二〇〕【索隱】郭璞曰：「復，荅也。」【考證】各本「不」下有「能」字。索隱本無，與漢書、文選合。王念孫曰：「能」字後人所加。類聚產業部引無。曾國藩曰：以上烏有折子虛。愚按：篇首至此，相如賦前半，武帝所驚嘆，文選題曰子虛賦。以下召見之日所記奏，文選題曰上林賦。

無是公听然而笑曰：「楚則失矣，齊亦未爲得也。〔一〕夫使諸侯納貢者，非爲財幣，所以述職也；〔二〕封疆畫界者，非爲守禦，所以禁淫也。〔三〕今齊列爲東藩，而外私肅慎，捐國踰限，越海而田，其於義故未可也。〔四〕且二君之論，不務明君臣之義，而正諸侯之禮，徒事爭游獵之樂，苑囿之大，欲以奢侈相勝，荒淫相越，此不可以揚名發譽，而適足以貶君自損也。且夫齊、楚之事，又焉足道邪！君未睹夫巨麗也，獨不聞天子之上林乎？

〔一〕【集解】郭璞曰：「听，笑貌也。」【索隱】說文云：「听，笑貌。」

〔二〕【集解】郭璞曰：「諸侯朝於天子曰述職，言述所職。見孟子。」

〔三〕【集解】郭璞曰：「禁絶淫放也。」【正義】郭云：「天子有道，守在四夷，立境界者，欲以禁絶淫放，非禦捍。」

〔四〕【正義】越海而田，言其度海田獵於青丘。【考證】舊刻、毛本「故」作「固」，與漢書、文選合。故、固，通假。

「左蒼梧，右西極，〔一〕丹水更其南，〔二〕紫淵徑其北，〔三〕終始霸、滻，出入涇、渭；〔四〕酆、鄗、潦、潏，紆餘委蛇，經營乎其內。〔五〕蕩蕩兮八川分流，相背而異態。〔六〕東西南北，馳騖往來，〔七〕出乎椒丘之闕，行乎洲淤之浦，〔八〕徑乎桂林之中，過乎泱莽之野。〔九〕汩乎渾流，順阿而下，〔一〇〕赴隘陜之口。觸穹石，激堆埼，〔一一〕沸乎暴怒，洶涌滂潰，〔一二〕滭浡滵汩，〔一三〕湢測泌瀄，〔一四〕橫流逆折，轉騰潎洌，〔一五〕澎濞沆瀣，〔一六〕穹隆雲撓，〔一七〕蜿灗膠戾，〔一八〕踰波趨浥，〔一九〕莅莅下瀨，〔二〇〕批壧衝壅，犇揚滯沛，〔二一〕臨坻注壑，瀺灂霣墜，〔二二〕湛湛隱隱，砰磅訇磕，〔二三〕潏潏淈淈，湁潗鼎沸，〔二四〕馳波跳沫，汩急漂疾，〔二五〕悠遠長懷，寂漻無聲，〔二六〕肆乎永歸。然後灝溔潢漾，〔二七〕安翔徐徊，翯乎滈滈，〔二八〕東注大湖，衍溢陂池。〔二九〕於是乎蛟龍赤螭，〔三〇〕䱭䲛漸離，〔三一〕鰅鰫鰬魠，〔三二〕禺禺魼鰨，〔三三〕揵鰭擢尾，振鱗奮翼，〔三四〕潛處于深巖；魚鼈讙聲，萬物衆夥，〔三五〕明月珠子，玓瓅江靡，〔三六〕蜀石黃碝，水玉磊砢，〔三七〕磷磷爛爛，采色澔汗，叢積乎其中。〔三八〕鴻鵠鷫鴇，鴐鵝鸀鳿，〔三九〕鵁鶄鶻目，〔四〇〕煩鶩鷛鸈，〔四一〕鱵䴌鵁鸕，〔四二〕羣浮乎其上。汎淫泛濫，隨風澹淡，〔四三〕與波搖蕩，掩薄草渚，〔四四〕唼喋菁藻，咀嚼菱藕。〔四五〕

〔一〕【集解】郭璞曰：「西極，邠國也。見爾雅。」【正義】文穎云「蒼梧郡屬交州，在長安東南，故言左。爾雅云，西至於豳國爲極。在長安西，故言右。」

〔二〕【集解】漢書音義曰：「丹水，出上洛冢領山。」【考證】更，歷也。

〔三〕【集解】郭璞曰：「紫淵，所未詳。」【正義】山海經云：「紫淵水，出根耆之山，西流注河。」文穎云：「西河穀羅縣有紫澤，其水紫色，注亦紫，在縣北，於長安爲北。」【考證】張文虎曰：正義「其水紫色注亦紫」七字，漢書、文選注無，疑是讀者旁注誤入。

〔四〕【索隱】張揖云：「灞，出藍田西北而入渭。滻，亦出藍田谷，北至霸陵入灞。灞滻二水，盡於苑中不出，故云終始也。涇渭二水，從苑外來，又出苑去也。涇水，出安定涇陽縣笄頭山，東至陽陵入渭。渭水，出隴西首陽縣鳥鼠同穴山，東北至華陰入河。」【考證】文選「霸」作「灞」。漢書「滻」作「産」。

〔五〕【集解】郭璞曰：「潦潏，皆水流貌，音決。」【索隱】張揖云：「豐水，出鄠縣南山豐谷北入渭。鎬，在昆明池北。」郭璞云：「鎬水，豐水下流也。」應劭云：「潦，流也。潏，涌出聲也。」張揖云：「又有潏水，出南山。」姚氏云：「潦或作『澇』也。澇水，出鄠縣，北注渭。潏水出杜陵，今名沇水，自南山皇子陂西北流，注昆明池入渭。」案：此下文「八川分流」，則從涇、渭、灞、滻、豐、鎬、潦、潏爲八。晉灼曰：「從丹水下，則有九，從灞以下則七。」案：今潏既是水名，除丹紫二川，自涇渭以下，適足八川，是經營乎其内也。又潘岳關中記曰「涇、渭、灞、滻、豐、鎬、澇、潏，上林賦所謂『八川分流』」。

〔六〕【集解】郭璞曰：「八川，名在上。」【考證】漢書、文選「兮」作「乎」。

〔七〕【考證】極、北、渭、蛇、態、來，韻。

〔八〕【集解】郭璞曰：「椒丘，丘名，言有巖闕也，見楚辭。淤，亦洲名，蜀人云，見方言。」【索隱】服虔云：「丘名，楚詞曰『馳椒丘且焉止息』也。」案：兩山俱起，象雙闕。如淳云「丘多椒也」。

〔九〕【集解】郭璞曰：「桂林，林名也，見南海經也。」漢書音義曰：「山海經所謂大荒之野。」【正義】顏云：「凡言此者，著水流之長遠也。」【考證】中井積德曰：椒丘、桂林，並非地名，特借美稱於所植耳。洲、淤、泱、漭亦非地名，只謂有洲渚之地，廣大無邊之野耳。闕者，丘之斷所也。文選「徑」作「經」，「莽」作「漭」。

〔一〇〕【集解】郭璞曰：「阿，大陵。」【考證】漢書、文選「渾」作「混」。阿，丘陵曲處。浦，野，下，韻。

〔一一〕【集解】郭璞曰：「穹隆，大石貌。堆，沙堆。埼，曲岸頭，音祁。」【索隱】郭璞曰：「堆，沙堆，埼，曲岸頭也。」【考證】漢書、文選「陜」作「陿」。顔師古曰：兩岸間相迫近也。中井積德曰：穹石，謂穹隆之石。堆埼，謂高大之埼。

〔一二〕【集解】洶，音許勇反。涌，音勇。滂音浦横反。沸音浦拜反。【索隱】洶湧澎湃。司馬彪云：洶湧，跳起貌。澎湃，相戾也。「湧」或作「容」，「澎」或作「滂」。【考證】漢書、文選「滂濞」作「澎湃」。

〔一三〕【索隱】司馬彪云：「滭沸，盛貌。滵汩，去疾也。」【正義】畢、渤、密三音。汩，于筆反。【考證】漢書、文選「浡滵」作「弗宓」。

〔一四〕【集解】郭璞曰：「逼側筆櫛四音。」【索隱】司馬彪云：「湢測，相迫也。泌瀄，相楔也。」郭璞云：「逼側筆櫛四音。」【考證】漢書、文選「湢測」作「偪側」。

〔一五〕【索隱】蘇林曰：「流輕疾也。」

〔一六〕【索隱】滂濞沆溉。溉亦作「瀣」。司馬彪云：「滂濞，水流聲也。沆溉，徐流。」郭璞云：「鼓怒鬱鯁之貌也。」【正義】澎，普彭反。濞，普祕反。沆，胡朗反。溉，胡代反。【考證】漢書、文選作「滂濞沆溉」。

〔一七〕【索隱】穹崇雲橈。服虔云：「水旋還作泉也。」郭璞云：「水隴起回窳也。」【考證】索隱本「撓」作「橈」，與漢書、文選合。王先謙曰：言水勢起伏，乍穹然而上隆，旋若雲而低回也。

〔一八〕【索隱】司馬彪云：「蜿蟺，展轉也。膠戾，邪屈也。」音婉善交戾四音也。【正義】蜿，音婉。蟺，音善。

〔一九〕【集解】徐廣曰：「烏狹反。」【索隱】踰波趨浥。司馬彪云：「踰波，後陵前也。趨浥，輸于深泉也。」浥，音焉浹反。

〔二〇〕【索隱】司馬彪云：「莅莅，水聲也。」音利。【考證】漢書、文選「莅」作「涖」。

〔二一〕【索隱】滯沛，郭璞云「水洒散貌。」滯，音丑制反。【正義】批，白結反。巘，巖。司馬彪云：「批，反擊也。壅，曲隈也。」【考證】漢書、文選「巘」作「巖」。中井積德曰：壅，水道壅閼之處。

〔二二〕【索隱】瀺灂，上音士湛反，下音士卓反。說文云「水小聲也」。【正義】坻，音遲。坻，水中沙微起出水者也。爾雅云「小沚曰坻」。壑，墟也。霣，音隕。隧，直類反。

〔二三〕【集解】徐廣曰：「湛，音沈。」【正義】砰，披萌反。磅，蒲黃反。訇，呼宏反。礚，苦蓋反。皆水流鼓怒之聲也。【考證】漢書、文選「湛」作「沈」。李善曰：沈沈，深貌。隱隱，盛貌。

〔二四〕【集解】郭璞曰：「湁，音勑立反。潗，音緝。」【索隱】潏淈湁潗。郭璞云：「皆水微轉細涌貌。」潏淈，音決骨。湁，音勑力反。潗，音緝。廣雅云「淈淈，決流也」。周成襍字云「湁潗，水沸之貌也」。

〔二五〕【集解】徐廣曰：「跳沫，一云『吸呷』」。【索隱】㴔，晉灼曰「華給反」，郭璞云「許立反」。汩㴔，急轉貌也。

〔二六〕【正義】悠遠，放散貌也。【考證】文選注郭璞曰「懷亦歸，變文耳」。王先謙曰：郭說與下「肆乎永歸」意複。釋言「懷，來也」。

〔二七〕【正義】晃養二音。郭云「皆水無涯際也」。

〔二八〕【索隱】翯，音鶴。滈，音鎬。詩曰「白鳥翯翯」。郭璞云「水白光貌」。翯，音皛。滈，音昊也。

〔二九〕【正義】太湖在蘇州西南。【考證】正義「大」作「太」，與文選合。郭璞曰：言溢溢而出也。陂池，江旁小水。齊召南曰：太湖指關中巨澤言之。曾國藩曰：以上水。子虛賦言水始終，不外有力、自然兩義。「觸穹石」四句，言水之盛怒有力；「滭弗」五句，極言其有力；「穹隆」四句，言其「自然」；「批巖」二句，言其有力」；「臨坻」二句，言其「自然」；「沈沈」二句，言其有力；「潏潏」二句，言其自然；「馳波」十句，皆言其自然；脈絡極分明也。又曰：湃、溉、瀨、沛、墜、磕、沸爲韻。懷、歸、回、池爲韻。一韻之中上有數句，又各私自爲韻，如瀄、折、洌，私自爲韻；戾、浥，私自爲韻也。

〔三〇〕【索隱】文穎曰：「龍子曰螭。」張揖云：「雌龍也。」【正義】螭，丑知反。文穎云「龍子爲螭」，張揖曰「雌龍也」，二說皆非。廣雅云：「有角曰虬，無角曰螭。」案：虬螭皆龍類，而非龍。【考證】漢書無「乎」字。

〔三一〕【集解】徐廣曰：「螹，音漸。」駰案：郭璞曰「魱鰽，鮪也」。音亘瞢。螹離未聞。【正義】魱，古鄧反。鰽，末鄧反。李奇云：「周洛曰鮪，蜀曰魱鰽。出鞏山穴中，三月遡河上，能度龍門之限，則爲龍矣。」【考證】漢書、文選「螹」作「漸」，螭、離，韻。司馬彪曰：漸離，魚名。張揖曰：其形狀未聞。

〔三二〕【集解】徐廣曰：「鰅，音娛㕧反。皮有文，出樂浪。鰬，音虔。魠，音託，哆口魚。」駰案：郭璞曰「鱅似鰱而黑」。漢書音義曰「鰬似鯉而大」也。【考證】漢書、文選「鱅」作「鰫」。

〔三三〕【集解】徐廣曰：「禺禺，魚牛也。鱋，一作『魼』。魶，音納。一作『鰨』，音榻。」駰案：漢書音義曰「魼，比目魚也。魶，鯷魚」。【考證】漢書、文選「鱋魶」作「魼鰨」。

〔三四〕【正義】揵，音乾。鰭，音祁。揵，擧也。鰭者，魚背上鬣也。【考證】漢書、文選「擢」作「掉」。掉，搖也。魠、魶、翼，韻。

〔三五〕【考證】夥，多也。

〔三六〕【集解】郭璞曰：「靡，崖也。」【索隱】旳皪江靡。應劭曰：「靡，邊也。明月珠子，生於江中，其光耀，乃照于江邊。」張揖曰：「靡，涯也。」郭璞曰：「旳皪，照也。」【考證】索隱本「玓瓅」作「旳皪」，與漢書、文選合。子、靡，韻。

〔三七〕【集解】郭璞曰：「碤，石黃色也。水玉，水精也。」【考證】郭璞曰：磊砢，魁礧貌也。

〔三八〕【正義】皆玉石符采映耀於水中也。【考證】漢書、文選「旰」作「汗」。爛、旰，韻。

〔三九〕【集解】郭璞曰：「鷫，鷫霜。鸀鳿，似鴨而大，長頸赤目，紫紺色也。」【索隱】鴇，音保。郭璞云：「鴇，似鴈無後指。」毛詩鳥獸疏云「鴇似鴈而虎文也」。【正義】鸀鳿，燭玉二音。郭云：「似鴨而大，長頸赤目，紫紺色。辟水毒，生子在深谷澗中。若時有雨，鳴。雌者生子，善鬭。江東呼爲燭玉。」【考證】漢書、文選「鵠鷫」倒。「鸀鳿」作「屬玉」。

〔四〇〕【集解】徐廣曰：「䴉，音環。」【索隱】䴉目。郭璞云未詳。小顏云：「荆郢閒有水鳥，大如鷺而短尾，其色紅白，深目，目旁毛長而旋，此其旋目乎？」䴉，音旋。【正義】郭云：「鵁鶄，似鳧而脚高，有毛冠，辟火災。」【考證】漢書、文選作「交精旋目」。鳿、目，韻。

〔四一〕【集解】徐廣曰：「煩鶩，一作『番䲺』。鷛，音容。」駰案：漢書音義曰「煩鶩，鳧也。鷛鸈，似鶩，灰色而雞足」。【索隱】煩鶩鷛渠。郭璞云：「煩鶩，鴨屬。鷛渠，一名章渠也。」【考證】漢書、文選作「庸渠。」

〔四二〕【集解】徐廣曰：「䴌，音斟，水鳥也。鴜，音斯。鵁，音火交反。」駰案：漢書音義曰「䴌鴜，蒼黑色」。郭璞曰「鵁，魚鵁也，脚近尾。鸕，鸕鷀也」。【索隱】葴鴜。張揖云「葴鴜，似魚虎而蒼黑」。鄒誕本作「䳼鴜」也。【考證】漢書、文選作「箴疵鵁盧」。鸈、鸕，韻。

〔四三〕【索隱】郭璞云：「皆鳥任風波自縱漂貌。」汎，音馮。泛，音芳劍反。廣雅云：「汎汎，氾氾，浮也。」【考證】濫、淡，韻。

〔四四〕【索隱】張揖云：「掩，覆也。草叢生曰薄也。」【正義】掩，覆也。薄，依也。言或依草渚而遊戲也。【考證】漢書、文選作「奄薄水渚」。

〔四五〕【集解】郭璞曰：「菁，水草。呂氏春秋曰『太湖之菁』也。」【索隱】郭璞云：「菁，水草；藻，藻也。呂氏春秋曰『太湖之菁』。左傳云『蘋蘩蘊藻』。蘊，即聚。」【正義】唼，疏甲反。喋，丈甲反。鳥食之聲也。【考證】

漢書、文選「蔆」作「菱」。顏師古曰：唼喋，銜食也。渚、藕，韻。曾國藩曰：以上水中之物。

「於是乎崇山巃嵸，崔巍嵳峩，〔一〕深林鉅木，嶄巖嵾嵳，〔二〕九嵕、巀嶭，南山峩峩，〔三〕巖陁甗錡，摧崣崫崎，〔四〕振谿通谷，蹇產溝瀆，〔五〕谽呀豁閜，〔六〕阜陵別島，崴磈嵔瘣，〔七〕丘虛崫㠥，隱轔鬱𡾊，〔八〕登降施靡，〔九〕陂池貏豸，〔一〇〕沇溶淫鬻，散渙夷陸，〔一一〕亭皋千里，靡不被築。〔一二〕掩以綠蕙，被以江離，〔一三〕糅以蘪蕪，雜以流夷。〔一四〕尃結縷，〔一五〕欑戾莎，〔一六〕揭車衡蘭，稾本射干，〔一七〕茈薑蘘荷，〔一八〕葴橙若蓀，〔一九〕鮮枝黃礫，〔二〇〕蔣芧青薠，〔二一〕布濩閎澤，延曼太原，麗靡廣衍，〔二二〕應風披靡，吐芳揚烈，〔二三〕郁郁斐斐，衆香發越，肸蠁布寫，晻曖苾勃。〔二四〕

〔一〕【正義】巃，力孔反。嵸，子孔反。崔，在回反。巍，五回反。郭云：「皆峻貌。」【考證】漢書、文選「山」下有「矗矗」二字，「巍」下無「嵳峩」二字，爲是。下云「嵾嵳峩峩」，則此不應復云「嵳峩」。

〔二〕【正義】嶄，音咸，又仕銜反。嵾，音楚林反。嵳，楚宜反。顏云：「嶄，巖尖銳貌。嵾嵳，不齊也。」【考證】漢書「嵾嵳」作「參差」。

〔三〕【集解】漢書音義曰：「九嵕山在左馮翊谷口縣西。巀嶭山在池陽縣北。」【正義】嵕，子公反。巀，才切反。嶭，五結反。【考證】郭璞曰：巀嶭，高峻貌。梁章鉅曰：此處只當作高峻解。據漢書、文選。巍、嵳、峩，韻。

〔四〕【集解】陁，音遲。郭璞曰：「陁，崖際。甗，音魚晚反。錡，音蟻。摧，音作罪反。」【索隱】摧崣崛崎，郭璞云：「皆崇屈窊折貌。摧，音作罪反。崣，音委。崛，音掘。崎，音倚。」【考證】王先謙曰：甗，甑也，山形似甑，上大下小。錡，三脚釜也，山之嵌空玲瓏，有若錡然者，與「甗」對文。甑釜，相類之物，故舉以爲喻。「巖陁甗錡」四字，各爲一義，言巖而峻，或陁而下，或如甗而巀嶭，或如錡而嵌空也。愚按：司馬彪曰「陁，靡也。錡，欹也」。甗，五臣本文選作「巘」。巘，山嶺也，言巖靡巘欹，其狀崇屈崛折也。王説非是。錡、崎，韻。

〔五〕【集解】漢書音義曰：「蹇産，屈折也。」【索隱】張揖云：「振，拔也。水注川曰溪，注溪曰谷。」郭璞曰：「振，猶灑也。」【考證】李善曰：言山石收斂溪水而不分泄。谷、瀆，韻。

〔六〕【集解】郭璞曰：「皆澗谷之形容也。谽，音呼含反。呀，音呼加反。閜，音呼下反。」【索隱】司馬彪云：「谽呀，大貌。豁閜，空虛也。」【考證】漢書「谽」作「谺」。文選「閜」作「閕」。王先謙曰：谽呀豁閜，屬上「豁谷溝瀆」言。

〔七〕【正義】高平曰陸，大陸曰阜。水中山曰島。崴，於鬼反。磈，魚鬼反。嵔，烏罪反。瘣，胡罪反。皆高峻貌。【考證】王先謙曰：「阜陵別島」與下連文。

〔八〕【正義】虛，音墟。崫，口忽反，又口罪反。㠥，力罪反。皆堆壠不平貌。𡾊，音律。郭云：「皆其形勢也。」【考證】方廷珪曰：虛與墟通，大丘曰墟。崫，土穴，石之高下連生者。

〔九〕【正義】郭云：「施靡，猶連延。」【考證】王先謙曰：登降猶曰高下。施同陁。

〔一〇〕【集解】郭璞曰：「貏，音衣被。豸，音蟲豸也。」【索隱】郭璞曰：「陂池，旁穨貌。陂，音皮。貏，音『衣被』之『被』。」【考證】李善曰：貏豸，漸平貌。方廷珪曰：句連上讀，言下殺至乎陂池，此陂池是山水所聚之地，蓋有山必有谿，有谿必有水，故山上而下，殺到平陸處，如下所云也。瘣、㠥、𡾊、靡、豸，韻。

〔一一〕【索隱】郭璞云：「游激淖衍貌。」司馬彪曰：「夷陸，平地。」【正義】溶，音容。鬻，音育。張云：「水流谿谷之閒。」【考證】方廷珪曰：沇溶淫鬻，皆水流之貌。沇溶，形陂池受水之多。淫鬻，形山水之至不一處。散渙，謂水之汎溢。夷，平也。夷陸，謂平廣之陸也。

〔一二〕【集解】郭璞曰：「言爲亭候於皋隰，皆築地令平，賈山所謂『隱以金椎』也。」【考證】顔師古曰：爲亭候於皋隰之中，千里相接，皆築令平也。王先謙曰：案加「亭」字於「皋」上，稱曰「亭皋」，文不成義。郭、顔説皆非也。亭，當訓平。淮南原道訓「味者甘立而五味亭矣」，高注「亭，平也」。秦始皇紀「決河亭水」，正義「亭，平也」。酷吏傳「亭疑法」，李奇釋亭爲平。亭皋千里，猶言平皋千里。皋，水旁地，故以平言。下哀二世賦注「平皋之廣衍」，此變文爲「亭」耳。鬻、陸、築，韻。曾國藩曰：以上山。

〔一三〕【正義】張云：「緑，王芻也。蕙，薰草也。」顔云：「緑蕙，言蕙草色緑耳，非王芻也。」爾雅云，菉，一名王芻。【考證】掩、被，皆覆也。

〔一四〕【集解】漢書音義曰：「流夷，新夷也。」【正義】糅，女又反。留夷，香草也。【考證】漢書、文選「流」作「留」。楚辭王逸注「留夷，香草」。離、夷，韻。

〔一五〕【集解】徐廣曰：「尃，古『布』字，一作『布』。」駰案：漢書音義曰「結縷，似白茅，蔓聯而生，布種之者」。

〔一六〕【集解】徐廣曰：「草，可染紫。」

〔一七〕【集解】徐廣曰：「揭，音桀。」駰案：郭璞曰「揭車，一名乞輿。槀本，槀茇；射干，十月生：皆香草」。【索隱】槀本，案桐君藥録云「苗似穹窮也」。

〔一八〕【索隱】茈薑，張（晏）〔揖〕云：「子薑也。」案：四民月令云「生薑，謂之茈薑，音紫」。【正義】蘘，人羊反。柯，根旁生筍，若芙蓉，可以爲葅，又治蠱毒也。

〔一九〕【集解】郭璞曰：「葴，未詳。橙，柚。若蓀，香草也。」【索隱】張揖云：「葴，持闕。」郭璞云：「橙，柚也。」姚氏以爲此前後皆草，非橙也。小顔云：「葴，寒漿也。持，當爲『符』，符，鬼目也。」案：今讀者亦呼爲登，謂金登草也。張揖云：「蓀，香草。」姚氏云：「蓀草，似昌蒲而無脊也，生溪澗中。蓀，音孫。」【考證】漢書、文選「橙」作「持」。

〔一〇〕【集解】郭璞曰：「皆未詳。」【索隱】鮮支黃礫。張揖云：「皆草也，未詳。」司馬彪云：「鮮支，支子。或云鮮支亦香草也。」小顏云「黃礫，黃屑木」，恐非也。【考證】索隱本「枝」作「支」，與漢書、文選合。

〔一一〕【集解】徐廣曰：「芧，音佇。」駰案：漢書音義曰「蔣，菰也。芧，三稜」。【索隱】蔣，菰也。郭璞芧音佇。又云三稜芧。蘋，音煩。【考證】芧，文選作「宁」。玉篇曰「芧與苧同」。

〔一二〕【考證】漢書、文選「麗」作「離」。王先謙曰：布濩閎澤，言普徧布散於大澤之中。太原，猶言廣原。濩，音護。愚按：蘭、干、蓀、蘋、原、衍，韻。

〔一三〕【集解】郭璞曰：「香酷烈也。」

〔一四〕【正義】晻曖，奄愛二音。皆芳香之盛也。詩云「苾苾芬芬」，氣也。肹蠁，盛也。寫，吐也。司馬彪云：「若蠁蟲之布吐也。」【考證】漢書、文選「斐」作「菲」。「曖」作「薆」，「苾勃」作「咇茀」。郭璞曰：郁郁菲菲，香氣四散也。顏師古曰：肹蠁，盛作也。晻薆咇茀，皆芳香意也。肹，音許乙反。蠁，音響。烈、越、勃，韻。曾國藩曰：以上山上之草。方廷珪曰：此段寫上林苑之山溪及山溪中所生之草木。自「崇山」至此，通爲一大段。

「於是乎周覽泛觀，瞋盼軋沕，芒芒怳忽，〔一〕視之無端，察之無崖。〔二〕日出東沼，入於西陂。〔三〕其南則隆冬生長，踊水躍波；〔四〕獸則㺎旄獏犛，〔五〕沈牛麈麋，〔六〕赤首圜題，〔七〕窮奇象犀。〔八〕其北則盛夏含凍裂地，涉冰揭河；〔九〕獸則麒麟〔一〇〕角䚗，〔一一〕騊駼橐駞，蛩蛩驒騱，駃騠驢騾。〔一二〕

〔一〕【集解】徐廣曰：「瞋，音丑人反。盼，一作『緡』。」駰案：郭璞曰「皆不可分貌」。【考證】漢書、文選「瞋」作

「縝」，「盼」作「紛」，「沕」作「芴」。孟康曰：縝紛，衆盛也。軋芴，緻密也。沕、忽，韻。

〔二〕【考證】漢書、文選「崖」作「涯」。

〔三〕【索隱】張揖云：「日朝出苑之東池，暮入于苑西陂中也。」【考證】崖、陂，韻。方廷珪曰：二句正是證上苑中大處。

〔四〕【考證】漢書、文選「踊」作「涌」。張揖曰：其苑南陽煖，則盛冬十月，草木生長也。郭璞曰：躍波，言不凍也。

〔五〕【集解】徐廣曰：「𤛱，音容。獸類也。犛，音貍，一音茅。」駰案：郭璞曰「旄，旄牛。貘似熊，庳脚鋭頭。犛牛，黑色，出西南徼外也」。【索隱】郭璞云：「𤛱，𤛱牛，領有肉堆，音容。」案：今之犎牛也。張揖云「旄，旄牛，狀如牛，而四節生毛。貘，白豹也，似熊，庳脚鋭頭，骨無髓，食銅鐵。音陌。犛，音貍，又音茅，或以爲貓牛。犛牛，黑色，出西南徼外，毛可爲拂」，是也。【考證】楓、三本「獸」上有「其」字，與漢書、文選合。下「獸」上同。愚按：不必補。

〔六〕【集解】漢書音義曰：「沈牛，水牛也。」【正義】麈，似鹿而大。案：麋似水牛。

〔七〕【集解】郭璞曰：「題，額也，所未詳。」

〔八〕【集解】漢書音義曰：「窮奇，狀如牛而蝟毛，其音如嘷狗，食人也。」【索隱】張揖云：「窮奇，狀如牛而蝟毛，其音如嘷狗，食人。」郭璞云：「象，大獸，長鼻，牙長一丈。犀，頭似豬，庳脚，一角在頭也。」【考證】犛、麋、題、犀，韻。

〔九〕【集解】郭璞曰：「言水漫凍不解，地坼裂也。揭，褰衣。」

〔一〇〕【索隱】張揖曰：「雄曰麒，雌曰麟。其狀麋身，牛尾，狼蹄，一角。」郭璞云：「麒似麟而無角。」毛詩疏云：「麟，黃色，角端有肉。」京房傳云：「有五采，腹下黃色也。」

〔一一〕【集解】郭璞曰：「角觽，音端，似豬，角在鼻上，堪作弓。李陵嘗以此弓十張遺蘇武也。」【索隱】張揖云：「音端。角觽似牛。」郭璞云：「似豬，角在鼻上。毛詩疏云可以爲弓。李陵曾以此弓遺蘇武。」【考證】漢書、文選「觽」作「端」。

〔一二〕【正義】騊駼，桃徒二音。橐，音託。駝，徒河反。蛩，音其恭反。驒騱，顛奚二音。駃騠，音決啼。【考證】騊駼、蛩蛩見上。驒騱，説文云「野馬也」。司馬彪曰：距驢類也。駃騠，駿馬也。河、馳、騾，韻。曾國藩曰：以上總寫苑中氣象，點出各獸，即爲下文畋獵張本。

「於是乎離宮別館，彌山跨谷，〔一〕高廊四注，重坐曲閣，〔二〕華榱璧璫，輦道纚屬，〔三〕步櫩周流，長途中宿。〔四〕夷嵏築堂，纍臺增成，巖窔洞房，〔五〕俛杳眇而無見，仰攀橑而捫天，〔六〕奔星更於閨闥，宛虹拖於楯軒。〔七〕青虯蚴蟉於東箱，象輿婉蟬於西清，〔八〕靈圄燕於閒觀，〔九〕偓佺之倫暴於南榮，〔一〇〕醴泉涌於清室，通川過乎中庭。〔一一〕槃石裖崖，〔一二〕嶔巖倚傾，嵯峩礁礫，刻削崢嶸，〔一三〕玫瑰碧琳，珊瑚叢生，〔一四〕瑉玉旁唐，〔一五〕瑸斒文鱗，〔一六〕赤瑕駁犖，雜臿其閒，〔一七〕垂綏琬琰，和氏出焉。〔一八〕

〔一〕【正義】彌，滿也。跨，猶騎也。言宮館滿山，又跨谿谷也。【考證】凌稚隆曰：長安志「上林，秦舊苑也。武帝始廣開之」。漢舊儀謂「廣長三百里，離宮七十所，容千乘萬騎」。關中記謂「苑門十二，中有苑三十六，宮十二，觀二十五」，則規制之宏侈可知矣。

〔二〕【集解】郭璞曰：「重坐，重軒也。曲閣，閣道曲也。」【考證】顏師古曰：廊，堂下四周屋也。重坐，謂增室也。曲閣，閣之屈曲相連者也。王先謙曰：注，屬也。四注，謂四周相屬而下垂也。愚按：顏注「增室」，當作「層室」。

〔三〕【索隱】韋昭曰：「裁玉爲璧，以當榱頭。」司馬彪曰：「以璧爲瓦當。」【考證】顏師古曰：榱，椽也。華，謂彫畫之也。璧璫，以玉爲椽頭，當即所謂「琁題」、「玉題」者也。輦道，謂閣道可以乘輦而行者也。纚屬，纚迤相連屬也。

〔四〕【集解】郭璞曰：「途，樓閣閒陛道。中宿，言長遠也。」【考證】顏師古曰：步櫩，言其下可行步，即今之步廊也。謂其塗長遠，雖經日行之，尚不能達，故中道而宿也。愚按：谷、閣、屬、宿，韻。

〔五〕【集解】郭璞曰：「嵏，山名。平之以安堂其上。成亦重也。周禮曰『爲壇三成』。在巖穴底爲室，潛通臺上者。」【索隱】服虔云：「平此山以爲堂。」如淳云：「嵏，山名也。」張揖云：「重累而成之，故曰增成。禮曰『爲壇三成』也。」郭璞曰：「言在巖宎底爲室，潛通臺上。」宎，音一弔反，釋名以爲宎，幽也。楚辭云「冬有宎廈夏屋寒」，王逸以爲複室也。【考證】顏師古曰：夷，平也。山之高聚者曰嵏。增，重也，一重爲一成也。中井積德曰：成，猶級也。愚按：增讀爲層。宎，漢書作「突」，文選作「窔」。顏師古曰：於巖穴底爲室，若竈突然，潛通臺上。中井積德曰：宎，謂幽室如陶窯者，無潛通之意。王念孫曰：當從史記作「宎」。窔與宎同。巖宎洞房，皆言其幽深，故下句云「頫杳眇而無見」。師古强爲「突」字作解，斯爲謬矣。愚按：堂、成、房，韻。

〔六〕【考證】漢書、文選「俛」作「頫」，「攀」作「𠬤」。顏師古曰：𠬤，古「攀」字也。橑，椽也。捫，摸也。言臺榭之高，有升上之者，俯視則不見地，仰攀其椽，可以摸天也。

〔七〕【集解】徐廣曰：「楯，音食尹反。」【正義】拖，音徒我反。顏云：「宛虹，屈曲之虹。拖，謂申加於上也。楯，軒之闌板也。言室宇之高，故星虹得經加之。」【考證】顏師古曰：奔星，流星也。更，歷也。應劭曰：楯，欄檻也。愚按：天、軒，韻。

〔八〕【集解】漢書音義曰：「山出象輿，瑞應車也。」郭璞曰：「西清，西箱清淨地也。」【正義】蚴，一糺反。蟉，力糺反。婉蟬，宛善二音。顏云：「蚴蟉婉蟬，皆行動之貌也。」【考證】漢書、文選「虯」作「龍」。相如大人賦云「駕應龍象輿之蠖畧委麗兮，驂赤螭青虯之蚴蟉蜿蜒」。上曰「象輿」，下曰「青虯」，「蚴蟉」、「蜿蜒」連用，與此文相似。沈欽韓曰：楚辭惜誓「駕太一之象輿」。韓非十過「黄帝合鬼神于泰山之上，駕象車」。中井積德曰：青虯象輿，言車馬之美也。象蓋以雕刻物象而言。箱、清，韻。

〔九〕【集解】郭璞曰：「靈圉，淳圉，仙人名也。」【索隱】張揖云：「衆仙號。」淮南子云「騎飛龍，從淳圉」，許慎曰「淳圉，仙人也」。【考證】漢書、文選「觀」作「館」。淮南子淑真訓「真人騎蜚廉而從敦圄」，與索隱所引異。文選「圉」作「圄」。俞樾曰：上林賦「靈圉燕於閒館」，封禪文「靈圉賓於閒館」，大人賦「悉徵靈圉而選之」。相如文每喜相襲，且如子虛、上林，皆一時奏御之作，而既云「轊騊駼」，又云「轊白鹿」；既云「軼野馬」，又云「軼赤電」；既云「捷狡兔」，又云「捷鵷鶵」；既云「轔鹿」，又云「轔距虛」。如此類不可勝舉，蓋本無實事，而徒以夸誕之言飾而成之，無惑乎語之重，字之複也。

〔一〇〕【集解】漢書音義曰：「偓佺，仙人名也。」【索隱】韋昭曰：「古仙人，姓偓。」列仙傳云：「槐里採藥父也，食松，形體生毛數寸，方眼，能行追走馬也。」應劭云：「屋檐兩頭如翼也。」故鄭玄云「榮，屋翼也」。高誘云「飛榮似鳥舒翼」是也。暴，偃卧日中也。【考證】「之倫」二字，疑旁注竄入。

〔一一〕【考證】通川，水流自外通中庭也，與醴泉自別。

〔一二〕【集解】徐廣曰：「裖，音賑。」【索隱】盤石裖厓。如淳曰：「裖，音振，盛多也。」李奇曰：「裖，整也，整頓池外之厓，音之忍反也。」【考證】槃，文選作「盤」，與索隱本合。漢書作「磐」，通用字。易漸卦虞注「聚石稱磐」。裖，文選作「振」，注引李奇云「振，整也，以石整頓池水之涯也」，比索隱所引意足。

〔一三〕【集解】徐廣曰：「巀一作『池』。磼，音雜。礏，音五合反。」【索隱】磼礏，埤蒼云「高貌也」。上士劫反，下魚揖反。又字林音磼，才帀反。礏，五帀反。【正義】郭云：「言自然若彫刻也。」【考證】王先謙曰：隨水之高下，以石甃之，其低處則嵚巖倚傾，其高處則嵯峨磼礏也。刻削崢嶸，皆言石狀。

〔一四〕【正義】郭云：「珊瑚，生水底石邊，大者樹高三尺餘，枝格交錯，無有葉。」【考證】玫瑰碧琳，見上。榮、庭、傾、嶸、生，韻。

〔一五〕【索隱】郭璞云：「旁唐，言盤薄。」

〔一六〕【集解】徐廣曰：「璸，音彬。斒，音班。」【考證】漢書、文選「璸斒」作「玢豳」。漢書「鱗」作「磷」。郭璞曰：玢豳，文理貌。方廷珪曰：據上下文，則玢豳亦是玉名，文鱗，方是文理。

〔一七〕【集解】徐廣曰：「雜，一云『插』。臿，一云『遝』。」【索隱】赤瑕駮犖。說文云：「瑕，玉之小赤色。」張揖曰：「赤玉也。」司馬彪曰：「駮犖，采點也。犖，音洛角反。」

〔一八〕【集解】徐廣曰：「垂綏，一作『朝采』。」駰案：郭璞曰「汲冢竹書曰『桀伐岷山，得女二人，曰琬，曰琰。桀愛二女，斲其名于苕華之玉』。苕是琬，華是琰也」。【考證】垂綏，漢書作「鼂采」，文選作「晁采」。晁鼂與朝同。顏師古曰：朝采者美玉，每旦有白虹之氣，光采上出，故名朝采，猶言夜光之璧矣。琬琰，美玉名。和氏之璧，卞和所得，亦美玉也。言今皆出於上林。鱗、閒、焉，韻。曾國藩曰：以上宮室。方廷珪曰：此段寫苑中閣道臺觀及珍寶之多，自「離宮」至此，通爲一大段。

「於是乎盧橘夏孰，〔一〕黃甘橙楱，〔二〕枇杷橪柿，〔三〕楟柰厚朴，〔四〕梬棗〔五〕楊梅，〔六〕櫻桃〔七〕蒲陶，〔八〕隱夫鬱棣，榙標荔枝，〔九〕羅乎後宮，列乎北園。貤丘陵，下平原，〔一〇〕揚翠葉，扤紫莖，〔一一〕發紅華，秀朱榮，〔一二〕煌煌扈扈，照曜鉅野。〔一三〕沙棠櫟櫧，〔一四〕華氾檘櫨，〔一五〕留落胥餘，仁頻并閭，〔一六〕欃檀木蘭，豫章女貞，〔一七〕長千仞，大連抱，夸條直暢，〔一八〕實葉葰茂，〔一九〕攢立叢倚，連卷累佹，〔二〇〕崔錯癹骫，阬衡閜砢，〔二一〕垂條扶於，落英幡纚，〔二二〕紛容蕭蔘，旖旎從風，〔二三〕瀏莅芔吸，〔二四〕蓋象金石之聲，管籥之音。〔二五〕柴池茈虒，〔二六〕旋環後宮，雜遝累輯，〔二七〕被山緣谷，循阪下隰，〔二八〕視之無端，究之無窮。〔二九〕

〔一〕【集解】郭璞曰：「今蜀中有給客橙，似橘而非，若柚而芬香，冬夏華實相繼，或如彈丸，或如拳，通歲食之，即盧橘也。」【索隱】應劭曰：「伊尹書『果之美者，箕山之東，青鳥之所，有盧橘，夏熟』。」晉灼曰：「此雖賦上林，博引異方珍奇，不係於一也。」案：廣州記云「盧橘皮厚，大小如甘，酢多，九月結實，正赤，明年二月更青黑，夏孰」。吳録云「建安有橘，冬月樹上覆裹，明年夏，色變青黑，其味甚甘美」。盧即黑是也。【考證】索隱「如甘」之「甘」，讀爲「柑」。

〔二〕【集解】徐廣曰：「音湊，橘屬。」【考證】甘，柑同。

〔三〕【集解】徐廣曰：「橪，音而善反，果也。」【索隱】張揖曰：「橪，橪支，香草也。」韋昭曰：「橪，音汝蕭反。」郭璞云：「橪支，木也。橪，音烟。」徐廣曰：「橪，棗也，而善反。」說文曰：「橪，酸小棗也。」淮南子云：「伐橪棗以爲矜。」音勤也。

〔四〕【集解】徐廣曰：「楟，音亭，山梨。」【索隱】張揖云：「楟柰，山棃也。」司馬彪曰：「上黨謂之楟柰。」齊都賦云「楟柰榡熟」也。厚朴，藥名。【考證】楟奈，二物，漢書、文選「楟」作「亭」。張文虎曰：李時珍注本草云「厚朴，實如冬青子。生青，熟赤，有核。七八月采之，味甘美」。乃厚朴亦果也。此節皆言果類，不得雜以藥名。

〔五〕【集解】徐廣曰：「梬，音弋井反。梬棗似柹。」【索隱】上音弋井反。梬棗，似柹也。

〔六〕【索隱】張揖云：「其大小似穀子而有核，其味酢。出江南。」荊楊異物志：「其實外肉著核，熟時正赤，味甘酸。」

〔七〕【索隱】張揖曰：「一名含桃。」呂氏春秋「爲鷽鳥所含，故曰含桃」。爾雅云爲荆桃也。

〔八〕【集解】郭璞曰：「蒲陶，似燕薁，可作酒也。」

〔九〕【集解】徐廣曰：「鬱一作『薁』。榙，音荅。」駰案：郭璞曰「鬱，車下李也。棣，實似櫻桃。榙㯿，似李。棣，音逮。㯿，音沓。隱夫未聞」。【索隱】荅遝離支。郭璞云：「荅遝，似李，出蜀。」晉灼曰：「離支，大如鷄子，皮麤，剥去皮，肌如雞子，中黄，其味甘多酢少。」廣異志云：「樹高五六丈，如桂樹，綠葉，冬夏青茂，有華，朱色。」離字或作「荔」，音力致反。【正義】隱夫未詳。【考證】漢書、文選作「薁棣荅遝離支」。何焯曰：隱夫，即馬夫艸，見管子地員篇。

〔一〇〕【集解】郭璞曰：「貤，猶延也，音施。」【索隱】貤丘陵。郭璞曰：「貤，延也。」【考證】園、原，韻。

〔一一〕【集解】郭璞曰：「杌，摇也。」

〔一二〕【考證】莖、榮，韻。

〔一三〕【考證】漢書、文選「秀」作「垂」。後漢馮衍傳注「扈扈，光彩盛也」。扈、野，韻。

〔一四〕【集解】漢書音義曰：「沙棠似棠，黄華赤實，其味如李。呂氏春秋曰『果之美者，沙棠之實』。櫟，果名。櫧，似柃，葉冬不落也。」

〔一五〕【集解】徐廣曰：「氾，一作『楓』。」駰案：漢書音義曰「華，木，皮可以爲索也」。【索隱】華楓檘櫨。張揖曰：「華，皮可以爲索。」古今字林云：「櫨，合樺之木。楓，木，厚葉弱支，善摇。」郭璞云：「似白楊，葉圓而岐，有脂而香。犍爲舍人曰『楓爲樹，厚葉弱莖，大風則鳴，故曰楓』。」爾雅云，一名欇。檘枰，即平仲木也。櫨，今黄櫨木也。一云玉精，食其子得仙也。【考證】漢書、文選「氾檘」作「楓枰」。

〔一六〕【集解】徐廣曰：「頻，一作『賓』。」駰案：郭璞曰「落，檴也。胥餘似并閭。并閭，椶也，皮可作索。餘未詳」。【索隱】留落胥邪。晉灼云：「留落，未詳。」郭璞曰：「落，樓也，中作器索。胥邪，似并閭。」司馬彪云：「胥邪，樹高十尋，葉在其末。」異物志：「實大如瓠，繫在顛，若挂物。實外有皮，中有核，如胡桃。核裏有膚，厚半寸，如豬膏。裏有汁斗餘，清如水，味美於蜜。」孟康曰：「仁頻，樓也。」張揖云：「并閭，皮可爲索。」姚氏云：「檳，一名樓，即仁頻也。」林邑記云：「樹葉似甘蕉。」頻，音賓。【考證】檻、櫨、餘、閭，韻。漢書、文選「餘」作「邪」。沈家本曰：攷異云「餘邪，聲相近」，按今韻，麻韻之字古韻有在魚虞部者，故餘、邪得通借。

〔一七〕【集解】漢書音義曰：「欃檀，檀別名也。女貞，木，葉冬不落。」【索隱】欃，音讒，檀別名也。皇覽云「孔子墓後有欃檀樹」也。荆州記云：「宜都有喬木，叢生，名爲女貞，葉冬不落。」

〔一八〕【考證】貞、暢，韻。

〔一九〕【考證】漢書、文選「茂」作「楙」。郭璞曰：夸，張布也。顏師古曰：暢，通也。通，謂上下相稱也。王文彬曰：「夸」即「荂」之省文。説文「𠌶，草木華也，或从艸从夸」。此賦以「荂條」、「實葉」四字相對爲文，謂荂與條，氣機直達，實與葉，蕃殖大茂也。郭依本字訓「夸」爲張布，誤。顏訓「暢」爲「通」，又申言上下相稱，亦非。王先謙曰：文選注引司馬彪云「葰，大也」。

〔二〇〕【考證】累，漢書、文選作「欐」。顏師古曰：攢立，聚立也。叢倚，相倚也。連卷，屈曲也。欐佹，支柱也。司馬彪曰：欐，支重累也。王先謙曰：欐，聲義並從麗。麗，附也。詩皇矣箋釋文「佹，戾也」。樹之枝柯相附而又相戾」。

〔二一〕【集解】骫，古「委」字。徐廣曰：「發，音拔。」駰案：郭璞曰「骫，音委。閜，音惡可反。砢，音魯可反」。【索隱】崖錯發骫。郭璞云「蟠戾相摎」。楚詞云林木。發，音跋。骫，音委。阬衡閜砢，郭璞云「揭孽傾欹貌」。【考證】漢書、文選「阬」作「坑」。顏師古曰：崔錯，交雜也。王先謙曰：崔，音七罪反。後人加玉爲璀，靈光殿賦「下茀蔚以璀錯」，注「璀錯，衆盛貌，與交雜同義」。沈欽韓曰：淮南招隱士「樹輪相糾兮，林木茷骫」。說文「癹，以足蹋夷草也」。字當作「茷」。說文「茷，草葉多也」。

〔二二〕【集解】郭璞曰：「扶於，猶扶疏也。幡纚，偏幡也，音灑。」【索隱】張晏云：「飛揚貌。」纚，音所綺反。【考證】漢書、文選「扶於」作「扶疏」。顔師古曰：扶疏，四布也。倚、俺、骫、纚，韻。

〔二三〕【索隱】張揖云：「旖旎，阿那也。」【考證】漢書、文選「容蕭」作「溶箾」。漢書「旖旎」作「猗柅」，文選作「猗狔」。文選注，郭璞云「紛溶箾蔘，支竦擢也」。溶，音容。箾，音蕭。蔘，音森」。王先謙曰：箾蔘，今承用作蕭森。

〔二四〕【集解】徐廣曰：「莅，音栗。」【索隱】劉莅岪歙。郭璞云：「皆林木鼓動之聲。」瀏，音留。莅如字，又音栗也。」【考證】漢書、文選「吸」作「歙」。岪，古卉字。

〔二五〕【正義】金，鐘。石，磬。廣雅云：「象箎，長一尺，圍一寸，有六孔，無底。籥謂之笛，有七孔。」說文云：「籥，三孔籥也。」【考證】正義象箎，漢書注作「管」。蔘、音，韻。

〔二六〕【集解】徐廣曰：「柴，音差。虒，音豸。」【索隱】張揖曰：「柴池，參差也。茈虒，不齊也。柴，音差。虒，音惻氏反。」

〔二七〕【集解】徐廣曰：「雜，一作『插』。」【考證】漢書、文選「環」作「還」，下有「乎」字。「遝」作「襲」。

〔二八〕【考證】吸、輯、隰，韻。

〔二九〕【考證】曾國藩曰：以上宮中草木。

「於是玄猨素雌，蜼玃飛鸓，〔一〕蛭蜩蠼蝚，〔二〕螹胡豰蛫，〔三〕棲息乎其閒；長嘯哀鳴，翩幡互經，〔四〕夭蟜枝格，偃蹇杪顛。〔五〕於是乎隃絶梁，〔六〕騰殊榛，〔七〕捷垂條，〔八〕踔稀閒，〔九〕牢落陸離，爛曼遠遷。〔一〇〕

〔一〕【集解】徐廣曰：「蜼，音于季反。」駰案：漢書音義曰「蜼，似獮猴，仰鼻而長尾。玃，似獮猴而大。飛鸓，飛鼠也。其狀如兔而鼠首，以其頷飛也」。【索隱】張揖曰：「蜼，似獮猴，卬鼻而長尾。玃，似獮猴而大。飛蠝，飛鼠也。其狀如兔而鼠首，以其頷飛。」郭璞曰：「蠝，飛鼠也。毛紫赤色。飛且生，一名飛生。蜼，音遺。蠝，音誄。玄猨，猨之雄者色也。素雌，猨之雌者色也。」玃，音钁。蜼似猴，尾端爲兩岐，天雨，便以尾窒鼻兩孔。郭璞云：「玃，色蒼黑，能攫搏人，故云玃也。」【考證】漢書、文選「是」上有「乎」字。

〔二〕【集解】徐廣曰：「蛭，音質。」駰案：漢書音義曰「山海經曰『不咸之山有飛蛭，四翼』。郭璞曰『蠗猱，似獮猴而黄。蜩，未聞』」。【索隱】蛭蜩蠼蝚。司馬彪云：「山海經云『不咸之山有飛蛭，四翼』。」蜩，蟬也。蠼蝚，獮猴也。郭璞云：「蛭蜩未聞。」如淳曰：「蛭，音質。」顧氏云：「玃，音塗卓反。山海經曰『皋塗山下有獸，似鹿，馬足人首，四角，名爲玃』。玃猱即此也。字作『獿』。郭璞云玃，非也。上已有蜼玃，此不應重見。又神異經云『西方深山有獸，毛色如猴，能緣高木，其名曰蜩』。字林蠗音狄，蛭音質。蛭、蜩，二獸名。」【考證】漢書、文選「蠗」作「玃」。文選「蝚」作「猱」。

〔三〕【集解】徐廣曰：「螹，音在廉反。似猨黑身。豰，音呼谷反。蛫，音詭。」駰案：漢書音義曰「豰，白狐子也」。【索隱】螹胡豰蛫。張揖曰：「螹胡，似獮猴，頭上有髦，腰以後黑。」郭璞曰：「豰似貔而大，腰以後黄，一名黄腰，食獮猴。豰，白狐子也。蛫，未聞。」姚氏案：山海經「即山有獸，狀如龜，白身赤首，其名曰蛫」。又説文云「獑胡，黑身白腰若帶，手有長白毛，似握柘也」。【考證】漢書、文選「螹」作「獑」。

〔四〕【正義】郭云：「互經，互相經過。」

〔五〕【正義】夭，音妖。蟜，音矯。杪，音弭沼反。郭云：「皆猨猴在樹共戲恣態也。夭蟜，頻申也。」【考證】顔師古曰：杪顛，枝上端也。

〔六〕【正義】張云：「絶梁，斷橋也。」郭云：「梁，厚石絶水也。」【考證】漢書、文選無「於是乎」三字，似長。

〔七〕【正義】榛，仕斤反。爾雅云「木叢生爲榛」也。殊，異也。

〔八〕【正義】捷，音才業反。張云：「捷，持懸垂之條。」

〔九〕【集解】郭璞曰：「踔，縣蹢也，託釣反。」【索隱】踔，懸蹢也。【考證】漢書、文選「踔稀」作「掉希」。王先謙曰：後漢馬融傳注「踔，跳也」。史記貨殖傳索隱「遠騰貌也」。郭言縣蹢者，謂以身投擲於空中，故曰「踔希閒」。「掉」乃借字。

〔一〇〕【正義】郭云：「奔走崩騰狀也。」顏云：「言其聚散不常，雜亂移徙。」【考證】漢書、文選「曼」作「漫」。閒、顛、榛、閒、遷，韻。文選注「牢落，猶遼落也。陸離，參差也」。

「若此輩者，數千百處。嬉游往來，〔一〕宮宿館舍，庖廚不徙，後宮不移，百官備具。〔二〕

〔一〕【考證】漢書、文選作「若此者數百千處，娛游往來」。

〔二〕【正義】說文云：「庖，廚屋。」鄭玄注周禮云：「庖之言苞也。苞裹肉曰苞苴也。」後宮，內人也。言宮館各自有。【考證】張文虎曰：館舍，各本誤「館客」，舊刻與漢書、文選合。顏師古曰：言所在之處，供具皆足也。中井積德曰：庖，宰處。廚，烹處。處、舍、具，韻。曾國藩曰：以上宮中畜獸及離宮之多。

「於是乎背秋涉冬，天子校獵。〔一〕乘鏤象，六玉虯，〔二〕拖蜺旌，〔三〕靡雲旗，〔四〕前皮軒，後道游；〔五〕孫叔奉轡，衛公驂乘，〔六〕扈從橫行，出乎四校之中。〔七〕鼓嚴簿，縱獠者，〔八〕江河爲阹，泰山爲櫓，〔九〕車騎靁起，隱天動地，〔一〇〕先後陸離，離散別追，〔一一〕淫淫裔裔，緣陵流澤，雲布雨施。〔一二〕

〔一〕【考證】凌稚隆曰：至此始言校獵之事。顏師古曰：校獵者，以木相貫穿，總爲闌校，遮止禽獸而獵取之。

〔二〕【集解】徐廣曰：「以玉爲飾。」駰案：郭璞曰「鏤象，山所出輿，言有雕鏤。虯，龍屬也。韓子曰『黃帝駕象車，六交龍』是也」。【考證】中井積德曰：鏤象，謂雕鏤之輿，玉虯，稱馬之美也。

〔三〕【正義】拖，音徒可反。張云：「析毛羽，染以五采，綴以縷爲旌，有似虹蜺氣。」

〔四〕【正義】張云：「畫熊虎於旌，似雲氣也。」【考證】蜺旌雲旗，皆假言也。

〔五〕【集解】郭璞曰：「皮軒，革車也。或曰即曲禮『前有士師，則載虎皮』者也。道，道車；游，游車：皆見周禮也。」【考證】顏師古曰：言皮軒最居前，而道游次皮軒之後。道讀曰導。虯、游，韻。

〔六〕【集解】漢書音義曰：「孫叔者，太僕公孫賀也。衞公者，衞青也。太僕御，大將軍驂乘也。」【索隱】孫叔，鄭氏云太僕公孫賀。衞公，大將軍衞青也。案：大駕出，太僕御，大將軍驂乘也。【考證】漢書、文選「驂」作「參」。顏師古曰：參乘，在車之右也。吴仁傑曰：此兩人，蓋指古之善御者耳，下云「青琴、虙妃之徒，色授神予，必愉于側」，又豈當時真有此耶？案：孫叔即楚詞所謂「驥躊躇于弊輂，遇孫陽而得代」者是也。衞公，即國語所謂衞莊公爲右，曰「吾九上九下，擊人盡殪」者是也。校獵賦「蚩尤並轂，蒙公先驅」。二京賦「大丙弭節，風后陪乘」，亦祇用古人，此類甚多，不可偏擧。至長楊賦「酒命票衞」，此則指青、去病也。

〔七〕【集解】郭璞曰：「言跋扈縱恣，不安鹵簿矣。」【索隱】晉灼曰：「扈，大也。」張揖曰：「跋扈縱橫，不案鹵簿也。」文穎曰：「凡五校，今言四者，一校隨天子乘輿也。」【考證】田汝成曰：扈，尾也，後從曰扈。王先謙曰：廣雅釋詁「扈，使也」。扈從，從駕而供使令也。愚按：扈從，承孫叔衞公而言。顏師古曰：四校，闌校之四面也。中井積德曰：謂四面之闌校。乘、中，韻。

〔八〕【集解】漢書音義曰：「鼓嚴，嚴鼓也。薄，鹵簿也。」駰謂鼓嚴於林薄之中，然後縱獠也。【索隱】張揖曰：「鼓，嚴鼓也。簿，鹵簿也。謂擊嚴鼓於鹵簿中也。」【考證】王先謙曰：蓋天子儀衞森嚴，故曰「嚴簿」，言鼓於嚴簿之中，而縱獵者也。漢書、文選「獠」作「獵」。

〔九〕【集解】郭璞曰：「櫓，望樓也。因山谷遮禽獸爲阹，音去車反。」【索隱】郭璞曰：「因山谷遮禽獸爲阹。櫓，望樓也。」【考證】簿、者、阹、櫓，韻。

〔一〇〕【正義】隱，猶震也。【考證】漢書、文選「隱」作「陰」。

〔一一〕【正義】陸離，分散也。言各有所追也。【考證】李善曰：廣雅曰「陸離，參差」。

〔一二〕【正義】郭璞曰：「言徧山野也。」【考證】起、地、離、追、裔、施，韻。

「生貔豹，〔一〕搏豺狼，〔二〕手熊羆，〔三〕足野羊，〔四〕蒙鶡蘇，〔五〕絝白虎，〔六〕被豳文，〔七〕跨野馬。〔八〕陵三嵕之危，〔九〕下磧歷之坻；〔一〇〕徑陖赴險，越壑厲水。〔一一〕椎蜚廉，〔一二〕弄解豸，〔一三〕格瑕蛤，鋋猛氏，〔一四〕罥騕褭，射封豕。〔一五〕箭不苟害，解脰陷腦；弓不虛發，應聲而倒。〔一六〕於是乎乘輿彌節裴回，翱翔往來，睨部曲之進退，覽將率之變態。〔一七〕然後浸潭促節，儵夐遠去，〔一八〕流離輕禽，蹵履狡獸，〔一九〕轊白鹿，捷狡兔，〔二〇〕軼赤電，遺光燿，〔二一〕追怪物，出宇宙，〔二二〕彎繁弱，〔二三〕滿白羽，〔二四〕射游梟，櫟蜚虡，〔二五〕擇肉後發，先中命處，弦矢分，藝殪仆。〔二六〕

〔一〕【集解】郭璞曰：「貔，執夷，虎屬也，音毗。」【考證】韋昭曰：生，謂生得之也。

〔二〕【正義】搏，擊也。杜林云：「豺似狗，白色。」說文云：「狼屬。」

〔三〕【正義】張云：「熊，犬身人足，黑色。羆大於熊，黃白色。皆能攀沿上高樹。冬至入穴而蟄，始春而出也。」

〔四〕【集解】郭璞曰：「野羊，如羊千斤。手足，謂拍蹹殺之。」

〔五〕【集解】徐廣曰：「蘇，尾也。」【索隱】孟康曰：「鶡尾也。蘇，析羽也。」張揖曰：「鶡似雉，鬭死不卻。」案：

蒙，謂覆而取之。鷫以蘇爲奇，故特言之以成文耳。鷫，言鷁。決疑注云「鳥尾爲蘇」也。【考證】狼、羊，韻。

〔六〕【集解】徐廣曰：「絝，音袴。」駰案：郭璞曰「絝，謂絆絡之」。【索隱】張揖曰：「著白虎文絝。」郭璞曰：「絝，謂絆絡也。」

〔七〕【集解】郭璞曰：「著班衣。」【索隱】被班文。文穎曰：「著斑文之衣。輿服志云『虎賁騎，被虎文單衣』，單衣，即此斑文也。」【考證】豳，漢書作「斑」，文選作「班」，通用。

〔八〕【索隱】跨壄馬。案：壄，音野。跨，乘之也。【考證】虎、馬，韻。

〔九〕【集解】漢書音義曰：「三嵏，三成之山。」

〔一〇〕【集解】郭璞曰：「磧歷，阪名也。」【正義】坻，音遲。磧歷，淺水中沙石也。坻，水中高處。言獵人下此也。

〔一一〕【考證】漢書、文選「陖」作「峻」。郭璞曰：厲，以衣渡水。

〔一二〕【集解】郭璞曰：「飛廉，龍雀也，鳥身鹿頭者。」【索隱】椎蜚廉。郭璞曰：「飛廉，龍雀也，鳥身鹿頭，象在平樂觀」。椎，音直追反。【考證】漢書「椎」作「推」。顏師古曰：推亦謂弄之也，其字從手，今流俗讀爲「椎擊」之「椎」，失其義矣。王先謙曰：說文「推，排也」。

〔一三〕【集解】漢書音義曰：「解豸，似鹿而一角。人君刑罰得中，則生於朝廷，主觸不直者。可得而弄也。」【索隱】張揖曰：「解豸，似鹿而一角。人君刑罰中，則生於朝，主觸不直者。言今可得而弄也。」解，音蟹。豸，音丈妳反，又音丈介反。【考證】文選「解」作「獬」。漢書「豸」作「廌」。

〔一四〕【集解】漢書音義曰：「瑕蛤、猛氏，皆獸名。」【索隱】格蝦蛤，鋋猛氏。孟康曰：「蝦蛤、猛氏，皆獸名。」晉灼曰：「蝦蛤鬭。」郭璞曰：「今蜀中有獸，狀如熊而小，毛淺，有光澤，名猛氏。」說文云「鋋，小矛也」，音蟬。【考證】漢書、文選「瑕」作「蝦」。

〔一五〕【集解】郭璞曰：「騕褭，神馬，日行萬里。兩音窈嫋。封豕，大豬。」【考證】漢書、文選「罥」作「羂」。危、坻、水、豸、氏、豕，韻。

〔一六〕【索隱】張揖云：「脰，頸也。」陷，音苦念反，亦依字讀也。【考證】腦、倒，韻。曾國藩曰：以上天子校各部曲將帥之獵。

〔一七〕【正義】睨，五計反。睨，遠視也。【考證】漢書、文選無「乎」字。「彌」作「弭」，「裴回」作「徘徊」。回、來、退、態，韻。

〔一八〕【集解】郭璞曰：「敻，音詡盛反。」【索隱】浸潭，猶漸荐也。漢書作「浸淫」。或作「乘輿案節」也。潭，音尋。【正義】儵敻，分散也。【考證】文選「浸潭」作「浸淫」，儵敻，倏忽也。

〔一九〕【考證】顏師古曰：流離，困苦之也。張揖曰：輕禽，飛鳥也。

〔二〇〕【集解】徐廣曰：「轊，音銳。一作『惠』也。」【正義】轊，音衛。抱朴子云：「白鹿壽千歲，滿五百歲色純白也。」晉徵祥記云：「白鹿，色若霜，不與他鹿爲羣。」【考證】轊，漢書作「⿰車惠」，文選作「⿰車慧」，軸也。言軸轢白鹿也。捷，捷取之也。

〔二一〕【集解】徐廣曰：「超陵赤電，電光不及，言去速也。」【考證】張揖曰：軼，過也。王先謙曰：此言行疾，可以軼過赤電而遺其光耀反在後也，與下二句連讀，總謂迅捷耳。

〔二二〕【正義】怪物，謂游梟飛虡也。張揖云：「天地四方曰宇，往古來今曰宙。」許慎云：「宙，舟輿所極也。」案：許説宙是也。【考證】漢書注引説文解字「極」下有「覆」字。中井積德曰：宇宙字並從宀，是簷屋之義，俱喻天覆而已。

〔二三〕【正義】上烏繁反。文穎云：「彎，牽也。繁弱，夏后氏良弓名。左傳云『分魯公以夏后之璜，封父之繁弱』。」【考證】漢書、文選「繁」作「蕃」。彎，引也。

〔二四〕【正義】文穎云：「引弓盡箭鏑爲滿。以白羽羽箭，故云白羽也。」

〔二五〕【集解】郭璞曰：「梟，梟羊也。似人長脣，反踵被髮，食人。蜚虡，鹿頭龍身，神獸。櫟，梢也。」【考證】漢書、文選「虡」作「遽」。櫟，擊也。

〔二六〕【集解】徐廣曰：「射準的曰藝。仆，音赴。」【考證】漢書、文選「肉」下、「中」下有「而」字。郭璞曰：言必如所志也。王先謙曰：擇其肥者而後射，先命其射處，迺從而中之。言矢不苟發，發必奇中。命，名也。羽、虡、處、仆，韻。

「然後揚節而上浮，〔一〕陵驚風，歷駭飆，〔二〕乘虛無，與神俱，〔三〕轔玄鶴，亂昆雞，〔四〕遒孔鸞，促鵕鸃，拂鷖鳥，捎鳳皇，〔五〕捷鴛雛，揜焦明。〔六〕

〔一〕【正義】上浮，蜚遊。【考證】矢飛揚空中也。

〔二〕【正義】飆，音必遥反。爾雅云「扶搖」，暴風從下升上，故曰飆。

〔三〕【正義】張揖云：「虛無寥廓，與天通靈，言其所乘氣之高，故能出飛鳥之上而與神俱也。」

〔四〕【集解】徐廣曰：「轔，音躪。」【正義】轔，音吝。鶴二百六十歲則淺黑色也。【考證】轔，漢書作「藺」，文選作「躪」。郭璞曰：「躪，踐也。」王先謙曰：説文「鶤，鶤雞也」。「昆」即「鶡」字，與「鶤」同。淮南覽冥訓「軼鶤雞於姑餘」，注「鶤雞，鳳皇之別名」。

〔五〕【集解】漢書音義曰：「遒，秦由反。鷖，烏雞反。張云『山海經云九疑之山，有五采之鳥，名曰鷖鳥』也。」【正義】捎，山交反。京房易傳云：「鳳皇，鴈前麟後，雞喙燕頷，蛇頸龜背，魚尾駢翼，高丈二尺。」東山經云：「其狀如鶴，五采，而首文曰經，翼文曰順，背文曰義，膺文曰仁，股文曰信。是鳥自歌自舞，雄曰鳳，雌曰皇。」【考證】郭璞曰：遒促，皆迫捕之也。

〔六〕【集解】鷦明，似鳳。【索隱】張揖曰：「焦明似鳳，西方鳥。」樂叶圖徵曰：「焦明狀似鳳皇。」宋衷曰水鳥。

【正義】案：長喙，疏翼，員尾，非幽閑不集，非珍物不食。【考證】風、颷，無、俱，雞、鸃，皇、明，韻。鴐、䳢同。

「道盡塗殫，迴車而還。招搖乎襄羊，降集乎北紘，〔一〕率乎直指，闇乎反鄉。〔二〕蹷石闕，歷封巒，過鳷鵲，望露寒，〔三〕下棠梨，〔四〕息宜春，〔五〕西馳宣曲，濯鷁牛首，〔六〕登龍臺，〔七〕掩細柳，〔八〕觀士大夫之勤略，鈞獠者之所得獲。〔九〕觀徒車之所轔轢，〔一〇〕乘騎之所蹂若，〔一一〕人民之所蹈躤，〔一二〕與其窮極倦谻，驚憚讋伏，不被創刃而死者，佗佗籍籍，填阬滿谷，揜平彌澤。〔一三〕

〔一〕【集解】郭璞曰：「紘，維也，北方之紘曰委羽。」【索隱】消搖乎襄羊。郭璞曰：「襄羊，猶仿佯。」【考證】漢書、文選「招」作「消」。司馬彪曰：消搖，逍遥也。

〔二〕【正義】日晚南歸也。【考證】闇，漢書作「揜」，文選作「晻」。郭璞曰：率，徑馳去。晻，忽然疾歸貌。殫、還，羊、紘、鄉，韻。曾國藩曰：以上天子親獵而還。

〔三〕【集解】徐廣曰：「䧳，音支。」駰案：漢書音義曰「皆甘泉宮左右觀名也」。【正義】蹷，息也。【考證】郭璞曰：蹷，蹋也。石闕，漢書作「石關」，文選及漢書揚雄傳、三輔黃圖作「石闕」。梁玉繩曰：當作「關」。張文虎曰：關，與、下、巒、寒，韻。愚按：作「闕」爲是。是句不必韻。

〔四〕【集解】漢書音義曰：「宮名也，在雲陽縣東南三十里。」

〔五〕【正義】括地志云：「宜春宮，在雍州萬年縣西南三十里。」

〔六〕【集解】漢書音義曰：「宣曲，宮名，在昆明池西。牛首，池名，在上林苑西頭。」【正義】鷁，鷁首之船也。【考證】中井積德曰：濯、櫂通。

〔七〕【集解】漢書音義曰：「觀名，在豐水西北，近渭。」

〔八〕【正義】郭云：「觀名，在昆明南柳市。」【考證】李善曰：掩者息也。中井積德曰：掩、淹通。首、柳，韻。

〔九〕【集解】徐廣曰：「鈞，一作『診』也。」【正義】勤略，言觀士大夫之勲功智略也。【考證】文選「鈞」作「均」。漢書、文選「獠」作「獵」。郭璞曰：鈞，平其多少也。

〔一〇〕【正義】轔，踐也。轢，輾也。【考證】張文虎曰：「徒」上「觀」字衍。漢書、文選無。轔，漢書作「閵」，文選作「轥。」

〔一一〕【集解】徐廣曰：「蹂，音人久反。」【考證】乘，漢書無，文選作「步」。李善曰：廣倉云「若，蹈足貌」。

〔一二〕【考證】漢書無「民」字。文選「人民」作「人臣」。蹸，漢書作「藉」，文選作「籍」。

〔一三〕【集解】徐廣曰：「劮，音劇。」【考證】郭璞曰：窮極倦劮，疲憊者也。驚憚讋伏，怖不動貌也。他他籍籍，交橫也。顏師古曰：平，平原也。略、獲、轢、若、蹸、籍、澤，韻。曾國藩曰：以上天子還歷各處，數獵者之所獲。

「於是乎游戲懈怠，置酒乎昊天之臺，〔一〕張樂乎轇輵之宇；〔二〕撞千石之鐘，立萬石之鉅；〔三〕建翠華之旗，樹靈鼉之鼓。〔四〕奏陶唐氏之舞，聽葛天氏之歌，〔五〕千人唱，萬人和，山陵爲之震動，川谷爲之蕩波。〔六〕巴俞宋蔡，淮南于遮，〔七〕文成顛歌，〔八〕族舉遞奏，〔九〕金鼓迭起，鏗鎗鐺鼕，洞心駭耳。〔一〇〕荆、吳、鄭、衞之聲，韶、濩、武、象之樂，陰淫案衍之音，鄢、郢繽紛，激楚結風，〔一一〕俳優侏儒，狄鞮之倡，〔一二〕所以娛耳目而樂心意者，麗靡爛漫於前，〔一三〕靡曼美色於後。〔一四〕

〔一〕【索隱】張揖云：「臺高上干皓天也。」【考證】漢書、文選「昊」作「顥」。

〔二〕【集解】徐廣曰：「輵，音葛。」【索隱】郭璞云：「言曠遠深貌也。」

〔三〕【考證】漢書、文選「鉅」作「虡」。

〔四〕【集解】郭璞曰：「木貫鼓中，加羽葆其上，所謂樹鼓。」【考證】顏師古曰：翠華之旗，以翠羽爲旗上葆也。靈鼉之鼓，以鼉皮爲鼓。宇、鉅、鼓，韻。

〔五〕【集解】漢書音義曰：「葛天氏，古帝王號也。呂氏春秋曰『葛天氏之樂，三人操牛尾，投足以歌』。」【索隱】張揖曰：「葛天氏，三皇時君號也。呂氏春秋云『其樂三人持牛尾，投足以歌。八闋：一曰載人，二曰玄鳥，三曰遂草木，四曰奮五穀，五曰敬天常，六曰建帝功，七曰依地德，八曰總禽獸之極』。」【考證】呂氏春秋古樂篇。

〔六〕【集解】徐廣曰：「動，一作『動』。」【考證】郭璞曰：波，浪起也。愚按：波、播通。歌、和、波，韻。

〔七〕【集解】郭璞曰：「巴西閬中有俞水，獠人居其上，皆剛勇好舞，漢高募取以平三秦。後使樂府習之，因名巴俞舞也。」漢書音義曰：「于遮，歌曲名。」【索隱】郭璞曰：「巴西閬中有俞水，獠人居其上，好舞。初高祖募取以平三秦，後使樂人習之，因名巴俞舞也。」張揖曰：「禮樂記曰『宋音宴女溺志』。蔡人謳，員三人。楚詞云『吳謠蔡謳』。淮南鼓員四人，于遮曲是其意也。」【考證】文選「俞」作「渝」。漢書、文選「于」作「干」。錢大昕曰：「巴渝」當作「嗙喻」。說文引司馬相如說，引「淮南宋蔡舞嗙喻」，正據此賦，蓋以宋蔡嗙喻與淮南干遮對文也。王先謙曰：巴俞、蔡、淮南，並見漢書禮樂志。愚按：說文所引當是相如凡將篇句，與此賦没交涉，錢氏失考。

〔八〕【集解】郭璞曰：「未聞也。」【索隱】郭璞云「未聞」。文穎曰：「文成，遼西縣名，其縣人善歌。顛，益州顛縣，其人能作西南夷歌。顛，即滇也。」

〔九〕【集解】徐廣曰：「舉，一作『居』。」【考證】漢書、文選「舉」作「居」。顏師古曰：族，聚也。聚居而遞奏也。王念孫曰：居讀爲「舉」，古字通用。族舉者具舉也，遞奏者更奏也。

〔一〇〕【集解】郭璞曰：「鐺鼞，鼓音。」【考證】漢書、文選「鐺鼞」作「闛鞈」。

〔一一〕【集解】郭璞曰：「激楚，歌曲也。列女傳曰『聽激楚之遺風』也。」【索隱】文穎曰：「激楚，激急風也。結風，回風，回亦急風也。楚地風氣既自漂疾，然歌樂者猶復依激結之急風以爲節，其樂促迅哀切也。」【考證】文穎曰：「韶，舜樂也；濩，陽樂也；武，武王樂也。」張揖曰：「象，周公樂也。」李奇曰：「鄢，今宜城縣也。郢，楚都也。繽紛，舞貌也。」顏師古曰：「結風亦曲名也。」王先謙曰：「鄢郢繽紛，謂楚歌楚舞交雜並進，古歌必兼舞。激楚、結風並歌舞曲名。李專以『繽紛』爲舞貌，非也。楚辭『宮庭震驚發激楚些』，後漢邊讓傳『揚激楚之清宮兮，展新聲而長歌』。淮南子『揚鄭衛之浩樂，結激楚之遺風』，以鄭衛、激楚對文。文選嘯賦『收激楚之哀荒，節北里之奢淫』，以激楚、北里對文。皆與郭說激楚歌曲合。唐獨孤及詩『齊童如花解郢曲，起舞激楚歌采蓮』。激楚、采蓮對舉，尤激楚爲歌舞曲名之明證。徐陵玉臺新詠序『騁纖腰於結風』，此以結風爲舞曲也。」

〔一二〕【集解】徐廣曰：「韋昭云狄鞮，地名，在河內，出善倡者。」【考證】遮歌，起耳。音、風、倡，韻。

〔一三〕【索隱】郭璞云：「言恣其觀也。列女傳曰『桀造爛漫之樂』。」

〔一四〕【索隱】張揖曰：「靡，細；曼，澤也。韓子『曼服皓齒』也。」【考證】文選無「於後」二字。李笠曰：索隱本亦無「於後」二字。但「靡曼美色」四字，在「麗靡」句上，讀之較爲諧協。二「靡」字義同，古人文不避複。參存。

「若夫青琴、宓妃之徒，〔一〕絶殊離俗，〔二〕姣冶嫺都，〔三〕靚莊刻飭，便嬛綽約，〔四〕柔橈嬛嬛，〔五〕娬媚姌嫋；〔六〕抴獨繭之褕袘，〔七〕眇閻易以戌削，〔八〕媥姺徶㣯，與世殊服；〔九〕芬香漚鬱，酷烈淑郁；皓齒粲爛，宜笑的皪；〔一〇〕長眉連娟，微睇緜藐；〔一一〕

色授魂與，心愉於側。〔一二〕

〔一〕【集解】漢書音義曰：「皆古神女名。」【索隱】伏儼曰：「青琴，古神女也。」如淳曰：「宓妃，伏羲女，溺死洛水，遂爲洛水之神。」宓，音伏。

〔二〕【索隱】郭璞云：「俗無雙。」

〔三〕【索隱】姣冶閑都。郭璞云：「姣，好也。都，雅也。」詩云：「姣人嫽兮。」方言云：「自關而東，河濟之閒，凡好或謂之姣。」音絞。說文曰：「嫺，雅也。」或作「閑」。小雅曰都，盛也。【考證】蔡、凌、毛本，漢書、文選「姣」作「妖」。漢書「嫺」作「閑」。

〔四〕【集解】郭璞曰：「靚莊，粉白黛黑也。」【考證】文選「莊」作「粧」。漢書、文選「飭」作「飾」，與中統、游、毛本合。

〔五〕【集解】徐廣曰：「音娟。」【索隱】郭璞曰：「柔橈嬛嬛，皆骨體耎弱長艷貌也。」廣雅云：「嬛嬛，容也。」張揖曰：「嬛嬛，猶婉婉也。」【考證】文選「嬛嬛」作「嫚嫚」。顏師古曰：橈，動曲也。

〔六〕【集解】徐廣曰：「姌，音乃冄反。嫋，音弱。」【索隱】嫵媚孅弱。埤蒼云：「嫵媚，悅也。」通俗文云：「頰輔謂之嫵媚。」郭璞云：「孅弱，弱貌。」埤蒼曰：「孅弱，謂容體纖細柔弱也。」【考證】漢書、文選「娬」作「嫵」，「姌」作「孅」。

〔七〕【集解】徐廣曰：「抴，音曳。襜褕。」【索隱】褕袣。張揖云：「褕，襜褕也。袣，袖也。」郭璞曰：「獨繭，一繭絲也。」埤蒼云：「袘，衣長貌也。」【考證】漢書、文選「抴」作「曳」。袘，漢書作「袣」，文選作「絏」。

〔八〕【集解】徐廣曰：「閻易，衣長貌。戌削，言如刻畫作之。」【索隱】眇閻易以恤削。郭璞曰：「閻易，衣長貌。恤削，言如刻畫作也。」【考證】戌，漢書作「恤」，文選作「卹」。「戌削」解見上。

〔九〕【集解】郭璞曰：「媥姺徶循，衣服婆娑貌。」【正義】媥，白眠反。姺，言先。徶，音白結反。循音屑。【考證】

漢書、文選「媥姺徽循」作「便姍嫳屑」，「世」作「俗」。王先謙曰：「媥姺」即「蹁躚」。

〔一〇〕【索隱】郭璞曰：「鮮明貌也。」楚詞曰：「美人皓齒以姱。」又曰：「娥眉笑以的皪。」皪，音礫也。【考證】文選注引楚辭曰「嫮目宜笑娥眉曼」。

〔一一〕【索隱】郭璞曰：「連娟，眉曲細也。緜藐，遠視貌也。」娟，音一全反。睇，大計反。藐，音邈。【考證】沈欽韓曰：宋玉舞賦「眉連娟以增繞，目流睇而橫波」。王念孫曰：緜藐，好視也。下文云「色授魂予，心愉於側」，則非謂視遠貌也。

〔一二〕【索隱】張揖曰：「彼色來授我，我魂往與接也。」愉，音踰，往也。愉，悦也。二義並通也。【考證】漢書「與」作「予」。顔師古曰：愉，樂也。俗、飭、約、嫋、削、循、服、郁、皪、藐、側，韻。曾國藩曰：以上置酒張樂。

「於是酒中樂酣，天子芒然而思，似若有亡。〔一〕曰：『嗟乎，此泰奢侈！朕以覽聽餘閒，無事弃日，〔二〕順天道以殺伐，時休息於此，〔三〕恐後世靡麗，遂往而不反，非所以爲繼嗣創業垂統也。』〔四〕於是乃解酒罷獵，而命有司曰：『地可以墾辟，悉爲農郊，以贍萌隸；〔五〕隤牆填塹，使山澤之民得至焉。〔六〕實陂池而勿禁，〔七〕虚宮觀而勿仞。〔八〕發倉廩以振貧窮，補不足，恤鰥寡，存孤獨。出德號，省刑罰，改制度，易服色，更正朔，與天下爲始。』〔九〕

〔一〕【考證】顔師古曰：酒中，飲酒中半也。樂酣，奏樂洽也。似若有亡，如有失也。

〔二〕【正義】言聽政餘暇，不能棄日也。【考證】漢書、文選「泰」作「大」。蘇輿曰：言閒居無事，是虚棄此日，故順天殺伐，注未晰。

〔三〕【正義】郭云：「謂苑囿中也。」【考證】郭璞曰：因秋氣也。

〔四〕【考證】文選「世」作「葉」。漢書、文選「反」作「返」。

〔五〕【正義】邑外曰郊。言於郊野之中營農事也。【考證】漢書、文選「是」下有「乎」字。文選「辟」作「闢」。漢書「萌」作「氓」。

〔六〕【正義】言得芻牧樵采也。

〔七〕【正義】實，滿也。言人滿陂池，任采捕所取也。【考證】司馬彪曰：養魚鼈滿陂池，而不禁民取也。中井積德曰：實，填也。愚按：中說較長。

〔八〕【正義】仞，音刃，亦滿也。言離宮別館，勿令人居止，並廢罷也。【考證】仞、牣通。郭璞曰：虛，言不聚人衆其中也。李笠曰：郭言人衆，當兼輿服車馬奴婢而言。

〔九〕【考證】漢書、文選「更」作「革」。

「於是歷吉日以齊戒，襲朝衣，乘法駕，建華旗，鳴玉鸞，〔一〕游乎六藝之囿，〔二〕騖乎仁義之塗，覽觀春秋之林，〔三〕射貍首，兼騶虞，〔四〕弋玄鶴，建干戚，〔五〕載雲罕，〔六〕揜羣雅，〔七〕悲伐檀，〔八〕樂樂胥，〔九〕修容乎禮園，〔一〇〕翺翔乎書圃，〔一一〕述易道，〔一二〕放怪獸，〔一三〕登明堂，坐清廟，〔一四〕恣羣臣，奏得失，四海之內，靡不受獲。〔一五〕於斯之時，天下大說，嚮風而聽，隨流而化，喟然興道而遷義，刑錯而不用，〔一六〕德隆乎三皇，功羨於五帝。〔一七〕若此，故獵乃可喜也。

〔一〕【正義】朝衣，謂衮龍之服也。法駕，六馬也。【考證】文選「齊」作「齋」。漢書、文選「衣」作「服」。

〔二〕【正義】六藝云，言田獵訖，則遍遊六藝，而疾驅於仁義之道也。【考證】郭璞曰：六藝，禮樂射御書數也。顏師古曰：此「六藝」，謂六經者也。錢泰吉曰：正義「六藝云」下，疑有脱文。

〔三〕【集解】郭璞曰：「春秋所以觀成敗，明善惡者。」【考證】漢書、文選「騖」上有「馳」字。王先謙曰：游其囿，馳其塗，覽其林，皆以射獵之地借喻也。

〔四〕【集解】禮射義曰：「天子以騶虞爲節，諸侯以貍首爲節。騶虞者，樂官備也。貍首者，樂會時也。」【正義】說文云：「騶虞，白虎黑文，尾長於身，太平乃至，天子射以爲節。」山海經云：「如虎五采，日行千里。」周禮云：「九射，王以騶虞爲節，諸侯以貍首爲節，大夫以采蘩爲節。」鄭云：「樂章名也。」禮射義云：「騶虞者，樂官備也。貍首者，樂會時也。采蘋者，樂循法也。采蘩者，樂不失職也。是故天子以備官爲節，諸侯以時會天子爲節，卿大夫以循法度爲節，士以不失職爲節。」按：貍首，逸詩。騶虞，邵南之卒章。

〔五〕【考證】曾國藩曰：干戚，當作「干羽」。此處當用韻，不似四句即韻者。

〔六〕【索隱】張揖云：「罕，畢也。」文穎曰：「即天畢，星名。前有九旒雲罕之車。」案：說者以雲罕爲旌旗，非也。且案中朝鹵簿圖云「雲罕駕駟」，不兼言九旒，罕車與九旒車別。【正義】鶴，古或反。禮射義作「鵠」，音同。【考證】弋亦射也。李善曰：尚書大傳曰「舜樂歌曰和伯之樂，舞玄鶴」。中井積德曰：玄鶴，疑古樂名。漢書、文選「建」作「舞」。王先謙曰：雲罕，自是罼網。雲罕九旒，自是旌旗。愚按：載雲罕，建雲罕九旒爲前驅也。雲罕，旌旗之名。此文每句三字，三字一事，王氏誤連讀「載雲罕揜羣雅」六字，遂以雲罕爲罼網，非是。梁玉繩曰：案上有「玄鶴加，轔玄鶴」二句，并此三見矣。他若平原、蕙圃、青蘋、衡蘭、江離、蘪蕪、白虎、野馬、鴛雛、孔鸞、騊駼、駿驥、瑇瑁之類，重用複出，豈非文之疵病歟？而彌節、裴回、翱翔、往來則全文疊見，蓋未檢也。

〔七〕【集解】漢書音義曰：「大雅、小雅也。」【索隱】揜，捕也。張揖曰：「詩小雅之材七十四人，大雅之材三十一人，故曰羣雅也。言雲罕載之於車，以捕羣雅之士。」【考證】三字一意，不與上句相涉。王先謙曰：揜羣雅，網羅賢俊之意。

〔八〕【索隱】張揖曰：「其詩刺賢者不遇明主也。」【正義】伐檀，魏國之詩，刺在位貪鄙也。

〔九〕【索隱】毛詩云：「君子樂胥，受天之祐。」言王者樂得賢材之人，使之在位，故天與之福祿也。胥，音先呂反。【考證】詩小雅桑扈篇。

〔一〇〕【正義】禮所以自修飾整威儀也。

〔一一〕【正義】尚書所以明帝王君臣之道也。

〔一二〕【正義】易所以絜靜微妙，上辨二儀陰陽，中知人事，下明地理也。言田獵乃射訖，又歷涉六經之要也。【考證】錢泰吉曰：正義「乃」疑「及」。

〔一三〕【正義】張揖云：「苑中奇怪之獸不復獵也。」【考證】中井積德曰：放怪獸，不復畜也。

〔一四〕【正義】明堂有五帝廟，故言「清廟」，王者朝諸侯之處。

〔一五〕【正義】言天下之人無不受恩惠。【考證】文選「恣」作「次」。

〔一六〕【索隱】喟，漢書作「芔」，音許貴反。【考證】郭璞曰：芔，猶勃也。

〔一七〕【索隱】司馬彪云：「羨，溢也。」音怡戰反。【正義】羨，饒也。

「若夫終日暴露馳騁，勞神苦形，罷車馬之用，抏士卒之精，〔一〕費府庫之財，而無德厚之恩，務在獨樂，不顧衆庶，忘國家之政，而貪雉兔之獲，則仁者不由也。從此觀之，齊、楚之事，豈不哀哉！地方不過千里，而囿居九百，是草木不得墾辟，而民無所食也。夫以諸侯之細，而樂萬乘之所侈，僕恐百姓之被其尤也。」〔二〕

〔一〕【索隱】抏，音五官反。【正義】抏，挫也，蔽也。【考證】漢書、文選無「暴露」二字。顏師古曰：罷讀曰疲。

〔二〕【考證】何焯曰：萬乘之所侈，謂天子猶此太奢侈者也。文選無「所」字，非也。漢書、文選「姓」下無「之」字。

於是二子愀然改容，超若自失，〔一〕逡巡避席曰：「鄙人固陋，不知忌諱，乃今日見教，謹聞命矣。」〔二〕

〔一〕【索隱】郭璞云：「愀，變色貌。」音作酉反。

〔二〕【考證】漢書、文選「聞」作「受」。

賦奏，天子以爲郎。無是公言天子上林廣大，山谷水泉萬物，及子虛言楚雲夢所有甚衆，侈靡過其實，且非義理所尚，〔一〕故刪取其要，歸正道而論之。〔二〕

〔一〕【考證】漢書「過」上有「多」字，「尚」作「止」。梁玉繩曰：左思三都賦序、文心雕龍夸飾篇並稱「相如之賦，詭濫不實」。余謂上林地本廣大，且天子以天下爲家，故所敘山谷水泉，統形勝而言之。至其羅陳萬物，亦惟麟鳳蛟龍一二語爲增飾。觀西京雜記、三輔黃圖，則奇禽異木貢自遠方，似不全妄。況相如明著其指，曰「子虛」、「烏有」、「亡是」，是特主文譎諫之義爾，不必從地望所奠、土毛所産而較有無也。

〔二〕【索隱】大顔云：「不取其夸奢靡麗之論，唯取終篇歸於正道耳。」小顔云：「刪要，非謂削除其詞，而説者謂此賦已經史家刊剟，失之也。」【考證】王先謙曰：玩此賦文辭，首尾完具，即所謂侈靡失實者固在，豈爲刊剟之本刪定也。愚按：此言司馬相如刪定無是、子虛之語也。王維楨曰：此子長史筆斷案，而非長卿自作傳，明矣。

相如爲郎數歲，會唐蒙使略通夜郎、西僰中，〔一〕發巴、蜀吏卒千人，〔二〕郡又多爲發，轉漕萬餘人，用興法誅其渠帥，〔三〕巴、蜀民大驚恐。上聞之，乃使相如責唐蒙，因喻告巴、蜀民以非上意。〔四〕檄曰：

〔一〕【集解】徐廣曰：「羌之別種也。音扶逼反。」【索隱】張揖曰：「蒙，故鄱陽令，今爲郎中，使行略取之。」文穎曰：「夜郎、僰中，皆西南夷。後以爲夜郎，屬牂柯，僰屬犍爲。音步北反。」【考證】中井積德曰：「西」字疑衍，漢書無之。王先謙曰：開二郡，事在建元六年，相如已爲郎數歲，是獻賦在武帝即位初矣。通夜郎、僰中，詳西南夷傳。

〔二〕【索隱】案：巴、蜀，二郡名。

〔三〕【集解】漢書曰「用軍興法」也。【考證】興法，即軍興法，解在下文，又見驃騎將軍傳。錢大昕曰：晉書刑法志云「魏文侯時，李悝著法經八篇，蕭何又益興廐户三篇」。

〔四〕【考證】張文虎曰：蔡、中統、游、毛本「唐蒙」下有「等」字，與漢書合。愚按：楓、三本亦有。凌稚隆曰：「非上意」三字，喻民本旨，太史公特首揭之。

告巴、蜀太守：蠻夷自擅，不討之日久矣，時侵犯邊境，勞士大夫。陛下即位，存撫天下，輯安中國。〔一〕然後興師出兵，北征匈奴，單于怖駭，交臂受事，詘膝請和。〔二〕康居西域，重譯請朝，稽首來享。〔三〕移師東指，閩越相誅。右弔番禺，太子入朝。〔四〕南夷之君，西僰之長，常效貢職，不敢怠墮，〔五〕延頸舉踵，喁喁然皆争歸義，欲爲臣妾，〔六〕道里遼遠，山川阻深，不能自致。夫不順者已誅，而爲善者未賞，故遣中郎將往賓之，〔七〕發巴、蜀士民各五百人，以奉幣帛，衞使者不然，靡有兵革之事，戰鬭之患。〔八〕今聞其乃發軍興制，驚懼子弟，憂患長老，〔九〕郡又擅爲轉粟運輸，皆非陛下之意也。當行者或亡逃自賊殺，亦非人臣之節也。

〔一〕【考證】輯安，漢書作「集安」，文選作「安集」。

〔二〕【考證】王先謙曰：元光三年，從大行王恢議，誘匈奴擊之，無功，然匈奴貪漢財物，漢亦通關市不絶，以中之。詳匈奴傳。屈膝請和，蓋飾言之。李善曰：戰國策「張儀曰『儀交臂而事齊楚』」。愚按：「交臂」與「交手」同，謂拱手也。史記蘇秦傳「西面事秦，交臂而服」，西面交臂而臣事秦，義並同。

〔三〕【考證】漢書、文選「請朝」作「納貢」。文選「首」作「顡」。顔師古曰：享，獻也，獻其國珍也。王先謙曰：西域傳「漢興至于孝武，事征四夷廣威德，而張騫始開西域之迹」。據史張騫傳，騫使西域，以元朔三年歸，喻巴蜀時，西域、康居疑尚未通中國，乃相如夸飾之辭。或其時偶有通貢之事，史無明文耶？

〔四〕【索隱】文穎曰：「番禺，南海郡理也。弔，至也。東伐閩越，後至番禺，故言右至也。」案：姚氏弔讀如字。小顔云「兩國相伐，漢發兵救之，令弔番禺，故遣太子入朝。弔非至也」。【考證】弔，恤也。指閩越，弔番禺在建元六年，事詳南越傳。番禺，即南越。

〔五〕【考證】怠墮，漢書作「惰怠」，文選作「墯怠」。

〔六〕【正義】喁，五恭反，口向上也。【考證】桃源抄云：淮南子云「群生莫不喁然仰其治」。漢書、文選「争歸義」作「鄉風慕義」。

〔七〕【索隱】賈逵云：「賓，伏也。」【正義】賓，往賓服而賜之也。【考證】徐孚遠曰：賓，謂以賓見諸侯之禮接之。

〔八〕【考證】漢書、文選「士民」作「之士」。漢書無「帛」字。「不然」，猶言「不虞」也。

〔九〕【索隱】張揖曰：「發三軍之衆也。興制，謂起軍法制也。」案：唐蒙爲使，而用軍興法制也。【考證】徐鴻鈞曰：案軍興，是漢法名。周禮地官「旅師，平頒其興積」，鄭氏注云「縣官徵物曰興。今云『軍興』是也」。據此則軍興，不當析讀。上文云「用軍興法，誅其渠率」，又漢書雋不疑傳「以軍興法誅不從命者」，義並同。

夫邊郡之士，聞烽舉燧燔，〔一〕皆攝弓而馳，荷兵而走，〔二〕流汗相屬，唯恐居後，觸白刃，冒流矢，義不反顧，計不旋踵，人懷怒心，如報私讎。〔三〕彼豈樂死惡生，非編列之民，而與巴、蜀異主哉？〔四〕計深慮遠，急國家之難，而樂盡人臣之道也。故有剖符之封，析珪而爵，〔五〕位爲通侯，居列東第。〔六〕終則遺顯號於後世，傳土地於子孫，行事甚忠敬，居位甚安佚，名聲施於無窮，功烈著而不滅。〔七〕是以賢人君子，肝腦塗中原，膏液潤野草而不辭也。〔八〕今奉幣役至南夷，即自賊殺，或亡逃抵誅，身死無名，謚爲至愚，恥及父母，爲天下笑。〔九〕人之度量相越，豈不遠哉！然此非獨行者之罪也，父兄之教不先，子弟之率不謹也；寡廉鮮恥，而俗不長厚也。〔一〇〕其被刑戮，不亦宜乎！

〔一〕【集解】漢書音義曰：「烽，如覆米䉛。縣著桔槔頭，有寇則舉之。燧，積薪，有寇則燔然之。」【索隱】熢燧。韋昭曰：「熢，束草置之長木之端，如挈皋，見敵則燒舉之。燧者，積薪，有難則焚之。熢主晝，燧主夜。」字林云：「䉛，漉米籔也，音一六反。」又纂要云：「䉛，淅箕也。」此注是孟康說。【考證】中井積德曰：燧見烟，烽見火，是烽主夜，燧主晝也。注正相反。

〔二〕【索隱】攝弓，上音奴頰反。【考證】攝，持也。

〔三〕【考證】漢書、文選「義」作「議」。

〔四〕【考證】顏師古曰：編列，謂編户也。

〔五〕【索隱】如淳曰：「析，中分也，白藏天子，青在諸侯也。」

〔六〕【索隱】列甲第，在帝城東，故云東第也。

〔七〕【考證】漢書「行事」作「事行」。

〔八〕【考證】董份曰：當時巴蜀民未嘗知兵，故以邊城之習戰者風示之。

〔九〕【考證】李善曰：諡猶號。

〔一〇〕【考證】漢書、文選「謹」下無「也」字。

陛下患使者有司之若彼，悼不肖愚民之如此，故遣信使曉喻百姓以發卒之事，因數之以不忠死亡之罪，讓三老孝弟以不教誨之過。〔一〕方今田時，重煩百姓，〔二〕已親見近縣，〔三〕恐遠所谿谷山澤之民不徧聞，檄到，亟下縣道，〔四〕使咸知陛下之意，唯毋忽也。〔五〕

〔一〕【正義】百官表云：「十里一亭，亭有長。十亭一鄉，鄉有三老、有秩、嗇夫、游徼。三老，掌教化。嗇夫，職聽訟收賦稅。游徼，備盜賊。」【考證】顏師古曰：數，責也，音所具反。讓，責也，責其教誨不備也。李善曰：漢書景帝詔曰：「置三老孝弟，以道民焉。」

〔二〕【索隱】重，猶難也。

〔三〕【考證】顏師古曰：近縣之人，使者已自見而口諭之矣。故爲檄文，馳以示遠所也。

〔四〕【集解】漢書百官表曰：「縣有蠻夷曰道。」【索隱】亟，音紀力反。亟，急也。

〔五〕【考證】漢書無「之」字、「也」字。顏師古曰：忽，怠忽也。

相如還報。唐蒙已略通夜郎，因通西南夷道，發巴、蜀、廣漢卒，〔一〕作者數萬人。治道二歲，道不成，士卒多物故，費以巨萬計。〔二〕蜀民及漢用事者多言其不便。〔三〕是時邛、筰之君長聞南夷與漢通，得賞賜多，〔四〕多欲願爲內臣妾，請吏，比南夷。〔五〕天子問相如，相如曰：「邛、筰、冄駹者，近蜀，道亦易通，〔六〕秦時嘗通爲郡縣，至漢興而罷。今誠復通，爲置郡縣，愈於南夷」。〔七〕天子以爲然，乃拜相如爲中郎將，建節往使。〔八〕副使王然于、壺充國、呂越人馳四乘之傳，因巴、蜀吏幣物，以賂西夷。至蜀，〔九〕蜀太守以下郊迎，縣令負弩矢先驅，〔一〇〕蜀人以爲寵。〔一一〕於是卓王孫、臨邛諸公皆因門下獻牛酒以交驩。〔一二〕卓王孫喟然而歎，自以得使女尚司馬長卿晚，而厚分與其女財，與男等同。〔一三〕司馬長卿便略定西夷，〔一四〕邛、筰、冄駹、斯榆之君，皆請爲内臣。〔一五〕除邊關，關益斥，〔一六〕西至沫、若水，〔一七〕南至牂柯爲徼，〔一八〕通零關道，〔一九〕橋孫水，〔二〇〕以道邛都。〔二一〕還報天子。天子大說。

〔一〕**【考證】**廣漢，郡名，事詳西南夷傳。

〔二〕**【索隱】**案：巨萬，猶萬萬也。案：數有大小二法。張揖曰「算法萬萬爲億」，是大數也。鬻子曰「十萬爲億」，是小數也。**【正義】**物故，死也，如衆物之故而零落也。**【考證】**漢書蘇武傳「前以降及物故」，顏師古曰：物故謂死也。言其同鬼物而故也。一説不欲斥言，但云其所服用之物皆已故耳，説者妄欲改「物」爲「勿」，非也。宋祁曰：物，當從南本作「歾」，音「没」。王念孫曰：釋名「漢以來，謂死爲物故，言其諸物皆就朽故」也。史記張丞相傳集解引高堂隆答魏朝訪曰「物，無也。故，事也。言無所能於事」。念孫案：宋説近之。「物」與「歾」同，説文「歾，終也。或作殁」。歾、物，聲近而字通。今吴人言「物」字，聲如「没」，語有輕重耳。物故，猶言死亡。楚元王傳云「物故流離，以十萬數」。夏侯勝傳云「百姓流離物故者過半」，「物故」與「流離」對文。諸家皆不知「物」爲「歾」之借字。愚按：物故，猶言事故，戰死病没皆是，説見匈奴傳。

〔三〕**【索隱】**案：謂公孫弘也。

〔四〕【索隱】邛、筰之君長。文穎曰：「邛者，今爲邛都縣；筰者，今爲定筰縣：皆屬越巂郡。」【正義】邛、筰二國，在蜀西，解在西南夷傳也。【考證】邛，今四川寧遠府地。筰，今雅州清溪縣，唐置黎州。

〔五〕【索隱】謂請置漢吏，與南夷爲比例也。

〔六〕【正義】冄駹，一國，在蜀西。解在西南夷傳也。【考證】冄駹，今茂州。

〔七〕【索隱】張揖曰：「愈，差也。」又云：「愈，猶勝也。」晉灼曰：「南夷謂犍爲、牂柯也。西夷，謂越巂、益州。」【正義】愈，勝也。

〔八〕【索隱】張揖曰：「秩四百石，五歲遷補大縣令。」【考證】王先謙曰：此及上文中郎將，與漢書同。西南夷傳並作「郎中將」，漢書亦同。未知孰是。漢百官志中郎有五官，左右三將，秩皆比二千石。郎中有車戶騎三將，秩皆比千石，非四百石也。沈家本曰：是時相如至蜀，蜀太守以下郊迎，縣令負弩矢先驅，其非五歲補縣令之郎可知矣。

〔九〕【索隱】案：漢書公卿表太初元年，充國爲鴻臚卿也。【考證】王先謙曰：四乘亦急傳也。六乘傳，見吳王濞傳。七乘傳，見漢書武五子傳。漢書「西」下有「南」字。

〔一〇〕【索隱】案：亭吏二人，弩矢合是亭長負之；今縣令自負矢，則亭長當負弩也。且負弩亦守宰無定，或隨輕重耳。案：霍去病出擊匈奴，河東太守郊迎負弩。又魏公子救趙擊秦，秦軍解去，平原君負韊矢，迎公子於界上。【考證】王先謙曰：傳明言縣令負弩矢，索隱既謂「隨時輕重」，又言「亭長當負弩」，文義兩失矣。

〔一一〕【索隱】蜀以爲寵。華陽國志云：「蜀大城北十里有升仙橋，有送客觀也。相如初入長安，題其門云『不乘赤車駟馬，不過汝下』也。」【考證】寵，猶榮也。

〔一二〕【考證】淩稚隆曰：應轉卓王孫臨邛一段。

〔一三〕【索隱】小顏云：「尚，猶配也。」本或作「當」也。【考證】李笠曰：尚、上同。時長卿已貴，故云尚。作「當」

非。漢書無「等」字。

〔一四〕【考證】漢書「便」作「使」。「西」下有「南」字，非是。

〔一五〕【索隱】斯，鄭氏音曳。張揖云「斯俞，國也」。案：今斯讀如字，益部耆舊傳謂之「斯臾」。華陽國志邛都縣有四部，斯臾一也。【正義】斯渝國，在蜀南，解在西南夷傳。【考證】今雅州府天全州。

〔一六〕【索隱】張揖曰：「斥，廣也。」【考證】漢書不重「關」字，蓋脱文也。王先謙曰：言除去舊設之關，更於新開之地置關也。益斥，文意連下。

〔一七〕【索隱】張揖曰：「沫水，出蜀廣平徼外，與青衣水合也。若水，出旄牛徼外，至僰道入江。」華陽國志漢嘉縣有沫水。音妹，又音末。【考證】齊召南曰：張揖注「廣平」當作「廣柔」。

〔一八〕【索隱】張揖曰：「徼，塞也。以木柵水爲蠻夷界。」【考證】中井積德曰：徼者邊疆之限也，何必論木水？

〔一九〕【集解】徐廣曰：「越巂有零關縣。」【考證】漢書「零關」作「靈山」。齊召南曰：以地理志證之，越巂有靈關道，則「山」字訛也。錢大昭曰：兩漢志俱作「靈關道」。愚按：靈、零通用。

〔二〇〕【集解】韋昭曰：「爲孫水作橋。」

〔二一〕【索隱】橋孫水通筰。韋昭曰：「爲孫水作橋也。」案：華陽國志云「相如卒開僰道，通南夷，置越巂郡。韓説開益州，唐蒙開牂柯，斬筰王首，置牂柯郡」也。【考證】索隱出「通筰」二字，漢書作「通邛筰」。王念孫曰：「邛都」當從漢書作「邛莋」。上文言「邛、莋、冄駹，皆請爲内臣」，下文言「朝冄從駹定莋存邛」，則此不得言但通邛都也。

相如使時，蜀長老多言通西南夷不爲用，唯大臣亦以爲然。〔一〕相如欲諫，業已建之，不敢，〔二〕乃著書，籍以蜀父老爲辭，而己詰難之，以風天子，〔三〕且因宣其使指，令百姓知天子之意。〔四〕其辭曰：

〔一〕【考證】唯、雖通。大臣，公孫弘。

〔二〕【索隱】案：業者，本也。謂本由相如立此事也。【考證】中井積德曰：業亦既也，相如嘗贊成之，故曰「建之」也。

〔三〕【正義】籍，音借。【考證】漢書「籍」作「藉」。顏師古曰：藉，假也。風，讀曰諷。

〔四〕【考證】何焯曰：此篇仍賦頌之體，較之前檄，爲辭勝事。

漢興七十有八載，〔一〕德茂存乎六世，〔二〕威武紛紜，湛恩汪濊，〔三〕羣生澍濡，洋溢乎方外。〔四〕於是乃命使西征，隨流而攘，〔五〕風之所被，罔不披靡。因朝冄從駹，定筰存邛，略斯榆，舉苞滿，〔六〕結軼還轅，東鄉將報，至于蜀都。〔七〕

〔一〕【集解】徐廣曰：「元光六年也。」

〔二〕【正義】高祖、惠帝、高后、孝文、孝景、孝武。

〔三〕【索隱】韋昭云：「湛恩，上音沈。」【正義】紛紜，威武盛也。汪濊，深廣也。

〔四〕【正義】顧野王云：「時雨所以澍萬物也。」【考證】漢書、文選「澍」作「霑」。載、世、濊、外，韻。

〔五〕【索隱】攘，卻也，汝羊反。

〔六〕【索隱】服虔云：夷種也。「滿」字或作「蒲」也。【考證】漢書、文選作「蒲」，即靡莫。

〔七〕【索隱】結軼，下音轍。漢書作「軌」。張揖云：「結，屈也。」【考證】軼，諸本作「軌」，今從索隱本。王念孫曰：今本作「軌」，依漢書改。征、攘、被、靡、駹、邛、榆、蒲、都，韻。

耆老大夫薦紳先生之徒二十有七人，儼然造焉。辭畢，因進曰：〔一〕「蓋聞天子之於夷狄也，其義羈縻勿絶而已。〔二〕今罷三郡之士，通夜郎之塗，三年於茲，而功不竟，〔三〕士卒勞倦，萬民不贍，今又接以西夷，〔四〕百姓力屈，恐不能卒業，此亦使者之累也，竊爲左右患之。且夫邛、筰、西僰之與中國並也，歷年茲多，不可記已。〔五〕仁者不以德來，彊者不以力并，意者其殆不可乎！〔六〕今割齊民以附夷狄，〔七〕弊所恃以事無用，〔八〕鄙人固陋不識所謂。」

〔一〕【考證】顏師古曰：辭，謂初謁見之辭。

〔二〕【索隱】案：羈，馬絡頭也。縻，牛韁也。漢官儀「馬云羈，牛云縻」。言制四夷如牛馬之受羈縻也。【考證】文選「於」作「牧」。中井積德曰：縻亦以馬言，是小索牽馬。圉人所執，亦與轡異。

〔三〕【考證】顏師古曰：罷讀曰疲。

〔四〕【考證】漢書、文選「接」下有「之」字。

〔五〕【正義】言邛、筰、西僰立國以來，與中國年月等，不可記録。【考證】顏師古曰：已，語終之辭。

〔六〕【正義】言自古帝王，雖仁治不能招來，雖强力不能并兼，以其路遠，殆不可通。【考證】顏師古曰：以其險遠，理不可也。

〔七〕【考證】何焯曰：附，附益之也。割齊民，謂賂以巴蜀吏幣物。

〔八〕【正義】所恃，齊民，言帝王依恃。無用，謂夷狄也。

使者曰：「烏謂此邪？必若所云，則是蜀不變服，而巴不化俗也。〔一〕余尚惡聞若説。〔二〕然斯事體大，固非觀者之所覯也。余之行急，其詳不可得聞已，請爲大夫麤陳

其略。〔三〕

〔一〕【正義】言巴蜀蠻夷本椎髻左衽，今從中國服俗也。若西南夷不可通，即巴蜀服俗不應變改。

〔二〕【索隱】張揖曰：「惡聞若曹之言也。」包愷音一故反。又音烏。烏者，安也。【考證】漢書、文選「余」作「僕」。文選「尚」作「常」。顏師古曰：若，如也。言僕猶惡聞如此之說，況乎遠識之人也。

〔三〕【考證】漢書、文選「麤」作「粗」。

「蓋世必有非常之人，然後有非常之事；有非常之事，然後有非常之功。非常者，固常人之所異也。〔一〕故曰，非常之原，黎民懼焉；〔二〕及臻厥成，天下晏如也。

〔一〕【索隱】案：常人見之以爲異。【考證】文選「功」下有「夫」字。「固常」下「人」字，楓、三本、毛本有，與漢書、文選合，今依補。

〔二〕【索隱】張揖曰：「非常之事，其本難知，衆人懼也。」【考證】漢書「原」作「元」。顏師古曰：元，始也。

「昔者鴻水浡出，氾濫衍溢，民人登降移徙，陭嶇而不安。〔一〕夏后氏戚之，乃堙鴻水，決江疏河，漉沈贍菑，〔二〕東歸之於海，而天下永寧。當斯之勤，豈唯民哉。〔三〕心煩於慮，而身親其勞，躬胝無胈，膚不生毛。〔四〕故休烈顯乎無窮，聲稱浹乎于茲。〔五〕

〔一〕【考證】漢書、文選「鴻」作「洪」，「浡」作「沸」，「登」作「升」，「陭嶇」作「崎嶇」。

〔二〕【集解】徐廣曰：「漉，一作『灑』。」【索隱】漉沈澹菑。漉音鹿。菑，音災。漢書作「澌沈澹灾」，解者云「澌作『灑』，灑，分也，音所綺反。澹，安也；沈，深也。澹，音徒暫反」。【考證】堙鴻水，漢書作「堙洪原」，文選作「湮洪塞源」。漉沈贍菑，漢書、文選作「灑沈澹災」。愚按：堙，猶遏也，抑也。說詳河渠書。中井積德曰：贍如字，訓救可也。漢書不必據。

〔三〕【索隱】案：謂非獨人勤，禹亦親其勞也。

〔四〕【集解】徐廣曰：「胝，音竹移反。胈，踵也。一作『腠』，音湊。膚，理也。胈，音魃。」【索隱】躬奏胝無胈。張揖曰：「奏，作『戚』。躬，體也。戚，腠理也。」韋昭曰：「胈，其中小毛也。」胝，音丁私反。莊子云「禹腓無胈，脛不生毛」。李頤云「胈，白肉也，音蒲末反」。【考證】「躬」下漢書有「僬骿」二字，文選有「腠」字，索隱本有「奏」字。愚按：無者爲正。荀子子道篇「手足胼胝」，胝，皮厚也。

〔五〕【正義】浹，徹也。【考證】于茲，今茲也。

「且夫賢君之踐位也，豈特委瑣握齪，拘文牽俗，循誦習傳，當世取說云爾哉！〔一〕必將崇論閎議，創業垂統，爲萬世規。故馳騖乎兼容并包，而勤思乎參天貳地。〔二〕且詩不云乎：『普天之下，莫非王土；率土之濱，莫非王臣。』〔三〕是以六合之內，八方之外，浸潯衍溢，懷生之物有不浸潤於澤者，賢君恥之。〔四〕今封疆之內，冠帶之倫，咸獲嘉祉，靡有闕遺矣。而夷狄殊俗之國，遼絕異黨之地，舟輿不通，人迹罕至，政教未加，流風猶微。〔五〕內之則犯義侵禮於邊境，外之則邪行橫作，放弒其上。〔六〕君臣易位，尊卑失序，父兄不辜，幼孤爲奴，係纍號泣，〔七〕內嚮而怨曰『蓋聞中國有至仁焉，德洋而恩普，物靡不得其所，今獨曷爲遺己』。〔八〕舉踵思慕，若枯旱之望雨。〔九〕盭夫爲之垂涕，況乎上聖，又惡能已？〔一〇〕故北出師以討彊胡，南馳使以誚勁越。四面風德，二方之君鱗集仰流，願得受號者以億計。〔一一〕故乃關沬、若，徼牂柯，鏤零山，梁孫原。〔一二〕創道德之塗，垂仁義之統。將博恩廣施，遠撫長駕，使疏逖不閉，〔一三〕阻深闇昧〔一四〕得耀乎光明，以偃甲兵於此，而息誅伐於彼。〔一五〕遐邇一體，中外提福，不亦康乎？〔一六〕夫拯民於沈溺，奉至尊之休德，反衰世之陵遲，繼周氏之絕業，斯乃天子之急務也。〔一七〕百姓雖勞，又惡可以已哉？〔一八〕

〔一〕【索隱】孔文祥云：「委瑣，細碎。握躪，局促也。」【正義】拘文牽俗。言武帝常拘繫脩法之文，牽引隨俗之化。【考證】文選「握」作「喔」，「循」作「脩」。顏師古曰：說，讀曰悅，言非直因循自誦習所傳聞，取美悅於當時而已。

〔二〕【索隱】案：天子比德於地，是貳地也。與己并天爲三，是參天也。故禮曰「天子與天地參」是也。

〔三〕【集解】毛詩傳曰：「濱，涯也。」【考證】詩小雅北山之篇。

〔四〕【索隱】浸淫。案：浸淫，猶漸浸。【正義】六合，天地四方。八方，四方及四維也。【考證】楓、三本及漢書、文選「潯」作「淫」。顏師古曰：浸淫，猶漸漬也。衍溢，言有餘也。

〔五〕【考證】漢書、文選「輿」作「車」。

〔六〕【考證】文選「犯」上有「時」字。漢書、文選「弒」作「殺」。內外自漢言之。王先謙曰：其於中國則犯邊，在其國則放弒。

〔七〕【正義】纍，音力追反。言爲人掠獲，而係纍爲奴，離別號泣，內向怨天子化不至也。【考證】文選「兄」作「老」。漢書、文選「奴」下有「虜」字。中井積德曰：不辜，謂不辜而被戮也。

〔八〕【考證】漢書、文選「洋」下無「而」字。凌稚隆曰：如東征西夷怨之意。愚按：「恩普」下，諸本有「洋溢貌」，集解、慶長本無。張文虎曰：洋溢已見上文，此後人旁注誤混，今刪。

〔九〕【考證】分明學孟子。

〔一〇〕【集解】徐廣曰：「盭，音戾。」【索隱】張揖曰：「很戾之夫也。」字或作「戾」。盭，古「戾」字。【考證】惡，漢書作「烏」，文選作「焉」。顏師古曰：已，止也。

〔一一〕【索隱】二方，謂西夷邛、僰，南夷牂柯、夜郎也。【考證】顏師古曰：誚，責也。號，謂爵號也。瞿鴻禨曰：鱗，魚也。鱗集，猶言魚聚而向流，不必定爲鱗之相次。

〔一二〕【集解】漢書音義曰：「以沬、若水爲關。」【正義】鑿靈山通以關也。【考證】慶長本標記云：正義本「零」作「靈」。愚按：漢書、文選亦作「靈」。

〔一三〕【索隱】逖，遠。言其疏遠者不被閉絶也。【正義】遠撫安，長駕御。言帝德廣被若親臨。【考證】王先謙曰：長駕，猶遠馭。

〔一四〕【索隱】曶爽闇昧。三蒼云：「曶爽，早朝也。曶，音昧。」案：字林又音忽。【考證】索隱本「阻深」作「曶爽」，與漢書、文選合。王念孫曰：作「曶爽」者是也。漢書郊祀志「昒爽」，顏師古云：昒爽，未明之時也。義與「闇昧」相近。若作「阻深」，則與下句義不相屬。

〔一五〕【考證】漢書、文選「誅」作「討」。

〔一六〕【集解】徐廣曰：「提，一作『禔』，音支。」【索隱】禔福。説文云：「禔，安也。」市支反。【考證】漢書、文選「提」作「禔」。

〔一七〕【考證】漢書、文選「陵遲」作「陵夷」，無「斯乃」二字。遲、夷，古音同。顏師古曰：陵夷，謂弛替也。

〔一八〕【正義】惡，音烏。言漢奉至尊休德，救民沈溺，繼周之絶業，反陵夷之衰代，是天子之急事，百姓雖勞苦，何以止住哉？【考證】文選「已」下有「乎」字。

「且夫王事固未有不始於憂勤，而終於佚樂者也。〔一〕然則受命之符，合在於此矣。〔一〕方將增泰山之封，加梁父之事，鳴和鸞，揚樂頌，上咸五，下登三。〔二〕觀者未睹指，聽者未聞音，猶鷦明已翔乎寥廓，而羅者猶視乎藪澤。悲夫！」〔三〕

〔一〕【考證】漢書、文選「事」作「者」。顏師古曰：始能憂勤則終獲逸樂也。

〔一〕【索隱】張揖云：「在於憂勤佚樂之中也。」【考證】王先謙曰：此謂天子通西南夷憂民勤遠之事，張注非。文選、漢書無「矣」字。

〔二〕【集解】徐廣曰：「咸，一作『函』。」駰案：韋昭曰「咸同於五帝，登三王之上」。【索隱】上減五，下登三。李奇曰：「五帝之德，漢比爲減；三王之德，漢出其上。故云『減五登三』也。」虞喜志林云：「相如欲減五帝之一，以漢盈之。然以漢爲五帝之數，自然是登於三王之上也。」今本「減」或作「咸」，是韋昭之說也。【考證】詩閟宮「克咸厥功」，鄭箋「咸，同也」。韋説爲長，文選作「減」，非是。余有丁曰：此封禪遺書所由作也。

〔三〕【正義】廖廓，天上寬廣之處。【考證】鷦明，漢書作「焦朋」，文選作「鷦鵬」。文選「廓」下有「之宇」二字。顏師古曰：澤無水曰藪。楊慎曰：鷦明，羅者之喻，所以言非常，固非常情之所度也。

於是諸大夫芒然喪其所懷來，而失厥所以進，〔一〕喟然並稱曰：「允哉漢德，此鄙人之所願聞也。百姓雖怠，請以身先之。」〔二〕敞罔靡徙，因遷延而辭避。〔三〕

〔一〕【考證】漢書、文選「芒」作「茫」。顏師古曰：初有所懷而來，欲進而陳之，今並喪失其來意也。

〔二〕【考證】漢書、文選「怠」作「勞」。

〔三〕【索隱】案：敞罔，失容也。靡徙，失正也。【考證】漢書、文選無「因」字。楓、三本「遷延」作「遵遁」，蓋逡巡之義。

其後人有上書言相如使時受金，失官。居歲餘，復召爲郎。

相如口吃而善著書。〔一〕常有消渴疾。與卓氏婚，饒於財。其進仕宦，未嘗肯與公卿國家之事，稱病閒居，不慕官爵。〔二〕常從上至長楊獵，〔三〕是時天子方好自擊熊彘，馳逐野獸，〔四〕相如上疏諫之。其辭曰：

〔一〕【考證】韓非傳云：「非爲人口吃不能道説，而善著書。」

〔二〕【考證】楓、三本「事」下有「常」字，與漢書合。

〔三〕【正義】括地志云：「秦長楊宮，在雍州盩厔縣東南三里。上起以宮，内有長楊樹，以爲名。」【考證】楓、三本及漢書「常」作「嘗」。

〔四〕【考證】漢書「彘」作「豕」。

臣聞物有同類而殊能者，故力稱烏獲，〔一〕捷言慶忌，〔二〕勇期賁、育。〔三〕臣之愚，竊以爲人誠有之，獸亦宜然。〔四〕今陛下好陵阻險，射猛獸，卒然遇軼材之獸，〔五〕駭不存之地，〔六〕犯屬車之清塵，〔七〕輿不及還轅，人不暇施巧，雖有烏獲、逢蒙之伎，力不得用，〔八〕枯木朽株盡爲害矣。〔九〕是胡、越起於轂下，而羌、夷接軫也，豈不殆哉！〔一〇〕雖萬全無患，然本非天子之所宜近也。〔一一〕

〔一〕【索隱】張揖曰：「秦武王力士，舉龍文鼎者也。」

〔二〕【索隱】張揖曰：「吴王僚之子。」

〔三〕【正義】賁，音奔。孟賁，古之勇士，水行不避蛟龍，陸行不避豺狼，發怒吐氣，聲音動天。夏育亦古之猛士也。
〔四〕【考證】文選「愚」下有「暗」字。董份曰：見獸亦有力絶群類者，不可輕犯。愚按：又暗言陵險射猛，勇士之事，非人君所宜躬親。
〔五〕【索隱】猝然，廣雅云：「猝，暴也，音倉兀反。」
〔六〕【索隱】謂所不慮而猛獸駭發也。【考證】劉攽曰：不存，猶言不虞。王先謙曰：釋詁「存，察也」，謂不及察之地。
〔七〕【集解】蔡邕曰：「古者諸侯貳車九乘，秦滅九國，兼其車服，故大駕屬車八十一乘。」【考證】屬車，猶言後車，不直言乘輿也。
〔八〕【集解】吳越春秋曰：「羿傳射於逢蒙。」【索隱】孟子云「逢蒙學射於羿，盡羿之道」也。【考證】文選「雖」作「惟」。漢書無「力」字。
〔九〕【考證】漢書、文選「害」作「難」。
〔一〇〕【考證】顏師古曰：軫，車後横木。
〔一一〕【考證】漢書「全」下有「而」字。

且夫清道而後行，中路而後馳，猶時有銜橛之變，〔一〕而況涉乎蓬蒿，馳乎丘墳，前有利獸之樂，而内無存變之意，其爲禍也不亦難矣！〔二〕夫輕萬乘之重不以爲安，而樂出於萬有一危之塗以爲娱，臣竊爲陛下不取也。〔三〕

〔一〕【集解】徐廣曰：「橛，音巨月反。鉤逆者謂之橛矣。」【索隱】銜橛之變。張揖曰：「銜，馬勒銜也。橛，騑馬口長銜也。」周遷輿服志云：「鉤逆上者爲橛。橛在銜中，以鐵爲之，大如雞子。」鹽鐵論云：「無銜橛而禦捍馬。」槷，音巨月反。【正義】橜，謂車鉤心也。言馬銜或斷，鉤心或出，則致傾敗以傷人也。【考證】漢書、文選「馳」下無「後」字。王念孫曰：銜橜，皆所以制馬，若鉤心，在輿之下軸之上，與馬何涉？當從張說爲是。

〔二〕【考證】漢書、文選「況涉乎蓬蒿，馳乎丘墳」作「況乎涉豐草騁丘虛」。「禍」作「害」。漢書無「亦」字。

〔三〕【考證】漢書無「而」字。漢書、文選無「於」字。

蓋明者遠見於未萌，而智者避危於無形，禍固多藏於隱微，而發於人之所忽者也。〔一〕故鄙諺曰「家累千金，坐不垂堂」。〔二〕此言雖小，可以喻大。臣願陛下之留意幸察。

〔一〕【考證】文選「蓋」下有「聞」字。

〔二〕【索隱】張揖云：「畏簷瓦墮中人。」樂産云：「垂，邊也。恐墮墜之也。」【考證】袁盎傳「盎諫文帝曰：『臣聞千金之子坐不垂堂，百金之子不騎衡，聖主不乘危而徼幸。今陛下騁六騑馳下峻山，如有馬驚車敗。陛下縱自輕，奈高廟太后何？』」與此文詞氣相似。沈欽韓曰：論衡四諱篇「毋承屋檐而坐，恐瓦墜擊人首」也。

上善之。還過宜春宮，〔一〕相如奏賦以哀二世行失也。其辭曰：

〔一〕【正義】括地志云：「秦宜春宮，在雍州萬年縣西南三十里。宜春苑，在宮之東，杜之南。始皇本紀云葬二世杜南宜春苑中。」案：今宜春宮見二世陵，故作賦以哀也。【考證】顏師古曰：宜春，本秦之離宮，胡亥於是爲閻樂所殺，故感其處而哀之。

登陂陁之長阪兮，〔一〕坌入曾宮之嵯峨。〔二〕臨曲江之隑州兮，望南山之參差。〔三〕巖巖深山之谾谾兮，通谷𧯋兮谽燗。〔四〕汩淢噏習以永逝兮，注平皋之廣衍。〔五〕觀衆樹之塕薆兮，覽竹林之榛榛。〔六〕東馳土山兮，北揭石瀨。〔七〕彌節容與兮，歷弔二世。持身不謹兮，亡國失勢。信讒不寤兮，宗廟滅絶。〔八〕嗚呼哀哉！操行之不得兮，墳墓蕪穢而不脩兮，魂無歸而不食。〔九〕敻邈絶而不齊兮，彌久遠而愈佅。精罔閬而飛揚兮，拾九天而永逝。嗚呼哀哉！〔一〇〕

〔一〕【索隱】登陂陁。陂，音普何反。陁，音徒何反。

〔二〕【集解】漢書音義曰：「坌，並也。」【索隱】坌入，上音步寸反。【考證】曾，讀爲層。顔師古曰：重也。

〔三〕【集解】漢書音義曰：「隑，長也。苑中有曲江之象，泉中有長洲也。」【索隱】案：隑音祈。隑即碕，謂曲岸頭也。張揖曰：「隑，長也。苑中有曲江之象，中有長州，又有宫閣路，謂之曲江，在杜陵西北五里。」又三輔舊事云「樂游原在北」是也。

〔四〕【集解】徐廣曰：「谾，音力工反。」【索隱】谾，音苦江反。晉灼曰：「音籠，古『豅』字。」蕭該云：「谾，或作『豅』，長大貌也。」谽燗，呼含、呼加二反。【考證】即「豁」字。峩、差、燗，韻。

〔五〕【索隱】汩淢噏。上音于筆反。淢，音域，疾貌也。噏，音許及反。漢書作「靸」，靸，輕舉意也。【考證】吴都賦「翕習容裔」，噏翕，同意。漢書無「習」字。

〔六〕【索隱】薆，音愛，謂隱也。【正義】榛榛，盛貌也。【考證】漢書「塕」作「蓊」。張文虎曰：此下索隱、三條、單本無，蔡、中統、游三本亦無。衍、榛，韻。

〔七〕【索隱】説文云：「瀨，水流沙上也。」【考證】顔師古曰：揭，褰衣而渡也。石而淺水曰瀨。

〔八〕【索隱】容與，游戲貌也。【考證】漢書「彌」作「弭」。瀨、世、勢、絶，韻。

〔九〕【考證】漢書無「哀哉」、「墳」三字。

〔一〇〕【正義】太玄經云：「九天謂一爲中天，二爲羡天，三爲從天，四爲更天，五爲晬天，六爲廓天，七爲減天，八爲沈天，九爲成天。」【考證】侏、昧，同。九天，猶言極天，不必一一命名。得、食、侏、逝，韻。漢書無結末五句，劉辰翁以删之爲工，梁玉繩「爲後人妄增」，而吴汝倫則云「五句神妙所注也」。

相如拜爲孝文園令。〔一〕天子既美子虚之事，相如見上好僊道，因曰：「上林之事未足美也，尚有靡者。臣嘗爲大人賦，未就，請具而奏之。」〔二〕相如以爲列僊之傳居山澤閒，〔三〕形容甚臞，此非帝王之僊意也，〔四〕乃遂就大人賦。〔五〕其辭曰：〔六〕

〔一〕【索隱】百官志云：陵園令，六百石，掌案行掃除也。

〔二〕【考證】漢書無「道」字。顔師古曰：靡，麗也。

〔三〕【索隱】列仙之傳，居山澤。案：傳者。謂相傳以列仙居山澤閒，音持全反。小顔及劉氏並作「儒」。儒，柔也，術士之稱，非。【正義】儒，柔也，凡有道術，皆爲儒。【考證】正義本「傳」作「儒」，與漢書合。王念孫曰：郊祀志「此三神山者，其傳在勃海中」，與此「傳」字同，漢書作「儒」，轉寫之訛。

〔四〕【集解】徐廣曰：「臞，瘦也。」【索隱】韋昭曰：「臞，瘠也。」舍人云：「臞，瘦也。」文子云：「堯臞瘦。」音巨俱反。

〔五〕【考證】漢書「就」作「奏」。

〔六〕【考證】此篇多用楚辭遠游篇語。

世有大人兮，在于中州。〔一〕宅彌萬里兮，曾不足以少留。〔二〕悲世俗之迫隘兮，朅輕舉而遠游。〔三〕垂絳幡之素蜺兮，載雲氣而上浮。〔四〕建格澤之長竿兮，總光耀之采旄。〔五〕垂旬始以爲幓兮，抴彗星而爲髾。〔六〕掉指橋以偃蹇兮，又旖旎以招搖。〔七〕攬欃槍以爲旌兮，靡屈虹而爲綢。〔八〕紅杳渺以眩湣兮，猋風涌而雲浮。〔九〕駕應龍象輿之蠖略逶麗兮，驂赤螭青虯之蚴蟉蜿蜒。〔一〇〕低卬夭蟜，据以驕驁兮，〔一一〕詘折隆窮，蠼以連卷。〔一二〕沛艾赳螑，仡以佁儗兮，〔一三〕放散畔岸，驤以孱顏。〔一四〕跮踱輵轄，容以委麗兮，綢繆偃蹇，怵㚟以梁倚。〔一五〕糾蓼叫奡，蹋以艐路兮，〔一六〕蔑蒙踊躍，騰而狂趡。〔一七〕莅颯卉翕，熛至電過兮，煥然霧除，霍然雲消。〔一八〕

〔一〕【索隱】張揖云：「喻天子。」向秀云：「聖人在位，謂之大人。」張華云：「相如作遠游之體，以大人賦之也。」【考證】顏師古曰：中州，中國也。愚按：遠游，楚辭篇名，屈原所作。

〔二〕【考證】顏師古曰：彌，滿也。

〔三〕【索隱】如淳曰：「武帝云『誠得如黃帝，去妻子如脱屣』，是悲世俗迫隘也。」【考證】說文「朅，去也」。遠游篇「悲時俗之迫阨兮，願輕舉而遠游」。

〔四〕【正義】張揖曰：「乘，用也。赤氣爲幡，綴以白氣也。」如淳曰：「絳氣以虹蜺爲幡。」【考證】遠游篇「焉託乘而上浮」，又云「掩浮雲而上征」。「垂」字與下文相犯。正義本作「乘」，與漢書合。王先謙曰：「乘」「載」對文，猶言駕素蜺而載雲氣耳，不當訓用。愚按：州、留、游、浮，韻。

〔五〕【集解】漢書音義曰：「格澤之氣如炎火狀，黃白色，起地上至天，以此氣爲竿。旄，葆也。總，係也。係光耀之氣於長竿以爲葆者。」【考證】漢書「長」作「修」。遠游篇「建雄虹之采旄，五色雜而炫耀」。

〔六〕【集解】漢書音義曰：「旬始，氣如雄雞，縣於葆下以爲旒也。髾，燕尾也。抴彗星，綴著旒，以爲燕尾。」【考證】漢書「抴」作「曳」。遠游篇「擥彗星以爲旍」，又云「造旬始而觀清都」，注「旬始，星名」。

〔七〕【集解】漢書音義曰：「指橋，隨風指靡。」【索隱】棹，音徒弔反。指，音居桀反。橋，音嬌。張揖曰：「指矯，隨風指靡。偃蹇，高貌。」應劭云：「旌旗屈撓之貌。」【考證】索隱本「指」作「揭」，故云居桀反。漢書「旖旎」

作「猗抳」。張揖曰：偃蹇，委曲貌。猗抳，下垂貌。招摇，跳踃也。

〔八〕【集解】漢書音義曰：「綢，韜也。以斷虹爲旌杠之韜。」【索隱】綢，音籌，或音韜。屈虹，斷虹也。【正義】天官書云：「天欃長四丈，末鋭。天槍長數丈，兩頭鋭，其形類彗也。」【考證】中井積德曰：靡，披靡也。屈虹，謂婉曲之虹也，非斷。

〔九〕【集解】漢書音義曰：「旬始，屈虹氣，色紅。杳渺眩湣，闇冥無光也。」【索隱】紅杳眇以泫湣。蘇林曰：「泫，音炫。湣，音麪。」晉灼曰：「紅，赤色貌。杳眇，深遠。泫湣，混合也。」紅或作「虹」也。【考證】漢書「眩」作「玄」。晉灼曰：言自絳幡以下，衆氣色盛，光采相耀，幽藹炫亂也。顏師古曰：如猋風之踊，如雲之浮，言輕舉也。旄、髾、摇，綢、浮，韻。

〔一〇〕【正義】文穎曰：「有翼曰應龍，其最神妙者也。」瑞應圖云「虬龍神無鱗甲，女媧時時服應龍驂青虬」是也。顏云：「蠖略委麗，蚴蟉宛蜒，皆其行步進止之貌也。」【考證】漢書「逶」作「委」，「虯」作「虬」，「𧌒」作「蚴」，「蜿」作「宛」。象輿，見上林賦。

〔一一〕【索隱】張揖曰：「据，直項也。驕驁，縱恣也。」据，音據。驕，音居召反。驁，音五到反。【考證】遠游篇「服偃蹇以低昂兮，驂連蜷以驕驁」。漢書「据」作「裾」。

〔一二〕【索隱】躩以連卷。韋昭曰：「龍之形貌也。」躩，音起碧反。連卷，音輦卷也。【正義】据，直項也。驕驁，縱恣也。詘折，委曲也。崇窮，擧髻也。蠼，跳也。連卷，句蹄也。【考證】索隱本、正義本「蠼」作「躩」。正義本「隆」作「崇」。中井積德曰：窮、穹，同。王先謙曰：論語「足躩如也」，疏「躩，盤辟而爲敬也」。詩卷阿傳「卷，曲也」。言其連卷局曲，狀若盤辟，故曰躩以連卷也。連卷亦作「連蜷」。楚辭雲中君「靈連蜷兮既留」。甘泉賦「蛟龍連蜷于東厓兮」。注「連蜷，長曲貌」。

〔一三〕【集解】漢書音義曰：「赸螟，申頸低卬也。佁儗，不前也。」【索隱】孟康曰：「赸螟，申頸低頭。」張揖曰：

「赹螟，牙跳也。」赹，音居幼反。螟，音許救反。張揖曰：「仡，擧頭也。佁儗，不前也。」佁，音勑吏反。儗，音魚吏反也。【正義】沛艾，駊騀也。【考證】王先謙曰：文選東京賦「齊騰驤而沛艾」。李善注沛艾，作姿容貌也。漢書注引張揖，解爲駊騀。玉篇「駊騀，馬搖頭」，與選訓合。類篇「赹螟，龍申頸行貌」。「螟」當爲「趬」之借字。說文「赹，輕勁有才力也」。趬，行也。詩大雅「崇墉仡仡」，傳「仡仡，高大也」。

〔一四〕【索隱】服虔曰：「馬仰頭，其口開，正孱顔也。」韋昭曰：「顔，音吾板反。」詩云「兩服上驤」，注云「驤，馬」是也。【正義】畔岸，自縱之貌。【考證】驤，擧也。蜓、卷、顔，韻。

〔一五〕【集解】徐廣曰：「跮踱，乍前乍卻也。跮，音丑栗反。踱，音勑略反。輵，烏葛反。轄，音曷。綢，一作『雕』。㚟，音他略反。」駰案：漢書音義曰「怵㚟，走也。梁倚，相著也」。【索隱】跮踱輵磍。張揖曰：「跮踱，疾行貌。輵磍，前卻也。」跮，音褚栗反。踱，音褚略反。輵，音烏葛反。磍，音曷。蜩蟉偃蹇。蜩，音徒弔反。蟉，音勑弔反。張揖曰：「偃蹇，卻距也。」廣雅曰：「偃蹇，夭矯之貌。」張揖曰：「怵㚟，奔走。梁倚，相著。」韋昭曰：「㚟，音答略反。相如傳云『儵㚟遠去』，㚟，視也。」【考證】集韻「輵轄，轉搖也」。士相見禮注「容，謂趨翔」。文選魯靈光殿賦「奔虎攫挐以梁倚」。

〔一六〕【集解】徐廣曰：「艐，音介，至也。」【索隱】蓼，音了。奡，音五到反。小顔云：「叫奡，高擧貌。」踏，音徒荅反。艐，音屆。三倉云：「踏，著地。」孫炎云：「艐，古『屆』字也。」【考證】張揖曰：叫奡，相呼也。王先謙曰：「蓼」爲「繚」之借字，「奡」爲「囂」之借字。沈欽韓曰：艐屆，古今字，至也。

〔一七〕【集解】漢書音義曰：「蔑蒙，飛揚也。趡，走。」【索隱】蔑蒙。張揖曰：「蔑蒙，飛揚也。趡，走貌。」【考證】趡，音唯。倚、趡，韻。漢書作「譙」，音焦，失韻。

〔一八〕【正義】莅颯，飛相及也。卉翕，走相追也。【考證】漢書「翕熛」作「歙焱」。莅，音利。

邪絶少陽而登太陰兮，與真人乎相求。〔二〕互折窈窕以右轉兮，橫厲飛泉以正東。〔二〕悉徵靈圉而選之兮，部乘衆神於瑶光。〔三〕使五帝先導兮，〔四〕反太一而從陵陽。〔五〕左玄冥而右含靁兮，〔六〕前陸離而後潏湟。〔七〕廝征伯僑而役羨門兮，〔八〕屬岐伯使尚方。〔九〕祝融驚而蹕御兮，清雰氣而後行。〔一〇〕屯余車其萬乘兮，綷雲蓋而樹華旗。〔一一〕使句芒其將行兮，吾欲往乎南嬉。〔一二〕

〔一〕【集解】漢書音義曰：「少陽，東極；太陰，北極。邪度，東極而升北極者也。」【考證】消、求，韻。

〔二〕【正義】厲，渡也。張云：「飛泉，谷也，在崑崙山西南。」【考證】説文「窈，深遠也。窕，深肆極也」。遠游篇「歷大皓以右轉兮」。

〔三〕【集解】漢書音義曰：「摇光，北斗杓頭第一星。」【正義】靈圉，仙人也。【考證】漢書「乘」作「署」，「瑶」作「摇」。遠游篇「選署衆神以並轂」。

〔四〕【正義】遵，導。應云：「五帝，五時，帝太皓之屬也。」

〔五〕【集解】漢書音義曰：「仙人，陵陽子明也。」【正義】天官書云：「中官天極星，其一明者太一常居也。」列仙傳云：「子明於沛銍縣旋溪釣得白龍，放之，後白龍來迎子明，去，止陵陽山上百餘年，遂得仙也。」

〔六〕【集解】漢書音義曰：「含靁，黔嬴也，天上造化神名也。或曰水神。」【考證】張揖曰：「玄冥，北方黑帝佐也。」漢書「含」作「黔」。遠游篇「歷玄冥以邪徑兮，乘間維以反顧。召黔嬴而見之兮，爲余先乎平路」。沈家本曰：按楚辭，則注中「黔嬴」之「嬴」當作「羸」。含、黔同聲，靁、羸聲相近。

〔七〕【集解】漢書音義曰：「皆神名。」【正義】陸離，漢書作「長離」。如淳曰：「長離，朱爵也。」【考證】漢書「潏湟」作「喬皇」。

〔八〕【集解】徐廣曰：「伯僑，燕人也，形解而仙也。」【索隱】應劭曰：「廝，役也。」張揖曰：「王子喬也。」漢書郊祀志作「正伯僑」，此當別人，恐非王子喬也。【正義】張云：「羨門，碣石山上仙人羨門高也。」【考證】索隱本、楓、三本、蔡本、中統、舊刻、游本作「伯僑」，與漢書合，他本誤「北僑」。

〔九〕【集解】徐廣曰：「岐伯，黄帝臣。」駰案：漢書音義曰「尚，主也。岐伯，黄帝太醫，屬使主方藥」。【考證】漢書「屬」作「詔」。

〔一〇〕【正義】張云：「祝融，南方炎帝之佐也。獸身人面，乘兩龍，應火正也。火正祝融，警蹕清氛氣也。」【考證】漢書「驚」作「警」。警，戒也。遠游篇「祝融戒而蹕御兮」。顏師古曰：御，禦也。漢書「雰氣」作「氣雰」，蓋誤倒。東、光、陽、湟、方、行，韻。

〔一一〕【索隱】綷，音祖内反。如淳曰：「綷，合也。合五綵雲爲蓋也。」【考證】漢書「其」作「而」。遠游篇「屯余車之萬乘兮，紛溶與而並馳」。

〔一二〕【正義】張云：「句芒，東方青帝之佐也。鳥身人面，乘兩龍。」顏云：「將行，領從者也。」【考證】漢書「嬉」作「娭」。娭嬉，皆訓爲戲。遠游篇「指炎帝而直馳，吾將往乎南疑」，注「疑，一作『娭』」。

歷唐堯於崇山兮，過虞舜於九疑。〔一〕紛湛湛其差錯兮，雜遝膠葛以方馳。〔二〕騷擾衝蓯，其相紛挐兮，滂濞泱軋，灑以林離。〔三〕鑽羅列聚，叢以蘢茸兮，衍曼流爛，壇以陸離。〔四〕徑入靁室之砰磷鬱律兮，洞出鬼谷之崛礨嵬磈。〔五〕偏覽八紘而觀四荒兮，朅渡九江而越五河。〔六〕經營炎火而浮弱水兮，杭絶浮渚而涉流沙。〔七〕奄息總極氾濫水嬉兮，〔八〕使靈媧鼓瑟而舞馮夷。〔九〕時若薆薆將混濁兮，召屏翳〔一〇〕誅風伯而刑雨師。〔一一〕西望崑崙之軋沕洸忽兮，〔一二〕直徑馳乎三危。〔一三〕排閶闔而入帝宫兮，〔一四〕載玉女而與之歸。〔一五〕舒閬風而摇集兮，〔一六〕亢烏騰而一止。〔一七〕低回陰山，翔以紆曲兮，〔一八〕吾乃今目睹西王母，暠然白首。〔一九〕載勝而穴處兮，〔二〇〕亦幸有三足烏爲之使。〔二一〕必長生若此而不死兮，雖濟萬世不足以喜。〔二二〕

〔一〕【正義】張云：「崇山，狄山也。海外經云『狄山，帝堯葬其陽』。九疑山，零陵營道縣，舜所葬處。」

〔二〕【索隱】湛，音徒感反。膠輵，廣雅云：「膠輵，驅馳也。」【考證】索隱本「葛」作「轕」，與漢書合。遠游篇「騎膠葛以雜亂兮，斑漫衍而方馳。」注「膠葛，雜亂貌」。顏師古曰：湛湛，積厚之貌。差錯，交互也。

〔三〕【索隱】衝蓯，上昌勇反，下息冗反。【考證】漢書「衝」作「衝」，「灑」作「麗」。張揖曰：衝蓯，相入貌。滂濞，衆盛貌。麗，靡也。泱軋，謂無涯際也。林離，與淋漓同。

〔四〕【集解】徐廣曰：「壇，音坦。」【考證】漢書「鑽」作「攢」，「壇」作「痑」。顏師古曰：蘢茸，聚貌。流爛，布散也。張揖曰：痑，衆貌。王先謙曰：壇痑，皆「嘽」借字。詩小雅「戎車嘽嘽」，傳「嘽嘽，衆也」。離騷注「陸離，參差衆貌」。

〔五〕【集解】漢書音義曰：「鬼谷在北辰下，衆鬼之所聚也。楚辭曰『贅鬼谷于北辰』也。」【正義】崫，口骨反。礨，音力罪反。嵬，音烏迴反。磈，音回。張云：「崫礨嵬磈，不平也。」【考證】漢書「崫」作「堀」，「嵬磈」作「崴魁」。王先謙曰：入雷室，出鬼谷，出入陰陽之界也。砰磷鬱律，雷聲。堀礨，見上。昔人以後賢箸作效屈原文體者，統謂之「楚辭」。劉向九歎云：「凌驚雷以軼駭電兮，綴鬼谷於北辰。」蓋集解所引，即用此文也。旗、嬉、疑、馳、離、離、磈、韻。

〔六〕【正義】顏云：「五色之河也。仙經云紫、碧、絳、青、黃之河也。」【考證】漢書「荒」作「海」，「江」下無「而」字。渡九江越五河，猶言徧渡長江越大河也，不必一一求其名義。

〔七〕【集解】漢書音義曰：「杭，船也。絕，渡也。浮渚，流沙中渚也。」【正義】姚丞云：「大荒西經云，崑崙之丘，其外有炎火之山，投物輒然。」括地志云：「弱水有二原，俱出女國北阿傉達山，南流會于國北，又南歷國北，東去一里，深丈餘，闊六十步，非乘舟不可濟，流入海。阿傉達山，一名崑崙山，其山爲天柱，在雍州西南一萬五千三百七十里。」又云：「弱水，在甘州張掖縣南山下也。」【考證】河、沙，韻。

〔八〕【集解】漢書音義曰：「總極，蔥領山也，在西域中也。」【正義】括地志「嶺山，在京西九千八百六十里，蔥茂於常，故云『蔥嶺』。其山東至于滇國，西踰罽賓」云。【考證】漢書「總」作「蔥」，「嬉」作「娭」。張揖曰：奄息，奄然休息也。總，「蔥」之借字。

〔九〕【集解】徐廣曰：「媧，一作『貽』。」駰案：漢書音義曰「靈媧，女媧也。馮夷，河伯字也。淮南子曰『馮夷得道，以潛大川』」。【正義】姓馮，名夷，以庚日溺死。河常以庚日好溺死人。【考證】遠游篇「使湘靈鼓瑟兮，令海若舞馮夷」。

〔一〇〕【正義】應云：「屏翳，天神使也。」韋云：「雷師也。」【考證】漢書「薆薆」作「曖曖」。混濁，不明也。

〔一一〕【正義】張云：「風伯字飛廉。」沙州有雨師祠。【考證】漢書無「而」字。遠游篇「風伯爲余先驅兮」，又曰「左雨師使徑侍兮」。

〔一二〕【正義】張云：「海內經云，崑崙去中國五萬里，天帝之下都也。其山廣袤百里，高八萬仞，增城九重，面九井，以玉爲檻，旁有五門，開明獸守之。」括地志云：「崑崙，在肅州酒泉縣南八十里。十六國春秋後魏昭成帝建國十年，涼張駿酒泉太守馬岌上言：『酒泉南山，即崑崙之體，周穆王見西王母，樂而忘歸，即謂此。山有石室，王母堂，珠璣鏤飾，煥若神宮。』又删丹西河名云弱水，禹貢崑崙在臨羌之西，即此明矣。」括地志云：「又阿傉達山亦名建末達山，亦名崑崙山。恒河出其南吐師子口，經天竺入達山。嬀水，今名爲滸海，出於崑崙西北隅吐馬口，經安息大夏國入西海。黄河，出東北隅吐牛口，東北流，經濫澤，潛出大積石山，至華山北，東入海。其三河去山入海各三萬里。此謂大崑崙，肅州謂小崑崙也。禹本紀云『河出崑崙二千五百餘里，日月所相隱避爲光明也』。」軋沕洸忽，不分明貌。【考證】漢書「洸」作「荒」。

〔一三〕【集解】三危，山名也。【正義】括地志云：「三危山，在沙州東南三十里。」

〔一四〕【正義】韋昭云：「閶闔，天門也。淮南子曰『西方曰西極之山，閶闔之門』。」【考證】遠游篇「排閶闔而望予」，又曰「集重陽入帝宮」。

〔一五〕【正義】張云：「玉女，青要、乘弋等也。」

〔一六〕【正義】張云：「閬風，在崑崙閶闔之中。楚辭云『登閬風而緤馬』也。」【考證】漢書「舒」作「登」，「摇」作「遥」。張揖曰：遥，遠也。愚按：「登閬風而緤馬」，離騷篇文。

〔一七〕【集解】漢書音義曰：「亢然高飛，如烏之騰也。」【考證】漢書「烏」作「鳥」。

〔一八〕【正義】張云：「陰山，在大崑崙西二千七百里。」

〔一九〕【集解】徐廣曰：「皬，音下沃反。」【索隱】皬，音鶴也。【正義】張云：「西王母，其狀如人，豹尾虎齒，蓬髮，皬然白首。石城金穴，居其中。」【考證】楓、三本「目」作「日」，與漢書合。

〔二〇〕【集解】郭璞曰：「勝，玉勝也。」【正義】顔云：「勝，婦人首飾也，漢代謂之華勝也。」【考證】漢書「載」作「戴」。

〔二一〕【正義】張云：「三足烏，青烏也。主爲西王母取食，在昆墟之北。」

〔二二〕【考證】嬉、夷、師、危、歸、止、使、喜，韻。顔師古曰：昔之談者，咸以西王母爲仙靈之最，故相如言大人之仙。娱遊之盛，顧視王母，鄙而陋之，不足羨慕也。

回車朅來兮，絶道不周，〔一〕會食幽都。呼吸沆瀣，餐朝霞兮，噍咀芝英兮嘰瓊華。〔二〕嬐侵潯而高縱兮，紛鴻涌而上厲。〔三〕貫列缺之倒景兮，涉豐隆之滂沛。〔四〕馳游道而脩降兮，鶩遺霧而遠逝。〔五〕迫區中之隘陜兮，舒節出乎北垠。〔六〕遺屯騎於玄闕兮，軼先驅於寒門。〔七〕下峥嶸而無地兮，上寥廓而無天。視眩眠而無見兮，聽惝恍而無聞。乘虚無而上假兮，超無友而獨存。〔八〕

〔一〕【集解】漢書音義曰：「不周山在崑崙東南。」

〔二〕【集解】徐廣曰：「噍，音祈，小食也。」駰案：韋昭曰「瓊華，玉英」。【正義】幽都，山名，在北方。海内經云：「北海之内有山，名曰幽都。」【考證】漢書「噍咀」作「咀噍」。李笠曰：漢書「兮」字在「餐」上，以下句例之，班書是也。遠游篇「喰六氣而飲沆瀣兮，漱正陽兮而含朝霞」。都、霞、華，韻。

〔三〕【集解】徐廣曰：「嬐，音孅。」【索隱】漢書「嬐」作「僸」。僸，仰也，音襟。嬐，音魚錦反。【考證】漢書「嬐侵潯」作「僸祲尋」，「涌」作「溶」。張揖曰：鴻溶，竦踊也。王先謙曰：「祲潯」，「侵尋」之借字，言漸進也。

〔四〕【集解】漢書音義曰：「列缺，天閃也。倒景，日在下。」【正義】張云：「豐崇，雲師也。淮南子云『季春三月，豐崇乃出以將雨』。」案：豐崇將雲雨，故云「滂沛」。【考證】漢書「沛」作「濞」。王先謙曰：列缺，一作「烈缺」。文選羽獵賦「霹靂烈缺，吐火施鞭」。應劭注「烈缺，閃隙也。火，電照也。倒景，謂電光倒在下耳，非日月景也」。愚按：楚辭遠遊篇「上至列缺兮，降望大壑」。離騷篇「吾令豐隆乘雲兮，求宓妃之所在」。遠遊篇「召豐隆使先導兮，問大微之所居」。王逸注「豐隆，雲師，一曰雷師」。

〔五〕【正義】游，游車也。道，道車也。脩，長也。降，下也。鶩遺霧，言馳車從長路而下馳，遺棄其霧而遠逝也。【考證】楓、三本「馳」作「騁」，與漢書合。顔師古曰：言周覽天上，然後騁車也。道讀曰導。王先謙曰：司常，道車載旞，斿車載旌。斿、游字通用。游車，先驅之乘也，道車，出入持馬陪乘。張文虎曰：蔡、中統、舊刻、游、柯、毛本「脩」作「循」。沛、逝，韻。

〔六〕【考證】顏師古曰：舒，緩也。垠，崖也，音銀。

〔七〕【集解】漢書音義曰：「玄闕，北極之山。寒門，天北門。」【考證】王先謙曰：淮南子「盧敖游乎北海，經乎太陰，入乎玄闕」。又云「北方北極之山曰寒門」。言行疾，屯騎先驅皆遺而軼之。屈原遠游「舒并節以馳騖兮，逴絶垠乎寒門」。此文數語祖之。中井積德曰：軼與逸通，亦遺也。

〔八〕【集解】徐廣曰：「假，音古下反，至也。」【考證】漢書「眠」作「泯」，「惝恍」作「敞怳」，「假」作「遐」。顏師古曰：眩泯，目不安也。敞怳，耳不諦也。泯，音眄。陳子龍曰：數語言至道，依乎廣成之對軒轅也。愚按：遠游篇云：「下峥嶸而無地兮，上寥廓而無天。視儵忽而無見兮，聽惝怳而無聞。超無爲以至清，與泰初而爲鄰。」長卿蓋襲其語也。垠、門、天、聞、存，韻。姚鼐曰：此賦多取於遠游。遠游先訪中國仙人之居，乃至天帝之宮，又下周覽天地之間，自於微閭以下，分東西南北四段。此賦自「横厲飛泉以正東」以下，分東西南北四段，而求仙人之居，意即載其間。末六句與遠游語同。然屈子意，在遠去世之沈濁，故云「至清而與太初爲鄰」。長卿則謂「帝若果能爲仙人，即居此無聞無見無友之地，亦胡樂乎此邪」，與屈子語同而意別矣。

相如既奏大人之頌，天子大説，飄飄有淩雲之氣，似游天地之閒意。〔一〕

〔一〕【考證】楓、三本「雲」下無「之」字，與漢書合。「似」作「以」。漢書無「似」字。

相如既病免，家居茂陵。天子曰：「司馬相如病甚，可往從悉取其書，若不然，後失之矣。」〔一〕使所忠往，〔二〕而相如已死，家無書。〔三〕問其妻，對曰：「長卿固未嘗有書也。時時著書，人又取去，即空居。〔四〕長卿未死時，爲一卷書，曰有使者來求書，奏之。無他書。」其遺札書言封禪事，〔五〕奏所忠。忠奏其書，〔六〕天子異之。其書曰：

〔一〕【考證】漢書「若不然後失之矣」作「若後之矣」，非是。

〔二〕【索隱】張揖曰：「使者姓名，見食貨志。」【正義】姓所，名忠也。風俗通姓氏云：「漢書有諫大夫所忠氏。」【考證】所忠，又見武紀封禪書。

〔三〕【考證】漢書「無」下有「遺」字。

〔四〕【考證】漢書無「即空居」三字。

〔五〕【正義】封禪，國之大禮，故曰「札書」。顏云：「書於札而留之，故曰『遺札』。」恐非。

〔六〕【考證】漢書作所忠奏其書。

伊上古之初肇，自昊穹兮生民，歷撰列辟，以迄于秦。〔一〕率邇者踵武，〔二〕逖聽者風聲。〔三〕紛綸葳蕤，堙滅而不稱者，不可勝數也。〔四〕續昭夏，崇號謚，略可道者七十有二君。〔五〕罔若淑而不昌，疇逆失而能存？〔六〕

〔一〕【集解】徐廣曰：「撰，一作『選』。」【索隱】歷選。文穎曰：「選，數之也。」【考證】漢書「昊」作「顥」，無「兮」字。索隱本「撰」作「選」，與漢書、文選合。

〔二〕【集解】徐廣曰：「率，循也。邇，近也。武，迹也。循省近世之遺迹。」【索隱】案：率，循也。邇，近也。言循覽近代之事，則繼跡可知也。【考證】踵武，猶言足迹，與「風聲」對言。

〔三〕【集解】徐廣曰：「逖，遠也。聽察遠古之風聲。」【索隱】風聲，風雅之聲。以言聽遠古之事，則著在風雅之聲也。【考證】漢書「逖聽」作「聽逖」。徐廣云：聽察遠古之風聲。徐本亦似作「聽逖」。顏師古曰：風聲，遺風嘉聲。

〔四〕【索隱】紛綸威蕤。胡廣曰：「紛，亂也。綸，没也。威蕤，委頓也。」張揖云：「亂貌。」【考證】漢書「綸」作

「輪」。文選「堙」作「湮」，無「也」字。索隱本「葳」作「威」，與漢書、文選合。王先謙曰：說文無「葳」字。

〔五〕【集解】漢書音義曰：「昭，明也。夏，大也。德明大，相繼封禪於泰山者，七十有二人。」【索隱】七十有二君，韓詩外傳及封禪書皆然。【考證】漢書、文選「續」作「繼」。文選「昭」作「韶」。王先謙曰：昭、韶通用。昭，舜樂。夏，禹樂。繼昭夏，謂繼舜禹而起。尊號，人主生時所上，美謚，歿後所加。

〔六〕【集解】徐廣曰：「若，順也。」駰案：韋昭曰「疇，誰也。言順善必昌，逆失必亡」。【考證】應劭曰：罔，無也。愚按：若淑、逆失對言。

軒轅之前，遐哉邈乎，其詳不可得聞也。〔一〕五三六經載籍之傳，維見可觀也。〔二〕書曰「元首明哉，股肱良哉」。〔三〕因斯以談，君莫盛於唐堯，臣莫賢於后稷。〔四〕后稷創業於唐，公劉發迹於西戎，〔五〕文王改制，爰周郅隆，〔六〕大行越成，〔七〕而後陵夷衰微，千載無聲，豈不善始善終哉。〔八〕然無異端，慎所由於前，謹遺教於後耳。〔九〕故軌迹夷易，易遵也；湛恩濛涌，易豐也；憲度著明，易則也；垂統理順，易繼也。〔一〇〕是以業隆於繈褓，而崇冠于二后。〔一一〕揆厥所元，終都攸卒。〔一二〕未有殊尤絶迹可考于今者也。然猶躡梁父，登泰山，建顯號，施尊名。〔一三〕大漢之德，逢涌原泉，沕潏漫衍，〔一四〕旁魄四塞，雲尃霧散，〔一五〕上暢九垓，下泝八埏。〔一六〕懷生之類，霑濡浸潤，協氣橫流，武節飄逝，邇陜游原，迥闊泳沫，〔一七〕首惡湮没，闇昧昭晳，〔一八〕昆蟲凱澤，回首面内。〔一九〕然後囿騶虞之珍羣，徼麋鹿之怪獸，〔二〇〕導一莖六穗於庖，〔二一〕犧雙觡共抵之獸，〔二二〕獲周餘珍收龜于岐，〔二三〕招翠黄乘龍於沼。〔二四〕鬼神接靈圉，賓於閒館。〔二五〕奇物譎詭，俶儻窮變。欽哉，符瑞臻兹，猶以爲薄，不敢道封禪。〔二六〕蓋周躍魚隕杭，休之以燎，〔二七〕微夫斯之爲符也，以登介丘，不亦恧乎！〔二八〕進讓之道，其何爽與？〔二九〕

〔一〕【考證】「也」與下文犯，漢書、文選作「已」。已，語終之辭。

〔二〕【索隱】胡廣云：「五，五帝也。三，三王也。六，六經也。」案：六經，詩、書、禮、樂、易、春秋也。【考證】文選「見」作「風」。

〔三〕【考證】顔師古曰：此虞書益稷之辭也。元首，君也。股肱，大臣也。愚按：今文皋陶謨。

〔四〕【考證】漢書無「唐」字。

〔五〕【考證】文選「唐」下有「堯」字。注引漢書音義曰「唐堯之世，播殖百穀」。

〔六〕【集解】徐廣曰：「郅，蓋字誤。皇甫謐曰『王季徙郢』，故周書曰『維王季宅郢』。孟子稱『文王生於畢郢』。或者『郅』字宜爲『郢』乎？或爲『胵』，北地有郁郅縣。胵，大也，音質。」駰案：漢書音義曰「郅，至也」。【索隱】爰，於，及也。郅，大也。隆，盛也。應劭曰「郅，至也」。樊光云「郅，可見之大也」。徐及皇甫之説皆非也。以言文王改制，及周而大盛也。【考證】張文虎曰：集解「生於畢郢」，「生」當作「卒」。

〔七〕【集解】漢書音義曰：「行，道也。文王始開王業，改正朔，易服色，太平之道，於是成矣。」【索隱】案：行，道也。越，於也。以言道德大行，於是而成之也。【考證】王念孫曰：大行越成者，大道於是始成也，音義説是。王先謙曰：越，粤，同。

〔八〕【集解】徐廣曰：「周之王四海，千載之後，聲教乃絶。」駰案：韋昭曰「無惡聲」。【考證】文選「夷」作「遲」。李注：漢書音義曰「美周家終始相副若一也」。莊子曰：「善始善終，人猶效之。」愚按：此與韋説合。「不」字倣「非」字看。

〔九〕【考證】無異端，猶言無他故。李善曰：言周之先王創制垂業，既慎其規模，又謹其遺教也。

〔一〇〕【正義】軌迹夷易。言軌法蹤迹平易。易，遵奉也。濛，遍布也。涌，出也。【考證】漢書、文選「濛」作「厖」。漢書「涌」作「洪」，文選作「鴻」。顏師古曰：湛讀曰沈。沈，深也。王念孫曰：理亦順也。夷、易皆平也。厖、洪皆大也。著、明皆明也。理、順皆順也。

〔一一〕【集解】漢書音義曰：「繦褓，謂成王也。二后，謂文武也。周公負成王致太平，功德冠於文武者，道成法易故也。」【考證】方苞曰：二后，謂夏商。自堯以後所述惟周事，故以爲崇冠於夏商也。

〔一二〕【集解】漢書音義曰：「都，於；卒，終也。」【考證】顏師古曰：元，始也。言度其所始，究其所終。錢大昕曰：都，於，釋詁文。

〔一三〕【考證】顏師古曰：尤，異也。李善曰：顯號尊名，謂封禪也。

〔一四〕【集解】韋昭曰：「漢德逢涌如泉原也。」【索隱】逢源泉。張揖曰：「逢，遇也。喻其德盛若遇泉源之流也。」又作「峰」，讀曰烽。胡廣曰：「自此已下，論漢家之德也。」【正義】沕潏漫衍，言漢恩廣大也。【考證】各本「逢」從「火」，今依索隱本、漢書、文選改。梁章鉅曰：逢，大也。書洪範「子孫其逢」馬注、「禮記「衣逢掖之衣」鄭注並訓「大」。此言漢之盛德若原泉大涌而出，沕潏曼衍也。王先謙曰：逢讀爲漨。文選吴都賦「歕霧漨浡」，漨浡，水盛貌，言霧氣如水之盛也；逢涌即漨浡之義耳。王説較長。

〔一五〕【集解】徐廣曰：「尃，音布。」【考證】漢書、文選「尃」作「布」。

〔一六〕【集解】徐廣曰：「音衍。」駰案：漢書音義曰「暢，達。垓，重也。泝，流也。埏，音延，地之際也。言其德上達於九重之天，下流於地之八際也」。

〔一七〕【集解】漢書音義曰：「邇，近；原，本也。迥，遠。闊，廣也。泳，浮也。恩德比之於水，近者游其原，遠者浮其沫。」【考證】漢書「陜」作「陿」，「沫」作「末」。文選「迥」作「遐」。顏師古曰：協氣橫流，武節猋逝，言和氣橫被四表，威武如猋之盛。李善曰：橫流，多也。猋逝，遠也。王先謙曰：「陋」作「陜」，「末」作「沫」，皆借字。王念孫曰：「泳末」與「游原」相對。

〔一八〕【集解】漢書音義曰：「始爲惡者，皆湮滅。闇昧，喻夷狄皆化。」【考證】漢書、文選「湮」作「鬱」。文選「闇」作「晻」。

〔一九〕【集解】韋昭曰：「面，向也。」【正義】澤，音懌。文穎曰：「凱懌，皆樂也。」【考證】漢書、文選「凱」作「闓」。

〔二〇〕【集解】漢書音義曰：「徼，遮也。麇鹿得其奇怪者，謂獲白麟也。」【正義】騶虞，義獸也，白虎，黑文，不食生物，有至信之德則應之。案：以此故曰珍群將充囿也。

〔二一〕【集解】徐廣曰：「䆃，瑞禾也。」駰案：漢書音義曰「謂嘉禾之米，於庖廚，以供祭祀」。【索隱】䆃一莖六穗。鄭玄云：「䆃，擇也。」說文云：「嘉禾一名䆃。」字林云：「禾一莖六蕙謂之䆃也。」【考證】漢書、文選「䆃」作「導」，擇米也。漢書百官公卿表「少府屬官有導官」，顏師古注「導主擇米」。唐書百官志有䆃官二人，掌䆃擇米麥而供。䆃、導相通。

〔二二〕【集解】徐廣曰：「抵，音底。」駰案：漢書音義曰「犧，牲也。觡，角也。底，本也。武帝獲白麟，兩角共一本，因以爲牲也」。【考證】文選「抵」作「柢」。宋祁曰「觡，音居額反」。

〔二三〕【集解】徐廣曰：「一作『放龜』。」駰案：漢書音義曰「餘珍，得周鼎也。岐，水名也」。【索隱】餘珍，案謂得周鼎也。【考證】漢書無「珍」字。漢書、文選「收」作「放」。愚按：「收」當作「放」。「珍」字涉上下衍。文選注云：文穎曰「周放畜餘龜於沼池之中，至漢得之於岐山之旁。龜能吐故納新，千載不死」。愚按：文説近是，集解、索隱以「餘珍」爲得周鼎。九鼎夏禹所鑄，遷在洛邑，與岐何涉？上下所言，亦惟動植之物。

〔二四〕【集解】漢書音義曰：「翠黃，乘黃也。龍翼馬身，黃帝乘之而登仙。言見乘黃而招呼之。禮樂志曰『訾黃其何不來下』。余吾渥洼水中出神馬，故曰乘龍於沼。」【索隱】服虔云「龍翠色」。又云「即乘黃也。乘四龍也」。周書云「乘黃，似狐，背上有兩角」也。【考證】劉奉世曰：翠黃，言其色翠而黃，非別物。

〔二五〕【集解】徐廣曰：「言至德與神明通接，故靈圉爲賓旅于閒館矣。」郭璞曰：「靈圉，仙人名也。」【考證】文穎曰：是時上求神仙之人，得上郡之巫，長陵女子能與鬼神交接，治病輒愈，置於上林苑中，號曰「神君」，有似古之靈圉，禮待之於閒館舍中也。中井積德曰：靈圉，神之使令也。此巫爲靈圉也。

〔二六〕【考證】文選「爲」下有「德」字。俶，音吐歷反。文選注引漢書音義云「俶儻，卓異也。奇偉之物譎詭非常，卓然絶異，窮極事變」。

〔二七〕【索隱】杭，舟也。胡廣云：「武王渡河，白魚入于王舟，俯取以燎。隕，墜之於舟中也。」【考證】文選「杭」作「航」。應劭曰：休，美也。顏師古曰：燎，祭天也。

〔二八〕【集解】漢書音義曰：「介，大；丘，山也。言周以白魚爲瑞，登太山封禪，不亦慙乎！」

〔二九〕【集解】徐廣曰：「爽，差異也。」駰案：漢書音義曰「進，周也。讓，漢也。言周未可封禪而封禪，爲進；漢可封禪而不封禪，爲讓也」。【索隱】何其爽與。爽，猶差也。言周未可封而封，漢可封而不封，爲進讓之道皆差之也。【考證】漢書「讓」作「攘」。顏師古曰：攘，古「讓」字。索隱本「其何」作「何其」，與漢書、文選合。

於是大司馬進曰：「陛下仁育羣生，義征不憓，〔一〕諸夏樂貢，百蠻執贄，德侔往初，功無與二，休烈浹洽，符瑞衆變，期應紹至，不特創見。〔二〕意者泰山、梁父，設壇場望幸，〔三〕蓋號以況榮，〔四〕上帝垂恩儲祉，將以薦成，〔五〕陛下謙讓而弗發也。〔六〕挈三神之驩，缺王道之儀，羣臣恧焉。〔七〕或謂且天爲質闇，珍符固不可辭；〔八〕若然辭之，是泰山靡記，而梁父靡幾也。〔九〕亦各並時而榮，咸濟世而屈，〔一〇〕說者尚何稱於後，而云七十二君乎？〔一一〕夫修德以錫符，奉符以行事，不爲進越。〔一二〕故聖王弗替，而修禮地祇，謁款天神，勒功中嶽，以彰至尊，舒盛德，發號榮，受厚福，以浸黎民也。〔一三〕皇皇哉斯事！天下之壯觀，王者之丕業，不可貶也。〔一四〕願陛下全之。而後因雜薦紳先生之略術，使獲燿日月之末光絶炎，以展采錯事，〔一五〕猶兼正列其義，校飭厥文，作春秋一藝，〔一六〕將襲舊六爲七，〔一七〕攄之無窮，〔一八〕俾萬世得激清流，揚微波，蜚英聲，騰茂實。〔一九〕前聖之所以永保鴻名，而常爲稱首者用此，〔二〇〕宜命掌故悉奏其義而覽焉。」〔二一〕

〔一〕【集解】漢書音義曰：「大司馬，上公也，故先進議。憓，音惠，順也。」

〔二〕【集解】徐廣曰：「不但初顯符瑞而已，蓋將終以封禪之事。」【索隱】文穎曰：「不獨一物，造次見之。」胡廣云：「符瑞衆多，應期相繼而至也。」

〔三〕【索隱】設壇場望幸華。案：諸本或作「望華蓋」。華蓋，星名，在紫微太帝之上。今言望華蓋、太帝耳。且言設壇場望幸者，望聖帝之臨幸也，義亦兩通。而孟康服虔注本皆云「望幸」下有「華」字，而摯虞流別集則唯云「望幸」，當是也，於義亦通。直以後人見「幸」下有「蓋」字，又「幸」字似「華」字，因疑惑，遂安「華」字，使之誤也。

〔四〕【集解】徐廣曰：「以況受上天之榮爲名號。」【索隱】案：文穎曰「蓋，合也。言考合前代之君，揆其榮而相比況而爲號也」。大顏云「蓋，語辭也。言蓋欲紀功立號，受天之況賜榮名也」。於義爲愜。然其文云「蓋」，詞義典質，又上與「幸」字連文，致令有「華蓋」之謬也。【考證】錢大昕曰：蓋讀如盍。文穎訓爲「合」。合號，猶言合符也。王先謙曰：釋名「蓋，加也」。加物上也，言太山、梁父望帝臨幸，加上尊號，以比榮於往代，語意甚明。愚按：王説較長。

〔五〕【集解】徐廣曰：「以衆瑞物初至封禪處，薦之上天，告成功也。」【索隱】薦，案漢書作「慶」，義亦通也。【考證】儲，積也。文選無此十字。

〔六〕【考證】文選無「也」字。

〔七〕【集解】徐廣曰：「挈，猶言垂也。」駰案：韋昭曰「挈，缺也。三神，上帝、泰山、梁父也」。【索隱】案：徐氏云「挈，猶垂」，非也。應劭作「絶」，李奇、韋昭作「闕」，意亦不遠。三神，韋昭以爲上帝、太山、梁父，如淳謂地祇、天神、山岳也。【正義】挈猶持，言漢帝執持三神之驩，今乃不封禪，缺王道之儀號。孔文祥云：「三神，天地人也。」按三家説，韋氏爲長。【考證】三神，如説爲長。（契）〔挈〕，索隱爲長。

〔八〕【集解】漢書音義曰：「言天道質昧，以符瑞見意，不可辭讓也。」【索隱】孟康曰：「言天道質昧，以符瑞見意，不可辭讓也。」【考證】文選「謂」作「曰」。漢書、文選「闇」下有「示」字。

〔九〕【集解】漢書音義曰：「太山之上，無所表記，梁父壇場，無所庶幾。」【索隱】案：幾，音冀。【正義】符瑞，盛而辭之，則是太山無碑記，梁父無望祭祀也。

〔一〇〕【集解】漢書音義曰：「屈，絶之也。言古帝王但作一時之榮，畢代而絶也。」【索隱】言自古封禪之帝王，是各並時而榮貴，咸有濟代之勳；而屈者，謂言抑屈總不封禪，使説者尚何稱述於後代也，如上文云「七十二君」者哉？【考證】漢書、文選「濟」下有「厥」字。

〔一一〕【集解】徐廣曰：「若無封禪之遺迹，則榮盡於當時，至於歷世之後，人何所述？」

〔一二〕【索隱】文穎曰：「越，踰也。不爲苟進踰禮也。」【考證】漢書、文選「越」下有「也」字。文選「符」作「命」。

〔一三〕【集解】漢書音義曰：「款，誠也。謁，告之報誠也。」【考證】漢書、文選無「也」字。顔師古曰：替，廢也。不廢封禪之事也。張揖曰：蓋先禮中岳而幸太山也。

〔一四〕【考證】丕，大也。漢書、文選作「卒」。卒，終也。

〔一五〕【集解】徐廣曰：「錯，音厝。」駰案：漢書音義曰：「采，官也。使諸儒記功著業，得覩日月末光殊絶之用，以展其官職，設厝其事業者也。」【考證】王先謙曰：因雜，猶言重積，謂總萃之也。略術，猶言道術。左定四年傳注「略，道也」。「絶炎」與「末光」同意，言諸儒瞻仰帝德，譬猶日月高敻僅曜其餘光遠燄而已。中井積德曰：耀者受照也。

〔一六〕【集解】徐廣曰：「校，一作『祓』。祓，猶拂也，音廢也。」駰案：漢書音義曰「春秋者，正天時列人事，諸儒既得展事業，因兼正天時，列人事，敘述大義爲一經」。【考證】漢書、文選「校飭」作「祓飾」。文選注云「祓，音弗，蓋讀爲黻也」。「黻飾」二字一意，「藝」讀爲「經」。

〔一七〕【集解】韋昭曰：「今漢書增一，仍舊六爲七也。」【考證】孟康曰：襲，猶因也。文穎曰：六經加一爲七也。

〔一八〕【集解】徐廣曰：「攄，一作『臚』。臚，敘也。」【索隱】廣雅云：「攄，張舒也。」【正義】攄，布也。

〔一九〕【索隱】胡廣曰：「飛揚英華之聲，騰馳茂盛之實也。」

〔二〇〕【索隱】案：謂用此封禪。

〔二一〕【集解】漢書音義曰：「掌故，太史官屬，主故事也。」【考證】漢書、文選「義」作「儀」。

於是天子沛然改容，曰：「愉乎，朕其試哉！」〔二二〕乃遷思回慮，總公卿之議，詢封禪之事，詩大澤之博，廣符瑞之富。〔二三〕乃作頌曰：

〔二二〕【考證】漢書、文選「愉」作「俞」。顏師古曰：沛然，感動之意也。俞者，然也，然其所請也。文選「沛」作「俙」，注「俙，感動之意也，或作沛」。

〔二三〕【集解】漢書音義曰：「詩，歌詠功德也，下四章之頌也。大澤之博，謂『自我天覆，雲之油油』。廣符瑞之富，謂『斑斑之獸』以下三章，言符瑞廣大富饒也。」【考證】詩，猶言歌詠也，實字虛用。劉奉世曰：嘉穀亦符瑞之一也，此但包舉作頌之意，不必別之。

自我天覆，雲之油油。〔一〕甘露時雨，厥壤可游。〔二〕滋液滲漉，何生不育；〔三〕嘉穀六穗，我穡曷蓄。〔四〕

〔一〕【集解】漢書音義曰：「油油，雲行貌。孟子曰『油然作雲，沛然下雨』。」【考證】漢書、文選「乃」作「遂」。

〔二〕【考證】漢書、文選「游」作「遊」。李善曰：遊，遨也。言祥瑞屢臻，故可遊遨也。

〔三〕【集解】徐廣曰：「滲，音色蔭反。」【索隱】案：說文云「滲漉，水下流之貌也」。

〔四〕【集解】徐廣曰：「何所畜邪？畜嘉穀。」

非唯雨之，又潤澤之；非唯濡之，氾尃濩之。〔一〕萬物熙熙，懷而慕思。名山顯位，望君之來。〔二〕君乎君乎，侯不邁哉！〔三〕

〔一〕【集解】徐廣曰：「古『布』字作『尃』。」【索隱】胡廣曰：「氾，普也。言雨澤非偏於我，普徧布散，無所不濩之也。」【考證】濡之，漢書作「偏我」，文選作「徧之我」。漢書、文選「尃」作「布」，「濩」作「護」。據索隱，史記本作「偏我」。文選「偏」誤「徧」，「我」上衍「之」字。護讀爲「濩」。顏師古曰：布護，言遍布也。

〔二〕【集解】韋昭曰：「名山，大山也。顯位，封禪也。」【考證】漢書「思」作「之」。

〔三〕【索隱】李奇云：「侯，何也。言君何不行封禪之事也。」案：邁，訓行也。如淳云「侯，維也」。【考證】漢書「乎」作「兮」。

般般之獸，樂我君囿；白質黑章，其儀可嘉；〔一〕旼旼睦睦，君子之能。〔二〕蓋聞其聲，今觀其來。〔三〕厥塗靡蹤，天瑞之徵。〔四〕茲亦於舜，虞氏以興。〔五〕

〔一〕【索隱】案：般般，文彩之貌也，音班。胡廣曰「謂騶虞也」。【考證】漢書、文選「囿」作「圃」。漢書「嘉」作

「喜」。朱一新曰：囿、喜，古韻叶也，作圃、嘉非也。瞿鴻禨曰：説文「禽獸曰囿，種菜曰圃」，此當作「囿」。

〔二〕【集解】徐廣曰：「旼，音旻。和貌也。能，一作『態』。」駰案：漢書音義曰「旻和穆敬，言和且敬，有似君子」。

【索隱】旼，音旻。【考證】漢書、文選「睦」作「穆」，「能」作「態」。中井積德曰：能、態，同。

〔三〕【考證】觀，漢書作「視」，文選作「親」。聲，名也。瞿鴻禨曰：來、與、之、哉、喜、態皆叶。

〔四〕【集解】徐廣曰：「其所來路非有迹，蓋自天降瑞，不行而至也。」【考證】漢書、文選「蹤」作「從」。中井積德曰：作「從」爲長。無知其所從來也，乃所以爲天瑞。

〔五〕【索隱】文穎曰：「舜百獸率舞，則騶虞亦在其中者已。」【考證】漢書亦作「爾」。王念孫曰：「爾」字於義無取，當作「亦」。文選呂延濟注曰：「言此獸於舜亦見也。」

濯濯之麟，游彼靈畤。〔一〕孟冬十月，君徂郊祀。馳我君輿，帝以享祉。〔二〕三代之前，蓋未嘗有。

〔一〕【集解】漢書音義曰：「武帝祠五畤，獲白麟，故言游靈畤也。」【索隱】詩人云「麀鹿濯濯」，注云「濯濯，嬉遊貌」。

〔二〕【考證】李善曰：帝，天帝也。白麟馳我君車之前，因取燎祭於天，天用歆享之，荅以祉福也。

宛宛黃龍，興德而升；〔一〕采色炫燿，熿炳煇煌。〔二〕正陽顯見，覺寤黎烝。〔三〕於傳載之，云受命所乘。〔四〕

〔一〕【索隱】胡廣曰：「宛宛，屈伸也。」【正義】黃龍者，四龍之長。西方正色，神靈之精，能巨細剛柔文明，章應和氣而游池沼。【考證】此以下謂渥洼神馬事，以龍喻馬也，與成紀見龍無些交涉。

〔二〕【集解】徐廣曰：「熿，音晃。煇，音魂。」【考證】漢書「炫」作「玄」。漢書、文選「熿」作「焕」。

〔三〕【索隱】文穎曰：「陽，明也。謂南面受朝也。」【考證】顏師古曰：黎蒸，衆庶也。愚按：馬，陽類，數句形容神馬。

〔四〕【索隱】如淳云：「書傳所載，撰其比類，以爲漢土德，黃龍爲之應，見之於成紀，故云受命所乘也。」【考證】以上言神馬事。

厥之有章，不必諄諄。〔一〕依類託寓，諭以封巒。〔二〕

〔一〕【集解】徐廣曰：「諄，止純反。告之丁寧。」駰案：漢書音義曰「天之所命，表以符瑞，章明其德，不必諄諄然有語言也」。

〔二〕【集解】漢書音義曰：「寓，寄也。巒，山也。言依事類託寄，以喻封禪者。」【考證】張文虎曰：「託」從舊刻，與漢書、文選合。據集解，則本是「託」字，它本作「記」，非。愚按：楓、三本亦作「託」。

披藝觀之，天人之際已交，上下相發允荅。聖王之德，兢兢翼翼也。〔一〕故曰「興必慮衰，安必思危」。〔二〕是以湯、武至尊嚴，不失肅祗；舜在假典，顧省厥遺：此之謂也。〔三〕

〔一〕【考證】漢書「德」作「事」。漢書、文選無「也」字。藝，經也。王先謙曰：言聖王戒敬修禮，信所以答天休也。

〔二〕【考證】漢書、文選「與」上有「於」字。沈欽韓曰：周書程典解「於安思危，於始思終」。

〔三〕【集解】徐廣曰：「假，大也。」【正義】在，察也。【考證】文選「厥」作「闕」。李善曰：湯武雖居至尊嚴之位，而猶不失肅祗之道，舜所以在於大典，謂能顧省其遺失，言漢亦當不失恭敬而自省也。祭天，是不忘敬也，不封禪，是遺失也。毛詩曰「湯降不遲，上帝是祗」。愚按：假典，郊祀封禪之大典。顧省厥遺，恐失禮節也。在，讀如字。厥，不必改「闕」。肅祗亦就祭祀而言。

司馬相如既卒，〔一〕五歲，天子始祭后土。八年而遂先禮中嶽，〔二〕封于太山，〔三〕至梁父，禪肅然。〔四〕

〔一〕【集解】徐廣曰：「元狩五年也。」

〔二〕【正義】嵩高也。在洛州陽城縣西北二十二里。

〔三〕【正義】在兖州博城縣西北三十里。

〔四〕【集解】徐廣曰：「小山，在泰山下趾東北。」【考證】凌約言曰：相如封禪書，議者謂其至死獻諛。然予觀太史公自序傳，其父談曰：「天子接千歲之統封太山，而予不得從行，是命也夫！」是知當時以登封爲盛，有事爲榮，蓋如此。相如自以文章擅當代，見武帝改正易服，定制度，興樂章，度其必封禪，以夸耀後世，當其時謂可秉筆託附不磨，由是草書將以上勸，而不幸病以死，則初意不獲遂也。然欲使帝之必知，於是屬其妻，身後上之。此其爲計，實夸心之所致耳。何焯曰：傳遂終言其事，史通云「馬卿爲自敍傳，具在其集中，子長因録斯篇，即爲列傳。班氏仍舊更無改作，固於揚、馬傳末皆云『遷雄之自敍如此』」。至於相如篇下，獨無此言，其何不純。按：傳中終言相如卒後之事，則非止録自敘也。愚按：說又見上。

相如他所著，若遺平陵侯書、〔一〕與五公子相難、草木書篇，不采，采其尤著公卿者云。〔二〕

〔一〕【集解】徐廣曰：「平陵侯蘇建也。」

〔二〕【考證】漢書藝文志詩賦略云：「司馬相如賦二十九篇。」其存者史漢本傳子虛賦、上林賦、哀秦二世賦、大人賦四篇，文選長門賦一篇，古文苑美人賦一篇。凡六篇。又有梨賦、魚葅賦並殘，梓桐山賦亡。其雜文，本傳諫獵上書、喻巴蜀檄、難蜀父老、封禪文四篇。報卓文君書、荅盛覽問作賦並殘。遺平陵侯、與五公子二書佚。藝文志小學略又云：「武帝時司馬相如作凡將篇。」佞幸傳云：「上方興天地諸祠，欲造樂，使司馬相如等作詩頌。」本傳亦不及。

太史公曰：春秋推見至隱，〔一〕易本隱之以顯，〔二〕大雅言王公大人，而德逮黎庶，〔三〕小雅譏小己之得失，其流及上。〔四〕所以言雖外殊，其合德一也。〔五〕相如雖多虛辭濫說，然其要歸引之節儉，此與詩之風諫何異。〔六〕揚雄以爲靡麗之賦，勸百風一，猶馳騁鄭、衞之聲，曲終而奏雅，〔七〕不已虧乎？〔八〕余采其語可論者著于篇。〔九〕

〔一〕【集解】韋昭曰：「推見事至於隱諱，謂若晉文召天子，經言『狩河陽』之屬。」【索隱】李奇曰：「隱，猶微也。言其義彰而文微，若隱公見弒，而經不書，諱之。」韋昭曰：「推見事至于隱諱，謂若晉文召天子，經言『狩河陽』之屬。」【考證】何焯曰：言由人事之見著者，推而至於天道之隱微也，李注失之。愚按：中井積德亦有此說。

〔二〕【集解】韋昭曰：「易本隱微妙，出爲人事，乃顯著也。」【索隱】韋昭曰：「易本陰陽之微妙，出爲人事，乃更昭著也。」虞喜志林曰：「春秋以人事通天道，是推見以至隱也。易以天道接人事，是本隱以之明顯也。」【考證】漢書「之以」作「以之」。中井積德曰：「之以」當作「以之」。愚按：「以」字疑衍。顏師古曰：之，往也。

〔三〕【集解】韋昭曰：「先言王公大人之德，乃後及衆庶也。」【索隱】文穎曰：「大雅先言大人王公之德，後及衆庶。」

〔四〕【集解】韋昭曰：「小雅之人志狹小，先道己之憂苦，其流乃及上政之得失者。」【索隱】文穎曰：「小雅之人材志狹小，先道己之憂苦，其末流及上政之得失也。故禮緯云，小雅譏己得失，及之於上也。」【正義】從傳至小雅，所言殊異，其合德化民若一，用比相如虛詞浮濫，後要歸於節儉，與詩之諷諫同德也。【考證】張揖曰：

已，詩人自謂也。顔師古曰：小已者，謂卑少之人，以對上言大人耳。

〔五〕【考證】漢書無「以」字。楓、三本無「外」字，與漢書合。

〔六〕【考證】漢書「其要歸」作「要其歸」。

〔七〕【考證】揚雄法言無此語，但吾子篇云：「或曰『賦可以諷乎？』曰『諷乎。諷則已。不已，吾恐不免於勸也』。」

〔八〕【考證】已，猶太甚也。岡白駒曰：不亦虧損本旨乎？漢書「虧」作「戲」。王先謙曰：謂揚雄之論過輕相如也。梁玉繩曰：「揚雄」以下二十八字，當削。困學紀聞曰：雄後於遷甚久，遷得引雄辭，何哉？蓋後人以漢書贊附益之。

〔九〕【考證】徐孚遠曰：此文非太史公不能作，揚雄語則後人勦入也。漢書無「余」以下十字。

【索隱述贊】相如縱誕，竊貲卓氏。其學無方，其才足倚。子虛過吒，上林非侈。四馬還邛，百金獻伎。惜哉封禪，遺文卓爾。

史記會注考證卷一百十八

淮南衡山列傳第五十八

史記一百十八

【考證】史公自序云：「黥布叛逆，子長國之，以填江淮之南，安剽楚庶民。作淮南衡山列傳第五十八。」

淮南厲王長者，高祖少子也，其母故趙王張敖美人。高祖八年，從東垣過趙，〔一〕趙王獻之美人。厲王母得幸焉，有身。趙王敖弗敢内宫，爲築外宫而舍之。及貫高等謀反柏人事發覺，并逮治王，盡收捕王母兄弟美人，繫之河内。厲王母亦繫，告吏曰：「得幸上，有身。」〔二〕吏以聞上，上方怒趙王，未理厲王母。〔三〕厲王母弟趙兼因辟陽侯言吕后，〔四〕吕后妒，弗肯白，辟陽侯不彊争。〔五〕及厲王母已生厲王，恚，即自殺。〔六〕吏奉厲王詣上，上悔，令吕后母之，〔七〕而葬厲王母真定。真定，厲王母之家在焉，父世縣也。〔八〕

〔一〕【正義】趙，張耳所都，今邢州也。【考證】時擊韓王信餘寇於東垣。

〔二〕【考證】漢書「身」作「子」。周壽昌曰：高帝八年冬過趙，幸美人有身，九年十二月，貫高謀反事始覺，計已逾年，蓋已生子也。

〔三〕【考證】漢書不重「上」字。

〔四〕【考證】母弟，母之弟也。辟陽侯，審食其。

〔五〕【考證】凌稚隆曰：伏後案。

〔六〕【考證】漢書刪「及」字。

〔七〕【正義】悔不理厲王母。

〔八〕【索隱】案：漢書曰「母家縣」。案：謂父祖代居真定也。

高祖十一年十月，淮南王黥布反，〔一〕立子長爲淮南王，王黥布故地，凡四郡。〔二〕上自將兵擊滅布，厲王遂即位。厲王蚤失母，常附呂后，孝惠、呂后時以故得幸無患害，而常心怨辟陽侯，弗敢發。及孝文帝初即位，淮南王自以爲最親，驕蹇，數不奉法。〔三〕上以親故，常寬赦之。三年，入朝。甚橫。從上入苑囿獵，與上同車，常謂上「大兄」。厲王有材力，力能扛鼎，乃往請辟陽侯。辟陽侯出見之，即自袖鐵椎椎辟陽侯，〔四〕令從者魏敬剄之。〔五〕厲王乃馳走闕下，肉袒謝曰：「臣母不當坐趙事，其時辟陽侯力能得之呂后，弗爭，罪一也。趙王如意子母無罪，呂后殺之，辟陽侯弗爭，罪二也。呂后王諸呂，欲以危劉氏，辟陽侯弗爭，罪三也。臣謹爲天下誅賊臣辟陽侯，報母之仇，謹伏闕下請罪。」孝文傷其志，爲親故，弗治，赦厲王。當是時，薄太后及太子諸大臣皆憚厲王，〔六〕厲王以此歸國，益驕恣，不用漢法，出入稱警蹕，

稱制，自爲法令，擬於天子。〔七〕

〔一〕【考證】陳仁錫曰：十月，當作「七月」。

〔二〕【集解】徐廣曰：「九江、廬江、衡山、豫章也。」

〔三〕【正義】驕蹇，謂不巽順也。【考證】顏師古曰：時高帝子唯二人在。

〔四〕【索隱】案：漢書作「褏金椎椎之」。案：魏公子無忌使朱亥袖四十斤鐵椎椎之也。【考證】請謁也。

〔五〕【正義】剄，古鼎反。剄，謂刺頸。

〔六〕【考證】凌稚隆曰：伏後案。

〔七〕【考證】漢書「擬於天子」下，補厲王上書不遜順，文帝令薄昭予書諫之，厲王不説等事八百四十字。厲王驕恣之由益明。

六年，令男子但等七十人與棘蒲侯柴武太子奇謀，以輂車四十乘反谷口，〔一〕令人使閩越、匈奴。事覺，治之，使使召淮南王。淮南王至長安。

〔一〕【集解】徐廣曰：「大車駕馬曰輂。音己足反。」漢書音義曰：「谷口在長安北，故縣也，處多險阻。」【正義】括地志云：「谷口故城，在雍州醴泉縣東北四十里，漢谷口縣也。」【考證】輂車，漢書作「輦車」，非是。谷口，馮翊縣，在今西安府醴泉縣東北七十里。

「丞相臣張倉、典客臣馮敬、行御史大夫事宗正臣逸、廷尉臣賀、備盜賊中尉臣福昧死言：〔一〕淮南王長廢先帝法，不聽天子詔，居處無度，爲黄屋蓋乘輿，出入擬於天子，擅爲法令，不用漢法。及所置吏，以其郎中春爲丞相，〔二〕聚收漢諸侯人及有罪亡者，匿與居，〔三〕爲治家室，賜其財物爵禄田宅，爵或至關内侯，奉以二千石，所不當得，欲以有爲。〔四〕大夫但〔五〕、士伍開章等七十人〔六〕與棘蒲侯太子奇謀反，〔七〕欲以危宗廟社稷。使開章陰告長，與謀使閩越及匈奴發其兵。開章之淮南見長，長數與坐語飲食，爲家室娶婦，以二千石俸奉之。開章使人告但，已言之王。春使使報但等。吏覺知，使長安尉奇等往捕開章。長匿不予，與故中尉蕑忌謀，殺以閉口。〔八〕爲棺槨衣衾，葬之肥陵邑，〔九〕謾吏曰『不知安在』。〔一〇〕又詳聚土，樹表其上，曰『開章死，埋此下。』〔一一〕及長身自賊殺無罪者一人；令吏論殺無罪者六人；爲亡命弃市罪，詐捕命者以除罪；〔一二〕擅罪人，罪人無告劾，繫治城旦舂以上十四人；〔一三〕赦免罪人，死罪十八人，城旦舂以下五十八人；〔一四〕賜人爵關内侯以下九十四人。前日長病，陛下憂苦之，使使者賜書、棗脯。長不欲受賜，不肯見拜使者。〔一五〕南海民處廬江界中者反，淮南吏卒擊之。〔一六〕陛下以淮南民貧苦，遣使者賜長帛五千匹，以賜吏卒勞苦者。長不欲受賜，謾言曰『無勞苦者』。〔一七〕南海民王織上書獻璧皇帝，忌擅燔其書，不以聞。〔一八〕吏請召治忌，長不遣，謾言曰『忌病』。春又請長，願入見，長怒曰『女欲離我自附漢』。〔一九〕長當弃市，臣請論如法。」

〔一〕**【考證】**張倉，當依漢書作「張蒼」。行御史大夫事，當屬下讀。時馮敬爲典客。錢大昕曰：公卿表無逸、賀、福三人名。梁玉繩曰：賀雖未知何人，然可以證公卿表于孝文三年書張廷尉之譌，是時爲孝文六年。愚按：「行御史」以下二十四字，漢書作「行御史大夫事與宗正廷尉雜奏」。

〔二〕**【考證】**楓、三本「郎中」下有「令」字。

〔三〕**【考證】**王先謙曰：漢諸侯人，漢郡縣及諸侯國之人。

〔四〕【集解】如淳曰：「賜亡畔來者，如賜其國二千石也。」瓚曰：「奉以二千石之秩禄。」【索隱】案：謂有罪之人，不得關內侯及二千石。【考證】漢書「賜其」作「賜與」，「所」下無「不」字，删「欲以有爲」四字。王念孫曰：集解引如淳、薛瓚二説爲解，則史記本無「不」字明矣。中井積德曰：漢書無「不」字。「所當得」三字屬上文。愚按：「不」字不必衍。奉以二千石，下文所謂以二千石俸奉之也，所不當得，言諸侯王不當有此事也。欲以有爲，言欲危宗廟社稷也，索隱非是。

〔五〕【集解】張晏曰：「大夫，姓也。上云『男子但』，明其姓大夫也。」瓚曰：「官爲大夫，名但者也。」【索隱】張揖曰大夫姓，非也。案：上云「男子但」，此云「大夫但」及「士伍開章」，則知大夫是官也。【考證】中井積德曰：大夫，爵也。王舉以爲大夫，故此稱大夫但也。錢大昭曰：大夫，民爵第五等。

〔六〕【集解】如淳曰：「律『有罪失官爵，稱士伍』者也。開章，名。」【考證】伍，蔡、中统、游、王、柯、毛本作「五」，今從凌本，漢書亦作「伍」。中井積德曰：士伍，兵卒之等，微賤者也。此以其本言之，不論前罪有無。

〔七〕【集解】徐廣曰：「棘蒲侯柴武，以文帝後元年卒，謚剛。嗣子謀反，不得置後，國除。」

〔八〕【索隱】蔄，姓也，音姦。嚴助傳則作「閒忌」，亦同音姦。【正義】謀殺開章以閉絶謀反之口也。

〔九〕【正義】括地志云：「肥陵故縣，在壽州安豐縣東六十里，在故六城東北百餘里。」【考證】漢書無「邑」字。

〔一〇〕【索隱】謾吏，上音慢。慢，詆也。按：實葬肥陵，詆云不知處。肥陵，地名，在肥水之上也。【考證】王先慎曰：索隱非也。初言不知安在，謂告往捕之吏，不知開章所往，非謂不知葬處也。繼乃詆稱已死，陽表其墓，實未死也。迨吏窮知其詐，長知不可掩，乃令蔄忌殺之肥陵，即葬其地，情事如此，文特倒叙，遂致讀者難明耳。

〔一一〕【考證】詳、佯通。漢書「埋」作「葬」。

〔一二〕【集解】晉灼曰：「亡命者當棄市，而王藏之，詐捕不命者而言命，以脱命者之罪。」【考證】張文虎曰：毛本有「亡」字，與漢書合，它本並脱。

〔一三〕【考證】漢書不「重罪」人二字。中井積德曰：恐衍其一。愚按：擅罪人，罪人無告，先舉其綱，劾繫以下其目。與下文同列。中説非也。岡白駒曰：無告，有罪無告于漢。

〔一四〕【考證】王先謙曰：死罪及城旦舂以下不應赦者，長皆赦之。

〔一五〕【考證】沈欽韓曰：新書淮難篇云「皇太后之餽賜，逆拒而不受。天子使者奉詔而弗得見，僵臥以發書」，即此事也。

〔一六〕【考證】王先謙曰：嚴助傳「淮南王安上書云：『前時南海王反，陛下先臣使將軍間忌將兵擊之，以其軍降，處之上淦。』後復反」，即其事也。

〔一七〕【考證】漢書「五千」作「五十」，誤。

〔一八〕【集解】文穎曰：「忌，蔄忌。」【考證】漢書無「民」字。陳仁錫曰：「民」字衍。織，南海王名。周壽昌曰：南海王織，見高紀。

〔一九〕【考證】淩稚隆曰：春，即淮南丞相春也。

制曰：「朕不忍致法於王，其與列侯二千石議。」

「臣倉、臣敬、臣逸、臣福、臣賀昧死言：臣謹與列侯吏二千石臣嬰等四十三人議，〔一〕皆曰『長不奉法度，不聽天子詔，乃陰聚徒黨及謀反者，厚養亡命，欲以有爲』。臣等議論如法。」

〔一〕【考證】「倉」當作「蒼」。齊召南曰：嬰，即汝陰侯夏侯嬰也。錢大昭曰：時灌嬰、陳嬰皆前卒，故知是夏侯嬰也。

制曰：「朕不忍致法於王，其赦長死罪，廢勿王。」

「臣倉等昧死言：長有大死罪，陛下不忍致法，幸赦，廢勿王。臣請處蜀郡嚴道邛郵，〔一〕遣其子母從居，〔二〕縣爲築蓋家室，皆稟食，給薪菜鹽豉炊食器席蓐。〔三〕臣等昧死請，請布告天下。」

〔一〕【集解】徐廣曰：「嚴道有邛僰九折阪，又有郵置。」駰案：張晏曰「嚴道，蜀郡縣」。【索隱】按：嚴道，蜀郡之縣也。縣有蠻夷曰道。嚴道有邛萊山，有郵置，故曰「嚴道邛郵」也。

〔二〕【索隱】案：樂産云「妾媵之有子者，從去也」。【考證】漢書作「其子子母」。顔師古曰：子母者，所生子之姬妾。

〔三〕【考證】漢書「稟食」作「三食」。顔師古曰：炊器，釜鬲之屬。食器，盃椀之屬。

制曰：「計食長，給肉日五斤，酒二斗。令故美人才人得幸者十人從居。他可。」〔一〕

〔一〕【索隱】按：謂他事可其制也。【考證】顔師古曰：上言「子母」，則有子者令從之。今此云「美人才人」，則無子者，則亦令從之。愚按：他可，謂他事如議也。又按：文帝殺弟，固非美事，史公録丞相劾奏特詳，蓋不欲使帝專負殺弟之名也。

盡誅所與謀者。於是乃遣淮南王，載以輜車，令縣以次傳。〔一〕是時袁盎諫上曰：「上素驕淮南王，弗爲置嚴傅相，以故至此。且淮南王爲人剛，今暴摧折之，臣恐卒逢霧露病死，陛下爲有殺弟之名，柰何！」〔二〕上曰：「吾特苦之耳，今復之。」〔三〕縣傳淮南王者，皆不敢發車封。〔四〕淮南王乃謂侍者曰：「誰謂乃公勇者？吾安能勇！〔五〕吾以驕故不聞吾過至此。人生一世閒，安能邑邑如此！」乃不食死。至雍，〔六〕雍令發封，以死聞。上哭甚悲，謂袁盎曰：「吾不聽公言，卒亡淮南王。」盎曰：「不可柰何，願陛下自寬。」〔七〕上曰：「爲之柰何？」

盎曰：「獨斬丞相、御史以謝天下乃可。」〔八〕上即令丞相、御史逮考諸縣傳送淮南王不發封餽侍者，皆弃市。〔九〕乃以列侯葬淮南王於雍，守家三十户。

〔一〕【考證】顏師古曰：輜，衣車也。王先謙曰：縣次傳，以郵傳致之也。

〔二〕【考證】胡三省曰：卒讀「猝」。袁盎傳作「如有遇霧露行道死」。

〔三〕【考證】各本「今」作「令」，誤。據宋本、毛本訂，漢書亦作「令」。顏師古曰：暫困苦之，令其自悔，即追還也。王念孫曰：今復之，即復之也。汲黯傳「君薄淮陽邪，吾今召君矣」。索隱「今，猶即今也」。

〔四〕【集解】漢書音義曰：「檻車有檻封也。」【考證】中井積德曰：漢書「以縣傳者不敢發車封」二句，置「不食死」之下，似長。諸避事，略知其死，漫爲不知者而過之也。王先謙曰：不敢發者，畏其勇也。愚按：中說得之。

〔五〕【索隱】乃，汝也。汝公，淮南王自謂也。

〔六〕【正義】雍，岐州雍縣也。

〔七〕【考證】楓、三本「不可」上有「淮南王」三字，與漢書合。顏師古曰：不可奈何，謂王死不能復生。王先謙曰：盎語，當參觀本傳。

〔八〕【索隱】案：劉氏云「袁盎此言，亦大過也」。【考證】凌约言曰：丞相御史執法，而盎欲斬之，幸而文帝不用，盎之刻惡憸邪，大抵如此，不獨私仇一晁錯已也。

〔九〕【考證】他本「逮」作「遂」，據王念孫引宋本及毛本訂，漢書亦作「逮」。顏師古曰：逮，捕也。王先謙曰：侍，候問也。

孝文八年，上憐淮南王，淮南王有子四人，皆七八歲，乃封子安爲阜陵侯，子勃爲安陽

侯，子賜爲陽周侯，子良爲東成侯。〔一〕

〔一〕【考證】張文虎曰：陽周，各本作「周陽」。考證據惠景侯者表、漢書表傳改，下同。志疑說同。

孝文十二年，民有作歌，歌淮南厲王曰：「一尺布，尚可縫；一斗粟，尚可舂。兄弟二人，不能相容。」〔一〕上聞之，乃歎曰：「堯、舜放逐骨肉，周公殺管、蔡，天下稱聖。〔二〕何者？不以私害公。天下豈以我爲貪淮南王地邪？」乃徙城陽王王淮南故地，〔三〕而追尊謚淮南王爲厲王，置園復如諸侯儀。〔四〕

〔一〕【集解】漢書音義曰：「尺布斗粟，猶尚不棄，況於兄弟而更相逐乎。」瓚曰：「一尺布尚可縫而共衣，一斗粟尚可舂而共食也，況以天下之廣而不能相容。」【考證】中井積德曰：尺布雖不可縫，而接他布，可以縫成衣。斗粟雖不可舂，而合他粟，可以舂成食。是布粟滅割分裂，不足憂也。兄弟則一喪不可復得矣，欲求接合於他人而弗能，是所以爲比喻。愚按：音義最穩，他說鑿。又按：縫、舂、容，韻。容齋隨筆云：高誘作鴻烈解敘，許叔重注文，其辭云「一尺繒好童童，一升粟飽蓬蓬，兄弟二人，不能相容」。

〔二〕【正義】帝系云堯，黃帝之後；舜，顓頊之後。四凶之內，有承黃帝、顓頊者，而堯、舜竄之，故放逐骨肉耳。四凶者，共工、三苗、伯鯀及驩兜，皆堯、舜之同姓，故云骨肉也。【考證】中井積德曰：放逐骨肉，指舜放象而言，堯是帶說耳。周公不殺蔡，是蔡亦帶說。愚按：皆取例於兄弟。

〔三〕【集解】徐廣曰：「景王章之子。」【考證】城陽王名喜，下文所謂淮南王喜。

〔四〕【正義】謚法云：「暴慢無親曰厲。」【考證】中井積德曰：諸侯儀，謂諸侯王之儀，非謂列侯。「復」字可徵，凡稱諸侯，雖無王字，皆是王矣，與列侯異。

孝文十六年，徙淮南王喜復故城陽。〔一〕上憐淮南厲王廢法不軌，自使失國，蚤死，乃立

其三子：阜陵侯安爲淮南王，安陽侯勃爲衡山王，陽周侯賜爲廬江王，皆復得厲王時地，參分之。東城侯良，前薨，無後也。〔一〕

〔一〕【索隱】故城陽景王之子也。【考證】李笠曰：「復」下疑脱「王」字，漢書有。

孝景三年，吴、楚七國反，吴使者至淮南，淮南王欲發兵應之。其相曰：「大王必欲發兵應吴，臣願爲將。」王乃屬相兵。〔一〕淮南相已將兵，因城守，不聽王而爲漢，漢亦使曲城侯將兵救淮南：淮南以故得完。〔二〕吴使者至廬江，廬江王弗應，而往來使越。吴使者至衡山，衡山王堅守無二心。孝景四年，吴、楚已破，衡山王朝，上以爲貞信，乃勞苦之曰：「南方卑溼。」徙衡山王王濟北，所以襃之。〔三〕及薨，遂賜謚爲貞王。廬江王邊越，數使使相交，故徙爲衡山王，王江北。〔四〕淮南王如故。〔五〕

〔一〕【考證】周壽昌曰：張釋之傳云「事景帝歲餘，爲淮南相」。此景帝三年事，則將兵之相疑是釋之。

〔二〕【集解】徐廣曰：「曲城侯，姓蟲，名捷，其父名逢，高祖功臣。」

〔三〕【考證】漢書無「所」字。

〔四〕【考證】顏師古曰：邊越者，邊界與越相接。王先謙曰：廬江王王江南，得豫章、廬江，徙江北則漢收二郡，斷其通越。田汝成曰：此段敘三王所以應吴者，賢否具見。而景帝或因，或從之，故襃貶寓焉。辭不煩，而意自足。

〔五〕【考證】漢書删此五字。查慎行曰：「淮南王如故」一句，所以結上起下，漢書不當删去。中間文章，令薄昭予厲王書，反覆八百餘言，開示利害，辭嚴而義正，冀其改過，具見文帝友愛之情。漢書獨詳，史記少此一段。

淮南王安爲人好讀書鼓琴，不喜弋獵狗馬馳騁，亦欲以行陰德，拊循百姓，流譽天下。〔一〕時時怨望厲王死，時欲畔逆，未有因也。及建元二年，淮南王入朝。素善武安侯，〔二〕武安侯時爲太尉，乃逆王霸上，與王語曰：「方今上無太子，大王親高皇帝孫，〔三〕行仁義，天下莫不聞。即宮車一日晏駕，非大王當誰立者！」淮南王大喜，厚遺武安侯金財物。〔四〕陰結賓客，拊循百姓，爲畔逆事。〔五〕建元六年，彗星見，淮南王心怪之。或說王曰：「先吳軍起時，彗星出，長數尺，然尚流血千里。今彗星長竟天，天下兵當大起。」王心以爲上無太子，天下有變，諸侯並争，愈益治器械攻戰具，積金錢，賂遺郡國諸侯游士奇材。〔六〕諸辨士爲方略者，妄作妖言諂諛王，王喜，多賜金錢，而謀反滋甚。〔七〕

〔一〕【考證】漢書「流譽天下」，改作「流名譽」，下補「招致賓客方術之士數千人，作爲內書二十一篇，外書甚衆，又有中篇八卷，言神仙黃白之術，亦二十餘萬言。時武帝方好藝文，以安屬爲諸父，辯博善爲文辭，甚尊重之，每爲報書及賜，常召司馬相如等視草迺遣。初安入朝，獻所作內篇新出，上愛祕之，使爲離騷傳，旦受詔，日食時上。又獻頌德及長安都國頌。每宴見，談說得失，及方術賦頌，昏莫然後罷」百數十字。藝文志又云「雜家，淮南內二十一篇，外三十三篇。詩賦，淮南王八十二篇，淮南羣臣賦四十四篇，淮南歌詩四篇。天文，淮南雜子星十卷」。今存淮南內二十一篇，屏風賦一篇，諫伐南越書一篇。

〔二〕【考證】武安侯，田(份)〔蚡〕。

〔三〕【正義】漢書云：「武帝以安屬爲諸父。」

〔四〕【考證】語又見武安傳。武安傳作「非大王立當誰哉」，漢書作「非王尚誰立者」。中井積德曰：按文理，「誰」

字當在「當」下。又曰：武安語蓋流傳非實，太史公所謂被惡言是也。武安傳可併考。

〔五〕【索隱】淮南要略云，安養士數千，高才者八人，蘇非、李尚、左吳、陳由、伍被、毛周、雷被、晉昌，號曰「八公」也。【考證】李笠曰：上已云拊循百姓，流譽天下，此「拊循百姓」四字疑誤衍。愚按：漢書云「其羣臣賓客，江淮間多輕薄，以厲王遷死感激安」。又按：索隱引淮南要略，今本無此文。高誘淮南敘云：「安爲辨達，善屬文，天下方術之士多往歸焉。於是遂與蘇飛、李尚、左吳、田由、雷被、毛被、伍被、晉昌等八人及諸儒大山小山之徒，共講論道德，總統仁義，而著此書。」八人姓名，與索隱所引亦有異同。

〔六〕【考證】漢書删「諸侯」二字。郡，守令。國，諸侯。

〔七〕【考證】張文虎曰：謀反，疑倒。

淮南王有女陵，慧，有口辯。王愛陵，常多予金錢，爲中詷長安，約結上左右。〔一〕元朔三年，上賜淮南王几杖，不朝。〔二〕淮南王王后荼，王愛幸之。王后生太子遷，遷取王皇太后外孫修成君女爲妃。〔三〕王謀爲反具，畏太子妃知而內泄事，乃與太子謀，令詐弗愛，三月不同席。王乃詳爲怒太子，閉太子，使與妃同內三月，〔四〕太子終不近妃。妃求去，王乃上書謝，歸去之。〔五〕王后荼、太子遷及女陵得愛幸王，擅國權，侵奪民田宅，妄致繫人。〔六〕

〔一〕【集解】徐廣曰：「詷，伺候采察之名也。音空政反。安平侯鄂千秋玄孫伯與淮南王女陵通，而中絕，又遺淮南王書，稱臣盡力，故棄市。」【索隱】鄧展曰：「詷，捕也。」徐廣曰：「伺候探察之名。」孟康曰：「詷，音偵。西方人以反間爲偵。」劉氏及包愷並音丑政反。服虔云：「偵，候也。」【考證】各本「慧」譌「彗」，今從楓本、舊刻、毛本。周壽昌曰：功臣表「岸頭侯張次公，元狩元年，坐與淮南王女陵姦受財物免」。張文虎曰：集解「采」字疑譌。

〔二〕【考證】梁玉繩曰：「『三年』乃『二年』之誤，漢書紀傳皆言元朔二年賜几杖。」

〔三〕【集解】應劭曰：「王太后先適金氏女也。」【考證】張文虎曰：「『取』下『王』字疑衍。漢書無。」王先謙曰：「外戚傳『修成君男女各一人，女嫁諸侯』，即此太子妃也。」

〔四〕【考證】詳、佯通。內，房也。

〔五〕【考證】高五王傳「修成君女娥，欲嫁齊王」，蓋在淮南謝歸後也。

〔六〕【集解】徐廣曰：「一云『毆擊』。」

元朔五年，太子學用劍，自以爲人莫及，聞郎中靁被巧，乃召與戲。〔一〕被一再辭讓，誤中太子。〔二〕太子怒，被恐。此時有欲從軍者輒詣京師，被即願奮擊匈奴。太子遷數惡被於王，王使郎中令斥免，欲以禁後，〔三〕被遂亡至長安，上書自明。詔下其事廷尉、河南。〔四〕河南治，逮淮南太子，〔五〕王、王后計，欲無遣太子，遂發兵反，計猶豫，十餘日未定。會有詔，即訊太子。〔六〕當是時，淮南相怒壽春丞留太子逮不遣，劾不敬。〔七〕王以請相，相弗聽。〔八〕王使人上書告相，事下廷尉治。蹤跡連王，王使人候伺漢公卿，公卿請逮捕治王。〔九〕王恐事發，太子遷謀曰：「漢使即逮王，王令人衣衛士衣，持戟居庭中，王旁有非是，則刺殺之，〔一〇〕臣亦使人刺殺淮南中尉，乃舉兵，未晚。」是時上不許公卿請，而遣漢中尉宏即訊驗王。〔一一〕王聞漢使來，即如太子謀計。漢中尉至，王視其顏色和，訊王以斥靁被事耳，〔一二〕王自度無何，不發。〔一三〕中尉還，以聞。公卿治者曰：「淮南王安擁閼奮擊匈奴者靁被等，廢格明詔，當弃市。」〔一四〕詔弗許。公卿請廢勿王，詔弗許。公卿請削五縣，詔削二縣。使中尉宏赦淮南王罪，罰以削地。中尉入淮南界，宣言赦王。王初聞漢公卿請誅之，未知得削地，聞漢使來，恐其捕之，乃與太子謀刺之如前計。及中尉至，即賀王，王以故不發。其後自傷曰：「吾行仁義見削，甚恥之。」然淮南王削地之後，其爲反謀益甚。諸使道從長安來，爲妄妖言，〔一五〕言上無男，漢不治，即喜；即言漢廷治，有男，王怒，以爲妄言，非也。〔一六〕

〔一〕【索隱】案：巧，言善用劒也。

〔二〕【索隱】樂産云：「初一讓，至二讓，後遂不讓，故云一再讓而誤中。」

〔三〕【正義】言屏斥免郎中令官，而令後人不敢效也。【考證】余有丁曰：郎中令，郎中之長。斥免，免被也。

〔四〕【正義】雷被告章下廷尉及河南共治之。

〔五〕【正義】逮，謂追赴河南也。

〔六〕【索隱】案：樂彦云「即，就也。訊，問也。就淮南案之，不逮詣河南也」。

〔七〕【集解】如淳曰：「丞主刑獄囚徒，丞順王意，不遣太子應逮書。」【考證】壽春，淮南邑。

〔八〕【考證】請相，請不治丞也。

〔九〕【考證】漢書删「公卿」二字。「漢公卿」三字屬下讀。

〔一〇〕【考證】漢書删「庭中」二字，「是」下有「者」字。

〔一一〕【索隱】中尉宏。案：百官表姓殷也。【考證】今表作「中尉殷客」。汲黯傳「濮陽客段宏」，索隱云「漢書作『段宏』」。愚按：段、叚，當作「殷」；「客」當作「宏」。

〔一二〕【考證】漢書「訊」作「問」。

〔一三〕【集解】如淳曰：「無何罪。」

〔一四〕【索隱】崔浩云：「詔書募擊匈奴，而㢠遏應募者，漢律所謂廢格。」案：如淳注梁孝王傳云「攱閣，不行也。音各也」。【考證】擁讀爲㢠，漢書作「雍」。

〔一五〕【索隱】道長安來。如淳曰：「道，猶言路由長安來。」姚承云：「道或作『從』。」【考證】中井積德曰：據索隱，本文「從」字衍。漢書亦作「道長安」。王念孫曰：道即從也，史本一作「道」，一作「從」，後人誤合之耳。

〔一六〕【考證】顏師古曰：漢廷治者，朝廷皆理治也。云治及有男，皆妄言耳，非真實也。

王日夜與伍被、左吳等案輿地圖，部署兵所從入。〔一〕王曰：「上無太子，宮車即晏駕，廷臣必徵膠東王，不即常山王，〔二〕諸侯並爭，吾可以無備乎！且吾高祖孫，親行仁義，〔三〕陛下遇我厚，吾能忍之，〔四〕萬世之後，吾寧能北面臣事豎子乎！」

〔一〕【集解】漢書曰：「伍被，楚人。或言其先伍子胥後。」蘇林曰：「輿，猶盡載之意。」【索隱】按：志林云「輿地圖，漢家所畫，非出遠古也。」【考證】漢書無「伍被」二字。

〔二〕【集解】徐廣曰：「皆景帝子也。」【考證】膠東王寄，常山王舜。全祖望曰：景帝十三王，而出於王美人者，膠東、常山二王也。王美人者，王后之妹，於武帝爲從母之弟，尤親，故云。

〔三〕【考證】王先謙曰：「親」字當在「高祖孫」上，後人傳寫誤倒耳。上文「王親高帝孫，行仁義」，是其證。

〔四〕【正義】漢書云：「武帝以安屬爲諸父，辯博，善爲文辭，甚尊重之，每爲報書及賜，常召司馬相如等視草迺遣。安入朝，每宴見，談論得失，昏暮然後罷。」

王坐東宮，召伍被與謀曰：「將軍上。」〔一〕被悵然曰：「上寬赦大王，王復安得此亡國之語乎！臣聞子胥諫吳王，吳王不用，乃曰『臣今見麋鹿游姑蘇之臺也』。今臣亦見宮中生荊棘，露霑衣也。」〔二〕王怒，繫伍被父母，因之三月。〔三〕復召曰：「將軍許寡人乎？」被曰：「不，直來爲大王畫耳。〔四〕臣聞聰者聽於無聲，明者見於未形，〔五〕故聖人萬舉萬全。昔文王一動而功顯于千世，列爲三代，此所謂因天心以動作者也，故海内不期而隨。此千歲之可見者。夫百年之秦，近世之吴、楚，亦足以喻國家之存亡矣。〔六〕臣不敢避子胥之誅，願大王毋爲吴王之聽。昔秦絶聖人之道，殺術士，燔詩書，弃禮義，尚詐力，任刑罰，轉負海之粟，致之西河。〔七〕當是之時，男子疾耕不足於糟糠，女子紡績不足於蓋形。〔八〕遣蒙恬築長城，東西數千里，暴兵露師常數十萬，死者不可勝數，僵尸千里，流血頃畝，〔九〕百姓力竭，欲爲亂者十家而五。又使徐福入海求神異物，〔一〇〕還爲僞辭曰：『臣見海中大神，言曰：「汝西皇之使邪？」〔一一〕臣荅曰：「然。」「汝何求？」曰：「願請延年益壽藥。」神曰：「汝秦王之禮薄，得觀而不得取。」即從臣東南至蓬萊山，見芝成宫闕，有使者銅色而龍形，光上照天。於是臣再拜問曰：「宜何資以獻？」海神曰：「以令名男子若振女與百工之事，即得之矣。」』〔一二〕秦皇帝大説，遣振男女三千人，資之五穀種種百工而行。〔一三〕徐福得平原廣澤，止王不來。〔一四〕於是百姓悲痛相思，欲爲亂者十家而六。〔一五〕又使尉佗踰五嶺攻百越。尉佗知中國勞極，止王不來，〔一六〕使人上書求女無夫家者三萬人，以爲士卒衣補。秦皇帝可其萬五千人。於是百姓離心瓦解，欲爲亂者十家而七。〔一七〕客謂高皇帝曰：『時可矣。』高皇帝曰：『待之，聖人當起東南。』〔一八〕閒不一年，陳勝、吴廣發矣。〔一九〕高皇始於豐沛一倡，天下不期而響應者不可勝數也。此所謂蹈瑕候閒，因秦之亡而動者也。百姓願之，若旱之望雨，〔二〇〕故起於行陳之中而立爲天子，功高三王，德傳無窮。今大王見高皇帝得天下之易也，獨不觀近世之吳、楚乎？夫吳王賜號爲劉氏祭酒，復不朝，〔二一〕王四郡之衆，地方數千里，内鑄消銅以爲錢，東煮海水以爲鹽，〔二二〕上取江陵木以爲船，一船之載，當中國數十兩車，國富民衆。行珠玉金帛賂諸侯宗室大臣，獨竇氏不與。〔二三〕計定謀成，舉兵而西。破於大梁，敗於狐父，〔二四〕奔走而東，至於丹徒，越人禽之，身死絶祀，爲天下笑。夫以吳、越之衆，不能成功者何？誠逆天道而不知時也。〔二五〕方今大王之兵衆不能十分吳楚之一，天下安寧有萬倍於秦之時，〔二六〕願大王從臣之計。大王不從臣之計，今見大王事必不成，而語先泄也。臣聞微子過故國而悲，於是作麥秀之歌，是痛紂之不用王子比干也。〔二七〕故孟子曰：『紂貴爲天子，死曾不若匹夫。』〔二八〕是紂先自絶於天下久矣，非死之日而天下去之。今臣亦竊悲大王弃千乘之君，必且賜絶命之書，爲羣臣先，死於東宮也。」〔二九〕於是王氣怨結而不揚，涕滿匡而横流，即起，歷階而去。〔三〇〕

〔二〕【考證】周壽昌曰：漢制，諸侯王國止有中尉掌武職，無將軍。將軍，天子之官也。淮南王僭呼伍被，故被以亡國爲言。衡山王傳號其子孝曰將軍，時王有逆計也。

〔三〕【考證】中井積德曰：伍被問答，是伍被之首狀耳。太史公以其辭典雅，入淮南傳中，可謂失事實。漢書引以立傳，其失尤甚。又曰：伍被傾詭小人，固反逆之首矣。故前文案地圖稱伍被、左吳，是也。及事敗，圖自脱，乃自告獻狀如此。梁玉繩曰：案王及被問答非一日之言，故不免複，以漢傳校之，多有不同，或先後移易，或字句增損。

〔三〕【考證】中井積德曰：繫被父母，尤虛假。

〔四〕【正義】上音獲，言畫計謀反。

〔五〕【考證】聲、形，韻。

〔六〕【考證】凌稚隆曰：百年之秦，近世之吴楚作兩柱，下分段照應。陳仁錫曰：二句，正是佳處，漢書删，失之。

〔七〕【考證】各本「聖人」作「先王」，據索隱本，楓、三本，蔡、中統、游、王、毛本訂。

〔八〕【考證】漢書伍被傳「糟糠」作「糧餽」。

〔九〕【正義】伍被傳作「僵尸滿野，流血千里」。

〔一〇〕【考證】梁玉繩曰：「徐市」又作「福」者，「市」與「芾」同，即「黻」字，語轉又作「福」。非徐有兩名。故始皇紀作「市」，而此作「福」。漢書伍被傳，抱朴子用刑、極言二篇，並作「徐福」。何孟春謂漢時未有翻切，但以聲相近字音注其下，遂疑爲别名。其説非也。

〔一一〕【考證】王念孫曰：御覽引此無「爲」字。僞、爲通。僞辭，爲之辭也。張文虎曰：疑史本一作「爲」，一作「僞」，後人兩存而誤并耳。

〔一二〕【集解】徐廣曰：「西京賦曰『振子萬童』。」駰案：薛綜曰「振子，童男女」。【考證】岡白駒曰：令名男子，良家男子也。若，及也。振，當作「侲」，或古相通。

〔一三〕【考證】伍被傳「五穀種種」，作「五種」。顏師古注：「五種，五穀之種也。」蓋史文作「五穀」，後人誤與漢書混，又衍爲重文耳。

〔一四〕【正義】括地志云：「亶州在東海中，秦始皇遣徐福將童男女，遂止此州。其後復有數洲萬家，其土人有至會稽市易者。」闕文。【考證】錢泰吉曰：此及後「武闕」正義皆有「闕文」二字。蓋後人所記。

〔一五〕【考證】伍被傳「相思」作「愁思」。

〔一六〕【考證】漢書「不來」作「南越」。五嶺，解在張耳傳。顏師古注漢書云：南越傳云「南海尉任囂謂趙佗曰：『聞陳勝等作亂，豪桀叛秦相立。』」即被佗書行南海尉事。囂死後，佗始自爲王。今此乃言尉佗先王，陳勝乃反，此蓋伍被一時對辭，不究其實也。

〔一七〕【考證】伍被傳此下有「欲爲亂者十室而八」一段，即移後文「興萬乘之駕」十二句補之。

〔一八〕【考證】沈欽韓曰：易緯通驗云「亡行之名合胡誰，代者起東南。」愚按：高祖紀秦始皇帝常曰「東南有天子氣」，於是因東游以厭之。

〔一九〕【考證】顏師古曰：中間不經一歲也。

〔二〇〕【考證】伍被傳「早」上有「枯」字。

〔二一〕【集解】應劭曰：「禮『飲酒必祭，示有先也』，故稱祭酒，尊也。」【考證】伍被傳「祭酒」下有「受几杖而」〔三四〕字，無「復」字。如淳曰：「祭祠時，唯尊長者以酒沃酹。」顏師古曰：「如說是也。」

〔二二〕【考證】胡三省曰：四郡，東陽、鄣、吳、豫章。漢書「鑄消銅」作「采山銅」。陳仁錫曰：「消」當作「鄣」，謂鄣郡之銅也。

〔二三〕【考證】徐孚遠曰：竇氏，帝舅家。吳楚反，强起魏其爲將，以肺腑也。

〔二四〕【集解】徐廣曰：「在梁、碭之閒。」

〔二五〕【考證】伍被傳「吳」下無「越」字。張文虎曰：越，疑「楚」字之譌。上下文並作「吳楚」。

〔二六〕【考證】於秦，各本作「於吳楚」。梁玉繩曰：當作「于秦」。張文虎曰：舊刻作「於秦」，與梁說合。

〔二七〕【考證】漢書「微子」作「箕子」。館本考證云：呂氏春秋及宋世家皆以爲「箕子」。楓、三本「比干」下有「之諫」二字。

〔二八〕【考證】錢大昭曰：今孟子無此文。愚按：孟子梁惠王篇「聞誅一夫紂矣，未聞弑君也」。伍被約言之。

〔二九〕【集解】如淳曰：「王時所居也。」

〔三〇〕【考證】漢書删「於是」以下二十一字，易以「被因流涕而起」六字。王念孫曰：「『氣怨結』二句，指伍被而言，『王』字衍文。愚按：二句，屬王。即歷階而去，屬被。怨、苑通。詩苑結箋「苑，猶屈也，積也」。匡與眶同。

王有孽子不害，最長，王弗愛，王、王后、太子皆不以爲子兄數。〔一〕不害有子建，材高有氣，常怨望太子不省其父，〔二〕又怨時諸侯皆得分子弟爲侯，而淮南獨二子，一爲太子，建父獨不得爲侯。建陰結交，欲告敗太子，以其父代之。太子知之，數捕繫而榜笞建。建具知太子之謀欲殺漢中尉，即使所善壽春莊芷以元朔六年上書於天子曰：〔三〕「毒藥苦於口利於病，忠言逆於耳利於行。〔四〕今淮南王孫建，材能高，淮南王、王后荼、荼子太子遷常疾害建。建父不害無罪，擅數捕繫，欲殺之。今建在，可徵問，具知淮南陰事。」書聞，上以其事下廷尉，廷尉下河南治。是時故辟陽侯孫審卿善丞相公孫弘，怨淮南厲王殺其大父，乃深購淮南事於弘，〔五〕弘乃疑淮南有畔逆計謀，深窮治其獄。河南治建，辭引淮南太子及黨與。淮南王患之，欲發，問伍被曰：「漢廷治亂？」〔六〕伍被曰：「天下治。」王意不說，謂伍被曰：「公何以言天下治也？」被曰：「被竊觀朝廷之政，君臣之義，父子之親，夫婦之别，長幼之序，皆得其理。〔七〕上之舉錯遵古之道，風俗紀綱未有所缺也。重裝富賈，周流天下，道無不通，〔八〕

故交易之道行。南越賓服，羌僰入獻，東甌入降，廣長榆，開朔方，匈奴折翅傷翼，失援不振。〔九〕雖未及古太平之時，然猶爲治也。」〔一〇〕王怒，被謝死罪。王又謂被曰：「山東即有兵，漢必使大將軍將而制山東，公以爲大將軍何如人也？」〔一一〕被曰：「被所善者黄義，從大將軍擊匈奴，還告被曰：『大將軍遇士大夫有禮，於士卒有恩，衆皆樂爲之用。騎上下山若蜚，材幹絶人。』被以爲材能如此，數將習兵，未易當也。及謁者曹梁使長安來，言大將軍號令明，當敵勇敢，常爲士卒先。休舍，穿井未通，須士卒盡得水，乃敢飲。〔一二〕軍罷，卒盡已渡河，乃渡。皇太后所賜金帛，盡以賜軍吏。雖古名將弗過也。」〔一三〕王默然。

〔一〕【集解】如淳曰：「不以爲子兄秩數。」【考證】漢書不重「王」字。胡三省曰：言后不以爲子，太子不以爲兄。

〔二〕【集解】服虔曰：「不省録著兄弟數中。」

〔三〕【索隱】莊芷，漢書作「嚴正」也。【考證】周壽昌曰：班氏以明帝諱改「莊」爲「嚴」，正、芷則字近而譌也。

〔四〕【考證】留侯世家「忠言逆身，利於行；毒藥苦口，利於病」。孔子家語六本篇「良藥苦於口而利於病，忠言逆於耳而利於行」。病、行，韻。

〔五〕【考證】毛本「購」作「構」，與漢書合。王先謙曰：辟陽侯子平嗣於孝景二年，坐謀反自殺，國除。審卿蓋平子。

〔六〕【考證】岡白駒曰：治耶？亂耶？

〔七〕【考證】五品五教，見乎尚書，而不言其目。左傳文公十八年引季文子言曰：「舜舉八元，使布五教於四方：父義、母慈、兄友、弟恭、子孝。」孟子滕文公篇云：「聖人使契爲司徒，教以人倫，父子有親，君臣有義，夫婦有別，長幼有序，朋友有信。」二書所言不同，而淮南人間訓云：「百姓不親，五品不慎，契教以君臣之義，父子之親，夫婦之辨，長幼之序。」蓋從孟子也。伍被亦循其目。

〔八〕【考證】岡白駒曰：重裝，謂多載貨物也。

〔九〕【集解】如淳曰：「廣，謂拓大之也。長榆，塞名，王恢所謂『樹榆爲塞』。」【正義】長榆，今榆木塞也，在勝州北。

〔一〇〕【考證】中井積德曰：是時朝廷多事，天下騷然，國臣如何得此獎讚，分明是伍被首狀之緣飾，乞憐於天子者。

〔一一〕【考證】大將軍，衛青。

〔一二〕【考證】漢書作「須士卒休乃舍，穿井得水，迺敢飲」。義異。

〔一三〕【考證】中井積德曰：此亦乞憐於大將軍者，當時惡有是等語哉。且大將軍之才良未必至于此。

淮南王見建已徵治，恐國陰事且覺，欲發，〔一〕被又以爲難，乃復問被曰：「公以爲吳興兵，是邪非也？」被曰：「以爲非也。吳王至富貴也，舉事不當，身死丹徒，頭足異處，子孫無遺類。〔二〕臣聞吳王悔之甚。願王孰慮之，無爲吳王之所悔。」王曰：「男子之所死者一言耳。〔三〕且吳何知反，〔四〕漢將一日過成皋者四十餘人。〔五〕今我令樓緩先要成皋之口，〔六〕周被下潁川兵塞轘轅、伊闕之道，〔七〕陳定發南陽兵守武關。〔八〕河南太守獨有雒陽耳，何足憂。然此北尚有臨晉關、河東、上黨與河內、趙國。人言曰『絶成皋之口，天下不通』。據三川之險，招山東之兵，〔九〕舉事如此，公以爲何如？」被曰：「臣見其禍，未見其福也。」王曰：「左吴、趙賢、朱驕如皆以爲有福，什事九成，公獨以爲有禍無福，何也？」被曰：「大王之羣臣近幸素能使衆者，皆前繫詔獄，餘無可用者。」〔一〇〕王曰：「陳勝、吴廣無立錐之地，千人之聚，起於大澤，〔一一〕奮臂大呼而天下響應，西至於戲，而兵百二十萬。今吾國雖小，然而勝兵者可得十餘萬，非直適戍之衆，鐖鑿棘矜也，〔一二〕公何以言有禍無福？」被曰：「往者秦爲無道，殘賊天下。興萬乘之駕，作阿房之宫，收太半之賦，發閭左之戍，〔一三〕父不寧子，兄不便弟，政苛刑峻，天下熬然若焦，〔一四〕民皆引領而望，傾耳而聽，悲號仰天，叩心而怨上，故陳勝大呼，天下響應。〔一五〕當今陛下臨制天下，一齊海内，汎愛蒸庶，布德施惠。口雖未言，聲疾雷霆，令雖未出，化馳如神，心有所懷，威動萬里，下之應上，猶影響也。而大將軍材能，不特章邯、楊熊也。大王以陳勝、吴廣諭之，被以爲過矣。」〔一六〕王曰：「苟如公言，不可徼幸邪？」被曰：「被有愚計。」王曰：「柰何？」被曰：「當今諸侯無異心，百姓無怨氣。朔方之郡田地廣，水草美，民徙者不足以實其地。臣之愚計，可僞爲丞相御史請書，徙郡國豪桀任俠及有耐罪以上，赦令除其罪，産五十萬以上者，皆徙其家屬朔方之郡，〔一七〕益發甲卒，急其會日。〔一八〕又僞爲左右都司空、上林中都官詔獄書，逮諸侯太子幸臣。〔一九〕如此則民怨，諸侯懼，即使辯武隨而説之，儻可徼幸什得一乎？」〔二〇〕王曰：「此可也。雖然，吾以爲不至若此。」於是王乃令官奴入宫，作皇帝璽，丞相、御史、大將軍、軍吏、中二千石、都官令、丞印，及旁近郡太守、都尉印，漢使節法冠，欲如伍被計。〔二一〕使人僞得罪而西，事大將軍、丞相。〔二二〕

一日發兵，使人即刺殺大將軍青，〔二三〕而說丞相下之，如發蒙耳。〔二四〕

〔一〕【考證】楓本「發」下有「兵」字。

〔二〕【集解】徐廣曰：「遺，一作『噍』，音寂笑反。」

〔三〕【集解】徐廣曰：「一本無此『言』字。」駰案：張晏曰「不成則死，一計耳。」瓚曰「或有一言之交，以死報之矣」。【正義】言男子出一言，至死不改，言反也。【考證】正義是。

〔四〕【集解】瓚曰：「言吳王不知舉兵反。」【索隱】案：知猶解。【正義】言吳不解反，故敗耳。【考證】凌稚隆曰：謂吳不知所以反，故使漢將得過成皋耳。

〔五〕【集解】如淳曰：「言吳不塞成皋口，而令漢將得出之。」

〔六〕【集解】漢書直云「緩」，無「樓」字。樓緩乃六國時人，疑此後人所益也。李奇曰：「緩，似人姓名。」韋昭曰：「淮南臣名。」【正義】成皋故城在河南澠水縣東南二里。【考證】徐孚遠曰：周被、陳定皆著姓名，緩不得獨去姓。樓緩當是與古人姓名同也。錢大昕曰：正義「澠水」蓋「汜水」之譌。

〔七〕【正義】轘轅故關在河南緱氏縣南四十里。伊闕故關在河南縣南十九里。

〔八〕【正義】故武關在商州商洛縣東九十里。春秋時。闕文。【考證】館本考證云：「正義『闕文』疑當『秦地』二字。」

〔九〕【正義】險，即成皋關也。【考證】漢書「山東」作「天下」。

〔一〇〕【考證】胡三省曰：漢時，左右都司空、上林中都官皆有詔獄，蓋奉詔以鞫囚，因以爲名。

〔一一〕【正義】聚，謂聚落也。【考證】漢書「千」作「百」。

〔一二〕【集解】徐廣曰：「大鐮謂之剴，音五哀反。或是鐖乎？」【索隱】鐖鑿，劉氏音上吾裏反，下自洛反。又鐖，鄒音機也。注「大鎌謂之剴」，鎌音廉，剴音五哀反。【正義】矜，音槿，柄也。言不如陳勝用謫戍棘矜等物。

〔一三〕【正義】閭左邊不役之民，秦則役之也。
〔一四〕【索隱】若燋。音即消反。【考證】熬、嗷通。
〔一五〕【考證】叩，擊也。凌稚隆曰：被非一日一時之語，故重疊不自覺耳。
〔一六〕【考證】楊熊，秦將名，與漢將酈商等戰敗，爲二世所誅者，見高紀及樊噲夏侯嬰傳。中井積德曰：復乞憐於天子與大將軍。
〔一七〕【集解】應劭曰：「輕罪不至於髡，完其耏鬢，故曰耏。古『耏』字從『彡』，髮膚之意也。杜林以爲法度之字皆從『寸』，後改如是。耐音若能。」如淳曰：「律『耐爲司寇，耐爲鬼薪、白粲』。耐，猶任也。」蘇林曰：「一歲爲罰作，二歲刑已上爲耐。耐，能任其罪。」【考證】中井積德曰：半髡曰耐，去其頂髮而存其鬢頰之毛，故曰罪不至髡也。王先謙曰：請，奏請也。詐爲丞相御史奏請從人之書。愚按：漢書無「僞」字。舊刻毛本、凌引一本「産」上有「可」字，與漢書合。集解「杜林」誤作「蘇林」，依高紀注改。
〔一八〕【考證】顏師古曰：促其期日。
〔一九〕【集解】晉灼曰：「百官表宗正有左右都司空，上林有水司空，皆主囚徒官也。」【考證】顏師古曰：中都官，京師諸官府。王先謙曰：左右都司空者，左右司空、都司空也。百官表「宗正屬官都司空」，無「左右」二字。少府迺有左右司空，晉說非也。又表云「護軍都尉，武帝征和四年初置。持節從中都官，徒千二百人，捕巫蠱，督大姦猾」。顏注又云「中都官，京師諸官府也」。先謙案：文云「上林中都官」，疑「上林」二字不當如晉注連上爲文，中都官亦不當訓「京師諸官府」，或中都官自屬上林，後隸護軍都尉也。若如顏說，則但稱中都官，即可以該諸官府，何必更言左右都司空乎？愚按：各本「書」、「逮」二字倒，今從楓、三本、漢書。梁玉繩曰：「逮」字當在「書」下，屬下句。一本「書」下有「以逮」二字，亦非。王先謙曰：幸臣，親近用事之臣。

〔二〇〕【集解】徐廣曰：「淮南人名士曰武。」【正義】按：辯武，謂辯口而武，所説必行也。【考證】漢書「辯武」作「辯士」。

〔二一〕【集解】蔡邕曰：「法冠，楚王冠也。秦滅楚，以其君冠賜御史。」【索隱】崔浩云：「一名獬廌冠。」按：蔡邕云「楚王冠也。秦滅楚，以其君冠賜御史」者也。【考證】王鳴盛曰：漢書百官表雖言守治郡，尉典武職，而實守兼掌之。韓延壽爲潁川太守，傳中述其都試講武甚備。翟義爲東郡太守，以九月都試，日勒車騎材官士起事。淮南王安傳「安欲發兵反，先令人作旁近郡太守、都尉印」，可見守、尉互掌兵權也。又安與太子反謀聞，上遣廷尉監與淮南中尉逮捕太子。王與太子謀，召相、二千石，欲殺而發兵。召相，相至；內史以出爲解；中尉曰「臣受詔使，不得見王」。王念獨殺相，而內史、中尉不來，無益也，即罷相。觀此知諸侯王國中兵權，相與內史、中尉兼掌之，互相牽制，三者有一不肯，即不能發兵。

〔二二〕【集解】蘇林曰：「詐作罪人而西也。」【考證】顏師古曰：西，謂如京師也。

〔二三〕【集解】如淳曰：「發淮南兵也。」【索隱】崔浩云：「一日猶一朝，卒然無定時也。」【考證】方苞曰：淮南一日發兵反，其所使人即刺殺大將軍也。

〔二四〕【集解】如淳曰：「以物蒙覆其頭，而爲發去，其人欲之耳。」韋昭曰：「如蒙巾，發之甚易。」【考證】晉灼曰：如發去物上之「蒙」，直取其易也。王先謙曰：易序卦傳「蒙者，蒙也，物之穉也」。愚按：蒙，物生之初也。發，撥去也。發蒙，又見汲黯傳、吳王濞傳。中井積德曰：「僞得」以下即是伍被計。愚按：是淮南意中事而未及發之。「使人」上宜加「王以爲」字。

王欲發國中兵，恐其相、二千石不聽。〔一〕王乃與伍被謀，先殺相、二千石，僞失火宮中，相、二千石救火，至，即殺之。計未決，又欲令人衣求盜衣，持羽檄，從東方來呼曰「南越兵入界」，欲因以發兵。〔二〕乃使人至廬江、會稽爲求盜，未發。王問伍被曰：「吾舉兵西鄉，諸侯必有應我者，即無應，柰何？」被曰：「南收衡山以擊廬江，有尋陽之船，〔三〕守下雉之城，〔四〕結九江之浦，絶豫章之口，〔五〕彊弩臨江而守，以禁南郡之下，東收江都、會稽，〔六〕南通勁越，屈彊江、淮閒，猶可得延歲月之壽。」〔七〕王曰：「善，無以易此。急則走越耳。」

〔一〕【考證】説見上文。

〔二〕【集解】漢書音義曰：「求盜衣，卒衣也。」【正義】求盜，掌逐捕盜賊者，解在高祖本紀。【考證】顔師古曰：羽檄，徵兵之書也。王先謙曰：漢書「東方」作「南方」。按下言「南越兵入」，則「南方」是也。

〔三〕【考證】尋陽，廬江縣。

〔四〕【集解】徐廣曰：「在江夏。」駰案：蘇林曰「下雉，縣名」。【索隱】雉，音徐爾反。案：縣名，在江夏。

〔五〕【正義】即彭蠡湖口，北流出大江者。

〔六〕【正義】江都，揚州也。會稽，蘇州也。

〔七〕【正義】屈，求勿反。彊，其兩反。

於是廷尉以王孫建辭連淮南王太子遷聞。上遣廷尉監因拜淮南中尉，逮捕太子。至淮南，淮南王聞，與太子謀召相、二千石，欲殺而發兵。召相，相至；內史以出爲解；〔一〕中尉曰「臣受詔使，不得見王」。王念獨殺相，而內史、中尉不來，無益也，即罷相。〔二〕王猶豫，計未決。太子念所坐者謀刺漢中尉，所與謀者已死，以爲口絶，〔三〕乃謂王曰：「羣臣可用者皆前繫，今無足與舉事者。王以非時發，恐無功，臣願會逮。」〔四〕王亦偷欲休，即許太子。〔五〕太子即自剄，不殊。〔六〕伍被自詣吏，因告與淮南王謀反，反蹤跡具如此。

〔一〕【考證】顔師古曰：不應召，而云已出也。解者解説也，若今言分疏矣。

〔二〕【考證】顔師古曰：罷，遣出去。

〔三〕【考證】王先謙曰：謂無證其事者。

〔四〕【考證】顔師古曰：會，謂應逮書而往也。

〔五〕【集解】徐廣曰：「偷，苟且也。」【考證】王念孫曰：言偷安而不欲發兵也。漢書作「愈」，亦讀爲「偷」。

〔六〕【集解】晉灼曰：「不殊，不死。」【正義】顔師古云：「殊，絶也。雖自刑殺，而身首不絶。」

吏因捕太子、王后，圍王宮，盡求捕王所與謀反賓客在國中者，索得反具以聞。上下公卿治，所連引與淮南王謀反列侯二千石豪傑數千人，〔一〕皆以罪輕重受誅。衡山王賜，淮南王弟也，當坐收，有司請逮捕衡山王。天子曰：「諸侯各以其國爲本，不當相坐。與諸侯王列侯會肄丞相者議。」〔二〕趙王彭祖、列侯臣讓等四十三人議，〔三〕皆曰：「淮南王安甚大逆無道，謀反明白，當伏誅。」膠西王臣端議曰：「淮南王安廢法行邪，懷詐僞心，以亂天下，熒惑百姓，倍畔宗廟，妄作妖言。〔四〕春秋曰『臣無將，將而誅』。〔五〕安罪重於將，謀反形已定。臣端所見其書節印圖及他逆無道事驗明白，甚大逆無道，當伏其法。而論國吏二百石以上及比者，〔六〕宗室近幸臣不在法中者，不能相教，當皆免官削爵，爲士伍，毋得宦爲吏。〔七〕其非吏，他贖死金二斤八兩。〔八〕以章臣安之罪，使天下明知臣子之道，毋敢復有邪僻倍畔之意。」丞相弘、廷尉湯等以聞，天子使宗正以符節治王。未至，淮南王安自剄殺。〔九〕王后荼、太子遷諸所與謀反者皆族。天子以伍被雅辭，多引漢之美，欲勿誅。廷尉湯曰：「被首爲王畫反謀，被罪無赦。」〔一〇〕遂誅被。國除爲九江郡。〔一一〕

〔一〕【考證】楓、三本「治」下「所」上有「辭」字。

〔二〕【集解】徐廣曰：「詣都座就丞相共議也。」【索隱】會肄丞相者。案：肄，習也，音異。【考證】各本「丞相」下有「諸侯」二字，無「者」字。諸侯二字與上文複，今從索隱本，楓、三本。以上天子之命。

〔三〕【考證】王先慎曰：按功臣恩澤侯表，元朔間，列侯無以「讓」名者，「讓」疑當作「襄」。襄，平陽侯曹參玄孫。據史、漢表功臣位次，平陽第二，蕭何第一。何曾孫勝，元朔元年，坐不齋，耐爲隸臣。故此時列侯與議，襄宜居首也。

〔四〕【考證】漢書「法」下有「度」字。「邪」下有「辟」字，與下文「邪僻」相應。

〔五〕【正義】將，將帶群衆也。【考證】蘇輿曰：此春秋義說也。公羊莊三十一年、昭元年傳並云「君親無將，將而誅焉」，義同而文小異。漢書叔孫通傳博士諸生亦引「人臣無將」語。王莽傳「春秋之義，君親無將，將而誅焉」。文同公羊，而不言傳，蓋漢時義說如此。或以爲「春秋」下脫「傳」字，非也。

〔六〕【集解】徐廣曰：「比吏而非真。」【考證】顏師古曰：謂真二百石及秩比二百石以上。

〔七〕【考證】不在法中，言無反狀。

〔八〕【集解】蘇林曰：「非吏，故曰他。」

〔九〕【集解】徐廣曰：「即位凡四十二年，元狩元年十月死。」

〔一〇〕【考證】淩本「王」作「之」。楓、三本「謀」作「計」。中井積德曰：天子受被之欺，太史公亦受被之欺，唯張湯不受焉，酷吏亦有識哉。

〔一〕【集解】徐廣曰：「又爲六安國，以陳縣爲都。」

衡山王賜，王后乘舒生子三人，〔一〕長男爽爲太子，次男孝，次女無采。又姬徐來生子男女四人，美人厥姬生子二人。衡山王、淮南王兄弟相責望禮節，閒不相能。〔二〕衡山王聞淮南王作爲畔逆反具，亦心結賓客以應之，恐爲所并。

〔一〕【正義】乘舒，衡山王后名也。

〔二〕【考證】陳仁錫曰：監本「閒」字屬上句，非。

元光六年，衡山王入朝，其謁者衛慶有方術，欲上書事天子。王怒，故劾慶死罪，彊榜服之。〔一〕衡山內史以爲非是，卻其獄。王使人上書告內史，內史治，言王不直。〔二〕王又數侵奪人田，壞人冢以爲田。有司請逮治衡山王。天子不許，爲置吏二百石以上。〔三〕衡山王以此恚，與奚慈、張廣昌謀，求能爲兵法、候星氣者，日夜從容王，密謀反事。〔四〕

〔一〕【考證】顏師古曰：榜，擊也。擊笞之，令其自服死罪也。

〔二〕【考證】顏師古曰：內史被治，而具言王之意狀。

〔三〕【集解】如淳曰：「漢儀注吏四百石以下，自調除國中。今王惡，天子皆爲置之。」【考證】趙翼曰：漢書齊悼惠王傳贊云：「高祖初定天下，大封同姓諸侯，得自置御史大夫以下，漢但爲置丞相而已。」此可見當時法制之疎也。今按悼惠王傳，悼惠初封，得自置二千石，是二千石得自置也。田叔傳「田叔爲人廉直，趙相言於趙王張敖，以爲郎中」，是郎中亦自置也。淮南厲王傳薄昭與厲王書云「大王逐漢所置相、二千石，而請自置，皇帝屈法許之」，是并得自置相矣。昭書又云「今諸侯子爲吏者，御史主。爲軍吏者，中尉主。出入殿門者，衛尉大行主。從蠻夷歸來者，内史縣令主」，如淳云「御史以下皆王官也」，是諸侯王有此等官，以主諸事矣。韓安國傳「景帝以梁孝王屬官韓安國爲梁内史，孝王則欲以公孫詭爲之。竇太后詔不許」。是時已在七國反後，故法令稍嚴。衡山王傳「武帝以衡山王驕恣，乃爲置吏二百石以上」，則禁網更密矣。其後又有左官附益阿黨之法，諸侯王惟得食租衣税，貧者或乘牛車。蓋法制先疎闊而後漸嚴，亦事勢之必然也。

〔四〕【集解】徐廣曰：「密，豫作計校。」【正義】從，子勇反。容讀曰勇。從容，謂勸奬也。【考證】漢書「從容」作「縱臾」。從容，縱臾，慫慂，字異音同。

王后乘舒死，立徐來爲王后。厥姬俱幸。兩人相妒，厥姬乃惡王后徐來於太子曰：「徐來使婢蠱道殺太子母。」太子心怨徐來。徐來兄至衡山，太子與飲，以刃刺傷王后兄。〔一〕王后怨怒，數毁惡太子於王。太子女弟無采，嫁弃歸，與奴姦，又與客姦。太子數讓無采，無采怒，不與太子通。王后聞之，即善遇無采。無采及中兄孝少失母，附王后，王后以計愛之，與共毁太子，王以故數擊笞太子。元朔四年中，人有賊傷王后假母者，〔二〕王疑太子使人傷之，笞太子。後王病，太子時稱病不侍。孝、王后、無采惡太子：「太子實不病，自言病，有喜色。」王大怒，欲廢太子，立其弟孝。王后知王決廢太子，又欲并廢孝。王后有侍者善舞，王幸之，王后欲令侍者與孝亂以汙之，欲并廢兄弟，而立其子廣代太子。太子爽知之，念后數惡已無已時，欲與亂以止其口。王后飲，太子前爲壽，因據王后股，求與王后臥。王后怒，以告王。王乃召，欲縛而笞之。太子知王常欲廢己，立其弟孝，乃謂王曰：「孝與王御者姦，無采與奴姦，王彊食，請上書。」即倍王去。〔三〕王使人止之，莫能禁，乃自駕追捕太子。太子妄惡言，王械繫太子宫中。孝日益親幸。王奇孝材能，乃佩之王印，號曰將軍，令居外宅，多給金錢，招致賓客。賓客來者，微知淮南、衡山有逆計，日夜從容勸之。〔四〕王乃使孝客江都人救赫、陳喜作輣車鍭矢，刻天子璽、將相軍吏印。〔五〕王日夜求壯士如周丘等，數稱引吴、楚反時計畫，以約束。〔六〕衡山王非敢效淮南王求即天子位，畏淮南起并其國，以爲淮南已西，發兵定江、淮之閒而有之，望如是。〔七〕

〔二〕【考證】漢書易「王后兄」三字以「之」字。

〔三〕【集解】漢書音義曰：「傅母屬。」

〔三〕【考證】王先謙曰：强食，猶言努力加餐。此爲惡言以對王也。上書者，上書於天子，發孝、無采姦亂事。

〔四〕【考證】從容，見上。漢書作「將養」。

〔五〕【集解】徐廣曰：「輣車，戰車也，音扶萌反。」【索隱】救，漢書作「枚」。劉向別録云「易家有救氏注」也。【考證】漢書「鍭矢」作「鍛矢」。王念孫云：鍭與鍛當作「鏃」字。爾雅説矢「金鏃翦羽謂之鏃」。

〔六〕【正義】周丘，下邳人。吴王反時，請得漢節下下邳者。【考證】洪頤煊曰：吴王濞傳云：「周丘聞吴王敗走，即引兵歸下邳。未至，癰發背死。」此當別一人。愚按：周丘既死，求類之者也。洪氏閒，却如字。

〔七〕【考證】王先謙曰：衡山王〔云〕賜與其下言如此也。

元朔五年秋，衡山王當朝，六年，過淮南，淮南王乃昆弟語，除前郤，約束反具。〔一〕衡山

王即上書謝病，上賜書不朝。〔一〕

〔二〕【考證】顏師古曰：昆弟語，爲相親愛之言。

〔三〕【考證】漢書「賜」下無「書」字。

元朔六年中，衡山王使人上書，請廢太子爽，立孝爲太子。〔一〕爽聞，即使所善白嬴之長安上書，言孝作輣車鏃矢，與王御者姦，欲以敗孝。〔二〕白嬴至長安，未及上書，吏捕嬴，以淮南事繫。〔三〕王聞爽使白嬴上書，恐言國陰事，即上書反告太子爽所爲不道弃市罪事。事下沛郡治。〔四〕元朔七年冬，有司公卿下沛郡，求捕所與淮南謀反者，未得，〔五〕得陳喜於衡山王子孝家。吏劾孝首匿喜。孝以爲陳喜雅數與王計謀反，恐其發之，聞律先自告除其罪，又疑太子使白嬴上書發其事，即先自告，告所與謀反者救赫、陳喜等。廷尉治，驗，公卿請逮捕衡山王治之。天子曰：「勿捕。」遣中尉安、大行息即問王，〔六〕王具以情實對。吏皆圍王宮而守之。中尉大行還以聞，公卿請遣宗正、大行與沛郡雜治王。王聞即自剄殺。孝先自告反，除其罪；坐與王御婢姦，弃市。王后徐來亦坐蠱殺前王后乘舒，及太子爽坐王告不孝，皆弃市。〔七〕諸與衡山王謀反者皆族。國除爲衡山郡。

〔一〕【考證】梁玉繩曰：「元朔六年中」五字衍。上已書元朔六年也。沈家本曰：上文「六年」二字疑衍，梁說未是。張文虎曰：「衡山」下各本脱「王」字，中統、王、毛本有。

〔二〕【索隱】嬴，音盈，人姓名也。

〔三〕【考證】王先謙曰：時淮南事覺，連引及嬴。

〔四〕【考證】漢書刪「弃市罪事」四字。

〔五〕【考證】漢書「元朔七年」作「元狩元年」，無「公卿下沛郡未得」七字。梁玉繩曰：元朔安得七年？崔適曰：五宗世家江都王建、膠東康王寄，隱陵侯傅寬（傳）、陽陵侯偃坐淮南事死。以年數校之，皆在元朔六年，惟將相名臣表、漢書武帝紀，二王之自殺皆列於元狩元年。然五行志亦云元朔六年。

〔六〕【索隱】中尉安，案：漢書表司馬安也。大行息，案：漢書表李息也。

〔七〕【考證】張文虎曰：凌本「王告」倒，舊刻、王、柯本脱「坐」字，毛本亦誤「告」作「后」。

太史公曰：詩之所謂「戎狄是膺，荆舒是懲」，信哉是言也。〔一〕淮南、衡山親爲骨肉，疆土千里，列爲諸侯，不務遵蕃臣職，以承輔天子，〔二〕而專挾邪僻之計，謀爲畔逆，仍父子再亡國，各不終其身，爲天下笑。此非獨王過也，亦其俗薄，臣下漸靡使然也。〔三〕夫荆、楚僄勇輕悍，好作亂，乃自古記之矣。〔四〕

〔一〕【考證】詩魯頌閟宫篇。張文虎曰：蔡、王、柯、凌本脱「言」字。

〔二〕【考證】蕃，舊刻作「藩」，與漢書合。承，漢書作「丞」。丞、承通用，翊也，奉也。

〔三〕【考證】漸讀爲「漸漬」之「漸」。靡與摩同。

〔四〕【考證】正與上引詩之意相應。

【索隱述贊】淮南多横，舉事非正。天子寬仁，其過不更。檻車致禍，斗粟成詠。王安好學，女陵作詗。兄弟不和，傾國殞命。

史記會注考證卷一百十九

循吏列傳第五十九　史記一百十九

【索隱】案：謂本法循理之吏也。【考證】史公自序云：「奉法循理之吏，不伐功矜能，百姓無稱，亦無過行。作循吏列傳第五十九。」陳子龍曰：太史公傳循吏，無漢以下者；傳酷吏，無周以前者，寄慨深矣。陳仁錫曰：漢之循吏，若吳公、文翁，不爲作傳，亦一缺事。奢、離二人得事，未見爲循吏。

太史公曰：法令所以導民也，刑罰所以禁姦也。文武不備，良民懼然身修者，官未曾亂也。奉職循理，亦可以爲治，何必威嚴哉？〔一〕

〔一〕【考證】趙恒曰：法令爲文，刑罰爲武。「奉職循理」四字，乃太史公循吏之本旨。

孫叔敖者，楚之處士也。〔一〕虞丘相進之於楚莊王，以自代也。〔二〕三月爲楚相，施教導民，上下和合，世俗盛美，政緩禁止，吏無姦邪，盜賊不起。〔三〕秋冬則勸民山採，春夏以水，〔四〕各得其所便，民皆樂其生。

〔一〕【正義】說苑云：「孫叔敖爲令尹，一國吏民皆來賀。有一老父衣麤衣，冠白冠，後來，弔曰：『有身貴而驕人者，民亡之；位已高而擅權者，君惡之；祿已厚而不知足者，患處之。』叔敖再拜敬受命，願聞餘教。父曰：『位已高，而意益下；官益大，而心益小；祿已厚，而慎不取。君謹守此三者，足以治楚。』」

〔二〕【考證】梁玉繩曰：左傳無所謂「虞丘相」，而韓詩外傳七、列女傳與說苑至公同史。攷墨子所染、說苑雜言作「沈尹」。韓詩外傳二作「沈令尹」。呂氏春秋尊師作「沈申巫」，當染作「沈尹蒸」。新序雜事五又云「莊王因楚善相人者之言招聘之」，所說不同，疑「沈尹」爲近。宣十二年左傳「沈尹將中軍」，杜注「『沈』或作『寢』，今固始縣」，疏引哀十八年「寢尹吳由于」爲證。而荀子非相、呂子贊能稱孫叔敖期思之鄙人，蓋其隱處。期思即春秋寢丘，漢名寢縣。東漢名固始。然則沈尹官于叔敖所隱之縣，知其賢而薦之，事非無因者。虞丘不可攷，或是傳聞之誤。沈尹之官，韓誤增「令」字，呂誤作「申」字，而曰「筮」曰「莖」曰「竺」曰「蒸」曰「巫」，並以音形相鄰致譌，莫定沈尹之名孰是，相人之言不足信耳。

〔三〕【考證】張文虎曰：志疑云「後書郭丹傳注引『姦邪』下有『遂霸諸侯』句」。按：如章懷所引，則句當在「盜賊不起」下，但彼節去「盜賊」句耳。

〔四〕【集解】徐廣曰：「乘多水時，而出材竹。」【考證】楓、三本「夏」下有「下」字。愚按：依集解，當有「下」字。李笠云：以水，對上「山採」而言，蓋言田漁也，故下云「各得其所便」。李說非是。

莊王以爲幣輕，更以小爲大，百姓不便，皆去其業。〔一〕市令言之相曰：「市亂，民莫安其處，次行不定。」〔二〕相曰：「如此幾何頃乎？」市令曰：「三月頃。」相曰：「罷，吾今令之復矣。」後五日，朝，相言之王曰：「前日更幣，以爲輕。今市令來言曰『市亂，民莫安其處，次行之不定』。臣請遂令復如故。」〔三〕王許之，下令三日，而市復如故。

〔一〕【正義】幣，謂幣帛之屬。【考證】幣，錢幣。

〔二〕【考證】次行，市肆行列。

〔三〕【考證】中井積德曰：「『之』字疑衍。」

楚民俗好庳車，〔一〕王以爲庳車不便馬，欲下令使高之。相曰：「令數下，民不知所從，不可。王必欲高車，臣請教閭里使高其梱。〔二〕乘車者皆君子，君子不能數下車。」王許之，居半歲，民悉自高其車。

〔一〕【索隱】庳，下也，音婢。

〔二〕【索隱】音口本反。梱，門限也。

此不教而民從其化，近者視而效之，遠者四面望而法之。故三得相而不喜，知其材自得之也；三去相而不悔，知非己之罪也。〔一〕

〔一〕【集解】皇覽曰：「孫叔敖冢在南郡江陵故城中白土里。民傳孫叔敖曰『葬我廬江陂，後當爲萬户邑』。去故楚都郢城北三十里所。或曰：孫叔敖激沮水，作雲夢大澤之池也。」【考證】孫叔之三相三去，見莊子田方、呂覽知分、荀子堯問，淮南道應、氾論諸篇，史公據之，但其事則不足信。説在鄒陽傳。

子産者，鄭之列大夫也。〔一〕鄭昭君之時，以所愛徐摯爲相，〔二〕國亂，上下不親，父子不和。大宮子期言之君，以子産爲相。〔三〕爲相一年，豎子不戲狎，斑白不提挈，僮子不犁畔。〔四〕二年，市不豫賈。〔五〕三年，門不夜關，〔六〕道不拾遺。四年，田器不歸。〔七〕五年，士無尺籍，〔八〕喪期不令而治。〔九〕治鄭二十六年而死。丁壯號哭，老人兒啼，曰：「子產去我死乎！民將安歸？」〔一〇〕

〔一〕【索隱】按：有管晏列傳，其國僑、羊舌肸亦古之賢大夫，合著管晏之下，不宜散入循吏之篇。【考證】何焯曰：子產篇不用左傳。馮班曰：太史公敍子產、孫叔敖，二君有政事勳業，皆不敍，闊略僅數語，若曰「爲吏當如此」也。二君一邦名相，當與管晏並傳。此敍循吏，非爲二君作傳也。

〔二〕【索隱】案：鄭系家云，子產，鄭成公之少子。事簡公、定公。簡公封子產以六邑，子產受其半。子產不事昭君，亦無徐摯作相之事。蓋別有所出，太史記異耳。

〔三〕【索隱】子期亦鄭之公子也。左傳、國語亦無其說。案：系家鄭相子駟、子孔與子產同時，蓋亦子期之兄弟也。【考證】沈家本曰：左傳鄭無子期，索隱之言恐亦臆揣。

〔四〕【正義】狎，輕侮之言。各肅謹也。【考證】岡白駒曰：僮，未冠者也。言丁壯力農。

〔五〕【索隱】下音價。謂臨時評其貴賤，不豫定也。【正義】賈，音嫁，謂其數不虛豫廣索也。【考證】方苞曰：言索價一定，無猶豫之虛辭也。

〔六〕【集解】徐廣曰：「一作『閉』。」

〔七〕【考證】岡白駒曰：田器不歸於家，道不拾遺故也。

〔八〕【正義】言士民無一尺方板之籍書。什伍，什伍相保也。【考證】岡白駒曰：尺籍所以書軍令，言大國不兵討。

〔九〕【正義】言士民自遵五服之制也。

〔一〇〕【集解】皇覽曰：「子產冢在河南新鄭，城外大冢是也。」【索隱】案：左傳及系家云，子產死，孔子泣曰「子產，古之遺愛也」。又韓詩稱子產卒，鄭人耕者輟耒，婦人捐其佩玦也。【考證】梁玉繩曰：左傳子產以魯襄十九年爲卿，三十年相鄭，至昭二十年卒。今以爲卿之年計，是三十三年；以爲相之年計，是二十二年。此文蓋誤。年表及鄭世家謬謂子產卒于定十四年，爲鄭聲公五年，其去子產真卒之歲適二十六，得毋以卒後妄加之年爲生前治國之年乎？則誤中又誤矣。

公儀休者，魯博士也。以高弟爲魯相。〔一〕奉法循理，無所變更，百官自正。使食祿者不得與下民爭利，受大者不得取小。

〔一〕【考證】毛本「弟」作「第」。姚範曰：古時即有博士高弟邪？孟子告子下篇「魯穆公時，公儀休爲政」。鹽鐵論相刺篇「魯穆公之時，公儀休爲相」。

客有遺相魚者，相不受。〔二〕客曰：「聞君嗜魚，遺君魚，何故不受也？」相曰：「以嗜魚，故不受也。今爲相，能自給魚；今受魚而免，誰復給我魚者？吾故不受也。」〔三〕

〔二〕【考證】羣書治要「相不受」作「不受也」。

〔三〕【考證】新序雜事作「餽於鄭相」。韓非外儲右下、韓詩外傳三、淮南道應訓作「遺於公儀休」。

食茹而美，拔其園葵而弃之。〔一〕見其家織布好，而疾出其家婦，燔其機，云：「欲令農士工女，安所讎其貨乎？」〔二〕

〔一〕【考證】茹，菜也。

〔三〕【索隱】讎，音售。【考證】楓、三本「疾」作「逐」。

石奢者，楚昭王相也。〔一〕堅直廉正，無所阿避。行縣，道有殺人者，相追之，乃其父也。縱其父而還，自繫焉。使人言之王曰：「殺人者，臣之父也。夫以父立政，不孝也；廢法縱罪，非忠也；臣罪當死。」王曰：「追而不及，不當伏罪。子其治事矣。」石奢曰：「不私其父，非孝子也；不奉主法，非忠臣也。王赦其罪，上惠也；伏誅而死，臣職也。」遂不受令，自刎而死。〔二〕

〔一〕【考證】梁玉繩曰：按楚相即令尹，昭王時子西尸之，未聞相石奢。呂覽高義篇言昭王使石渚爲政，與此同。「渚」乃「奢」之譌，史蓋本呂，而誤改作相也。韓詩外傳二、新序節士並言昭王有士曰石奢，使爲理。

〔二〕【索隱】刎，音亡粉反。【考證】中統、王、毛本「主法」作「王法」。

李離者，晉文公之理也。〔一〕過聽殺人，自拘當死。文公曰：「官有貴賤，罰有輕重。下吏有過，非子之罪也。」李離曰：「臣居官爲長，不與吏讓位；受祿爲多，不與下分利。今過聽殺人，傳其罪下吏，非所聞也。」辭不受令。文公曰：「子則自以爲有罪，寡人亦有罪邪？」李離曰：「理有法，失刑則刑，失死則死。公以臣能聽微決疑，故使爲理。〔二〕今過聽殺人，罪當死。」遂不受令，伏劍而死。

〔一〕【正義】理，獄官也。【考證】梁玉繩曰：案，韓詩外傳二、新序節士述李離事各異，此更不全。

〔三〕【索隱】言能聽察微理，以決疑獄。故周禮司寇以五聽察獄，詞氣色耳目也。又尚書曰「服念五六日，至于旬時」是也。【考證】李笠曰：案「公」疑「君」字之誤。史臣可稱文公曰「公」，李離不當呼之曰「公」也。韓詩外傳、新序「公」並作「君」，當據正。

太史公曰：孫叔敖出一言，郢市復。子產病死，鄭民號哭。公儀子見好布而家婦逐。〔一〕石奢縱父而死，楚昭名立。李離過殺而伏劍，晉文以正國法。〔二〕

〔一〕【考證】復、哭、逐，韻。

〔二〕【考證】立、法，韻。

【索隱述贊】奉職循理，爲政之先。恤人體國，良史述焉。叔孫、鄭產，自昔稱賢。拔葵一利，赦父非愆。李離伏劍，爲法而然。

史記會注考證卷一百二十

史記一百二十

汲鄭列傳第六十

【考證】史公自序曰：「正衣冠立於朝廷，而君臣莫敢言浮説，長孺矜焉；好薦人，稱長者，莊有溉。作汲鄭列傳第六十。」葉夢得曰：循吏傳後即次以黯，其以黯列于循吏乎？而以鄭當時附之。黯尚無爲之化，當時尚黄老言，亦無爲云。陳仁錫曰：兩人分敘，至傳末合二人而結之。馮班曰：汲黯傳多敘公孫弘、張湯之過失。

汲黯字長孺，濮陽人也。其先有寵於古之衛君。〔一〕至黯七世，世爲卿大夫。〔二〕黯以父任，孝景時爲太子洗馬，以莊見憚。〔三〕孝景帝崩，太子即位，黯爲謁者。東越相攻，上使黯往視之。不至，至吴而還，報曰：「越人相攻，固其俗然，不足以辱天子之使。」河内失火，延燒千餘家，上使黯往視之。還報曰：「家人失火，屋比延燒，不足憂也。〔四〕臣過河南，河南貧人傷水旱萬餘家，或父子相食，臣謹以便宜，持節發河南倉粟，以振貧民。臣請歸節，伏矯制之罪。」〔五〕上賢而釋之，遷爲滎陽令。黯恥爲令，病歸田里。〔六〕上聞，乃召拜爲中大夫。以數切諫，不得久留内，遷爲東海太守。黯學黄、老之言，治官理民，好清静，擇丞史而任之。〔七〕其治，責大指而已，不苛小。黯多病，卧閨閤内不出。歲餘，東海大治。稱之。上聞，召以爲主爵都尉，列於九卿。治務在無爲而已，弘大禮，不拘文法。〔八〕

〔一〕【集解】文穎曰：「六國時，衛但稱君。」

〔二〕【考證】張文虎曰：舊刻「七世」作「十世」，與漢書合。

〔三〕【索隱】按：莊者，嚴也，謂嚴威也。按：自漢明帝諱莊，故已後「莊」皆云「嚴」。【考證】孟康曰：任，大臣任舉其子弟爲官。愚按：莊，嚴肅也。漢書改作「嚴」，諱明帝名。索隱欠明晳。

〔四〕【索隱】比，音鼻。【正義】比，近也。師古曰：「言屋相近，故連延而燒亡。」【考證】顔師古曰：家人猶言庶人家也。愚按：比，比肩之比。

〔五〕【考證】漢書改三「河南」作「河内」，非也。王念孫曰：蓋河内失火，武帝使黯往視，道經河南，見貧民傷水旱，因發倉粟振之。是黯未至河内，先過河南，故曰「臣過河南」。

〔六〕【考證】漢書「病」作「稱疾」。

〔七〕【集解】如淳曰：「律，太守、都尉、諸侯内史，史各一人，卒史書佐各十人。今總言『丞史』，或以爲擇郡丞及史使任之。鄭當時爲大農，推官屬丞史，亦是也。」【考證】胡三省曰：據漢制，郡守之屬，有丞，有諸曹掾吏。

〔八〕【考證】齊召南曰：按公卿表，黯以建元六年爲主爵都尉，十一年徙爲右内史，元朔五年也。主爵都尉主列侯。胡三省曰：漢太常、郎中令、中大夫令、太僕、太理、大行、宗正、大司農、少府爲正九卿，中尉、主爵都尉、内史列於九卿。漢書「弘」作「引」。

黯爲人性倨少禮，面折，不能容人之過。合己者善待之，不合己者不能忍見，士亦以此不附焉。然好學，游俠，任氣節，〔一〕內行脩絜，好直諫，數犯主之顏色，常慕傅柏、袁盎之爲人也。〔二〕善灌夫、鄭當時及宗正劉弃。〔三〕亦以數直諫，不得久居位。

〔一〕【考證】漢書無「學」字，此疑衍。

〔二〕【集解】應劭曰：「傅柏，梁人，爲孝王將，素伉直。」【索隱】傅，音付，人姓。柏，名。爲梁將也。【考證】漢書「傅柏」作「傅伯」。

〔三〕【集解】徐廣曰：「一云名弃疾。」【索隱】漢書名弃疾。【考證】漢書汲黯傳作「劉棄疾」，公卿表作「劉棄」。

當是時，太后弟武安侯蚡爲丞相，中二千石來拜謁，蚡不爲禮。然黯見蚡未嘗拜，常揖之。天子方招文學儒者，上曰吾欲云云。〔一〕黯對曰：「陛下內多欲，而外施仁義，柰何欲效唐、虞之治乎！」上默然，怒，變色而罷朝。公卿皆爲黯懼。上退，謂左右曰：「甚矣，汲黯之戇也！」〔二〕羣臣或數黯，黯曰：「天子置公卿輔弼之臣，寧令從諛承意，陷主於不義乎？且已在其位，縱愛身，柰辱朝廷何！」

〔一〕【集解】張晏曰：「所言欲施仁義也。」【考證】顏師古曰：云云，猶言如此如此也。杭世駿曰：荀紀：帝問汲黯曰「吾欲興政治法堯舜，如何」，可補史缺。

〔二〕【索隱】戇，愚也。音陟降反也。

黯多病，病且滿三月，上常賜告者數，終不愈。〔一〕最後病，莊助爲請告。〔二〕上曰：「汲黯何如人哉？」助曰：「使黯任職居官，無以踰人。〔三〕然至其輔少主，守城深堅，招之不來，麾

之不去，雖自謂賁、育，亦不能奪之矣。」〔四〕上曰：「然。古有社稷之臣，至如黯，近之矣。」〔五〕

〔一〕【集解】如淳曰：「杜欽所謂『病滿賜告，詔恩』也。數者，非一也。或曰賜告，得去官歸家；與告，居官不視事。」【索隱】數，音所角反。按：注「賜告，得去官家居；予告，居官不視事」也。【考證】中井積德曰：告，休暇也。漢法，病滿三月，當免官，賜告，則不免官而養病。

〔二〕【集解】徐廣曰：「最，一作『其』也。」【考證】漢書無「病」字。

〔三〕【索隱】踰，音庾。案：漢書作「瘉」。瘉猶勝也。此作「踰」，踰謂越過人也。

〔四〕【考證】漢書「守城」作「守成」，無「深堅」以下十字。李笠曰：「城」當從漢書作「成」，此涉下「深堅」字而誤爲「城」也。深堅者即「招之不來，麾之不去」之謂，非謂城之深堅也。

〔五〕【考證】社稷之臣，解在袁盎傳。

大將軍青侍中，上踞廁而視之。〔一〕丞相弘燕見，上或時不冠。至如黯見，上不冠不見也。〔二〕上嘗坐武帳中，〔三〕黯前奏事，上不冠，望見黯，避帳中，使人可其奏。其見敬禮如此。

〔一〕【集解】如淳曰：「廁，音側，謂牀邊，踞牀視之。一云，溷廁也。廁，牀邊側。」【考證】廁當作「厠」，厠、側通。劉奉世曰：古者見大臣，則御坐爲起，然則踞厠者，輕之也。

〔二〕【考證】王先謙曰：至如，疑本作「至於」，涉上文而誤。

〔三〕【集解】應劭曰：「武帳，織成爲武士象也。」孟康曰：「今御武帳，置兵闌五兵於帳中。」韋昭曰：「以武名之，示威。」【考證】孟說是。

張湯方以更定律令爲廷尉，黯數質責湯於上前，〔一〕曰：「公爲正卿，上不能襃先帝之功業，下不能抑天下之邪心，〔二〕安國富民，使囹圄空虛，二者無一焉。非苦就行，放析就功，〔三〕何乃取高皇帝約束紛更之爲？公以此無種矣。」〔四〕黯時與湯論議，湯辯常在文深小苛，黯伉厲守高，不能屈，忿發罵曰：「天下謂刀筆吏不可以爲公卿，果然。必湯也，令天下重足而立，側目而視矣！」〔五〕

〔一〕【正義】質，對也。

〔二〕【考證】袌，大也。

〔三〕【考證】漢書無「二者」以下十三字。余有丁曰：按謂湯恣行苛刻，而又毀析舊制，以成其事功，即所謂紛更之説也。楊慎曰：謂其深文巧詆，至以勝爲功。方苞曰：明知所行之非，而爲艱苦以成之。如湯爲三公，而家産不過三百金，及造詣諸公，不避寒暑，是也。析言破律，以就其功，如湯興皮幣，造白金籠鹽鐵，出告緡令，是也。愚按：就行就功，方説得之。「非苦」「放析」四字，必有譌誤。

〔四〕【集解】如淳曰：「紛，亂也。」【考證】顏師古曰：無種，言當誅及子孫也。

〔五〕【考證】顏師古曰：重累其足，言懼甚也。中井積德曰：試取「必」字置「湯也」之下，意乃了了。倒置之，乃見語勢之急。愚按：與匈奴傳中行説云「必我行也爲漢患者」句法一例。

是時漢方征匈奴，招懷四夷。黯務少事，乘上閒，常言與胡和親，無起兵。〔一〕上方向儒術，尊公孫弘。及事益多，吏民巧弄。〔二〕上分別文法，湯等數奏決讞以幸。〔三〕而黯常毀儒，面觸弘等徒懷詐飾智，以阿人主取容，而刀筆吏專深文巧詆，陷人於罪，使不得反其真，以勝爲功。〔四〕上愈益貴弘、湯，弘、湯深心疾黯，唯天子亦不説也，欲誅之以事。〔五〕弘爲丞相，乃言上曰：「右内史界部中多貴人宗室，難治，非素重臣不能任，請徙黯爲右内史。」〔六〕爲右内

史數歲，官事不廢。〔七〕

〔一〕【正義】閒，隙也。【考證】乘，楓、三本作「承」。張文虎曰：蔡、游、毛本作「承」。中統一本亦剜改「承」。愚按：作「承」是。漢書删「乘上」二字。
〔二〕【索隱】弄，音路洞反。【考證】漢書無「弄」字。
〔三〕【索隱】讞，魚列反。【正義】讞，決獄也。
〔四〕【索隱】詆，音丁禮反。【正義】巧詆，巧爲毁辱也。【考證】方苞曰：以勝爲功。求勝於民，以爲功也。
〔五〕【考證】楓、三本「唯」作「雖」，與漢書合。唯、雖通。
〔六〕【考證】大初元年，改右内史稱京兆尹。
〔七〕【考證】承多病。

大將軍青既益尊，姊爲皇后，然黯與亢禮。〔一〕人或説黯曰：「自天子欲羣臣下大將軍，大將軍尊重益貴，君不可以不拜。」〔二〕黯曰：「夫以大將軍有揖客，反不重邪？」〔三〕大將軍聞，愈賢黯，數請問國家朝廷所疑，遇黯過於平生。

〔一〕【正義】應劭云：「長揖不拜。」
〔二〕【考證】漢書「尊重益貴」作「尊貴誠重」。據下文黯云「反不重邪」，漢書爲長。
〔三〕【正義】言能降貴禮賢，是益己之尊重也。

淮南王謀反，憚黯，曰：「好直諫，守節死義，難惑以非。至如説丞相弘，如發蒙振落耳。」〔一〕

〔一〕【正義】如發蒙覆，及振欲落之物，言其易也。【考證】發蒙又見吴王濞傳、淮南王傳。蒙，物之初生也，故草木之初萌，亦謂之蒙。發萌芽，振落木，皆言其易也。正義恐非。

天子既數征匈奴有功，黯之言益不用。

始黯列爲九卿，而公孫弘、張湯爲小吏。及弘、湯稍益貴，與黯同位，黯又非毁弘、湯等。已而弘至丞相，封爲侯；湯至御史大夫；故黯時丞史皆與黯同列，或尊用過之。〔一〕黯褊心，不能無少望，〔二〕見上，前言曰：「陛下用羣臣如積薪耳，後來者居上。」上默然。〔三〕有閒黯罷，上曰：「人果不可以無學，觀黯之言也日益甚。」〔四〕

〔一〕【考證】各本「丞」下衍「相」字，今依楓、三本、漢書削。

〔二〕【考證】顔師古曰：褊，陿也。望，怨也。

〔三〕【考證】顔師古曰：積薪之言，出曾子。周壽昌曰：今世傳曾子書，無此語。沈欽韓曰：文子上德篇「虛無因循，常後而不先，譬若積薪燎，後者處上」。淮南繆稱訓「聖人不爲物先，而常制之，其類若積薪樵，後者在上」。

〔四〕【考證】周壽昌曰：日益甚，言其愚戇日更甚。下文帝云：「吾久不聞汲黯之言，今又復妄發矣。」則明以此語爲妄發可知。上文云上方鄉儒術尊公孫弘，黯常毁儒而觸弘等，故帝以無學譏黯也。

居無何，匈奴渾邪王率衆來降，漢發車二萬乘。縣官無錢，從民貰馬。民或匿馬，馬不具。〔一〕上怒，欲斬長安令。黯曰：「長安令無罪，獨斬黯，民乃肯出馬。〔二〕且匈奴畔其主而降漢，漢徐以縣次傳之。〔三〕何至令天下騷動，罷獘中國，而以事夷狄之人乎！」上默然。及渾邪至，賈人與市者，坐當死者五百餘人。〔四〕黯請閒，見高門，曰：〔五〕「夫匈奴攻當路塞，絶和親，〔六〕中國興兵誅之，死傷者不可勝計，而費以巨萬百數。〔七〕臣愚以爲陛下得胡人，皆以爲奴婢，以賜從軍死事者家；所鹵獲因予之，以謝天下之苦，塞百姓之心。〔八〕今縱不能，渾邪率數萬之衆來降，虛府庫賞賜，發良民侍養，譬若奉驕子。愚民安知市買長安中物，而文吏繩以爲闌出財物于邊關乎？〔九〕陛下縱不能得匈奴之資以謝天下，又以微文殺無知者五百餘人，〔一〇〕是所謂『庇其葉而傷其枝』者也，臣竊爲陛下不取也。」上默然，不許，曰：「吾久不聞汲黯之言，今又復妄發矣。」後數月，黯坐小法，會赦免官。〔一一〕於是黯隱於田園。

〔一〕【索隱】貰，音時夜反。貰，賒也。鄒氏音勢。【考證】胡三省曰：貰，貸也。
〔二〕【考證】岡白駒曰：長安令屬右內史，故黯云爾。
〔三〕【考證】王先謙曰：令所過者縣以次給傳，徐徐而來也。
〔四〕【考證】楓本「渾邪」下有「王」字，與漢書合。
〔五〕【集解】如淳曰：「黃圖未央宮中有高門殿。」
〔六〕【考證】胡三省曰：言塞障，當匈奴所入之路也。
〔七〕【考證】顏師古曰：即數百鉅萬也。
〔八〕【考證】漢書無「之苦」二字。顏師古曰：塞，滿也。
〔九〕【集解】應劭曰：「闌，妄也。律，胡市，吏民不得持兵器出關。雖於京師市買，其法一也。」瓚曰：「無符傳出入，爲闌。」【考證】漢書「于」作「如」。
〔一〇〕【考證】漢書「資」作「贏」。
〔一一〕【考證】王先謙曰：公卿表元狩四年，義縱代。

居數年，會更五銖錢〔一〕民多盜鑄錢，楚地尤甚。上以爲淮陽，楚地之郊，乃召拜黯爲淮陽太守。〔二〕黯伏謝，不受印，詔數彊予，然後奉詔。詔召見黯，黯爲上泣曰：「臣自以爲塡溝壑，不復見陛下，不意陛下復收用之。臣常有狗馬病，力不能任郡事，〔三〕臣願爲中郎，出入禁闥，補過拾遺，臣之願也。」上曰：「君薄淮陽邪？吾今召君矣。〔四〕顧淮陽吏民不相得，吾徒得君之重，臥而治之。」〔五〕黯既辭行，過大行李息曰：「黯弃居郡，不得與朝廷議也。然御史大夫張湯，智足以拒諫，詐足以飾非，〔六〕務巧佞之語，辯數之辭，非肯正爲天下言，專阿主意。主意所不欲，因而毀之；主意所欲，因而譽之。好興事，舞文法，〔七〕内懷詐以御主心，外挾賊吏以爲威重。〔八〕公列九卿，不早言之，公與之俱受其僇矣。」〔九〕息畏湯，終不敢言。黯居郡如故，治淮陽政清。後張湯果敗，上聞黯與息言，抵息罪。〔一〇〕令黯以諸侯相秩居淮陽。〔一一〕七歲而卒。〔一二〕

〔一〕【集解】徐廣曰：「元狩五年，行五銖錢。」【考證】王先謙曰：黯隱居祇一年，不得云數年也。

〔二〕【正義】郊，謂郊道衝要之處也。【考證】何焯曰：懼梁楚之閒有變，以黯鎮之耳。

〔三〕【考證】狗馬病，猶言犬馬之疾，謙辭。「力」字屬下句。漢書改作「常有狗馬之心，今病，力不能任郡事」。義異。

〔四〕【索隱】今，即今也。謂今日後即召君。【考證】中井積德曰：今者，不久之辭。

〔五〕【考證】顏師古曰：徒，但也。重，威重也。

〔六〕【考證】殷本紀「辛紂知足以距諫，言足以飾非」。五宗世家「膠西王端彊足以距諫，智足以飾非」。

〔七〕【集解】如淳曰：「舞，猶弄也。」
〔八〕【考證】方苞曰：御，迎也。詩「百兩御之」，曲禮「大夫士自御之」。
〔九〕【考證】「之」下「公」字疑衍。
〔一〇〕【考證】王先謙曰：漢武紀元鼎二年，張湯自殺。公卿表於是年書張騫爲大行令，是息因湯事得罪去職。
〔一一〕【集解】如淳曰：「諸侯王相在郡守上，秩真二千石。律，真二千石俸，月二萬；二千石，月萬六千。」【考證】沈欽韓曰：新書等齊篇「諸侯之相，尊無異等，秩加二千石之上」。愚按：漢書注引如淳作「律真二千石，月得百五十斛，歲凡得千八百石耳。二千石月得百二十斛，歲凡得一千四百四十石耳」。中井積德曰：集解二萬謂二萬錢也，是百五十石之價直。
〔一二〕【集解】徐廣曰：「元鼎五年。」【考證】漢書「七歲」作「十歲」。

卒後，上以黯故，官其弟汲仁至九卿，子汲偃至諸侯相。〔一〕黯姑姊子司馬安，亦少與黯爲太子洗馬。安文深巧，善宦。官四至九卿，以河南太守卒。〔二〕昆弟以安故，同時至二千石者十人。濮陽段宏始事蓋侯信，〔三〕信任宏，宏亦再至九卿。〔四〕然衛人仕者皆嚴憚汲黯，出其下。〔五〕

〔一〕【考證】王先謙曰：仁不見公卿表。
〔二〕【考證】父之姊爲姑姊，漢書無「姑」字，事異。鄭當時傳云：「當時任人賓客，爲大農，僦人逋負。司馬安爲發其事。」酷吏傳云周陽由與汲黯俱爲忮，司馬安之文惡，俱在二千石，同車，未嘗敢均茵伏。此皆可證安用法深巧。中井積德曰：四至者，或出爲守相，復入列卿位也，非罷免復任。下再至，倣此。王先謙曰：安歷官見公卿表者，元狩元年，書「中尉司馬安」；五年，書「廷尉司馬安」。其二無考。惟元狩三年，書「廷尉安」，不著其姓，未知即此司馬安否。

〔三〕【集解】徐廣曰：「蓋侯，太后兄王信。」【索隱】段客。案：漢書作「段宏」。【考證】段宏與汲黯同其鄉。王念孫曰：索隱本「段宏」作「段客」，注云「漢書作『段宏』」。是史記本作「段客」，今本作「段宏」，後人據漢書改之也。

〔四〕【考證】蘇林曰：任，保舉。

〔五〕【考證】應起首。

鄭當時者，字莊，陳人也。其先鄭君嘗爲項籍將；籍死，已而屬漢。〔一〕高祖令諸故項籍臣名籍。鄭君獨不奉詔。詔盡拜名籍者爲大夫，而逐鄭君。〔二〕鄭君死孝文時。〔三〕

〔一〕【集解】漢書音義曰：「鄭君，當時父。」

〔二〕【考證】顧炎武曰：名籍，謂奏事有涉項王者，必斥其名曰「項籍」也。

〔三〕【考證】王先謙曰：孝文時鄭君乃死也，與司馬遷傳「蘄孫昌，爲秦王鐵官，當始皇之時」同一文法。愚按：孟荀列傳亦云田駢之屬皆已死齊襄王時。

鄭莊以任俠自喜，脱張羽於戹，聲聞梁、楚之閒。〔一〕孝景時爲太子舍人。每五日洗沐，常置驛馬長安諸郊，存諸故人，請謝賓客，夜以繼日，至其明旦，常恐不徧。〔二〕莊好黄、老之言，其慕長者，如恐不見。年少官薄，然其游知交皆其大父行，天下有名之士也。〔三〕武帝立，莊稍遷爲魯中尉、濟南太守、江都相，至九卿爲右内史。〔四〕以武安侯、魏其時議，貶秩爲詹

事，遷爲大農令。〔五〕

〔一〕【集解】服虔曰：「張羽，梁孝王之將，楚相之弟。」【考證】王先謙曰：羽事詳韓安國傳。愚按：凌本「羽」譌「禹」。

〔二〕【集解】如淳曰：「郊，交道四通處也，請賓客便。」瓚曰：「諸郊，謂長安四面郊祀之處，閑靜可以請賓客。」【索隱】按：置即驛，馬謂於置著馬也。四面郊。【正義】姚承云：「邑外謂之郊，言長安四面之郊也。此言當時任俠，與賓客游於邑野，每休下，或請謝去，故置馬於郊，以往來速也。言驛馬常去來，不得停候也。」【考證】中井積德曰：置，猶設也。郊，近野也。設驛馬，爲莊身奔走候問也，非爲招邀賓客。又曰：請，候也。謝，拜恩也。

〔三〕【考證】岡白駒曰：恐不見，恐長者不見我。愚按：年少官薄屬下，漢書「不」下「見」上有「稱自」二字，義異。大父，祖父也。

〔四〕【考證】「武帝」當作「太子」。據公卿表，當時爲右内史，建元四年。

〔五〕【考證】顔師古曰：議田蚡及竇嬰事。齊召南曰：漢書「大農令」作「大司農」，史記是也。當時爲大農令，在元光中，至太初元年，始改曰「大司農」。

莊爲太史，誡門下：「客至，無貴賤無留門者。」執賓主之禮，以其貴下人。〔一〕莊廉，又不治其産業，仰奉賜以給諸公。〔二〕然其餽遺人，不過算器食。〔三〕每朝，候上之閒，説未嘗不言天下之長者。其推轂士及官屬丞史，誠有味，〔四〕其言之也，常引以爲賢於己。未嘗名吏，與官屬言，若恐傷之。聞人之善言，進之上，唯恐後。〔五〕山東士諸公以此翕然稱鄭莊。

〔一〕【考證】張文虎曰：「太史」疑「内史」之譌，漢書作「大吏」。

〔二〕【考證】慶長本標記云：徐廣曰「時人相與，長者爲諸公，年少爲諸卿」。岡白駒曰：仰，資之上也。「奉」與「俸」通。賜，諸所賜金銀布帛之屬。

〔三〕【集解】徐廣曰：「算，音先管反，竹器。」【索隱】算，音先管反。按：謂竹器，以言無銅漆也。漢書作「具器食」。【考證】中井積德曰：算器食，如今盒子食品相饋者，謂其物之輕微也，非謂其器之貴賤。

〔四〕【正義】推轂，謂薦舉人如車轂轉運無窮也。有味者，言其推薦之辭甚美也。

〔五〕【正義】「其言之也」四字，屬下句。

鄭莊使視決河，自請治行五日。〔一〕上曰：「吾聞『鄭莊行，千里不齎糧』，請治行者何也？」然鄭莊在朝，常趨和承意，不敢甚引當否。〔二〕及晚節，漢征匈奴，招四夷，天下費多，財用益匱。〔三〕莊任人賓客爲大農僦人，多逋負。〔四〕司馬安爲淮陽太守，發其事，莊以此陷罪，贖爲庶人。頃之，守長史。〔五〕上以爲老，以莊爲汝南太守。數歲，以官卒。

〔一〕【集解】如淳曰：「治行，謂莊嚴也。」【考證】漢書不重「鄭莊」。治行，謂治行裝也。治，即治具之治。集解「莊嚴」疑「裝嚴」之誤。

〔二〕【考證】漢書「引」作「斥」。顔師古曰：趨讀曰「趣」。趣，向也。岡白駒曰：和，去聲，相應也。王先謙曰：如武安魏其時議，是魏其，後「不堅」之類也。

〔三〕【正義】匱，乏也。【考證】漢書「匱」作「屈」。

〔四〕【集解】徐廣曰：「人，一作『入』。一云，賓客爲大農僦人，僦人蓋興生財利，如今方宜矣。」駰案：晉灼曰「當時爲大農，而任使其賓客辜較任僦也。」瓚曰：「任人，謂保任見舉者。」【索隱】僦，音即就反。注：辜較，音姑角。按：謂當時作大農，任賓客就人取庸直也。或者貫物以應官取庸，故下云「多逋負」。「辜較」字亦作

「酟榷」。榷者，獨也。言國家獨榷酟也。此云「辜較」，亦謂令賓客任人專其利，故云辜較也。【正義】僦人，傭載運之人。莊爲大農，任人及賓客等爲大農僦賃載運，官多侵欺，故云「多逋負」也。【考證】正義爲是。「任人」與「賓客」對舉。任人，謂見保任之人，若富貴大賈之屬。莊賓客任人，並爲大農僦人使役，多逋負，罪及莊也。漢書「大農」作「大司農」。「僦人」作「僦入」。

〔五〕【集解】如淳曰：「丞相長史。」

鄭莊、汲黯，始列爲九卿，廉，内行脩絜。此兩人中廢，家貧，賓客益落。〔一〕及居郡卒後，家無餘貲財。莊兄弟子孫以莊故至二千石六七人焉。〔二〕

〔一〕【索隱】按：落，猶零落，謂散也。

〔二〕【考證】王先謙曰：武帝於汲、鄭兩人，並以東宮舊恩加厚待也。茅坤曰：此兩人行旨不同，而猶意氣相合。其廢也，賓客並落。故太史公爲一傳以摸寫之。愚按：汲、鄭二人，性行雖異，其好黄老尚無爲則同。史公合爲一傳，不獨爲廢後賓客並落也，説已具題下。

太史公曰：夫以汲、鄭之賢，有勢則賓客十倍，無勢則否，況衆人乎！下邽翟公有言，〔一〕始翟公爲廷尉，賓客闐門；及廢，門外可設雀羅。〔二〕翟公復爲廷尉，賓客欲往，翟公乃大署其門曰：「一死一生，乃知交情。一貧一富，乃知交態。一貴一賤，交情乃見。」〔三〕汲、鄭亦云，悲夫！〔四〕

〔一〕【集解】徐廣曰：「邽，一作『邳』。」【索隱】邽，音圭，縣名，屬京兆。徐廣曰：「下邽，作『下邳』。」【考證】翟公有言，猶謂翟公既言之。

〔二〕【考證】齊召南曰：案公卿表，翟公爲廷尉，在元光元年。漢書「闐」作「填」，滿也。顔師古曰：可設雀羅，言其寂静無人行也。

〔三〕【考證】顔師古曰：署，謂書之。愚按：此楹聯之始。生、情，富、態，賤、見，韻。

〔四〕【考證】炎凉世態，自古而然。廉頗孟嘗事，與此相似。野客叢書對比論之。王鏊曰：太史公感慨之言，其深情，從朋友不救腐刑中來。

【索隱述贊】河南矯制，自古稱賢。淮南臥理，天子伏焉。積薪興歎，伉直愈堅。鄭莊推士，天下翕然。交道勢利，翟公愴旃。

史記會注考證卷一百二十一

儒林列傳第六十一　史記一百二十一

【正義】姚承云：「儒林，謂博士，爲儒雅之林，綜理古文，宣明舊藝，咸勸儒者，以成王化者也。」【考證】史公自序云：「自孔子卒，京師莫崇庠序，唯建元、元狩之閒，文辭粲如也。作儒林列傳第六十一。」愚案：儒林博敘諸經，史記以詩爲首，尚書次之，禮、易、春秋又次之。漢書以易爲首，尚書、詩、禮、春秋相次。又案：儒林列傳本是一篇文字，今本每段提行，非史公之舊，今改。錢泰吉曰：正義「姚承」，前卷多作「丞」。

太史公曰：余讀功令，至於廣厲學官之路，未嘗不廢書而歎也。〔一〕曰：嗟乎！夫周室衰而關雎作，〔二〕幽、厲微而禮樂壞，諸侯恣行，政由彊國。故孔子閔王路廢而邪道興，〔三〕於是論次詩書，修起禮樂。適齊聞韶，三月不知肉味。自衛返魯，然後樂正，雅頌各得其所。〔四〕世以混濁，莫能用，〔五〕是以仲尼干七十餘君無所遇，〔六〕曰「苟有用我者，期月而已矣」。〔七〕西狩獲麟，曰「吾道窮矣」。〔八〕故因史記作春秋，以當王法，〔九〕其辭微而指博，後世學

者多録焉。〔一〇〕

〔一〕【索隱】案：功令，謂學者課功著之於令，即今學令是也。【考證】顔師古曰：功令，篇名，若今選舉令。沈欽韓曰：唐學令，選舉令中一門也。愚案：「厲」字涉下文衍。

〔二〕【考證】學孟子「詩亡而春秋作」句法，以關雎爲刺詩，與毛詩異。説在十二侯表。

〔三〕【考證】書洪範「無有作惡，遵王之路」。

〔四〕【正義】鄭玄云：「魯哀公十一年，是時道衰樂廢，孔子還修正之，故雅頌各得其所也。」【考證】子在齊聞韶，論語述而篇。子曰「吾自衛反魯」，論語子罕篇。

〔五〕【考證】以，已通。

〔六〕【索隱】案：後之記者失辭也。案家語等説云，孔子歷聘諸國莫能用，謂周、鄭、齊、宋、曹、衛、陳、楚、杞、莒、匡等。縱歷小國，亦無七十餘國也。【考證】莊子天運篇孔子謂老聃曰「丘治詩、書、禮、樂、易、春秋六經，自以爲久矣，孰知其故矣。以奸七十二君，一君無所鉤用」。中井積德曰：匡，非國也。其周、曹、杞、莒，亦非實也。家語不足據。愚按：七十餘君，本于莊子，莊子寓言，亦不足據。説又見十二侯表序。

〔七〕【考證】論語子路篇。

〔八〕【考證】哀十四年公羊傳。

〔九〕【正義】因魯史記年月日而作春秋，兼見諸國史所記之事。

〔一〇〕【集解】徐廣曰：「録，一作『繆』。」【考證】梁玉繩曰：述六藝，而獨缺孔子贊易，班氏補之。

自孔子卒後，七十子之徒散游諸侯，大者爲師傅卿相，〔一〕小者友教士大夫，或隱而不見。故子路居衛，〔二〕子張居陳，〔三〕澹臺子羽居楚，〔四〕子夏居西河，〔五〕子貢終於齊。〔六〕如田子方、段干木、吳起、禽滑釐之屬，皆受業於子夏之倫，爲王者師。〔七〕是時獨魏文侯好學。後陵遲以至于始皇，〔八〕天下並爭於戰國，儒術既絀焉，然齊、魯之閒，學者獨不廢也。〔九〕於威、宣之際，〔一〇〕孟子、荀卿之列，咸遵夫子之業而潤色之，以學顯於當世。〔一一〕

〔一〕**【索隱】**案：子夏爲魏文侯師。子貢爲齊、魯聘吳、越，蓋亦卿也。而宰予亦仕齊爲卿。餘未聞也。**【考證】**中井積德曰：子貢游說，非卿也。齊卿之子我，非宰予也。傳者謬耳。

〔二〕**【集解】**案：仲尼弟子列傳子路死於衛，時孔子尚存也。**【考證】**班氏刪此句，是。

〔三〕**【正義】**今陳州。**【考證】**子張，顓孫師。王先謙曰：仲尼弟子列傳子張，陳人。

〔四〕**【正義】**今蘇州城南五里，有澹臺湖，湖北有澹臺。**【考證】**子羽，名滅明。王先謙曰：弟子傳稱其南游至江。

〔五〕**【正義】**今汾州。**【考證】**禮記檀弓篇「退而老於西河之上」。鄭注「西河，龍門至華陰之地」。

〔六〕**【正義】**今青州。

〔七〕**【考證】**沈欽韓曰：呂覽重言篇注田子方學於子貢。尊師篇段干木晉國之大駔也，學于子夏。史記吳起嘗學於曾子，其年不相當。經典序録吳起受左氏傳於曾申，非曾子。又據墨翟書，禽滑釐爲彼弟子。呂覽當染禽滑釐學于墨子。列子湯問篇、莊子天下篇並同。未可援墨入儒。愚按：史云受業於子夏之倫，則諸子非皆子夏之門人也。

〔八〕**【考證】**程一枝曰：漢書削去此句，尤順。

〔九〕**【考證】**閒，各本作「門」，今從毛本、楓山本。漢書亦作「閒」。

〔一〇〕**【考證】**漢書「於」上有「至」字。

〔一一〕**【考證】**楓山本「列」作「倫」。

及至秦之季世，焚詩書，阬術士，六蓺從此缺焉。〔一〕陳涉之王也，而魯諸儒，持孔氏之禮器，往歸陳王。於是孔甲爲陳涉博士，卒與涉俱死。〔二〕陳涉起匹夫，驅瓦合適戍，〔三〕旬月以王楚，不滿半歲，竟滅亡，其事至微淺，然而縉紳先生之徒，負孔子禮器，往委質爲臣者，何也？以秦焚其業，積怨而發憤于陳王也。〔四〕

〔一〕【正義】顏云：「今新豐縣温湯之處，號愍儒鄉。温湯西南三里有馬谷，谷之西岸有阬，古相傳以爲秦阬儒處也。衛宏詔定古文尚書序云『秦既焚書，恐天下不從所改更法，而諸生到者拜爲郎，前後七百人，乃密種瓜於驪山陵谷中温處，瓜實成，詔博士諸生説之，人言不同，乃令就視。爲伏機，諸生賢儒皆至焉，方相難不決，因發機，從上填之以土，皆壓，終乃無聲』也。」【考證】周壽昌曰：經術之士稱術士，猶有道之人稱道人也。

〔二〕【集解】徐廣曰：「孔子八世孫，名鮒，字甲也。」【考證】孔子世家云：「子慎生鮒，年五十七，爲陳王涉博士，死於陳下。」

〔三〕【索隱】上音丁革反。【正義】言如衆瓦全聚蓋屋，先無計謀也。

〔四〕【考證】鹽鐵論褒賢篇云：「大夫曰：『戍卒陳勝，釋輓輅，首爲叛逆，自立張楚，素非有回、由處士之行，宰相列臣之位也。奮於大澤，不過旬月，而齊魯儒墨縉紳之徒，肆其長衣。長衣官之也。負孔氏之禮器詩、書，委質爲臣。孔甲爲涉博士，卒俱死陳，爲天下大笑。深藏高逝者，固若是也。』文學曰：『周室衰，禮義壞，不能統理天下，諸侯交争相滅亡，并爲六國，兵革不休，民不得寧息。秦以虎狼之心，蠶食诸侯，并吞戰國，以爲郡縣，伐能矜功，自以爲過堯、舜，而羞與之同，棄仁義而尚刑罰，以爲今時不師於文而決於武。趙高治獄於內，蒙恬用兵於外，百姓愁苦，同心而患秦。陳王赫然奮爪牙爲天下首事，道雖凶而儒墨或干之者，以爲無王久矣，道擁遏不得行，自孔子以至于茲，而秦復重禁之，故發憤於陳王也。』」此蓋敷演史文也。毀學篇亦引司馬子言云：「天下穰穰爲利往。」此貨殖傳中語，則知史記之書，昭宣間既行於世矣。

及高皇帝誅項籍，舉兵圍魯，魯中諸儒尚講誦習禮樂，弦歌之音不絕，豈非聖人之遺化，好禮樂之國哉？〔一〕故孔子在陳曰：「歸與歸與！吾黨之小子狂簡，斐然成章，不知所以裁之。」〔二〕夫齊、魯之閒於文學，自古以來其天性也。〔三〕故漢興，然後諸儒始得脩其經藝，講習大射鄉飲之禮。叔孫通作漢禮儀，因爲太常，〔四〕諸生弟子共定者，咸爲選首，於是喟然歎興於學。然尚有干戈，平定四海，〔五〕（孝惠呂后時）亦未暇遑庠序之事也。〔六〕〔孝惠、呂后時〕，公卿皆武力有功之臣。孝文時頗徵用，〔七〕然孝文帝本好刑名之言。及至孝景，不任儒者，而竇太后又好黃、老之術，故諸博士具官待問，未有進者。〔八〕

〔一〕**【考證】**事又見項羽紀。

〔二〕**【考證】**論語公冶長篇。

〔三〕**【考證】**陳仁錫曰：閒，習也。

〔四〕**【考證】**漢書「太常」作「奉常」。

〔五〕**【正義】**顏云：「陳豨、盧綰、韓信、黥布之徒，相次反叛征討也。」

〔六〕**【考證】**漢書無「暇」字。「暇遑」二字連讀。

〔七〕**【正義】**言孝文稍用文學之士居位。

〔八〕**【正義】**具官，言備員而已。

及今上即位，趙綰、王臧之屬明儒學，而上亦鄉之，〔一〕於是招方正賢良文學之士。〔二〕自是之後，言詩，於魯則申培公，〔三〕於齊則轅固生，〔四〕於燕則韓太傅。〔五〕言尚書，自濟南伏生。〔六〕言禮，自魯高堂生。〔七〕言易，自菑川田生。言春秋，於齊、魯自胡毋生，〔八〕於趙自董仲舒。〔九〕及竇太后崩，武安侯田蚡爲丞相，〔一〇〕絀黃老、刑名百家之言，延文學儒者數百人，〔一一〕而公孫弘以春秋白衣爲天子三公，〔一二〕封以平津侯。天下之學士靡然鄉風矣。

〔一〕**【考證】**今上即武帝。趙綰爲御史大夫，王臧爲郎中令，皆學于申公。申公之學，出於浮邱伯。浮邱伯，荀卿門人。

〔二〕**【考證】**漢書武紀「建元元年，冬十月，詔丞相、御史、列侯、中二千石、二千石、諸侯相，舉賢良方正直言極諫之士。丞相綰奏：『所舉賢良或治申商、韓非、蘇秦、張儀之言，亂國政，請皆罷。』奏可」。注「綰，衛綰也」。

〔三〕**【集解】**徐廣曰：「一作『陪』。」韋昭曰：「培，申公名，音扶尤反。」**【索隱】**徐廣云：「培，一作『陪』，音裴。」韋昭曰：「培，申公之名，音浮。」鄒氏音普來反也。

〔四〕**【正義】**申，轅，姓；培，固，名；公、生，其處號也。**【考證】**正義「處」字衍。漢書顏注無。

〔五〕**【索隱】**韓嬰也。爲常山王太傅也。**【正義】**名嬰。

〔六〕**【索隱】**按：張華云名勝，漢紀云字子賤。

〔七〕**【索隱】**謝承云「秦氏季代有魯人高堂伯」，則「伯」是其字。云「生」者，自漢已來，儒者皆號「生」，亦「先生」省字呼之耳。**【考證】**生，索隱是。

〔八〕**【索隱】**毋，音無。胡毋，姓，字子都。

〔九〕**【正義】**漢藝文志：事爲春秋，言爲尚書，帝王靡不同之。仲尼思存前聖之業，以魯周公之國，禮文備物，史官有法，故與左丘明視其史記，據行事，仍人道，因興以立功，就敗以成罰，假日月以定曆數，藉朝聘以正禮樂，有所襃諱貶損，不可書見，口授弟子。弟子退而異言，丘明恐弟子各安其意，以失其真，故論本事而作傳，明夫子不以空言說經也。所貶損大人有權威，皆形於傳，是以隱其書而不宣，所以免時難也。末代口說流行，故有公羊、穀梁、鄒夾之傳。七録曰：漢興有公羊、穀梁並立國學，左氏始出乎張蒼家，本無傳之者，建武中鄒夾氏皆滅絶，自漢末稍貴左氏。服虔、杜預二注與公羊、穀梁俱立國學。按：左丘明，魯史也。夾，音頰也。【考證】錢大昕曰：仲舒，廣川人，而稱趙者，廣川故趙也。公孫弘，菑川人，而云齊人；朱買臣，會稽人，而云楚士：亦此類。

〔一〇〕【考證】建元六年。

〔一一〕【考證】漢書「數百人」作「以百數」。洪頤煊曰：陳平傳「治黃帝老子之術」。田叔傳「學黃老術於樂鉅公」。張歐傳「孝文時以治刑名事太子」。鼂錯傳「學申商刑名於軹張生所，與雒陽宋孟及劉帶同師」。田蚡傳「學盤盂諸書」。韓安國傳「受韓子雜說鄒田生所」。主父偃傳「學長短縱橫術」。張湯傳「王朝，齊人，以術至右内史，邊通學短長」。皆漢初雜學。

〔一二〕【集解】徐廣曰：一云『自齊爲天子三公』。

公孫弘爲學官，悼道之鬱滯，乃請曰：「丞相御史言：〔一〕制曰『蓋聞導民以禮，風之以樂。〔二〕婚姻者，居室之大倫也。〔三〕今禮廢樂崩，朕甚愍焉。故詳延天下方正博聞之士，咸登諸朝。〔四〕其令禮官勸學講議，洽聞興禮，以爲天下先。〔五〕太常議與博士弟子，崇鄉里之化，以廣賢材焉』。〔六〕謹與太常臧、博士平等議，〔七〕曰：聞三代之道，鄉里有教，夏曰校，〔八〕殷曰序，〔九〕周曰庠。〔一〇〕其勸善也，顯之朝廷；其懲惡也，加之刑罰。故教化之行也，建首善自京師始，由内及外。今陛下昭至德，開大明，配天地，本人倫，勸學脩禮，崇化厲賢，以風四方，太平之原也。古者政教未洽，不備其禮，請因舊官而興焉。爲博士官置弟子五十人，復其身。太常擇民年十八已上，儀狀端正者，補博士弟子。郡國縣道邑有好文學，敬長上，肅政教，順鄉里，出入不悖所聞者，令、相、長、丞上屬所二千石，〔一一〕二千石謹察可者，當與計偕詣太常，〔一二〕得受業如弟子。一歲皆輒試，〔一三〕能通一藝以上，補文學掌故缺；〔一四〕其高弟可以爲郎中者，太常籍奏。〔一五〕即有秀才異等，輒以名聞。其不事學若下材，及不能通一藝，輒罷之，而請諸不稱者罰。〔一六〕臣謹案詔書律令下者，〔一七〕明天人分際，通古今之義，文章爾雅，訓辭深厚，恩施甚美。〔一八〕小吏淺聞，不能究宣，無以明布諭下。治禮次治掌故，以文學禮義爲官，遷留滯。〔一九〕請選擇其秩比二百石以上，及吏百石通一藝以上，補左右内史、大行卒史；〔二〇〕比百石已下，補郡太守卒史：皆各二人，邊郡一人。先用誦多者，〔二一〕若不足，乃擇掌故補中二千石屬，〔二二〕文學掌故補郡屬備員。〔二三〕請著功令。〔二四〕佗如律令。」〔二五〕制曰：「可。」自此以來，則公卿大夫士吏斌斌多文學之士矣。〔二六〕

〔一〕【正義】自此以下，皆弘奏請之辭。

〔二〕【考證】顔師古曰：風，化也。

〔三〕【考證】漢書元朔五年武紀無「婚姻」以下八字。

〔四〕【考證】顏師古曰：詳，悉也。愚按：漢書「方」下無「正博」二字，蓋脫文。

〔五〕【考證】議，讀爲義。漢書武紀、儒林傳「聞」下有「舉遺」二字。

〔六〕【考證】漢書武紀、儒林傳「廣」作「厲」。據下文「崇化厲賢語」，作「厲」爲是。顏師古曰：自此以上，弘所引詔文。

〔七〕【集解】臧，漢書百官表孔臧也。【考證】周壽昌曰：文選兩都賦李注引孔臧集曰「臧，仲尼之後，少以才博知名，稍遷御史大夫。辭曰：『臣代以經學爲家，請爲太常，專修學業。』武帝遂用之」。

〔八〕【正義】校，教也。可教道蓺也。

〔九〕【正義】序，舒也。言舒禮教。

〔一〇〕【正義】庠，詳也。言詳審經典。【考證】孟子滕文公篇「設爲庠序學校以教之」。庠者養也，校者教也，序者射也。夏曰校，殷曰序，周曰庠。「學」則三代共之。楓山本作「殷曰庠，周曰序」，與漢書合。

〔一一〕【索隱】上，時兩反。屬，音燭。屬，委也。所二千石，謂於所部之郡守相。【正義】言好文學敬順，出入不乖所聞者也。令，縣令。相，侯相。長，縣長。丞，縣丞也。【考證】齊召南曰：縣有蠻夷曰道，列侯公主所食曰邑，謂屬於郡或國之縣，及道與邑也。漢書「縣道」作「縣官」，非是。陳仁錫曰：「出入不悖所聞者」七字爲一句。中井積德曰：所聞，謂所學。王鳴盛曰：大縣稱令，小縣稱長，侯國之相如令長，王之相如太守，同名而實異。顏師古曰：二千石，謂郡守及諸王相也。王先謙曰：「屬所」與「在所」義同，自二千石下言之則曰「所屬」，自令相長丞上言之則曰「屬所」。

〔一二〕【索隱】計，計吏也。偕，俱也。謂令與計吏俱詣太常也。【考證】索隱本、漢書「當」作「常」，「與計偕詣太常」者，指上文好文學者而言。

〔一三〕【考證】漢書「試」作「課」，非是。

〔一四〕【正義】掌故有缺而補之。

〔一五〕【正義】籍奏，爲名籍而奏之。

〔一六〕【考證】沈欽韓曰：當是兼坐舉主也。通考四十云「諸不稱者，謂太常之謬選，博士之失教，及郡國之濫以充賦也」。功臣表「山陽侯張當居坐爲太常擇博士弟子故不以實，完爲城旦」，則其罰可知。

〔一七〕【正義】下者，謂班行。【考證】王先謙曰：謂平時所班行者，不蒙上文。

〔一八〕【索隱】謂詔書文章雅正，訓辭深厚也。

〔一九〕【集解】徐廣曰：「一云『次治禮學掌故』。」【正義】言留滯者改遷之。【考證】漢書「治禮」上有「以」字，無「次治」二字。中井積德曰：「次治」二字衍。愚按：漢書「以」字衍。治禮、掌故，二官名。漢書平當傳「當少爲大行治禮丞」，兒寬傳「以射策爲掌故者此也」。言治禮、掌故二官，以文學禮義爲職，其遷徙常多留滯。若選擇其中，以補左右内史、大行及郡太守之卒史，不獨開選用之路，亦得使郡國小吏究宣詔書律令。又按：「治禮」以下十六字，文義晦窒。王懋竑白田草堂存稿卷三、沈欽韓漢書疏證卷三十三、李慈銘孟學齋日記甲集下皆有辯，參看。

〔二〇〕【正義】案：左、右内史，後改爲左馮翊、右扶風。大行，後改爲大鴻臚。亦補其卒史也。

〔二一〕【考證】王先謙曰：以上言它途選補之法。

〔二二〕【索隱】蘇林曰：「屬，亦曹吏。今縣官文書解云『屬某甲』。」

〔二三〕【索隱】如淳云：「漢儀，弟子射策，甲科百人，補郎中；乙科二百人，補太子舍人：皆秩比二百石。次郡國文學，秩百石也。」【正義】備員者，示以升擢之，非籍其實用也。【考證】錢大昕曰：平津本意，以詔書爾雅深厚，非俗吏所解，故選文學掌故補卒史，所謂以儒術緣飾吏事也，安得云不藉其實用乎？備員，蓋蒙上不足之文，謂如有不足，當以文學掌故充之，毋使缺額耳。中二千石屬，即謂内史、大行卒史。郡屬，即謂郡卒史。

〔二四〕【考證】顏師古曰：新立此條，請以著於功令。

〔二五〕【考證】顏師古曰：此外並如舊律令。

〔二六〕【考證】斌斌，漢書作「彬彬」，文章貌。王鳴盛曰：子長於封禪、平準等書，匈奴、大宛等傳，直筆無隱，至儒林傳則力表武帝之能尊儒。又田蚡、公孫弘本傳及他傳，惡之殊甚，而儒林傳則言蚡爲相，始絀黃老刑名百家之言，而延儒者；弘以春秋白衣爲三公，而天下學士靡然鄉風。皆是深許之。且詳載弘請置博士弟子等奏，制曰「可」，而結之曰「自此以來，則公卿大夫士吏斌斌多文學之士矣」。其歸功於武帝君臣如此。此篇多是頌揚，可謂不以人廢言，惡而知其美也。班氏所云「不虛美，不隱惡」，良信。而先黃老，後六經，非子長本意明矣。

申公者，魯人也。高祖過魯，申公以弟子從師，入見高祖于魯南宮。〔一〕呂太后時，申公游學長安，與劉郢同師。〔二〕已而郢爲楚王，令申公傅其太子戊。〔三〕戊不好學，疾申公。及王郢卒，戊立爲楚王，胥靡申公。〔四〕申公恥之，歸魯，退居家教，終身不出門，復謝絶賓客，獨王命召之，乃往。〔五〕弟子自遠方至，受業者百餘人。申公獨以詩經爲訓以教，無傳，疑疑者則闕不傳。〔六〕

〔一〕【索隱】按：漢書云「申公少與楚元王俱事齊人浮丘伯，受詩」。【正義】括地志云：「泮宮，在兖州曲阜縣西南二百里魯城内宮之內。鄭云泮之言半也，其制半於天子之璧雍。」【考證】申公，上文所謂申公培。中井積德曰：傳明言「南宮」，何用「泮宮」之解？

〔二〕【索隱】案：漢書云「呂太后時浮丘伯在長安，申公與元王郢客俱卒學」也。

〔三〕【集解】徐廣曰：「楚元王劉交，以文帝元年薨，子夷王郢立，四歲薨，子戊立。郢以呂后二年封上邳侯，文帝元年，立爲楚王。」

〔四〕【集解】徐廣曰：「腐刑。」【考證】晉灼曰：胥，相也。靡，隨也。顔師古曰：聯繫使相隨而服役之，故謂胥靡，猶今之役囚徒以鎖聯綴耳。徐孚遠曰：胥靡，徒隸之屬，非腐刑也。

〔五〕【集解】徐廣曰：「魯恭王也。」

〔六〕【索隱】謂申公不作詩傳，但教授，有疑則闕耳。【考證】漢書「百餘人」作「千餘人」。「傳」下無「疑」字，此衍。梁玉繩曰：謂申公不作詩傳，但教授也。而世有申公詩説，豈不妄哉！蓋與子貢詩傳皆明鄞人豐坊僞撰。齊召南曰：下文言申公弟子爲博士者十餘人，大夫郎掌故以百數，則作「千餘人」是也。

蘭陵王臧，既受詩，以事孝景帝，爲太子少傅，免去。今上初即位，臧迺上書宿衞，上累遷，一歲中爲郎中令。〔一〕及代趙綰亦嘗受詩申公，綰爲御史大夫。綰、臧請天子，欲立明堂以朝諸侯，不能就其事，乃言師申公。於是天子使使束帛加璧，安車駟馬，迎申公，〔二〕弟子二人乘軺傳從。〔三〕至，見天子。天子問治亂之事，申公時已八十餘，老，對曰：「爲治者不在多言，顧力行何如耳。」〔四〕是時天子方好文詞，見申公對，默然。然已招致，則以爲太中大夫，舍魯邸，議明堂事。太皇竇太后好老子言，不説儒術，得趙綰、王臧之過以讓上，上因廢明堂事，盡下趙綰、王臧吏，〔五〕後皆自殺。申公亦疾免以歸，數年卒。

〔一〕【考證】漢書「衞」下無「上」字，此衍。

〔二〕【考證】漢書云「以蒲裹輪」。
〔三〕【集解】徐廣曰：「馬車。」
〔四〕【考證】張文虎曰：中統、王、柯、凌本「在」作「至」。
〔五〕【考證】漢書「讓上」下有「曰此欲復爲新垣平也」九字，「事」下無「盡」字。

弟子爲博士者十餘人：孔安國至臨淮太守，〔一〕周霸至膠西內史，〔二〕夏寬至城陽內史，碭魯賜至東海太守，蘭陵繆生至長沙內史，〔三〕徐偃爲膠西中尉，〔四〕鄒人闕門慶忌爲膠東內史。〔五〕其治官民皆有廉節，稱其好學。學官弟子行雖不備，而至於大夫、郎中、掌故以百數。〔六〕言詩雖殊，多本於申公。〔七〕

〔一〕【集解】徐廣曰：「孔鮒之弟子襄，爲惠帝博士，遷爲長沙太傅，生忠，忠生武及安國。安國爲博士，臨淮太守。」
〔二〕【考證】周霸，疑羽紀贊周生。圖封禪事，見封禪書。
〔三〕【索隱】繆，音亡救反。繆氏出蘭陵。一音穆。所謂穆生，爲楚元王所禮也。【考證】中井積德曰：置醴之穆生，是申公之同門，非弟子，註謬。或是穆生之子。
〔四〕【考證】徐偃論封禪祠器，見封禪書。
〔五〕【集解】漢書音義曰：「姓闕門，名慶忌。」
〔六〕【考證】顧炎武曰：謂不必皆有行誼，而多顯官。
〔七〕【正義】言詩，於魯則申培公，於齊則轅固生，於燕則韓太傅。申公爲詩訓詁，而齊轅固、燕韓生皆爲之傳，或取采雜說，咸非其本義，與不得已，三家皆列於學官。又有毛公之學，自爲子夏所傳。七録云：「毛公詩傳，後鄭玄箋之，諸儒各爲注解。其齊詩久亡，魯詩亡於西晉，韓詩雖有，無傳之者，毛氏、鄭氏獨立國學也。」

清河王太傅轅固生者，齊人也。以治詩，孝景時爲博士。與黃生爭論景帝前。〔一〕黃生曰：「湯、武非受命，乃弒也。」轅固生曰：「不然。夫桀、紂虐亂，天下之心皆歸湯、武，湯、武與天下之心而誅桀、紂，桀、紂之民不爲之使，而歸湯、武，湯、武不得已而立，非受命爲何？」黃生曰：「冠雖敝，必加於首；履雖新，必關於足。〔二〕何者？上下之分也。今桀、紂雖失道，然君上也；湯、武雖聖，臣下也。夫主有失行，臣下不能正言匡過以尊天子，反因過而誅之，代立踐南面，非弒而何也？」轅固生曰：「必若所云，是高帝代秦即天子之位，非邪？」〔三〕於是景帝曰：「食肉不食馬肝，不爲不知味；言學者無言湯、武受命，不爲愚。」〔四〕遂罷。是後學者莫敢明受命放殺者。

〔一〕**【考證】**史公自序云太史公「習道論於黃子」，黃生學黃老，黃老之學，祖述黃帝，不憲章湯武。

〔二〕**【考證】**漢書「關」作「貫」，通用。顏師古曰：語見太公六韜也。愚按：御覽六百九十七引六韜云「崇侯虎曰：『冠雖弊，禮加於首；履雖新，法以踐地。』」韓非子外儲說費仲曰：「冠雖穿弊，必戴之於頭；履雖五采，必踐之于足。」文殊意同。

〔三〕**【考證】**楓山、三條本「必若所云」作「必若君所云」。

〔四〕**【正義】**論衡云：「氣熱而毒盛，故食馬肝殺人。又盛夏馬行，多渴死，殺氣爲毒也。」言凡談論不說湯武放殺，亦得爲談論，猶如食肉不食馬肝，未爲不知味。**【考證】**顏師古曰：馬肝有毒，食之憙殺人，幸得無食，言湯武爲殺，是背經義，故以爲喻也。劉敞曰：知味者不必須食馬肝，言學者不必須論湯武，此欲令學者皆置之耳。愚按：倉公傳齊淳于司馬案「我之王家食馬肝」，蓋異味也。劉說得之。

竇太后好老子書，召轅固生問老子書。固曰：「此是家人言耳。」〔二〕太后怒曰：「安得司空城旦書乎？」〔三〕乃使固入圈刺豕。景帝知太后怒，而固直言無罪，乃假固利兵，下圈刺豕，正中其心，一刺，豕應手而倒。〔三〕太后默然，無以復罪，罷之。居頃之，景帝以固爲廉直，拜爲清河王太傅。〔四〕久之，病免。

〔二〕【索隱】此家人言耳。服虔云：「如家人言也。」案：老子道德篇近而觀之，理國理身而已，故言此家人之言也。【考證】漢書無「是」字。藝文類聚引史記亦無。中井積德曰：家人謂庶人，言庶人理身家之術耳，不可施之邦國也。如索隱解，太后何以怒？俞正燮曰：宮中名「家人」者，蓋宮人無位號，如言「宮女子」、「宮婢」。司空城旦書，謂其時公羊學慘刻過申商，而託名儒者。「家人言」本意謂仁弱似嫗媼語，而「家人」又適爲宮中無位號者。劉敬列傳云「高帝不遣長公主，而取家人子，名爲長公主」是也。外戚世家云「竇太后始以良家子入宮侍呂后，呂后出宮人賜諸王，竇姬籍代伍中，至代」。是竇太后始爲家人子，故怒。怒其干犯，非僅以有仁弱之譏也。明神宗，慈聖李太后生也。光宗，王妃生也。光宗未立時，李太后問故，神宗曰：「彼都人子也。」內廷呼宮人曰「都人」。太后亦由宮人進，遂大怒曰：「汝亦都人子。」神宗伏地不敢起，儲位由是定。明李太后惡聞「都人」，漢竇太后惡聞「家人」，其事同也。

〔三〕【集解】徐廣曰：「司空，主刑徒之官也。」駰案：漢書音義曰「道家以儒法爲急，比之於律令」。【正義】虞喜志林云：「道家之法，尚於無爲之教，儒家動有所防。」竇太后方之於律令，故言「得司空城旦書」也。【考證】沈欽韓曰：周禮役諸司空，漢以司空主罪。中井積德曰：司空掌邦土，故亦主刑徒之作役也。愚按：司空城旦書，罵儒書也。當時以經義斷獄，故云。言政刑之書無所取也。

〔三〕【考證】利兵，利刃也。

〔四〕【集解】徐廣曰：「哀王乘也。」

今上初即位，復以賢良徵固。諸諛儒多疾毀固曰：「固老。」罷歸之。時固已九十餘矣。固之徵也，薛人公孫弘亦徵，〔一〕側目而視固。〔二〕固曰：「公孫子，務正學以言，無曲學以阿世！」自是之後，齊言詩，皆本轅固生也。〔三〕諸齊人以詩顯貴，皆固之弟子也。

〔一〕【集解】徐廣曰：「薛縣在菑川。」

〔二〕【考證】漢書「視」作「事」。顏師古曰：言深憚之。馮班曰：傳中兩言公孫弘側目轅固，排董仲舒，皆刺之也。

〔三〕【考證】楓、三本「詩」下有「者」字。

韓生者，燕人也。〔一〕孝文帝時，爲博士，景帝時，爲常山王太傅。〔二〕韓生推詩之意，而爲内外傳數萬言，其語頗與齊、魯閒殊，然其歸一也。淮南賁生受之。〔三〕自是之後，而燕、趙閒言詩者由韓生。韓生孫商爲今上博士。〔四〕

〔一〕【集解】漢書曰：「名嬰。」

〔二〕【集解】徐廣曰：「憲王舜也。」

〔三〕【索隱】賁，音肥。

〔四〕【考證】漢書藝文志云：「韓故三十六卷。韓内傳四卷。韓外傳六卷。韓詩説四十一卷。」今存韓詩外傳十卷，亦間有闕文脱簡。

伏生者，濟南人也。〔一〕故爲秦博士。孝文帝時，欲求能治尚書者，天下無有，〔二〕乃聞伏生能治，欲召之。是時伏生年九十餘，老，不能行，於是乃詔太常使掌故朝錯往受之。〔三〕秦時焚書，伏生壁藏之。其後兵大起，流亡，漢定，伏生求其書，亡數十篇，獨得二十九篇，即以教于齊、魯之閒。〔四〕學者由是頗能言尚書，諸山東大師無不涉尚書以教矣。

〔一〕【集解】張晏曰：「伏生名勝，伏氏碑云。」【考證】錢大昭曰：後漢伏湛傳云「九世祖勝，字子賤」，所謂濟南伏生者也。

〔二〕【考證】漢書無「欲」字。

〔三〕【正義】衛宏詔定尚書序云：「徵之，老不能行，遣太常掌故朝錯往讀之。生年九十餘，不能正言教錯，齊人語多與潁川異，錯所不知者凡十二三，略以其意屬讀而已。」【考證】漢書儒林傳顔師古注引衛宏定古文尚書序作「伏生老不能正言，言不可曉也，使其女傳言教錯」云云。劉台拱曰：伏女傳言，所謂「受讀」也。漢書音讀訓詁，學者以口相傳。周田觀文王之德，讀爲「厥亂勸寧王之德」，其一事也。鄭賈受周禮讀，馬融受漢書讀，東京猶然。馬鄭後就經爲注，口説絶矣。

〔四〕【正義】孔子纂尚書，上斷於堯，下訖于秦，凡百篇，而爲之序，言其作意。秦燔書禁學，濟南伏生獨壁藏之。漢興，求得二十九篇，以教齊魯之間。訖孝宣代，有歐陽、大小夏侯氏，立於學官。七録云：「魯恭王時，壞孔子舊宅，得古文尚書，孔安國爲之傳，以隸古寫之，凡五十八篇，其餘錯亂磨滅不可復知。」至漢明帝並傳，歐陽氏書獨擅一代，三家至西晉並亡。今古文孫氏鄭玄注云「列於國學」也。【考證】王先謙曰：此藝文志所云經「二十九篇」也。今文本有泰誓，董仲舒、司馬相如所引是也。馬鄭諸人以爲民間後得太誓者，非。愚按：正義所引七録「孫氏」二字有誤。或云當作「孔氏」。

伏生教濟南張生及歐陽生，〔一〕歐陽生教千乘兒寬。兒寬既通尚書，以文學應郡舉，詣博士受業，受業孔安國。兒寬貧無資用，常爲弟子都養，〔二〕及時時閒行傭賃，以給衣食。行常帶經，止息則誦習之。以試第次，補廷尉史。〔三〕是時張湯方鄉學，以爲奏讞掾，以古法議決疑大獄，而愛幸寬。寬爲人溫良，有廉智自持，〔四〕而善著書、書奏，敏於文，口不能發明也。湯以爲長者，數稱譽之。及湯爲御史大夫，以兒寬爲掾，薦之天子。天子見問，説之。張湯死後六年，兒寬位至御史大夫。〔五〕九年而以官卒。〔六〕寬在三公位，以和良承意，從容得久，然無有所匡諫；於官，官屬易之，不爲盡力。〔七〕張生亦爲博士。而伏生孫以治尚書徵，不能明也。

〔一〕【集解】漢書曰：「字和伯，千乘人。」【考證】漢書藝文志云：「尚書歐陽章句三十一卷，今亡。」

〔二〕【索隱】謂倪寬家貧，爲弟子造食也。何休注公羊「灼烹爲養」。案：有廝養卒，廝掌馬。養，造食。【考證】漢書倪寬傳不重「受業」二字。顔師古曰：都，凡衆也。養，主給亨炊者也。

〔三〕【考證】倪寬傳云：「以射策爲掌故，次補廷尉文學卒史。」愚按：文學卒史主行文書。

〔四〕【考證】倪寬傳「自持」作「自將」。顔師古曰：將，衛也。

〔五〕【集解】徐廣曰：「元狩元年。」【考證】集解「元狩」當作「元封」。

〔六〕【考證】倪寬傳作「居位九歲以官卒」。王先謙曰：表作八年卒。案：太初三年正月，延廣爲御史大夫，則八年是也。武紀書寬卒於太初二年十二月，尤居位八年之確證。

〔七〕【考證】王念孫曰：從容者，從諛也，言承意從諛，故得久居其位也。汲黯傳「從諛承意」，其證。顏師古曰：易，輕也。愚按：「於官」之「官」，楓山本作「朝」，倪寬傳作「上」。

自此之後，魯周霸、孔安國，雒陽賈嘉，頗能言尚書事。〔一〕孔氏有古文尚書，而安國以今文讀之，因以起其家。逸書得十餘篇，〔二〕蓋尚書滋多於是矣。

〔一〕【考證】此謂周霸、孔安國、賈嘉三人通今文，下別敘孔氏有古文起自安國。漢書儒林傳削「孔安國」三字，失史遷原意。顏師古曰：嘉者，賈誼之孫。

〔二〕【索隱】案：孔臧與安國書云「舊書潛于壁室，欻爾復出，古訓復申。唯聞尚書二十八篇，取象二十八宿，何圖乃有百篇。即知以今讐古，隸篆推科斗，以定五十餘篇，並爲之傳也」。藝文志曰二十九篇，得多十六篇。起者，謂起發以出也。【考證】何焯曰：起其家，似謂別起家法。王引之曰：當讀「因以起其家」爲句。「逸書」二字連下讀。起，興起也。家，家法也。漢世尚書多用今文，自孔氏治古文經，讀之說之，傳以教人，其後遂有古文家。是古文家法自孔氏興起也。漢書藝文志云：「凡書九家，謂孔氏古文，伏生大傳，歐陽、大小夏侯說，及劉向五行傳，許商五行傳記，逸周書，石渠議奏也。」是古文尚書自爲一家之證。梁玉繩曰：孝景時，魯共王壞孔子宅，得古文尚書。其後孔安國得以讎二十九篇，多十六篇，亦稱二十四篇，蓋分出九共八篇數之，又分出伏生所合者五篇爲五十八篇四十五卷，加序爲四十六卷。建武之際亡武成，止五十七篇。魏晉時已不行，惟祕府有之。永嘉之亂，祕府書亦亡。至元帝時，豫章內史汝南梅賾忽奏上古文尚書，增多二十五篇，即今所讀者。于是真僞相雜，今古混編。此吳澄所以作書纂言也。孔序及傳皆僞作。且安國未嘗獻書。荀紀于成帝三年云「武帝時，孔安國家獻之，會巫蠱事未列于學官」。漢書藝文志、楚元王傳缺

「家」字，直以爲安國獻之，則史稱安國早卒，何能及天漢後巫蠱事起時乎？若夫藏書之人，東觀漢紀及漢紀尹敏云孔鮒，隋志及史通古今正史篇釋文云孔惠。家語云孔騰，是安國祖子襄。疑子襄近之。余參稽而撮其概如此。其詳則有尚書疏證及後辨在。

諸學者多言禮，而魯高堂生最。本禮固自孔子時，而其經不具，及至秦焚書，書散亡益多，於今獨有士禮，高堂生能言之。〔一〕

〔一〕【正義】謝丞云：「秦代有魯人高堂伯人也。」藝文志云：「易曰：『有夫婦父子君臣上下，禮義有所錯。』而帝王質文，世有損益。至周曲爲之防，事爲之制。故曰：『禮經三百，威儀三千。』及周衰，諸侯將踰法度，惡其害己，皆滅去其籍。自孔子時而不具，至秦大壞。漢興，魯高堂生〔傳〕士禮十七篇，訖孝宣代，后蒼最明。戴德、戴聖、慶普皆其弟子，三家立於學官。」七録云「自後漢諸儒多小戴訓」，即今禮記是也。後又作曲臺記，而慶氏傳之，並亡。大戴立於國學，又古經出魯淹中，皆書周宗伯所掌五禮威儀之事，有五十六篇，無敢傳者。後博士傳其書得十七篇，鄭玄注「今之儀禮」是也。餘篇皆亡。周官六篇，周代所理天下之書也，鄭玄注「今二經立於國學」。案：禮經，周禮也。威儀，儀禮也。【考證】梁玉繩曰：漢書志傳皆言高堂生傳士禮十七篇，即儀禮也。而今書若燕禮、大射、聘禮、公食大夫、覲禮五篇，皆諸侯之禮。喪服一篇，總包天子已下之服制，則所云士禮者十一篇耳。疑今儀禮非高堂元本。或所傳實不止于士禮耶？

而魯徐生善爲容。〔一〕孝文帝時，徐生以容爲禮官大夫。傳子至孫徐延、徐襄。襄其天姿善爲容，不能通禮經；延頗能，未善也。襄以容爲漢禮官大夫，至廣陵內史。延及徐氏弟子公户滿意、〔二〕桓生、單次〔三〕皆常爲漢禮官大夫。〔四〕而瑕丘蕭奮以禮爲淮陽太守。〔五〕是後能言禮爲容者，由徐氏焉。

〔一〕【索隱】漢書作「頌」，亦音容也。【正義】言善爲容儀。【考證】沈欽韓曰：新書卷六有容經。此爲容者所誦習也。禮玉藻、少儀亦有「說容」，知其有名家也。

〔二〕【索隱】公戶，姓。滿意，名也。案：鄧展云二人姓字，非也。【考證】錢大昕曰：公羊傳有公扈氏。公戶，疑即「公扈」也。

〔三〕【索隱】上音善。單，姓。次，名也。【考證】沈欽韓曰：劉歆移太常書所謂魯國桓公也。

〔四〕【考證】楓山本「常」作「嘗」。

〔五〕【集解】徐廣曰：「瑕丘屬山陽也。」

自魯商瞿受易孔子，〔一〕孔子卒，商瞿傳易六世，至齊人田何，字子莊，〔二〕而漢興。田何傳東武人王同子仲，〔三〕子仲傳菑川人楊何。〔四〕何以易元光元年徵，官至中大夫。〔五〕齊人即墨成以易至城陽相。〔六〕廣川人孟但以易爲太子門大夫。魯人周霸、〔七〕莒人衡胡、〔八〕臨菑人主父偃皆以易至二千石。然要言易者，本於楊何之家。〔九〕

〔一〕【索隱】案：商姓，瞿名，字子木。瞿，音劬。

〔二〕【索隱】案：漢書云「商瞿授東魯橋庇子庸，子庸授江東馯臂子弓，子弓授燕周醜子家，子家授東武孫虞子乘」。仲尼弟子傳作「淳于人光羽子乘」，不同也。子乘授田何子裝，是六代孫也。【考證】漢書儒林傳云：「及秦禁學，易爲筮卜之書，獨不禁，故傳受者不絕也。」崔適曰：瞿少孔子二十九歲，是生於魯昭公十九年，至漢皇九年，徙齊田氏關中，計三百二十六年。是師弟之年，皆相去五十四五，師必踰七十而傳經，弟子皆十餘歲而受業，乃能幾及，其可信耶？

〔三〕【考證】漢書儒林傳「田何」下補「以齊田徙杜陵號杜田生」十字。「子仲」下補「潁陽周王孫丁寬齊服生皆著易傳數篇」十六字。「子仲」作「子中」。藝文志云「易傳王氏二篇，名同」。

〔四〕【索隱】案：田何傳東武王同，同傳菑川楊何。【考證】漢書云：「楊何字叔元。」史公自序云：「太史公受易於楊何。」太史公即司馬談。

〔五〕【考證】漢書作「太中大夫」，誤。

〔六〕【正義】即墨，姓。成，名。

〔七〕【考證】周霸言尚書，見上文。與議封禪，見封禪書。以議郎在軍，見衛將軍傳。官至膠西內史。

〔八〕【集解】徐廣曰：「莒，一作『呂』。」

〔九〕【考證】漢書「楊何」作「田何」。

董仲舒，廣川人也。〔一〕以治春秋，孝景時爲博士。下帷講誦，弟子傳以久次相受業，或莫見其面，〔二〕蓋三年，董仲舒不觀於舍園，其精如此。〔三〕進退容止，非禮不行，學士皆師尊之。今上即位，爲江都相。〔四〕以春秋災異之變，推陰陽所以錯行，故求雨，閉諸陽，縱諸陰；其止雨，反是。〔五〕行之一國，未嘗不得所欲。中廢爲中大夫，居舍，著災異之記。是時遼東高廟災，主父偃疾之，取其書奏之天子。〔六〕天子召諸生示其書，有刺譏。董仲舒弟子呂步舒不知其師書，以爲下愚。〔七〕於是下董仲舒吏，當死，詔赦之。於是董仲舒竟不敢復言災異。

〔一〕【考證】春秋繁露五行對「河間獻王問温城董君」，則仲舒爲廣川温城人也。

〔二〕【考證】顔師古曰：言新學者，但就其舊弟子受業，不必親見仲舒。

〔三〕【考證】漢書董仲舒傳作「蓋三年不窺園」。顔師古曰：雖有園圃，不窺視之，言專門也。

〔四〕【索隱】案：仲舒事易王。王，武帝兄也。【考證】漢書董仲舒傳載武帝賢良策問及仲舒對策。仲舒傳不可缺此事。

〔五〕【考證】顔師古曰：謂若閉南門禁舉火，及開北門水灑之類，是也。錢大昭曰：求雨止雨之法，詳見春秋繁露。

〔六〕【集解】徐廣曰：「建元六年。」【索隱】案：漢書以爲遼東高廟及長陵園殿災也。仲舒爲災異記，草而未奏，主父偃竊而奏之。【考證】梁玉繩曰：高廟災，何以主父偃疾仲舒？其事欠明。漢書董仲舒傳以爲遼東高廟、長陵高園殿災，仲舒居家推説其意草藁，未上，主父偃候仲舒，私見嫉之，竊其書奏焉。而五行志直以爲仲舒對，誤已。漢志載其奏，不免阿詞曲説，起天子誅殘骨肉之心，何以爲醇儒？其弟子斥以下愚，宜也。余疑主父偃竄易奏之。不然，何以與削地分封之議、徙豪茂陵之言，如出一口乎？愚按：據漢書武紀，高廟、高園災在建元六年，時仲舒未爲江都相。漢書董傳易「是時」爲「先是」。錢大昕曰：按主父偃傳，元光元年，西入關而高廟、高園災，乃在建元六年，計其年月，似不相應。王先謙曰：災在建元六年，仲舒草藁未上，其後偃竊奏之，非一時事也。

〔七〕【集解】徐廣曰：「一作『荼』，亦音舒。」【考證】步舒事見下文，又見漢五行志。沈欽韓曰：鹽鐵論孝養篇「呂步舒弄口而見戮」。

董仲舒爲人廉直。是時方外攘四夷，公孫弘治春秋不如董仲舒，〔一〕而弘希世用事，位至公卿。董仲舒以弘爲從諛。弘疾之，乃言上曰：「獨董仲舒可使相膠西王。」膠西王素聞董仲舒有行，亦善待之。〔二〕董仲舒恐久獲罪，疾免居家。至卒，終不治産業，以脩學著書爲事。〔三〕故漢興至于五世之閒，唯董仲舒名爲明於春秋。其傳公羊氏也。〔四〕

〔一〕【考證】何焯曰：弘傳「少爲獄吏」、「年四十餘，乃學春秋雜説」。

〔二〕【考證】五宗世家云：膠西于王端，孝景皇子，爲人賊戾。「相二千石，往者，奉漢法以治，端輒求其罪告之」，「從王治，則漢繩以法。故膠西小國，而所殺傷二千石甚衆」。梁玉繩曰：不言膠西之難相，則董之可相不明。「弘疾之」下，宜補曰「膠西王上兄也，尤縱恣，數害吏二千石」。

〔三〕【正義】漢書云：「仲舒上疏條教凡百二十三篇，而説春秋事得失，有聞舉、玉杯、繁露、清明、竹林之屬數十篇。」七録云：「春秋繁露十七卷，春秋斷獄五卷。」

〔四〕【考證】史公受公羊春秋於仲舒，故其言如此。

胡毋生，齊人也。〔一〕孝景時爲博士，以老歸教授。〔二〕齊之言春秋者，多受胡毋生，公孫弘亦頗受焉。

〔一〕【集解】漢書曰：「字子都。」

〔二〕【考證】楓、三本「授」下有「齊」字。

瑕丘江生，爲穀梁春秋。自公孫弘得用，嘗集比其義，卒用董仲舒。

仲舒弟子遂者：蘭陵褚大、廣川殷忠、温吕步舒。〔一〕褚大至梁相。步舒至長史，持節使決淮南獄，於諸侯擅專斷，不報，以春秋之義正之，〔二〕天子皆以爲是。弟子通者，至於命大夫；爲郎、謁者、掌故者以百數。〔三〕而董仲舒子及孫皆以學至大官。

〔一〕【集解】徐廣曰：「殷，一作『段』，又作『瑕』也。」【考證】顔師古曰：遂，謂名位成達者。梁玉繩曰：徐廣言「殷，一作『段』」，是。漢書藝文志易有京氏、段嘉，而儒林傳譌「殷嘉」。酷吏傳有「段仲」，而史譌「殷中」。後書馮異傳有「段建」，注作「殷」。隋志及經典序録有「段肅」，注穀梁、史通古今正史篇言續史記者也。而後書班固傳譌「殷肅」，可以互證。中、忠古通，詳別雅。

〔二〕【考證】以淮南爲諸侯擅專斷不報也。報，如孟子「勿有封而不告」之告。

〔三〕【考證】凌稚隆曰：「通」一作「遂」，與「通」同，謂名位成達者。

【索隱述贊】孔氏之衰，經書緒亂。言諸六學，始自炎漢。著令立官，四方扼腕。曲臺壞壁，書禮之冠。傳易言詩，雲蒸霧散。興化致理，鴻猷克贊。

史記會注考證卷一百二十二

史記一百二十二

酷吏列傳第六十二

【考證】史公自序云：「民倍本多巧，奸軌弄法，善人不能化，唯一切嚴削爲能齊之。作酷吏列傳第六十二。」王鳴盛曰：酷吏傳論稱十人，蓋郅都、寧成、周陽由、趙禹、張湯、義縱、王溫舒、尹齊、減宣、杜周也。而其敘首中又帶敘侯封、鼂錯二人，共十二人。鼂錯雖刻深，究以文學進，子長不忍抑之，與刀筆吏及攻剽爲羣盜、椎埋爲姦者伍，故只用帶敘。侯封則於敘首中已明目之爲酷吏矣，而不數者，子長意以酷吏惟郅都當景帝時，餘皆盛於武帝之世，侯高后時人，故略而不數。於都傳中特提云「是時民朴畏罪，則固無所事重法矣，而都獨先嚴酷」云云者，深著都實首惡，以爲世戒也。次敘寧成、周陽由，皆從景帝入武帝者，而又特提云「武帝即位，吏治尚循謹甚，然由居二千石中，最爲暴酷」，末又結之云「自成、由後，事益多，民巧法，大抵吏之治類成、由等矣」。見酷吏多而吏治壞，在武帝世也。又次趙禹而言禹晚節吏愈嚴，而禹治反名爲平，其用意如此。後又詳述盜賊滋起，官事秏廢，皆由酷吏所致。乃又云「慘酷斯稱其位」，一似自相矛盾者，紆其詞耳。又曰「十二人中，得免禍良死者，僅趙禹、尹齊、杜周三人而已」。棄市者五人，自殺者三人，髡鉗者一人。陳仁錫曰：敘酷吏十人，錯綜聯絡。如寧成傳附郅都事，張湯傳附趙禹事，義縱傳附寧成事，楊僕傳附溫舒事，總成一篇文字，奇絕。愚按：

酷吏傳元是一篇，各本每段提行，故陳氏有是言。今復史公之舊。

孔子曰：「導之以政，齊之以刑，民免而無恥。〔一〕導之以德，齊之以禮，有恥且格。」〔二〕老氏稱：「上德不德，是以有德；下德不失德，是以無德。法令滋章，盜賊多有。」〔三〕太史公曰：信哉是言也！法令者治之具，而非制治清濁之源也。昔天下之網嘗密矣，〔四〕然姦僞萌起，其極也，上下相遁，至於不振。〔五〕當是之時，吏治若救火揚沸，〔六〕非武健嚴酷，惡能勝其任而愉快乎！言道德者，溺其職矣。〔七〕故曰：「聽訟，吾猶人也，必也使無訟乎？」〔八〕「下士聞道大笑之。」〔九〕非虛言也。〔一〇〕漢興，破觚而爲圜，〔一一〕斲雕而爲朴，〔一二〕網漏於吞舟之魚，〔一三〕而吏治烝烝不至於姦，黎民艾安。〔一四〕由是觀之，在彼不在此。〔一五〕

〔一〕【集解】孔安國曰：「免，苟免也。」

〔二〕【集解】何晏曰：「格，正也。」【正義】顏云：「論語載孔子之言也。格，至也。言御以政刑，則人思苟免，不恥於惡。化以德禮，則下知愧辱，而至於治也。」【考證】論語爲政篇。

〔三〕【正義】顏云：「老子道德經之言也。上德體合自然，是以有德。下德務於修建，更以喪之也。法令繁滋，則巧詐益起，故多盜賊。」【考證】老子三十八章。

〔四〕【索隱】昔天下之罔嘗密矣。案：鹽鐵論云：「秦法密於凝脂。」

〔五〕【正義】顏云：「遁，避也。言吏避於君，氓避於吏，至乎喪敗不可振救。」【考證】賈誼過秦論：「姦僞並起，而上下相遁。」

〔六〕【索隱】言本弊不除，則其末難止。【正義】言網密令峻，姦僞極生，至于君臣相遁，若救猛火及揚盛沸之湯，言難止也。

〔七〕【正義】顔云：「溺，謂沈滯不舉也。言敗亂之時，武健嚴酷，纔能薄快耳。若以道德治，則没溺沈滯於政也。」【考證】漢書酷吏傳「愉」作「婾」。愉、婾通。顔師古曰：婾，苟且也。

〔八〕【正義】顔云：「論語載孔子之言也。言使我聽獄訟，猶凡人耳。然而立政行德，則使其絶於争訟也。」【考證】論語顔淵篇。

〔九〕【考證】老子四十一章。

〔一〇〕【考證】董份曰：前以孔子、老氏發端，故又以「聽訟」二語復明其説，此太史公照應處，文字之易見者也。

〔一一〕【集解】漢書音義曰：「觚，方。」【索隱】應劭云：「觚，八稜有隅者。高祖反秦之政，破觚爲圜，謂除其嚴法約三章耳。」【考證】中井積德曰：觚，謂其稜角。不泥其六八可也。

〔一二〕【索隱】應劭云：「削琱爲璞也。」晉灼云：「凋，弊也。斲理凋弊之俗，使反質樸。」【考證】雕，謂刻鏤也。朴，無飾也。「破觚」二句，言反自然。

〔一三〕【正義】法令疏。

〔一四〕【正義】蒸蒸，謂純一。【考證】烝烝，美厚也。書堯典「克諧以孝，烝烝乂不格姦」。顔師古曰：黎，庶也。艾讀曰乂。乂，治也。

〔一五〕【集解】韋昭曰：「在道德，不在嚴酷。」

高后時，酷吏獨有侯封，刻轢宗室，侵辱功臣。呂氏已敗，遂禽侯封之家。〔一〕孝景時，鼂錯以刻深，頗用術輔其資，而七國之亂，發怒於錯，錯卒以被戮。〔三〕其後有郅都、寧成之屬。

〔二〕【考證】顏師古云：轢，謂陵踐也，音來的反。愚按：侯封未審其人。禽，殺也。漢書作「夷」。

〔三〕【考證】顏師古曰：資，材也。王慎中曰：錯非酷吏比也，特借言刻者之不可爲耳。

郅都者，楊人也。〔一〕以郎事孝文帝。孝景時，都爲中郎將，敢直諫，面折大臣於朝。嘗從入上林，賈姬如廁，野彘卒入廁。〔二〕上目都，都不行。上欲自持兵救賈姬，都伏上前曰：「亡一姬，復一姬進。天下所少，寧賈姬等乎？陛下縱自輕，柰宗廟太后何？」上還，彘亦去。太后聞之，賜都金百斤，由此重郅都。

〔一〕【集解】徐廣曰：「屬河東。」【索隱】郅，音質。漢書云：「河東大陽人。」【正義】括地志云：「故楊城，本秦時楊國，漢楊縣城也，今晉州洪洞縣也。至隋爲楊，唐初改爲洪洞，以故洪洞鎮爲名也。秦及漢皆屬河東郡。郅都墓在洪洞縣東南二十里。」漢書云：「郅都，河東大陽人。」班固失之甚也。大陽，今陝州河北縣是，亦屬河東郡也。

〔二〕【索隱】案：姬生趙王彭祖也。【考證】漢書無「卒」字。卒，猝也。

濟南瞯氏宗人三百餘家，豪猾，二千石莫能制，〔一〕於是景帝乃拜都爲濟南太守。至則族滅瞯氏首惡，餘皆股栗。〔二〕居歲餘，郡中不拾遺。旁十餘郡守，畏都如大府。〔三〕

〔一〕【集解】漢書音義曰：「瞯，音閒，小兒癎病也。」【索隱】荀悅音閑，鄒氏、劉氏音並同也。

〔二〕【集解】徐廣曰：「髀腳戰搖也。」【正義】栗，懼也。【考證】漢書「族滅」作「誅」。何焯曰：僅誅首惡，法之正也。族滅，此都所以爲酷耳。錢大昕曰：據漢表，都自濟南太守遷中尉，在景帝前七年。而郡守更稱太守，乃在景帝中二年，則其時不得稱太守也。「太」字衍。漢書無「太」字。

〔三〕【考證】顏師古曰：言猶如統屬之也。愚按：下文云「不可以居大府」。

都爲人，勇有氣力，公廉，不發私書，問遺無所受，請寄無所聽。常自稱曰：「已倍親而仕，身固當奉職死節官下，終不顧妻子矣。」

郅都遷爲中尉。丞相條侯至貴倨也，而都揖丞相。〔一〕是時民朴，畏罪自重，而都獨先嚴酷，致行法不避貴戚，列侯宗室見都側目而視，號曰「蒼鷹」。〔二〕

〔一〕【考證】條侯，周亞夫。倨，倨傲。揖，揖而已，不拜也。

〔二〕【考證】致，猶極也。陳仁錫云：太史公叙酷吏，首郅都曰「獨先嚴酷」，次寧成則曰「治效郅都」，次温舒則曰「治酷於禹」，次義縱則曰「治放郅都」，次尹齊則曰「聲甚於寧成」，次楊僕則曰「治放尹齊」，次杜周則曰「治與宣相放」，曰「治大放張湯」，曰「酷甚於温舒」。節節血脉，聯絡回顧。

臨江王徵詣中尉府對簿，〔一〕臨江王欲得刀筆爲書謝上，而都禁吏不予。〔二〕魏其侯使人以閒與臨江王。〔三〕臨江王既爲書謝上，因自殺。竇太后聞之，怒，以危法中都，〔四〕都免歸家。〔五〕孝景帝乃使使持節拜都爲鴈門太守，而便道之官，得以便宜從事。〔六〕匈奴素聞郅都節，居邊，爲引兵去，竟郅都死，不近鴈門。〔七〕匈奴至爲偶人象郅都，〔八〕令騎馳射，莫能中，見憚如此。匈奴患之。竇太后乃竟中都以漢法。〔九〕景帝曰：「都，忠臣。」欲釋之。竇太后曰：「臨江王獨非忠臣邪？」於是遂斬郅都。

〔一〕【考證】顔師古曰：蒼鷹，言其摯擊之甚。臨江王，景帝太子榮，廢，王臨江。事詳五宗世家。顔師古曰：簿者，獄辭之文書也。

〔二〕【正義】古者無紙筆，用刀削木爲筆及簡牘而書之。【考證】沈欽韓曰：恐其告言他事也。

〔三〕【考證】魏其侯，竇嬰。顔師古曰：閒與，伺閒隙而私與也。

〔四〕【索隱】案：中，如字，謂以法中傷之。【正義】以危忍之法中射於都，令有罪也。【考證】顔師古曰：謂構成其罪也。

〔五〕【考證】公卿表景帝前七年爲中尉，三年免。

〔六〕【正義】言從家便往雁門上官，不令至朝廷謝。【考證】漢書「持節」作「即」。顔師古曰：即，就家拜。李笠曰：此班、馬別裁。

〔七〕【考證】漢書「居」作「舉」。

〔八〕【索隱】漢書作「寓人象」。案：寓即偶也，謂刻木偶類人形也。一云寄人形於木也。【考證】今本漢書作「偶」，寓、偶古同聲通用。

〔九〕【考證】漢書無「竇太后竟」四字。何焯曰：漢書去四字，似都爲匈奴所閒矣。沈欽韓曰：遷書在前，疑得其實。荀悅漢紀云：「匈奴中以法。太后以臨江王之死也，怨之，遂斬都。」荀紀全據班書抄撮，故爲潤飾。愚按：史文自通。「竟」字承上文「以危法中都」，「漢」字對匈奴而言。

寧成者，穰人也。〔一〕以郎謁者事景帝。好氣，爲人小吏，必陵其長吏；爲人上，操下如束溼薪。〔二〕滑賊任威。〔三〕稍遷至濟南都尉，〔四〕而郅都爲守。始前數都尉皆步入府，因吏謁守如縣令，其畏郅都如此。〔五〕及成往，直陵都出其上。都素聞其聲，於是善遇，與結驩。久之，郅都死，後長安左右宗室多暴犯法，〔六〕於是上召寧成爲中尉。〔七〕其治效郅都，其廉弗如，然宗室豪桀皆人人惴恐。〔八〕

〔一〕【集解】徐廣曰：「寧，一作『甯』。穰，屬南陽。」

〔二〕【集解】徐廣曰：「一無此字。」駰案：韋昭曰：「言急也。」【索隱】操，音七刀反。操，執也。【考證】漢書亦無「薪」字。顏師古曰：溼物則易束。

〔三〕【考證】漢書「滑」作「猾」。

〔四〕【正義】百官表云：「都尉，秦官，掌佐守典武職甲卒，秩比二千石，有丞，秩皆六百石，景帝中二年，更名都尉。」若周之司馬。

〔五〕【索隱】數，音所注反。

〔六〕【考證】顏師古曰：長安左右，京邑之中也。

〔七〕【正義】百官表云：「中尉，秦官，掌徼循京師。武帝太初元年，更名執金吾。」顏云：「金吾，鳥名也，主辟不祥。天子出行，職主先道，以禦非常，故執此鳥之象，因以名官。」【考證】公卿表：景帝中六年。

〔八〕【正義】惴，之瑞反，怖懼。【考證】皆人人，漢書作「人皆」。

武帝即位，徙爲内史。〔一〕外戚多毁成之短，抵罪髡鉗。是時九卿罪死即死，少被刑，而成極刑，自以爲不復收，〔二〕於是解脱，詐刻傳出關歸家。〔三〕稱曰：「仕不至二千石，賈不至千萬，安可比人乎！」乃貰貸，〔四〕買陂田千餘頃，假貧民，役使數千家。〔五〕數年，會赦。致産數千金，爲任俠，持吏長短，出從數十騎。其使民威重於郡守。〔六〕

〔一〕【考證】「武帝」當作「今上」，下同。

〔二〕【考證】漢書「罪死即死」作「死即死」。「極刑」作「刑極」。錢大昭曰：文帝深納賈誼之言，養臣下有節，是後大臣有罪皆自殺。至武帝時，稍復入獄，自寧成始。周壽昌曰：刑極，即謂被髡鉗。如淳曰：不復收，以被重刑，將不復見收用也。

〔三〕【索隱】上音紀買反，下音他活反，謂脱鉗鈦。【考證】顔師古曰：傳，所以出關之符也。

〔四〕【索隱】上音食夜反。貰，賒也。又音勢。下音天得反。

〔五〕【正義】假貧民，言假借貧民力營而分其利也。

〔六〕【考證】寧成後事，在義縱條下，御覽「使」作「役」。

周陽由者，其父趙兼以淮南王舅父侯周陽，故因姓周陽氏。〔一〕由以宗家任爲郎，〔二〕事孝文及景帝。景帝時，由爲郡守。武帝即位，吏治尚循謹甚，然由居二千石中，最爲暴酷驕恣。所愛者，撓法活之；所憎者，曲法誅滅之。〔三〕所居郡必夷其豪。爲守，視都尉如令。爲都尉，必陵太守，奪之治。與汲黯俱爲忮，〔四〕司馬安之文惡，〔五〕俱在二千石列，同車未嘗敢均茵伏。〔六〕

〔一〕【集解】徐廣曰：「侯五年，孝文六年國除。」【正義】周陽故城在絳州聞縣東二十九里。【考證】漢書「舅」下無「父」字。中井積德曰：厲王之母，趙兼之姊。「父」字衍。錢大昭曰：由，嘉定人，見淮南王傳。

〔二〕【索隱】案：與國家有外戚姻屬，比於宗室，故曰「宗家」也。【考證】中井積德曰：由是周陽之支子，用周陽侯之保任爲官也。周陽即失侯，其家未必絶矣。

〔三〕【考證】漢書「撓」作「橈」。

〔四〕【集解】漢書音義曰：「堅，忮也。」【考證】漢書無「與」字、「俱」字。忮，害也，很也。

〔五〕【集解】漢書音義曰：「以文法傷害人。」【考證】汲黯傳云：「黯姑姊子司馬安，文深巧善宦。」

〔六〕【集解】徐廣曰：「漢書作『馮』。伏者，軾。」【索隱】案：均，等也。茵，車蓐也。伏，車軾也。言二人與由同載一車，尚不敢與之均茵軾也，謂下之也。漢書「伏」作「憑」也。【考證】言周由驕恣，而獨畏汲黯、司馬安，同車，常下之也。茵，車中所藉也。「伏」字或作「鞦」。以皮覆軾，在前，人所凴者，故又曰「馮」。

由後爲河東都尉，時與其守勝屠公争權，相告言罪。勝屠公當抵罪，義不受刑，自殺，而由弃市。〔一〕

〔一〕【索隱】風俗通云：「勝屠，即申屠。」

自寧成、周陽由之後，事益多，民巧法，大抵吏之治類多成、由等矣。

趙禹者，斄人，〔一〕以佐史補中都官，〔二〕用廉爲令史，事太尉亞夫。亞夫爲丞相，禹爲丞相史，府中皆稱其廉平。然亞夫弗任，曰：「極知禹無害，〔三〕然文深，不可以居大府。」〔四〕今上時，禹以刀筆吏積勞，稍遷爲御史。上以爲能，至太中大夫。與張湯論定諸律令，〔五〕作見知，吏傳得相監司。〔六〕用法益刻，蓋自此始。

〔一〕【集解】徐廣曰：「屬扶風，音台。」【索隱】音胎。斄縣屬扶風。【正義】音胎。故斄城在雍武功縣西南二十二里。古邰國，后稷所封，漢斄縣也。

〔二〕【索隱】案：謂京師諸官府吏。【正義】若京都府史。

〔三〕【索隱】蘇林云：「言若無比也，蓋云其公平也。」【考證】無害，文無害，能通曉法令，無所凝滯也。解詳蕭相國世家。

〔四〕【集解】漢書音義曰：「禹持文法深刻。」

〔五〕【集解】徐廣曰：「論，一作『編』。」

〔六〕【正義】謂見罪，知有罪，皆須舉之。【考證】漢書「傳」下無「得」字，是也。見知、吏傳相監司，皆律令之名。史記平準書云：「張湯爲廷尉，見知之法生，而廢格沮誹窮治之獄用矣。」漢書刑法志云：「孝武招進張湯、趙禹之屬，條定法令，作見知、故縱、監臨部主之法。」鹽鐵論刺復篇云「憯急之臣進，而見知廢格之法起」，即是事也。「見知」一事，吏見知其罪不舉也。秦始皇三十四年紀云：「吏不舉者與同罪。」此法秦時有之。「吏傳相監司」一事，傳讀爲轉，司讀爲伺。何焯曰：謂互相監察也。沈欽韓曰：謂所部屬吏有罪，坐其長上也。愚按：屬吏有罪，長上坐之。長上有罪，屬吏坐之。

張湯者，杜人也。〔一〕其父爲長安丞，出，湯爲兒守舍。還，而鼠盜肉，其父怒笞湯。〔二〕湯掘窟，得盜鼠及餘肉，劾鼠掠治，傳爰書，訊鞫論報，〔三〕并取鼠與肉，具獄磔堂下。〔四〕其父見之，視其文辭，如老獄吏，大驚，遂使書獄。〔五〕父死後，湯爲長安吏，久之。

〔一〕【集解】徐廣曰：「爾時未爲陵。」【考證】漢書張湯傳「杜」下有「陵」字，故徐廣云爾。

〔二〕【考證】藝文類聚引史，「還」字在「父」下，文順。

〔三〕【集解】蘇林曰：「謂傳囚也。爰，易也。以此書易其辭處。鞫，窮也。」張晏曰：「傳，考證驗也。爰書，自證不如此言，反受其罪，訊考三日，復問之，知與前辭同不也。鞫，一吏爲讀狀，論其報行也。」【索隱】韋昭云：「爰，換也。古者重刑，嫌有愛惡，故移換獄書，使他官考實之，故曰『傳爰書』也。」【考證】傳，有數說。張晏云「傳，考證驗也」，是一說。顔師古云「傳，謂傳逮，若今之追逮赴對也」，是一說。錢大昕云「『傳』當作『傅』。傅，音附，謂附於爰書也」。張文虎云「錢説是。傅者，附比之義，猶今比某律以定罪也」，是一說。劉奉世云「傳者，傳囚辭也」，是一說。劉説近是。「爰書自證不如此言，反受其罪，訊考三日，復問之」，是一說。韋昭云「爰，換也。古者重刑，嫌有愛憎，故移換獄書，使他官考實之，故曰『傳爰書』也」，是一說。劉奉世云「爰書者，趙高作『爰歷』，教學隸書。時獄吏書體，蓋用此，故從俗呼爲『爰書』也」，是一說。蘇林云：「爰，易也。以此書易其辭。」顔師古云「爰，換也。以文書換其口辭也」，是亦一說。蘇、顔近是。王先謙曰：「『傳爰書』者，傳囚辭而著之文書也。蓋此數者皆見之文辭。劾，一也；爰書，二也；論報，三也。三事具而獄成矣。掠治乃有爰書，訊鞫然後論上，故下言父『視其文辭』也。」中井積德曰：「説文『報，當罪人也』。論報是一事。

〔四〕【集解】鄧展曰：「罪備具。」【考證】具獄，猶言具成案。

〔五〕【集解】如淳曰：「決獄之書，謂律令也。」【考證】使書獄辭，練習其事也。

周陽侯始爲諸卿時，〔一〕嘗繫長安，湯傾身爲之。〔二〕及出爲侯，大與湯交，偏見湯貴人。湯給事内史，爲寧成掾，以湯爲無害，言大府，調爲茂陵尉，治方中。〔三〕

〔一〕【集解】徐廣曰：「田勝也。武帝母王太后之同母弟也。武帝始立，而封爲周陽侯。」【正義】按：周陽前封趙兼，國除。今封田勝也。【考證】王啓原曰：田勝爲卿，百官表闕，蓋在景帝後元之末。

〔二〕【集解】韋昭曰：「爲之先後。」【考證】韋説是。漢書「爲之」作「事之」。

〔三〕【集解】漢書音義曰：「方中，陵上土作方也。湯主治之。」蘇林曰：「天子即位，豫作陵，諱之，故言『方中』。」如淳曰：「大府，幕府也。茂陵尉，主作陵之尉也。」韋昭曰：「太府，公府。」【正義】服虔曰：「藏壙中長皆有丞尉，中用地一頃餘。」又冢墓記云：「築成城，然後錯石帶白沙及炭。」【考證】調，選也。茂陵，武帝壽陵。漢天子即位一年而爲陵。顏師古曰：大府，丞相府也。中井積德曰：指丞相御史之等。又曰：方，陵穴也。陵穴蓋鑿地正方，故謂穴爲方耳。治方中，監穴中營作也。愚按：正義有訛脫。

武安侯爲丞相，徵湯爲史，時薦言之天子，補御史，使案事。〔一〕治陳皇后蠱獄，深竟黨與。〔二〕於是上以爲能，稍遷至太中大夫。與趙禹共定諸律令，務在深文，拘守職之吏。〔三〕已而趙禹遷爲中尉，徙爲少府，而張湯爲廷尉，兩人交驩，而兄事禹。禹爲人廉倨，爲吏以來，舍毋食客。公卿相造請禹，禹終不報謝，務在絕知友賓客之請，孤立行一意而已。見文法輒取，亦不覆案，求官屬陰罪。〔四〕湯爲人多詐，舞智以御(之)〔人〕。〔五〕始爲小吏，乾沒，〔六〕與長安富賈田甲、魚翁叔之屬交私。〔七〕及列九卿，收接天下名士大夫，已心內雖不合，然陽浮慕之。

〔一〕【考證】武安侯田(份)〔蚡〕，周陽侯之兄。建武六年，爲丞相。漢書張湯傳「御史」作「侍御史」。

〔二〕【考證】漢書武紀：「元光五年，皇后陳氏廢，捕爲巫蠱者皆梟首。」漢傳「蠱」上有「巫」字。

〔三〕【集解】蘇林曰：「拘刻於守職之吏。」【考證】王闓運曰：言以文法律令拘守職之吏，使不得出入。李楨曰：按刑法志「湯、禹條定律令，作見知、故縱、監臨部主之法，緩深故之罪，急縱出之誅」，所以深文拘吏者如此。

〔四〕【考證】方苞曰：言見獄辭與文法應，輒取之，而不覆。按其事，以求官屬陰惡也。

〔五〕【集解】韋昭曰：「制御人。」

〔六〕【集解】徐廣曰：「隨勢沈浮也。」駰案：服虔曰「射成敗也」。如淳曰「得利爲乾，失利爲没」。【索隱】如淳曰：「得利爲乾，失利爲没。」【正義】此二説非也。按：乾没，謂無潤及之而取他人也。又云：陽浮慕爲乾，心内不合爲没也。【考證】顧炎武曰：乾没，大抵是徼幸取利之意。洪頤煊曰：「乾没」，即「幹末」二字之借，言所幹末務，即所謂逐什一之利也。晉書潘岳傳其母數誚讓之曰「爾當知足，而乾没不已乎」，三國志傅嘏傳「豈敢傾根竭本，寄命洪流，以徼乾没乎」，皆其義。愚按：乾，「乾燥」之「乾」，音干。以物投水曰没，出之於水爲乾。出入財物，以逐什二之利也。不必讀爲「幹末」。又按：張文虎札記云：「乾没，猶言陸沈，謂陰取其利。」李笠訂補云：「言湯爲小吏，沈溺下僚，猶無水而没也，故云『乾没』。下云『及列九卿，收接天下名士』，言其顯揚，對此『乾没』而言也。」併記備考。

〔七〕【集解】徐廣曰：「姓魚也。」【正義】謂貸便財物也。

是時上方鄉文學，湯決大獄，欲傅古義，〔一〕乃請博士弟子治尚書、春秋，補廷尉史，亭疑法。〔二〕奏讞疑事，必豫先爲上分別其原，上所是，受而著讞決法廷尉，絜令揚主之明。〔三〕奏事即譴，湯應謝，鄉上意所便，必引正、監、掾史賢者，〔四〕曰：「固爲臣議，如上責臣，臣弗用，愚抵於此。」〔五〕罪常釋。聞即奏事，上善之，曰：「臣非知爲此奏，乃正、監、掾史某爲之。」其欲薦吏，揚人之善，〔六〕蔽人之過如此。〔七〕所治，即上意所欲罪，予監史深禍者；即上意所欲釋，與監史輕平者。所治即豪，必舞文巧詆；即下户羸弱，時口言，雖文致法，上財察。〔八〕於是往往釋湯所言。〔九〕湯至於大吏，内行脩也。通賓客飲食，〔一〇〕於故人子弟爲吏，及貧昆弟，調護之尤厚。其造請諸公，不避寒暑，是以湯雖文深意忌不專平，然得此聲譽。〔一一〕而刻深吏多爲爪牙用者，依於文學之士。丞相弘數稱其美。及治淮南、衡山、江都反獄，皆窮根本。嚴助及伍被，上欲釋之。湯爭曰：「伍被本畫反謀，而助親幸，出入禁闥爪牙臣，乃交私諸侯如此，弗誅，後不可治。」於是上可論之。〔一二〕其治獄，所排大臣自爲功，多此類。於是湯益尊任，遷爲御史大夫。〔一三〕

〔一〕【索隱】傅，音附。

〔二〕【集解】李奇曰：「亭，平也，均也。」【索隱】廷史，廷尉之吏也。亭，平也。使之平疑事也。【考證】王先謙曰：用兒寬，是其一證。愚按：董仲舒春秋繁露郊事對一篇，對張湯承制問郊事者。又按：漢書張湯傳「亭」上有「平」字。

〔三〕【集解】韋昭曰：「絜，在板絜。」【正義】按：謂律令也。古以板書之。言上所是，著之爲正獄，以廷尉法令決平之，揚主之明監也。【考證】漢書張湯傳「讞」下無「決」字，「絜」作「挈」。顏師古曰：著，謂明書之也。挈，獄訟之要也。書於讞法，挈令，以爲後令式也。絜，音口計反。揚主之明，言此自天子之意，非由臣下有司。王先謙曰：言上所允行者，則受而書之於板。著其上請之事，爲定法，復舉此令，以宣布上美，杜周傳云「後主所是，疏爲令」也。挈，舉也。

〔四〕【集解】徐廣曰：「應，一作『權』。」【正義】百官表云：「廷尉，秦官。有正、左、右監，皆秩千石也。」按：上即責，湯應對謝之如上意，必引正、監等賢者，本爲臣建議如上意，臣不用，愚昧不從，至此也。

〔五〕【集解】蘇林曰：「主坐不用諸掾語，故至於此。」

〔六〕【集解】徐廣曰：「詔，荅聞也，如今制曰『聞』矣。」駰案：瓚曰「謂常見原」。【考證】「聞」當從漢書作「閒」。

「罪常釋」句，「間即奏事」句，瓚説亦以「罪常釋」爲句。王闓運曰：間即奏事，猶言有時奏事。

〔七〕【考證】漢書「蔽」作「解」。

〔八〕【集解】李奇曰：「先見上，口言之，欲與輕平也。」【正義】顏云：「言下户羸弱，湯欲佐助，雖文奏之，又口奏言，雖律令之文合致此罪，聽上裁察。蓋爲此文冀恩宥也。於是上得湯此言，往往釋其人罪，非未奏之前，口豫言也。財讀曰裁，古字少故也。【考證】漢書「財」作「裁」。

〔九〕【集解】李奇曰：「湯口所先言，皆見原釋。」【考證】李説未得。説見前文正義。

〔一〇〕【考證】漢書「也」作「交」。

〔一一〕【考證】胡三省曰：不專平，不專於持平。

〔一二〕【考證】顏師古曰：可湯所奏而論決之。

〔一三〕【集解】徐廣曰：「元狩二年。」

會渾邪等降，漢大興兵伐匈奴，山東水旱，貧民流徙，皆仰給縣官，縣官空虛。於是丞上指，請造白金及五銖錢，籠天下鹽鐵，排富商大賈，〔一〕出告緡令，鉏豪彊并兼之家，〔二〕舞文巧詆以輔法。湯每朝奏事，語國家用，日晏，天子忘食。丞相取充位，〔三〕天下事皆決於湯。百姓不安其生，騷動。縣官所興，未獲其利，姦吏並侵漁，〔四〕於是痛繩以罪。則自公卿以下，至於庶人，咸指湯。湯嘗病，天子至自視病，其隆貴如此。

〔一〕【正義】天下有鹽鐵之處，皆籠合税之，令利入官也。【考證】漢書「丞」作「承」，同。

〔二〕【正義】緡，音岷，錢貫也。武帝伐四夷，國用不足，故税民田宅船乘畜産奴婢等，皆平作錢數。每千錢一算，出一等，賈人倍之；若隱不税，有告之，半與告人，餘半入官，謂緡。出此令，用鉏築豪強兼并富商大賈之家也。一算，百二十文也。【考證】中井積德曰：富商大家屬鹽鐵，而豪强并兼屬告緡，自有條理。正義并屬告緡者，非。何焯曰：鹽鐵出於弘羊，告緡出於楊可，然非倚湯不能取於天子，以酷虐助而成之。故惡皆歸之湯。張文虎曰：正義「出」字當在「一算」上，而衍「一等」二字。然與平準書不合，當有脱誤。愚按：正義「謂」下當有「告」字。

〔三〕【集解】徐廣曰：「時李蔡、莊青翟爲丞相。」

〔四〕【考證】並，音步浪反，旁緣爲姦也。愚按：楓、三本「侵漁」作「侵薄」。

匈奴來請和親，羣臣議上前。博士狄山曰：「和親便。」上問其便，山曰：「兵者凶器，未易數動。高帝欲伐匈奴，大困平城，乃遂結和親。孝惠、高后時，天下安樂。及孝文帝欲事匈奴，北邊蕭然苦兵矣。〔一〕孝景時，吳、楚七國反，景帝往來兩宮閒，寒心者數月。〔二〕吳、楚已破，竟景帝不言兵，天下富實。〔三〕今自陛下舉兵擊匈奴，中國以空虛，邊民大困貧。由此觀之，不如和親。」上問湯，湯曰：「此愚儒無知。」狄山曰：「臣固愚忠，若御史大夫湯，乃詐忠。若湯之治淮南、江都，以深文痛詆諸侯，別疏骨肉，使蕃臣不自安。臣固知湯之爲詐忠。」〔四〕於是上作色曰：「吾使生居一郡，能無使虜入盜乎？」〔五〕曰：「不能。」曰：「居一縣？」對曰：「不能。」復曰：「居一障閒？」〔六〕山自度辯窮且下吏，曰：「能。」於是上遣山乘鄣。〔七〕至月餘，匈奴斬山頭而去。自是以後，羣臣震慴。〔八〕

〔一〕【考證】顏師古曰：蕭然猶騷然，擾動之貌也。

〔二〕【考證】漢書「兩宮」作「東宮」，「寒心」上有「天下」二字。顏師古曰：往來東宮閒，謂諮謀於太后也。愚按：

改「兩宫」爲「東宫」，「間」字不可解，「天下」亦與下文複。史記爲長。

〔三〕【考證】顔師古曰：訖景帝之身，更不言征伐之事。

〔四〕【考證】張文虎曰：舊刻「蕃」作「藩」。愚按：漢書亦作「藩」。

〔五〕【考證】顔師古曰：博士之官，故呼爲「生」也。

〔六〕【正義】障，謂塞上要險之處，別築城，置吏士守之，以扞寇盜也。【考證】漢書「障」作「鄣」。

〔七〕【考證】顔師古曰：乘，登也。登而守之。

〔八〕【正義】慴，懼也。

湯之客田甲，雖賈人，有賢操。始湯爲小吏時，與錢通，〔一〕及湯爲大吏，甲所以責湯行義過失，亦有烈士風。

〔一〕【集解】徐廣曰：「以利交。」【考證】顔師古曰：爲小吏之時，與田甲爲錢財之交。愚按：與上文「始爲小吏，乾沒」相應，以終田甲事。

湯爲御史大夫七歲，敗。

河東人李文嘗與湯有郤。已而爲御史中丞，恚，數從中文書，事有可以傷湯者，不能爲地。〔一〕湯有所愛史魯謁居，知湯不平，使人上蜚變，告文姦事，〔二〕事下湯，湯治論殺文，而湯心知謁居爲之。上問曰：「言變事，蹤跡安起？」湯詳驚曰：「此殆文故人怨之。」謁居病卧閭里主人，湯自往視疾，爲謁居摩足。趙國以冶鑄爲業，王數訟鐵官事，湯常排趙王。趙王求湯陰事。謁居嘗案趙王，趙王怨之，并上書，告：「湯大臣也，史謁居有病，湯至爲摩足，疑與爲大姦。」事下廷尉。謁居病死，事連其弟，弟繫導官。〔三〕湯亦治他囚導官，見謁居弟，欲陰爲之，而詳不省。〔四〕謁居弟弗知，怨湯，使人上書告湯與謁居謀，共變告李文。事下減宣。宣嘗與湯有郤，及得此事，窮竟其事，未奏也。會人有盜發孝文園瘞錢，〔五〕丞相青翟朝，與湯約俱謝。至前，湯念獨丞相以四時行園，當謝，湯無與也，不謝。〔六〕丞相謝，上使御史案其事。湯欲致其文丞相見知，〔七〕丞相患之。三長史皆害湯，欲陷之。〔八〕

〔一〕【考證】漢書「恚」作「薦」。服虔曰：薦，藉也。文與湯故有隙，已而爲御史中丞，藉己在內臺中，文書有可用傷湯者，因會致之，不能爲湯作道地。蘇林曰：薦，仍也。顏師古曰：薦、數，義同，蘇說是也。數數在中，其有文書事可用傷湯者，不爲作道地也。薦，音在見反。數，音所角反。大雅雲漢之詩曰「饑饉薦臻」，字亦如此。愚按：恚，當依漢書作「薦」。詩毛傳云：「薦，重也。數，色主反，閱也。」言李文在內臺中，每閱文書，欲求可中傷張湯者，使之無餘地也。劉奉世漢書刊誤引史記「恚數」作「悉數」，亦通。

〔二〕【考證】劉奉世曰：飛變，謂如飛語，無姓名上變者。故上問「蹤跡安起」，而湯云「殆文故人」也。

〔三〕【集解】如淳曰：「太官之別也，主酒。」【考證】顏師古曰：導，擇也。以主擇米，故曰「導官」。事見百官表。時或以諸獄皆滿，故權寄在此署。繫之，非本獄所也。

〔四〕【考證】爲，猶助也。詳、佯同，漢書作「陽」。省，視也。

〔五〕【集解】如淳曰：「瘞埋錢於園陵以送死。」【考證】沈欽韓曰：瘞錢，埋墓四隅，傳稱盜發者。即是四隅所瘞，原不在冢藏中也。

〔六〕【考證】册府元龜五百八十七「唐舊制，每年四季之月，嘗遣使往諸陵起居。蓋沿漢制，後改二時巡陵」。通典五十二「唐高宗以每年二時，太常卿、少卿分行二陵。事重人輕，乃詔三公行事」。與漢丞相四時行園之制不異。

〔七〕【集解】張晏曰：「見知故縱，以其罪罪之。」【考證】文，法也。見知，見上文。

〔八〕【正義】百官表：「丞相有兩長史，今此云『三』者，蓋權守置之，非正員也。」【考證】三長史：朱買臣、王朝、邊通。

始長史朱買臣，會稽人也。〔一〕讀春秋。莊助使人言買臣，買臣以楚辭與助俱幸。侍中，爲太中大夫，用事；而湯乃爲小吏，跪伏使買臣等前。已而湯爲廷尉，治淮南獄，排擠莊助，買臣固心望。〔二〕及湯爲御史大夫，買臣以會稽守爲主爵都尉，列於九卿。數年，坐法廢，守長史，見湯，湯坐牀上，丞史遇買臣弗爲禮。買臣楚士，〔三〕深怨，常欲死之。〔四〕王朝，齊人也。以術至右内史。〔五〕邊通學長短，〔六〕剛暴彊人也，官再至濟南相。故皆居湯右，〔七〕已而失官，守長史，詘體於湯。湯數行丞相事，知此三長史素貴，常淩折之。以故三長史合謀曰：「始湯約與君謝，已而賣君。今欲劾君以宗廟事，此欲代君耳。〔八〕吾知湯陰事。」使吏捕案湯左田信等，〔九〕曰湯且欲奏請，信輒先知之，居物致富，與湯分之，及他姦事。事辭頗聞。〔一〇〕上問湯曰：「吾所爲，賈人輒先知之，益居其物，是類有以吾謀告之者。」湯不謝。湯又詳驚曰：「固宜有。」減宣亦奏謁居等事。天子果以湯懷詐面欺，使使八輩簿責湯。〔一一〕湯具自道無此，不服。於是上使趙禹責湯。禹至，讓湯曰：「君何不知分也！君所治夷滅者幾何人矣？今人言君皆有狀，天子重致君獄，欲令君自爲計，何多以對簿爲？」〔一二〕湯乃爲書謝曰：「湯無尺寸功，起刀筆吏，陛下幸致爲三公，無以塞責。然謀陷湯罪者，三長史也。」〔一三〕遂自殺。

〔一〕【正義】朱買臣，吴人也。此時蘇州爲會稽郡也。

〔二〕【考證】望，怨也。

〔三〕【正義】周末，越王句踐滅吴，楚威王滅越，吴之地總屬楚，故謂朱買臣爲楚士。【考證】楓本「楚士」作「楚人」。貨殖傳云：「淮北、沛、陳、汝南、南郡，此西楚也。其俗剽輕易發怒。」錢大昕曰：戰國時，吴、越皆并於楚，漢初承項羽之後，吴會稽皆項羽故地。故吴王（劓）〔濞〕傳云：「上患吴會稽輕悍。」又云：「吴太子師傅皆楚人，輕悍。」吴、楚異名，其實一也。朱買臣吴人，而史稱楚士，同此。

〔四〕【考證】張文虎曰：中統、游、毛本「常」，他本譌「嘗」。愚按：漢書朱買臣傳亦作「常」。顔師古曰：致死以害之。中井積德曰：楚俗剽悍，故以稱怨之所以深也。

〔五〕【考證】錢大昕曰：公卿表作「王鼂」。鼂與朝同。

〔六〕【集解】漢書音義曰：「長短術，興於六國時。行長入短，其語隱謬，用相激怒。」【考證】劉向上戰國策云：「舊號或曰『短長』。」中井積德曰：言或長之，或短之，以騁其術也。

〔七〕【考證】顔師古曰：言舊在湯上。

〔八〕【考證】君斥青翟。

〔九〕【集解】漢書音義曰：「左，證左也。」【正義】言湯與田信爲左道之交，故言「左田信等」。【考證】左，音義爲長。田信，賈人，蓋田甲之族。故下文云「賈人輒先知之」。通鑑改作「賈人田信」。

〔一〇〕【考證】服虔曰：居，謂儲也。顔師古曰：聞，聞於天子也。

〔一一〕【集解】蘇林曰：「簿音『主簿』之『簿』，悉責也。」【考證】顔師古曰：以文簿一一責之。

〔一二〕【考證】顔師古曰：重，猶難也。自爲計，言引決也。

〔三〕【考證】漢書「寸」下有「之」字，「致爲」作「致位」。

湯死，家産直不過五百金，皆所得奉賜，無他業。〔一〕昆弟諸子欲厚葬湯，湯母曰：「湯爲天子大臣，被汙惡言而死，何厚葬乎！」〔二〕載以牛車，有棺無椁。〔三〕天子聞之，曰：「非此母不能生此子。」乃盡案誅三長史。丞相青翟自殺。出田信。上惜湯，稍遷其子安世。

〔一〕【考證】漢書「業」作「贏」。

〔二〕【考證】漢書無「汙」字。

〔三〕【考證】王先謙曰：欲令湯貧狀上聞，冀冤得白也。

趙禹中廢，已而爲廷尉。始條侯以爲禹賊深，弗任。及禹爲少府，比九卿。禹酷急，〔一〕至晚節，事益多，吏務爲嚴峻，而禹治加緩，而名爲平。王温舒等後起，治酷於禹。禹以老，徙爲燕相。數歲，亂悖有罪，免歸。〔二〕後湯十餘年，以壽卒于家。

〔一〕【考證】漢書酷吏傳無「比」字、「禹」字。通鑑武帝元鼎四年紀「禹酷急」作「爲酷急」。胡三省曰：言以當時九卿同列者比之，禹爲酷急也。愚按：與史義殊。

〔二〕【考證】周壽昌曰：亂悖，猶今俗言昏瞶，此老年疾也。

義縱者，河東人也。爲少年時，嘗與張次公俱攻剽爲羣盜。〔一〕縱有姊姁，以醫幸王太后。〔二〕王太后問：「有子兄弟爲官者乎？」姊曰：「有弟無行，不可。」太后乃告上，拜義姁弟縱爲中郎，〔三〕補上黨郡中令。〔四〕治敢行，少蘊藉，縣無逋事，〔五〕舉爲第一，遷爲長陵及長安令，直法行治，不避貴戚。以捕案太后外孫脩成君子仲，〔六〕上以爲能，遷爲河内都尉。至則族滅其豪穰氏之屬，河内道不拾遺。而張次公亦爲郎，以勇悍從軍，敢深入，有功，爲岸頭侯。〔七〕

〔一〕【集解】徐廣曰：「剽，音扶召反。」【索隱】説文云：「剽，刺也。」一云：剽，劫，又音敷妙反。

〔二〕【索隱】姁，李奇音吁，孟康音詡也。【考證】顔師古曰：王太后，武帝母。

〔三〕【集解】漢書音義曰：「姁，音煦。縱姊名也。」

〔四〕【索隱】案：謂補上黨郡中之令史，失其縣名。【考證】王念孫曰：篇内所稱郡名，凡一字者，必加「郡」字。若兩字者，則不加「郡」字。此文「上黨」下不當有「郡」字。索隱本亦無。愚按：漢書有「郡」字。

〔五〕【集解】漢書音義曰：「敢行，暴政而少蘊藉也。」【索隱】蘊，音愠。藉，音才夜反。張晏云：「爲人無所避故少所假借也。」【考證】中井積德曰：敢行，謂其勇果也，未有暴政之意。顔師古曰：少温籍，言無所含容也。逋，亡也，負也。

〔六〕【索隱】案：王太后之女，號脩成君，其子名仲。【考證】脩成君，太后未入内時所生。陳子龍曰：義縱以太后故得官，而即捕案太后私屬，此示公，以結於人主。

〔七〕【集解】徐廣曰：「受封五年，與淮南王女淩姦及受財物，國除。」【考證】張次公事，附載衛將軍驃騎列傳後。

寧成家居，上欲以爲郡守。御史大夫弘曰：「臣居山東爲小吏時，寧成爲濟南都尉，其治如狼牧羊。成不可使治民。」〔一〕上乃拜成爲關都尉。歲餘，關東吏隸郡國出入關者，〔二〕號曰「寧見乳虎，無值寧成之怒」。〔三〕義縱自河内遷爲南陽太守，聞寧成家居南陽，及縱至關，寧成側行送迎，然縱氣盛，弗爲禮。至郡，遂案寧氏，盡破碎其家。成坐有罪，及孔、暴之屬皆犇亡，〔四〕南陽吏民，重足一迹。而平氏朱彊、杜衍杜周爲縱牙爪之吏，任用，〔五〕遷爲廷史。〔六〕軍數出定襄，定襄吏民亂敗，於是徙縱爲定襄太守。縱至，掩定襄獄中重罪輕繫二百餘人，及賓客昆弟私入相視亦二百餘人。〔七〕縱一捕鞠，曰「爲死罪解脱」。〔八〕是日皆報，殺四百餘人。〔九〕其後郡中不寒而栗，猾民佐吏爲治。〔一〇〕

〔一〕【考證】弘，公孫弘。

〔二〕【集解】漢書音義曰：「隸，閲也。」【考證】中井積德曰：吏受任郡國在關東者，時時詣京而經關。愚按：漢書酷吏傳：「關東吏隸郡國」作「關吏税肄郡國」，義異。集解混淆。

〔三〕【考證】顔師古曰：猛獸産乳，養護其子，則搏噬過常，故以喻也。愚按：漢書「值」作「直」，義同。虎、怒，韻。

〔四〕【集解】徐廣曰：「孔、暴二姓，大族。」【考證】方苞曰：義縱守南陽，寧成奔亡，而其迹終焉，故敘列於此。

〔五〕【考證】顔師古曰：平氏、杜衍，二縣名。

〔六〕【考證】漢書：「廷史」作「廷尉史」。王先謙曰：王温舒傳「廷尉史」，史記亦作「廷史」，則義同文省也。

〔七〕【考證】漢書脱「輕繫」二字。

〔八〕【集解】漢書音義曰：「一切皆捕之也。律，諸囚徒私解脱桎梏鉗赭，加罪一等；爲人解脱，與同罪。縱鞫相贍餉者二百人，爲解脱死罪，盡殺也。」【考證】漢書「一捕鞠」作「一切捕鞠」。依注，史記亦有「切」字，今本脱。顔師古曰：鞠，窮也，謂窮治也。

〔九〕【正義】言奏請得報而殺之。又一本「報」字作「執」。【考證】楓、三本「報」作「執」。陳仁錫曰：「皆報」句，報，論決也。徐鴻鈞曰：説文幸部「報，當罪人也」。漢書胡建傳「辟報故不窮審」，蘇林注「報，論也」。報，治罪之義。張湯傳「訊鞫論報」。王溫舒傳「奏行不過二三日，得可事論報」。諸「報」字皆同。

〔一〇〕【索隱】案：謂豪猾之人，干豫吏政，故云「佐吏爲理」也。【考證】顏師古曰：百姓有素豪猾爲罪惡者，今畏縱之嚴，反爲吏耳目，助治公務以自效。

是時趙禹、張湯以深刻爲九卿矣，然其治尚寬，輔法而行，而縱以鷹擊毛摯爲治。〔一〕後會五銖錢、白金起，〔二〕民爲姦，京師尤甚，乃以縱爲右内史，王溫舒爲中尉。溫舒至惡，其所爲不先言縱，縱必以氣淩之，敗壞其功。〔三〕其治，所誅殺甚多，然取爲小治，姦益不勝，直指始出矣。〔四〕吏之治以斬殺縛束爲務，閻奉以惡用矣。〔五〕縱廉，其治放郅都。上幸鼎湖，病久，已而卒起幸甘泉，〔六〕道多不治。上怒曰：「縱以我爲不復行此道乎？」嗛之。〔七〕至冬，楊可方受告緡，〔八〕縱以爲此亂民，部吏捕其爲可使者。〔九〕天子聞，使杜式治，以爲廢格沮事，〔一〇〕弃縱市。後一歲，張湯亦死。〔一一〕

〔一〕【集解】徐廣曰：「鷙鳥將擊必張羽毛也。」【考證】中井積德曰：毛，毛蟲也。指虎豹之類，摯以摯殺他獸而言。

〔二〕【考證】楓、三本「會」下有「更」字，與漢書合。顏師古曰：更，改也。

〔三〕【考證】王先謙曰：其溫舒弗先與言者，則縱必敗壞之。

〔四〕【正義】應劭曰：「漢官云御史中丞有繡衣直指，出討姦也。」【考證】晉灼曰：取，音趣。直指，夏蘭之屬，見平準書。

〔五〕【正義】閻奉以嚴惡之故而見任用，言時政尚急刻也。【考證】贊云：「水衡閻奉，朴擊賣請。」奉，元封元年爲水衡都尉。

〔六〕【索隱】卒，音七忽反。【正義】鼎湖，今虢州胡城縣也。郊祀志云：「黃帝采首山之銅，鑄鼎荆山之下，有龍垂髯，下接黃帝。後人名其處曰鼎湖。」已，止愈也。卒，急也。【考證】顏師古曰：已，謂病愈也。言帝久病，既得愈而忽然即幸甘泉。卒讀曰猝。

〔七〕【集解】徐廣曰：「嗛，音銜。」【正義】嗛，含恨也。

〔八〕【集解】韋昭曰：「人有告言不出緡者，可方受之。」【索隱】緡，錢貫也。漢氏有告緡令，楊可主之。謂緡錢出入，有不出算錢者，令得告之也。【考證】詳見平準書。

〔九〕【索隱】謂求楊可之使。【考證】王念孫曰：據索隱，「捕」當作「求」，疑後人依漢書改之。何焯曰：捕其爲可使者，以氣凌之，敗壞其功之智，非能爲民也。愚按：何説是。下文所謂廢格沮事也。

〔一〇〕【集解】漢書音義曰：「武帝使楊可主告緡，没入其財物，縱捕爲可使者，此爲廢格詔書，沮已成之事。」【索隱】應劭云：「沮敗已成之事。格，音閣。」【考證】杜式，人姓名。中井積德曰：民若出算，故匿其緡，故以多爲少，乃令告之也。沮拒其事令不行也，非已成之謂。

〔一一〕【考證】梁玉繩曰：「一歲」當作「二歲」。公卿表義縱以元狩五年棄市。張湯以元鼎二年死也。

王温舒者，陽陵人也。〔一〕少時椎埋爲姦。〔二〕已而試補縣亭長，數廢。〔三〕爲吏，以治獄至廷史。事張湯，〔四〕遷爲御史。督盜賊，殺傷甚多，稍遷至廣平都尉。〔五〕擇郡中豪敢，任吏十餘人，以爲爪牙。皆把其陰重罪，〔六〕而縱使督盜賊，快其意所欲得。此人雖有百罪，弗法；即有避，因其事夷之，亦滅宗。〔七〕以其故，齊趙之郊，盜賊不敢近廣平，廣平聲爲道不拾遺。

上聞，遷爲河內太守。

〔一〕【集解】徐廣曰：「屬馮翊。」

〔二〕【集解】徐廣曰：「椎殺人而埋之，或謂發冢。」【考證】椎埋，或說是。

〔三〕【考證】漢書無「補」字。

〔四〕【考證】漢書「廷」下有「尉」字，義同。

〔五〕【考證】周壽昌曰：廣平爲郡，在武帝征和二年前，故有都尉。

〔六〕【正義】言擇廣平中豪强敢行威人，即任用爲吏，將爲爪牙，仍把未發大罪以防禦。【考證】豪敢，豪强勇敢。任，任用也。漢書改「任」爲「往」。「敢往」連讀，其義亦通。

〔七〕【考證】漢書「因」作「回」，無「其事」二字。顏師古曰：避回，謂不盡意捕擊也。義殊。

素居廣平時，皆知河內豪姦之家，及往，九月而至。令郡具私馬五十匹，爲驛自河內至長安，〔一〕部吏如居廣平時方略，捕郡中豪猾，郡中豪猾相連坐千餘家。上書請，大者至族，小者乃死，家盡沒入償臧。〔二〕奏行不過二三日，得可，事論報，至流血十餘里。〔三〕河內皆怪其奏，以爲神速。盡十二月，郡中毋聲，毋敢夜行，野無犬吠之盜。其頗不得，失之旁郡國，黎來，〔四〕會春，温舒頓足歎曰：「嗟乎，令冬月益展一月，足吾事矣！」〔五〕其好殺伐行威不愛人如此。天子聞之，以爲能，遷爲中尉。〔六〕其治復放河內，徙諸名禍猾吏與從事，〔七〕河內則楊皆、麻戊，〔八〕關中楊贛、成信等。〔九〕義縱爲內史，憚未敢恣治。〔一〇〕及縱死，張湯敗後，徙爲廷尉，而尹齊爲中尉。〔一一〕

〔一〕【正義】驛，傳也。以私馬相傳於境上，來往相傳。

〔二〕【考證】臧、贓同。

〔三〕【考證】漢書「二三日」作「二日」。顔師古曰：天子可其奏，而論決之。殺人既多故血流十餘里。陳仁錫曰：「得可」句。王先謙曰：得奏可之事，則論報也。愚按：得可，陳説似是，或云「事」字衍。

〔四〕【索隱】黎，音犁。(梨)〔黎〕，比也。【考證】張文虎曰：索隱本「黎」，各本作「梨」。凌引一本作「追求」，蓋依漢書改。愚按：作「追求」，義長。

〔五〕【考證】顔師古曰：立春之後，不復行刑，故云然。展，伸也。

〔六〕【考證】王先謙曰：公卿表在元狩四年。

〔七〕【集解】徐廣曰：「有殘刻之名。」【索隱】徒請名禍猾吏。案：漢書作「徒請召猜禍吏」。服虔曰「徒，但也。猜，惡也」。應劭曰「猜，疑也。取吏名爲好猜疑人作禍敗者而使之」。【考證】徒諸名禍猾吏，索隱本作「徒請名禍猾吏」，漢書作「徒請召猜禍吏」。王念孫曰：「名」即「召」字之譌。「猜」、「禍」皆「猾」之譌。「徒諸」又「徒請」之譌。當作「徒請召猾吏」。上文云「滑民佐吏爲治」是也。

〔八〕【集解】徐廣曰：「一云『麻成』。」

〔九〕【考證】此皆猾吏。

〔一〇〕【考證】顔師古曰：言温舒憚縱，不得恣其酷暴。

〔一一〕【考證】王先謙曰：公卿表元鼎三年，温舒爲廷尉，一年復徙中尉。

尹齊者，東郡茌平人。〔一〕以刀筆稍遷至御史。事張湯，張湯數稱以爲廉武，使督盜賊，所斬伐不避貴戚。〔一〕遷爲關内都尉，聲甚於寧成。〔二〕上以爲能，遷爲中尉，吏民益凋敝。尹齊木彊少文，〔四〕豪惡吏伏匿，而善吏不能爲治，〔五〕以故事多廢，抵罪。上復徙温舒爲中尉，而楊僕以嚴酷爲主爵都尉。

〔一〕【索隱】茬，音仕疑反。
〔二〕【考證】漢書「武」下衍「帝」字。
〔三〕【考證】漢書無「内」字，此衍。
〔四〕【考證】漢書「尹」作「輕」。顏師古曰：木，質也。言如木石之爲也。
〔五〕【考證】顏師古曰：惡吏不肯爲用，獨善吏在，故不能治事也。

楊僕者，宜陽人也。以千夫爲吏。〔一〕河南守案舉以爲能，遷爲御史，使督盜賊關東。治放尹齊，以爲敢摯行。〔二〕稍遷至主爵都尉，列九卿。天子以爲能。南越反，拜爲樓船將軍，有功，封將梁侯。爲荀彘所縛。〔三〕居久之，病死。

〔一〕【集解】漢書音義曰：「千夫若五大夫。武帝軍用不足，令民出錢穀爲之。」【考證】中井積德曰：千夫，元武功爵，後又以賞納錢穀者也。未詳楊僕以何路得之。
〔二〕【考證】漢書「敢」上無「爲」字，此誤衍。摯、鷙通。漢書作「擊」。
〔三〕【集解】徐廣曰：「受封四年，征朝鮮，還，贖爲庶人。」【索隱】案：漢書云「與左將軍荀彘俱擊朝鮮，爲彘所縛。還，免爲庶人，病死」。【考證】楊僕事，又見南越、東越、朝鮮諸傳。

而温舒復爲中尉。爲人少文，居廷惛惛不辯，至於中尉則心開。〔一〕督盜賊，素習關中俗，知豪惡吏，豪惡吏盡復爲用，爲方略。〔二〕吏苛察，盜賊惡少年投缿購告言姦，〔三〕置伯格長，以牧司姦盜賊。〔四〕温舒爲人讇，善事有勢者，〔五〕即無勢者，視之如奴。有勢家，雖有姦如山，弗犯；無勢者，貴戚必侵辱。〔六〕舞文巧詆下户之猾，以焄大豪。〔七〕其治中尉如此。姦猾窮治，大抵盡靡爛獄中，行論無出者。〔八〕其爪牙吏虎而冠，於是中尉部中中猾以下皆伏，有勢者爲游聲譽，稱治。治數歲，其吏多以權富。〔九〕

〔一〕【索隱】涽，音昏。【考證】漢書「廷」作「它」。顏師古曰：言爲餘官，則心意蒙蔽，職事不舉。張文虎曰：疑史誤。姚範曰：温舒復爲中尉，接前尹齊條下「復徙爲中尉」句。

〔二〕【考證】漢書無「督盜賊」、「爲方略」六字。張文虎曰：游、王本「方」誤「萬」。

〔三〕【集解】徐廣曰：「缿，音項，器名也。如今之投書函中。」【索隱】器名。受投書之器，入不可出。三倉音胡江反。【正義】缿，受錢器也。古以瓦，今以竹。按：以此器受投書。

〔四〕【集解】徐廣曰：「一作『落』。古『村落』字亦作『格』。街陌屯落，皆設督長也。」【索隱】伯音阡陌，格音村落。言阡陌村落，皆置長也。【考證】漢書「格」作「落」，「牧」作「收」，無「盜賊」二字。王念孫曰：伯與陌同，故食貨志、地理志「阡陌」並作「仟伯」。管子四時篇亦云：「脩封疆正千伯。」「伯落長」三字連讀。而顏師古云「置伯及邑落之長」，則「伯」讀如字，且分「伯」與「落長」爲二，斯爲謬矣。王引之曰：「牧」作「收」誤。牧司相監察也。詳商君傳。

〔五〕【考證】漢書「讇」作「諂」。

〔六〕【考證】楓山本「貴戚」上有「雖」字，與漢書合。

〔七〕【集解】君，音熏。【索隱】以熏大豪。案：熏，猶熏炙之，謂下户之中有姦猾之人，令案之，以熏逐大姦。【考證】漢書「詆」作「請」，「君」作「動」。董份曰：言以火熏逼也。今人于狐鼠穴，亦常火攻之。温舒不能即禽有勢之家，故巧詆下户，而熏逼大豪，使之知懼耳。王念孫曰：君，史記舊本蓋作「勳」。「勳」即「動」之誤。漢書顔師古注「治下户之狡猾者，用諷動大豪之家」。愚按：以「君」爲「熏」，史義自通，不必依漢書改爲「動」。

〔八〕【考證】靡讀爲糜。

〔九〕【考證】漢書不重「治」字，「權」下有「貴」字。顔師古曰：爲權貴之家所擁佑，故積受取致富者也。與史義異。

温舒擊東越還，〔一〕議有不中意者，坐小法，抵罪免。〔二〕是時天子方欲作通天臺，而未有人，〔三〕温舒請覆中尉脱卒，得數萬人作。〔四〕上説，拜爲少府，徙爲右内史，〔五〕治如其故，姦邪少禁。坐法失官，復爲右輔，行中尉事，如故操。〔六〕

〔一〕【集解】徐廣曰：「元鼎六年，出會稽破東越。」【考證】事見東越傳。

〔二〕【正義】不中天子意也。

〔三〕【正義】漢書元封三年。三輔舊事云：「起甘泉通天臺，高五十丈。」

〔四〕【正義】中尉部中脱漏之卒，考校取之。【考證】中井積德曰：脱卒，蓋姦巧避役者，謂更卒也。

〔五〕【考證】王先謙曰：公卿表元封二年，爲少府。四年，徙右内史。

〔六〕【考證】王先謙曰：公卿表在元封六年。

歲餘，會宛軍發，〔一〕詔徵豪吏，温舒匿其吏華成，及人有變告温舒受員騎錢、他姦利事，罪至族，自殺。〔一〕其時兩弟及兩婚家亦各自坐他罪而族。光祿徐自爲曰：「悲夫，夫古有三族，而王温舒罪至同時而五族乎！」〔二〕

〔一〕【集解】漢書音義曰：「發兵伐大宛。」

〔二〕【正義】姚承云：「置騎有員數。」

〔三〕【正義】顔云：「温舒與弟同三族，而兩妻家各一，故爲五也。」【考證】漢書「祿」下有「勳」字。

温舒死，家直累千金。後數歲，尹齊亦以淮陽都尉病死，家直不滿五十金。所誅滅淮陽甚多，及死，仇家欲燒其尸，尸亡去歸葬。〔一〕

〔一〕【集解】徐廣曰：「尹齊死，未及斂，恐怨家欲燒之，屍亦飛去。」【正義】言妻將其尸亡逃而去，歸家葬。【考證】下「尸」字，漢書作「妻」。尸亡去歸葬，言其家人竊載尸而逃，託謂自飛去耳。漢書蓋以爲誕而易之。梁玉繩曰：徐廣本、風俗通神怪篇以爲尹齊尸飛去。論衡死僞篇辯其妄。蓋亡去者，家人知仇家欲燒其尸，竊尸而逃爾。觀漢傳「尸」作「妻」，益明。日知録廿七亦依王充竊舉持亡之説。

自温舒等以惡爲治，而郡守、都尉、諸侯二千石欲爲治者，其治大抵盡放温舒，〔一〕而吏民益輕犯法，盜賊滋起。〔二〕南陽有梅免、白政，楚有殷中、杜少，〔三〕齊有徐勃，燕、趙之閒有堅盧、范生之屬。大羣至數千人，〔四〕擅自號，〔五〕攻城邑，取庫兵，釋死罪，縛辱郡太守、都尉，殺二千石，爲檄告縣趣具食；〔六〕小羣盜以百數，掠鹵鄉里者，不可勝數也。〔七〕於是天子始使御史中丞、丞相長史督之。〔八〕猶弗能禁也。乃使光祿大夫范昆、諸輔都尉及故九卿張德等，衣繡衣，持節、虎符發兵，以興擊，〔九〕斬首大部或至萬餘級，及以法誅通行飲食，坐連諸郡，甚者數千人。〔一〇〕數歲，乃頗得其渠率。散卒失亡，復聚黨阻山川者，往往而羣居，無可柰何。〔一一〕於是作「沈命法」，〔一二〕曰羣盜起不發覺，發覺而捕弗滿品者，二千石以下至小吏，主者皆死。〔一三〕其後小吏畏誅，雖有盜不敢發，恐不能得，坐課累府，府亦使其不言。〔一四〕故盜賊寖多，上下相爲匿，以文辭避法焉。〔一五〕

〔一〕【考證】漢書「自温舒等以惡爲治而」九字作「是時」，「都尉」作「尉」，無「其治」二字，「放」作「效」，「放」下有「王」字。張文虎曰：吴校元板無「其治」二字，上云「欲爲治者」，則此二字贅。

〔二〕【正義】言酷暴者多，故吏民不畏法。

〔三〕【集解】徐廣曰：「殷，一作『假』，人亦有姓假者也。」漢書「白」作「百」，「殷」作「段」。顔師古曰：「梅、百皆姓也。」

〔四〕【考證】沈欽韓曰：鹽鐵論大論篇云：「往者，應少、伯正之屬潰梁、楚，昆盧、徐穀之徒亂齊、趙。」與此文稍異。

〔五〕【考證】王先謙曰：自立名號也。

〔六〕【考證】趣，促也。

〔七〕【考證】漢書無「盜」字。王念孫曰：「盜」字後人所加。蓋前既云「盜賊滋起」，故後但云「大羣至數千人，小羣以百數」，無庸更言「盜」也。

〔八〕【考證】督，察也。

〔九〕【考證】何焯曰：漢書「諸輔」作「諸部」。百官表有左右京都尉，屬中尉。當從史記。顔師古曰：以興擊，以軍興之法而討擊也。沈家本曰：漢百官表九卿無張德。

〔一〇〕【考證】各本「通」下無「行」字，今從楓本。漢書「坐連諸郡」作「坐相連郡」。王先謙曰：漢書「連」字句，史記「郡」字句。王鳴盛曰：漢書尹賞傳云：「守長安令，捕長安中輕薄少年惡子數百人，皆劾以爲通行飲食羣盜。」又元后傳「繡衣御史暴勝之等奏殺二千石，誅千石以下及通行飲食坐連及者」，通飲食之義如此。後書陳寵傳「寵子忠上疏曰：『穿窬不禁，則致彊盜；彊盜不斷，則爲攻盜。故亡逃之科，憲令所急，通行飲食，罪致大辟。』」注：「通行飲食，猶今律云過致資給與同罪也。」飲，音蔭。食，音寺。

〔一一〕【正義】渠，大也。

〔一二〕【集解】漢書音義曰：「沈，藏匿也。命，亡逃也。」【索隱】服虔云：「沈匿不發覺之法。」韋昭云：「沈，没也。」【考證】應劭曰：沈，没也。敢蔽匿盜賊者，没其命也。沈欽韓曰：與之相連俱死也。

〔一三〕【正義】品，程限也。言群盜起不發覺，及發覺不捕，並捕捉程限滿不獲者皆死也。【考證】漢書「捕弗滿品」作「弗捕滿品」。顔師古曰：品，率也，以人數爲率也。愚按：顔説爲長。

〔一四〕【正義】縣有盜賊，府亦坐。府使縣不言上，故盜賊漸多。孟康曰：「縣有盜賊，府亦并坐，使縣不言也。」【考證】淩本「其」下脱「後」字。岡白駒曰：課，程也。顔師古曰：府，郡府也。

〔一五〕【集解】徐廣曰：「詐爲虚文，言無盜賊也。」【考證】梁玉繩曰：「自温舒等以惡爲治」至「以文辭避法焉」一段，無端横入，不成章法，乃漢書減宣傳尾之語。後人妄取入史而又誤置于此也。蓋漢傳「減宣」已上皆襲史元文，「田廣明」已下，孟堅自作，故以斯語結之。且徐勃等阻山攻城，天子遣使者繡衣治盜，事在天漢元年，「沈命法」更在後，則非史公所撰益明矣。

減宣者，楊人也。〔一〕以佐史無害給事河東守府。衛將軍青使買馬河東，〔二〕見宣無害，言上，徵爲大廐丞。官事辦，〔三〕稍遷至御史及中丞。〔四〕使治主父偃，及治淮南反獄，所以微文深詆，殺者甚衆，稱爲敢決疑。數廢數起，爲御史及中丞者幾二十歲。王溫舒免中尉，而宣爲左內史。〔五〕其治米鹽，〔六〕事大小皆關其手，自部署縣名曹實物，官吏令丞不得擅搖，〔七〕痛以重法繩之。居官數年，一切郡中爲小治辨，然獨宣以小致大，能因力行之，難以爲經。〔八〕中廢。爲右扶風，〔九〕坐怨成信，信亡藏上林中，宣使郿令格殺信，吏卒格信時，射中上林苑門，〔一〇〕宣下吏抵罪，以爲大逆，當族，自殺。而杜周任用。

〔一〕【考證】漢書「減」作「咸」。顏師古曰：咸音「減省」之減。沈欽韓曰：急就篇姓氏有減罷軍，彼注即引減宣。減、咸通用。考工記輈人注「減」亦爲「咸」。一統志：「楊縣故城在平陽府洪洞縣東南十五里。」

〔二〕【考證】顏師古曰：將軍衛青充使，而於河東買馬也。

〔三〕【正義】百官表云大僕屬官有大廐，各五丞一尉也。【考證】漢書「廐」上脫「大」字。

〔四〕【考證】漢書脫「中」字。

〔五〕【考證】漢書「免中尉」作「爲中尉」。歸有光曰：溫舒未嘗免，「爲」字是。王先謙曰：據公卿表，溫舒免中尉，在元鼎六年。宣爲左內史，在元封元年。

〔六〕【正義】米鹽謂細碎。【考證】韓非子說難篇：「米鹽博辯，則以爲多而交之。」

〔七〕【考證】楓山本「實」作「寶」，與漢書合。

〔八〕【正義】難以爲經，言不可爲常法也。【考證】漢書「致」作「至」，「因」作「自」。王念孫曰：「因」當作「自」。言獨宣能行之，而他人則不能，故曰「難以爲常」也。

〔九〕【考證】王先謙曰：據公卿表，元封六年，宣免，太初元年，爲右扶風，中廢不過數月。

〔一〇〕【集解】漢書曰：「成信，宣吏。」【正義】郿令，今岐州岐縣北，時屬右扶風。【考證】漢書「怨」作「怒」。

杜周者，南陽杜衍人。〔一〕義縱爲南陽守，以爲爪牙，〔二〕舉爲廷尉史，事張湯。湯數言其無害，至御史。使案邊失亡，所論殺甚衆。〔三〕奏事中上意，任用，與減宣相編，更爲中丞十餘歲。

〔一〕【索隱】杜衍，地名也。【正義】杜氏譜云字長孺。

〔二〕【考證】漢書杜周傳「守」上有「太」字。

〔三〕【集解】文穎曰：「邊卒多亡也。或曰：郡縣主守有所亡失也。」【正義】謂邊郡被寇，失亡人畜財物甲卒多，故使按之。【考證】正義是。

其治與宣相放，〔一〕然重遲，外寬，内深次骨。〔二〕宣爲左内史，周爲廷尉，〔三〕其治大放張湯，而善候伺。〔四〕上所欲擠者，因而陷之；上所欲釋者，久繫待問，而微見其寃狀。客有讓周曰：「君爲天子決平，不循三尺法，專以人主意指爲獄。獄者固如是乎？」〔五〕周曰：「三尺安出哉？前主所是，著爲律，後主所是，疏爲令，當時爲是，何古之法乎！」〔六〕

〔一〕【考證】漢書無「相編」二字，「其治與宣相放」六字。楊慎曰：相編，即相埒也。愚按：編猶班也。顏師古曰：更，互也。

〔二〕【集解】李奇曰：「其用罪深刻至骨。」【索隱】次，至也。李奇曰：「其用法刻至骨。」【考證】漢書「然」下有「少言」二字，依贊語以「少言」爲重文。此似奪「少言」二字。

〔三〕【考證】王先謙曰：據公卿表並在元封間。

〔四〕【正義】審察人主之意。【考證】漢書「大」下有「抵」字。

〔五〕【集解】漢書音義曰：「以三尺竹簡書法律也。」【考證】楓、三本「天子」作「天下」，與漢書合。漢書朱博傳云：「太守漢吏，奉三尺律令以從事耳。」

〔六〕【考證】顏師古曰：著，謂明表也。疏，謂分條也。愚按：上文記張湯事云「上所是，受而著讞決法」。杜周蓋放張湯也。

至周爲廷尉，詔獄亦益多矣。二千石繫者，新故相因，不減百餘人。郡吏大府舉之廷尉，一歲至千餘章。〔一〕章大者，連逮證案數百，小者數十人；遠者數千，近者數百里。會獄，〔二〕吏因責如章告劾，不服，以笞掠定之。〔三〕於是聞有逮，皆亡匿。獄久者，至更數赦，十有餘歲而相告言，〔四〕大抵盡詆以不道以上。〔五〕廷尉及中都官詔獄，逮至六七萬人，〔六〕吏所增加十萬餘人。〔七〕

〔一〕【集解】如淳曰：「郡吏，郡太守也。」孟康曰：「舉之廷尉，以章劾付廷尉治之。」【正義】言周爲廷尉，用法刻深。天子善之，郡吏太府有奏章，詔皆付周治之，故詔獄一歲至千餘章也。【考證】顏師古曰：舉，皆。大府，丞相御史之府。言郡吏大府獄事皆歸廷尉也。郭嵩燾曰：漢制，郡國秋冬遣無害吏訊問諸囚。此言公府及郡國之獄皆由廷尉鞫治。中井積德曰：郡吏，總稱郡守以下吏也，非指守一人。

〔二〕【考證】楓山本「千」下有「里」字，與漢書合。顏師古曰：會獄，往赴對也。

〔三〕【正義】服，即以其罪狀推問；不服，即以笞掠。猶今定服也。【考證】顏師古曰：如章告劾，皆令服罪，如所告劾之本章。

〔四〕【集解】張晏曰：「詔書赦，或有不從此令。」

〔五〕【索隱】案：大氐，猶大都也。氐，音至。

〔六〕【考證】顔師古曰：中都官，凡京師諸官府也。獄辭所及追考問者六七萬也。

〔七〕【考證】顔師古曰：吏又於此外以文法更增加也。

周中廢，後爲執金吾，〔一〕逐盜，捕治桑弘羊、衛皇后昆弟子刻深，〔二〕天子以爲盡力無私，遷爲御史大夫。〔三〕家兩子，夾河爲守。〔四〕其治暴酷，皆甚於王温舒等矣。杜周初徵爲廷史，有一馬，且不全；及身久任事，至三公列，子孫尊官，家訾累數巨萬矣。〔五〕

〔一〕【正義】百官表曰：「御史中丞杜周爲廷尉，十年免。天漢三年二月，執金吾杜周爲御史大夫。」「太始三年卒」。

〔二〕【考證】漢書「逐盜捕治」作「逐捕」。

〔三〕【集解】徐廣曰：「天漢三年，爲御史大夫。四歲，太始三年卒。」【考證】顧炎武曰：衛太子巫蠱事，在征和二年，杜周卒已四年。又十一年，昭帝元鳳元年，御史大夫桑弘羊坐燕王旦事誅。史家之謬如此。愚按：黄汝成日知録集釋引錢氏駁顧氏云「史文但稱昆弟子。當時大臣后族犯法者衆，周能以法繩之，故武帝嘉其盡力無私。非謂周所逐捕者即衛皇后、桑大夫也」。又引孫氏云「所云逐捕者，自指桑、衛昆弟犯法，周能不避權貴而逐捕之也」。本文並不云治桑、衛獄，無緣以此爲史家之謬也。

〔四〕【考證】齊召南曰：唐書宰相世系表「周三子，延壽、延考、延年。延年最幼。昭帝初，始爲吏」。則夾河爲郡守者，延壽、延考也。何焯曰：褚先生書田仁事云「仁刺舉三河時，河南、河内太守皆杜周子弟。河東太守，石丞相子孫」。仁已刺三河，皆下吏誅死，當史遷作酷吏傳時，未覩其終。

〔五〕【考證】漢書無「數」字。

太史公曰：自郅都、杜周十人者，〔一〕此皆以酷烈爲聲。然郅都伉直，引是非，爭天下大體。張湯以知陰陽，人主與俱上下，〔二〕時數辯當否，國家賴其便。趙禹時據法守正。杜周從諛，以少言爲重。〔三〕自張湯死後，網密，多詆嚴，官事寖以秏廢。〔四〕九卿碌碌奉其官，救過不贍，何暇論繩墨之外乎！然此十人中，其廉者足以爲儀表，其污者足以爲戒，〔五〕方略教導，禁姦止邪，一切亦皆彬彬質有其文武焉。雖慘酷，斯稱其位矣。至若蜀守馮當暴挫，廣漢李貞擅磔人，東郡彌僕鋸項，〔六〕天水駱璧推咸，〔七〕河東褚廣妄殺，京兆無忌、馮翊殷周蝮鷙，〔八〕水衡閻奉朴擊賣請，〔九〕何足數哉！何足數哉！

〔一〕【考證】陳仁錫曰：酷吏十人，不數楊僕也。愚按：蓋舉其大數。

〔二〕【正義】知陰陽，言知人主意旨輕重。【考證】余有丁曰：人主與俱上下，謂與人主俱上下也。倒用便奇。

〔三〕【考證】傳云「上所欲擠者，因而陷之；上所欲釋者，久繫待問，而微見其冤」，是從諛也。傳云「重遲」，是以少言爲重也。

〔四〕【考證】漢書「多詆嚴官」四字作「事叢」兩字。

〔五〕【集解】徐廣曰：「一本無此四字。」

〔六〕【索隱】彌，姓。僕，名。【考證】陳仁錫曰：湖本「擅」作「檀」，誤。劉伯莊曰：鋸以截人項而殺之。

〔七〕【集解】徐廣曰：「一作『成』。」【索隱】上音直追反，下音減，一作「成」是也。謂推繫之以成獄也。【正義】推成，言推掠以成罪也。【考證】中井積德曰：推、椎通。謂椎擊以取服。王念孫曰：索隱「推繫」乃「椎擊」之訛。椎擊之以成獄，故曰「椎成」。所謂棰楚之下，何求而不得也？

〔八〕【索隱】上音蝮虵，下音鷙鷹也。言其酷比之蝮毒鷹攫。【考證】王念孫曰：蝮讀爲愎。愎鷙皆狠也，言其愎戾不仁也。趙策云「知伯之爲人好利而鷙復」，復亦讀爲愎。

〔九〕【考證】淩稚隆曰：以朴擊致人買免請求。

【索隱述贊】太上失德，法令滋起。破觚爲圓，禁暴不止。姦僞斯熾，慘酷爰始。乳獸揚威，蒼鷹側視。舞文巧詆，懷生何恃！

史記會注考證卷一百二十三

大宛列傳第六十三　史記一百二十三

【索隱】大宛列傳宜在朝鮮之下，不合在酷吏、游俠之間。斯蓋司馬公之殘缺，褚先生補之失也，幸不深尤焉。

【考證】史公自序云：「漢既通使大夏，而西極遠蠻，引領内鄉，欲觀中國。作大宛列傳第六十三。」王鏊曰：史記不與張騫立傳，其始附衛青，而於大宛傳備載始末。蓋大宛諸國土俗，皆騫所歸爲武帝言者也。騫没後，諸使西域者亦具焉，事備具而有條理。若漢書，則大宛、張騫多自爲傳矣。董份曰：此傳決非褚先生所能撰次。

大宛之跡，見自張騫。〔一〕張騫，漢中人。建元中爲郎。〔二〕是時天子問匈奴降者，皆言匈奴破月氏王，以其頭爲飲器，〔三〕月氏遁逃，而常怨仇匈奴，無與共擊之。〔四〕漢方欲事滅胡，聞此言，因欲通使。道必更匈奴中，乃募能使者。〔五〕騫以郎應募，使月氏，與堂邑氏故胡奴甘父俱出隴西。經匈奴，匈奴得之，傳詣單于。〔六〕單于留之，曰：「月氏在吾北，漢何以得往使？吾欲使越，漢肯聽我乎？」留騫十餘歲，與妻，有子，然騫持漢節不失。

〔一〕【索隱】宛，音苑，又於袁反。【正義】漢書云：「大宛國去長安萬二千五百五十里，東至都護治，西南至大月氏，南亦至大月氏，北至康居。」括地志云：「率都沙那國亦名蘇對沙那國，本漢大宛國。」【考證】漢書西域傳云：「大宛國，王治貴山城，去長安萬二千五百五十里。戶六萬，口三十萬，勝兵六萬人。副王、輔國王各一人。東至都護所四千三十一里，北至康居卑闐城千五百一十里，西南至大月氏六百九十里。北與康居，南與大月氏接。宛別邑七十餘城，多善馬，馬汗血。」正義節略失義。丁謙曰：大宛國，北魏號破洛那，唐號東曹。唐書言東曹或曰率都沙那、蘇對沙那、劫布咀那、蘇都識匿，凡四名。居波悉山之陰，漢貳師城也。今攷其地在伊犂西南，喀什噶爾西北，故浩罕國南境。其地東、南、北三面環山，惟西有平路可通他部。納林河橫貫其中。西人地理志謂河北高坡地皆名費爾加拉，河南高坡地皆名蘇的亞納。唐書率都沙那等四名皆蘇的亞納之異譯。貴山城、貳師城均當在浩罕南境，然其地今難確指。

〔二〕【索隱】陳壽益部耆舊傳云：「騫，漢中成固人。」

〔三〕【集解】韋昭曰：「飲器，椑榼也。單于以月氏王頭爲飲器。」晉灼曰：「飲器，虎子之屬也。或曰：『飲酒器也。』」【索隱】椑音白迷反。榼，音苦盇反。案：謂今之偏榼也。【正義】氏，音支。涼、甘、肅、瓜、沙等州，本月氏國之地。漢書云「本居敦煌、祁連閒」是也。漢書匈奴傳云：「元帝遣車騎都尉韓昌、光祿大夫張猛與匈奴盟，以老上單于所破月氏王頭爲飲器者，共飲立盟。」【考證】沈欽韓曰：趙策「以知伯頭爲飲器」，呂覽云「斷其頭以爲觴」，則云「虎子」者非也。

〔四〕【考證】顏師古曰：無人援助也。

〔五〕【索隱】更，經也，音羹。

〔六〕【集解】漢書音義曰：「堂邑氏，姓；胡奴甘父，字。」【索隱】案：謂堂邑縣人家胡奴，名甘父也。下云「堂邑父」者，蓋後史家從省，唯稱「堂邑父」而略「甘」字。甘，或其姓號。經，謂道經匈奴也。【考證】張文虎曰：

索隱本無「故」字，此疑衍。「經」作「徑」。漢書無「故胡」二字。王先謙曰：據下文，騫以軍臣單于死之歲還，爲元朔三年，去十三歲，則出使在建元三年。

居匈奴中，益寬，騫因與其屬亡鄉月氏，西走數十日，至大宛。大宛聞漢之饒財，欲通不得，見騫，喜，問曰：「若欲何之？」騫曰：「爲漢使月氏，而爲匈奴所閉道。今亡，唯王使人導送我。誠得至，反漢，漢之賂遺王財物，不可勝言。」大宛以爲然，遣騫，〔一〕爲發導驛，抵康居，〔二〕康居傳致大月氏。〔三〕大月氏王已爲胡所殺，立其太子爲王。〔四〕既臣大夏而居，〔五〕地肥饒，少寇，志安樂，又自以遠漢，殊無報胡之心。〔六〕騫從月氏至大夏，竟不能得月氏要領。〔七〕

〔一〕**【索隱】**謂大宛發遣騫西也。

〔二〕**【索隱】**爲發道驛抵康居。發道，謂發驛令人導引而至康居也。導，音道。抵，至也。居，音渠也。**【正義】**抵，至也。居，其尼反。括地志云：「康居國在京西一萬六百里。其西北可二千里，有奄蔡，酒國也。」**【考證】**蔡、中統、王本「導驛」作「道繹」。漢書作「譯道」。愚按：驛、繹，當作「譯」。下文云「烏孫發導譯送騫還」。又按：西域傳云：「康居國，王治樂越匿地，到卑闐城。去長安萬二千三百里，不屬都護。至樂越匿地，馬行七日，至王夏所居番內九千一百四十里，户十二萬，口六十萬，勝兵十二萬人。東至都護治所五千五百五十里，與大月氏同俗。東羈事匈奴。」丁謙西域傳攷證云：「康居爲西域游牧行國。凡游牧者，皆夏居北，而冬居南。俄屬游記言喀支司人春閒出覓水草，自南而北，夏日所駐地距冬幾二千里。喀支司即哈薩克，實康居、突厥之後，是其俗至今未改。卑闐城爲其國都，築於都賴水上。都賴水，今名盧列阿塔河，一名塔拉斯河。卑闐城築於此河上，當在今盧列阿塔城南。

〔三〕【正義】此大月氏在大宛西南，於媯水北爲王庭。漢書云去長安萬一千六百里。【考證】

〔四〕【集解】徐廣曰：「一云『夫人爲王』，夷狄亦或女主。」【索隱】案：漢書張騫傳云「立其夫人爲王」也。【考證】齊召南曰：以下文推之，似史是。

〔五〕【索隱】既臣大夏而君之。謂月氏以大夏爲臣，而爲之作君也。【正義】既，盡也。大夏國在媯水南。【考證】張文虎曰：中統、游、毛本「居」下有「之」字，與索隱本合。愚按：漢書張騫傳作「君之」。郭嵩燾曰：史記作「居」，是也。西域傳明言月氏爲匈奴所敗，益遠去，過宛西，擊大夏而臣之，都媯水北爲王城。而大夏傳云「都媯水南」。媯水爲今阿母河，其地屬布哈爾，近多爲俄羅斯所侵踞，當時皆大夏地。月氏襲居之，盡媯水以北爲界，以兵力臣屬大夏，而大夏仍自爲國也。

〔六〕【考證】張騫傳重「遠」字。

〔七〕【集解】漢書音義曰：「要領，要契。」【索隱】李奇云：「要領，要契也。」小顏以爲衣有要領。劉氏云「不得其要害」，然頗是其意，於文字爲疏者也。【考證】要領，顏說得之。

留歲餘，還，並南山，〔一〕欲從羌中歸，〔二〕復爲匈奴所得。留歲餘，單于死，〔三〕左谷蠡王攻其太子自立，國內亂，騫與胡妻及堂邑父俱亡歸漢。漢拜騫爲太中大夫，堂邑父爲奉使君。〔四〕

〔一〕【正義】並，白浪反。南山即連終南山，從京南東至華山過河，東北連延至海，即中條山也。從京南連接，至葱嶺萬餘里，故云「並南山」也。西域傳云「其南山東出金城，與漢南山屬焉」。

〔二〕【正義】說文云：「羌，西方牧羊人也。南方蠻閩從虫，北方狄從犬，東方貉從豸，西方羌從羊。」

〔三〕【集解】徐廣曰：「元朔三年。」

〔四〕【索隱】堂邑父之官號。【正義】堂邑父者，史省文也。

騫爲人彊力，寬大信人，蠻夷愛之。堂邑父故胡人，善射，窮急，射禽獸給食。初，騫行時百餘人，去十三歲，唯二人得還。〔一〕

〔一〕【考證】通鑑考異云：「史記西南夷傳元狩元年，張騫使大夏來，言通身毒之利。按年表，騫以元朔六年二月封博望侯，必非元狩元年始歸也。或者元狩元年始令騫通身毒國。疑不能明。」王先謙曰：騫歸，在元朔三年，史記大宛傳迺確據。西南夷傳特遥溯前事，非謂騫以元狩元年歸也。考異所疑，何其不審？

騫身所至者，大宛、大月氏、大夏、康居，而傳聞其旁大國五六，具爲天子言之。曰：

大宛，在匈奴西南，在漢正西，去漢可萬里。其俗土著，耕田，田稻麥。有蒲陶酒。〔一〕多善馬，馬汗血，其先天馬子也。〔二〕有城郭屋室。其屬邑大小七十餘城，衆可數十萬。其兵弓矛，騎射。其北則康居，西則大月氏，西南則大夏，東北則烏孫，東則扜罙、于寘。〔三〕于寘之西，則水皆西流，注西海；其東，水東流，注鹽澤。〔四〕鹽澤潛行地下，其南則河源出焉。〔五〕多玉石，河注中國。〔六〕而樓蘭、姑師，邑有城郭，臨鹽澤。〔七〕鹽澤，去長安可五千里。匈奴右方居鹽澤以東，至隴西長城南，接羌，鬲漢道焉。

〔一〕【考證】顔師古曰：土著者，有城郭常居，不隨畜牧移徙也。

〔二〕【集解】漢書音義曰：「大宛國有高山，其上有馬，不可得，因取五色母馬置其下，與交，生駒，汗血，因號曰天馬子。」【索隱】案：外國傳云「外國稱天下有三衆：中國人衆，大秦寶衆，月氏馬衆」。【正義】按：有汗從前髆間出，皆赤如血。

〔三〕【集解】徐廣曰：「漢紀曰拘彌國去于寘三百里。」【索隱】扜罙，國名也，音汙彌二音。漢紀謂荀悅所譔漢紀。拘音俱，彌即罙也，則拘彌與扜罙是一也。寘，音殿。【考證】扜罙即扜彌。西域傳云：「扜彌國，王治扜彌城，去長安九千二百八十里。户三千三百四十，口二萬四千，勝兵三千五百四十人。北至都護治所三千五百五十三里。南與渠勒，北與龜茲，西北與姑墨接，西通于闐三百九十里，今名寧彌。」丁謙考證云：「今克里雅地，一作克勒底雅，近置于闐縣於北，唐地理志作『寧彌城』。」于寘即于闐。西域傳云：「于闐國，王治西城，去長安九千六百七十里。户三千三百，口萬九千三百，勝兵二千四百人。東北至都護治所三千九百四十七里，南與婼羌接，北與姑墨接。」丁謙考證云「于闐即今和闐，直隸州地」。新唐書「西城」作「西山城」。西山城，當在今伊里齊城之南近山處。金耀辰曰：下文亦言大月氏在大宛西可二三千里，大夏在大宛西南二千餘里。漢書西域傳謂大宛西南至大月氏六百九十里，南與月氏接，何也？

〔四〕【索隱】鹽水也，太康地記云「河北得水爲河，塞外得水爲海」也。【正義】漢書云：「鹽澤去玉門、陽關三百餘里，廣袤三四百里，其水皆潛行地下，南出於積石山，爲中國河。」括地志云：「蒲昌海一名泑澤，一名鹽澤，亦名輔日海，亦名穿蘭，亦名臨海，在沙州西南。玉門關，在沙州壽昌縣西六里。」

〔五〕【索隱】案：漢書西域傳云「河有兩源，一出蔥嶺，一出于寘」。山海經云「河出崑崙東北隅」。郭璞云「河出崑崙，潛行地下，至蔥嶺山于寘國，復分流岐出，合而東注泑澤，已而復行積石，爲中國河」。泑澤即鹽澤也，一名蒲昌海。西域傳云「一出于闐南山下」，與郭璞注山海經不同。廣志云「蒲昌海在蒲類海東」也。【考證】方苞曰：爲漢使窮河源張本也。西域傳删「鹽澤潛行地下其南則」九字。丁謙曰：「于闐之西」句下應有「踰葱嶺」三字，方與「水皆西流注西海」相貫串，否則于闐西尚多東北流之水，不得云水皆西流也。西海，指裏海言。蓋古時阿母河直入裏海，至明時改入鹹海耳。其東水東流，即指車爾成河，河原出焉。謂車爾成河入羅布泊，潛行地中，至巴顏喀喇山復出爲中國之黄河也。又曰：鹽澤，一名蒲昌海。水經注作「泑澤」，今曰羅布泊。

〔六〕【考證】丁謙曰：攷西域水道記「和闐産玉處凡五：曰哈喇哈什，曰桑谷，曰樹雅，曰哈朗歸山，而以玉隴哈什産者良」。又西域聞見録「和闐出玉石，多於葉爾羌」，故曰「多玉石」。

〔七〕【正義】樓蘭、姑師，二國名。姑師即車師也。【考證】樓蘭，西域傳云「鄯善國，本名樓蘭。王治扜泥城，去陽關千六百里，去長安六千一百里。户千五百七十，口萬四千一百，勝兵二千九百十二人。地沙鹵，少田，寄田仰穀旁國。民隨畜牧逐水草，國最在東垂，近漢。國中有伊循城，其地肥美」。丁謙考證云「鄯善國在今敦煌縣西，羅布泊南。所都扜泥城，據水經注，俗謂之東故城，蓋以伊循爲新城也」。姑師非即車師。西域傳云「宣帝破姑師，未盡殄，分以爲車師前後王，及山北六國」。徐松補注云「山，天山也，今博羅圖山」。姑師地，正今吐魯番及奇臺縣、阜康縣境，分姑師爲車師前後國、且彌東西國、卑陸前後國、蒲類前後國，共八國。

烏孫，在大宛東北可二千里，行國隨畜，〔一〕與匈奴同俗。控弦者數萬，敢戰。故服匈奴，及盛，取其羈屬，不肯往朝會焉。〔二〕

〔一〕【集解】徐廣曰：「不土著。」【正義】烏孫，本塞種。「塞」本「釋」字，謂佛姓釋氏也。胡語訛轉。【考證】烏孫、奄蔡、安息、大夏事皆張騫爲天子言者，其文與上下接續。後人據漢書西域傳提行別項，非史公之舊也。

〔二〕【考證】董份曰：故，舊也。嘗臣服于匈奴。

康居，在大宛西北可二千里，行國，與月氏大同俗。控弦者八九萬人。與大宛鄰國。國小，南羈事月氏，東羈事匈奴。

奄蔡，在康居西北可二千里。行國，與康居大同俗，控弦者十餘萬。臨大澤，無崖，

蓋乃北海云。〔一〕

〔一〕【正義】漢書解詁云：「奄蔡即闔蘇也。」魏略云：「西與大秦通，東南與康居接。其國多貂，畜牧水草，故時羈屬康居也。」【考證】王先謙漢書補注引西域圖考云：「奄蔡，屬今俄羅斯東境西伯利部。自哈薩克右部而北，即俄羅斯之多僕斯科，再北爲德波爾斯科，即臨北海者也。」又引徐繼畬云：「此北海當爲裏海。」丁謙西域傳考證引洪侍郎鈞云：「攷奄蔡即元之阿速，地在黑海東北，故臨大澤無涯。」去康居二千餘里，道里亦符。」愚按：前説以大澤爲裏海，後説以爲黑海，所斥之地亦異，併録存疑。

大月氏，在大宛西可二三千里。居嬀水北。〔一〕其南則大夏，西則安息，北則康居。行國也，隨畜移徙，與匈奴同俗。控弦者可一二十萬。故時彊，輕匈奴，〔二〕及冒頓立，攻破月氏。至匈奴老上單于，殺月氏王，以其頭爲飲器。始月氏居敦煌、祁連閒，〔三〕及爲匈奴所敗，乃遠去，過宛，西擊大夏而臣之，遂都嬀水北，爲王庭。〔四〕其餘小衆不能去者，保南山羌，號小月氏。〔五〕

〔一〕【正義】萬震南州志云：「在天竺北可七千里，地高燥而遠。國王稱『天子』，國中騎乘常數十萬匹，城郭宮殿，與大秦國同。人民赤白色，便習弓馬。土地所出，及奇瑋珍物，被服鮮好，天竺不及也。」康泰外國傳云：「外國稱天下有三衆：中國爲人衆，大秦爲寶衆，月氏爲馬衆也。」

〔二〕【考證】安息，見下文。

〔三〕【正義】初，月氏居敦煌以東，祁連山以西。敦煌郡今沙州。祁連山在甘州西南。【考證】丁謙曰：月氏本居祁連山北之昭武城，即今甘州府高臺縣地。

〔四〕【考證】楓本「過」下有「大」字。王先謙曰：西域圖考云：「嬀水，唐之烏滸河，亦名縛芻河，今爲阿母河，西北流入布哈爾西之鹹池。」

〔五〕【考證】後漢書西羌傳「湟中月氏胡，其先大月氏之別也。舊在張掖酒泉地。月氏王爲匈奴所殺，餘種分散，西踰葱嶺，其羸弱者，南入山阻，依諸羌居止，遂共婚姻」，即此事。丁謙曰：南山，即祁連山，山中乃羌人所居，故曰「南山羌」。

安息，在大月氏西可數千里。〔一〕其俗土著，耕田，田稻麥，蒲陶酒。城邑如大宛。其屬小大數百城，地方數千里，最爲大國。臨媯水，有市，民商賈。用車及船，行旁國或數千里。以銀爲錢，錢如其王面，王死，輒更錢，效王面焉。〔二〕畫革旁行，以爲書記。〔三〕其西則條枝，北有奄蔡、黎軒。〔四〕

〔一〕【正義】地理志云：「安息國，京西萬一千二百里。自西關西行三千四百里，至阿蠻國，西行三千六百里至斯賓國，從斯賓南行度河，又西南行至于羅國九百六十里，安息西界極矣。自此南乘海，乃通大秦國。」漢書云：「北康居，東烏弋山離，西條枝。國臨媯水。土著，以銀爲錢，如其王面。王死，輒更錢，效王面焉。」【考證】丁謙曰：安息，本古波斯地。波斯爲馬基頓所滅，未幾，各地分裂。有阿賽西者，於西前元二百五十年，起兵據波斯中境巴提亞省，自立爲巴提亞國。其王世世以阿賽西第幾爲號。漢人誤王名爲國名，稱爲安息。安息者，阿賽西轉音也。番兜城，西書稱帕而杜瓦，蓋即巴提轉音。帕爾杜合音，即今波斯呼拉商省巴治斯坦城。其國北與基窪地接，基窪即康居境。烏弋山離當在其東南，條支當在其西南。東北至阿母河。阿母河，古稱媯水。時大月氏境跨阿母河南北，故東面均與相接。張文虎曰：正義引地理志，漢書地理志無此文。見後漢書西域傳。又曰：案漢書西域傳安息國，王治番兜城，去長安萬一千六百里。後漢傳安息國居和櫝城，去洛陽二萬五千里。並與正義不合。西關，後漢傳作「安息」。「此南」二字，依後漢書補。

〔二〕【索隱】漢書云：「文獨爲王面，幕爲夫人面。」荀悦云：「幕，音漫，無文面也。」張晏云：「錢之文面，作人乘馬。錢之幕作人面形。」韋昭云：「幕，錢背也，音漫。」包愷音慢。

〔三〕【集解】漢書音義曰：「横行爲書記。」【索隱】畫，音獲。小顔云：「革，皮之不柔者。」韋昭云：「外夷書皆旁行，今扶南猶中國，直下也。」

〔四〕【索隱】漢書作「犂靬」。續漢書一名「大秦」。按：三國並臨西海，後漢書云「西海環其國，惟西北通陸道」。然漢使自烏弋以還，莫有至條枝者。【正義】上力奚反。下巨言反，又巨連反。後漢書云：「大秦，一名犂鞬，在西海之西，東西南北各數千里。有城四百餘所。土多金銀奇寶，有夜光璧、明月珠、駭雞犀、火浣布、珊瑚、琥珀、琉璃、琅玕、朱丹、青碧，珍怪之物，率出大秦。」康氏外國傳云：「其國城郭，皆青水精爲礎，及五色水精爲壁。人民多巧，能化銀爲金。國土市買，皆金銀錢。」萬震南州志云：「大家屋舍，以珊瑚爲柱，琉璃爲牆壁，水精爲礎舄。海中斯調州上有木，冬月往剥取其皮，績以爲布，極細，手巾齊數匹，與麻焦布無異，色小青黑，若垢汚欲浣之，則入火中，便更清潔，世謂之火浣布。」秦云定重參問門樹皮也。」括地志云：「火山國，在扶風南東大湖海中。其國中山皆火，然火中有白鼠皮及樹皮，績爲火浣布。」魏略云：「大秦，在安息、條支西大海之西，故俗謂之海西。從安息界乘船，直載海西，遇風利時，三月到。風遲，或一二歲。其公私宫室爲重屋，郵驛亭置如中國，從安息繞海，北陸到其國，人民相屬，十里一亭，三十里一置。無盜賊。其俗人長大平正，似中國人而胡服。」宋膺異物志云秦之北附庸小邑，有羊羔，自然生於土中，候其欲萌，築牆繞之，恐獸所食。其臍與地連，割絶則死。擊物驚之，乃驚鳴，臍遂絶，則逐水草爲羣。又大秦金二枚，皆大如瓜，植之滋息無極，觀之如用，則真金也。」括地志云：「小人國在大秦南，人纔三尺。其耕稼之時，懼鶴所食，大秦衛助之。即焦僥國，其人穴居也。」【考證】西域圖考云：「犂靬即後書之大秦，兼有今歐羅巴一洲之地，國都羅馬，拓地直至土耳其。其東境與安息鄰。」

條枝，在安息西數千里。臨西海。暑溼。耕田，田稻。〔一〕有大鳥，卵如甕。〔二〕人衆甚多，往往有小君長，而安息役屬之，以爲外國。國善眩。〔三〕安息長老傳聞條枝有弱水、西王母，而未嘗見。〔四〕

〔一〕【考證】西域傳無「耕田」二字。丁謙曰：條支，阿拉伯也。國臨西海，謂國之西面臨於紅海。阿拉伯，自古皆游牧部落，境中平地居三之一。惟平原之外環以沙漠，沙漠之外間以高原，故其地不相連屬，遂各立小君長爲治。國以分而見弱，故每爲安息所役，視之爲外夷也。國地南近印度洋，爲熱風所煽，故暑熱。但俗事游牧，不勤種植，安得田稻？此史之誤。

〔二〕【正義】漢書云：「條支出獅子、犀牛、孔雀、大雀，其卵如甕。和帝永元十三年，安息王滿屈獻獅子、大鳥，世謂之『安息雀』。」廣志云：「鳥鵄鷹身，蹄駱，色蒼，舉頭八九尺，張翅丈餘，食大麥，卵大如甕。」

〔三〕【集解】應劭曰：「眩，相詐惑。」【正義】顏云：「今吞刀、吐火、殖瓜、種樹、屠人、截馬之術，皆是也。」

〔四〕【索隱】魏略云：「弱水在大秦西。」玄中記云：「天下之弱者，有崑崙之弱水，鴻毛不能載也。」山海經云：「玉山，西王母所居。」穆天子傳云：「天子觴西王母瑤池之上。」括地圖云：「崑崙弱水，非乘龍不至。有三足神鳥，爲王母取食。」【正義】此弱水、西王母，既是安息長老傳聞，而未曾見。後漢書云：桓帝時，大秦國王安敦遣使，自日南徼外來獻。或云其國西有弱水、流沙，近西王母處，幾於日所入也。然先儒多引大荒西經云弱水云有二源，俱出女國北阿耨達山，南流會於女國東，去國一里，深丈餘，闊六十步，非毛舟不可濟，南流入海。阿耨達山即崑崙山也，與大荒西經合矣。然大秦國在西海中島上，從安息西界過海，好風用三月乃到，弱水又在其國之西。崑崙山弱水流在女國北，出崑崙山南。女國在于寘國南二千七百里。于寘去京凡九千六百七十里。計大秦與大崑崙山相去幾四五萬里，非所論及，而前賢誤矣。此皆據漢括地論之，猶恐未審，然弱水二所説皆有也。【考證】弱水，水名。西王母，國名。其地未詳。張文虎曰：正義「長」下「老」上衍「安耆」二字。「女國北出崑崙山南」下又衍「女國北山崑〔崙〕山南」八字，今皆删。又曰：正義引大荒西經，大荒西經無此文。

大夏，在大宛西南二千餘里。嬀水南。其俗土著，有城屋，與大宛同俗。無大王長，往往城邑置小長。〔一〕其兵弱，畏戰。善賈市。及大月氏西徙，攻敗之，皆臣畜大夏。大夏民多，可百餘萬。其都曰藍市城，有市販賈諸物。〔二〕其東南有身毒國。〔三〕

〔一〕【考證】漢書西域傳、漢紀「大王長」作「大君長」。王念孫曰：御覽四夷部引史作「大君長」，上文條枝「往往有小君長」。

〔二〕【考證】張文虎曰：毛本「藍市」作「藍氏」，與後漢書合。漢書作「監氏」。丁謙曰：監市，今布哈爾城也。

〔三〕【集解】徐廣曰：「身，或作『乾』，又作『訖』。」【索隱】身，音乾。毒，音篤。孟康云：「即天竺也，所謂浮圖胡也。」【正義】一名身毒，在月氏東南數千里。俗與月氏同，而卑溼暑熱。其國臨大水，乘象以戰。其民弱於月氏。脩浮圖道，不殺伐，遂以成俗。土有象、犀、瑇瑁、金、銀、鐵、錫、鉛。西與大秦通，有大秦珍物。明帝夢金人長大，頂有光明，以問羣臣。或曰：「西方有神，名曰『佛』，其形長丈六尺，而黄金色。」帝於是遣使天竺問佛道，法遂至中國，畫形像焉。萬震南州志云：「地方三萬里，佛道所出。其國王居城郭，殿皆彫文刻鏤。街曲市里，各有行列。左右諸大國凡十六，皆共奉之，以天地之中也。」浮屠經云：「臨兒國王生隱屠太子。父曰屠頭邪，母曰莫邪屠。身色黄，髮如青絲，乳有青色，爪赤如銅。始莫邪夢白象而孕，及生，從母右脅出。生有髮，墮地能行七步。」又云：「太子生時，有二龍王，夾左右吐水。一龍水暖，一龍水冷，遂成二池，今猶一冷一暖。初行七步，處琉璃上，有太子脚跡，見在。生處名祇洹精舍，在舍衛國南四里，是長者須達所起。又有阿輸迦樹，是夫人所攀生太子樹也。」括地志云：「沙祇大國，即舍衛國也，在月氏南萬里，即波斯匿王淩處。此國，共九十種。知身後事。城有祇樹給孤園。」又云：「天竺國有東、西、南、北、中央天竺國，國方三萬里，去月氏七千里。大國，隷屬凡二十一。天竺在崑崙山南，大國也。治城臨恒水。」又云：「阿耨達山亦名建末達山，亦名崑崙山。水出，一名拔扈利水，一名恒伽河，即經稱河者也。自崑崙山以南，多是平地而下溼，土肥良，多種稻，歲四熟，留役駞馬，米粒亦極大。」又云：「佛上忉利天，爲母說法九十日。波斯匿王思欲見佛，即刻牛頭旃檀象置精舍內佛坐。此像，是衆像之始，後人所法也。佛上天青梯，今變爲石，没入地，唯餘十二蹬，蹬閒二尺餘。彼耆老言，梯入地盡，佛法滅。」又云：「王舍國，胡語曰罪悅祇國。其國靈鷲山，胡語曰耆闍崛山。山是青石，石頭似鷲鳥，名『耆闍』，鷲也。崛，山石也。山周四十里，外周圍水，佛於此坐禪，及諸阿難等，俱在此坐。」又云：「小孤石，石上有石室者，佛坐其中，天帝釋以四十二事問佛，佛一一以指畫石，其跡尚存。又於山上起塔，佛昔將阿難在此，上山四望，見福田疆畔，因制七條衣割截之法於此，今袈裟衣是也。」【考證】梁玉繩曰：「身，音乾。毒，音篤。」漢張騫傳李奇曰「一名『天篤』」，西域傳作「捐毒」。師古曰：即身毒，天篤也。後書西域傳作「天竺」，文苑傳作「天督」，山海海內經作「天毒」。史西南夷傳徐廣曰「一作『乾毒』」。漢傳屢言塞種，師古以爲即釋種，音先得反，蓋浮屠經皆譯讀其國名，當亦由譯而得，故無定字耳。愚按：身毒，張騫傳同，與西域傳「捐毒」異。捐毒北與烏孫接，西與休循接。其俗隨水草，不土著。梁氏謬混。

騫曰：「臣在大夏時，見邛竹杖、蜀布。〔一〕問曰：『安得此？』大夏國人曰：『吾賈人往市之身毒。身毒，在大夏東南可數千里。其俗土著，大與大夏同。而卑溼暑熱云。其人民乘象以戰。其國臨大水焉。』〔二〕以騫度之，大夏去漢萬二千里，居漢西南。今身毒國又居大夏東南數千里，有蜀物，此其去蜀不遠矣。今使大夏，從羌中險，羌人惡之；少北，則爲匈奴所得；從蜀宜徑，又無寇。」〔三〕天子既聞大宛及大夏、安息之屬，皆大國，多奇物，土著，頗與中國同業，而兵弱，貴漢財物；〔四〕其北有大月氏、康居之屬，兵彊，可以賂遺設利朝也。〔五〕且誠得而以義屬之，則廣地萬里，重九譯，致殊俗，威德徧於四海。〔六〕天子欣然，以騫言爲然，乃令騫因蜀犍爲發閒使，四道並出：〔七〕出駹，出冄，出徙，出邛、僰，皆各行一二千里。〔八〕其北方閉氐、筰，〔九〕南方閉嶲、昆明。〔一〇〕昆明之屬無君長，善寇盜，輒殺略漢使，終莫得通。然聞其西可千餘里，有乘象國，名曰滇越，〔一一〕而蜀賈姦出物者或至焉，〔一二〕於是漢以求大夏道，始通滇國。初漢欲通西南夷，費多，道不通，罷之。及張騫言可以通大夏，乃復事西南夷。〔一三〕

〔一〕【正義】邛都邛山出此竹，因名「邛竹」。節高實中，或寄生，可爲杖。布，土蘆布。

〔二〕【正義】大水，河也。

〔三〕【集解】如淳曰：「徑，疾也。或曰：徑，直。」

〔四〕【考證】漢書「業」作「俗」。

〔五〕【考證】顏師古曰：設，施也。施之以利，誘令入朝。

〔六〕【正義】言重重九遍譯語而致。【考證】顏師古曰：以義屬之，謂不以兵革。

〔七〕【正義】犍，其連反。犍爲郡，今戎州也，在益州南一千餘里。

〔八〕【集解】徐廣曰：「徙屬漢嘉。」【索隱】李奇云：「徙，音斯。蜀郡有徙縣也。」【正義】茂州、向州等，冄、駹之地，在戎州西北也。僰，蒲北反。徙在嘉州。邛，今邛州。僰，今雅州。皆在戎州西南也。
〔九〕【集解】服虔曰：「皆夷名，漢使見閉於夷也。」【索隱】韋昭云：「筰縣在越巂，音昨。」案：南越破後殺筰侯，以筰都爲沈黎郡，又有定筰縣。【正義】氐，今成州及武等州也。筰，白狗羌也。皆在戎州西北也。
〔一〇〕【正義】巂州及南昆明夷也，皆在戎州西南。【考證】丁謙曰：巂，昆明，在葉榆、桐師之間，當爲今永昌、騰越、順寧等地。顏師古謂巂即巂州，昆明在其東南，即南寧州，殊誤。
〔一一〕【集解】徐廣曰：「一作『城』。」【正義】昆、郎等州，皆滇國也。其西南滇越、越巂，則通號越，細分而有巂、滇等名也。
〔一二〕【考證】漢書張騫傳「姦」作「間」。顏師古曰：間出物，謂私往市者。
〔一三〕【考證】事又見西南夷傳。

騫以校尉從大將軍擊匈奴，知水草處，軍得以不乏，乃封騫爲博望侯。是歲元朔六年也。〔一〕其明年，騫爲衛尉，與李將軍俱出右北平擊匈奴。〔二〕匈奴圍李將軍，軍失亡多；而騫後期當斬，贖爲庶人。是歲漢遣驃騎破匈奴西城數萬人，至祁連山。〔三〕其明年，渾邪王率其民降漢，〔四〕而金城、河西西並南山至鹽澤空無匈奴。匈奴時有候者到，而希矣。其後二年，漢擊走單于於幕北。〔五〕

〔一〕【索隱】案：張騫封號耳，非地名。小顏云「取其能博廣瞻望」也。尋武帝置博望苑，亦取斯義也。【正義】地理志南陽博望縣。【考證】水經注亦云「南陽博望縣，騫所封」。沈家本曰：按許舜亦封博望侯。地理志南陽郡領縣博望，原注「侯國」即指騫、舜所封也。田敬仲世家「朝齊王於博望」。正義「括地志云博望故城在鄧州向城東南四十五里」，是博望爲地名，不始於漢。

〔二〕【考證】梁玉繩曰：其明年，當依漢書騫傳作「後二年」。

〔三〕【考證】凌稚隆曰：漢書「西城」作「西邊」，是。愚按：漢書「城」下有「殺」字。

〔四〕【考證】梁玉繩曰：渾邪之降，即在元狩二年，當依漢書騫傳作「其秋」。

〔五〕【考證】王先謙曰：據武紀、霍去病、匈奴傳，事在元狩四年。

是後天子數問騫大夏之屬。騫既失侯，因言曰：「臣居匈奴中，聞烏孫王號昆莫，昆莫之父，匈奴西邊小國也。匈奴攻殺其父，〔一〕而昆莫生，弃於野。烏嗛肉蜚其上，狼往乳之。〔二〕單于怪以爲神，而收長之。及壯使將兵，數有功，單于復以其父之民予昆莫，令長守於西城。〔三〕昆莫收養其民，攻旁小邑，控弦數萬，習攻戰。〔四〕單于死，昆莫乃率其衆遠徙，中立，不肯朝會匈奴。匈奴遣奇兵擊，不勝，以爲神而遠之，因羈屬之，不大攻。今單于新困於漢，而故渾邪地空無人。蠻夷俗貪漢財物，〔五〕今誠以此時而厚幣賂烏孫，招以益東，居故渾邪之地，與漢結昆弟，其勢宜聽，聽則是斷匈奴右臂也。既連烏孫，自其西大夏之屬，皆可招來而爲外臣。」天子以爲然，拜騫爲中郎將，將三百人，馬各二匹，牛羊以萬數，齎金幣帛直數千巨萬，多持節副使，道可使，使遺之他旁國。

〔一〕【索隱】按漢書，父名難兜靡，爲大月氏所殺。【考證】漢書張騫傳載騫言云「臣居匈奴中，聞烏孫王號昆莫，昆莫父難兜靡，本與大月氏俱在祁連、焞煌間，小國也。大月氏攻殺難兜靡奪其地，人民亡走匈奴」，蓋班氏訂史也。下文所記亦異。史記近是。

〔二〕【集解】徐廣曰：「讀『嗛』與『銜』同。酷吏傳『義縱不治道，上忿銜之』，史記亦作『嗛』字。」【索隱】嗛，音銜。蜚亦「飛」字。

〔三〕【考證】上文云「匈奴西邊小國也」，此云「西城」，未必其父故封。

〔四〕【考證】楓山本「弦」下有「者」字。

〔五〕【考證】漢書張騫傳作「昆莫地空，蠻夷戀故地，又貪漢物」，義殊。

騫既至烏孫，烏孫王昆莫見漢使如單于禮，騫大慙，知蠻夷貪，乃曰：「天子致賜，王不拜則還賜。」昆莫起拜賜，其他如故。騫諭使指曰：〔一〕「烏孫能東居渾邪地，則漢遣翁主爲昆莫夫人。」烏孫國分，王老，而遠漢，未知其大小，素服屬匈奴日久矣，且又近之，其大臣皆畏胡，不欲移徙，王不能專制。騫不得其要領。昆莫有十餘子，其中子曰大祿，彊，善將衆，將衆別居萬餘騎。大祿兄爲太子，太子有子曰岑娶，〔二〕而太子蚤死。臨死謂其父昆莫曰：「必以岑娶爲太子，無令他人代之。」昆莫哀而許之，卒以岑娶爲太子。大祿怒其不得代太子也，乃收其諸昆弟，將其衆畔，謀攻岑娶及昆莫。昆莫老，常恐大祿殺岑娶，予岑娶萬餘騎別居，而昆莫有萬餘騎自備，國衆分爲三，而其大總取羈屬昆莫，昆莫亦以此不敢專約於騫。

〔一〕【正義】諭曉以人子指意也。

〔二〕【考證】中井積德曰：「漢書西域傳敘烏孫官號曰『相大祿』，左右大將二人。然則次子爲大祿耳。岑娶，西域傳作『岑陬』，亦是官號。史、漢誤爲人名。

騫因分遣副使，使大宛、康居、大月氏、大夏、安息、身毒、于寘、扜罙及諸旁國。〔一〕烏孫發導譯送騫還，騫與烏孫遣使數十人馬數十匹報謝。因令窺漢，知其廣大。

〔一〕【考證】漢書張騫傳删「安息身毒于窴扜罙及諸旁國」十二字。

騫還到，拜爲大行，列於九卿。歲餘卒。〔二〕

〔二〕【考證】王先謙曰：公卿表元鼎二年，騫爲大行，三年卒，與此異。

烏孫使既見漢人衆富厚，歸報其國，其國乃益重漢。其後歲餘，騫所遣使通大夏之屬者，皆頗與其人俱來，於是西北國始通於漢矣。〔一〕然張騫鑿空，〔二〕其後使往者，皆稱博望侯，以爲質於外國，外國由此信之。〔三〕

〔一〕【集解】晉灼曰：「其人，其國人。」【考證】梁啓超曰：博望通西域之役，其功在漢種者有三：一曰殺匈奴猾夏之勢。自文、景以來，匈奴役屬西域，結黨南羌，地廣勢强，蒸蒸南下。候騎每至甘泉，屯防及於細柳，非有以挫之。則小之，爲劉淵、石勒之横行河、朔；大之，爲金源、蒙古之蹂躪神州。左衽之痛，豈俟數百年千年之後哉！其時漢欲制匈奴，則伐謀伐交之策，遠交近攻之形，不可不注意於西域。張博望首倡通月氏，結烏孫之議，卒以斷匈奴右臂，隔絶南羌，斬其羽翼。及孝武末世，遂至匈奴遠遁，而幕南無王庭。元成以後，卒俯首帖耳，稱藩屬於我大國。而發之成之者，實自張博望。二曰開亞歐交通之機。秦漢之間，東西民族皆已成熟漲進，務伸權力於域外。羅馬帝國將興，而阿利安族文明將馳驟於地中海之東西岸。顧不能踰葱嶺，以求通於我國。據近世史家所考據，西域人呼希臘人曰伊耶安，即耶宛之轉音，故大宛國者即大希臘國之一部也。蓋此地早爲帕德利亞之希臘人所蔓延。史記載其俗，與泰西古代多相類。其蒲萄、苜蓿等名物，即希臘Botrus、Medike等之譯音。蓋中國、希臘兩文明種之相接，實起於是。是黄種人與阿利安種交通之起源也。又史稱烏孫本塞地也。大月氏西破走塞王，塞王南越懸度，大月氏居其地。塞種者，即今日西人所謂沁謨種Semitics，古代巴比倫人猶太人之所屬也。是黃種人與沁謨人交通之起源也。而溝而通之者，實始博望。三曰完中國一統之業。當時滇、黔諸國皆未内屬。漢武初雖嘗從事西南夷，然以費多罷之。其後感博望蜀布邛杖之言，卒再興作，使王然于、柏始昌、呂越人等十餘輩往求身毒國，遂開滇池，達交阯，卒使數千年爲國屏藩，雖其事專不成於博望，而創始之功實博望尸之。博望之有造於漢種者何如也！

〔二〕【集解】蘇林曰：「鑿，開；空，通也。騫開通西域道。」【索隱】案：謂西域險阸，本無道路，今鑿空而通之也。【考證】顏師古曰：空，孔也。猶言始鑿其孔穴也。故此下言「當空道」，而西域傳謂「孔道」也。

〔三〕【集解】如淳曰：「質，誠信也。博望侯有誠信，故後使稱其意以喻外國。」李奇曰：「質，信也。」【考證】淩稚隆曰：按此騫死後事。中井積德曰：後使漫自冒稱博望侯也，外國乃信之。

自博望侯騫死後，匈奴聞漢通烏孫，怒，欲擊之。及漢使烏孫，若出其南，抵大宛、大月氏相屬，〔一〕烏孫乃恐，使使獻馬，願得尚漢女翁主爲昆弟。〔二〕天子問羣臣議計，皆曰「必先納聘，然後乃遣女」。初，天子發書易，云「神馬當從西北來」。〔三〕得烏孫馬，好，名曰「天馬」。及得大宛汗血馬，益壯，更名烏孫馬曰「西極」，名大宛馬曰「天馬」云。而漢始築令居以西，初置酒泉郡，以通西北國。〔四〕因益發使抵安息、奄蔡、黎軒、條枝、身毒國。而天子好宛馬，使者相望於道。諸使外國一輩大者數百，少者百餘人，人所齎操，大放博望侯時。〔五〕其後益習而衰少焉。〔六〕漢率一歲中，使多者十餘，少者五六輩，遠者八九歲，近者數歲而反。〔七〕

〔一〕【集解】徐廣曰：「漢書『若』作『及』，若意義亦及也。」【考證】今本漢書西域傳「及」作「又」，「若」作「迺」，「迺」即「乃」字，當「及」字譌。集解可證。抵，至也。若，猶或也，及也。相屬，使者相屬也。大宛、大月氏在烏孫西南。

〔二〕【考證】徐松曰：漢通大宛、月氏，則出烏孫後，事在元封初。

〔三〕【集解】漢書音義曰：「發易書以卜。」【考證】宋祁曰：古本漢書「書易」作「易書」。依集解當作「易書」。

〔四〕【集解】徐廣曰：「令居屬金城。」【考證】顏師古曰：令，音零。

〔五〕【考證】漢書張騫傳無「諸使外國」四字。

〔六〕【考證】顏師古曰：以其串習故不多發人。中井積德曰：衰，是「等衰」之「衰」。

〔七〕【考證】顏師古曰：道遠則還遲，近則來疾。

是時漢既滅越，而蜀、西南夷皆震，請吏入朝。〔一〕於是置益州、越巂、牂柯、沈黎、汶山郡，欲地接以前，通大夏。〔二〕乃遣使柏始昌、呂越人等，歲十餘輩出此初郡，抵大夏。〔三〕皆復閉昆明，爲所殺，奪幣財，終莫能通至大夏焉。〔四〕於是漢發三輔罪人，因巴、蜀士數萬人，遣兩將軍郭昌、衛廣等往擊昆明之遮漢使者，斬首虜數萬人而去。〔五〕其後遣使，昆明復爲寇，竟莫能得通。而北道酒泉抵大夏，使者既多，而外國益厭漢幣，不貴其物。

〔一〕【考證】漢書張騫傳作「漢既滅越，蜀所通西南夷」。

〔二〕【集解】李奇曰：「欲地界相接至大夏。」【考證】漢書張騫傳「汶山」作「文山」。錢大昭曰：地志無沈黎、文山二郡。沈黎省於天漢四年，文山省於地節三年，皆併蜀。王先謙曰：前，往也。

〔三〕【索隱】按：謂越巂、汶山等郡。謂之初者，後背叛而併廢之也。【考證】顏師古曰：文山以上初置者。中井積德曰：初所置之郡，故謂之「初郡」，猶言新郡也。

〔四〕【考證】上文云「南方昆明之屬，無君長，善寇盜」，輒殺略漢使，終莫得通。

自博望侯開外國道以尊貴，其後從吏卒皆争上書，言外國奇怪利害，求使。〔一〕天子爲其絶遠，非人所樂往，聽其言，予節，募吏民，毋問所從來，爲具備人衆遣之，以廣其道。〔二〕來還不能毋侵盜幣物，及使失指，〔三〕天子爲其習之，輒覆案致重罪，以激怒令贖，復求使。〔四〕使端無窮，而輕犯法。其吏卒亦輒復盛推外國所有，言大者予節，言小者爲副，故妄言無行之徒皆争效之。其使皆貧人子，私縣官齎物，欲賤市以私其利外國。〔五〕外國亦厭漢使人人有言輕重，〔六〕度漢兵遠不能至，而禁其食物，以苦漢使。漢使乏絶積怨，至相攻擊。而樓蘭、姑師小國耳，當空道，攻劫漢使王恢等尤甚。〔七〕而匈奴奇兵時時遮擊使西國者。使者争徧言外國災害，皆有城邑，兵弱易擊。〔八〕於是天子以故遣從驃侯破奴將屬國騎及郡兵數萬，至匈河水，欲以擊胡，胡皆去。〔九〕其明年，擊姑師，破奴與輕騎七百餘先至，虜樓蘭王，遂破姑師。因舉兵威以困烏孫、大宛之屬。還，封破奴爲浞野侯。〔一〇〕王恢數使，爲樓蘭所苦，言天子，〔一一〕天子發兵，令恢佐破奴擊破之，封恢爲浩侯。〔一二〕於是酒泉列亭鄣至玉門矣。〔一三〕

〔五〕【集解】徐廣曰：「元封二年。」【考證】楓本「首」下有「捕」字。漢書無「虜」字。

〔一〕【考證】漢書張騫傳「後從吏卒皆」五字爲「吏士」。

〔二〕【考證】絶遠之地，人皆不樂往，故有自請者，即聽而遣之，予使者節也。顔師古曰：毋問所從來，不爲限禁遠近，雖家人私隸，並許應募。

〔三〕【正義】失指，失天子之本意也。

〔四〕【考證】顏師古曰：爲其習之，言其串習不以爲難，必當更求充使也。激怒令贖，言立功以贖罪。

〔五〕【正義】縣官，天子也。言天子所齎物，竊用之，如己私有。【考證】漢書無「貧人子」三字。又無「外國」二字。言所齎官物，視同私有，賤賣自利，不盡入官也。「外國」二字疑複衍。

〔六〕【集解】服虔曰：「漢使言於外國，人人輕重不實。」如淳曰：「外國人人自言數爲漢使所侵易。」【考證】服說是。

〔七〕【集解】徐廣曰：「姑師，即車師。恢，一作『怪』。」【正義】空道，孔道也。【考證】姑師，見上文。顏師古曰：空，即孔也。

〔八〕【考證】漢書「災害」作「利害」，義異。

〔九〕【考證】顏師古曰：破奴，趙破奴。周壽昌曰：時從票既失侯，因此役更封浞野侯也。此應稱故從票侯。

〔一〇〕【集解】徐廣曰：「元封三年。」

〔一一〕【集解】徐廣曰：「爲中郎將。」

〔一二〕【集解】徐廣曰：「捕得車師王，元封四年封浩侯。」【考證】徐孚遠曰：此別一王恢，非大行王恢也。蓋同時同姓名。

〔一三〕【集解】韋昭曰：「玉門關在龍勒界。」【索隱】韋昭云：「玉門，縣名，在酒泉。又有玉關，在龍勒也。」【正義】括地志云：「沙州龍勒山在縣南百六十五里。玉門關在縣西北百一十八里。」

烏孫以千匹馬聘漢女，漢遣宗室女江都翁主往妻烏孫，〔一〕烏孫王昆莫以爲右夫人。匈奴亦遣女妻昆莫，昆莫以爲左夫人。昆莫曰「我老」，乃令其孫岑娶妻翁主。烏孫多馬，其富人至有四五千匹馬。〔二〕

〔二〕【集解】漢書曰：「江都王建女。」【考證】凌稚隆曰：接前先納聘。

〔三〕【考證】此見烏孫馬多，千匹未爲重聘。

初，漢使至安息，安息王令將二萬騎迎於東界。東界去王都數千里。行比至，過數十城，人民相屬甚多。漢使還，而後發使隨漢使來，觀漢廣大，以大鳥卵及黎軒善眩人獻于漢。〔一〕及宛西小國驩潛、大益，宛東姑師、扜罙、蘇薤之屬，皆隨漢使獻見天子。天子大悅。

〔一〕【索隱】韋昭云：「變化惑人也。」按：魏略云「犂靬多奇幻，口中吹火，自縛自解」。小顏亦以爲植瓜等也。【考證】郭嵩燾曰：西域傳「安息王以大鳥卵及犂靬眩人獻於漢」，而於烏弋山離國亦云「有大鳥，卵如甕」。後漢西域傳：「條支國出大雀，其卵如甕。永元十三年，安息獻條支大鳥，時謂安息雀。」西域傳獻大鳥卵者安息也，而其種實出條支烏弋山離。蓋皆近海炎地也，其性不能耐寒，僅後漢時一來獻，餘皆獻卵而已。今阿剌伯出此鳥，名駝鳥，其形如駝，可以輓車。西人尤重其卵，以爲供具。王念孫曰：「眩」上本無「善」字，後人以上文云條枝國「善眩」，因加「善」字也。不知此言眩人，即是善爲眩術之人。漢書張騫傳正作「眩人」。張文虎曰：索隱本亦無「善」字。

而漢使窮河源，〔一〕河源出于窴，其山多玉石，采來，〔二〕天子案古圖書，名河所出山曰崑崙云。〔三〕

〔一〕【考證】承上文「鹽澤潛地下，其南則河源出焉」句。丁謙曰：攷西域傳，康居小王中有奧鞬，一名火尋。驩潛爲奧鞬、火尋之轉音。居烏滸水陽。大益指阿剌伯人。據洪氏西域補傳言，古時阿剌伯人游牧於西里亞者，西里亞人稱之曰大抑。大抑即大益，此唐書大食國之名稱所由來也。愚按：蘇薤亦康居五小王之一，見西域傳。

〔二〕【集解】瓚曰：「漢使采取，將持來至漢。」【考證】張文虎曰：「采來」二字，連上爲句。采，當爲「采色」之「采」。來，乃「琜」之借字。說文「琜，瓄玉也」。玉篇「琜，玉屬也」。采來，謂采色之琜。

〔三〕【考證】王闓運曰：爾雅「西方之美者有昆崙虛之球琳琅玕」，故以玉石名河所出山爲昆侖。愚按：崑崙之名，始見禹貢。其後山海經、爾雅、穆天子傳、莊子、列子、尚書大傳、賈誼新書、淮南子諸書亦言崑崙，而以于寘河源爲崑崙，蓋始于武帝，未必古崑崙，後人往往混同。

是時上方數巡狩海上，乃悉從外國客，大都多人則過之，散財帛以賞賜，厚具以饒給之，以覽示漢富厚焉。於是大觳抵，出奇戲諸怪物，多聚觀者，行賞賜，酒池肉林，令外國客徧觀各倉庫府藏之積，見漢之廣大，傾駭之。及加其眩者之工，而觳抵奇戲歲增變，甚盛益興，自此始。〔一〕

〔一〕【正義】加其眩者之工，言漢人幻人工妙，更加於黎軒。【考證】李笠曰：漢書張騫傳「觳」作「角」，同。見李斯傳集解。各倉庫，諸本作「名倉庫」。張文虎曰：「名」字，當從漢書作「各」。

西北外國使，更來更去。〔一〕宛以西，皆自以遠，尚驕恣晏然，未可詘以禮，羈縻而使也。自烏孫以西至安息，以近匈奴，匈奴困月氏也，〔二〕匈奴使持單于一信，則國國傳送食，不敢留苦。〔三〕及至漢使，非出幣帛，不得食，不市畜，不得騎用。所以然者，遠漢，而漢多財物，故必市乃得所欲，然以畏匈奴於漢使焉。〔四〕宛左右以蒲陶爲酒，富人藏酒至萬餘石，久者數十歲不敗。〔五〕俗嗜酒，馬嗜苜蓿。漢使取其實來，〔六〕於是天子始種苜蓿、蒲陶肥饒地。及天馬多，外國使來衆，則離宮別觀旁盡種蒲萄、苜蓿極望。自大宛以西至安息，國雖頗異言，然大同俗，相知言。其人皆深眼，多鬚頿，善市賈，爭分銖。俗貴女子，女子所言，而丈夫乃決正。〔七〕其地皆無絲漆，〔八〕不知鑄錢器。〔九〕及漢使亡卒降，教鑄作他兵器，得漢黄白金輒以爲器，不用爲幣。〔一〇〕

〔一〕【考證】顔師古曰：遞互來去，前後不絶。漢書張騫傳「西北」作「而」。

〔二〕【考證】漢書西域傳「困」上有「嘗」字，「氐」下無「也」字。徐松曰：即謂冒頓老上事。

〔三〕【考證】西域傳「則」作「到」。周壽昌曰：信即古之符契也。顔師古曰：不敢留苦，不敢留連及困苦之也。

〔四〕【考證】方苞曰：爲貳師伐宛，當道小國，不肯給食張本。

〔五〕【考證】御覽引後涼録曰：「吕光入龜茲城。胡人奢侈，富於生養，家有蒲萄酒，或至千斛，經十年不敗。」

〔六〕【考證】西域傳改作「漢使采蒲陶、目宿種歸」。齊民要術引陸機與弟書云：「張騫使外國十八年，得苜蓿歸。」蓋傳聞之誤。顔師古曰：今北道諸州，舊安定北地之境，往往有目宿者，皆漢時所種也。

〔七〕【考證】徐松曰：以爲正而斷決從之。沈家本曰：今西洋諸國頗類此。

〔八〕【考證】西域傳脱「無」字。

〔九〕【集解】徐廣曰：「多作『錢』字，又或作『鐵』字。」【考證】西域傳作「鐵器」。吴仁傑曰：當從史記爲正。西域罽賓傳有「金、銀、銅、錫爲器」、「金銀爲錢」，則錢、器自是兩事。

〔一〇〕【考證】顔師古曰：漢使至其國，及有亡卒降其國者，皆教之也。

而漢使者往既多，其少從率多進熟於天子，〔一一〕言曰：「宛有善馬在貳師城，匿不肯與漢使。」〔二〕天子既好宛馬，聞之甘心，使壯士車令等持千金及金馬，以請宛王貳師城善馬。〔三〕宛國饒漢物，〔四〕相與謀曰：「漢去我遠，而鹽水中數敗，〔五〕出其北，有胡寇；出其南，乏水草。又且往往而絶邑，乏食者多。〔六〕漢使數百人爲輩來，而常乏食，死者過半，是安能致大軍乎？無柰我何。且貳師馬，宛寶馬也。」遂不肯予漢使。漢使怒，妄言椎金馬而去。〔七〕宛貴人怒曰：「漢使至輕我！」遣漢使去，令其東邊郁成遮攻殺漢使，取其財物。〔八〕於是天子大怒。諸嘗使宛姚定漢等言，宛兵弱，誠以漢兵，不過三千人，彊弩射之，即盡虜破宛矣。〔九〕天子已嘗使浞野侯攻樓蘭，以七百騎先至，虜其王，以定漢等言爲然，而欲侯寵姬李氏，〔一〇〕拜李廣利爲貳師將軍，發屬國六千騎及郡國惡少年數萬人，以往伐宛。〔一一〕期至貳師城取善馬，故號「貳師將軍」。趙始成爲軍正，故浩侯王恢使導軍，而李哆爲校尉，制軍事。是歲太初元年也。〔一二〕而關東蝗大起，蜚西至敦煌。

〔一〕【集解】漢書音義曰：「少從，不如計也。或云：從行之微者也。進熟，美語，如成熟者也。」【考證】顏師古曰：漢時謂隨使而出外國者爲少從，總言其少年而從使也。從，音材用反。事見班固與弟仲升書。中井積德曰：謂美語爲熟者，取烹孰甘美之義也，非成熟之義。王闓運曰：進熟，謂進見孰習也。以習孰故無所不言，而言及馬矣。愚按：少從，顏説是。進熟，王説是。

〔二〕【考證】徐松曰：唐書云：「東曹居悉波山之陰，漢貳師城地。」丁謙曰：貳師城當在浩罕南疆，然其地今難確指。

〔三〕【考證】凌稚隆曰：應前「天子好宛馬」。顏師古曰：甘心，心懷美悦，專事求之。

〔四〕【正義】言前輩使往時所賞賜也。

〔五〕【集解】服虔曰：「水名，道從外水中。」如淳曰：「道絶遠，無穀草。」【正義】孔文祥云：「鹽，鹽澤也。言水廣遠，或致風波，而數敗也。」裴矩西域記云：「在西州高昌縣東，東南去瓜州一千三百里，並沙磧之地，水草難行，四面危，道路不可準記，行人唯以人畜骸骨及駞馬糞爲標驗。以其地道路惡，人畜即不約行，曾有人於磧内時聞人喚聲，不見形，亦有歌哭聲，數失人，瞬息之間，不知所在，由此數有死亡。蓋魑魅魍魎也。」【考證】顔師古曰：沙磧之中不生草木，水亦鹹苦，即今敦煌西北惡磧者也。數有敗，言每自死亡也。

〔六〕【考證】顔師古曰：絶邑，言近道之處，無城郭之居也。

〔七〕【集解】如淳曰：「妄言，罵詈。」【考證】顔師古曰：椎破金馬也。椎，直追反，其字從木。王先謙曰：示絶交也。王本、凌本「妄」譌「忘」。

〔八〕【考證】漢書張騫傳「郁成」下有「王」字。

〔九〕【考證】張騫傳無「盡虜」二字。

〔一〇〕【考證】顔師古曰：欲封其兄弟。

〔一一〕【考證】顔師古曰：惡少年，無行義者。

〔一二〕【集解】徐廣曰：「恢先受封，一年，坐使酒泉矯制，國除。」【索隱】哆，音尺奢反，又尺者反。【考證】漢書李廣利傳「故浩侯」上無「趙始成爲軍正」六字，「使道軍」下無「而李哆爲校尉制軍事」九字。中井積德曰：詳具三人職事，而校尉更稱制軍事，可見將軍無所掌也，唯與俱往還，取封侯而已矣。漢書節去，大無味。愚按：王恢見上。

貳師將軍軍既西過鹽水，當道小國恐，各堅城守，不肯給食。攻之不能下。下者得食，不下者數日則去。比至郁成，士至者不過數千，皆飢罷。攻郁成，郁成大破之，所殺傷甚衆。貳師將軍與哆、始成等計：「至郁成，尚不能舉，況至其王都乎？」引兵而還。往來二歲。還至敦煌，士不過什一二。使使上書言「道遠，多乏食，且士卒不患戰，患飢。人少，不足以拔宛。願且罷兵，益發而復往」。天子聞之，大怒，而使使遮玉門，曰：「軍有敢入者輒斬之！」貳師恐，因留敦煌。〔一〕

〔一〕【考證】楓本「留」下有「屯」字，與漢書合。

其夏，漢亡浞野之兵二萬餘於匈奴。〔一〕公卿及議者皆願罷擊宛軍，專力攻胡。天子已業誅宛，宛小國而不能下，則大夏之屬輕漢，而宛善馬絶不來，烏孫、侖頭易苦漢使矣，爲外國笑。〔二〕乃案言伐宛尤不便者鄧光等，赦囚徒材官，益發惡少年及邊騎，〔三〕歲餘而出敦煌者六萬人，負私從者不與。〔四〕牛十萬，馬三萬餘匹，驢騾橐駝以萬數。多齎糧，兵弩甚設，天下騷動，傳相奉，伐宛，凡五十餘校尉。宛王城中無井，皆汲城外流水。於是乃遣水工徙其城下水空，以空其城。〔五〕益發戍甲卒十八萬，酒泉、張掖北，置居延、休屠，以衛酒泉。〔六〕而發天下七科適，及載糒給貳師。〔七〕轉車人徒相連屬至敦煌。而拜習馬者二人爲執驅校尉，備破宛擇取其善馬云。〔八〕

〔一〕【集解】徐廣曰：「太初二年，趙破奴爲浚稽將軍，二萬騎擊匈奴，不還也。」【考證】浞野侯趙破奴。王先謙曰：據漢書武紀，「其夏」當作「其秋」。

〔二〕【集解】晉灼曰：「易，輕也。」【考證】侖頭，漢書李廣利傳作「輪臺」。顏師古曰：輪臺亦國名。

〔三〕【正義】言放囚徒及材官之士從事也。【考證】中井積德曰：「材官」上似脱一字。愚按：漢書李廣利傳「材官」作「扞寇盜」，義異。

〔四〕【考證】顏師古曰：負私糧及私從者，不在六萬人數中也。王念孫曰：此謂負私裝以從者，不在六萬中也。顏誤分負私與從者二事。匈奴傳「私負從馬凡十四萬匹」，亦謂私負裝以從之馬也。顏云「私負衣裝者，及私將馬從者」，亦誤分爲二事。

〔五〕【集解】徐廣曰：「空，一作『穴』。蓋以水蕩敗其城也。言『空』者，令城中渴乏。」【考證】漢書李廣利傳下「空」字作「穴」。顏師古曰：空，孔也。徙其城下水者，令從他道流，不迫其城也。空以穴其城者，圍而攻之，令作孔，使穿穴也。下云「決其水源移之」，又云「圍其城攻之」，皆再敍其事也。一曰：既徙其水，不令於城中流，而因其舊引水入城之孔，攻而穴之。王先謙曰：此敍遣水工之故，尚未至宛。而顏云下「再敍其事」，誤也。此文作一句讀，徙水、穴城，不分二事。愚按：上「空」字，「鑿空」之「空」。顏訓爲孔，是也。水空即水道，下文所謂「決其水源」者。下「空」字讀如字。使城中涸渴也。不必從漢書改字。下文亦止云「圍其城」，不云「穴其城」。「水空」二字，屬上讀。

〔六〕【集解】如淳曰：「立二縣以衛邊也。或曰：置二部都尉，以衛酒泉。」【考證】王先謙曰：漢地理志居延，張掖縣。休屠，武威縣。皆都尉治。武紀「太初三年，遣路博德築居延澤」，蓋二縣於是時置。居延、休屠皆匈奴地，取於元狩中。而志云「二郡縣太初所開也」。「衛酒泉」者，以備胡。觀武紀、匈奴傳甚明。

〔七〕【正義】適，音謫。張晏云：「吏有罪，一；亡命，二；贅壻，三；賈人，四；故有市籍，五；父母有市籍，六；大父母有市籍，七：凡七科。武帝天漢四年，發天下七科謫出朔方也。」【考證】顏師古曰：糒，乾飯。

〔八〕【考證】顏師古曰：一人爲執馬校尉，一人爲驅馬校尉。

於是貳師後復行，兵多，而所至小國莫不迎出食給軍。至侖頭，侖頭不下。攻數日，屠之。自此而西，平行至宛城，〔一〕漢兵到者三萬人。宛兵迎擊漢兵，漢兵射敗之，宛走入葆乘其城。〔二〕貳師兵欲行攻郁成，恐留行而令宛益生詐，〔三〕乃先至宛，決其水源，移之，則宛固已憂困。圍其城，攻之四十餘日，其外城壞，虜宛貴人勇將煎靡。〔四〕宛大恐，走入中城。宛貴人相與謀曰：「漢所爲攻宛，以王毋寡匿善馬而殺漢使。今殺王毋寡而出善馬，漢兵宜解；即不解，乃力戰而死，未晚也。」〔五〕宛貴人皆以爲然，共殺其王毋寡，持其頭，遣貴人使貳師，約曰：「漢毋攻我，我盡出善馬，恣所取，而給漢軍食。即不聽，我盡殺善馬，而康居之救且至。至，我居内，康居居外，與漢軍戰。漢軍熟計之，何從？」是時康居候視漢兵，漢兵尚盛，不敢進。貳師與趙始成、李哆等計：「聞宛城中新得秦人，知穿井，而其内食尚多。〔六〕所爲來，誅首惡者毋寡。毋寡頭已至，如此而不許解兵，則堅守，而康居候漢罷而來救宛，破漢軍必矣。」軍吏皆以爲然，許宛之約。宛乃出其善馬，令漢自擇之，而多出食，食給漢軍。〔七〕漢軍取其善馬數十匹，中馬以下牡牝三千餘匹，而立宛貴人之故待遇漢使善者名昧蔡，以爲宛王，與盟而罷兵。終不得入中城。乃罷而引歸。〔八〕

〔一〕【考證】顔師古曰：平行，言無寇難。

〔二〕【考證】李廣利傳「葆」作「保」，無「乘」字。

〔三〕【考證】顔師古曰：留行，謂留止軍廢其行。楓本「郁成」下有「城」字。

〔四〕【正義】煎靡，將名。

〔五〕【正義】毋，音無，宛王名。

〔六〕【考證】李廣利傳「秦人」作「漢人」。王先謙曰：外夷稱中國，秦、漢一也。亦見匈奴傳。愚按：西人稱禹域爲支那、脂那、震旦，皆秦音之轉。

〔七〕【考證】顏師古曰：下「食」讀曰飤。

〔八〕【索隱】昧蔡，本大宛將也。上音末，下音先葛反。

初，貳師起敦煌西，以爲人多，道上國不能食，〔一〕乃分爲數軍，從南北道。校尉王申生、故鴻臚壺充國等千餘人，別到郁成。〔二〕郁成城守，不肯給食其軍。王申生去大軍二百里，偵而輕之，〔三〕責郁成。郁成食不肯出，窺知申生軍日少，晨用三千人攻，戮殺申生等。軍破，數人脫亡，走貳師。貳師令搜粟都尉上官桀往攻破郁成。〔四〕郁成王亡走康居，桀追至康居。康居聞漢已破宛，乃出郁成王予桀，桀令四騎士縛守詣大將軍。〔五〕四人相謂曰：「郁成王漢國所毒，今生將去，卒失大事。」〔六〕欲殺，莫敢先擊。上邽騎士趙弟最少，拔劍擊之，斬郁成王，齎頭。弟、桀等逐及大將軍。〔七〕

〔一〕【考證】顏師古曰：起，發也。道上國，近道諸國也。食讀曰飤。

〔二〕【考證】王先謙曰：壺充國太初元年爲鴻臚，二年免。見公卿表。

〔三〕【考證】漢書李廣利傳「偵」作「負」，疑誤。

〔四〕【考證】齊召南曰：漢書公卿表「太初元年，搜粟都尉上官桀爲少府，年老免」，即合此傳。左將軍上官桀，與霍光同輔政者，在此人後，姓名偶同耳。

〔五〕【集解】如淳曰：「時多別將，故謂貳師爲大將軍。」

〔六〕【考證】顔師古曰：毒，言毒恨。漢書「將」下無「去」字。李慈銘曰：生將，謂生致之也。王先謙曰：史記「將」下有「去」字，文義更明。恐其猝佚去，事重大也。

〔七〕【正義】邽，音珪，秦州縣。【考證】漢書「逐」作「追」。

初，貳師後行，〔一〕天子使使告烏孫，大發兵并力擊宛。烏孫發二千騎往，持兩端，不肯前。貳師將軍之東，諸所過小國聞宛破，皆使其子弟從軍，入獻，見天子，因以爲質焉。〔二〕貳師之伐宛也，而軍正趙始成力戰，功最多，〔三〕及上官桀敢深入，李哆爲謀計，軍入玉門者萬餘人，軍馬千餘匹。貳師後行，軍非乏食，戰死不能多，〔四〕而將吏貪，多不愛士卒，侵牟之，以此物故衆。〔五〕天子爲萬里而伐宛，不録過，封廣利爲海西侯，又封身斬郁成王者騎士趙弟爲新時侯，軍正趙始成爲光禄大夫，上官桀爲少府，李哆爲上黨太守。軍官吏爲九卿者三人，諸侯相、郡守、二千石者百餘人，千石以下千餘人。奮行者官過其望，〔六〕以適過行者皆絀其勞。〔七〕士卒賜直四萬金。〔八〕伐宛再反，凡四歲而得罷焉。〔九〕

〔一〕【考證】王先謙曰：後行，上文所謂「後復行」也。

〔二〕【正義】東，破宛東歸。

〔三〕【考證】中井積德曰：「而」字疑衍。

〔四〕【考證】漢書李廣利傳「能多」作「甚多」。

〔五〕【考證】李廣利傳「貪」下無「多」字，「愛」下無「士」字，「故」下有「者」字。沈欽韓曰：集韻「牟，取也，大也」。此爲侵取之義。

〔六〕【集解】漢書音義曰：「奮，迅。自樂入行者。」

〔七〕【集解】徐廣曰：「奮行者及以適行者，雖俱有功勞，今行賞，計其前有罪而減其賜，故曰『絀其勞』也。絀，抑退也。此本以適行，故功勞不足重，所以絀降之，不得與奮行者齊賞之。」【正義】適，音謫。過，光臥反。言有罪謫罰而行者，免其所犯，皆絀退其功也。【考證】李廣利傳「絀」作「黜」。郭嵩燾曰：漢法七科發謫。一曰「吏有罪」者。此云「黜其勞」，主軍官軍吏言之。蓋吏之有罪者也，但許其立功贖罪，而不授官，故曰「黜其勞」，意在示人以重犯法也。

〔八〕【考證】李廣利傳「四萬金」作「四萬錢」。是時士卒約萬人，史記云「四萬金」，通言之。漢書云「四萬錢」，一士卒所得之賜也。一金，即黄金一斤。一斤直錢一萬。郭嵩燾曰：漢法，凡賞賜有帛，有金，有錢，各分數品。直曰「四萬金」者，通金幣數者合計之。

〔九〕【考證】顏師古曰：再反，猶今言再過。

漢已伐宛，立昧蔡爲宛王而去。歲餘，宛貴人以爲昧蔡善諛，使我國遇屠，乃相與殺昧蔡，立毋寡昆弟曰蟬封爲宛王，而遣其子入質於漢。〔一〕漢因使使賂賜以鎮撫之。

〔一〕【考證】楓本「曰蟬封」作「日磾封」。漢書西域傳「入」下有「侍」字。

而漢發使十餘輩，至宛西諸外國，求奇物，因風覽以伐宛之威德。〔二〕而敦煌置酒泉都尉；〔三〕西至鹽水，往往有亭。而崙頭有田卒數百人，因置使者；護田積粟，以給使外國者。

〔一〕【考證】西域傳「而漢」作「又」，「覽」作「諭」。顏師古曰：風讀曰諷。

〔二〕【集解】徐廣曰：「一云『置都尉』，一本無『置』字。」又云：「敦煌有淵泉縣，或者『酒』字當爲『淵』字。」【考證】梁玉繩曰：徐廣引別本「置」字在「都尉」上，是也。至疑「酒」字爲「淵」，則非。漢志敦煌淵泉縣無都尉。

太史公曰：禹本紀言「河出崑崙。崑崙其高二千五百餘里，日月所相避隱爲光明也。其上有醴泉、瑤池。」〔一〕今自張騫使大夏之後也，窮河源，惡睹本紀所謂崑崙者乎？〔二〕故言九州山川，尚書近之矣。至禹本紀、山海經所有怪物，余不敢言之也。〔三〕

〔一〕【考證】日出月没，月出日没，故曰「相」。岡白駒曰：爲其太高避隱也。王念孫曰：論衡談天篇、藝文類聚、太平御覽、文選注、楚辭補注並引史記「瑤池」作「華池」。山海經郭璞注引禹本紀亦作「華池」。梁玉繩曰：困學紀聞十云：「三禮義宗引禹受地記，王逸注離騷引禹大傳，豈即太史公所謂禹本紀者歟？」余因攷郭璞山海經注亦引禹大傳。漢藝文志有大命三十七篇。師古曰「命」，古「禹」字。列子湯問篇引大禹，疑皆一書，而異其篇目爾。而古言崑崙非一處。禹本紀所言，是山海經海外之崑崙，非河源所出。日月相避隱爲光明，類釋氏須彌山之說，未免誕妄。意崑崙不過如太山、王屋之屬。山海海内西經以爲高萬仞，庶幾近之。水經、博物志言高萬一千里，淮南地形言山有增城九重，高萬一千里百十四步三尺六寸。拾遺記言九層，每層相去萬里，與此並難信也。

〔二〕【集解】鄧展曰：「漢以窮河源，於何見崑崙乎？尚書曰『導河積石』，是爲河源出於積石，積石在金城河關，不言出於崑崙也。」【索隱】惡睹夫謂昆侖者乎？惡，音烏。烏，於何也。睹，見也。言張騫窮河源，至大夏、于寘，於何而見崑崙爲河所出？謂禹本紀及山海經爲虛妄也。然案山海經「河出崑崙東北隅」。西域傳云

「南出積石山，爲中國河」。積石本非河之發源，猶尚書「導洛自熊耳」，然其實出於冢嶺山，乃東經熊耳。今推此義，河亦然矣。則河源本崑崙，而潛流至于闐，又東流至積石，始入中國。則山海經及禹貢各互舉耳。【正義】按：張騫窮河源不審，今太史公有疑也。【考證】正義得之。王鳴盛曰：大宛贊只辨昆侖虛妄，餘置不論。傳中言「案古圖書，名河所出曰昆侖」，而贊則云「惡睹所謂昆侖」，有味可想。梁玉繩曰：史公此言疑河不出崑崙乎？抑疑世無崑崙乎？古今談河源者各異。禹貢言河出積石；兩漢西域傳及水經注言河有兩源，一出葱嶺山，一出于闐。此傳言出于寘南，漢西域傳改其文曰「南出于積石，爲中國河」，則所謂出于寘南者，指積石言之，依禹貢也。而兩源之說不著，夫禹貢之導河積石，猶導淮自桐柏，導洛自熊耳，皆自其山以導之，而未窮其源，烏得據爲河之所出哉？葱嶺、于寘雖殊出，然同注于鹽澤，以至積石，隱淪顯發，異脈合流矣。但葱嶺、于寘之水，俱重源旁源，而非河之真源。崑崙其真源乎？爾雅、山海經、淮南地形、水經、與史所稱禹本紀並言之。而傳記言崑崙有五處，一在西域，近禹貢崑崙國；山海經西次二經謂在槐江山之南，即海內西經所云「崑崙墟在西北，河水出其東北隅」者，唐釋玄奘西域記名爲阿耨達山，又名無熱丘是也；一在海外，山海大荒經謂「西海之南，流沙之濱，赤水之後，黑水之前，有大山，曰崑崙，其下弱水環之」，近條支、大秦國，禹本紀所稱者是也；一在于寘，漢武帝案古圖書名于寘之山爲崑崙是也；一在酒泉，漢志金城臨羌縣西北有崑崙，十六國春秋謂張駿時酒泉太守馬岌上言酒泉南山，即崑崙之體是也；一在吐蕃，通典言吐蕃自云崑崙山在國中西南，即唐書吐蕃傳所稱「紫山，直大羊同國，虜曰悶摩黎山」是也。五處崑崙，當定吐蕃爲真河源之所出。元世祖使招討都實求河源，以爲出土蕃朶甘思西鄙，有泉百餘泓，方可七八十里，履高下瞰，燦若列星，名火敦腦兒，譯言星宿海。羣流奔湊五七里，匯二巨澤，名阿剌腦兒。自西而東，號赤賓河，岐爲八九股，行二十日，至大雪山，名亦耳麻不莫剌。其山最高，譯言騰乞里塔，即崑崙也。潘昂霄從都實之弟闊闊出得其說，撰爲河源志。臨川朱思本又從八里吉思家得帝師所藏梵字圖書，而以華文譯之，與昂霄志互有詳略，見元史地理志。我朝康熙四十三年，侍衛拉錫氏奉命窮河源，以爲在鄂敦他臘，即元史之火敦腦兒。然自星宿海至崑崙約有一月程，河源去崑崙甚遠，此胡氏禹貢錐指所以疑古來言河出崑崙爲虛語也。今乾隆四十七年，侍衛阿爾達氏奉命往青海窮河源，言星宿海西南有河，名阿勒坦郭勒。蒙古語，阿勒坦即黄金，郭勒即河也。水色黄，廻旋三百餘里，穿入星宿海，自此合流，至貴德堡，水色全黄，始名黄河。阿勒坦郭勒之西，有巨石高數丈，名阿勒坦噶達素齊老。蒙古語，噶達素，北極星；齊老，石也。崖壁黄赤色，壁上爲天池，池中流泉噴湧，釃爲百道，皆作金色，入阿勒坦郭勒。實黄河之上源，又在星宿海上。則知崑崙爲黄河真源，在今回部中。其水伏流而出，青流之阿勒坦噶達素齊老，始經星宿海，重源再發，得未曾有。不但千古之疑可以冰釋，即都實、拉錫氏之所尋探尚屬得半而止爾。張騫蓋嘗身歷其地，史、漢疏略不言也。又唐書吐谷渾傳及舊書侯君集傳敘，太宗時李靖、侯君集、任城王道宗破吐谷渾，次星宿川達柏海，北望積石山，觀河源。此河源只在積石山，流入爲中國河處，而星宿川亦非星宿海。至明徐弘祖遊記謂「河出崑崙北星宿海，去中夏三萬四千三百里」，恐未可信。愚按：梁氏所論，亦未必確，姑録以資考據。

〔三〕【索隱】余敢言也。案：漢書作「所有放哉」。如淳云：「放蕩迂闊，言不可信也。」余敢言也，亦謂山海經難可信耳。而荀悦作「效」，蓋失之矣。【正義】言本紀及山海經所言奇怪之物，余不敢敍也。【考證】王先謙曰：此贊不敢斥言武帝志窮荒遠之失，據崑崙之非，實以寓諷也。武帝所名崑崙，非真河源。然因此並疑崑崙，則蔽所不見之失也。梁玉繩曰：劉秀上山海經奏、吴越春秋、無余外傳、論衡別通、路史後紀並謂益作之。隋志及顔氏家訓書證云禹、益所記。酈道元水經注序及濁漳水注並云禹著。史通雜述篇言「夏禹敷土，實著山經」，宋尤袤以爲恢誕不典，定爲先秦之書。朱子以爲緣解楚辭天問而作。吾丘衍閒居録謂凡「政」字皆避去，知秦時方士所著。楊慎升菴集山海經後序以爲出于太史終古、孔甲之流，疑莫能定，文多冗複，似非一時一手所爲也。

【索隱述贊】大宛之迹，元因博望。始究河源，旋窺海上。條枝西入，天馬内向。葱嶺無塵，鹽池息浪。曠哉絶域，往往亭障。

史記會注考證卷一百二十四

史記一百二十四

游俠列傳第六十四

【集解】荀悦曰：「立氣齊，作威福，結私交，以立彊於世者，謂之游俠。」【考證】史公自序云：「救人於戹，振人不贍，仁者有采；不既信，不倍言，義者有取焉。作游俠列傳第六十四。」柯維騏曰：荀悦謂世有三游，德之賊也。揚雄謂游俠竊國靈者也。太史公作傳，豈誠美其事哉？遷遭李陵之禍，平昔交游緘默自保。其視不愛其軀，赴士之戹困者何如？其言曰「誠使鄉曲之俠，與季次、原憲比權量力，效功於當世，不同日而論」，蓋有激也。此與貨殖傳同意。班固不原此意，乃譏其進奸雄而崇勢利，誤矣。張照曰：按遷意所不滿，莫若公孫丞相及衞、霍，觀佞幸傳之闌入衞、霍可見。此言儒不如俠，其所爲儒，即指公孫弘輩。而班固謂其「是非頗謬於聖人」，亦不達其旨焉。愚按：周末游俠極盛，至秦、漢不衰，修史者不可没其事也。史公此傳豈有激而作乎哉？諸解失其本末。又按：此傳亦是一篇文字，各人提行，非史公之舊，今從金陵本。

韓子曰：「儒以文亂法，而俠以武犯禁。」〔一〕二者皆譏，〔二〕而學士多稱於世云。至如以術取宰相卿大夫，輔翼其世主，功名俱著於春秋，〔三〕固無可言者。〔四〕及若季次、原憲，閭巷人也。讀書懷獨行君子之德，義不苟合當世，當世亦笑之。〔五〕故季次、原憲，終身空室蓬戶，褐衣疏食不厭。〔六〕死而已四百餘年，而弟子志之不倦。〔七〕今游俠，其行雖不軌於正義，然其言必信，其行必果，已諾必誠，不愛其軀，赴士之阸困，〔八〕既已存亡死生矣，〔九〕而不矜其能，羞伐其德，蓋亦有足多者焉。

〔一〕【正義】言文之蔽，小人以僿。謂細碎苛法亂政。【考證】韓非子五蠹篇語。「儒以文亂法」，李斯所謂「諸生不師今而學古，以非當世，惑亂黔首」者。正義誤。

〔二〕【正義】譏，非言也。儒敝亂法，俠盛犯禁，二道皆非，而學士多稱於世者。故太史公引韓子欲陳游俠之美。【考證】韓子之言止于「犯禁」，「二者皆譏」言儒、俠二者爲韓非所譏也。

〔三〕【索隱】功名俱著春秋。案：春秋謂國史也。以言人臣有功名，則見記于其國之史，是俱著春秋者也。【正義】春秋則左傳也。言以數術，取宰相卿大夫，輔其主，功名著左傳者，固無可更言說也。【考證】以術取宰相卿大夫，暗斥公孫弘、張湯諸人。春秋，猶言史乘。索隱爲是。

〔四〕【考證】中井積德曰：無可言，不容論也。

〔五〕【集解】徐廣曰：「仲尼弟子傳曰，公晳哀字季次，未嘗仕，孔子稱之。」【索隱】行，音下孟反。

〔六〕【索隱】不饜。饜，飽也，於豔反。【正義】莊子云「原憲處居環堵之室，蓬戶不完。以桑爲樞，而甕牖，上漏下溼，獨坐而弦歌」也。

〔七〕【考證】陳仁錫曰：「死而已四百餘年」七字爲一句。

〔八〕【索隱】上音厄。

〔九〕【考證】李笠曰：案：「存亡死生」當作「存亡生死」。謂亡者存之，死者生之也。左氏襄公二十二年傳「所謂生死而肉骨也」，與此語同。愚按：出入存亡死生間也，自游俠言之。李説非。

且緩急，人之所時有也。〔一〕太史公曰：昔者虞舜窘於井廩，伊尹負於鼎俎，〔二〕傅説匿於傅險，吕尚困於棘津，〔三〕夷吾桎梏，百里飯牛，仲尼畏匡，菜色陳、蔡。此皆學士所謂有道仁人也，猶然遭此菑，況以中材而涉亂世之末流乎？其遇害，何可勝道哉！

〔一〕【考證】陳仁錫曰：太史公敍游俠之義曰「有足多」，曰「有所長」，曰「賢豪」，曰「曷可乎」，曰「是爲難」，曰「有足稱」，其所推揚之者不一而足，可謂婉曲矣。

〔二〕【正義】舜塗廩鑿井，在五帝紀。非有先生論云「伊尹蒙恥辱負鼎俎，和五味以干湯也」。【考證】鼎俎之誣，説在殷紀。

〔三〕【集解】徐廣曰：「在廣川。」【正義】尉繚子云太公望行年七十，賣食棘津云。古亦謂之石濟津，故南津。

鄙人有言曰：「何知仁義，已饗其利者爲有德。」〔一〕伯夷醜周，餓死首陽山，而文、武不以其故貶王；跖、蹻暴戾，其徒誦義無窮。〔二〕由此觀之，「竊鉤者誅，〔三〕竊國者侯，侯之門，仁義存」，〔四〕非虚言也。

〔一〕【索隱】已，音以。饗，音享，受也。言已受其利則爲有德，何知必仁義也。【考證】張文虎曰：「已」當作「己」。己，猶身也。謂身受其人之利，即其人爲仁義矣。索隱音已爲以，非。

〔二〕【正義】跖，秦大盜也。蹻，楚大盜也。蹻，求略反。

〔三〕【索隱】以言小竊則爲盜而受誅也。

〔四〕【索隱】言人臣委質於侯王門，則須存于仁義。若游俠輕健，亦何必肯存仁義也。【考證】語本莊子胠篋篇。

其義不同。余有丁曰：此上文「饗其利者爲有德」意也。方苞曰：竊鉤者誅，喻俠客之捍文網也。竊國者侯，喻弘、湯誣上殘民，以竊高位也。侯之門仁義存，譏世人不知弘、湯之醜，而稱美之也。張文虎曰：侯之門，仁義存，謂衆以仁義稱之，受其利故也。索隱不知所謂。

今拘學或抱咫尺之義，久孤於世，豈若卑論儕俗，與世沈浮，而取榮名哉！〔一〕而布衣之徒，設取予然諾，千里誦義，爲死不顧世，此亦有所長，非苟而已也。故士窮窘而得委命，此豈非人之所謂賢豪閒者邪？〔二〕誠使鄉曲之俠，予季次、原憲比權量力，效功於當世，不同日而論矣。〔三〕要以功見言信，俠客之義，又曷可少哉！

〔一〕【索隱】言拘學守義之士，或抱咫尺纖微之事，遂久以當代孤負我志，而不若卑論儕俗以取榮寵也。【正義】儕，等也。言拘學之人，或抱纖介之義，久孤不官者，豈若下卑儕等之流，隨世衰盛，而取榮祿，何相比哉？原憲、季次不及欒布上也。【考證】中井積德曰：拘學，拘泥之學士。孤於世，於時無偶也。張文虎曰：此謂拘守志節，獨行踽踽，不見知於世也。方苞曰：所謂榮名，即以術取宰相卿大夫，非君子所謂榮也。曲學阿世，爲卑鄙之論，以儕於流俗，乃與世浮沈，以取榮名之術。愚按：史公固非惡拘學之士，尚榮名之徒者，蓋故反言之以竦動人聽也。班固不得其意，則曰「序游俠，則退處士而進姦雄」，誤矣。

〔二〕【考證】岡白駒曰：委，託也。上文所云「赴士之阸困者」也。中井積德曰：「閒」字疑衍。愚按：楓山、三條本「閒」作「聞」。

〔三〕【考證】凌稚隆曰：一本「予」作「與」。岡白駒曰：予、與同。愚按：此言鄉曲之俠，權力效功，敻過季次、原憲也。賈誼過秦論「試使山東之國，與陳涉度長絜大，比權量力，則不可同年而語矣」，史公句法所本。

古布衣之俠，靡得而聞已。近世延陵、孟嘗、春申、平原、信陵之徒，〔一〕皆因王者親屬，藉於有土卿相之富厚，招天下賢者，顯名諸侯，不可謂不賢者矣。比如順風而呼，聲非加疾，其埶激也。〔二〕至如閭巷之俠，脩行砥名，聲施於天下，莫不稱賢，是爲難耳。〔三〕然儒、墨皆排擯不載。〔四〕自秦以前，匹夫之俠，湮滅不見，余甚恨之。以余所聞，漢興有朱家、田仲、王公、劇孟、郭解之徒，〔五〕雖時扞當世之文罔，〔六〕然其私義廉絜退讓有足稱者。名不虛立，士不虛附。至如朋黨宗彊比周，設財役貧，豪暴侵凌孤弱，恣欲自快，游俠亦醜之。余悲世俗不察其意，而猥以朱家、郭解等令與暴豪之徒同類而共笑之也。〔七〕

〔一〕**【集解】**徐廣曰：「代郡亦有延陵縣。」駰案：韓子云「趙襄子召延陵生，令車騎先至晉陽」。襄子時趙已并代，可有延陵之號，但未詳是此人非耳。**【考證】**顧炎武曰：延陵謂季札。以其偏游上國，與名卿相結，解千金之劍而繫冢樹，有俠士之風也。中井積德曰：「延陵」疑衍文。漢書舉四君而不及延陵，亦足徵。崔適曰：下文專承四豪爲義，豈有一字涉於延陵者？其爲衍文，明矣。愚按：梁玉繩、張文虎亦以「延陵」爲衍文。徐廣、顧炎武說非。

〔二〕**【考證】**凌稚隆曰：一本「比」作「此」。愚按：比，譬也。荀子勸學篇「順風而呼，聲非加疾也，而聞者彰」。韓非子難勢篇「弩弱而矢高者，激於風也」。

〔三〕**【索隱】**施，音以豉反。

〔四〕**【正義】**擯，棄也。

〔五〕**【考證】**王公即王孟。

〔六〕**【索隱】**扞，即捍也。違扞當代之法網，謂犯於法禁也。

〔七〕**【正義】**猥，烏罪反。朱家、郭解與豪暴之徒雜處而同類，共笑之，故爲游俠之別也。

魯朱家者，與高祖同時。魯人皆以儒教，而朱家用俠聞。所藏活豪士以百數，其餘庸人不可勝言。〔一〕然終不伐其能，歆其德，〔二〕諸所嘗施，唯恐見之。振人不贍，先從貧賤始。家無餘財，衣不完采，食不重味，乘不過軥牛。〔三〕專趨人之急，甚己之私。〔四〕既陰脫季布將軍之阸，及布尊貴，終身不見也。〔五〕自關以東，莫不延頸願交焉。

〔一〕【考證】藏，藏亡命之人也。

〔二〕【考證】岡白駒曰：不歆其德，不亨人之以爲恩德。愚按：楓山、三條本「歆」作「飲」，與漢書游俠傳合，非是。

〔三〕【集解】徐廣曰：「音雊。」駰案：漢書音義曰「小牛」。【索隱】上音古豆反。案：大牛當軛，小爲軥牛。【正義】軥牛在當前挽也。晉灼曰：「軥，枙也。軥牛，小牛也。」【考證】漢書「完」作「兼」。沈欽韓曰：時賤牛車，而朱家所乘，並是挽軥之小牛，言其貧薄。說文：「軥，軛下曲者。」

〔四〕【考證】漢書「己」下無「之」字。

〔五〕【索隱】陰脫季將軍之厄。案：季布爲漢所購求，朱家以布髡鉗爲奴，載以廣柳車而出之，及尊貴而不見之，亦高介至義之士，然布竟不見報朱家之恩。【考證】楓山、三條本「不」下有「往」字。徐孚遠曰：季布事已具傳中，此不詳敘，亦史法也。

楚田仲以俠聞，喜劍，父事朱家，自以爲行弗及。田仲已死，而雒陽有劇孟。〔一〕周人以商賈爲資，而劇孟以任俠顯諸侯。〔二〕吳、楚反時，條侯爲太尉，乘傳車將至河南，〔三〕得劇孟，喜曰：「吳、楚舉大事，而不求孟，吾知其無能爲已矣。」天下騷動，宰相得之，若得一敵國云。〔四〕劇孟行大類朱家，而好博，多少年之戲。〔五〕然劇孟母死，自遠方送喪，蓋千乘。〔六〕及劇孟死，家無餘十金之財。而符離人王孟，亦以俠稱江、淮之閒。

〔一〕【考證】漢書無「喜劍」二字。楓、三本重「朱家」二字，「田仲」下有「仲」字。

〔二〕【考證】漢書無「諸侯」二字。

〔三〕【考證】漢書「車」作「東」。

〔四〕【考證】李笠曰：漢書無「矣」字。此文多一「矣」字，則語緩，疑誤衍。「宰相」當作「大將軍」。通鑑考異云：「按：劇孟一游俠之士耳，亞夫得之，何足爲輕重？蓋其徒欲爲孟重名，妄撰此言，不足信也。」

〔五〕【索隱】按：博，六博戲也。

〔六〕【考證】庶人送喪之多，蓋始於此。

是時濟南瞷氏、〔一〕陳周庸〔二〕亦以豪聞。景帝聞之，使使盡誅此屬。其後代諸白、〔三〕梁韓無辟、〔四〕陽翟薛兄、〔五〕陝韓孺，〔六〕紛紛復出焉。

〔一〕【索隱】瞷，音閒。案：爲郅都所誅。

〔二〕【索隱】陳國人，姓周名庸。【考證】漢書「庸」作「膚」。

〔三〕【索隱】代，代郡。人有白氏，豪俠非一，故言「諸」。

〔四〕【索隱】梁國人，韓，姓；無辟，名。辟，音避。【正義】辟，音璧，梁人也。

〔五〕【索隱】音況。

〔六〕【集解】徐廣曰：「陝，疑當作『郟』字。潁川有郟縣。南越傳曰：『郟壯士韓千秋』也。」【索隱】「陝」當爲

「郟」。陝音如冉反，郟音紀洽反。漢書作「寒孺」。【正義】薛況，河南陽翟人也。韓孺，陝縣人也。不用徐音。

郭解，軹人也，字翁伯，〔一〕善相人者許負外孫也。〔二〕解父以任俠，孝文時誅死。解爲人短小精悍，不飲酒。〔三〕少時陰賊，〔四〕慨不快意，身所殺甚衆。〔五〕以軀借交，報仇藏命，作姦剽攻不休。〔六〕及鑄錢掘冢，固不可勝數。〔七〕適有天幸，窘急常得脫，若遇赦。〔八〕及解年長，更折節爲儉，以德報怨，厚施而薄望。然其自喜爲俠益甚。〔九〕既已振人之命，不矜其功，其陰賊著於心，卒發於睚眦如故云。〔一〇〕而少年慕其行，亦輒爲報仇，不使知也。解姊子負解之勢，與人飲，使之嚼。非其任，彊必灌之。〔一一〕人怒，拔刀刺殺解姊子，亡去。解姊怒曰：「以翁伯之義，人殺吾子，賊不得。」〔一二〕弃其尸於道，弗葬，欲以辱解。解使人微知賊處。賊窘自歸，具以實告解。〔一三〕解曰：「公殺之固當，吾兒不直。」遂去其賊，罪其姊子，〔一四〕乃收而葬之。諸公聞之，皆多解之義，益附焉。

〔一〕【索隱】漢書云：河内軹人也。

〔二〕【考證】許負相周亞夫，見絳侯世家。相薄太后，見外戚世家。

〔三〕【正義】精，善好人。悍，勇健。【考證】漢書「精」作「静」。顔師古曰：性沈静而勇悍。王念孫曰：「静」與「精」同。藝文類聚人部十七，御覽人事部百七十三引漢書亦作「精悍」。「精」與「悍」義相近，故以「精悍」連文。儒林傳「韓嬰其人精悍」，酷吏傳「嚴延年爲人短小精悍」。作「静」者音聲近而字通耳。若以静爲沈静，則與「悍」字義相遠矣。

〔四〕【索隱】以内心忍害。

〔五〕【正義】慨，苦代反。慷慨，言不合意則殺之。【考證】漢書「慨」上有「感」字。

〔六〕【索隱】案：藏命，謂亡命也。【正義】命，名也。謂藏匿其名而作姦惡也。【考證】漢書「借交」作「藉友」，「休」上無「不」字。顔師古曰：藏命，藏亡命之人也。顔師古曰：剽，劫也。劉攽曰：攻，謂攻奪而取之。王念孫曰：剽、攻是一事。

〔七〕【考證】漢書「及」作「乃」。上文「休」字屬下讀，無「固」字。王念孫曰：「及」當作「乃」，「休」上「不」字衍。「休乃鑄錢掘冢」爲一句。漢書作「藏命作姦剽攻，休乃鑄錢掘冢」。顔師古云：不報仇剽攻，則鑄錢發冢也。是「休」字屬下爲句。貨殖傳云：「起則相隨椎剽，休則掘冢」，此又一證也。愚按：及，猶又也。史文自通，不必從漢書改文。

〔八〕【考證】若，及也。

〔九〕【索隱】蘇林云：「言性喜爲俠也。」【考證】儉，檢束也。中井積德曰：自喜，謂自愛好。

〔一〇〕【考證】振，救也。卒、猝同。漢書作「本」，非是。

〔一一〕【集解】徐廣曰：「嚼，音子妙反，盡酒也。」【索隱】負，恃也。嚼，即妙反，謂酒盡。【正義】其人不能飲，强使盡之。【考證】漢書「嚼」作「釂」。錢大昕曰：「嚼」與「釂」同。説文：「釂，飲盡酒也。」

〔一二〕【考證】翁伯，解字。漢書「之義」作「時」。

〔一三〕【考證】顔師古曰：微，伺問之也。

〔一四〕【集解】徐廣曰：「去，遣使去。」【考證】王先謙曰：言歸罪死者。

解出入，人皆避之。有一人獨箕踞視之，解遣人問其名姓。客欲殺之。解曰：「居邑屋，至不見敬，是吾德不脩也，彼何罪！」〔一〕乃陰屬尉史曰：「是人，吾所急也，至踐更時脫之。」〔二〕每至踐更，數過，吏弗求。〔三〕怪之，問其故，乃解使脫之。〔四〕箕踞者乃肉袒謝罪。〔五〕少年聞之，愈益慕解之行。

〔一〕【考證】張文虎曰：踞，各本作「倨」。毛本、舊刻作「踞」。顏師古曰：邑屋，猶今人言村舍也。愚按：莊子胠篋篇「治邑屋州閭鄉曲」。

〔二〕【索隱】案：謂吾心中所急，言情切急之謂。漢書作「重」也。【考證】漢書「史」作「吏」。沈欽韓曰：漢舊儀「尉史」曰「尉吏」，蓋吏繇之事掌於尉。中井積德曰：急，謂親恤之切至也。

〔三〕【集解】如淳曰：「更有三品，有卒更，有踐更，有過更。古有正卒，無常人，皆當迭爲之，一月一更，是爲卒更也。貧者欲得顧更錢者，次直者出錢顧之，月二千，是爲踐更也。律說卒更、踐更者，居縣中五月乃更也。後從尉律，卒踐更一月休十一月也。」【索隱】數，音朔，謂頻免之也。又音色主反。數亦頻也。【考證】吳王濞傳云「卒踐更平價」。顏師古曰：踐更，爲踐更之卒也。直，當也。中井積德曰：按漢書音義云「自行爲卒，謂之踐更」，是知踐更當更番者也。吳王濞傳當併案。如注「三品」不可從，且註「卒更」，即是本文「踐更」矣。

〔四〕【正義】箕踞者怪踐更至數過不喚，乃問其故。

〔五〕【考證】凌稚隆曰：應前「以德報怨」。

雒陽人有相仇者，邑中賢豪居閒者以十數，終不聽。〔一〕客乃見郭解。解夜見仇家，仇家曲聽解。〔二〕解乃謂仇家曰：「吾聞雒陽諸公在此閒，多不聽者。今子幸而聽解，解柰何乃從他縣奪人邑中賢大夫權乎！」〔三〕乃夜去，不使人知，曰：「且無用，待我，待我去，令雒陽豪

居其閒，乃聽之。」〔四〕

〔一〕【索隱】數，色具反。【正義】閒，言處兩仇之閒。【考證】顏師古曰：居閒，居中閒爲道地，和輯之，而不見許也。

〔二〕【索隱】仇家曲聽，謂屈曲聽解也。【考證】漢書「聽」下無「解」字。中井積德曰：曲聽，非其心勉强從之也。

〔三〕【考證】漢書無「此」字、「者」字、「乃」字、「中」字。

〔四〕【索隱】按：漢書「無用」作「無庸」。蘇林曰：「且無便用吾言，待我去，令洛陽豪居其閒也。」【正義】解曰且無用我言，待我去後，洛陽豪言之，乃從也，是不欲奪人權勢。【考證】漢書無「待我」二字。正義本無「待」字。愚按：正義本近是。無用我猶言無爲用我也。凌稚隆曰：應前「不矜其功」。

解執恭敬，不敢乘車入其縣廷。〔一〕之旁郡國，爲人請求事，〔二〕事可出，出之；不可者，各厭其意，然後乃敢嘗酒食。〔三〕諸公以故嚴重之，爭爲用。邑中少年，及旁近縣賢豪，夜半過門，常十餘車，請得解客舍養之。〔四〕

〔一〕【考證】漢書「恭敬」作「恭儉」，下有「出未嘗有騎」五字。

〔二〕【考證】顏師古曰：所屬之縣也。

〔三〕【考證】楓山本「各」上有「令」字。漢書「各」下有「令」字。如淳曰：事可爲免出者出之。顏師古曰：厭，滿也。凌稚隆曰：應前「厚施薄望」。

〔四〕【索隱】如淳云：「解多藏亡命者，故喜事年少與解同志者，知亡命者多歸解，故多將車來，欲爲解迎亡者而藏之者也。」【考證】楓山、三條本「賢豪」下有「過從解常至」五字。漢書無。

及徙豪富茂陵也，解家貧，不中訾，〔一〕吏恐，不敢不徙。〔二〕衛將軍爲言：「郭解家貧不中徙。」上曰：「布衣權至使將軍爲言，此其家不貧。」解家遂徙。諸公送者出千餘萬。〔三〕軹人楊季主子爲縣掾，舉徙解。〔四〕解兄子斷楊掾頭。由此楊氏與郭氏爲仇。

〔一〕【索隱】不中貲。案：貲不滿三百萬已上爲不中。【正義】言貲財少，不中徙茂陵也。

〔二〕【考證】中井積德曰：解雖不中貲，而其名在籍，故吏恐違上命獲罪，不敢釋之也，非恐解。

〔三〕【考證】周壽昌曰：衛青固謹畏，不肯薦士。所言於上者，獨主父偃、郭解兩人。尚有咸宣，亦因青言，上爲廐丞。陳子龍曰：人皆言衛將軍不好客，然如郭解者，將軍未嘗不識也。苟不多奇士，何以有將軍之功乎？將軍蓋因人主意，而晦其迹耳。通鑑考異云「荀紀以郭解事著於建元二年」。按：武帝建元二年，初置茂陵邑。三年，賜徙茂陵者錢。當是時衛青、公孫弘皆未貴。又元朔二年，徙郡國豪傑于茂陵，此乃徙解之時也。

〔四〕【考證】岡白駒曰：新徙茂陵，解本情所不願也。故衛將軍爲言不中徙。上文云「解家遂徙」，此又云「舉徙解」，蓋言掾當初據天子言而舉徙之也。愚按：漢書「舉徙」作「鬲之」。顔師古云「隔塞其送，不令解得之也」，與史義異。

解入關，關中賢豪知與不知，聞其聲，爭交驩解。解爲人短小，不飲酒，出未嘗有騎。〔一〕已又殺楊季主。〔二〕楊季主家上書，人又殺之闕下。〔三〕上聞，乃下吏捕解。解亡，置其母家室夏陽，〔四〕身至臨晉。〔五〕臨晉籍少公素不知解，解冒，因求出關。〔六〕籍少公已出解，解轉入太原，所過輒告主人家。〔七〕吏逐之，跡至籍少公。少公自殺，口絕。〔八〕久之，乃得解。窮治所犯，爲解所殺，皆在赦前。〔九〕軹有儒生，侍使者坐。客譽郭解，生曰：「郭解專以姦犯公法，何謂賢！」解客聞，殺此生，斷其舌。吏以此責解，解實不知殺者。殺者亦竟絶，莫知爲誰。〔一〇〕吏奏解無罪。御史大夫公孫弘議曰：「解布衣爲任俠行權，以睚眦殺人。解雖弗知，此罪甚於解殺之。當大逆無道。」〔一一〕遂族郭解翁伯。〔一二〕

〔一〕【考證】漢書無「解解爲人短小不飲酒出未嘗有騎」十四字。中井積德曰：「解爲人短小不飲酒」，是複出，誤寫耳。「出未嘗有騎」句，當在前文「不敢乘」上。

〔二〕【考證】漢書「已」作「邑人」。

〔三〕【正義】解客於闕下殺上書人。

〔四〕【集解】徐廣曰：「屬馮翊。」【正義】故城在同州韓城縣南二十里，漢夏陽也。

〔五〕【正義】故城在同州馮翊縣西南二里。

〔六〕【考證】岡白駒曰：冒，假稱他人姓名也。愚按：漢書「公」作「翁」，無「解冒求」三字。

〔七〕【正義】告主人家，示所去處。【考證】漢書「轉入」作「傳」，無「所」字，「家」作「處」。中井積德曰：主人家，謂今後所經過之家，故吏得迹之。

〔八〕【考證】岡白駒曰：少公素不知解，自殺口絶。上文所謂「知與不知聞其聲争交驩」也。

〔九〕【考證】楓山本「爲」下有「而」字，與漢書合。

〔一〇〕【考證】漢書「責」上無「此」字。凌稚隆曰：應前「少年爲報仇不使知」。

〔一一〕【考證】漢書「解殺之」作「解知殺之」。中井積德曰：弗知之罪，甚於親殺，是老吏弄文處。

〔一二〕【考證】梁玉繩曰：王孝廉云「翁伯」二字衍，是處何必復表其字耶？周壽昌曰：後漢書郭伋傳「高祖父解，汲父梵，蜀都太守」。是解曾孫，伋則玄孫也。解雖被族誅，必有慕其俠義而藏其後人者，故至東漢復盛。

自是之後，爲俠者極衆，敖而無足數者。〔一〕然關中長安樊仲子、槐里趙王孫、長陵高公子、西河郭公仲、太原鹵公孺、〔二〕臨淮兒長卿、東陽田君孺〔三〕雖爲俠，而逡逡有退讓君子之風。〔四〕至若北道姚氏，〔五〕西道諸杜，南道仇景，東道趙他、羽公子，南陽趙調之徒，此盜跖居民間者耳，〔六〕曷足道哉！此乃鄉者朱家之羞也。〔七〕

〔一〕【集解】徐廣曰：「敖，倨也。」【考證】中井積德曰：漢書削「敖」字，似長。

〔二〕【集解】徐廣曰：「鴈門有鹵城也。」【索隱】太原鹵翁。漢書作「魯公孺」。魯，姓也，與徐廣之說不同也。【考證】漢書「仲子」作「中子」，「公仲」作「翁中」，「鹵公孺」作「魯公孺」。徐廣以鹵爲地名，非。

〔三〕【索隱】漢書作「陳君孺」。然陳、田聲相近，亦本同姓。【正義】其東陽蓋貝州歷亭縣者，爲近齊故也。【考證】兒，音五奚反。

〔四〕【考證】漢書「逡逡」作「恂恂」。顏師古曰：謹信之貌。

〔五〕【索隱】北道諸姚。蘇林云：「道，猶方也。」如淳云：「京師四出道也。」【考證】北道、西道，猶北國、西國也。

〔六〕【索隱】舊解以趙他、羽公子爲二人。今案：此姓趙，名他羽，字公子也。【考證】漢書「跖」下有「而」字，「東道」下無「趙」字。顏師古曰：姓它，名羽，字公子。錢大昕曰：以上下文證之，則索隱舊解爲是。春秋傳鄭穆公之後有羽氏。愚按：楓山、三條本「盜」上有「比」字。

〔七〕【考證】楓山、三條本「之」下有「所」字。漢書「之」作「所」。「自是之後」以下列舉似俠非俠者以結，文有落著。或以爲後人所續，非也。

太史公曰：吾視郭解，狀貌不及中人，言語不足採者。然天下無賢與不肖，知與不知，皆慕其聲，言俠者皆引以爲名。諺曰：「人貌榮名，豈有既乎！」〔一〕於戲，惜哉！〔二〕

〔一〕【集解】徐廣曰：「人以顔狀爲貌者，則貌有衰落矣，唯用榮名爲飾表，則稱譽無極也。既，盡也。」

〔二〕【考證】中井積德曰：惜其不令終也。

【索隱述贊】游俠豪倨，藉藉有聲。權行州里，力折公卿。朱家脱季，劇孟定傾。急人之難，免讎於更。偉哉翁伯，人貌榮名。

史記會注考證卷一百二十五

佞幸列傳第六十五　　史記一百二十五

【考證】史公自序云：「夫事人君，能説主耳目，和主顔色，而獲親近，非獨色愛，能亦各有所長。作佞幸列傳第六十五。」

諺曰「力田不如逢年，善仕不如遇合」，〔一〕固無虚言。非獨女以色媚，而士宦亦有之。〔二〕

〔一〕【集解】徐廣曰：「遇，一作『偶』。」【考證】劉辰翁曰：偶合是。梁玉繩曰：封禪、河渠、平準及此傳前敘獨無「太史公曰」四字，何也？

〔二〕【考證】張文虎曰：南宋、舊刻、毛本「士」作「仕」。

昔以色幸者多矣。至漢興，高祖至暴抗也，然籍孺以佞幸；〔一〕孝惠時有閎孺。〔二〕此兩人非有材能，徒以婉佞貴幸，與上臥起，公卿皆因關説。〔三〕故孝惠時，郎侍中皆冠鵕鸃，貝帶，傅脂粉，化閎、籍之屬也。〔四〕兩人徙家安陵。〔五〕

〔一〕【索隱】伉，音苦浪反。言暴猛伉直。【考證】索隱本「抗」作「伉」。酷吏傳贊云：「郅都伉直。」楊慎曰：樊噲傳「高帝枕一宦者臥」，豈即籍孺？

〔二〕【正義】籍、閎皆名也。孺，幼小也。

〔三〕【索隱】按：關，訓通也。謂公卿因之而通其詞説。劉氏云：「有所言説，皆關由之。」【正義】關，猶歷也。言公卿有事，皆關兩人而説於上也。【考證】梁孝王世家「大臣及袁盎等有所關説於景帝」，義同。

〔四〕【集解】漢書音義曰：「鵕鸃，鳥名。以毛羽飾冠，以貝飾帶。」【索隱】鵕鸃，應劭云：「鳥名，毛可以飾冠。」許慎云：「鷩鳥也。」淮南子云：「趙武靈王服貝帶鵕鸃。」漢官儀云：「秦破趙，以其冠賜侍中。」三倉云：「鵕鸃，神鳥也，飛光映天者也。」傳，音付。

〔五〕【正義】惠帝陵邑。

孝文時，中寵臣，士人則鄧通，宦者則趙同、〔一〕北宮伯子。〔二〕北宮伯子以愛人長者；而趙同以星氣幸，常爲文帝參乘；〔三〕鄧通無伎能。鄧通，蜀郡南安人也，〔四〕以濯船爲黃頭郎。〔五〕孝文帝夢欲上天，不能，有一黃頭郎從後推之上天，顧見其衣裻帶後穿。〔六〕覺而之漸臺，〔七〕以夢中陰自求推者郎，〔八〕即見鄧通，其衣後穿，夢中所見也。召問其名姓，姓鄧氏，名通。文帝説焉，〔九〕尊幸之日異。通亦愿謹，不好外交，雖賜洗沐，不欲出。於是文帝賞賜通巨萬以十數，〔一〇〕官至上大夫。〔一一〕文帝時時如鄧通家遊戲。〔一二〕然鄧通無他能，不能有所薦士，獨自謹其身以媚上而已。上使善相者相通，曰「當貧餓死」。文帝曰：「能富通者在

我也。何謂貧乎？」於是賜鄧通蜀嚴道銅山，〔一三〕得自鑄錢，「鄧氏錢」布天下。其富如此。〔一四〕

〔一〕【索隱】案：漢書作「趙談」此云「同」者，避太史公父名也。

〔二〕【正義】顏云：「姓北宮，名伯子也。」按：伯子，名。北宮之官者也。

〔三〕【考證】趙同事，又見袁盎傳。

〔四〕【集解】徐廣曰：「後屬犍爲。」【考證】錢大昕曰：地理志南安屬犍爲郡。犍爲武帝所置，漢初屬蜀也。

〔五〕【集解】徐廣曰：「著黃帽也。」駰案：漢書音義曰：「善濯船池中也。一説，能持擢行船也。土，水之母，故施黃旄於船頭，因以名其郎曰黃頭郎。」【索隱】濯，音棹，遲教反。【正義】濯，音宅教反。濯船，持楫行船也。黃頭，著黃帽也，以土勝水也。【考證】顏師古曰：濯讀曰櫂。

〔六〕【集解】徐廣曰：「一無『裻』字。」【索隱】音篤。裻者，衫襦之横腰者。【考證】中井積德曰：説文「裻，背縫也」。裻以語縱，帶以語後。愚按：漢書作「尻」。

〔七〕【索隱】覺，音教。【正義】括地志云：「漸臺在長安故城中。」關中記云：「未央宮西有蒼池，池中有漸臺，王莽死於此臺。」

〔八〕【考證】毛本「自」作「目」，與漢書合。

〔九〕【索隱】漢書云：「上曰『鄧，猶登也』，悦之。」

〔一〇〕【正義】言賜通巨萬，以至於十也。【考證】劉攽曰：積前後賞賜，盈鉅萬者以十數爾，不謂一賜則鉅萬也。

〔一一〕【考證】王先謙曰：百官表有太中大夫、中大夫，無上大夫。據石奮傳，奮爲太中大夫，二千石，以上大夫禄歸於家。是上大夫即太中大夫也。下文「上大夫」，義同。

〔一二〕【考證】如，往也。漢書「時時」作「時間」。

〔一三〕【正義】括地志云：「雅州榮經縣北三里有銅山，即鄧通得賜銅山鑄錢者。」案：榮經即嚴道。

〔一四〕【正義】錢譜云：「文字稱兩，同漢四銖文。」【考證】沈欽韓曰：西京雜記「文字肉好，皆與天子錢同」。張文虎曰：中統本、吴校金板「自」作「以」。愚按：漢書作「自」。

文帝嘗病癰，鄧通常爲帝唶吮之。〔一〕文帝不樂，從容問通曰：「天下誰最愛我者乎？」通曰：「宜莫如太子。」〔二〕太子入問病，文帝使唶癰，唶癰而色難之。〔三〕已而聞鄧通常爲帝唶吮之，心慙，由此怨通矣。及文帝崩，景帝立，鄧通免，家居。居無何，人有告鄧通盜出徼外鑄錢。下吏驗問，頗有之，遂竟案，盡没入鄧通家，尚負責數巨萬。〔四〕長公主賜鄧通，〔五〕吏輒隨没入之，一簪不得著身。〔六〕於是長公主乃令假衣食。〔七〕竟不得名一錢，〔八〕寄死人家。

〔一〕【索隱】唶，仕格反。吮，仕兖反。【考證】漢書「唶」作「嗽」。顔師古曰：音山角反。

〔二〕【考證】徐孚遠曰：文帝自以爲病困，故不樂也。又曰：是時諸子無奪適者，通偶然言之耳，非以排太子也。

〔三〕【考證】漢書「使唶癰」下有「太子」二字。

〔四〕【正義】顔師古曰：「積其前後所犯，合没官者數多，除其現在財物以外，尚有負官數鉅萬，故云「吏輒隨没入之」。

〔五〕【集解】韋昭曰：「景帝姊也。」【索隱】案：即館陶公主也。【正義】館陶公主，文帝之女。

〔六〕【索隱】吏輒没入，謂長公主别有物賜通，吏輒没入以充贓也。

〔七〕【索隱】謂公主令人假與衣食。【正義】公主乃令通假借衣食，而公主私給之。

〔八〕【索隱】按：始天下名「鄧氏錢」，今皆没入，卒竟無一錢之名也。【考證】中井積德曰：苟名通物，吏輒没入之，故衣食亦不得名爲通物。史欲言其極，而曰「不得名一錢」也。與上文「鄧氏錢」不相干。

孝景帝時，中無寵臣，然獨郎中令周文仁，〔一〕仁寵最過庸，乃不甚篤。〔二〕

〔一〕【索隱】案：漢書稱「周仁」，此上稱「周文」，今兼「文仁」，恐後人加耳。案：仁字文。【考證】「文」字衍。蓋旁注竄入。周仁附載萬石張叔傳。沈家本曰：索隱按語，後人所加。

〔二〕【索隱】案：庸，常也。言仁最被恩寵，過於常人，乃不甚篤，如韓嫣也。【考證】張文虎曰：南宋本、毛本作「乃不」，各本倒。方苞曰：庸，用也。帝雖寵用之，而任用則不甚篤也。錢大昕曰：以見景帝之無寵臣也。

今天子中寵臣，士人則韓王孫嫣，〔一〕宦者則李延年。嫣者，弓高侯孽孫也。〔二〕今上爲膠東王時，嫣與上學書，相愛。及上爲太子，愈益親嫣。〔三〕嫣善騎射，善佞。〔四〕上即位，欲事伐匈奴，而嫣先習胡兵，〔五〕以故益尊貴，官至上大夫，賞賜擬於鄧通。〔六〕時嫣常與上臥起。〔七〕江都王入朝，有詔得從入獵上林中。〔八〕天子車駕，蹕道未行，〔九〕而先使嫣乘副車，從數十百騎，鶩馳視獸。江都王望見，以爲天子，辟從者，伏謁道傍。〔一〇〕嫣驅不見。既過，江都王怒，爲皇太后泣曰：「請得歸國，入宿衛，比韓嫣。」〔一一〕太后由此嗛嫣。〔一二〕嫣侍上，出入永巷，不禁，以姦聞皇太后。〔一三〕皇太后怒，使使賜嫣死。上爲謝，終不能得，嫣遂死。而案道侯韓說，其弟也，亦佞幸。〔一四〕

〔一〕【索隱】音偃，又音於建反。

〔二〕【集解】徐廣曰：「弓高侯，韓王信之子頽當也。」【考證】嫣事又見韓王信傳。
〔三〕【考證】楓山、三條本「嫣」作「幸」。
〔四〕【考證】善佞，楓山、三條本作「佞幸」，漢書作「聰慧」。
〔五〕【考證】漢書無「胡」字。
〔六〕【考證】陳仁錫曰：敍韓嫣，則云賞賜「擬於鄧通」，敍延年則云「埒如韓嫣」，血脈聯絡處。
〔七〕【考證】漢書「時」上有「始」字。
〔八〕【考證】江都王，武帝弟。
〔九〕【考證】楓山、三條本「蹕」上有「警」，「道」作「通」。
〔一〇〕【考證】顏師古曰：辟去其從者，而身獨伏謁也。
〔一一〕【索隱】謂還爵封於天子，而請入宿衛。
〔一二〕【集解】徐廣曰：「嗛，讀與『銜』同，漢書作『銜』字。」【正義】慊，銜恨也。
〔一三〕【考證】王先謙曰：永巷，掖廷也。百官表武帝太初元年，改永巷爲掖廷。
〔一四〕【索隱】説，音悦。嫣弟。【考證】漢書云：「韓説以軍功封案道侯。巫蠱時爲戾太子所殺。」

李延年，中山人也。父母及身，兄弟及女，皆故倡也。〔一〕延年坐法，腐，給事狗中。〔二〕而平陽公主言延年女弟善舞，上見，心説之，〔三〕及入永巷，而召貴延年。延年善歌，爲變新聲，〔四〕而上方興天地祠，欲造樂詩歌弦之。延年善承意，弦次初詩。〔五〕其女弟亦幸，有子男。〔六〕延年佩二千石印，號協聲律。與上臥起，〔七〕甚貴幸，埒如韓嫣也。〔八〕久之，寖與中人亂，〔九〕出入驕恣。及其女弟李夫人卒後，愛弛，則禽誅延年昆弟也。

〔一〕【考證】顏師古曰：倡，樂人也。

〔二〕【集解】徐廣曰：「主獵犬也。」【索隱】或犬監也。【考證】漢書「狗」下有「監」字。

〔三〕【考證】女弟即李夫人，在外戚世家。

〔四〕【考證】漢書「變新」作「新變」。崔適曰：衛后色衰，而李夫人進，當在元鼎、元封之間。

〔五〕【索隱】歌初詩。按：初詩，即所新造樂章。【考證】漢書云：「上方興天地諸祠，欲作樂，令司馬相如等作詩頌。延年輒承意，弦歌所造之詩，爲之新聲曲。」李笠曰：「弦次」當作「弦歌」。

〔六〕【考證】即昌邑王。

〔七〕【考證】楓山本「號」下有「曰」字。漢書「號協聲律」作「爲協律都尉」。沈欽韓曰：御覽五百七十引漢書曰：「李延年善歌，帝幸之，時人語曰：『一雌復一雄，雙飛入紫宮。』」按：書中無是語，當亦漢雜事之類。

〔八〕【集解】徐廣曰：「埒，等也。蜀都賦曰『卓鄭埒名』。又云：埒者，疇等之名。」【正義】埒，音劣。埒如微減。【考證】埒，徐說是。

〔九〕【集解】徐廣曰：「一云：坐弟季與中人亂。」【考證】漢書作「久之，延年弟季與中人亂」。徐一本可據。不然，下文「誅昆弟」三字不可解。

自是之後，內寵嬖臣，大底外戚之家，然不足數也。衛青、霍去病亦以外戚貴幸，然頗用材能自進。

太史公曰：甚哉愛憎之時！彌子瑕之行，足以觀後人佞幸矣。〔一〕雖百世可知也。〔二〕

〔一〕【索隱】衛靈公之臣，事見說苑也。【考證】又見韓非傳。

〔二〕【考證】論語爲政篇：「其或繼周者，雖百世可知也。」

【索隱述贊】傳稱令色，詩刺巧言。冠鵔入侍，傅粉承恩。黄頭賜蜀，宦者同軒。新聲都尉，挾彈王孫。泣魚竊駕，著自前論。

史記會注考證卷一百二十六

史記一百二十六

滑稽列傳第六十六

【索隱】按：滑，亂也；稽，同也。言辨捷之人，言非若是，說是若非，言能亂異同也。【正義】顏師古云：「滑稽，轉利之稱也。滑，亂也；稽，礙也。言其變亂無留滯也。」一說，稽，考也。其滑亂不可考校。【考證】史公自序云：「不流世俗，不争勢利，上下無所凝滯，人莫之害，以道之用。作滑稽列傳第六十六。」愚按：儒林、酷吏、游俠、佞幸諸傳概以其人先後爲序，管晏、老莊申韓、孫吳、白王、范蔡諸傳亦莫不皆然。此傳以優孟序于淳于髡前，改「秦有優旃」爲「齊有淳于髡」，改「楚有優孟」爲「秦有優旃」，則庶于先後有次。各本索隱「亂異同也」下有「楚詞」云云一百四字，蓋下文褚先生補傳注語。今依單本移正。

孔子曰：「六蓺於治一也。〔一〕禮以節人，樂以發和，書以道事，詩以達意，易以神化，春秋以道義。」太史公曰：天道恢恢，豈不大哉！〔二〕談言微中，亦可以解紛。〔三〕

〔一〕【正義】言六蓺之文雖異，禮節樂和，導民立政，天下平定，其歸一揆。至於談言微中，亦以解其紛亂，故治一也。

〔二〕【考證】恢恢，大貌。

〔三〕【考證】曾國藩曰：言不特六藝有益於治世，即滑稽之談言微中，亦有裨於治道也。岡白駒曰：解紛亂，即是治，豈獨止六藝耶，天道之所以大也。愚按：「談」字不諱者何也？

淳于髡者，齊之贅壻也。〔一〕長不滿七尺，滑稽多辯，數使諸侯，未嘗屈辱。齊威王之時喜隱，好爲淫樂長夜之飲，〔二〕沈湎不治，委政卿大夫。百官荒亂，諸侯並侵，國且危亡，在於旦暮，左右莫敢諫。淳于髡説之以隱曰：「國中有大鳥，止王之庭，三年不蜚又不鳴，王知此鳥何也？」〔三〕王曰：「此鳥不飛則已，一飛沖天；不鳴則已，一鳴驚人。」〔四〕於是乃朝諸縣令長七十二人，賞一人，誅一人，奮兵而出。〔五〕諸侯振驚，皆還齊侵地，威行三十六年，語在田完世家中。

〔一〕【索隱】髡，苦魂反。贅壻，女之夫也，比於子，如人疣贅，是餘剩之物也。

〔二〕【索隱】喜，音許既反。喜，好也。喜隱，謂好隱語。

〔三〕【考證】庭、鳴，韻。

〔四〕【考證】天、人，韻。黄氏日抄云「三年不飛不鳴之語，楚世家以爲伍舉諫莊王語」。愚按：吕氏春秋重言篇爲成公賈諫楚莊王語。説見楚世家。徐孚遠曰：楚莊、齊威皆有雄畧，故先縱樂以觀羣臣。大鳥之喻，爲得其情也。

〔五〕【考證】齊七十二城，賞即墨大夫，烹阿大夫。

威王八年，楚大發兵加齊。〔一〕齊王使淳于髡之趙請救兵，齎金百斤，車馬十駟。淳于髡仰天大笑，冠纓索絶。〔二〕王曰：「先生少之乎？」髡曰：「何敢！」王曰：「笑豈有説乎？」髡曰：「今者臣從東方來，見道傍有禳田者，〔三〕操一豚蹄酒一盂祝曰：『甌窶滿篝，〔四〕汙邪滿車，〔五〕五穀蕃熟，穰穰滿家。』〔六〕臣見其所持者狹，而所欲者奢，故笑之。」於是齊威王乃益齎黃金千溢，白璧十雙，車馬百駟。髡辭而行，至趙。趙王與之精兵十萬，革車千乘。楚聞之，夜引兵而去。〔七〕

〔一〕【考證】錢大昕曰：案世家及表，是年無齊、楚交兵事，此傳之言，多不足信。

〔二〕【索隱】案：索訓盡，言冠纓盡絶也。孔衍春秋後語亦作「冠纓盡絶」也。

〔三〕【索隱】案：謂爲田求福禳。【考證】張文虎曰：索隱本、舊刻、毛本「禳」，各本譌「穰」。

〔四〕【集解】徐廣曰：「篝，籠也。」【索隱】案：甌窶，猶杯樓也。窶，音如婁，古字少耳。言豐年收掇，易可滿篝籠耳。【正義】窶，音樓。篝，音溝。籠也。甌樓，謂高地狹小之區，得滿篝籠也。【考證】甌窶，蓋方言，言高地也。滿篝，亦言收獲之多。

〔五〕【集解】司馬彪曰：「汙邪，下地田也。」【索隱】按：司馬彪云：「汙邪，下地田。」即下田之中，有薪，可滿車。【正義】汙，音烏。下田肥澤，故得滿車。【考證】中井積德曰：滿篝滿車，並以穀言。

〔六〕【正義】野王云：穰穰，衆多也，夥也。【考證】錢大昕曰：「甌窶滿篝，汙邪滿車，五穀蕃熟，穰穰滿家」四句，不獨車與家韻也。「甌窶」與「篝」韻，「汙邪」與「車」韻，「穀」與「熟」韻，「蕃」與「滿」韻，「穰穰」重文，亦韻，「五」與「車」、「家」亦韻。蓋無一字虛設矣。左傳讒鼎之銘曰「昧旦丕顯，後世猶怠」，「昧」與「丕」，「旦」與

「顯」、「後」與「猶」、「世」與「怠」，皆韻也。

〔七〕【考證】說苑尊賢篇亦載此事，文有異同。

威王大說，置酒後宮，召髡賜之酒，問曰：「先生能飲幾何而醉？」對曰：「臣飲一斗亦醉，一石亦醉。」威王曰：「先生飲一斗而醉，惡能飲一石哉！其說可得聞乎？」髡曰：「賜酒大王之前，執法在傍，御史在後，髡恐懼俯伏而飲，不過一斗徑醉矣。若親有嚴客，髡帣韝鞠䐐，〔一〕侍酒於前，時賜餘瀝，奉觴上壽，數起，飲不過二斗徑醉矣。若朋友交遊，久不相見，卒然相覩，歡然道故，私情相語，飲可五六斗徑醉矣。〔二〕若乃州閭之會，男女雜坐，行酒稽留，六博投壺，相引爲曹，〔三〕握手無罰，目眙不禁，〔四〕前有墮珥，後有遺簪，髡竊樂此，飲可八斗而醉二參。〔五〕日暮酒闌，合尊促坐，男女同席，履舄交錯，杯盤狼籍，堂上燭滅，主人留髡而送客，〔六〕羅襦襟解，微聞薌澤。〔七〕當此之時，髡心最歡，能飲一石。〔八〕故曰酒極則亂，樂極則悲，萬事盡然。」言不可極，極之而衰，〔九〕以諷諫焉。齊王曰：「善。」乃罷長夜之飲，以髡爲諸侯主客。〔一〇〕宗室置酒，髡嘗在側。〔一一〕

〔一〕【集解】徐廣曰：「帣，收衣袖也。袖，衭也。韝，臂捍也。音溝。鞠，曲也。䐐，音其紀反，又與『跽』同，謂小跪也。」【索隱】帣，音卷，紀免反，謂收袖也。韝，音溝，臂扞也。鞠，曲躬也。䐐，音其紀反，與「跽」同音，謂小跪。【考證】洪頤煊曰：「䐐」即「巹」字。說文「巹，謹身有所承也，從己丞」，傳寫者譌作「䐐」。鞠䐐，謂曲身奉杯。

〔二〕【考證】覩、故、語，韻。

〔三〕【考證】留、曹，韻。曹，偶也。

〔四〕【集解】徐廣曰：「眙，吐甑反，直視貌。」【索隱】眙，音與「瞪」同，謂直視也。丑甑反，又音丑二反。

〔五〕【索隱】案：上云「五六斗徑醉矣」，則此爲樂亦甚，飲可八斗而未徑醉，故云「竊樂」。二參，言十有二參。【正義】珥，珠之在耳。【考證】禁、簪、參，韻。外戚世家「夫人脱簪珥而叩頭」，珥、簪皆婦人首飾。

〔六〕【集解】徐廣曰：「一本云『留髡坐起送客』。」

〔七〕【正義】襟，巨禁反。解，閑買反。「衿」或作「終」，帶結也。

〔八〕【考證】錯、滅、客、澤、石，韻。

〔九〕【考證】悲、衰，韻。

〔一〇〕【正義】今鴻臚卿也。

〔一一〕【考證】嘗，讀爲常。

其後百餘年，楚有優孟。〔一〕

〔一〕【考證】劉知幾曰：優孟，楚莊王時人，在淳于髡前二百餘年。此傳云「髡後百餘年」，何也？梁玉繩曰：自楚莊即位，至齊威末年，凡二百七十一年。

優孟，故楚之樂人也。〔一〕長八尺，多辯，常以談笑諷諫。楚莊王之時，有所愛馬，〔二〕衣以文繡，置之華屋之下，席以露牀，啗以棗脯。〔三〕馬病肥死，使羣臣喪之，欲以棺槨大夫禮葬之。左右争之，以爲不可。王下令曰：「有敢以馬諫者，罪至死。」優孟聞之，入殿門，仰天大哭。王驚而問其故。優孟曰：「馬者，王之所愛也，以楚國堂堂之大，何求不得，而以大夫禮葬之，薄，請以人君禮葬之。」王曰：「何如？」對曰：「臣請以彫玉爲棺，文梓爲椁，楩楓豫章爲題湊，〔四〕發甲卒爲穿壙，老弱負土，齊、趙陪位於前，韓、魏翼衛其後，〔五〕廟食太牢，奉以萬户之邑。諸侯聞之，皆知大王賤人而貴馬也。」王曰：「寡人之過，一至此乎！爲之柰何？」優孟曰：「請爲大王六畜葬之。以壠竈爲椁，〔六〕銅歷爲棺，〔七〕齎以薑棗，〔八〕薦以木蘭，祭以糧稻，〔九〕衣以火光，葬之於人腹腸。」〔一〇〕於是王乃使以馬屬太官，無令天下久聞也。〔一一〕

〔一〕【索隱】案：優者，倡優也。孟，字也。其優旃亦同，旃其字耳。優孟在楚，旃在秦者也。【考證】群書治要「之樂」作「優」。

〔二〕【考證】治要無「所」字。

〔三〕【考證】岡白駒曰：露牀，牀之無帷幕者。

〔四〕【集解】蘇林曰：「以木累棺外，木頭皆内向，故曰題湊。」【正義】楩，頻緜反。

〔五〕【集解】楚莊王時，未有趙、韓、魏三國。【索隱】案：此辨説者之詞，後人所增飾之矣。

〔六〕【索隱】按：皇覽亦説此事，以「壠竈」爲「襲突」也。【正義】土壠爲竈，居鬲外如椁。

〔七〕【索隱】按：歷，即釜鬲也。【正義】以銅爲釜鬲，居竈中如棺。【考證】錢大昕曰：「歷」即「𤮍」字。説文「鬲，或作『𤮍』。」

〔八〕【索隱】按：古者食肉用薑棗，禮内則云「實棗於其腹中，屑桂與薑，以洒諸其上而食之」是也。【考證】齎，當作「齊」，調也。藝文類聚引史作「齊」。

〔九〕【考證】糧稻，楓山、三條本作「粳糧」。張文虎曰：中統、毛本作「粳糧」。

〔一〇〕【索隱】皇覽云：「火送之著端，葬之腸中。」

〔一一〕【考證】類聚無「使」字，「久」作「知」。

楚相孫叔敖知其賢人也，善待之。病且死，屬其子曰：「我死，汝必貧困。若往見優孟，言我孫叔敖之子也。」居數年，其子窮困，負薪逢優孟，與言曰：「我，孫叔敖子也。父且死時屬我，貧困往見優孟。」優孟曰：「若無遠有所之。」〔一〕即爲孫叔敖衣冠，抵掌談語。〔二〕歲餘，像孫叔敖，楚王左右不能別也。〔三〕莊王置酒，優孟前爲壽，莊王大驚，以爲孫叔敖復生也，〔四〕欲以爲相。優孟曰：「請歸與婦計之，三日而爲相。」莊王許之。三日後，優孟復來。王曰：「婦言謂何？」孟曰：「婦言愼無爲，楚相不足爲也。如孫叔敖之爲楚相，盡忠爲廉，以治楚，楚王得以霸。今死，其子無立錐之地，貧困負薪以自飲食。必如孫叔敖，不如自殺。」因歌曰：「山居耕田苦，難以得食。起而爲吏，身貪鄙者餘財，不顧恥辱。身死家室富，又恐受賕枉法，爲姦觸大罪，身死而家滅。貪吏安可爲也！〔五〕念爲廉吏，奉法守職，竟死不敢爲非。廉吏安可爲也！楚相孫叔敖，持廉至死，方今妻子窮困，負薪而食，不足爲也！」〔六〕於是莊王謝優孟，乃召孫叔敖子，封之寢丘四百户，以奉其祀。後十世不絕。〔七〕此知可以言時矣。〔八〕

〔一〕【索隱】案：謂優孟語孫叔敖之子曰「汝無遠有所之，適他境，恐王後求汝不得」者也。

〔二〕【集解】戰國策曰：「蘇秦説趙王華屋之下，抵掌而言。」張載曰：「談説之容則也。」【考證】張文虎曰：中統、游本、吴校金板「語」作「話」。

〔三〕【考證】張文虎曰：南宋、中統、游、毛、吳校金板「王」下有「及」字。愚按：御覽及宋費袞梁谿漫志引史亦有「及」字。

〔四〕【考證】劉知幾曰：孫叔敖之歿，時日已久，豈有一見無疑，而遽欲加以寵榮，復其祿位者哉？中井積德曰：楚王亦喜其貌肖耳，非爲真敖而不疑也。復生，猶言再來也。

〔五〕【正義】說文云：「賕，以財枉法相謝也。」

〔六〕【考證】梁玉繩曰：優孟之事，決不可信，所謂滑稽也。隸釋延熹碑述優孟事，與史不同，而所載優孟歌，亦異。歌曰：「貪吏而可爲而不可爲，廉吏而可爲而不可爲。貪吏而不可爲者，當時有汙名，而可爲者子孫以家成。廉吏而可爲者，當時有清名，而不可爲者，子孫困窮，披褐而賣薪。貪吏常苦富，廉吏常苦貧，獨不見楚相孫叔敖，廉潔不受錢。」梁溪漫志謂「憤世疾邪，哀怨過于慟哭，比史記所書遠甚」。

〔七〕【集解】徐廣曰：「寢丘在固始」。【正義】今光州固始縣，本寢丘邑也。呂氏春秋云：「楚孫叔敖有功於國，疾將死，戒其子曰：『王數欲封我，我辭不受。我死，必封汝。汝無受利地，荊、楚閒有寢丘者，其爲地不利，而前有妬谷，後有戾丘，其名惡，可長有也。』其子從之。楚功臣封，二世而收，唯寢丘不奪也。」【考證】梁玉繩曰：翟教授云「列子說符、呂子異寶、淮南子人間訓皆言叔敖死後，封其子寢丘。而韓子喻老篇謂莊王賞叔敖，叔敖請漢間沙石之地，九世而祀不絕。則寢丘之封，在敖未死時也。」

〔八〕【考證】岡白駒曰：言投機而中也，此知可以言之時也。愚按：史公不知時而言，以遭慘刑。六字，有感而發。

其後二百餘年，秦有優旃。〔一〕

〔一〕【考證】崔適曰：旃仕秦歷漢，則在孟後三百七八十年。此云二百餘年亦非也。

優旃者，秦倡朱儒也。善爲笑言，然合於大道。秦始皇時，置酒而天雨，陛楯者皆沾寒。優旃見而哀之，謂之曰：「汝欲休乎？」陛楯者皆曰：「幸甚。」優旃曰：「我即呼汝，汝疾應曰諾。」居有頃，殿上上壽呼萬歲。優旃臨檻大呼曰：「陛楯郎！」郎曰：「諾。」〔一〕優旃曰：「汝雖長，何益，幸雨立。我雖短也，幸休居。」〔二〕於是始皇使陛楯者得半相代。

〔一〕【正義】檻，御覽反。

〔二〕【考證】幸雨立，不成義。楓山、三條本「幸」作「事」，可從。王念孫曰：初學記人部、御覽人事部、樂部引此「益」下無「幸」字，「雨」下有「中」字，蓋今本「幸」字涉下文而衍，又脱「中」字。參存。

始皇嘗議欲大苑囿，東至函谷關，西至雍、陳倉。〔一〕優旃曰：「善。多縱禽獸於其中，寇從東方來，令麋鹿觸之足矣。」始皇以故輟止。

〔一〕【正義】今岐州雍縣及陳倉縣也。

二世立，又欲漆其城。優旃曰：「善。主上雖無言，臣固將請之。漆城雖於百姓愁費，然佳哉！漆城蕩蕩，寇來不能上。即欲就之，易爲漆耳，顧難爲蔭室。」〔一〕於是二世笑之，以其故止。居無何，二世殺死，優旃歸漢，數年而卒。

〔一〕【考證】岡白駒曰：凡漆新髹物，露於外則液流，必入之蔭室而乾。

太史公曰：淳于髡仰天大笑，齊威王橫行。優孟搖頭而歌，負薪者以封。優旃臨檻疾呼，陛楯得以半更。〔一〕豈不亦偉哉！

〔一〕【正義】更，代也。【考證】横行，得志也。行、封、更，韻。

褚先生曰：臣幸得以經術爲郎，而好讀外家傳語。〔一〕竊不遜讓，復作故事滑稽之語六章，編之於左。〔二〕可以覽觀揚意，以示後世。好事者讀之，以游心駭耳，以附益上方太史公之三章。

〔一〕【索隱】按：東方朔亦多博觀外家之語，則外家非正經，即史傳襍説之書也。【考證】姚範曰：外家傳語，未詳。後東方朔傳亦云「多所博觀外家之語」，柳子厚亦稱史記爲「外家書」。顧亭林云：褚少孫以傳記雜説爲外家，蓋以六經爲内也。張文虎曰：索隱此注，各本錯在東方朔傳中，單本亦然。今移正。

〔二〕【索隱】楚詞云：「將突梯滑稽，如脂如韋。」崔浩云：「滑，音骨。滑稽，流酒器也。轉注吐酒，終日不已。言出口成章，詞不窮竭，若滑稽之吐酒。故揚雄酒賦云『鴟夷滑稽，腹大如壺，盡日盛酒，人復藉沽』是也。」又姚察云：「滑稽，猶俳諧也。滑，讀如字。稽，音計也。言諧語滑利，其知計疾出，故云滑稽。」【考證】楓山、三條本「左」下有「方」字，與凌所引一本合。王鳴盛曰：褚先生附傳，若王夫人請其子於齊事，重出可厭。鄴令西門豹事，又不當附滑稽。梁玉繩曰：少孫續傳六章，惟郭舍人、東方生、東郭先生四章爲類，但方朔雖雜詼諧，頗能直言切諫，安可與齊贅優伶比？説衛青者，青傳是寧乘，此云東郭先生，豈東郭即乘耶？至王生從太守就徵，乃宣帝徵勃海守龔遂，漢循吏傳甚明，而以爲武帝徵北海太守，王先生請俱，妄矣。且東郭之白衛將軍，王生之語太守，皆便計美言，何謂滑稽？其餘二章，淳于髡已見本傳，復勦入獻鵠一節，殊失之贅。況説苑奉使稱魏文侯使舍人無擇獻鵠于齊，韓詩外傳十稱齊使獻鴻于楚，初學記二十、御覽九百十六並引魯連子云展無所爲魯君遺齊襄君鴻，所載各異，皆不説髡，毋乃謬歟？若夫西門豹，古之循吏也，而列于滑稽，尤爲不倫。然敍次特妙，非他所續之蕪弱。董份疑爲舊文，褚生取而編之耳。

武帝時有所幸倡郭舍人者，發言陳辭，雖不合大道，然令人主和説。武帝少時，東武侯母常養帝，〔一〕帝壯時，號之曰「大乳母」。〔二〕率一月再朝。朝奏入，有詔使幸臣馬游卿以帛五十匹賜乳母，又奉飲糒飧養乳母。〔三〕乳母上書曰：「某所有公田，願得假倩之。」〔四〕帝曰：「乳母欲得之乎？」以賜乳母。乳母所言，未嘗不聽。有詔得令乳母乘車行馳道中。〔五〕當此之時，公卿大臣皆敬重乳母。乳母家子孫奴從者，横暴長安中，當道掣頓人車馬，奪人衣服。〔六〕聞於中，不忍致之法。有司請徙乳母家室，處之於邊。奏可。乳母當入至前，面見辭。乳母先見郭舍人，爲下泣。舍人曰：「即入見辭去，疾步數還顧。」乳母如其言，謝去，疾步，數還顧。郭舍人疾言罵之曰：「咄！老女子！何不疾行！陛下已壯矣，寧尚須汝乳而活邪？尚何還顧！」於是人主憐焉，悲之，乃下詔止無徙乳母，罰謫譖之者。〔七〕

〔一〕【索隱】案：東武，縣名。侯，乳母姓。【正義】高祖功臣表云：東武侯郭家，高祖六年封。子他，孝景六年，弃市，國除。蓋他母常養武帝。【考證】藝文類聚「常」作「嘗」。

〔二〕【考證】徐孚遠曰：以諸侯夫人，養視人主，故貴異其號。

〔三〕【正義】糒，乾飰。飧，温飰。

〔四〕【正義】倩，七姓反，借也。【考證】楓山、三條本「倩」作「請」。

〔五〕【正義】馳道，謂御道也。

〔六〕【考證】岡白駒曰：掣頓，挽止之。

〔七〕【索隱】罰適譖之者，謂武帝罰謫譖乳母之人也。

武帝時，齊人有東方生名朔，〔一〕以好古傳書，愛經術，多所博觀外家之語。朔初入長安，至公車上書，〔二〕凡用三千奏牘。公車令兩人共持舉其書，僅然能勝之。人主從上方讀之，止，輒乙其處，讀之二月乃盡。〔三〕詔拜以爲郎，常在側侍中。數召至前談語，人主未嘗不説也。〔四〕時詔賜之食於前。飯已，盡懷其餘肉持去，衣盡汙。〔五〕數賜縑帛，擔揭而去。徒用所賜錢帛，取少婦於長安中好女。率取婦一歲所者，即弃去，更取婦。所賜錢財盡索之於女子。〔六〕人主左右諸郎半呼之「狂人」。人主聞之，曰：「令朔在事無爲是行者，若等安能及之哉！」朔任其子爲郎，又爲侍謁者，常持節出使。朔行殿中，郎謂之曰：「人皆以先生爲狂。」朔曰：「如朔等，所謂避世於朝廷閒者也。古之人，乃避世於深山中。」時坐席中，酒酣，據地歌曰：「陸沈於俗，〔七〕避世金馬門。宫殿中可以避世全身，何必深山之中，蒿廬之下？」金馬門者，宦署門也，門傍有銅馬，故謂之曰「金馬門」。〔八〕

〔一〕【索隱】案：仲長統云遷爲滑稽傳，序優旃事，不稱東方朔，非也。朔之行事，豈直旃、孟之比哉！而桓譚亦以遷爲是，又非也。【正義】漢書云：「平原厭次人也。」輿地志云：「厭次，宜是富平縣之鄉聚名也。」括地志云：「富平故城，在倉州陽信縣東南四十里，漢縣也。」【考證】楓山、三條本「方」下有「先」字。

〔二〕【正義】百官表云衛尉屬官有公車司馬。漢儀注云：「公車司馬，掌殿司馬門，夜徼宮，天下上事及闕下凡所徵召皆總領之。秩六百石。」

〔三〕【考證】通俗編云：「輒乙其處，謂止絕處乙而記之。如今人讀書，以朱識其所止作『乚』形，非『甲乙』之『乙』也。」愚按：楓山、三條本「月」下有「所」字。陳子龍曰：此時未有紙，當是木札。朔書雖多，不過如今數十卷。武帝以二月讀盡，可見人主愛重其書，非以多而難盡也。

〔四〕【考證】楓山、三條本重「談語」二字。

〔五〕【考證】漢書東方朔傳載伏日賜肉事，與此事一傳異。楓山本「食」作「飯」，與凌一本同。

〔六〕【考證】索，盡也。

〔七〕【索隱】司馬彪云：「謂無水而沈也。」【考證】莊子則陽篇「方且與世違，則心不屑與之俱，是陸沈者也」。郭注：「人中隱者，譬無水而沈也。」

〔八〕【考證】王念孫曰：類聚、御覽、文選注引此，「宦」下有「者」字。愚按：三輔黃圖云：「金馬門，宦者署，在未央宮。武帝得大宛馬，以銅鑄象，立於署門，因以爲名。東方朔、主父偃、嚴安、徐樂皆待詔金馬門。」

時會聚宮下博士諸先生與論議，共難之。〔一〕曰：「蘇秦、張儀一當萬乘之主，而都卿相之位，澤及後世。〔二〕今子大夫修先王之術，慕聖人之義，諷誦詩書百家之言，不可勝數。著於竹帛，〔三〕自以爲海內無雙，即可謂博聞辯智矣。〔四〕然悉力盡忠以事聖帝，曠日持久，積數十年，〔五〕官不過侍郎，位不過執戟，意者尚有遺行邪？其故何也？」〔六〕東方生曰：「〔七〕是固非子之所能備也。彼一時也，此一時也，豈可同哉！〔八〕夫張儀、蘇秦之時，周室大壞，諸侯不朝，力政争權，相禽以兵，并爲十二國，未有雌雄，〔九〕得士者彊，失士者亡，故説聽行通，身處尊位，澤及後世，子孫長榮。〔一〇〕今非然也。聖帝在上，德流天下，諸侯賓服，〔一一〕威振四夷，連四海之外以爲席，安於覆盂，天下平均，合爲一家，動發舉事，猶如運之掌中。賢與不肖，何以異哉？〔一二〕方今以天下之大，士民之衆，竭精馳説，並進輻湊者，不可勝數。悉力慕義，困於衣食，或失門户。使張儀、蘇秦與僕並生於今之世，曾不能得掌故，安敢望常侍侍郎乎！〔一三〕傳曰：『天下無害菑，雖有聖人，無所施其才；上下和同，雖有賢者，無所立其功。』故曰『時異則事異』。〔一四〕雖然，安可以不務修身乎？詩曰：『鼓鍾于宫，聲聞于外。』『鶴鳴九臯，聲聞于天。』苟能修身，何患不榮！〔一五〕太公躬行仁義七十二年，逢文王，得行其説，封於齊，七百歲而不絶。此士之所以日夜孜孜，修學行道，不敢止也。〔一六〕今世之處士，時雖不用，崛然獨立，塊然獨處，上觀許由，下察接輿，策同范蠡，忠合子胥，天下和平，與義相扶，寡偶少徒，固其常也。子何疑於余哉！」於是諸先生默然無以應也。〔一七〕

〔一〕【索隱】案：方朔設詞對之，即下文是荅對之難也。【考證】東方朔答客難蓋倣宋玉對楚王問。漢書本傳、文選載其全文，此節録。自朔作答客難，揚雄有解嘲，班固有答賓戲，韓愈有進學解。

〔二〕【考證】如淳曰：都，居也。

〔三〕【考證】顔師古曰：子者，人之嘉稱。大夫，舉官稱也。漢書本傳「竹帛」下有「脣腐齒落服膺而不釋好學樂道之效明白甚矣」十九字。

〔四〕【考證】漢書「以爲」作「以智能」，「即」作「則」。

〔五〕【考證】漢書無「積數十年」四字。

〔六〕【考證】漢書無「尚」字，「邪」下有「同胞之徒無所容居」八字。遺行，過失之行。宋玉對楚王問云：「先生其有遺行與？何士民衆庶不譽之甚也？」

〔七〕【考證】漢書作「東方先生喟然長息，仰而應之曰」。

〔八〕【考證】孟子公孫丑篇「彼一時，此一時也」，「也」字可依此補。

〔九〕【考證】漢書「張儀蘇秦」作「蘇秦張儀」。

〔一〇〕【考證】漢書「説聽行通」作「談説行焉」，「位」下有「珍寶充内外有廩倉」八字，「榮」作「享」。

〔一一〕【考證】漢書「非然也」作「則不然」，「在上德流天下」作「流德天下震懾」。

〔一二〕【正義】言四海之外皆賓服，如席之相連環繞。【考證】漢書「威振四海」以下四十一字，作「連四海之外以爲帶安於覆盂動猶運之掌賢不肖何以異哉」二十四字，其下有「遵天之道順地之理物無不得其所故綏之則安動之則苦尊之則爲將卑之則爲虜抗之則在青雲之上抑之則在深泉之下用之則爲虎不用則爲鼠雖欲盡節效情安知前後」六十九字。

〔一三〕【考證】顏師古曰：失門户，言不得所由入也。漢書「方今」作「夫」，「馳」作「談」，「慕義」作「募之」，無「能」字，不重「侍」字。

〔一四〕【考證】「立」上「其」字，各本無，今從楓山、三條本。傳，古書也。菑、才，同、功，韻。淮南子本經訓「世無災害，雖神無所施其德，上下和輯，雖賢無所立其功」。韓非子五蠹篇「世異則事異」。漢書無「傳曰」以下二十九字，文選有。

〔一五〕【考證】顏師古曰：鼓鍾，小雅白華之詩也。言苟有於中，必形於外也。鶴鳴，小雅鶴鳴之詩也。言處卑而其聲徹高遠。

〔一六〕【考證】楓山、三條本「年」下有「乃」字。漢書「躬」作「體」，「二年」作「有二」，「逢文王得行其說」作「延用於文武得信厥說」。「士」下無「之」字。「修道行道不敢止也」作「敏行而不敢怠也」。「其」下有「辟若鷰鴒飛且鳴矣傳曰天不爲人之惡寒而輟其冬地不爲人之惡險而輟其廣君子不爲小人之匈匈而易其行天有常度地有常形君子有常行君子道其常小人計其功詩云禮義之不愆何恤人之言故曰水至清則無魚人至察則無徒冕而前旒所以蔽明黈纊充耳所以塞聰明有所不見聰有所不聞舉大德赦小過無求備於一人之義也枉而直之使自得之優而柔之使自求之揆而度之使自索之聖人教化如此欲自得之自得之則敏且廣矣」百七十八字。

〔一七〕【考證】張文虎曰：王、柯、凌本「其」作「有」。愚按：楓山本作「其」。處、輿、胥、扶，韻。漢書無「時雖不用」四字。「崛然獨立塊然獨處」作「魁然無徒廓然獨居」，「策」作「計」，「偶」作「耦」，「常」作「宜」，「余」作「我」。「哉」下「有若夫燕之用樂毅秦之任李斯酈食其之下齊說行如流曲從如環所欲必得功若丘山海內定國家安是遇其時也子又何怪之邪語曰以管闚天以蠡測海以莛撞鐘豈能通其條貫考其文理發其音聲哉繇是觀之譬猶鼱鼩之襲狗孤豚之咋虎至則靡耳何功之有今以下愚而非處士雖欲勿困固不得已此適足以明其不知權變而終或於大道也」百三十七字，無「於是」以下十一字。

建章宮後閣重櫟中有物出焉，其狀似麋。〔一〕以聞，武帝往臨視之，問左右羣臣習事通經術者，莫能知。詔東方朔視之。〔二〕朔曰：「臣知之，願賜美酒粱飯，大飧臣，臣乃言。」詔曰：「可。」已，又曰：「某所有公田魚池蒲葦數頃，陛下以賜臣，臣朔乃言。」詔曰：「可。」於是朔乃肯言，曰：「所謂騶牙者也。〔三〕遠方當來歸義，而騶牙先見。其齒前後若一，齊等無牙，故謂之騶牙。」其後一歲所，匈奴混邪王果將十萬衆來降漢。〔四〕乃復賜東方生錢財甚多。

〔一〕【索隱】重櫟，上逐龍反，下音歷。重櫟，欄楯之下，有重欄處也。【正義】在長安縣西北二十里故城中。

〔二〕【考證】楓山、三條本「詔」下有「召」字。

〔三〕【索隱】騶，音鄒。按：方朔以意自立名，而偶中也。以有九牙齊等，故謂之騶牙，猶騶騎然也。

〔四〕【考證】張文虎曰：中統、游本「混」作「渾」。

至老，朔且死時，諫曰：「詩云『營營青蠅，止于蕃。愷悌君子，無信讒言。讒言罔極，交亂四國』。〔一〕願陛下遠巧佞，退讒言。」帝曰：「今顧東方朔多善言？」怪之。〔二〕居無幾何，朔果病死。傳曰：「鳥之將死，其鳴也哀；人之將死，其言也善。」此之謂也。〔三〕

〔一〕【考證】詩小雅青蠅篇。

〔二〕【考證】楓山本「顧」作「頃」。徐孚遠曰：武帝末年有巫蠱之禍，東方生所言蓋指此也。

〔三〕【考證】傳曰，論語泰伯篇引曾子。

武帝時，大將軍衛青者，衛后兄也，〔一〕封爲長平侯。從軍擊匈奴，至余吾水上而還，斬首捕虜，有功，來歸，詔賜金千斤。將軍出宮門，齊人東郭先生以方士待詔公車，當道遮衛將軍車，拜謁曰：「願白事。」〔二〕將軍止車，前東郭先生。旁車言曰：「王夫人新得幸於上，家貧。今將軍得金千斤，誠以其半賜王夫人之親，人主聞之必喜。此所謂奇策便計也。」衛將軍謝之曰：「先生幸告之以便計，請奉教。」於是衛將軍乃以五百金爲王夫人之親壽。王夫人以聞武帝。帝曰：「大將軍不知爲此。」問之安所受計策，對曰：「受之待詔者東郭先生。」詔召東郭先生，拜以爲郡都尉。東郭先生久待詔公車，貧困飢寒，衣敝，履不完。行雪中，履有上無下，足盡踐地。道中人笑之，東郭先生應之曰：「誰能履行雪中，令人視之，其上履也，其履下處，乃似人足者乎？」〔三〕及其拜爲二千石，佩青緺出宮門，行謝主人。〔四〕故所以同官待詔者，等比祖道於都門外。〔五〕榮華道路，立名當世。〔六〕此所謂衣褐懷寶者也。〔七〕當其貧困時，人莫省視；至其貴也，乃争附之。諺曰：「相馬失之瘦，相士失之貧。」其此之謂邪？

〔一〕【集解】徐廣曰：「衛青傳曰子夫之弟也。」

〔二〕【集解】徐廣曰：「衛青傳云寧乘説青而拜爲東海都尉。」【考證】余有丁曰：東郭先生名寧乘，而東郭先生則人稱之者。

〔三〕【考證】楓山、三條本「也」下有「然」字。

〔四〕【集解】徐廣曰：「緺，音瓜，一音螺，青綬。」

〔五〕【考證】楓山、三條本「以」作「與」，「祖」上有「皆」字。

〔六〕【集解】徐廣曰：「東郭先生也。」

〔七〕【索隱】此指東郭先生也。言其身衣褐而懷寶玉。【考證】老子七十章「知我者希，則我者貴，是以聖人被褐懷玉。」褐，毛布，賤者之服。

王夫人病甚，人主至自往問之曰：「子當爲王，欲安所置之？」對曰：「願居洛陽。」人主曰：「不可。洛陽有武庫、敖倉，當關口，天下咽喉。自先帝以來，傳不爲置王。然關東國莫大於齊，可以爲齊王。」王夫人以手擊頭，呼「幸甚」。王夫人死，號曰「齊王太后薨」。〔一〕

〔一〕【考證】齊懷王閎。陳仁錫曰：東郭先生章末，有王夫人一節，與上文不相屬。又有淳于髡獻鵠一節，尤爲無謂，不知何故附之，豈後人剿入之歟？

昔者，齊王使淳于髡獻鵠於楚。〔一〕出邑門，道飛其鵠，徒揭空籠，造詐成辭，往見楚王，曰：「齊王使臣來獻鵠，過於水上，不忍鵠之渴，出而飲之，去我飛亡。吾欲刺腹絞頸而死，恐人之議吾王，以鳥獸之故，令士自傷殺也。鵠，毛物，多相類者。吾欲買而代之，是不信而欺吾王也。欲赴佗國奔亡，痛吾兩主使不通。故來服過，叩頭受罪大王。」楚王曰：「善，齊王有信士若此哉！」厚賜之，財倍鵠在也。

〔一〕【索隱】案：韓詩外傳齊使人獻鵠於楚，不言髡。又説苑云魏文侯使舍人無擇獻鴻於齊，皆略同而事異，殆相涉亂也。

武帝時徵北海太守〔一〕詣行在所。有文學卒史王先生者，自請與太守俱，「吾有益於君」，君許之。〔一〕諸府掾功曹白云：「王先生嗜酒，多言少實，恐不可與俱。」太守曰：「先生意欲行，不可逆。」遂與俱行。至宮下，待詔宮府門。王先生徒懷錢沽酒，與衛卒僕射飲，日醉，不視其太守。太守入跪拜。王先生謂戶郎曰：「幸爲我呼吾君至門內遥語。」戶郎爲呼太守。太守來，望見王先生。王先生曰：「天子即問君何以治北海令無盜賊，〔二〕君對曰何哉？」對曰：「選擇賢材，各任之以其能，賞異等，罰不肖。」王先生曰：「對如是，是自譽自伐功，不可也。願君對言，非臣之力，盡陛下神靈威武所變化也。」太守曰：「諾。」召入，至于殿下，有詔問之曰：「何以治北海，令盜賊不起？」叩頭對言：「非臣之力，盡陛下神靈威武之所變化也。」武帝大笑曰：「於呼！安得長者之語而稱之！安所受之？」對曰：「受之文學卒史。」帝曰：「今安在？」對曰：「在宮府門外。」有詔召拜王先生爲水衡丞，以北海太守爲水衡都尉。〔四〕傳曰：「美言可以市，尊行可以加人。〔五〕君子相送以言，小人相送以財。」〔六〕

〔一〕【索隱】漢書宣帝徵渤海太守龔遂，非武帝時，此褚先生記謬耳。

〔二〕【考證】館本考證云漢書循吏傳龔遂章作「議曹王生」。

〔三〕【正義】北海，今青州。

〔四〕【考證】漢書公卿表：龔遂以宣帝地節四年爲水衡都尉。

〔五〕【考證】傳，老子六十二章。淮南道應、人間引老子曰「美言可以市尊，美行可以加人」，多一「美」字。

〔六〕【考證】晏子春秋內篇雜上「君子贈人以言，庶人贈人以財」。荀子大略篇晏子曰：「嬰聞之，君子贈人以言，庶人贈人以財。」史孔子世家老子曰「吾聞富貴者送人以財，仁人者送人以言」，意同詞異。

魏文侯時，西門豹爲鄴令。〔一〕豹往到鄴，會長老，問之民所疾苦。長老曰：「苦爲河伯娶婦，以故貧。」〔二〕豹問其故。對曰：「鄴三老、廷掾常歲賦斂百姓，收取其錢，得數百萬，用其二三十萬爲河伯娶婦，與祝巫共分其餘錢持歸。當其時，巫行視人家女好者，云『是當爲河伯婦』，〔三〕即娉取。洗沐之，〔四〕爲治新繒綺縠衣，閒居齋戒；爲治齋宮河上，張緹絳帷，〔五〕女居其中。爲具牛酒飯食，行十餘日。共粉飾之，如嫁女床席，〔六〕令女居其上，浮之河中。始浮，行數十里，乃没。其人家有好女者，恐大巫祝爲河伯取之，以故多持女遠逃亡。〔七〕以故城中益空無人，又困貧，所從來久遠矣。〔八〕民人俗語曰『即不爲河伯娶婦，水來漂没，溺其人民』云。」西門豹曰：「至爲河伯娶婦時，願三老、巫祝、父老送女河上，幸來告語之，吾亦往送女。」〔九〕皆曰：「諾。」

〔一〕【正義】今相州縣也。
〔二〕【正義】河伯，華陰潼鄉人。姓馮氏，名夷，浴於河中而溺死，遂爲河伯也。【考證】河伯，河神，猶海神曰海若也。
〔三〕【考證】張文虎曰：南宋、舊刻、毛本「人」作「小」。
〔四〕【考證】娶問曰娉。
〔五〕【正義】緹，他禮反。顧野王云：「黄赤色也。又音啼，厚繒也。」
〔六〕【考證】王念孫曰：太平御覽方術部引此「飯食」下無「行」字。此言居齋宮中十餘日也。「日」上不當有

「行」字。

〔七〕【考證】張文虎曰：「伯」字，南宋、舊刻、毛本有，他本脱。愚按：楓本亦有。

〔八〕【考證】張文虎曰：御覽引「困貧」作「貧困」。

〔九〕【正義】亭三老。

至其時，西門豹往會之河上。三老、官屬、豪長者、里父老皆會，與人民往觀之者三二千人。〔一〕其巫，老女子也，已年七十，從弟子女十人所。皆衣繒單衣，立大巫後。〔二〕西門豹曰：「呼河伯婦來，視其好醜。」即將女出帷中，來至前。豹視之，顧謂三老、巫祝、父老曰：「是女子不好，煩大巫嫗爲入報河伯，得更求好女，後日送之。」〔三〕即使吏卒共抱大巫嫗投之河中。有頃，曰：「巫嫗何久也？弟子趣之！」復以弟子一人投河中。有頃，曰：「弟子何久也？復使一人趣之！」復投一弟子河中。凡投三弟子。西門豹曰：「巫嫗弟子是女子也，不能白事，煩三老爲入白之。」復投三老河中。西門豹簪筆磬折，〔四〕嚮河立待良久。長老、吏傍觀者皆驚恐。西門豹顧曰：「巫嫗、三老不來還，柰之何？」欲復使廷掾與豪長者一人入趣之。皆叩頭，叩頭且破，額血流地，色如死灰。西門豹曰：「諾，且留待之須臾。」須臾，豹曰：「廷掾起矣。狀河伯留客之久，若皆罷去歸矣。」〔五〕鄴吏民大驚恐，從是以後，不敢復言爲河伯娶婦。

〔一〕【考證】與，各本作「以」。何焯曰：以同與。今從楓山本、御覽所引。

〔二〕【考證】楓山、三條本重「弟子女」三字。陳仁錫曰：湖本「十」作「千」，誤。

〔三〕【考證】張文虎曰：御覽三百六十七引「得」作「待」。

〔四〕【正義】簪筆，謂以毛裝簪頭，長五寸，插在冠前，謂之爲筆，言插筆備禮也。磬折，謂曲體揖之，若石磬之形曲折也。磬一片黑石，凡十二片，樹在虡上擊之，其形皆中曲垂兩頭，言人腰側似也。【考證】中井積德曰：簪筆者所以記事。簪筆，待事也。磬，不論數可也。

〔五〕【考證】狀，猶測知也。若，汝也。

西門豹即發民鑿十二渠，引河水灌民田，田皆溉。〔一〕當其時，民治渠少煩苦，不欲也。豹曰：「民可以樂成，不可與慮始。〔二〕今父老子弟雖患苦我，然百歲後，期令父老子孫思我言。」至今皆得水利，民人以給足富。〔三〕十二渠經絶馳道，到漢之立，而長吏以爲十二渠橋絶馳道，相比近，不可。欲合渠水，且至馳道，合三渠爲一橋。鄴民人父老不肯聽長吏，以爲西門君所爲也，賢君之法式，不可更也。長吏終聽置之。故西門豹爲鄴令，名聞天下，澤流後世，無絶已時，幾可謂非賢大夫哉！〔四〕

〔一〕【正義】括地志云：「按：横渠首接漳水，蓋西門豹、史起所鑿之渠也。溝洫志云『魏文侯時，西門豹爲鄴令，有令名。至文侯曾孫襄王，與羣臣飲，祝曰：「令吾臣皆如西門豹之爲人臣也。」史起進曰：「魏氏之行田也，以百畝，鄴獨二百畝，是田惡也。漳水在其傍，西門不知用，是不智；知而不興，是不仁。仁、智豹未之盡，何足法也？」於是史起爲鄴令，遂引漳水溉鄴，以富魏之河内』。左思魏都賦云『西門溉其前，史起濯其後』也。」

〔二〕【考證】語先於商鞅。何焯曰：以同與。楓山、三條本作「與」。

〔三〕【考證】羣書治要引無「富」字。

〔四〕【考證】幾、豈通。

傳曰：「子產治鄭，民不能欺；子賤治單父，民不忍欺；西門豹治鄴，民不敢欺。」

三子之才能，誰最賢哉？辨治者當能別之。〔一〕

〔一〕【集解】魏文帝問羣臣：「三不欺，於君德孰優？」太尉鍾繇、司徒華歆、司空王朗對曰：「臣以爲君任德，則臣感義而不忍欺；君任察，則臣畏覺而不能欺；君任刑，則臣畏罪而不敢欺。任德感義，與夫導德齊禮，有恥且格等趨者也。任察畏罪，與夫導政齊刑，免而無恥同歸者也。孔子曰：『爲政以德，譬如北辰，居其所，而衆星共之。』考以斯言，論以斯義，臣等以爲不忍欺，不能欺，優劣之縣在於權衡，非徒低卬之差，乃鈞銖之覺也。且前志稱『仁者安仁，智者利仁，畏罪者强仁』。校其仁者功，則無以殊；核其爲仁者，則不得不異。安仁者，性善者也；利仁者，力行者也；强仁者，不得已者也。三仁相比，則安仁優矣。易稱『神而化之，使民宜之』。若君化使民然也。然則安仁之化，與夫强仁之化，優劣亦不得不相縣絶也。然則三臣之不欺雖同，所以不欺異矣。則純以恩義崇不欺，與以威察成不欺，既不可同概而比量，又不得錯綜而易處。」【索隱】案：此三不欺，自古傳記，先達共所稱述。今褚先生因記西門豹而稱之，以成說也。循吏傳記子產相鄭，仁而且明，故人不能欺之也；子賤爲政清浄，唯彈琴，三年不下堂而化，是人見思，故不忍欺之。豹以威化御俗，故人不敢欺。其德優劣，鍾、華之評，寔爲允當也。

【索隱述贊】滑稽鴟夷，如脂如韋。敏捷之變，學不失詞。淳于索絶，趙國興師。楚優拒相，寢丘獲祠。偉哉方朔，三章紀之。

史記會注考證卷一百二十七

日者列傳第六十七　史記一百二十七

【集解】墨子曰：「墨子北之齊，遇日者。日者曰：『帝以今日殺黑龍於北方，而先生之色黑，不可以北。』墨子不聽，遂北至淄水。墨子不遂而反焉。日者曰：『我謂先生不可以北。』」然則古人占候卜筮，通謂之「日者」。墨子亦云，非但史記也。【索隱】案：名卜筮曰「日者」，以墨所以卜巫占候時日通名「日者」故也。【考證】史公自序云：「齊、楚、秦、趙爲日者，各有俗所用。欲循觀其大旨，作日者列傳第六十七。」史別有龜策傳，則日者斥占候時日者而言。傳謬敍卜者事，索隱亦混同所引墨子貴義篇文。梁玉繩曰：史缺此傳，褚生取記司馬季主事補之，序論亦僞託。然其文汪洋自肆，頗可愛誦。黄震古今紀要二言呂東萊謂歐公每製文，必先取日者傳讀數過，疑當時有此文如客難、賓戲之比。故史記攷要云：「季主傳，蓋沈淪隱遯，不得志于時者之言，未必出少孫。」愚按：此篇有褚氏補傳，則本傳之成必在少孫前，而非史公手筆。篇中但敘楚人司馬季主事，不及齊、秦、趙諸國人，與自序所言異，亦其一證。

自古受命而王，王者之興，何嘗不以卜筮決於天命哉！其於周尤甚，及秦可見。代王之入，任於卜者。太卜之起，由漢興而有。〔一〕

〔一〕【索隱】案：周禮有太卜之官。此云「由漢興」者，謂漢自文帝卜大横之後，其卜官更興盛焉。【正義】漢文帝卜得大横，與夏啓之卜同，乃乘六乘傳入長安者也。【考證】張照曰：龜策傳「高祖時因秦太卜官」，是漢興即有太卜，不因文帝而更興盛也。由漢興而有者，蓋言漢興以來即有之矣。索隱説迂。

司馬季主者，楚人也。〔一〕卜於長安東市。

〔一〕【索隱】按：云楚人，而太史公不序其系，蓋楚相司馬子期、子反後，芈姓也。季主見列仙傳。【考證】中井積德曰：楚置司馬官尚矣，爲之者亦多。註特舉子期、子反，以證不可知之事，何也？李笠曰：今列仙傳無季主事。

宋忠爲中大夫，賈誼爲博士。同日俱出洗沐，〔一〕相從論議，誦易先王聖人之道術，究徧人情，相視而歎。〔二〕賈誼曰：「吾聞古之聖人，不居朝廷，必在卜醫之中。今吾已見三公九卿、朝士大夫皆可知矣。試之卜數中以觀采。」〔三〕二人即同輿而之市，游於卜肆中。天新雨，道少人，司馬季主閒坐，弟子三四人侍，方辯天地之道，日月之運，陰陽吉凶之本。二大夫再拜謁，司馬季主視其狀貌，如類有知者，〔四〕即禮之，使弟子延之坐。坐定，司馬季主復理前語，分別天地之終始，日月星辰之紀，差次仁義之際，列吉凶之符。語數千言，莫不順理。

〔一〕【正義】漢官五日一假洗沐也。

〔二〕【考證】張文虎曰：御覽引「誦易」作「講習」，疑今本誤。

〔三〕【索隱】卜數，猶術數也。音所具反。劉氏云「數，筮也」，亦通。筮必易，用大衍之數者也。【考證】岡白駒曰：采，風采也。言遺才隱賢，或在卜醫之中者，欲觀其風采。愚按：觀采，猶言物色。

〔四〕【考證】此云「二大夫」，下云「二君」，非史家語，宜改曰「二人」。

宋忠、賈誼瞿然而悟，獵纓正襟危坐，〔一〕曰：「吾望先生之狀，聽先生之辭，小子竊觀於世，未嘗見也。今何居之卑，何行之汙？」〔二〕

〔一〕【索隱】獵，猶攬也。攬其冠纓，而正其衣襟，謂變而自飾也。免坐，謂俯俛爲敬。【正義】危坐，謂小坐。【考證】索隱單本「危」作「免」。

〔二〕【索隱】音烏故反。

司馬季主捧腹大笑曰：「觀大夫，類有道術者。今何言之陋也，何辭之野也？今夫子所賢者何也？所高者誰也？今何以卑汙長者？」〔一〕

〔一〕【考證】張文虎曰：中統本、吳校金板「賢」作「貴」，下文「別賢」同。

二君曰：「尊官厚祿，世之所高也，賢才處之。今所處非其地，故謂之卑。言不信，行不驗，取不當，故謂之汙。夫卜筮者，世俗之所賤簡也。世皆言曰：『夫卜者多言誇嚴以得人情，〔一〕虛高人祿命以說人志，擅言禍災以傷人心，矯言鬼神以盡人財，厚求拜謝以私於己。』此吾之所恥，故謂之卑汙也。」

〔一〕【索隱】謂卜者自矜誇而莊嚴，說禍以誑人也。【考證】王念孫曰：嚴讀爲譀。說文「譀，誕也，誇譀也」。廣韻引東觀漢記曰「雖誇譀猶令人熱」，猶言誇誕」。此謂卜者多言誇誕以惑人。「譀」與「嚴」，古今字也。

司馬季主曰：「公且安坐。公見夫被髮童子乎？日月照之則行，不照則止，問之日月疵瑕吉凶，則不能理。由是觀之，能知別賢與不肖者寡矣。

「賢之行也，直道以正諫，三諫不聽則退。〔一〕其譽人也，不望其報，惡人也，不顧其怨，以便國家利衆爲務。故官非其任，不處也；祿非其功，不受也；見人不正，雖貴不敬也；見人有汚，雖尊不下也；得不爲喜，去不爲恨，非其罪也，雖累辱而不愧也。〔二〕

〔一〕【考證】楓山本「賢」下有「者」字。

〔二〕【考證】累，讀爲縲。

「今公所謂賢者，皆可爲羞矣。卑疵而前，〔一〕孅趨而言；〔二〕相引以勢，相導以利，比周賓正，〔三〕以求尊譽，以受公奉；〔四〕事私利，枉主法，獵農民；以官爲威，以法爲機，求利逆暴：譬無異於操白刃劫人者也。初試官時，倍力爲巧詐，飾虛功執空文，以誷主上，用居上爲右；試官不讓賢陳功，見僞增實，以無爲有，以少爲多，以求便勢尊位；食飲驅馳，從姬歌兒，不顧於親，犯法害民虛公家：〔五〕此夫爲盜不操矛弧者也，攻而不用弦刃者也，欺父母未有罪而弒君未伐者也。何以爲高賢才乎？

〔一〕【索隱】疵，音貲。

〔二〕【索隱】孅，音纖。孅趍，猶足恭也。

〔三〕【集解】徐廣曰：「客旅謂之賓。入求長官謂之正。」【考證】慶長本標記引陸氏云：「賓正，謂擯棄正人也。」

錢大昕曰：賓讀曰擯。六國表「諸夏賓之」，張儀傳「大王收率天下以賓秦」，皆擯棄之義。

〔四〕【考證】奉讀爲俸。

〔五〕【考證】張文虎曰：册府元龜八百三十三引作「虛耗公家」，疑今本脱。

「盜賊發不能禁，夷貊不服不能攝，姦邪起不能塞，官秏亂不能治，四時不和不能調，歲穀不孰不能適。〔一〕才賢不爲，是不忠也；才不賢而託官位，利上奉，妨賢者處，是竊位也；〔二〕有人者進，有財者禮，是僞也。〔三〕子獨不見鴟梟之與鳳皇翔乎？蘭芷芎藭弃於廣野，蒿蕭成林，使君子退而不顯，衆公等是也。〔四〕

〔一〕【索隱】音釋。適，猶調也。【考證】劉基賣柑者言正學此詞氣。

〔二〕【索隱】奉，音扶用反。張文虎曰：元龜引「才不賢」作「不才不賢」。

〔三〕【正義】言有大衆禄位者進用，有錢財者禮敬，是僞也。【考證】岡白駒曰：有黨與者進。

〔四〕【正義】言鴟梟之與鳳凰翔于蘭芷，芎藭棄在廣野。若蒿蕭成林，使君子退處不顯，由公等。【考證】鴟梟鳳凰翔，喻君子小人相並也。蘭芷芎藭棄於廣野，蒿蕭成林，喻君子失職，小人得勢。衆公等，言在朝諸人。

「述而不作，君子義也。〔一〕今夫卜者，必法天地，象四時，順於仁義，分策定卦，旋式正棊，然後言天地之利害，事之成敗。〔二〕昔先王之定國家，必先龜策日月，而後乃敢代；正時日乃後入。〔三〕家産子，必先占吉凶，後乃有之。〔四〕自伏羲作八卦，周文王演三百八十四爻，而天下治。越王句踐倣文王八卦，以破敵國，霸天下。〔五〕由是言之，卜筮有何負哉！

〔一〕【正義】言述天地陰陽不改作，是君子義也。司馬季主自言也。【考證】述而不作，論語述而篇。

〔二〕【集解】徐廣曰：「式音栻。」【索隱】按：式，即栻也。旋，轉也。栻之形，上圓象天，下方法地，用之則轉天綱加地之辰，故云「旋式」。棊者，筮之狀。正棊，蓋謂卜以作卦也。【考證】漢書王莽傳「天文郎案栻於前」。顏師古曰：栻，所以占時日。天文郎，今之用栻者也。音式。廣雅「栻，挶也」。挶有天地，所以推陰陽占吉凶。以楓子棗心木爲之」。「式」字，漢書從手，廣雅從木，唐六典作「式」。張文虎曰：旋，索隱、中統、毛本同，他本誤「按」。

〔三〕【考證】岡白駒曰：乃敢代，代天而爲政也。乃後入，事不苟，必正之時日。言入，則出亦可知矣。愚按：楓山本「代」作「伐」，義較長。入，戰勝振旅也。

〔四〕【索隱】謂若卜之不祥，則或不收也。卜吉而後有，故云「有之」。【考證】張文虎曰：類聚七十五引「有」作「育」。

〔五〕【索隱】放，音方往反。

「且夫卜筮者，掃除設坐，正其冠帶，然後乃言事，此有禮也。言而鬼神或以饗，忠臣以事其上，孝子以養其親，慈父以畜其子，此有德者也。而以義置數十百錢，〔一〕病者或以愈，且死或以生，患或以免，事或以成，嫁子娶婦或以養生：〔二〕此之爲德，豈直數十百錢哉！此夫老子所謂『上德不德，是以有德』。〔三〕今夫卜筮者，利大而謝少，老子之云，豈異於是乎？〔四〕

〔一〕【考證】岡白駒曰：所以謝卜筮者也。下文「利大而謝少」是也。

〔二〕【考證】楓山本「死」下有「者」字。

〔三〕【考證】老子三十八章。岡白駒曰：不校其謝少，是「上德不德」也。

〔四〕【正義】言卜者於天下，利則大矣；天下宜以財讎，謝則少也。

「莊子曰：『君子内無飢寒之患，外無劫奪之憂，居上而敬，居下不爲害，君子之道也。』今夫卜筮者之爲業也，積之無委聚，藏之不用府庫，徙之不用輜車，負裝之不重，止而用之，無盡索之時。〔一〕持不盡索之物，游於無窮之世，雖莊氏之行，未能增於是也，子何故而云不可卜哉？天不足西北，星辰西北移；地不足東南，以海爲池。日中必移，月滿必虧。先王之道，乍存乍亡。公責卜者言必信，不亦惑乎！

〔一〕【正義】索，亦盡也。

「公見夫談士辯人乎？慮事定計，必是人也，然不能以一言説人主意，〔一〕故言必稱先王，語必道上古；慮事定計，飾先王之成功，語其敗害，以恐喜人主之志，以求其欲。多言誇嚴，莫大於此矣。〔二〕然欲彊國成功，盡忠於上，非此不立。今夫卜者導惑教愚也。夫愚惑之人，豈能以一言而知之哉！言不厭多。

〔一〕【考證】説、悦通。

〔二〕【集解】徐廣曰：「嚴，一作『險』。」【考證】説見上文。

「故騏驥不能與罷驢爲駟，而鳳皇不與燕雀爲羣，而賢者亦不與不肖者同列。故君子處卑隱以辟衆，自匿以辟倫，微見德順，以除羣害，以明天性，助上養下，多其功利，不求尊譽。公之等喁喁者也，〔一〕何知長者之道乎！」

〔一〕【考證】御覽七百二十五「公」下無「之」字。史司馬相如傳「延頸舉踵，喁喁然皆争歸義，欲爲臣妾」。正義云：「口向上也」。淮南子「群生莫不喁然仰其治也」。愚按：喁，魚口上見也。喁喁，承上仰風，謂羣魚之上向也。

宋忠、賈誼忽而自失，芒乎無色，悵然噤口不能言。〔一〕於是攝衣而起，再拜而辭。行洋洋也，〔二〕出市門，僅能自上車，伏軾低頭，卒不能出氣。

〔一〕【索隱】芒，音莫郎反。悵，音暢。噤，音禁。劉氏音其錦反。【考證】忽、惚通。忽而，猶惚然也。芒、茫通。芒然，自失貌。

〔二〕【考證】李笠曰：「楚辭哀郢『焉洋洋而爲客』，王逸注『洋洋，無所歸也』。」

居三日，宋忠見賈誼於殿門外，乃相引屏語，相謂自歎曰：「道高益安，勢高益危。居赫赫之勢，失身且有日矣。夫卜而有不審，不見奪糈；〔一〕爲人主計而不審，身無所處。〔二〕此相去遠矣，猶天冠地屨也。〔三〕此老子之所謂『無名者萬物之始』也。〔四〕天地曠曠，物之熙熙，或安或危，莫知居之。我與若，何足預彼哉！〔五〕彼久而愈安，雖曾氏之義，未有以異也。」〔六〕

〔一〕【集解】徐廣曰：「糈，音所。」駰案：離騷經曰「懷椒糈而要之」，王逸云「糈，精米，所以享神」。【索隱】糈，音所。糈者，卜求神之米也。【正義】糈，音所，謂祠神米也。【考證】楓山、三條本「審」下無「不」字，恐非。中井積德曰：「『糈』字起於米，而通於貨財。上文所謂『數十百錢』，亦是糈矣。凡所以謝於卜筮之人者，皆是。

〔二〕【索隱】言卜之不中，乃不見奪其糈米。若爲人主計不審，則身無所處也。

〔三〕【正義】言不相及也。

〔四〕【考證】老子一章。

〔五〕【考證】楓山本「預」作「與」。

〔六〕【集解】徐廣曰：「曾，一作『莊』。」【考證】徐一本是。莊氏，莊周。

久之，宋忠使匈奴，不至而還，抵罪。而賈誼爲梁懷王傅，王墮馬薨，誼不食，毒恨而死。

此務華絶根者也。〔一〕

〔一〕【索隱】言宋忠、賈誼皆務華而喪其身，是絶其根本也。

太史公曰：古者卜人所以不載者，多不見于篇。及至司馬季主，余志而著之。

褚先生曰：臣爲郎時，游觀長安中，見卜筮之賢大夫，觀其起居行步，坐起自動，誓正其衣冠而當鄉人也，〔一〕有君子之風。見性好解。婦來卜，對之顏色嚴振，未嘗見齒而笑也。〔二〕從古以來，賢者避世，有居止舞澤者，〔三〕有居民閒，閉口不言，有隱居卜筮閒以全身者。夫司馬季主者，楚賢大夫，游學長安，道易經，術黃帝、老子，博聞遠見。〔四〕觀其對二大夫貴人之談，言稱引古明王聖人道，固非淺聞小數之能。及卜筮立名聲千里者，各往往而在。傳曰：「富爲上，貴次之；〔五〕既貴，各各學一伎能立其身。」〔六〕黃直，丈夫也；陳君夫，婦人也：以相馬立名天下。齊張仲、曲成侯，以善擊刺學用劍，立名天下。留長孺，以相彘立名。滎陽褚氏，以相牛立名。能以伎能立名者甚多，皆有高世絶人之風，何可勝言。〔七〕故曰：「非其地，樹之不生；非其意，教之不成。」〔八〕夫家之教子孫，當視其所以好，好含苟生活之道，因而成之。〔九〕故曰：「制宅命子，足以觀士；子有處所，可謂賢人。」

〔一〕【考證】楓山本「誓」作「整」，爲是。岡白駒曰：雖鄉人，必正衣冠以待之。
〔二〕【考證】振，整也。
〔三〕【考證】舞，讀爲蕪。
〔四〕【考證】術，讀爲述。
〔五〕【考證】傳，古書。
〔六〕【考證】李笠曰：「各」字衍其一。
〔七〕【考證】張文虎曰：中統本「名」作「身」。張之象曰：此段祖貨殖傳末段總敘之意。
〔八〕【考證】生、成，韻。
〔九〕【考證】好含，未詳。南宋本、淩本「含」作「舍」。

臣爲郎時，與太卜待詔爲郎者同署，言曰：「孝武帝時，聚會占家問之，某日可取婦乎？五行家曰『可』，堪輿家曰『不可』，建除家曰『不吉』，叢辰家曰『大凶』，曆家曰『小凶』，天人家曰『小吉』，太一家曰『大吉』。〔一〕辯訟不決，以狀聞。制曰：『避諸死忌，以五行爲主。』」人取於五行者也。

〔一〕【考證】漢書藝文志五行類，堪輿金匱十四卷，鍾律叢辰日苑二十二卷，泰一二十九卷。錢大昕曰：天人家，不見于藝文志。或云當作「天一」。藝文志五行家有天一六卷。愚按：建除家亦不見于藝文志。

【索隱述贊】日者之名，有自來矣。吉凶占候，著於墨子。齊、楚異法，書亡罕紀。後人斯繼，季主獨美。取免暴秦，此焉終否。

史記會注考證卷一百二十八

龜策列傳第六十八　史記一百二十八

【索隱】龜策傳有録無書，褚先生所補。其敘事煩蕪陋略，無可取。【正義】史記至元、成閒，十篇有録無書，而褚少孫補景、武紀、將相年表、禮書、樂書、律書、三王世家、蒯成侯、日者、龜策列傳。日者、龜策言辭最鄙陋，非太史公之本意也。【考證】史公自序云：「三王不同龜，四夷各異卜，然各以決吉凶。略闚其要，作龜策列傳第六十八」。梁玉繩曰：史公此傳亡，褚生補之，而其序則託之史公者也。史公封禪書首曰「自古受命帝王，曷常不封禪」，而日者序曰「自古受命而王，何嘗不以卜筮」，此序曰「自古聖王，何嘗不寶卜筮」，胡屢襲之耶？巫蠱起于征和，乃言邱子明之屬因巫蠱族誅，則非史訖太初之限。「余至江南」以下，尤義支辭弱。徐孚遠曰：太史公天官家與龜策家相爲出入，故著其傳。陳仁錫曰：龜策敘乃子長之筆。「臣以經術以下」則褚生所補。錢大昕曰：張晏謂龜策傳有目無書，褚先生言「臣往來長安中，求龜策列傳不能得」。然此篇有「今上即位」之文，其詞非褚先生所能作。愚按：龜策傳序，史公手筆，但頗少俊邁氣象，非其至者也。梁氏以其起首與封禪、日者同法疑之，一百三十篇，五十三萬言，豈無一二同法者乎？梁氏又云「『余至江南』以下義支辭弱」，尚卜筮，信禎祥，當時之人皆然，不獨史公，未可以今概古也。褚少孫亦但云「求列傳不能得」，不及序論有無。

太史公曰：自古聖王將建國受命，興動事業，何嘗不寶卜筮以助善！唐、虞以上，不可記已。自三代之興，各據禎祥。塗山之兆從，而夏啟世；飛燕之卜順，故殷興；〔一〕百穀之筮吉，故周王。〔二〕王者決定諸疑，參以卜筮，斷以蓍龜，不易之道也。〔三〕

〔一〕【考證】禹娶于塗山氏生啓，簡狄見玄鳥墮卵生契。

〔二〕【考證】后稷播百穀。

〔三〕【正義】蓍，音詩。

蠻、夷、氐、羌，雖無君臣之序，亦有決疑之卜。或以金石，或以草木，〔一〕國不同俗。然皆可以戰伐攻擊，推兵求勝，各信其神，以知來事。

〔一〕【集解】徐廣曰：「草，一作『革』」。

略聞夏、殷欲卜者，乃取蓍龜，已則弃去之，〔一〕以爲龜藏則不靈，蓍久則不神。至周室之卜官，常寶藏蓍龜；又其大小先後，各有所尚，要其歸等耳。〔二〕或以爲聖王遭事無不定，決疑無不見，其設稽神求問之道者，以爲後世衰微，愚不師智，人各自安，化分爲百室，道散而無垠，故推歸之至微，要潔於精神也。〔三〕或以爲昆蟲之所長，聖人不能與争。其處吉凶，別然否，多中於人。〔四〕至高祖時，因秦太卜官。〔五〕天下始定，兵革未息。及孝惠，享國日少，吕后女主，孝文、孝景因襲掌故，未遑講試。雖父子疇官，世世相傳，其精微深妙，多所遺失。〔六〕至今上即位，博開藝能之路，悉延百端之學，通一伎之士，咸得自效，絶倫超奇者爲右，無所阿私，數年之閒，太卜大集。會上欲擊匈奴，西攘大宛，南收百越，〔七〕卜筮至預見表象，先圖其利。及猛將推鋒執節，獲勝於彼，而蓍龜時日，亦有力於此。上尤加意，賞賜至或數千萬。如丘子明之屬，富溢貴寵，傾於朝廷。至以卜筮射蠱道，巫蠱時或頗中。〔八〕素有眦睚不快，因公行誅，恣意所傷，以破族滅門者，不可勝數。百僚蕩恐，皆曰龜策能言。後事覺姦窮，亦誅三族。〔九〕

〔二〕【考證】何焯曰：「卜」下有「筮」字。

〔二〕【考證】此史公自序所謂「略闕其要」也。

〔三〕【考證】李笠曰：潔，當作「絜」，猶「絜矩」之「絜」。

〔四〕【正義】昆蟲，謂龜也。

〔五〕【考證】漢百官公卿表：奉常，秦官，掌宗廟禮儀。景帝中六年，更名太常，屬官有太樂、太（常）〔祝〕、太宰、太史、太卜、太醫。

〔六〕【考證】疇官，猶曰疇人。疇、籌通。疇官，掌曆算卜筮之官。史曆書「周室微，陪臣執政，史記不時，故疇人子弟分散」。程大昌云：古人字多假借。「疇人」者，籌人也，蓋以算數名。

〔七〕【集解】徐廣曰：「攘，一作『襄』。襄，除也。」

〔八〕【考證】漢書武紀「元光五年秋七月乙巳，皇后陳氏廢，捕爲巫蠱者皆梟首」。外戚傳「女子楚服等坐爲皇后巫蠱祠祭祝詛，大逆無道，相連及誅者三百餘人，楚服梟首於市」。此序所謂「巫蠱」即是，非言衛皇后、戾太子事。梁氏誤。

〔九〕【考證】岡白駒曰：卜筮誣蠱者，亦誅三族。

夫揲策定數，灼龜觀兆，變化無窮，〔一〕是以擇賢而用占焉，可謂聖人重事者乎！〔二〕周公卜三龜，而武王有瘳。〔三〕紂爲暴虐，而元龜不占。〔四〕晉文將定襄王之位，卜得黃帝之兆，卒受彤弓之命。〔五〕獻公貪驪姬之色，卜而兆有口象，其禍竟流五世。〔六〕楚靈將背周室，卜而龜逆，終被乾谿之敗。〔七〕兆應信誠於內，而時人明察，見之於外，可不謂兩合者哉！君子謂夫輕卜筮，無神明者，悖；〔八〕背人道，信禎祥者，鬼神不得其正。故書建稽疑五謀，而卜筮居其二，五占從其多，明有而不專之道也。〔九〕

〔一〕【集解】徐廣曰：「揲，音逢，一作『達』」。【索隱】按：徐廣揲音逢。揲謂兩手執蓍，分而扐之，故云「揲策」。
〔二〕【考證】陳子龍曰：此段刺世深隱，非太史公不能作。
〔三〕【考證】周書金縢「乃卜三龜，一習吉，啓籥見書，乃并是吉」。
〔四〕【考證】商書西伯戡黎：「格人元龜，罔敢知吉。」
〔五〕【集解】左傳曰：「遇黃帝戰于阪泉之兆。」【考證】僖廿五年、廿八年左傳。
〔六〕【考證】晉語「獻公卜伐驪戎，史蘇占之曰：『遇兆挾以銜骨，齒牙爲猾，戎夏交捽，且懼有口。』」
〔七〕【集解】左傳曰：「靈王卜曰『余尚得天下』，不吉。投龜詢天而呼曰『是區區者而不余畀，余必自取之』。」【索隱】詢，音火候反。【考證】昭十三年左傳。
〔八〕【索隱】悖背，上音倍，下音佩。
〔九〕【考證】周書洪範。

余至江南，觀其行事，問其長老，云龜千歲乃遊蓮葉之上，〔一〕蓍百莖共一根。〔二〕又其所

生，獸無虎狼，草無毒螫。江傍家人常畜龜，飲食之，以爲能導引致氣，有益於助衰養老。豈不信哉！〔三〕

〔一〕【集解】徐廣曰：「蓮，一作『薠』。薠與蓮聲相近，或假借字也。」

〔二〕【集解】徐廣曰：「劉向云『龜千歲而靈。蓍百年而一本生百莖。』」

〔三〕【考證】張文虎曰：御覽九百三十一引「家人」作「人家」，今本誤倒。愚按：御覽引「信」作「偉」。何焯曰：按此卷但有序論，而無傳，故褚先生補之。以下乃少孫所補。若序論，則非少孫所能爲也。今人概焉忽之，惑于索隱「有録無書」之一言耳。

褚先生曰：臣以通經術，受業博士，治春秋，以高第爲郎，幸得宿衛，出入宮殿中，十有餘年。竊好太史公傳。太史公之傳曰：「三王不同龜，四夷各異卜，然各以決吉凶，略闚其要，故作龜策列傳。」〔一〕臣往來長安中，求龜策列傳，不能得。故之大卜官，問掌故文學長老習事者，寫取龜策卜事，編于下方。

〔一〕【正義】傳，即卜筮之書。【考證】此龜策列傳史公自序之文。

聞古五帝、三王發動舉事，必先決蓍龜。傳曰：〔一〕「下有伏靈，上有兔絲；上有擣蓍，下有神龜。」〔二〕所謂伏靈者，在兔絲之下，狀似飛鳥之形。新雨已，天清静無風，以夜捎兔絲去之，〔三〕即以篝燭此地，〔四〕燭之火滅，即記其處，〔五〕以新布四丈環置之，明即掘取之，入四尺至七尺，得矣，過七尺不可得。伏靈者，千歲松根也，食之不死。〔六〕聞蓍生滿百莖者，其下必有神龜守之，其上常有青雲覆之。傳曰：「天下和平，王道得，而蓍莖長丈，其叢生滿百莖。」〔七〕方今世取蓍者，不能中古法度，不能得滿百莖長丈者，取八十莖已上，蓍長八尺，即難得也。人民好用卦者，取滿六十莖已上，長滿六尺者，即可用矣。記曰：「能得名龜者，財物歸之，家必大富至千萬。」一曰「北斗龜」，二曰「南辰龜」，三曰「五星龜」，四曰「八風龜」，五曰「二十八宿龜」，六曰「日月龜」，七曰「九州龜」，八曰「玉龜」：凡八名龜。〔八〕龜圖各有文在腹下，文云云者，此某之龜也。略記其大指，不寫其圖。取此龜，不必滿尺二寸，民人得長七八寸，可寶矣。今夫珠玉寶器，雖有所深藏，必見其光，〔九〕必出其神明，其此之謂乎！故玉處於山而木潤，淵生珠而岸不枯者，潤澤之所加也。〔一〇〕明月之珠，出於江海，藏於蚌中，蚗龍伏之。〔一一〕王者得之，長有天下，四夷賓服。能得百莖蓍，并得其下龜以卜者，百言百當，足以決吉凶。

〔一〕【索隱】此傳即太卜所得古占龜之說也。

〔二〕【索隱】擣，音逐留反。按：即稠也。擣蓍即蘩蓍，擣是古「稠」字也。【考證】絲、龜，韻。淮南子說山訓「千年之松，下有茯苓，上有兔絲，上有叢蓍，下有伏龜。聖人從外知內，以見知隱也」。高誘注：茯苓，千載松脂也。兔絲生其上而無根，一名「女蘿」也。

〔三〕【考證】捎，芟也。

〔四〕【集解】徐廣曰：「篝，籠也。蓋然火而籠罩其上也。音溝。陳涉世家曰『夜篝火』也。」

〔五〕【考證】岡白駒曰：氣自地中吹出滅之。

〔六〕【考證】王念孫曰：伏靈，今茯苓，松脂所化，非松根也。「根」當作「脂」。御覽、爾雅翼並引龜策傳曰：「茯苓者，千載松脂也。」淮南子說山篇高注曰：「茯苓，千載松脂也。」博物志引神仙傳曰「松脂入地，千年化爲茯苓」。

〔七〕【考證】王念孫曰：類聚、御覽引此作「其叢生百莖共根」，「百」上無「滿」字，「莖」下有「共根」二字。上下文言「滿百莖」，皆褚先生之語。此言「百莖共根」，乃褚引古傳之文，不與上下同也。

〔八〕【考證】御覽九百三十一引「玉龜」作「王龜」，藝文類聚亦作「王龜」。岡白駒曰：其文「北斗」爲「北斗龜」。

〔九〕【考證】張文虎曰：游、王、凌本「必」誤「之」。

〔一〇〕【集解】徐廣曰：「一無『不』字。」許氏說淮南以爲滋潤鍾於明珠，致令岸枯也。」【考證】張文虎曰：凌本「處」誤「出」。荀子勸學篇「玉在山而草木潤，淵生珠而崖不枯」，淮南子說山訓「玉在山而草木潤，淵生珠而岸不枯」。愚按：許氏淮南注與史義殊。

〔一一〕【集解】徐廣曰：「許氏說淮南云『蚗龍，龍屬也』。音決。」【索隱】蚗蠪伏之。按：「蚗」當爲「蛟」。蠪，音龍。注音決，誤也。

神龜出於江水中。廬江郡常歲時生龜，長尺二寸者二十枚，輸太卜官。太卜官因以吉日剔取其腹下甲。龜千歲乃滿尺二寸。〔一〕王者發軍行將，必鑽龜廟堂之上，以決吉凶。今高廟中有龜室，藏内以爲神寶。

〔一〕【考證】張文虎曰：「太卜官」三字，柯、凌本不重，蓋脫字。愚按：御覽亦重三字。

傳曰：「取前足臑骨穿佩之，取龜置室西北隅，懸之以入深山大林中，不惑。」〔一〕臣爲郎時，見萬畢石朱方傳曰：「有神龜，在江南嘉林中。〔二〕嘉林者，獸無虎狼，鳥無鴟梟，草無毒螫，野火不及，斧斤不至，是爲嘉林。龜在其中，常巢於芳蓮之上，左脅書文曰：『甲子重光，〔三〕得我者，匹夫爲人君，有土正，〔四〕諸侯得我爲帝王。』求之於白蛇蟠杅林中者，〔五〕齋戒以待，譺然狀如有人來告之，〔六〕因以醮酒佗髮求之，三宿而得。」〔七〕由是觀之，豈不偉哉！故龜可不敬歟？

〔一〕【集解】徐廣曰：「臑，音乃毛反。臑，臂。」【索隱】臑，音乃高反。臑，臂也。一音乃導反。

〔二〕【索隱】按：萬畢術中有石朱方，方中說嘉林中，故云「傳曰」。【考證】王引之曰：水經決水注云：「灌水導源廬江金蘭縣西北東陵鄉大蘇山。」褚先生所謂神龜出於江、灌之間嘉林之中，蓋謂此水也。東北逕蓼縣故城西，而北注決水，是此傳原文本作「神龜出於江、灌之間」，且其地在江北，非在江南。今本云「神龜在江南」，蓋後人多聞江水，少聞灌水，故以意改之耳。

〔三〕【集解】徐廣曰：「子，一作『于』。」

〔四〕【集解】徐廣曰：「正，長也。爲有土之官長。」

〔五〕【集解】徐廣曰：「杅，一孤反。」【索隱】按：林名白蛇蟠杅林，龜藏其中。杅，音烏。謂白蛇嘗蟠杅此林中也。

〔六〕【索隱】譺，音嶷。言求龜者齋戒以待，常譺然也。【正義】譺，猶疑也。【考證】岡白駒曰：譺然，齊敬貌。

〔七〕【集解】徐廣曰：「佗，一作『被』。」【索隱】佗，音徒我反。按：謂被髮也。【考證】岡白駒曰：醮酒，灌地祭也。

南方老人用龜支牀足，行二十餘歲，老人死，〔一〕移牀，龜尚生不死。龜能行氣導引。問者曰：「龜至神若此，然太卜官得生龜，何爲輒殺取其甲乎？」近世江上人有得名龜，畜置之，家因大富。與人議，欲遣去。人教殺之勿遣，遣之破人家。〔二〕龜見夢曰：「送我水中，無殺吾也。」其家終殺之。殺之後，身死，家不利。人民與君王者異道。人民得名龜，其狀類不宜殺也。以往古故事言之，古明王聖主皆殺而用之。

〔一〕【考證】藝文類聚引史「行」作「經」。

〔二〕【考證】岡白駒曰：言破汝家也。

宋元王時得龜，亦殺而用之。謹連其事於左方，令好事者觀擇其中焉。〔一〕

〔一〕【考證】莊子外物篇「宋元王」作「宋元君」。釋文李云：「元君，元公也。元公名佐，平公之子。」顧炎武曰：宋有元公，無元王。錢大昕曰：宋稱王，自偃始。此「元王」或「王偃」之譌。王偃雖戰勝攻取，尋即亡滅，暴而不德，非靈龜所能祐也。愚按：淮南子說山訓「神龜能見夢元王，而不能自出漁者之籠」。作「元王」者，不獨褚少孫。

宋元王二年，江使神龜使於河，至於泉陽，漁者豫且舉網得而囚之，置之籠中。〔一〕夜半，龜來見夢於宋元王曰：「我爲江使於河，而幕網當吾路。泉陽豫且得我，我不能去。身在患中，莫可告語。王有德義，故來告訴。」〔二〕元王惕然而悟，乃召博士衞平而問之，〔三〕曰：「今寡人夢見一丈夫，延頸而長頭，衣玄繡之衣而乘輜車，來見夢於寡人。曰：『我爲江使於河，而幕網當吾路。泉陽豫且得我，我不能去。身在患中，莫可告語。

王有德義，故來告訴。』是何物也？」衛平乃援式而起，〔四〕仰天而視月之光，觀斗所指，定日處鄉。規矩爲輔，副以權衡。四維已定，八卦相望。視其吉凶，介蟲先見。〔五〕乃對元王曰：「今昔壬子，〔六〕宿在牽牛。河水大會，鬼神相謀。漢正南北，〔七〕江、河固期，南風新至，江使先來。白雲壅漢，萬物盡留。斗柄指日，使者當囚。玄服而乘輜車，其名爲龜。王急使人問而求之。」王曰：「善。」〔八〕

〔一〕【索隱】豫且，下音子余切。泉陽人，網元龜者。【考證】莊子外物篇作「余且」。釋文：「姓余，名且。」

〔二〕【考證】路、去、語、訴，韻。

〔三〕【索隱】衛平，宋元君之臣也。

〔四〕【集解】徐廣曰：「式，音栻。」【考證】日者傳「旋式正棊」。

〔五〕【考證】岡白駒曰：「鄉與嚮通。」何焯曰：「『仰天而觀月之光』以下用韻。」愚按：光、鄉、衡、望，韻。

〔六〕【索隱】今昔，猶昨夜也。以今日言之，謂昨夜爲今昔。【考證】昔、夕通。

〔七〕【正義】漢，天河。

〔八〕【考證】牛、謀、期、來、留、因，韻。御覽七百二十五「壅漢」作「擁漢」。錢大昕曰：奇門之式，古人謂之「遁甲」，即易八卦方位，加以中央，與乾鑿度太一下行九宮之法相合。史記龜策傳「衛平乃援式而起，仰天而視月之光，觀斗所指」云云，乃對曰「今昔壬子，宿在牽牛」云云，此遁甲式也。日在牽牛，冬至之候。蓋冬至後，壬子日，庚子時，陽遁第一局，甲午爲旬首，在巽宮，杜門爲直使，時加子，子爲玄武，故云「介蟲先見」也。規矩權衡，謂坎、離、震、兌四正之位。漢書魏相傳「東方之神，執規司春；南方之神，執衡司夏；西方之神，執矩司秋；北方之神，執權司冬」，是其義也。加以四維，故云「八卦相望」也。張文虎曰：援式而起，謂地盤也。仰天而視月之光者，定時也。觀斗所指者，正月令也。定日處鄉者，正日躔也。規矩、權衡、四維、八卦者，左規右矩，前衡後權，謂天盤所加十二辰之位也。義見淮南天文訓及漢書律曆志。介蟲先見者，謂初傳玄武發用也。今昔壬子者，日辰也。宿在牽牛者，日宿在丑也。河水大會者，仲冬水王，又日時干支皆水也。漢正南北者，夜半時箕、斗在子，天漢正當南北也。南風新至者，冬至一陽生也。斗柄指日者，月建在壬位也。使者當囚者，白虎乘子加壬，又玄武乘功曹也。錢氏十駕養新録以爲奇門之式，未然。

於是王乃使人馳而往問泉陽令，曰：「漁者幾何家？名誰爲豫且？豫且得龜，見夢於王，王故使我求之。」泉陽令乃使吏案籍視圖，水上漁者五十五家，上流之廬，名爲豫且。泉陽令曰：「諾。」乃與使者馳而問豫且曰：「今昔汝漁何得？」豫且曰：「夜半時舉網得龜。」〔一〕使者曰：「今龜安在？」曰：「在籠中。」使者曰：「王知子得龜，故使我求之。」豫且曰：「諾。」即系龜而出之籠中，獻使者。

〔一〕【集解】莊子曰：「得白龜圓五尺。」【考證】莊子外物篇「得白龜焉，箕圜五尺」。

使者載行，出於泉陽之門。正晝無見，風雨晦冥，雲蓋其上，五采青黃，雷雨並起，風將而行。入於端門，見於東箱。身如流水，潤澤有光。〔一〕望見元王，延頸而前，三步而止，縮頸而卻，復其故處。元王見而怪之，問衛平曰：「龜見寡人，延頸而前，以何望也？縮頸而復，是何當也？」衛平對曰：「龜在患中，而終昔囚，王有德義，使人活之。今延頸而前，以當謝也，縮頸而卻，欲亟去也。」〔二〕元王曰：「善哉！神至如此乎，不可久留；趣駕送龜，勿令失期。」

〔二〕【考證】張文虎曰：游、凌本「雷」譌「雲」。岡白駒曰：箱與廂同。愚按：冥、黃、行、箱、光，韻。

〔三〕【考證】終昔，猶終夜也。

衛平對曰：「龜者，是天下之寶也，先得此龜者爲天子，且十言十當，十戰十勝。生於深淵，長於黃土。知天之道，明於上古。游三千歲，不出其域。安平静正，動不用力。壽蔽天地，莫知其極。與物變化，四時變色。居而自匿，伏而不食。春倉夏黃，秋白冬黑。明於陰陽，審於刑德。先知利害，察於禍福。以言而當，以戰而勝。王能寶之，諸侯盡服。王勿遣也，以安社稷。」〔二〕

〔二〕【考證】土、古、域、力、極、色、食、黑、德、福、服、稷，韻。凌稚隆曰：一本「倉」作「蒼」。愚按：御覽七百二十五亦作「蒼」。或云「勝」當作「克」，與上下韻協。

元王曰：「龜甚神靈，降于上天，陷於深淵，在患難中，以我爲賢。德厚而忠信，故來告寡人。寡人若不遣也，是漁者也。漁者利其肉，寡人貪其力。下爲不仁，上爲無德，君臣無禮，何從有福？寡人不忍，柰何勿遣！」〔二〕

〔二〕【考證】淵、賢、人、力、德、福，韻。

衛平對曰：「不然。臣聞盛德不報，重寄不歸；天與不受，天奪之寶。今龜周流天下，還復其所。上至蒼天，下薄泥塗。還徧九州，未嘗愧辱，無所稽留。今至泉陽，漁者辱而囚之。王雖遣之，江、河必怒，務求報仇。自以爲侵，因神與謀，淫雨不霽，水不可治。若爲枯旱，風而揚埃，蝗蟲暴生，百姓失時。王行仁義，其罰必來。此無佗故，其祟

在龜。後雖悔之，豈有及哉！王勿遣也。」〔一〕

〔一〕【考證】所、塗、州、留、囚、仇、謀、治、埃、時、來、龜、哉，韻。

元王慨然而歎曰：「夫逆人之使，絶人之謀，是不暴乎？取人之有，以自爲寶，是不彊乎？寡人聞之，暴得者心暴亡，彊取者必後無功。桀、紂暴彊，身死國亡。今我聽子，是無仁義之名，而有暴彊之道。江、河爲湯、武，我爲桀、紂。未見其利，恐離其咎。寡人狐疑，安事此寶？趣駕送龜，勿令久留。」

衛平對曰：「不然，王其無患。天地之閒，累石爲山，高而不壞，地得爲安。故云物或危而顧安，或輕而不可遷；人或忠信而不如誕謾，〔一〕或醜惡而宜大官，或美好佳麗而爲衆人患，非神聖人，莫能盡言。春秋冬夏，或暑或寒。寒暑不和，賊氣相奸。同歲異節，其時使然。〔二〕故令春生夏長，秋收冬藏。或爲仁義，或爲暴彊。〔三〕暴彊有鄉，仁義有時。萬物盡然，不可勝治。〔四〕大王聽臣，臣請悉言之。天出五色，以辨白黑。地生五穀，以知善惡。人民莫知辨也，與禽獸相若。谷居而穴處，不知田作。天下禍亂，陰陽相錯。悤悤疾疾，〔五〕通而不相擇。妖孽數見，傳爲單薄。〔六〕聖人別其生，使無相獲。禽獸有牝牡，置之山原；鳥有雌雄，布之林澤；有介之蟲，置之谿谷。故牧人民，爲之城郭，内經閭術，外爲阡陌。〔七〕夫妻男女，賦之田宅，列其室屋。爲之圖籍，別其名族。立官置吏，勸以爵祿，衣以桑麻，養以五穀。〔八〕耕之耰之，〔九〕鉏之耨之，〔一〇〕口得所嗜，目得所美，身受其利。〔一一〕以是觀之，非彊不至。〔一二〕故曰『田者不彊，困倉不盈；〔一三〕商賈不彊，不得其贏；〔一四〕婦女不彊，布帛不精；官御不彊，其勢不成；大將不彊，卒不使令；侯王不彊，没世無名』。〔一五〕故云『彊者事之始也，分之理也，物之紀也』。〔一六〕所求於彊，無不有也。王以爲不然，王獨不聞玉櫝隻雉，出於昆山；〔一七〕明月之珠，出於四海；鐫石拌蚌，傳賣於市；〔一八〕聖人得之，以爲大寶。大寶所在，乃爲天子。〔一九〕今王自以爲暴，不如拌蚌於海也；自以爲彊，不過鐫石於昆山也。〔二〇〕取者無咎，寶者無患。今龜使來抵網，而遭漁者得之，見夢自言，是國之寶也，王何憂焉？」

〔一〕【集解】徐廣曰：「誕，一作『訑』，音土和反。」【索隱】誕，田爛反。謾，音漫，一音並如字。訑，音吐禾反。【正義】訑，欺也。【考證】李笠曰：顧，反也。

〔二〕【考證】山、安、遷、謾、官、患、言、寒、奸、然，韻。

〔三〕【考證】藏、彊，韻。

〔四〕【考證】時、治，韻。

〔五〕【集解】徐廣曰：「一作『病』。」

〔六〕【正義】説文云「衣服謌謠、草木之怪謂之妖，禽獸蟲蝗之怪謂之蠥」也。【考證】岡白駒曰：通，謂人民皆然也。不相擇，言不知去惡而就善，出谷穴而從田作也。愚按：傳，猶承也。

〔七〕【考證】岡白駒曰：百家爲里，里十爲術。外爲阡陌，謂田也。民冬在閭術，農時在田廬。

〔八〕【考證】黑、惡、若、作、錯、擇、薄、獲、澤、谷、郭、陌、宅、籍、禄、穀，韻。

〔九〕【集解】徐廣曰：「音憂。」【正義】耰，覆種也。説文云：「耰，摩田器。」

〔一〇〕【集解】徐廣曰：「耨，除草也。」【考證】耰、耨，韻。

〔一一〕【考證】嗜、美、利，韻。

〔一二〕【考證】駁元王「彊取者必後無功」語。

〔一三〕【正義】説文云：「圓者謂之囷，方者謂之廩。」

〔一四〕【正義】贏，餘利也。

〔一五〕【考證】盈、贏、精、成、令、名，韻。

〔一六〕【考證】始、理、紀，韻。

〔一七〕【集解】徐廣曰：「隻，一作『雙』。」岡白駒曰：雉，所以爲飾也。

〔一八〕【集解】徐廣曰：「鐫，音子旋反。拌，音判。」【索隱】拌，音判。判，割也。

〔一九〕【考證】陳子龍曰：珠玉與龜同爲國之鎮寶，故比類焉。

〔二〇〕【考證】言剥龜與拌蚌、鐫石不異。

元王曰：「不然。寡人聞之，諫者福也，諛者賊也。人主聽諛，是愚惑也。〔一〕雖然，禍不妄至，福不徒來。天地合氣，以生百財。陰陽有分，不離四時。十有二月，日至爲期。聖人徹焉，身乃無災。明王用之，人莫敢欺。〔二〕故云『福之至也，人自生之；禍之至也，人自成之』。〔三〕禍與福同，刑與德雙。聖人察之，以知吉凶。桀、紂之時，與天爭功。擁遏鬼神，使不得通。是固已無道矣，諛臣有衆。〔四〕桀有諛臣，名曰趙梁。〔五〕教爲無道，勸以貪狼。繫湯夏臺，殺關龍逢。在右恐死，偷諛於傍。國危於累卵，皆曰無傷。

稱樂萬歲，或曰未央。蔽其耳目，與之詐狂。湯卒伐桀，身死國亡。聽其諛臣，身獨受殃。春秋著之，至今不忘。紂有諛臣，名爲左彊。誇而目巧，教爲象郎。〔六〕將至於天，〔七〕又有玉牀。犀玉之器，象箸而羹。〔八〕聖人剖其心，壯士斬其胻。〔九〕箕子恐死，被髮佯狂。殺周太子歷，〔一〇〕囚文王昌，投之石室，將以昔至明。〔一一〕陰兢活之，〔一二〕與之俱亡。入於周地，得太公望，興卒聚兵，與紂相攻。文王病死，載尸以行。太子發代將，號爲武王，戰於牧野，破之華山之陽。紂不勝，敗而還走，圍之象郎。自殺宣室，〔一三〕身死不葬。頭懸車軫，四馬曳行。寡人念其如此，腸如湯湯。〔一四〕是人皆富有天下而貴至天子，然而大傲，欲無猒時，舉事而喜高，貪狼而驕。不用忠信，聽其諛臣，而爲天下笑。今寡人之邦，居諸侯之間，曾不如秋毫。舉事不當，又安亡逃！」〔一五〕

〔一〕【考證】福、賊、惑，韻。

〔二〕【考證】來、財、時、期、災、欺，韻。岡白駒曰：日至，夏至、冬至。

〔三〕【考證】生、成，韻。

〔四〕【考證】李笠曰：「有」同「又」。愚按：同、雙、凶、功、通、衆，韻。

〔五〕【考證】錢大昕曰：桀臣趙梁，紂臣左彊，本紀皆無之。

〔六〕【集解】禮記曰：「目巧之室。」鄭玄曰：「但用目巧善意作室，不由法度。」許慎曰：「象牙郎。」【考證】陳子龍曰：郎、廊通用。象郎似以象飾室之名，或作繪象，如後世畫室之意，二義俱通。觀後文之「象郎」，知定是室也。張文虎曰：御覽「郎」作「廊」。按：淮南子本經篇「桀、紂爲琁室、瑶臺、象廊」，即此事。

〔七〕【考證】岡白駒曰：即上文「與天争功」者。愚按：言其高也。

〔八〕【索隱】箸，音持慮反，則箸是筯，爲與羹連，則或非箸，樽也。記曰「羹之有菜者用挾」。挾者，箸也。

〔九〕【集解】胻，音衡，脚脛也。【索隱】胻，音衡，即脚脛。【考證】剖比干之心，斮朝涉之脛。

〔一〇〕【索隱】按：「殺周太子歷」，文在「因文王昌」之上，則近是季歷。季歷不被紂誅，則其言近妄，無容周更别有太子名歷也。【考證】陳仁錫曰：「歷」字衍文。太子謂伯邑考也。愚按：其事未詳。

〔一一〕【考證】李笠曰：此句難解。岡白駒曰：昔，夕也。

〔一二〕【集解】徐廣曰：「兢，一作『競』。」【索隱】陰，姓；兢，名。

〔一三〕【集解】徐廣曰：「天子之居名曰宣室。」

〔一四〕【集解】徐廣曰：「涫，音館，一作『沸』。」【索隱】上音館。涫，沸也。【考證】梁、狼、逢、傍、傷、央、狂、亡、殃、忘、彊、郎、牀、羹、胻、狂、昌、明、亡、望、攻、行、王、陽、郎、葬、行、湯，韻。

〔一五〕【考證】傲、高、驕、笑、毫、逃，韻。

衛平對曰：「不然。河雖神賢，不如崑崙之山；江之源理，不如四海，而人尚奪取其寶，諸侯争之，兵革爲起。小國見亡，大國危殆，殺人父兄，虜人妻子，殘國滅廟，以争此寶。戰攻分争，是暴彊也。〔一〕故云，取之以暴彊，而治以文理，〔二〕無逆四時，必親賢士；與陰陽化，鬼神爲使；通於天地，與之爲友。〔三〕諸侯賓服，民衆殷喜，邦家安寧，與世更始。湯、武行之，乃取天子；春秋著之，以爲經紀。〔四〕王不自稱湯、武，而自比桀、紂。桀、紂爲暴彊也，固以爲常。〔五〕桀爲瓦室，〔六〕紂爲象郎。徵絲灼之，務以費民。〔七〕賦斂無度，殺戮無方，殺人六畜，〔八〕以韋爲囊，囊盛其血，與人懸而射之，與天帝争彊，逆亂四時，先百鬼嘗。〔九〕諫者輒死，諛者在傍。聖人伏匿，百姓莫行。天數枯旱，國多妖祥。螟蟲歲生，五穀不成。民不安其處，鬼神不享。飄風日起，正晝晦冥。日月並蝕，滅息無光。列星奔亂，皆絕紀綱。以是觀之，安得久長！雖無湯、武，時固當亡。故湯伐桀，武王剋紂，其時使然。乃爲天子，子孫續世；終身無咎，後世稱之，至今不已。是皆當時而行，見事而彊，乃能成其帝王。今龜，大寶也。爲聖人使，傳之賢士，〔一〇〕不用手足。雷電將之，風雨送之，流水行之，侯王有德，乃得當之。〔一一〕今王有德，而當此寶，恐不敢受；王若遣之，宋必有咎。後雖悔之，亦無及已。」

〔一〕【考證】寶，言珠玉。

〔二〕【考證】張文虎曰：中統、游、毛本、吳校金板「取」下無「之」字。

〔三〕【考證】「友」字不與上下韻協，疑有譌誤。

〔四〕【考證】理、士、使、喜、始、子、紀，韻。

〔五〕【考證】各本脫「桀紂」二字，今從毛本、館本。

〔六〕【集解】世本曰：「昆吾作陶。」張華博物記亦云「桀作瓦蓋」，是昆吾爲桀作也。

〔七〕【索隱】按：灼，謂燔也。燒絲以當薪，務費人也。【考證】王念孫曰：「民」當作「氓」，與常、郎、方、囊、彊、嘗、傍、行、祥、成、享、冥、光、綱、長、亡十六字爲韻。

〔八〕【考證】殺下民所畜六畜。

〔九〕【考證】俞樾曰：殷本紀「武乙無道，爲革囊盛血，而仰射之，名曰『射天』」。宋世家「宋王偃盛血以革囊，懸而射之，名曰『射天』」。龜策傳「紂殺人六畜，以韋爲囊，盛其血，與人懸而射之，與天帝爭彊」。三君所爲，如出一轍，何哉？子貢不云乎：紂之不善，不如是之甚。

〔一〇〕【考證】張文虎曰：「士」疑當作「王」，與上下韻。

〔一一〕【考證】將，送也。行、彊、王、將、行、當，韻。

元王大悦而喜。〔一〕於是元王向日而謝，〔二〕再拜而受。擇日齋戒，甲乙最良。〔三〕乃刑白雉，及與驪羊；以血灌龜，於壇中央。以刀剝之，身全不傷。脯酒禮之，橫其腹腸。荆支卜之，〔四〕必制其創。〔五〕理達於理，文相錯迎。〔六〕使工占之，所言盡當。邦福重寶，〔七〕聞于傍鄉。殺牛取革，被鄭之桐。〔八〕草木畢分，化爲甲兵。戰勝攻取，莫如元王。〔九〕元王之時，衛平相宋。宋國最彊，龜之力也。

〔一〕【考證】張文虎曰：「喜」疑當作「起」。愚按：喜讀爲嘻。

〔二〕【索隱】蓋欲神之以謝天也。天之質闇，日者天之光明，著見者莫過也。

〔三〕【考證】岡白駒曰：吉日也。

〔四〕【考證】御覽七百二十五「剝」作「刳」。岡白駒曰：支與枝通，燒荆枝也。愚按：下文云「灼以荆若剛木」。御覽七百二十五引三禮圖云「楚焞以荆爲然，以灼龜」。正以荆者。凡木心皆圜，而荆心方，是以用之。其義可見。

〔五〕【正義】音瘡。

〔六〕【考證】王念孫曰：理達於理，文不成義。「理達」當爲「程達」。「程」、「理」右半相似，又涉下「理」字而誤也。「程」與「呈」古字通。灼龜爲兆，其理縱橫，呈達於外，故曰「程達於理，文相錯迎」也。太平御覽方術部引此正作「程達於理」。

〔七〕【集解】徐廣曰：「福，音副，藏也。」

〔八〕【集解】徐廣曰：「牛革桐爲鼓也。」【索隱】徐氏云：「牛革桐爲鼓。」

〔九〕【考證】良、羊、央、傷、腸、創、迎、當、鄉、桐、兵、王，韻。

故云神至能見夢於元王，而不能自出漁者之籠，身能十言盡當，不能通使於河，還報於江。〔一〕賢能令人戰勝攻取，不能自解於刀鋒，免剥刺之患。聖能先知亟見，而不能令衛平無言。言事百全，至身而攣；〔二〕當時不利，又焉事賢！賢者有恒常，士有適然。〔三〕是故明有所不見，聽有所不聞；〔四〕人雖賢，不能左畫方，右畫圓；日月之明，而時蔽於浮雲。羿名善射，不如雄渠、蠭門；〔五〕禹名爲辯智，而不能勝鬼神。地柱折，天故毋椽，又柰何責人於全？〔六〕孔子聞之曰：「神龜知吉凶，而骨直空枯。〔七〕日爲德，而君於天下，辱於三足之烏。〔八〕月爲刑而相佐，見食於蝦蟇。〔九〕蝟辱於鵲，〔一〇〕騰蛇之神，而殆於即且。〔一一〕竹外有節理，中直空虛；松柏爲百木長，而守門閭。日辰不全，故有孤虛。〔一二〕黄金有疵，白玉有瑕。事有所疾，亦有所徐。物有所拘，亦有所據。罔有所數，亦有所疏。人有所貴，亦有所不如。〔一三〕何可而適乎？物安可全乎？〔一四〕天尚不全，故世爲屋，不成三瓦而陳之，以應之天。〔一五〕天下有階，物不全乃生也。」〔一六〕

〔一〕【考證】籠、江，韻。

〔二〕【考證】而猶則也。岡白駒曰：攣，拘繫也。

〔三〕【考證】張文虎曰：「恒」、「常」當衍其一。蓋漢世諱「恒」爲「常」，後人兩存之。愚按：患、言、攣、賢、然，韻。又按：莊子外物篇云：「仲尼曰：『神龜能見夢於元君，而不能避余且之網；知能七十二鑽而無遺筴，不能避刳腸之患。』」此文所本。

〔四〕【考證】莊子外物篇「知有所困，神有所不及」，楚辭卜居「物有所不足，智有所不明，數有所不逮，神有所不通」。中井積德曰：聽，當作「聰」。

〔五〕【集解】新序曰：「楚雄渠子夜行，見伏石當道，以爲虎而射之，應弦没羽。」淮南子曰：「射者重以逢門子之巧。」劉歆七略有逢門射法也。

〔六〕【考證】聞、圓、雲、門、神、椽、全，韻。張文虎曰：南宋、舊刻、毛本「椽」，他本譌「掾」。岡白駒曰：天東南傾，是也。

〔七〕【正義】凡龜其骨空中而枯也。直，語發聲也。今河東亦然。

〔八〕【考證】淮南子精神訓「日中有踆烏」，注云：「踆，趾也，謂三足烏也。」

〔九〕【考證】淮南子説林訓：「月照天下，而蝕於蟾諸，騰蛇游霧，而殆於蝍蛆。」注云：「蟾諸，月中蝦蟇，食月，故曰『食於蟾諸』。蝍蛆，蟋蟀。爾雅謂之『蜻蛚之大腹』也。上蛇，蛇不敢動，故曰『殆於蝍蛆』。」

〔一〇〕【集解】郭璞曰：「蝟能制虎，見鵲仰地。」淮南萬畢曰：「鵲令蝟反腹者，蝟憎其意，而心惡之也。」

〔一一〕【集解】郭璞曰：「騰蛇，龍屬也。蝍蛆，似蝗，大腹，食蛇腦也。」【正義】即，津日反。且，則餘反，即吴公也。狀如蚰蜒而大，黑色。

〔一二〕【集解】甲乙謂之日，子丑謂之辰。六甲孤虚法：甲子旬中無戌亥，戌亥即爲孤，辰巳即爲虚。甲戌旬中無申酉，申酉爲孤，寅卯即爲虚。甲申旬中無午未，午未爲孤，子丑即爲虚。甲午旬中無辰巳，辰巳爲孤，戌亥即爲虚。甲辰旬中無寅卯，寅卯爲孤，申酉即爲虚。甲寅旬中無子丑，子丑爲孤，午未即爲虚。劉歆七略有風后孤虛二十卷。【正義】按：歲月日時，孤虛並得上法也。【考證】岡白駒曰：松柏守門閭，伐松柏以爲門。愚按：閭門之側，植以松柏也。

〔一三〕【正義】拘，檢也。【考證】枯、烏、蓍、且、虛、閭、虛、瑕、徐、據、疎、如，韻。桃源抄云：「據，音倨，敖也。罔、網同。數，音朔，細也。」

〔一四〕【考證】岡白駒曰：而，爾也。適，主也。

〔一五〕【集解】徐廣曰：「一云爲屋成，欠三瓦而棟之也。」【索隱】劉氏云：「陳，猶居也。」注作「棟」，音都貢反。【正義】言爲屋不成，欠三瓦以應天，猶陳列而居之。【考證】張文虎曰：作「棟」是也，不成三瓦，謂中霤也。古者後室之霤正當棟下。故云「不成三瓦而棟之」。索隱、正義訓陳爲居，郢書燕説耳。

〔一六〕【正義】言萬物及日月天地皆不能全，喻龜之不全也。【考證】岡白駒曰：有階，言不一也。梁玉繩曰：褚傳但衍莊子外物篇宋元君得龜事，二千八百餘言皆用韻語，奇恣自喜，亦必當時舊文，而褚述之。惟語多悖謾，不可以訓。如宋元公何曾僭王？其時亦無博士之官，而稱宋元王召博士衛平。史不言王季之死，呂氏春秋首時謂季歷困而死，竹書及晉書束晳傳俱謂文丁殺季歷。即以爲真，是王季不得正其終矣，而此作紂殺太子歷，豈天下之惡皆歸歟？且季歷不應稱太子，若以太子爲伯邑考，又不應名歷。文王之出羑里，紂赦之也，而云與陰兢亡入于周。武王載木主伐紂，示不敢專爾，而云文王攻紂病死，載尸以行，武王代將破紂，其説與淮南齊俗同妄。太白之懸本誣，此又云頭懸車軫，四馬曳行。射天乃武乙事，此以爲桀、紂。辱于三足之烏，月食于蝦蟇，孔子寧有斯語？其誕不辨而明。史通敍事篇言「日者、龜策傳無所取」，蓋誤認出于史公之手也。至褚枚述宋元一節，及占卜命召之辭，索隱、正義譏其煩蕪鄙陋，良然。愚按：宋元王疑宋王偃，説既見上。太子歷，未必王季。其餘梁説略有條理。

褚先生曰：漁者舉網而得神龜，龜自見夢宋元王，元王召博士衛平告以夢龜狀，平運式，定日月，分衡度，視吉凶，占龜與物色同，〔一〕平諫王留神龜以爲國重寶，美矣。古者筮必稱龜者，以其令名，所從來久矣。余述而爲傳：

〔一〕【考證】岡白駒曰：運式觀其物色，以知其爲神龜。

三月　二月　正月〔一〕　十二月　十一月　中關内高外下〔二〕

四月〔三〕　首仰〔四〕　足開肣開〔五〕　首俛大〔六〕　五月

橫吉　首俛大〔七〕　六月　七月　八月　九月　十月。〔八〕

〔一〕【正義】言正月、二月、三月右轉周環終十二月者，日月之龜，腹下十二黑點爲十二月，若二十八宿龜也。【考證】張文虎曰：正義爲「十二月」，王、柯誤作爲「十日」。

〔二〕【正義】此等下至「首俛大」者，皆卜兆之狀也。【考證】張文虎曰：中關内高外下，此卜兆，乃正文。各本混作集解，今正。

〔三〕【考證】張文虎曰：當在「三月」上。

〔四〕【索隱】音魚兩反。【正義】謂兆首仰起。【考證】張文虎曰：南宋、中統、游、毛「首」上空格，不誤。王、凌連上「四月」，柯本脱。正義，柯本與索隱系「四月」下，凌本混入索隱。

〔五〕【索隱】音琴。肣，謂兆足斂也。【考證】張文虎曰：肣開，當作「足肣」。李笠曰：上「開」字衍，索隱本無。

〔六〕【索隱】俛，音免，兆首伏也。【考證】張文虎曰：首俛大。索隱當次「首仰」下，刪下文重出之「首俛大」三字，而以正義次索隱後。李笠曰：案索隱本出正文，亦在「足肣開」下，則其誤已久矣。又，俛同俯。

〔七〕【正義】俛，音免，謂兆首伏而大。

〔八〕【考證】張文虎曰：案「正月」下正義云「言正月、二月、三月右轉周環終十二月者，日月之龜」，疑舊式本依日躔之次，從亥位起。正月右旋，十二辰列於上，辰者日月所會，故名日月龜矣。其卜兆別在下方，傳寫錯亂，致不可解。今依正義尋之，尚可得其彷彿，別寫如左：

四月　三月　二月　正月　中關內高外下　首仰　首俛
五月　　　　　　　十二月　大　足開　足肣　橫吉
六月　　　　　　　十一月
七月　八月　九月　十月

卜禁曰：〔一〕子亥戌不可以卜及殺龜。日中如食，〔二〕已卜暮昏，龜之徼也，〔三〕不可以卜。庚辛可以殺，及以鑽之。常以月旦祓龜。〔四〕先以清水澡之，以卵祓之，〔五〕乃持龜而遂之，〔六〕若嘗以爲祖。〔七〕人若已卜不中，皆祓之以卵，東向立，灼以荆若剛木，土卵指之者三，〔八〕持龜以卵周環之，祝曰：「今日吉，謹以粱卵焍黃，祓去玉靈之不祥。」〔九〕玉靈以信以誠，知萬事之情，〔一〇〕辯兆皆可占。不信不誠，則燒玉靈，揚其灰，以徵後龜。其卜必北向，龜甲必尺二寸。

〔一〕【考證】張文虎曰：南宋、舊刻「曰」，它本譌「日」。愚按：劉百衲本作「曰」。

〔二〕【考證】岡白駒曰：日不明。

〔三〕【索隱】徼，音叫，謂徼繞不明也。【考證】張文虎曰：「卜」字疑衍。

〔四〕【索隱】上音廢，又音拂。拂洗之以水，雞卵摩之而呪。【考證】張文虎曰：南宋、中統、游、毛本、吴校金板同。它本「月」譌「日」。愚按：御覽七百二十五作「月」。

〔五〕【正義】以常月朝，清水洗之，以雞卵摩而祝之。【考證】張文虎曰：正義「以」、「常」倒。

〔六〕【考證】岡白駒曰：遂之，謂卜之。張文虎曰：「而遂之」疑有脱文。周禮菙氏「凡卜以明火爇燋，遂龡其焌契以授卜師，遂役之」。

〔七〕【集解】徐廣曰：「一作『視』。」【索隱】祖，法也，言以爲常法。【考證】毛本、御覽「嘗」作「常」。嘗、常通。岡白駒曰：言雖不卜，亦以爲常法。

〔八〕【集解】徐廣曰：「土，一作『十一』。」【索隱】按：古之灼龜，取生荆枝及生堅木燒之，斬斷以灼龜。按：「土」字合依劉氏説，當連下句。【正義】言卜不中，以土爲卵，三度指之，三周繞之，用厭不祥也。

〔九〕【索隱】粱，米也。卵，雞子也。焍，灼龜木也。音「次第」之「第」。言燒荆枝，更遞而灼，故有焍名。一音梯，言灼之以漸如有階梯也。黄者以黄絹裹粱卵以祓龜也。必以黄者，中之色，主土而信，故用雞也。【正義】焍，音題。焍，焦也。言以粱米雞卵祓去龜之不祥，令灼之不焦不黄。若色焦及黄，卜之不中也。

〔一〇〕【考證】黄、祥、誠、情、韻。

卜先以造灼鑽，〔一〕鑽中已，又灼龜首各三；〔二〕又復灼所鑽中曰正身，灼首曰正足，〔三〕各三。即以造三周龜，祝曰：「假之玉靈夫子。〔四〕夫子玉靈，荆灼而心，令而先知。而上行於天，下行於淵，諸靈數箣，莫如汝信。〔五〕今日良日，行一良貞。〔六〕某欲卜。某即得而喜，不得而悔。即得，發鄉我，身長大，首足收入，皆上偶。〔七〕不得，發鄉我，身挫折，中外不相應，首足滅去。」〔八〕

〔一〕【集解】徐廣曰：「造，音竈也。」【索隱】造，音竈。造，謂燒荆之處，荆若木也。【正義】造，竈，用燒荆枝也。【考證】張文虎曰：索隱「荆若木」三字疑衍。

〔二〕【考證】岡白駒曰：三鑽，三灼也。

〔三〕【集解】徐廣曰：「足，一作『止』。」【考證】張文虎曰：「灼首」下疑脱「曰正首灼足」五字。

〔四〕【索隱】尊神龜而爲之作號。【考證】張文虎曰：「假之」疑「假爾」誤，下文「假之」同。愚按：曲禮載命龜辭云「假爾泰龜有常」。

〔五〕【集解】徐廣曰：「箣，音策。」【索隱】數箣。數，所具反。箣，音近策，或箣是策之别名。此卜筮之書，其字亦無可覈，皆放此。【考證】張文虎曰：南宋本、舊刻「箣」作「刺」。

〔六〕【集解】徐廣曰：「行，一作『身』。」

〔七〕【考證】張文虎曰：首，當作「手」，下「首足滅去」同。

〔八〕【考證】張文虎曰：游本「中外」作「内外」。

靈龜卜祝曰：〔一〕「假之靈龜。五筮五靈，不如神龜之靈，知人死，知人生。某身良貞，〔二〕某欲求某物。即得也，頭見足發，内外相應；即不得也，頭仰足肣，内外自垂。可得占。」〔三〕

〔一〕【考證】張文虎曰：「靈龜」二字疑衍。

〔二〕【考證】張文虎曰：南宋、中統、舊刻、毛本作「良貞」，它本脱「貞」字。愚按：楓、三本作「良貞」。

〔三〕【考證】張文虎曰：「垂」誤「隨」，依下文改。

卜占病者，〔一〕祝曰：「今某病困。死，首上開，内外交駭，身節折；〔二〕不死，首仰足肣。」卜病者祟，〔三〕曰：「今病有祟，無呈；無祟，有呈。兆有中祟，有内；外祟，有外。」〔四〕

〔一〕【考證】張文虎曰：「占」字疑衍。

〔二〕【考證】張文虎曰：中統、游本「上」作「止」，疑「足」之壞文，而上脱「仰」字，「駭」字疑誤。岡白駒曰：「駭」當作「駮」。交駮不同也。

〔三〕【考證】李笠曰：「者祟」二字當乙。

〔四〕【考證】「卜病祟者」以下宜提行。

卜繫者出。不出，橫吉安；若出，足開首仰有外。

卜求財物，其所當得。得，首仰足開，内外相應；即不得，呈兆首仰足肣。〔一〕

〔一〕【考證】張文虎曰：案卜兆蓋以首俛足開爲類，首俛足肣爲類。今各條有「首仰」無「首俛」，疑傳寫誤。

卜有賣若買臣妾馬牛。得之，首仰足開，内外相應；不得，首仰足肣，呈兆若橫吉安。

卜擊盜聚若干人在某所。今某將卒若干人，往擊之。當勝，首仰足開，身正，内自橋，外下；不勝，足肣首仰身首，〔一〕内下外高。

〔一〕【集解】徐廣曰：「一作『箭』。」【考證】張文虎曰：案此對上「身正」而言，「首」字、「箭」字皆非。

卜求當行不行。行，首足開；〔一〕不行，足肣首仰，若橫吉安。安，不行。

〔一〕【考證】張文虎曰：「首」下脱「仰」字。

卜往擊盜，當見不見。見，首仰足肣有外；不見，足開首仰。

卜往候盜，見不見。見，首仰足肣，肣勝有外；不見，足開首仰。〔一〕

〔一〕【考證】張文虎曰：「肣」字疑衍，而「勝」又「肣」之譌衍。

卜聞盜來不來。來，外高内下，足肣首仰；不來，足開首仰，若横吉安，期之自次。

卜遷徙去官不去。去，足開有肣外首仰；〔一〕不去，自去即足肣，呈兆若横吉安。〔二〕

〔一〕【考證】張文虎曰：「肣」字疑衍。

〔二〕【考證】張文虎曰：「自去」二字疑衍。

卜居官尚吉不吉。吉，呈兆身正，若横吉安；不吉，身節折首仰足開。

卜居室家吉不吉。吉，呈兆身正，若横吉安；不吉，身節折首仰足開。

卜歲中禾稼孰不孰。孰，首仰足開，内外自橋，外自垂；不孰，足肣首仰有外。

卜歲中民疫不疫。疫，首仰足肣，身節有彊外；不疫，身正首仰足開。〔一〕

〔一〕【考證】張文虎曰：「有」、「彊」疑倒。

卜歲中有兵無兵。無兵，呈兆若横吉安；有兵，首仰足開，身作外彊情。〔一〕

〔一〕【考證】張文虎曰：「身作外彊情」句，疑有誤脱。

卜見貴人吉不吉。吉，足開首仰，身正，内自橋；不吉，首仰，身節折，足肣有外，若無漁。〔一〕

〔一〕【考證】二字有譌脱。

卜請謁於人得不得。得，首仰足開，内自橋；不得，首仰足肣有外。

卜追亡人當得不得。得，首仰足肣，内外相應；不得，首仰足開，若横吉安。

卜漁獵得不得。得，首仰足開，内外相應；不得，足肣首仰，若横吉安。

卜行遇盜不遇。遇，首仰足開，身節折，外高内下；不遇，呈兆。〔一〕

〔一〕【考證】張文虎曰：「兆」下疑有脱文。

卜天雨不雨。雨，首仰有外，外高内下；不雨，首仰足開，若橫吉安。

卜天雨霽不霽。霽，呈兆足開首仰；不霽，橫吉安。

命曰橫吉安。〔一〕以占病，病甚者一日不死；不甚者，卜日瘳，不死。繫者，重罪不出，輕罪環出；過一日不出，久毋傷也。求財物，買臣妾馬牛，一日環得，過一日不得。不得。〔二〕行者不行。來者環至，過食時不至，不來。擊盜，不行，行不遇。聞盜，不來。徙官，不徙。居官家室，皆吉。歲稼不孰。民疾疫，無疾。〔三〕歲中無兵。見人行，不行不喜。請謁人，不行不得。追亡人，漁獵，不得。行不遇盜。雨不雨。霽不霽。

〔一〕【考證】「命曰橫吉安」，各本連上「卜天雨霽」條，慶長本別提。錢泰吉曰：宜別。

〔二〕【考證】張文虎曰：「不得」二字複衍。

〔三〕【考證】淩本「無疾」作「無疫」。

命曰呈兆。病者不死。繫者出。行者行。來者來。市買得。追亡人，得；過一日不得。問行者，不到。

命曰柱徹。卜病不死。繫者出。行者行。來者來。而市買不得。憂者毋憂。追亡人，不得。〔一〕

〔一〕【考證】張文虎曰：「而」字衍，下「而市買」同。

命曰首仰足肣有內無外。占病，病甚不死。繫者，解。求財物，買臣妾馬牛，不得。行者，聞言不行。來者，不來。聞盜，不來。聞言不至。徙官，聞言不徙。居官，有憂。居家，多災。歲稼，中孰。民疾疫，多病。歲中有兵，聞言不開。〔一〕見貴人，吉。請謁，不行，行不得善言。追亡人，不得。漁獵，不得。行不遇盜。雨不雨甚。霽不霽。故其莫字皆爲首備。〔二〕問之曰備者仰也，〔三〕故定以爲仰。此私記也。

〔一〕【考證】張文虎曰：「開」疑當作「來」。

〔二〕【考證】「其莫字」不可解。張文虎云：疑「莫」即「其」字譌衍。岡白駒云：「其莫字」，龜文理也。

〔三〕【考證】張文虎曰：案「備」無仰義，疑「儼」之誤。説文「儼，昂頭也」。

命曰首仰足肣有內無外。〔一〕占病，病甚不死。繫者，不出。求財，買臣妾，不得。〔二〕行者，不行。來者，不來。擊盜，不見。聞盜來，內自驚，不來。徙官，不徙。居官家室，吉。歲稼，不孰。民疾疫，有病甚。歲中無兵。見貴人，吉。請謁，追亡人，不得。亡財物，財物不出，得。漁獵，不得。行不遇盜。雨不雨。霽不霽。凶。

〔一〕【考證】全同上條，疑有譌誤。

〔二〕【考證】「財」下脫「物」字。

命曰呈兆首仰足肣。以占。病，不死。繫者，未出。求財物，買臣妾馬牛，不得。行，不行。來，不來。擊盜，不相見。聞盜來，不來。徙官，不徙。居官，久多憂。居家室，不吉。歲稼，不孰。民病疫。歲中毋兵。見貴人，不吉。請謁，不得。漁獵，得少。行不遇盜。雨不雨。霽不霽。不吉。

命曰呈兆首仰足開。以占。病，病篤死。〔一〕繫囚，出。求財物，買臣妾馬牛，不得。行者行，來者來。擊盜，不見盜。聞盜來，不來。徙官，徙。居官，不久。居家室，不吉。歲稼，不孰。民疾疫，有而少。歲中毋兵。見貴人，不見吉。請謁，追亡人，漁獵，不得。行遇盜。雨不雨。霽。小吉。〔二〕

〔一〕【考證】「病」字重衍，下文同。

〔二〕【考證】張文虎曰：「霽」下疑有脱文。

命曰首仰足肣。以占。病，不死。繫者，久毋傷也。求財物，買臣妾馬牛，不得。行者，不行。擊盜，不行。來者，來。〔一〕聞盜，來。徙官，聞言不徙。居家室，不吉。歲稼，不孰。民疾疫少。歲中毋兵。見貴人，得見。請謁，追亡人，漁獵，不得。行遇盜。雨不雨。霽不霽。吉。

〔一〕【考證】「來者來」三字，當在「行者不行」下。

命曰首仰足開有内。以占。病者，死。繫者，出。求財物，買臣妾馬牛，不得。行者，行。來者，來。擊盜，行不見盜。聞盜來，不來。徙官，徙。居官不久。居家室，不吉。歲孰。民疾疫，有而少。歲中毋兵。見貴人不吉。請謁，追亡人，漁獵，不得。行

不遇盜。雨霽，霽，小吉；不霽，吉。〔一〕

〔一〕【考證】張文虎曰：「霽」下有脫文。

命曰橫吉內外自橋。以占。病，卜曰：〔一〕毋瘳死。繫者，毋罪出。求財物，買臣妾馬牛，得。行者，行。來者，來。擊盜，合交等。聞盜來，來。徙官，徙。居家室，吉。歲孰。民疫無疾。〔二〕歲中無兵。見貴人，請謁，追亡人，漁獵，得。行遇盜。雨霽雨霽，大吉。〔三〕

〔一〕【考證】張文虎曰：毛本「卜」作「占」。愚按：「卜曰」二字，「者」字壞文。

〔二〕【考證】張文虎曰：「疫」字衍，或在「無」下。

〔三〕【考證】張文虎曰：「雨霽雨霽」疑當作「雨雨霽霽」。

命曰橫吉內外自吉。〔一〕以占。病，病者，死。繫不出。求財物，買臣妾馬牛，追亡人，漁獵，不得。行者，不來。擊盜，不相見。聞盜，不來。徙官，徙。居官，有憂。居家室，見貴人，請謁，不吉。歲稼，不孰。民疾疫。歲中無兵。行不遇盜。雨不雨。霽不霽。不吉。

〔一〕【考證】張文虎曰：「吉」字疑誤。

命曰漁人。以占。病者，病者甚不死。〔一〕繫者，出。求財物，買臣妾馬牛，擊盜，請謁，追亡人，漁獵，得。行者行。來。〔二〕聞盜來，不來。徙官，不徙。居家室，吉。歲稼，不孰。民疾疫。歲中毋兵。見貴人，吉。行不遇盜。雨不雨。霽不霽。吉。

〔一〕【考證】下「者」字疑衍，下倣之。

〔三〕【考證】「來」下疑奪「者來」二字。

命曰首仰足肣内高外下。以占。病，病者甚不死。繫者，不出。求財物，買臣妾馬牛，追亡人，漁獵，得。行，不行。來者，來。擊盜，勝。徙官，不徙。居官，有憂無傷也。居家室，多憂病。歲大孰。民疾疫。歲中有兵不至。見貴人，請謁，不吉。行遇盜。雨不雨。霽不霽。吉。

命曰横吉上有仰下有柱。病，久不死。繫者，不出。求財物，買臣妾馬牛，追亡人，漁獵，不得。行，不行。來，不來。擊盜，不行，行不見。聞盜來，不來。徙官，不徙。居家室，見貴人，吉。歲大孰。民疾疫。歲中毋兵。行不遇盜。雨不雨。霽不霽。大吉。

命曰横吉榆仰。以占。病，不死。繫者，不出。求財物，買臣妾馬牛，至不得。行，不行。來，不來。擊盜，不行，行不見。聞盜來，不來。徙官，不徙。居官，家室，見貴人，吉。歲孰。歲中有疾疫。毋兵。請謁，追亡人，不得。漁獵，至不得，行不得。行不遇盜。雨霽不霽。小吉。〔一〕

〔一〕【考證】張文虎曰：「雨」下有脱字。

命曰横吉下有柱。以占。病，病甚不環，有瘳無死。繫者，出。求財物，買臣妾馬牛，請謁，追亡人，漁獵，不得。行來不來。〔二〕擊盜，不合。聞盜來，來。徙官，居官，吉，不久。居家室，不吉。歲不孰。民毋疾疫。歲中毋兵。見貴人，吉。行不遇盜。雨不雨，霽。小吉。

〔一〕【考證】「行」下疑有奪字。

命曰載所。以占。病環，有瘳無死。繫者，出。求財物，買臣妾馬牛，請謁，追亡人，漁獵，得。行者，行。來者，來。擊盜，相見不相合。聞盜來，來。徙官，徙。居家室，憂。見貴人，吉。歲孰。民毋疾疫。歲中。毋兵。行不遇盜。雨不雨。霽霽。吉。

命曰根格。以占。病者，不死。繫，久毋傷。求財物，買臣妾馬牛，請謁，追亡人，漁獵，不得。行，不行。來，不來。擊盜，盜行不合。聞盜，不來。徙官，不徙。居家室，吉。歲稼，中。民疾疫無死。見貴人，不得見。行不遇盜。雨不雨。大吉。

命曰首仰足肣，外高內下。卜有憂，無傷也。行者，不來。病，久死。求財物，不得。見貴人者，吉。

命曰外高內下。卜病，不死，有祟。而市買，不得。〔一〕居官，家室，不吉。行者，不行。來者，不來。繫者，久毋傷。吉。

〔一〕【考證】張文虎曰：「『而』字衍。」

命曰頭見足發，有內外相應。以占。病者，起。繫者，出。行者，行。來者，來。求財物，得。吉。

命曰呈兆首仰足開。以占。病，病甚死。繫者，出，有憂。求財物，買臣妾馬牛，請謁，追亡人，漁獵，不得。行，行不行。〔一〕來，不來。擊盜，不合。聞盜來，來。徙官，居官，家室，不吉。歲惡。民疾疫無死。歲中。毋兵。見貴人，不吉。行不遇盜。雨不雨。霽。不，〔二〕吉。

〔一〕【考證】張文虎曰：一「行」字疑衍。中統、毛本無。

〔二〕【考證】張文虎曰：疑「不」字下脱「霽」字。

命曰呈兆首仰足開外高内下。以占。病，不死。有外祟。繫者，者出，有憂。求財物，買臣妾馬牛。相見不會。行行，來。〔一〕聞言，不來。擊盜，勝。聞盜來，不來。徙官，居官，家室，見貴人，不吉。歲中。民疾疫。有兵。請謁，追亡人，漁獵，不得。聞盜，遇盜。〔二〕雨不雨，霽。凶。〔三〕

〔一〕【考證】張文虎曰：疑「來」字當重。

〔二〕【考證】張文虎曰：上云「聞盜來不來」，此「聞盜遇盜」非誤即衍。

〔三〕【考證】張文虎曰：「霽」下有脱字。

命曰首仰足肣身折内外相應。以占。病，病甚不死。繫者，久不出。求財物，買臣妾馬牛，漁獵，不得。行不行。來不來。擊盜，有用勝。聞盜來，來。徙官，不徙。居官，家室，不吉。歲不孰。民疾疫。歲中。有兵，不至。見貴人，喜。請謁，追亡人，不得。遇盜，凶。

命曰橫吉内外相應自橋榆仰上柱上柱足足肣。〔一〕以占。病，病甚不死。繫，久不抵罪。求財物，買臣妾馬牛，請謁，追亡人，漁獵，不得。行，不行。來，不來。居官，家室，見貴人，吉。徙官，不徙。歲不大孰。民疾疫。有兵。有兵不會。行遇盜。聞言不見。雨不雨。霽霽。大吉。

〔一〕【考證】張文虎曰：「上柱足」三字衍。

命曰頭仰足肣內外自垂。〔二〕卜。憂病者甚不死。居官，不得居。行者，行。來者，不來。求財物，不得。求人，不得。吉。

〔二〕【考證】張文虎曰：各本「垂」誤「隨」，今改。

命曰橫吉下有柱。卜。來者，來。卜日即不至未來。卜病者，過一日毋瘳，死。行者，不行。求財物，不得。繫者，出。

命曰橫吉內外自舉。以占。病者，久不死。繫者，久不出。求財物，得而少。行者，不行。來者，不來。見貴人，見。吉。

命曰內高外下疾輕足發。求財物，不得。行者，行。病者，有瘳。繫者，不出。來者，來。見貴人，不見。吉。

命曰外格。求財物，不得。行者，不行。來者，不來。繫者，不出。不吉。病者，死。求財物，不得。見貴人，見。吉。

命曰內自舉外來正足發。者，行。來者，來。求財物，得。病者，久不死。繫者，不出。見貴人，見。吉。〔一〕

〔一〕【考證】「發」下疑奪「行」字。

此橫吉。〔二〕上柱外內內自舉足肣。〔三〕以卜。有求得。病不死。繫者毋傷，未出。行不行。來不來。見人不見。百事盡吉。

〔二〕【考證】張文虎曰：首當有龜兆形，傳寫失之。以下各條放此，又疑上文「命曰」各條上亦有之。

〔三〕【考證】張文虎曰：疑衍「內」字。

此橫吉上柱外內自舉柱足以作。〔一〕以卜。有求，得。病，死環起。繫，留毋傷，環出。行，不行。來，不來。見人，不見。百事吉。可以舉兵。

〔一〕【考證】張文虎曰：「作」疑「詐」字之譌。

此挺詐有外。以卜。有求，不得。病，不死，數起。繫，禍罪。聞言，毋傷。行，不行。來，不來。

此挺詐有內。以卜。有求，不得。病，不死，數起。繫留，禍罪，無傷，出。行，不行。來者，不來。見人，不見。〔一〕

〔一〕【考證】張文虎曰：各本「繫」字錯在「傷」下，毛本不誤。

此挺詐內外自舉。以卜。有求，得。病，不死。繫，毋罪。行，行。來，來。田賈市漁獵，盡喜。

此狐狢。以卜。有求，不得。〔一〕病，死，難起。繫留，毋罪難出。可居宅。可娶婦嫁女。行，不行。來，不來。見人，不見。有憂，不憂。

〔一〕【考證】張文虎曰：葉校本「狐」作「交」，中統、游、王、柯、毛本「卜有」誤倒。

此狐徹。以卜。〔一〕有求，不得。病者死。繫留，有抵罪。行，不行。來，不來。見人，不見。言語定，百事盡。不吉。

〔一〕【考證】張文虎曰：中統、柯本、吴校金板「狐」作「交」。愚按：楓山、三條本作「文」。

此首俯足肣身節折。以卜。有求，不得。病者死。繫留，有罪。望行者不來。〔一〕行，行。來，不來。見人，不見。〔二〕

〔二〕【考證】有訛奪。

〔三〕【考證】張文虎曰：「繫留」各本倒，今改。

此挺内外自垂。以卜。有求，不晦。病，不死，難起。繫留，毋罪，難出。行，不行。來，不來。見人，不見。不吉。〔一〕

〔一〕【考證】張文虎曰：「晦」字疑誤。

此横吉榆仰首俯。以卜。有求，難得。病，難起，不死。繫，難出，毋傷也。可居家室，以娶婦嫁女。

此横吉上柱載正身節折内外自舉。以卜。病者，卜日不死。其一日乃死。

此横吉上柱足肣内自舉外自垂。以卜。病者，卜日不死。其一日乃死。〔一〕

〔一〕【考證】張文虎曰：中統、王、游本此條複衍。

爲人病。〔一〕首俯足詐有外無内。病者占，龜未已，急死。卜輕失大，一日不死。

〔一〕【考證】張文虎曰：「爲人病」三字疑衍，此條毛本連上。
首仰足肣。以卜。有求，不得。以繫，有罪。〔一〕人言語恐之，毋傷。行，不行。見人，不見。
〔二〕【考證】張文虎曰：「以」下疑有脫字。

大論曰：〔一〕外者人也，内者自我也；外者女也，内者男也。首俛者憂。〔二〕大者身也，小者枝也。大法，病者，足肣者生，足開者死。行者，足開至，〔三〕足肣者不至。行者，足肣不行，足開行。有求，足開得，足肣者不得。繫者，足肣不出，開出。其卜病也，足開而死者，内高而外下也。〔四〕

〔一〕【索隱】按：褚先生所取太卜雜占卦體，及命兆之辭，義蕪辭重沓，殆無足採，凡此六十七條別是也。
〔二〕【考證】張文虎曰：此下當有「首仰」云云，傳寫脫。
〔三〕【考證】張文虎曰：「行」字疑當作「來」。
〔四〕【正義】「大德曰」以下九十七字甚鄙拙。【考證】張文虎曰：疑有脫文。愚按：周官大卜云「掌三兆之法：一曰玉兆，二曰瓦兆，三曰原兆。其經兆之體，皆百有二十，其頌皆千有二百。以邦事作龜之八命：一曰征，二曰象，三曰與，四曰謀，五曰果，六曰至，七曰雨，八曰瘳」。卜師云「掌龜之四兆：一曰方兆，二曰功兆，三曰義兆，四曰弓兆。凡卜事眡高，揚火以作龜，致其墨。凡卜辨龜之上下左右陰陽，以授命龜者，而招相之」。龜人云「掌六龜之屬，各有名物。天龜曰靈屬，地龜曰繹屬，東龜曰果屬，西龜曰雷屬，南龜曰獵屬，北龜曰若屬，各以其方之色，與其體辨之。凡取龜用秋時，攻龜用春時，各以其物入于龜室，上春釁龜，祭祀先卜」。菙氏云「掌共燋契，以待卜事」。禮記玉藻云「卜人定龜，史定墨，國君定體」，皆與此記所言異。蓋少孫所傳秦、漢卜人之書，非三代之舊籍也。漢藝文志云「龜書五十二卷，夏龜二十六卷，南龜書二十八卷，巨龜三十六卷」，皆亡佚不傳。在今欲徵古儀，獨賴此記，則少孫存録之功亦不可没也。

【索隱述贊】三王異龜，五帝殊卜。或長或短，若瓦若玉。其記已亡，其繇後續。江使觸網，見留宋國。神能託夢，不衛其足。

史記會注考證卷一百二十九

貨殖列傳第六十九　史記一百二十九

【索隱】論語云：「賜不受命而貨殖焉。」廣雅云：「殖，立也。」孔安國注尚書云：「殖，生也。」生資貨財利。」【考證】史公自序云：「布衣匹夫之人，不害於政，不妨百姓，取與以時而息財富，知者有采焉。作貨殖列傳第六十九。」漢書司馬遷傳贊云：「司馬遷是非頗繆於聖人。論大道，則先黃、老而後六經，序遊俠則退處士而進姦雄，述貨殖則崇勢利而羞賤貧。此其所蔽也。」董份曰：遷荅任少卿書自傷極刑，家貧不足自贖，故感而作貨殖傳，專慕富利。班固譏之，是也。陳仁錫曰：平準、貨殖相表裏之文也。當時武帝好興利，故子長作平準、貨殖，皆多微辭。班氏譏其「崇勢利而羞賤貧」，信乎？姚鼐曰：世言司馬子長因已被罪於漢，不能自贖，發憤而傳貨殖，余謂不然。蓋子長見其時天子不能以寧靜淡薄先海內，無校於物之盈絀，而以制度防禮俗之末流，乃令其民仿傚淫侈，去廉恥而逐利資，賢士困於窮約，素封僭於君長。又念里巷之徒逐取十一，行至猥賤，而鹽鐵酒酤均輸。以帝王之富，親細民之役，爲足羞也。故其言曰「善者因之，其次利導之，又次教誨之，整齊之」。夫以無欲爲心，以禮教爲術，人胡弗寧，國奚不富。若乃懷貪欲以競黔首，悢悢焉思所勝之用，刻剥聚歛，無益習俗之靡，使人徒自患其財，懷促促不終日之慮，户無積貯，物力凋敝，大亂之故由此始也。故譏其賤以繩其貴，察其俗以見其政，觀其靡以知其敝，此蓋子長之志也。曾國藩曰：自桑、孔輩出，當時之弊，天子與民爭利。平準書譏上之政，貨殖傳譏下之俗。上下交征利，孟子列傳所爲「廢書而歎」也。中惟「家貧親老」數行，是子長自傷之辭。餘則姚論得之。愚按：貨殖傳亦一篇文章，後人分段提行，非史公之舊，今改。

老子曰：「至治之極，鄰國相望，雞狗之聲相聞，民各甘其食，美其服，安其俗，樂其業，至老死不相往來。」〔一〕必用此爲務，輓近世，塗民耳目，則幾無行矣。〔二〕

〔一〕【正義】望，音亡。遠見而不相往來，故相望也。【考證】言至治之世，不知有貨殖。王弼本老子下卷無「至治之極」四字，「狗」作「犬」，「俗」作「居」，「業」作「俗」，「至」上有「民」字。

〔二〕【索隱】輓，音晚。古字通用。【正義】輓與挽同，引也。塗，塞也。言輓引至於近世，求利乃塗民耳目，則無所機其行迹。言不似古無爲。【考證】胡鳴玉曰：輓與挽通。輓近世，用此輓近世之俗也。愚按：言必用老子所言以塗塞民耳目爲務，則不可行也。下文説明其義。正義以「行」爲「行迹」，非是。梁啓超曰：老子所言，上古之俗也。上古道路未通，所至閉塞，一林之障，一川之隔，則其勢不能相通。於是溝然畫爲一國，山人乏漁，澤人乏木，農有餘粟，女有餘布。操作之人甚勞，而所獲樂利甚寡。遇有旱乾水溢，更復無自振救。不相往來，其敝乃極於此，是孟子所謂「率天下而路」。太史公最達此義，故篇首直揭邪説而斥爲「塗民耳目」。老氏自言法令者，將以愚民，非以明民，正「塗民耳目」之確詁。以上古不得已之陋俗而指爲郅治之極，故史公作傳，開宗即明此義。

太史公曰：夫神農以前，吾不知已。〔一〕至若詩、書所述，虞、夏以來，耳目欲極聲色之好，口欲窮芻豢之味，身安逸樂，而心誇矜埶能之榮。使俗之漸民久矣，〔二〕雖户説以眇論，

終不能化。〔三〕故善者因之，其次利道之，其次教誨之，其次整齊之，最下者與之争。〔四〕

〔一〕【正義】太史公云神農以前，詩、書不及，至於貨殖，不能知已。

〔二〕【正義】言詩、書述虞、夏以來，聲色芻豢，佚樂夸矜，有威勢則能爲榮華。然世被漸染，使民爲之久矣。【考證】「勢能」連讀。能，才能也。使俗之漸民，言上使此等流俗漸染人民也。或云「使俗」，當作「流俗」，字之譌也。

〔三〕【索隱】眇論，上音妙，下如字。【正義】論，音路頓反。雖户户説以無爲之眇論，終不能改貨殖夸矜之俗化也。【考證】眇論，微妙之論，斥老子言。

〔四〕【正義】言其善政者，因循清浄，隨俗而誘之。其次以利導引之。其次設化變改之，整齊不貪之。最下者與衆争利及夸矜也。【考證】因，從自然也。利，「順利」之「利」，非「利益」之「利」。道讀爲導。最下者與之争，譏武帝興利。何焯曰：數句宜與平準書對看。

夫山西饒材、竹、穀、纑、旄、玉石；〔一〕山東多魚、鹽、漆、絲、聲色；江南出柟、梓、薑、桂、金、錫、連、丹沙、犀、瑇瑁、珠璣、齒革；〔二〕龍門、碣石北多馬、牛、羊、旃裘、筋角；〔三〕銅、鐵則千里往往山出棊置：〔四〕此其大較也。〔五〕皆中國人民所喜好，謡俗被服飲食，奉生送死之具也。〔六〕故待農而食之，虞而出之，工而成之，商而通之。此寧有政教發徵期會哉？人各任其能，竭其力，以得所欲。〔七〕故物賤之徵貴，貴之徵賤，各勸其業，樂其事，若水之趨下，日夜無休時，不召而自來，不求而民出之。〔八〕豈非道之所符，而自然之驗邪？〔九〕

〔一〕【集解】徐廣曰：「紵屬，可以爲布。」【索隱】上音谷，又音雊。穀，木名，皮可爲紙。纑，山中紵，可以爲布，音盧。紵，音佇。今山閒野紵，亦作「苧」。【考證】楓、三本無「石」字。

〔二〕【集解】徐廣曰：「連，音蓮，鉛之未錬者。」【索隱】枏梓，南子二音。錫連，下音蓮。【考證】陳子龍曰：聲色，指美女，亦列於貨物矣。楓本「犀」下有「象」字，與通志合。

〔三〕【正義】龍門山在絳州龍門縣。碣石山在平州盧龍縣。

〔四〕【索隱】言如置棊子，往往有之。【正義】言出銅鐵之山，方千里如圍棊之置也。管子云「凡天下名山五千二百七十。出銅之山，四百六十七。出鐵之山，三千六百有九。山上有赭，其下有鐵。山上有鉛，其下有銀。山上有銀，其下有丹。山上有磁石，其下有金也」。

〔五〕【索隱】較，音角。大較，猶大略也。

〔六〕【考證】下文云「其謡俗猶有趙之風」也。漢書李尋傳「參人民繇俗」。注：繇讀與謡同。繇俗者，謂若童謡及輿人之誦。愚按：猶言風尚也。

〔七〕【考證】出山澤之材者，謂之虞。政教發徵期會，皆官府之事。史項羽紀「漢王追項王至陽夏，與淮陰侯韓信、建功侯彭越期會而擊楚」。漢書賈誼傳「大臣特以簿書不報期會之閒，以爲大故」。梁啓超曰：西人言富國學者，以農、礦、工、商，分爲四門：農者，地面之物也；礦者，地中之物也；工者，取地面地中之物，而製成致用也；商者，以製成致用之物流通於天下也。四者相需，缺一不可。與史記之言，若合符節。

〔八〕【索隱】徵者求也。謂此處物賤，求彼貴賣之。【正義】徵，召也。言物賤，彼貴處徵召之，必至也。【考證】寬永本標記引劉伯莊云：「徵，求也。此處賤，求彼貴處賣之；此處貴，求彼賤處買之。」董份曰：賤之徵貴，賤極則人棄之，故其徵必貴。白圭之術，正能明貴賤之徵而棄取之也。以徵爲求，謬。凌稚隆曰：此二句即下文「貴上極則反賤」二句。愚按：此專就貴賤而言，不及棄取之術。言物賤極必貴，貴極必賤，故賤者貴之徵，貴者賤之徵。凌説得之。

〔九〕【索隱】道之符。符，謂合於道也。【正義】言物自然而至，若道養萬物，不期而四時符合也。【考證】索隱是。

周書曰：「農不出則乏其食，工不出則乏其事，商不出則三寶絶，虞不出則財匱少。」財匱少而山澤不辟矣。〔一〕此四者，民所衣食之原也。原大則饒，原小則鮮。上則富國，下則富家。貧富之道，莫之奪予，〔二〕而巧者有餘，拙者不足。〔三〕故太公望封於營丘，地潟鹵，人民寡，〔四〕於是太公勸其女功，極技巧，通魚鹽，則人物歸之，繦至而輻湊。〔五〕故齊冠帶衣履天下，海、岱之閒，斂袂而往朝焉。〔六〕其後齊中衰，管子修之，設輕重九府，則桓公以霸，九合諸侯，一匡天下；而管氏亦有三歸，位在陪臣，富於列國之君。是以齊富彊至於威、宣也。〔七〕

〔一〕【索隱】不辟，下音闢。辟，開也，通也。【考證】中井積德曰：蓋以食、事、財爲三寶也。則「三寶」二句當在末。館本考證云：周書語，汲冢書無之。疑在所闕八篇之中。李笠曰：而同則。

〔二〕【索隱】音與，言貧富自由，無予奪。【正義】予，音與。言貧富之道，無人奪之及與之。原大則饒，原小則鮮。巧者有餘，拙者不足。

〔三〕【考證】管子形勢篇「巧者有餘，而拙者不足」。

〔四〕【集解】徐廣曰：「潟，音昔。潟鹵，鹹地也。」

〔五〕【正義】繦，脚兩反。【考證】岡白駒曰：繦，索也。言若繩索之相屬不絶也。

〔六〕【索隱】言齊既富饒，能冠帶天下，豐厚被於他邦，故海岱之閒，斂衽而朝齊，言趨利者也。【考證】中井積德曰：天下之冠帶衣履，皆齊國所造，與上「女功」句相應。又曰：往朝者是海岱左右之諸侯，與下「桓公以霸」句相照，並謂齊之彊也，非謂射利之細民。

〔七〕【正義】管子云「輕重」，謂錢也。夫治民有輕重之法，周有大府、玉府、内府、外府、泉府、天府、職内、職金、職幣，皆掌財幣之官，故云「九府」也。

故曰：「倉廩實而知禮節，衣食足而知榮辱。」〔一〕禮生於有，而廢於無。故君子富，好行其德；小人富，以適其力。淵深而魚生之，山深而獸往之，人富而仁義附焉。富者得埶益彰，失埶則客無所之，以而不樂。夷狄益甚。〔二〕諺曰：「千金之子，不死於市。」此非空言也。〔三〕故曰：「天下熙熙，皆爲利來；天下壤壤，皆爲利往。」〔四〕夫千乘之王，萬家之侯，百室之君，尚猶患貧，而況匹夫編户之民乎！

〔一〕**【考證】**管子牧民篇。實、節、足、辱，韻。

〔二〕**【考證】**吴乘權曰：以、已同。言失其富厚之實，則客無所附而不樂。中井積德曰：「以而不樂」句似有脱誤。

〔三〕**【考證】**子、市，韻。何焯曰：不死市者，知榮辱恥犯法也。

〔四〕**【考證】**鹽鐵論毁學篇引司馬子「壤」作「穰」。壤、穰通。熙、來，壤、往，韻。吴乘權曰：四句用韻，蓋古歌謡也。

昔者越王句踐困於會稽之上，乃用范蠡、計然。〔一〕計然曰：「知鬭則修備，時用則知物。二者形，則萬貨之情可得而觀已。〔二〕故歲在金穰、水毁、木饑、火旱。〔三〕旱則資舟，水則資車，物之理也。〔四〕六歲穰，六歲旱，十二歲一大饑。夫糶二十病農，九十病末。〔五〕末病則財不出，農病則草不辟矣。上不過八十，下不減三十，則農末俱利，平糶齊物，關市不乏，治國之道也。積著之理，務完物，無息幣。〔六〕以物相貿易，腐敗而食之貨勿留，〔七〕無敢居貴。〔八〕論其有餘不足，則知貴賤。貴上極則反賤，賤下極則反貴。貴出如糞土，賤取如珠玉。財幣欲其行如流水。」〔九〕修之十年，國富，厚賂戰士。士赴矢石，如渴得飲，遂報彊吳，觀兵中國，稱號「五霸」。〔一〇〕

〔一〕【集解】徐廣曰：「計然者，范蠡之師也，名研，故諺曰『研、桑心筭』」。駰案：范子曰：「計然者，葵丘濮上人，姓辛氏，字文子，其先晉國亡公子也。嘗南游於越，范蠡師事之。」【索隱】計然，韋昭云范蠡師也。蔡謨云蠡所著書名「計然」，蓋非也。徐廣亦以爲范蠡之師名研，所謂「研、桑心計」也。范子曰「計然者，葵丘濮上人，姓辛氏，字文，其先晉之公子。南遊越，范蠡事之」。吳越春秋謂之「計倪」。漢書古今人表計然列在第四，則「倪」之與「研」是一人，聲相近而相亂耳。【考證】集解「范蠡師事之」，楓、三本作「卑身事之」，其下有「其書則有方物録著五方所出其述事見皇覽晉中經徐云計然者名研吳越春秋越絕書作計兒研然音相近乃一人耳」四十七字。

〔二〕【索隱】時用知物。案：言知時所用之物。【考證】倪思曰：借「知鬬則修備」以明「時用則知物」，其理甚明，未有欲鬬而徒手者也。知物之爲時用，猶知彼知己所以鬬也。「金穰」、「水毀」皆大概之論，非謂必然。下「六穰」、「六旱」、「十二年饑」亦然。一水一旱，有時作，無時備，不會常稔常旱也。

〔三〕【索隱】五行不說土者，土，穰也。【正義】此不說土者，土，四季不得爲主故也。【考證】岡白駒曰：穰，豐盛也。毀雖不至饑，比穰之三分之一耳。

〔四〕【索隱】國語大夫種曰「賈人旱資舟，水資車以待」也。【正義】資，取也。國語大夫種曰：「賈人夏則資皮，冬則資絺，旱則資舟，水則資車，以待之也。」【考證】岡白駒曰：旱極則水，故於旱時蓄舟，以待其貴也。

〔五〕【索隱】言米賤則農夫病也。若米斗直九十，則商賈病，故云「病末」。謂逐末，即商賈也。

〔六〕【索隱】著，音張呂反。毋息弊，久停息貨物則無利。【正義】著，張呂反。言停貯務在完牢之物也。息弊，無停弊惡之物也。【考證】錢大昕曰：著，古「貯」字。愚按：索隱、正義本「幣」作「弊」，義長。

〔七〕【正義】腐，音符愚反。言爛敗可食之貨物，莫復留滯。【考證】方苞曰：務取完善之物，可久藏且易售也。其腐敗者，則自食而無市於人。愚按：食，蝕也。腐敗而食之物，言腐敗易蝕之貨，八字爲一句讀。

〔八〕【考證】居，「積居」之「居」。

〔九〕【索隱】夫物極貴必賤，極賤必貴。貴出如糞土者，既極貴後，恐其必賤，故乘時出之如糞土。賤取如珠玉者，既極賤，後恐其必貴，故乘時取之如珠玉。此所以爲貨殖也。元注恐錯。【正義】夫物貴出賣之，而收財賈，言如糞土不惜也。物賤而買居貯之，言如珠玉必惜也。【考證】凌稚隆曰：此即上「賤之徵貴」說。愚按：計然言止此。正義「財賈」二字疑有誤。

〔一〇〕【正義】言稱號比於五伯也。

范蠡既雪會稽之恥，乃喟然而歎曰：「計然之策七，越用其五而得意。既已施於國，吾欲用之家。」〔一〕乃乘扁舟浮於江湖，〔二〕變名易姓，適齊爲鴟夷子皮，〔三〕之陶爲朱公。〔四〕朱公以爲陶天下之中，諸侯四通，貨物所交易也。乃治產，積居與時逐，〔五〕而不責於人。〔六〕故善治生者，能擇人而任時。〔七〕十九年之中，三致千金，再分散與貧交疏昆弟。此所謂富好行其德者也。〔八〕年衰老而聽子孫，子孫脩業而息之，遂至巨萬。故言富者皆稱「陶朱公」。〔九〕

〔一〕【正義】策七，漢書作「十」字。越絶書云「其術有九」。解在越世家。【考證】漢書「雪」作「刷」。顏師古曰：刷，謂拭除之也。七策，吳越春秋亦作「九術」。吳越春秋、越絶書皆後出之書，不足據。

〔二〕【集解】漢書音義曰：「特舟也。」【索隱】扁，音篇，又音符殄反。服虔云：特舟也。國語云「范蠡乘輕舟」。【正義】國語云句踐滅吳，反至五湖，范蠡辭於王曰：「君王勉之，臣不復入國矣。」遂乘輕舟，以浮於五湖，莫知其所終極。【考證】扁，小也。

〔三〕【索隱】大顏曰：「若盛酒者鴟夷也，用之則多所容納，不用則可卷而懷之，不忤於物也。」案：韓子云「鴟夷子皮事田成子，成子去齊之燕，子皮乃從之」也。蓋范蠡也。

〔四〕【索隱】服虔云：「今定陶也。」【正義】括地志云：「即陶山，在齊州平陽縣東三十五里陶山之陽也。今南五里猶有朱公冢。」又云：「曹州濟陽縣東南三里有陶朱公冢。」又云：「在南郡華容縣西。」未詳也。【考證】齊召南曰：陶，曹州近之。

〔五〕【集解】漢書音義曰：「逐時而居貨。」【索隱】韋昭云：「隨時逐利也。」

〔六〕【索隱】案：謂與人不負之，故云擇人而不責於人也。【正義】言順時積居，不出責於人。【考證】劉攽曰：「與時逐」宜屬下句。治產，治凡可以生息者。居積，積貯成物居停之。與時逐而不責於人，言此兩事，自與天時馳逐，無求責於人也。

〔七〕【考證】擇人而任時，即與時逐而不責於人也。擇，當作「釋」。孫子勢篇云：「善戰者求之於勢，不責於人，故能擇人而任勢。」韓非子難勢篇「擇賢而專任勢，足以爲治乎？」擇亦當作「釋」。

〔八〕【考證】凌稚隆曰：應前。楓、三本「金」下「再」上有「而」字。

〔九〕【集解】徐廣曰：「巨萬，萬萬也。」【考證】又見越世家、秦策。蔡澤曰：范蠡超然避世長爲陶朱。賈誼過秦論云「陶朱猗頓之富」。陶朱之事，所傳舊矣。顏師古曰：息，生也。

子贛既學於仲尼，退而仕於衛，廢著鬻財於曹、魯之間，〔一〕七十子之徒，賜最爲饒益。

原憲不厭糟糠，匿於窮巷。〔二〕子貢結駟連騎，束帛之幣，以聘享諸侯，所至，國君無不分庭與之抗禮。〔三〕夫使孔子名布揚於天下者，子貢先後之也。此所謂得埶而益彰者乎？〔四〕

〔一〕【集解】徐廣曰：「子贛傳云『廢居』。著，猶居也。著，讀音如貯。」【索隱】著，音貯。漢書亦作「貯」。貯，猶居也。說文云：「貯，積也。」【考證】李笠曰：案：廢，古與「發」字通。平準書「廢居」。索隱引劉氏云「廢，出賣。居，停蓄也」。仲尼弟子列傳「子貢好廢居」。索隱引劉氏云「廢，謂物貴而賣之。舉，謂物賤而買之」。「廢」之爲「發」可知矣。「居」與「舉」聲近義通，故徐野民所見子貢傳作「廢居」也。貯、居義同，故「廢著」即爲「發貯」，亦即爲「廢居」，並謂或發或居以取財。劉說是也。漢書正作「發貯鬻財曹、魯之間」。然師古曰「多有積貯，趣時而發賣之」，是又以「貯」爲實字矣。

〔二〕【索隱】饜，飽也。【考證】中井積德曰：益、溢通。楓本「益」作「蓋」。

〔三〕【考證】楓、三本「分庭」作「界迎」。顏師古曰：抗禮，爲賓主之禮也。

〔四〕【考證】凌稚隆曰：應前。論語公治長篇「子曰：『賜不受命而貨殖焉，億則屢中。』」崔述曰：按古者金粟皆謂之貨。殖，猶生也。所謂「貨殖」云者，不過留心於家人生産，酌盈劑虛，使不至困乏耳。非羅賤販貴，若商賈所爲也。樊遲請學稼圃，孔子以小人斥之。若子貢學道，而躬行商賈之事，孔子不知當如何斥之，何以其辭僅如是而已乎？且謂孔子之道之顯，子貢先後之可也。謂子貢以富故能顯之，豈聖人之道？亦必藉有財而後能行於世乎？此乃司馬氏憤激之言。後人不察，遂以子貢爲若商賈者然，謬矣，故不可以不辯。

白圭，周人也。當魏文侯時，李克務盡地力，〔一〕而白圭樂觀時變，〔二〕故人弃我取，人取我與。〔三〕夫歲孰取穀，予之絲漆；繭出取帛絮，予之食。〔四〕太陰在卯，穰；〔五〕明歲衰惡。至午，旱；〔六〕明歲美。至酉，穰；明歲衰惡。至子，大旱；明歲美，有水至卯，〔七〕積著率歲倍。〔八〕欲長錢，取下穀；長石斗，取上種。〔九〕能薄飲食，忍嗜欲，節衣服，與用事僮僕同苦樂，趨時，若猛獸摯鳥之發。故曰：「吾治生產，猶伊尹、呂尚之謀，孫、吳用兵，商鞅行法是也。〔一〇〕是故其智不足與權變，勇不足以決斷，仁不能以取予，彊不能有所守，雖欲學吾術，終不告之矣。」蓋天下言治生祖白圭。白圭其有所試矣，能試有所長，非苟而已也。

〔一〕【索隱】案：漢書食貨志李悝爲魏文侯作盡地力之教，國以富彊。今此及漢書言「克」，皆誤也。劉向別録則云「李悝」也。【考證】孟荀列傳「魏有李悝盡地力之教」。魏世家、吳起列傳皆有李克對魏文公語，而未嘗說盡地力事。王應麟曰：以藝文志攷之，李克七篇在儒家，李悝三十二篇在法家，盡地力者，悝也，非克也。姚鼐曰：「當魏文侯時」五字，專屬李克，說言舊有此務地力之道而已。而其後白圭乃別用一術，非謂圭亦文侯時人也。故圭言「吾治生產，若孫、吳用兵，商鞅行法」。若文侯時人，亦安取稱述後進如吳起、商鞅者乎？張文虎曰：商鞅入秦，在秦孝公初，當梁惠王十年後，去魏文侯遠矣。呂氏春秋有惠施與白圭、匡章問答，則與孟子同時，即治水之丹無疑。愚按：白圭周人，先於吳起、商鞅，史有明文。魏相白圭，見韓非子內儲說，呂氏春秋不屈、應言篇，孟子告子篇。依孟子，名丹，字圭，又不言其爲周人，同異未可知。姑録諸說以存疑。

〔二〕【考證】盡地力者，農工之事也。觀時變者，商之事也。兩者相須而成，而不可偏廢。故史公欲敘白圭，併及李悝。

〔三〕【考證】楓、三本「弃」作「不取」。

〔四〕【索隱】食，謂穀。【考證】中井積德曰：歲孰，非謂豐穰，只是穀登耳。與下「繭出」正作對。

〔五〕【正義】太陰，歲後二辰爲太陰。【考證】中井積德曰：歲星即太陰矣。愚按：說詳天官書。

〔六〕【考證】岡白駒曰：太陰在午，旱。

〔七〕【考證】中井積德曰：據文例，有水至卯，宜言「至卯有水」。岡白駒曰：至卯，終而復始。愚按：是承上文「太陰在卯穰」而言。有水，至卯，猶言既而有水，以至卯復穰也。中說非是。

〔八〕【正義】著率，貯律二音。【考證】積著，連語。率，大抵也。

〔九〕【考證】下穀價廉，上種穀多。

〔一〇〕【考證】李笠曰：案漢書無「產」字。「生」即古「產」字。疑一本作「生」，一本作「產」，後人誤而兩存之也。上文「故善治生者」，下文「天下善治生祖白圭」，並可證。

猗頓，用盬鹽起。〔一〕而邯鄲郭縱，以鐵冶成業，與王者埒富。

〔一〕【集解】孔叢子曰：「猗頓，魯之窮士也。耕則常飢，桑則常寒。聞朱公富，往而問術焉。朱公告之曰：『子欲速富，畜五牸。』於是乃適西河，大畜牛羊于猗氏之南，十年之閒，其息不可計，貲擬王公，馳名天下。以興富於猗氏，故曰猗頓。」【索隱】盬，音古。案：周禮鹽人云「共苦鹽」，杜子春以爲苦讀如盬。盬，謂出鹽直用不煉也。一說云：盬鹽，河東大鹽；散鹽，東海煮水爲鹽也。【正義】案：猗氏，蒲州縣也。河東鹽池是畦鹽。作「畦」，若種韭一畦。天雨下，池中鹹淡得均，即畎池中水上畔中，深一尺許坑，日暴之，五六日，則成鹽，若白礬石，大小如雙陸及（暮）〔碁〕，則呼爲畦鹽。或有花鹽，緣黃河鹽池有八九所而鹽州有烏池，猶出三色鹽，有井鹽、畦鹽、花鹽。其池中鑿井深一二尺，去泥即到鹽，掘取若至一丈，則著。平石無鹽矣。其色或白，或青黑，名曰井鹽。畦鹽，若河東者。花鹽，池中（有）〔雨〕下，隨而大小成鹽，其下方微空，上頭隨雨下池中，其滴高起若塔子形處曰花鹽，亦曰即成鹽焉。池中心有泉井，水淡，所作池人馬盡汲此井。其鹽四分入官，一分入百姓也。池中又鑿得鹽塊，闊一尺餘，高一尺，白色光明洞徹，年貢之也。【考證】中井積德曰：以地名顯者，地名兗姓，今人猶然。正義誤。又曰：池鹽爲鹽，鹽又爲大名，故謂池鹽爲盬鹽也。沈欽韓曰：尸子治天下篇「相玉而借猗頓」。淮南氾論訓注云「猗頓能知玉」。

烏氏倮，畜牧，〔一〕及衆斥賣，求奇繒物，閒獻遺戎王。〔二〕戎王什倍其償，與之畜，畜至用谷量馬牛。〔三〕秦始皇帝令倮比封君，以時與列臣朝請。而巴蜀寡婦清，其先得丹穴，而擅其利數世，〔四〕家亦不訾。〔五〕清，寡婦也。能守其業，用財自衛，不見侵犯。秦皇帝以爲貞婦而客之，爲築女懷清臺。〔六〕夫倮，鄙人牧長；清，窮鄉寡婦。禮抗萬乘，名顯天下，豈非以富邪？

〔一〕【集解】韋昭曰：「烏氏，縣名，屬安定。倮，名也。」【索隱】漢書作「嬴」。案：烏氏，縣名。氏，音支。名倮，音踝也。【正義】縣，古城在涇州安定縣東四十里。倮，名也。

〔二〕【集解】徐廣曰：「閒，一作『奸』。不以公正，謂之奸也。」【索隱】及衆，謂畜牧及至衆多之時。斥賣，謂斥而賣之，以求奇物也。閒獻，猶私獻也。【正義】斥，不用也。言盡賣也。

〔三〕【集解】韋昭曰：「滿谷則具不復數。」【索隱】什倍其當予之畜。謂戎王償之牛羊十倍也。「當」字，漢書作「償」也。谷，音欲。【正義】谷，音欲。言畜衆多，以山谷多少言。【考證】王念孫曰：索隱本「償」作「當」。當者直也，謂什倍其物之直也。中井積德曰：以谷量馬牛，計其多少之時，不可以頭數之，故以谷量之，知其大數，猶以量料米也。顧炎武曰：「山谷」之「谷」，雖有穀、欲二音，其實欲乃正音。說詳音學五書。

〔四〕【集解】徐廣曰：「涪陵出丹。」【索隱】漢書「巴寡婦清」。巴，寡婦之邑。清，其名也。【正義】括地志云：「寡婦清臺山，俗名貞女山，在涪州永安縣東北七十里也。」【考證】王念孫曰：「蜀」字因下文「巴蜀」而衍。漢書作「巴寡婦清」。中井積德曰：雖稱始皇帝，而是事蓋在未併吞之時，故軍興有資於其力也，非徒嘉其富厚。

〔五〕【索隱】案：謂其多不可訾量。【正義】音子兒反。言資財衆多，不可訾量。一云：清多以財餉遺四方，用衛其業，故財亦不多積聚。【考證】不訾，索隱是。

〔六〕【考證】中井積德曰：懷，疑女之姓氏。

漢興，海内爲一，開關梁，弛山澤之禁，是以富商大賈周流天下，交易之物莫不通，得其所欲，〔一〕而徙豪傑諸侯彊族於京師。

〔一〕【考證】陳仁錫曰：漢興以後，言郡國風俗，而附列産物貨殖。漢書間采其語入地理志中。

關中自汧、雍以東至河、華，膏壤沃野千里。自虞、夏之貢以爲上田，而公劉適邠，大王、王季在岐，文王作豐，武王治鎬，故其民猶有先王之遺風，好稼穡，殖五穀，地重，〔一〕重爲邪。〔二〕及秦文、孝、繆居雍，隙隴、蜀之貨物而多賈。〔三〕獻、孝公徙櫟邑，〔四〕櫟邑北卻戎翟，東通三晉，亦多大賈。武、昭治咸陽，因以漢都。長安諸陵，四方輻湊並至而會，〔五〕地小人衆，故其民益玩巧而事末也。南則巴、蜀。巴、蜀亦沃野，地饒卮、薑、丹沙，銅、鐵、竹、木之器。〔六〕南御滇、僰，僰僮。西近邛、笮，笮馬、旄牛。然四塞，棧道千里，無所不通，唯褒、斜綰轂其口，〔七〕以所多易所鮮。〔八〕天水、隴西、北地、上郡與關中同俗。然西有羌中之利，北有戎、翟之畜，畜牧爲天下饒。然地亦窮險，唯京師要其道。〔九〕故關中之地，於天下三分之一，而人衆不過什三。然量其富，什居其六。

〔一〕【索隱】言重耕稼也。【考證】地重，民重土田也。

〔二〕【索隱】重，音逐隴反。重者，難也。畏言不敢爲姦邪。【正義】重，並逐隴反。言關中地重厚，民亦重難不爲邪惡。【考證】中井積德曰：言重土地而恐失之，故不敢爲邪横。張文虎曰：索隱「言」疑「罪」之誤。

〔三〕【集解】徐廣曰：「隙者，閒孔也。地居隴、蜀之閒要路，故曰隙。」【索隱】徐氏云：隙，閒孔也。隙者，隴、雍之閒，閑隙之地，故云「雍隙」也。賈，音古。【正義】雍，縣。岐州雍縣也。【考證】陳仁錫曰：繆公以前無孝公。按本紀「德公居雍」，「孝」當作「德」。梁玉繩曰：通志無「孝」字。愚按：楓、三本亦無「孝」字，今本衍。方苞曰：「居雍」爲句。「隙隴、蜀之貨物」與下「東綰濊貉、朝鮮之利」文義正相類，蓋居其隙而並受之也。

〔四〕【集解】徐廣曰：「在馮翊。」【索隱】上音櫟，即櫟陽。【考證】古鈔本無「孝」字。梁玉繩曰：「孝」字衍。通志引無。

〔五〕【考證】梁玉繩曰：「武」當作「孝」。姚範曰：按漢都長安，然以「漢都」絶句爲是。

〔六〕【集解】徐廣曰：「巵，音支。烟支也，紫赤色也。」邛都出銅，臨邛出鐵。【考證】中井積德曰：巵，巵子也。

〔七〕【集解】徐廣曰：「褒、斜在漢中。」【索隱】言褒、斜道狹，綰其道口，有若車轂之湊，故云「綰轂」也。【正義】斜，音也奢反。梁州記云「萬石城泝漢上七里，有褒谷。南口曰褒，北口曰斜，長四百七十里」。

〔八〕【索隱】易，音亦。鮮，音尟。言以所多易其所少。

〔九〕【正義】要，音腰。言要束其路也。

昔唐人都河東，〔一〕殷人都河内，〔二〕周人都河南。〔三〕夫三河在天下之中，若鼎足，王者所更居也，建國各數百千歲，土地小狹，民人衆，都國諸侯所聚會，〔四〕故其俗纖儉習事。楊、平陽陳〔五〕西賈秦、翟，〔六〕北賈種、代。〔七〕種、代，石北也，〔八〕地邊胡，數被寇。人民矜懻忮，好氣，任俠爲姦，不事農商。〔九〕然迫近北夷，師旅亟往，中國委輸，時有奇羨。〔一〇〕其民羯羠不均，〔一一〕自全晉之時，固已患其僄悍，而武靈王益厲之，其謡俗猶有趙之風也。〔一二〕故楊、平陽陳掾其閒，得所欲。〔一三〕温、軹西賈上黨，北賈趙、中山。〔一四〕中山地薄人衆，猶有沙丘紂淫地餘民，〔一五〕民俗懁急，仰機利而食。〔一六〕丈夫相聚游戲，悲歌忼慨，起則相隨椎剽，休則掘家，作巧姦冶，〔一七〕多美物，爲倡優。〔一八〕女子則鼓鳴瑟，跕屣，游媚貴富，入後宮，偏諸侯。〔一九〕

〔一〕【集解】徐廣曰：「堯都晉陽也。」

〔二〕【正義】盤庚都殷墟，地屬河内也。

〔三〕【正義】周自平王已下都洛陽。

〔四〕【考證】楓、三本「都國」作「郡國」。

〔五〕【索隱】楊、平陽，二邑名，在趙之西。「陳」蓋衍字，以下有「楊、平陽陳掾」，此因衍也。言二邑之人，皆西賈於秦、翟，北賈於種、代。種、代在石邑之北也。

〔六〕【正義】賈，音古。秦，關内也。翟，隰、石等州部落稽也。延、綏、銀三州皆白翟所居。

〔七〕【正義】上之勇反。種，在恒州石邑縣北，蓋蔚州也。代，今代州。

〔八〕【集解】徐廣曰：「石邑縣也，在常山。」

〔九〕【集解】晉灼曰：「懁，音慨。忮音堅忮。」瓚曰：「懁，音慨。今北土名彊直爲『懁中』也。」【索隱】懁忮，上音冀，下音寘。【正義】懁忮，强直而很也。【考證】張文虎曰：集解「忮」字誤。類篇「忮」有「居企切」一音。

〔一〇〕【索隱】上音羈，下音羊戰反。奇羨謂奇有餘衍也。【考證】陳子龍曰：用兵之地，資財所聚，民得以貿易獲利。

〔一一〕【集解】徐廣曰：「羠，音兕，一音因几反。皆健羊名。」【索隱】羯，音己紇反。羠，音慈紀反。徐廣云，羠，音兕，皆健羊也。其方人性若羊，健捍而不均。【考證】羯羠，蓋羯種，匈奴別部。居北邊之地，及地入趙，與民庶雜處。

〔一二〕【正義】全晉，全盛時。【考證】未分爲韓、魏、趙也。

〔一三〕【索隱】掾，音逐緣反。陳掾，猶經營馳逐也。【考證】張文虎曰：毛本「掾」。集韻二仙「掾」下引此文，同。它本並作「椽」。劉辰翁曰：掾、緣通。因緣其間得所欲耳。愚按：楓、三本「得」下有「其」字。

〔一四〕【索隱】溫、軹，二縣名，屬河內。【正義】上黨、澤、潞等州也。中山，洛州及定州。

〔一五〕【集解】晉灼曰：「言地薄人衆，猶復有沙丘紂淫地餘民，通係之於淫風而言之。」【正義】沙丘在邢州也。

〔一六〕【集解】徐廣曰：「儇，急也，音絹。一作『儇』，一作『惠』也，音翾也。」【索隱】儇，音絹。儇，音翾。【正義】言仰機巧之利也。【考證】下文亦云「設智巧仰機利」。岡白駒曰：以巧黠獲利曰「機利」。張文虎曰：案慧、惠古通。集解下「一」作「二」字，涉上而衍。

〔一七〕【集解】徐廣曰：「冶，一作『蠱』。」【索隱】椎，即追反。椎殺人而剽掠之。【正義】謂作巧僞之物，姦蕩姪冶也。

〔一八〕【集解】徐廣曰：「美，一作『弄』，一作『椎』。」

〔一九〕【集解】徐廣曰：「跕，音帖。」張晏曰：「跕，屣也。」瓚曰：「躡跟爲跕也。」【索隱】跕屣，上音帖，下所綺反。【考證】張文虎曰：集解「屣」疑當作「躡」。集韻「跕，曳履也」。

然邯鄲亦漳、河之閒一都會也。〔一〕北通燕、涿，南有鄭、衛。鄭、衛俗與趙相類，然近梁、魯，微重而矜節。〔二〕濮上之邑徙野王，野王好氣任俠，衛之風也。〔三〕

〔一〕【正義】洛水本名漳水，邯鄲在其地。

〔二〕【集解】徐廣曰：「矜，一作『務』。」【考證】梁玉繩曰：御覽百六十二作「重義而務節」。

〔三〕【集解】徐廣曰：「衛君角徙野王。」【正義】秦拔衛濮陽，徙其君於懷州野王。

夫燕亦勃、碣之閒一都會也。〔一〕南通齊、趙，東北邊胡，上谷至遼東，地踔遠，人民希，數被寇，大與趙、代俗相類，〔二〕而民雕捍少慮，有魚鹽棗栗之饒。〔三〕北鄰烏桓、夫餘，東綰穢貉、朝鮮、真番之利。〔四〕

〔一〕【正義】勃海、碣石在西北。

〔二〕【索隱】踔遠，劉氏上音卓，一音勑教反，亦遠騰貌也。

〔三〕【索隱】人雕悍。言如雕性之捷捍也。【考證】捍、悍通。

〔四〕【索隱】鄰，一作「臨」。臨者，亦卻背之義，他並類此也。綰者，綰統其要津。則上云「臨」者，謂卻背之。【正義】番，音潘。

洛陽東賈齊、魯，南賈梁、楚。〔一〕故泰山之陽則魯，其陰則齊。

〔一〕【考證】蘇秦傳云「周人之俗，治產業，力工商逐什二以爲務」。

齊帶山海，膏壤千里，宜桑麻，人民多文綵布帛魚鹽。〔一〕臨菑亦海、岱之間一都會也。其俗寬緩闊達，而足智好議論，地重難動搖，怯於衆鬭，勇於持刺，故多劫人者，大國之風也。〔二〕其中具五民。〔三〕

〔一〕【集解】徐廣曰：「齊世家曰：齊自泰山屬之琅邪，北被于海，膏壤二千里，其民闊達多匿智。」【考證】楓、三本「魚」作「鮐」。

〔二〕【考證】楓、三本「持」作「特」，義長。

〔三〕【集解】服虔曰：「士農商工賈也。」如淳曰：「游子樂其俗不復歸，故有五方之民。」【正義】如說非也。

而鄒、魯濱洙、泗，猶有周公遺風，俗好儒，備於禮，故其民齪齪，頗有桑麻之業，無林澤之饒。〔一〕地小人衆，儉嗇，畏罪遠邪。及其衰，好賈趨利，甚於周人。〔二〕

〔一〕【索隱】齪，音側角反，又音側斷反。【考證】齪無側斷反，索隱有誤。

〔二〕【考證】楓、三本、南宋、舊刻、毛本有「其」字，它本脫。

夫自鴻溝以東，芒、碭以北，屬巨野，此梁、宋也。〔一〕陶、睢陽亦一都會也。〔二〕昔堯作游成陽，〔三〕舜漁於雷澤，〔四〕湯止于亳。〔五〕其俗猶有先王遺風，重厚多君子，好稼穡。雖無山川之饒，能惡衣食，致其蓄藏。

〔一〕【集解】徐廣曰：「鴻溝在滎陽。芒、碭，今爲臨淮。梁、宋，今之浚儀。」【正義】巨野，鄆州鉅野縣，在鉅野澤也。鴻溝以東，芒、碭以北，至鉅野，梁、宋二國之地。【考證】巨野，猶言廣原也。正義非。

〔二〕【集解】徐廣曰：「陶，今之定陶。」【正義】陶，今曹州。睢陽，今宋州宋城也。

〔三〕【集解】如淳曰：「作，起也。成陽在定陶。」【考證】張文虎曰：作游，不辭。游，疑「於」字之譌。與下二句一例。

〔四〕【集解】徐廣曰：「在成陽。」【正義】澤在雷澤縣西北也。

〔五〕【集解】徐廣曰：「今梁國薄縣。」【正義】宋州穀熟縣西南四十五里南亳州故城是也。

越、楚則有三俗。〔一〕夫自淮北、沛、陳、汝南、南郡，此西楚也。〔二〕其俗剽輕，易發怒。地薄，寡於積聚。〔三〕江陵，故郢都，〔四〕西通巫、巴，東有雲夢之饒。〔五〕陳在楚、夏之交，通魚鹽之

貨，其民多賈。〔六〕徐、僮、取慮，則清刻，矜已諾。〔七〕

〔一〕【正義】越滅吳則有江淮以北，楚滅越兼有吳、越之地，故言「越楚」也。

〔二〕【正義】沛，徐州沛縣也。陳，今陳州也。汝，汝州也。南郡，今荆州也。言從沛郡西至荆州，並西楚也。

〔三〕【正義】輕，音去聲。

〔四〕【正義】荆州江陵縣，故爲郢，楚之都。

〔五〕【集解】徐廣曰：「雲夢在華容。」【正義】巫郡、巴郡在江陵之西也。

〔六〕【正義】夏都陽城。言陳南則楚，西及北則夏，故云「楚、夏之交」。

〔七〕【集解】徐廣曰：「皆在下邳。」【正義】取，音秋。慮，音閭。徐，即徐城，故徐國也。僮、取慮二縣，並在下邳，今泗州。已諾，上音紀。【考證】矜已諾，猶言重然諾。

彭城以東，東海、吳、廣陵，此東楚也。其俗類徐、僮。〔一〕朐、繒以北，俗則齊。浙、江南則越。〔二〕夫吳自闔廬、春申、王濞三人招致天下之喜游子弟，東有海鹽之饒，章山之銅，三江、五湖之利，亦江東一都會也。

〔一〕【正義】彭城，徐州治縣也。東海郡，今海州也。吳，蘇州也。廣陵，楊州也。言從徐州、彭城歷楊州至蘇州，並東楚之地。

〔二〕【正義】朐，其俱反。縣在海州。故繒縣，在沂州之承縣。言二縣之北，風俗同於齊。【考證】「南」下省「俗」字。張文虎曰：正義「之」各本作「亟」，官本作「之」，疑皆誤衍。「承」譌「丞」，依郡縣志改。

衡山、〔一〕九江、〔二〕江南、〔三〕豫章、〔四〕長沙，〔五〕是南楚也，其俗大類西楚。郢之後徙壽春，亦一都會也。〔六〕而合肥受南北潮，〔七〕皮革、鮑、木輸會也。〔八〕與閩中于越雜俗，故南楚好辭巧說，少信。江南卑溼，丈夫早夭。多竹木。豫章出黃金，長沙出連錫。〔九〕然堇堇，物之所有，取之不足以更費。〔一〇〕九疑、蒼梧以南，至儋耳者，與江南大同俗，而楊越多焉。〔一一〕番禺亦其一都會也，〔一二〕珠璣、犀、瑇瑁、果、布之湊。〔一三〕

〔一〕【集解】徐廣曰：「都郴。郴，縣，屬江夏。」【正義】故郴城在潭州東南百二十里。【考證】張文虎曰：項紀正義引括地志「故郴城在黃州黃岡縣東南二十里」。此作「潭州」，蓋涉下「長沙」正義而誤。而此文百字與郡縣志合，可補彼注之闕。

〔二〕【正義】九江郡都陰陵。陰陵故城在濠州定遠縣西六十五里。

〔三〕【集解】徐廣曰：「高帝所置。江南者，丹陽也，秦置爲鄣郡，武帝改名丹陽。」【正義】案：徐說非。秦置鄣郡，在湖州長城縣西南八十里，鄣郡故城是也。漢改爲丹陽郡，徙郡宛陵，今宣州地也。上言吳有章山之銅，明是東楚之地。此言大江之南豫章、長沙二郡，南楚之地耳。徐、裴以爲江南丹陽郡，屬南楚，誤之甚矣。

〔四〕【正義】今洪州也。

〔五〕【正義】今潭州也。十三州志云「有萬里沙祠，而西自湘州至東萊萬里，故曰長沙也」。淮南衡山、九江二郡及江南豫章、長沙二郡並爲楚也。

〔六〕【正義】楚考烈王二十二年，自陳徙都壽春，號之曰郢，故言「郢之徙壽春」也。

〔七〕【集解】徐廣曰：「在臨淮。」【正義】合肥，縣，廬州治也。言江、淮之潮，南北俱至廬州也。【考證】漢書地理志云「壽春、合肥受南北湖」。與史義異。

〔八〕【考證】顏師古曰：鮑，鮑魚也。

〔九〕【考證】徐廣曰：「黃金，鄱陽有之。」【正義】括地志云：「江州潯陽縣有黃金山，山出金。」【考證】錢大昕曰：「江南卑溼，丈夫早夭」，賈生傳言「長沙卑溼」是也。又曰「豫章出黃金，長沙出連錫」，即上文所謂「江南出金、錫、連」也。篇中「江南」，皆謂豫章、長沙，南楚之地，非今之江南。

〔一〇〕【集解】應劭曰：「堇，少也。更，償也。言金少少耳，取之不足用，顧費用也。」【正義】堇，音謹。【考證】堇讀爲僅。中井積德曰：採取之費多而金出少，故得不償失。

〔一一〕【集解】徐廣曰：「蒼梧山在營道縣南。」【正義】今儋州，在海中，廣州南，去京七千餘里。言嶺南至儋耳之地，與江南大同俗，而楊州之南，越民多焉。【考證】多楊越，楊越之俗多也。

〔一二〕【正義】番禺，潘虞二音。今廣州。

〔一三〕【集解】韋昭曰：「果，謂龍眼、離支之屬。布，葛布。」

潁川、南陽，夏人之居也。〔一〕夏人政尚忠朴，猶有先王之遺風。潁川敦愿。秦末世遷不軌之民於南陽。南陽西通武關、鄖關，東南受漢、江、淮。〔二〕宛亦一都會也。俗雜，好事業，多賈。其任俠交通潁川，故至今謂之「夏人」。

〔一〕【集解】徐廣曰：「禹居陽翟。」【正義】禹居陽城。潁川、南陽皆夏地也。

〔二〕【集解】徐廣曰：「案：鄖關，漢中。亦作『隕』字。」【索隱】鄖，音雲。【正義】武關在商州。地理志云「宛西通武關」而無鄖關。蓋「鄖」當爲「徇」。徇水上有關，在金州徇陽縣。徐案漢中是也。徇，亦作「郇」，與「鄖」相似也。【考證】凌稚隆曰：鄖關是古鄖國，今鄖陽也。

夫天下物所鮮所多，人民謠俗，〔一〕山東食海鹽，山西食鹽鹵，〔二〕領南、沙北固往往出鹽，〔三〕大體如此矣。

〔一〕【考證】劉辰翁曰：「夫天下物所鮮所多，人民謠俗」，猶具題目。其說見下。

〔二〕【正義】謂西方鹹池也。堅且鹹，即出石鹽及池鹽。

〔三〕【正義】沙北，謂池、漢之北也。【考證】楓本「領」作「嶺」。

總之，楚、越之地，地廣人希，飯稻羹魚，或火耕而水耨，〔一〕果隋蠃蛤，不待賈而足，〔二〕地埶饒食，無飢饉之患。以故呰窳偷生，〔三〕無積聚而多貧。〔四〕是故江、淮以南，無凍餓之人，亦無千金之家。沂、泗水以北，宜五穀桑麻六畜，地小人衆，數被水旱之害，民好畜藏，故秦、夏、梁、魯，好農而重民。〔五〕三河、宛、陳亦然，加以商賈。齊、趙設智巧仰機利。燕、代田畜而事蠶。〔六〕

〔一〕【集解】徐廣曰：「耨，乃遘反。除草也。」【正義】言風草下種，苗正大，而草生小，以水灌之則草死而苗無損也。耨，除草也。【考證】平準書「江南火耕水耨」。集解引應劭云「燒草下水種稻，草與稻並生，高七八寸，因悉芟去。復下水灌之，草死獨稻長，所謂『火耕水耨』也」。中井積德曰：蓋苗初生，與草俱生，燒之以火，則苗與草皆燼。乃灌之以水，則草死而苗長以肥。此之謂「火耕水耨」。愚按：先以火焚草，然後耕之。植以苗，灌以水，則土肥而苗長。及雜草生，輒除去之。諸說恐非。

〔二〕【集解】徐廣曰：「地理志『隋』作『蓏』。」【索隱】果隋，下音徒火反。注蓏，音郎果反。【正義】隋，今爲「種」，音同，上古少字也。蠃，力和反。果種猶種疊包裹也，今楚、越之俗，尚有「裹種」之語。楚、越水鄉，足螺魚鼈，民多採捕，積聚種疊包裹，煑而食之。班固不曉「裹種」之方言，脩太史公書述地志，乃改云「果蓏蠃蛤」，非太史公意，班氏失之也。賈，音古。言楚、越地勢饒食，不用他賈而自足，無飢饉之患。【考證】張文虎曰：索隱本、毛本作「隋」。王引之曰：說卦傳艮爲「果蓏」，京房作「果墮」。墮與隋通，則「果隋」即「果蓏」。

〔三〕【集解】徐廣曰：「音紫。呰窳，苟且墮嬾之謂也。」駰案：應劭曰「呰，弱也」。晉灼曰「窳，病也」。【索隱】上音紫，下音庾。苟且懶惰之謂。應劭云「呰，弱也」。晉灼曰「窳，病也」。【正義】案：食螺蛤等物，故多羸弱而足病也。淮南子云「古者民食蠃蛙之肉，多疹毒之患」也。【考證】呰窳，以偷生承之，徐說長。漢書地理志「呰」字從兩「口」。

〔四〕【正義】言江、淮以南，有水族，民多食物，朝夕取給以偷生而已，不爲積聚，乃多貧也。【考證】此句亦承上，正義得之。

〔五〕【考證】楓、三本「而」下有「爲」字。

〔六〕【考證】以上説「天下物所鮮所多，人民謡俗」。

由此觀之，賢人深謀於廊廟，論議朝廷，守信死節、隱居巖穴之士設爲名高者安歸乎？歸於富厚也。〔一〕是以廉吏久，久更富，廉賈歸富。〔二〕富者，人之情性，所不學而俱欲者也。故壯士在軍，攻城先登，陷陣卻敵，斬將搴旗，前蒙矢石，不避湯火之難者，爲重賞使也。〔三〕其在閭巷，少年攻剽椎埋，劫人作姦，掘冢鑄幣，任俠并兼，借交報仇，篡逐幽隱，不避法禁，走死地如騖者，其實皆爲財用耳。〔四〕今夫趙女、鄭姬，設形容，揳鳴琴，揄長袂，躡利屣，目挑心招，出不遠千里，不擇老少者，奔富厚也。〔五〕游閑公子，飾冠劍，連車騎，亦爲富貴容也。弋射漁獵，犯晨夜，冒霜雪，馳阬谷，不避猛獸之害，爲得味也。博戲馳逐，鬭雞走狗，作色相矜，必爭勝者，重失負也。醫方諸食技術之人，焦神極能，爲重糈也。〔六〕吏士舞文弄法，刻章僞書，不避刀鋸之誅者，沒於賂遺也。農工商賈畜長，固求富益貨也。此有知盡能索耳，終

不餘力而讓財矣。〔七〕

〔一〕【考證】中井積德曰：巖穴之士，非論真隱，乃所謂仕宦之捷徑其人耳。愚按：言賢人巖穴之士，皆以富厚爲歸。又按：名高、富厚，對言。韓非子説難篇「陰爲厚利而顯爲名高」。厚利即富厚。

〔二〕【集解】駰案：歸者，取利而不停貨也。【考證】岡白駒曰：歸，上文「安歸」之「歸」。集解誤。

〔三〕【正義】搴，拔也。【考證】蒙、冒通。

〔四〕【集解】徐廣曰：「鶩，一作『流』。」【考證】椎埋，謂椎殺而埋之。篡，奪取也。幽隱，無人之地。「鶩」下「者」字，依南宋、中統、舊刻、游、毛本及讀書雜志所引宋本補。

〔五〕【集解】徐廣曰：「揄，音臾。躡，一作『跕』。跕，音吐協反。屣，音山耳反，舞屣也。」【正義】挑，音田鳥反。【考證】岡白駒曰：揳，與「戛」通。揄，引也，揚也。

〔六〕【考證】糈，糧也。日者傳「不見奪糈」。

〔七〕【考證】李笠曰：此言富之可重，雖其智能盡殫，不留餘力而讓財也。沈家本曰：索，盡也。

諺曰：「百里不販樵，千里不販糴。」居之一歲，種之以穀；十歲，樹之以木；百歲，來之以德。德者，人物之謂也。〔一〕今有無秩祿之奉，爵邑之入，而樂與之比者，命曰「素封」。〔二〕封者食租稅，歲率户二百。千户之君，則二十萬，朝覲聘享出其中。〔三〕庶民農工商賈，率亦歲萬息二千，户百萬之家，則二十萬，而更傜租賦出其中。衣食之欲，恣所好美矣。〔四〕故曰：陸地牧馬二百蹄，〔五〕牛蹄角千，〔六〕千足羊，澤中千足彘，〔七〕水居千石魚陂，〔八〕山居千章之材。〔九〕安邑千樹棗；燕、秦千樹栗；蜀、漢、江陵千樹橘；淮北、常山已南，河、濟之閒千樹萩；〔一〇〕陳、夏千畝漆；齊、魯千畝桑麻；渭川千畝竹；及名國萬家之城帶郭千畝畝鍾之田，〔一一〕若千畝卮茜，〔一二〕千畦薑韭：〔一三〕此其人皆與千户侯等。然是富給之資也，不窺市井，不行異邑，坐而待收，身有處士之義而取給焉。若至家貧親老，妻子軟弱，歲時無以祭祀進醵，飲食、被服不足以自通，如此不慙恥，則無所比矣。〔一四〕是以無財作力，少有鬬智，既饒争時，此其大經也。〔一五〕今治生不待危身取給，則賢人勉焉。是故本富爲上，末富次之，姦富最下。〔一六〕無巖處奇士之行，而長貧賤，好語仁義，亦足羞也。〔一七〕

〔一〕【考證】穀、木、德，韻。管子權修篇「一年之計，莫如樹穀；十年之計，莫如樹木；終身之計，莫如樹人」。

〔二〕【索隱】謂無爵邑之人，禄秩之奉，則曰「素封」。素，空也。【正義】言不仕之人，自有園田收養之給。其利比於封君，故曰「素封」也。

〔三〕【索隱】千户之邑，户率二百，故千户，二十萬。【正義】率，音律。【考證】錢大昕曰：漢書富平侯張安世，國在陳留，別邑在魏都，租入歲千餘萬。子延壽嗣，上書讓減户口，徙封平原，并一國。户口如故，而租税減半。然則漢時户口租税固有多寡之殊。史公云「歲率户二百」者，舉其大畧耳。

〔四〕【索隱】息二千。故百萬之家，亦二十萬。【考證】漢書食貨志「二千」下無「户」字，此衍。

〔五〕【集解】漢書音義曰：「五十匹。」【索隱】案：馬有四足，二百蹄有五十匹也。漢書則云「馬蹄躈千」。所記各異。【考證】中井積德曰：漢書亦云「馬二百蹄」矣。如下條「比千乘」者，乃云「蹄躈千」，史漢皆然，索隱謬。

〔六〕【集解】漢書音義曰：「百六十七頭也。馬貴而牛賤，以此爲率。」【索隱】牛足角千。案：馬貴而牛賤，以此爲率，則牛有百六十六頭有奇也。

〔七〕【集解】韋昭曰：「二百五十頭。」【索隱】韋昭云：「二百五十頭。」

〔八〕【集解】徐廣曰：「魚以斤兩爲計也。」【索隱】陂，音詖。漢書作「皮」，音披。【正義】言陂澤養魚，一歲收得千石魚賣也。

〔九〕【集解】徐廣曰：「一作『楸』。」駰案：韋昭曰「楸木所以爲轅，音秋」。【索隱】漢書作「千章之萩」，音秋。服虔云：「章，方也。」如淳云：「言任方章者千枚，謂章，大材也。」樂產云：「萩，梓木也，可以爲轅。」【考證】中井積德曰：材木一根，謂之章，不必論方圓。愚按：下文有「千畝萩」，此作「材」爲是。

〔一〇〕【考證】梁玉繩曰：顏師古云「萩」即「楸」字，二字多譌。

〔一一〕【集解】徐廣曰：「六斛四斗也。」【考證】顏師古曰：一畝收鍾者，凡千畝也。

〔一二〕【集解】徐廣曰：「巵，音支，鮮支也。茜，音倩，一名紅藍，其花染繒赤黃也。」【索隱】巵，音支，鮮支也。茜，音倩，一名紅藍花，染繒赤黃也。【考證】若，猶及也。巵，巵子，可染黃。

〔一三〕【集解】徐廣曰：「千畦，二十五畝。」駰案：韋昭曰「畦猶隴」。【索隱】韋昭云：「埒中畦，猶隴也，謂五十畝也。」劉熙注孟子云：「今俗以二十五畝爲小畦，五十畝爲大畦。」王逸云：「畦，猶區也。」

〔一四〕【集解】徐廣曰：「醵，會聚食。」【索隱】音渠略反。【考證】進，讀爲贐。孟子公孫丑篇「予將有遠行，行者必以贐」。比，上文「樂與之比」之「比」。

〔一五〕【正義】少有鬬智，言少有錢財，則鬬智巧而求勝也。既饒争時，既饒足錢財，乃逐時争利也。

〔一六〕【考證】岡白駒曰：本富，農種而富，坐而待收者是也。末富，以賈富者。姦富，姦巧鬬智而富者是也。

〔一七〕【考證】中井積德曰：苟有巖處奇士之行，則雖長貧賤無所羞，而太史公固不説之也。文意自周匝。後人輒生貶議者，不曉文義之故耳。

凡編户之民，富相什則卑下之，伯則畏憚之，千則役，萬則僕，物之理也。夫用貧求富，農不如工，工不如商，刺繡文，不如倚市門，此言末業貧者之資也。〔一〕通邑大都，酤一歲千釀，〔二〕醯醬千瓨，〔三〕漿千甔，〔四〕屠牛羊彘千皮，販穀糴千鍾，〔五〕薪稾千車，船長千丈，〔六〕木千章，〔七〕竹竿萬个，〔八〕其軺車百乘，〔九〕牛車千兩，〔一〇〕木器髤者千枚，〔一一〕銅器千鈞，〔一二〕素木鐵器若巵茜千石，〔一三〕馬蹄躈千，〔一四〕牛千足，羊彘千雙，僮手指千，〔一五〕筋角丹沙千斤，其帛絮細布千鈞，文采千匹，榻布皮革千石，〔一六〕漆千斗，〔一七〕蘖麴鹽豉千荅，〔一八〕鮐鮆千斤，〔一九〕鯫千石，鮑千鈞，〔二〇〕棗栗千石者三之，〔二一〕狐鼦裘千皮，〔二二〕羔羊裘千石，〔二三〕旃席千具，佗果菜千鍾，〔二四〕子貸金錢千貫，〔二五〕節駔會，〔二六〕貪賈三之，廉賈五之，〔二七〕此亦比千乘之家，其大率也。〔二八〕佗雜業不中什二，則非吾財也。〔二九〕

〔一〕【考證】刺繡文，工之事；倚市門，商之事。顔師古曰：「言其易以得利也。」

〔二〕【正義】釀千瓮。酤醯醋云酒酤。【考證】此段就都邑中約計一歲所需之數，即市肆中一歲所出之數，乃本業之資也。中井積德曰：「『酤』字爲一條之冒，下文所稱皆賣買之貨。」顔師古曰：「千瓮以釀酒。」愚按：從顔說，當云「釀千瓮」，「一歲」二字亦貫下。張文虎曰：「正義『醯醋云』三字，乃下句。正義『云』當作『也』。」

〔三〕【集解】徐廣曰：「長頸甖。」【索隱】醯醢千瓨。閑江反。

〔四〕【集解】徐廣曰：「大甖缶。」【索隱】醬千檐，下都甘反。漢書作「儋」。孟康曰「儋，石甖」。石甖受一石，故云儋石。一音都濫反。【考證】各本「漿」作「醬」，涉上文而訛，今從南宋本、毛本。漢書亦作「漿」。

〔五〕【集解】徐廣曰：「出穀也。糶，音掉也。」

〔六〕【索隱】按積數長千丈。【考證】中井積德曰：「船、車、竹、木、畜、僮、布帛皆賣買之貨，非蓄藏。

〔七〕【集解】漢書音義曰：「洪洞方槀。章，材也。舊將作大匠掌材曰章曹掾。【索隱】案：將作大匠掌材曰章曹掾。洪，胡孔反；洞，音動。又並如字也。」

〔八〕【集解】徐廣曰：「古賀反。」【索隱】竹干萬个。釋名云：「竹曰箇，木曰枚。」方言曰：「个，枚也。」儀禮、禮記字爲「个」。又功臣表「楊僕入竹三萬箇」。箇、个，古今字也。【正義】釋名云：「竹曰个，木曰枚。」

〔九〕【集解】徐廣曰：「馬車也。」【正義】軺，音遥。説文云：「軺，小車也」。【考證】漢書無「其」字。中井積德曰：疑衍。

〔一〇〕【正義】車一乘爲一兩。風俗通云：「箱轅及輪，兩兩而偶之，稱兩也。」【考證】車兩輪，故謂之兩。

〔一一〕【集解】徐廣曰：「髤，音休，漆也。」【索隱】髤者千。上音休，謂漆也。千，謂千枚也。【正義】顔云「以漆漆物謂之髤」。又音許昭反。今關東俗器物一再漆者謂之「稍漆」，即「髤」聲之轉耳。今關西俗云黑髤盤、朱髤盤，兩義並通。

〔一二〕【集解】徐廣曰：「三十斤。」

〔一三〕【集解】徐廣曰：「百二十斤爲石。」駰案：漢書音義曰「素木，素器也」。

〔一四〕【集解】徐廣曰：「躈，音苦弔反，馬八髎也，音料。」【索隱】徐廣音苦弔反，馬八髎也，音料。埤倉云「尻骨謂八髎，一曰夜蹄」。小顔云「躈，口也。蹄與口共千，則爲二百匹」。若顧胤則云「上文馬二百蹄，比千乘之家，不容亦二百。則躈謂九竅，通四蹄爲十三而成一馬，所謂『生之徒十有三』是也。凡七十六匹馬」。案：亦多於千户侯比，則不知其所。【考證】沈欽韓曰：內經骨空論「八髎在腰尻分間」。吕覽觀表「古之善相馬者許鄙相(服)〔脈〕」。注「脈，後竅也」，躈即尻竅。愚按：是都邑所賣買之貨，與上文「千户侯」没交涉。

〔一五〕【集解】漢書音義曰：「僮，奴婢也。古者無空手游日，皆有作務，作務須手指，故曰手指，以別馬牛蹄角也。」

〔一六〕【集解】徐廣曰：「榻，音吐合反。」駰案：漢書音義曰：「榻布，白疊也。」【索隱】荅布。注音吐合反，大顔音吐盍反。案：以爲麤厚之布，與皮革同以石而秤，非白疊布也。吴録云：「有九真郡布，名曰白疊。」廣志云：「疊，毛織也。」【正義】顔師古曰：「麤厚之布也。其價賤，故與皮革同重耳，非白疊也。荅者，厚之貌也。」案：白疊，木綿所織，非中國有也。【考證】「其」字疑衍。索隱本「榻布」作「荅布」。楓、三本作「荅布」。漢書亦作「荅布」。沈欽韓曰：上文言細布，則知是麤布。愚按：俞正燮癸巳類考卷四有木棉考。

〔一七〕【索隱】漢書作「漆大斗」。案：謂大斗，大量也。言滿量千斗，即今之千桶也。【考證】顧炎武曰：漢時已有大斗，但用之量麤貨耳。

〔一八〕【集解】徐廣曰：「或作『台』，器名有瓵。孫叔然云瓵，瓦器，受斗六升，合爲瓵。音貽。」【索隱】鹽豉千蓋。下音貽。（炎反説文）〔孫炎説〕云「瓵，瓦器，受斗六合」，以解此「蓋」，非也。案：尚書大傳云「文皮千合」，則數兩謂之合也。三倉云「橢，盛鹽豉器，音他果反」，則「蓋」或「橢」之異名耳。【考證】王引之曰：台、瓵同。作「荅」，乃「苔」字之譌。苔、台，古同聲，故得通用。漢書作「合」，又「台」之譌也。張文虎曰：南宋本、毛本作「瓵」，蓋後人依集解改。

〔一九〕【集解】漢書音義曰：「音如楚人言薺，鮆魚與鮐魚也。」【索隱】説文云：「鮐，海魚，音胎。鮆魚，飲而不食，刀魚也。」爾雅謂之鮤魚也。鮆，音才爾反，又音薺。【正義】鮐音臺，又音貽。説文云「鮐，海魚」也。鮆，音齊禮反，刀魚也。

〔二〇〕【集解】徐廣曰：「鯫，音輒，膊魚也。」【索隱】鯫，音輒，一音昨苟反。鯫，小魚也。鮑，音抱，步飽反，今之鯫魚也。膊，音鋪博反。案：破鮑不相離，謂之膊，（兒）〔魚〕漬云鮑。聲類及韵集雖爲此解，而「鯫生」之字見與此同。案：鯫者，小雜魚也。【正義】鯫，音族苟反，謂雜小魚也。鮑，白也。然鮐鮆以斤論，鮑鯫以千鈞論，乃其九倍多，故知鮐是大好者，鯫鮑是雜者也。徐云：鯫，膊魚也。膊，並各反。謂破開中，頭尾不相離爲鮑，謂之膊鬬者也，此亦大魚爲之也。【考證】漢書作「鮿鮑千鈞」。王念孫曰：此文以鮐鮆爲一類。鮿，音輒，從耴不從耵，當作「鮿鮑千鈞」。中井積德曰：鮐鮆是食料，鮿鮑只壅糞，則貴賤懸隔。

〔二一〕【索隱】案：三之者，三千石也。必三之者，取類上文故也。以棗栗賤，故三之爲三千石也。【正義】謂三千石也。言棗栗三千石，乃與上物相等。

〔二二〕【索隱】狐鼦，下音雕也。【正義】鼦，音彫。

〔二三〕【索隱】羔羊千石，謂秤皮重千石。【考證】顏師古曰：狐貂貴，故計其數。羔羊賤，故稱其量也。

〔二四〕【索隱】果菜千種。千種者，言其多也。【正義】鍾，六斛四斗。果菜，謂雜果菜，於山野采取之。【考證】張文虎曰：「佗」字疑衍，漢書無。愚按：正義本作「鍾」，索隱本及漢書作「種」。以上敍都邑中一歲所需之數。

〔二五〕【索隱】案：子，謂利息也。貸，音土代反。

〔二六〕【集解】徐廣曰：「駔，音祖朗反，馬儈也。」駰案：漢書音義曰「會，亦是儈也。節，節物貴賤也。謂估儈其餘利比千乘之家」。【索隱】案：節者，節貴賤也。駔，舊音祖朗反，今音驡。駔者，度牛馬市。云駔儈者，合市也，音古外反。淮南子云「段干木，晉國之大駔」，注云「干木，度市之魁也」。【考證】顏師古曰：儈者，合會二家交易者也。駔者，其首率也。中井積德曰：節，截取也。節取駔儈之利耳。愚按：與子貸家別此一事。

〔二七〕【集解】漢書音義曰：「貪賈未當賣而賣，未可買而買，故得利少，而十得三。廉賈貴而賣，賤乃買，故十得五。」【考證】三之、五之，劉奉世、李光地以爲三分取一，五分取一，自下文「什二」語推之，舊説爲長。中井積德曰：貪賈貪贏之多，故貲貨壅滯，歲計爲少利。廉賈不多取贏，故流通無滯貨，歲計爲多利。

〔二八〕【正義】率，音律。【考證】中井積德曰：千乘之家，即上文「千户之君」矣。故曰「亦此」。或云「千乘」，「千户」之訛。

〔三九〕【正義】言雜惡業，而不在什分中得二分之利者，非世之美財也。

請略道當世千里之中，賢人所以富者，令後世得以觀擇焉。〔一〕

〔一〕【考證】楓本「請」下有「且」。以下舉貨殖事以爲證。

蜀卓氏之先，趙人也，用鐵冶富。〔一〕秦破趙，遷卓氏。卓氏見虜略，獨夫妻推輦，行詣遷處。諸遷虜少有餘財，爭與吏，求近處，處葭萌。〔二〕唯卓氏曰：「此地狹薄。吾聞汶山之下沃野，下有蹲鴟，至死不飢。〔三〕民工於市，易賈。」乃求遠遷。致之臨邛，大喜，傾滇、蜀之民，即鐵山鼓鑄，運籌策。〔四〕富至僮千人。田池射獵之樂，擬於人君。〔五〕

〔一〕【集解】徐廣曰：「卓，一作『淖』。」【索隱】注：「卓，一作『淖』。」並音斲，一音鬧。淖亦音泥淖，亦是姓，故齊有淖齒，漢有淖蓋，與卓氏同出，或以同音淖也。【考證】周壽昌曰：此即卓王孫之祖或父也，至孝武時，尚有僮客八百人。

〔二〕【集解】徐廣曰：「屬廣漢。」【正義】葭萌，今利州縣也。

〔三〕【集解】徐廣曰：「古『蹲』字作『踆』。」駰案：漢書音義曰：「水鄉多鴟，其山下有沃野灌溉。一曰大芋。」【索隱】汶山下。上音峄也。【正義】汶，音珉。蹲鴟，芋也。言邛州臨邛縣其地肥又沃，平野有大芋等也。華陽國志云，汶山郡安上縣有大芋，如蹲鴟也。【考證】蹲鴟以充糧，凶歲不飢。

〔四〕【索隱】漢書云：「運籌以賈滇。」【正義】滇，一作「沮」。漢書亦作「滇池」。今益州郡有蜀州，亦因舊名及漢江爲名。江在益州，南入導江，非漢中之漢江也。【考證】今本漢書作「滇蜀」。中井積德曰：運籌策，自與鼓鑄別，非販鐵。

〔五〕【索隱】漢書及相如列傳並云「八百人」也。

程鄭，山東遷虜也，亦冶鑄，賈椎髻之民，〔一〕富埒卓氏，俱居臨邛。〔二〕

〔一〕【索隱】魋結之人。上音椎髻，謂通賈南越也。【考證】中井積德曰：賈椎髻之民，自別販貨物也，非鐵。王念孫曰：索隱本「椎髻」作「魋結」。陸賈傳、朝鮮傳、西南夷傳皆用「魋結」字面。

〔二〕【索隱】埒者，鄰畔，言鄰相次。【正義】埒，微減。

宛孔氏之先，梁人也，用鐵冶爲業。秦伐魏，遷孔氏南陽。大鼓鑄，規陂池，連車騎，游諸侯，因通商賈之利，有游閑公子之賜與名。〔一〕家致富數千金。然其贏得過當，愈於纖嗇，〔二〕故南陽行賈盡法孔氏之雍容。

〔一〕【集解】韋昭曰：「優游閑暇也。」【索隱】謂通賜與於游閒公子得其名。【正義】言與游賞閑暇公子賜與，各相交通也。【考證】漢書「陂池」作「陂田」。姚範曰：游閑公子即云孔氏也。中井積德曰：游於諸侯，所以爲賈，而雍容游閑，賜予於人之優，如貴介公子，然取贏更多也。非資給餉遺於諸侯。漢書無「賜與」二字。

〔二〕【索隱】謂孔氏以資給諸侯公子，既已得賜與之名，又蒙其所得之贏，過於本資。故云「過當」，乃勝於細碎儉嗇之賈也。纖，細也。方言云「纖，小也。愈，勝也」。【正義】音色。嗇，吝也。言孔氏連車騎游於諸侯，以資給之，兼通商賈之利，乃得游閑公子交名。然其通計贏利，過於所資給餉遺之當，猶有交游公子雍容，而勝於慳悋也。【考證】連車騎游諸侯，賜與不嗇，而因此得贏利，還多於所費。故曰「過當」。此所得之贏，多於纖嗇者。

魯人俗儉嗇，而曹邴氏尤甚，〔一〕以鐵冶起，富至巨萬。〔二〕然家自父兄子孫約，俛有拾，仰有取，貰貸行賈偏郡國。〔三〕鄒、魯以其故多去文學而趨利者，以曹邴氏也。

〔一〕【索隱】邴，音柄也。

〔二〕【集解】徐廣曰：「魯縣出鐵。」

〔三〕【考證】漢書「孫」作「弟」。蘇輿曰：俛拾仰取，言人不閒遊，物無遺利。蘇軾答梁先詩「學如富賈在博收，仰取俯拾無遺籌」。約，如下「約非田畜所生不衣食」之「約」，言家約如此，是以行賈偏郡國。

齊俗賤奴虜，而刁閒獨愛貴之。桀黠奴，人之所患也，唯刁閒收取，使之。〔一〕逐漁鹽商賈之利，或連車騎，交守相，然愈益任之。終得其力，起富數千萬。故曰「寧爵毋刁」，言其能使豪奴自饒，而盡其力。〔二〕

〔一〕【索隱】刁閒，上音雕。姓也。閒如字。【正義】刁，丁遥反，姓名。

〔二〕【集解】漢書音義曰：「奴自相謂曰：『寧欲免去作民有爵邪？將止爲刁氏作奴乎？』毋，發聲語助。」【索隱】案奴自相謂曰：「寧免去求官爵邪？」曰：「無刁。」無刁，相止之辭也，言不去，止爲刁氏作奴也。【考證】中井積德曰：爵，謂仕者高爵也非民爵。是他人稱之也。非奴言。又曰：宜言「毋寧爵，毋寧刁」，今各置一字耳，是相比擬而言，若無輕重，然重刁之意自見。錢大昕曰：刁、爵，合韻。古音爵與醮近。崔適曰：説文「噍」或作「嚼」，是爵、焦同聲也。古謠云：「嚼復嚼，今年猶可，後年饒。」嚼與饒爲韻，猶爵與刁爲韻也。

周人既纖，而師史尤甚，〔一〕轉轂以百數，賈郡國，無所不至。〔二〕洛陽街居，在齊、秦、楚、趙之中，貧人學事富家，相矜以久賈，數過邑不入門，〔三〕設任此等，故師史能致七千萬。〔四〕

〔一〕【集解】漢書音義曰：「纖，儉嗇也。」【索隱】師，姓；史，名。【正義】師史，人姓名。

〔二〕【考證】顏師古曰：轉轂，謂以車載物而逐利者。

〔三〕【集解】漢書音義曰：「謂街巷居民無田地，皆相矜久賈，在此諸國也。」【正義】洛陽在齊、秦、楚、趙之中，其街巷貧人，學於富家，相矜以久賈諸國，皆數歷里邑不入其門，故前云「洛陽東賈齊、魯，南賈梁、楚」是也。【考證】正義得之。説文「街，四通道」。學事，習商賈也。過邑不入門，不還己家也。漢書删「貧人學事」四字，下文終不可解。

〔四〕【考證】漢書作「十千萬」。

宣曲、任氏之先，爲督道倉吏。〔一〕秦之敗也，豪傑皆爭取金玉，而任氏獨窖倉粟。〔二〕楚漢相距滎陽也，民不得耕種，米石至萬，而豪傑金玉盡歸任氏，任氏以此起富。富人爭奢侈，而任氏折節爲儉，力田畜。田畜人爭取賤賈，〔三〕任氏獨取貴善。〔四〕富者數世。然任公家約，非田畜所出弗衣食，公事不畢則身不得飲酒食肉。以此爲閭里率，故富而主上重之。〔五〕

〔一〕【集解】徐廣曰：「高祖功臣有宣曲侯。」督道倉吏，漢書音義曰：「若今吏督租穀，使上道輸在所也。」韋昭曰：「督道，秦時邊縣名。」【索隱】韋昭云：「宣曲，地名。高祖功臣有宣曲侯。」上林賦云「西馳宣曲」，當在京輔，今闕其地。【正義】案：其地合在關内。張揖云：「宣曲，宮名，在昆池西也。」【考證】劉奉世曰：督道者，倉所在地名耳。猶稱細柳倉也。爲倉吏，故能藏粟致富也。

〔二〕【集解】徐廣曰：「窖，音校，穿地以藏也。」

〔三〕【索隱】晉灼云：「爭取賤賈金玉也。」【正義】賈，音價也。【考證】取賤價，承田畜，索隱爲金玉，非是。王念孫曰：賈讀爲盬，與「貴善」對文。愚按：不必讀爲盬。

〔四〕【索隱】謂買物必取貴而善者，不爭賤價也。

〔五〕【考證】顏師古曰：任公，任氏之父也。

塞之斥也，〔一〕唯橋姚已致馬千匹，牛倍之，羊萬頭，粟以萬鍾計。〔二〕吳、楚七國兵起時，長安中列侯封君，行從軍旅，齎貸子錢，〔三〕子錢家以爲侯邑國在關東，關東成敗未決，莫肯與。唯無鹽氏出捐千金貸，其息什之。〔四〕三月，吳、楚平。一歲之中，則無鹽氏之息什倍，用此富埒關中。〔五〕

〔一〕【集解】漢書音義曰：「邊塞主斥候卒也。唯此人能致富若此。」【索隱】孟康云：「邊塞主斥候之卒也。」又案：斥，開也，相如傳云「邊塞益斥」是也。【正義】孟康云：「邊塞主斥候卒也。唯此人能致富若此。」顏云：「塞斥者，言國斥開邊塞，更令寬廣，故橋姚得恣其畜牧也。」【考證】斥，索隱又案是。劉攽曰：塞之斥也，公私皆有費用，故橋姚得以致富。豈謂待廣地恣其畜牧哉？以下言橋姚事。

〔二〕【索隱】橋，姓；姚，名。言橋姚因斥塞而致此資。風俗通云：「馬稱匹者，俗説云『相馬及君子』，與人相匹，故云匹。或説馬夜行，目照前四丈，故云一匹。或説度馬縱橫適得一匹。」又韓詩外傳云：「孔子與顏回登山，望見一匹練，前有藍，視之果馬，馬光景一匹長也。」【正義】姓橋名姚也。【考證】漢書「姚」作「桃」。中井積德曰：已，以也。愚按：周書文侯之命既有「馬四匹」文。文心雕龍云：「古之正名，車兩而馬匹，匹兩稱目，以並耦爲用。蓋車貳佐乘，馬儷驂服，服乘不隻，故名號必雙。名號一（匹）〔正〕，則雖單爲匹矣。」比索隱較長。以上橋姚事。

〔三〕【索隱】齎，音子稽反。貸，假也，音吐得反。與人物云齎。周禮注「齎，所給與」也。【考證】中井積德曰：齎，衣服、器具、糧食、金錢，凡旅中所資皆是。皆假貸子錢，具之而行也。

〔四〕【索隱】貸，吐代反。什之，謂出一得十倍。

〔五〕【考證】岡白駒曰：關中之富，已一人敵之。愚按：漢書刪「埒」字，亦通。

關中富商大賈，大抵盡諸田，田嗇、田蘭。韋家栗氏，安陵、杜杜氏，亦巨萬。〔一〕

〔一〕【集解】徐廣曰：「安陵及杜，二縣名，各有杜姓也。宣帝以杜爲杜陵。」【考證】漢書「嗇」作「牆」，不重「杜」字。

此其章章尤異者也。〔一〕皆非有爵邑奉祿，弄法犯姦而富。盡推理去就，與時俯仰，獲其贏利，〔二〕以末致財，用本守之，以武一切，用文持之，變化有概，故足術也。〔三〕若至力農畜，工虞商賈，爲權利以成富，大者傾郡，中者傾縣，下者傾鄉里者，不可勝數。〔四〕

〔一〕【集解】徐廣曰：「異，一作『淑』，又作『較』。」

〔二〕【考證】各本「推理」作「椎埋」。凌稚隆曰：二字疑有誤。顧炎武曰：當是「推移」之誤。中井積德曰：當作「推理」。愚按：楓、三本正作「推理」，今依改。推理，言推測物理也。

〔三〕【正義】有概，有節概也。【考證】岡白駒曰：概，節也，臨時不失去就之節。愚按：術、述通。

〔四〕【考證】權利，權力利益。

夫纖嗇筋力，治生之正道也，而富者必用奇勝。田農，掘業，而秦、陽以蓋一州。〔一〕掘冢，姦事也，而田叔以起。〔二〕博戲，惡業也，而桓發用之富。〔三〕行賈，丈夫賤行也，而雍樂成以饒。販脂，辱處也，而雍伯千金。〔四〕賣漿，小業也，而張氏千萬。〔五〕洒削，薄技也，而郅氏鼎食。〔六〕胃脯，簡微耳，濁氏連騎。〔七〕馬醫，淺方，張里擊鍾。〔八〕此皆誠壹之所致。

〔一〕【集解】徐廣曰：「古『拙』字，亦作『掘』也。」【索隱】漢書作「甲一州」。服虔云：富爲州之中第一。【正義】掘業，上求月反，言曲折田外，掘地爲民作冢。【考證】各本「掘」作「拙」。王念孫曰：班馬字類引此「拙」作

「掘」。蓋「拙」本作「掘」，故徐廣曰「古『拙』字，亦作『掘』」，今依改。「掘」當讀爲「拙」，與「奇」相反，言其因力田以致富耳。陽，索隱本作「揚」，漢書作「楊」。

〔二〕【考證】張文虎曰：南宋、舊刻、毛本作「田叔」，它本作「曲叔」。

〔三〕【索隱】漢書作「稽發」。【正義】恒發，人姓名。【考證】王念孫曰：「用」亦「以」也，與上下三「以」字互文。後人於「用」字下加「之」字，則失其句法矣。

〔四〕【集解】徐廣曰：「雍，一作『翁』。」【索隱】雍，於恭反。漢書作「翁伯」也。【正義】説文云：「戴角者脂，無角者膏也。」【考證】楓本「伯」下有「致」字。

〔五〕【考證】楓、三本「漿」作「醬」，與漢書合。

〔六〕【集解】徐廣曰：「洒或作細。」駰案：漢書音義曰：「治刀劍名。」【索隱】洒削，上音先禮反，削刀者名。洒削，謂摩刀以水洒之。又方言云「劒削，關東謂之削，音肖」。削，一依字讀也。【考證】漢書「郅」作「質」。顔師古曰：洒，濯也。削，謂刀劒室也。謂人有刀劍削故惡者，主爲洒刷之，去其垢穢，更飾令新也。中井積德曰：削，小割刀也。可以削果實供諸用。洒，磨之也。書刀亦削也。愚按：洒削未詳。錢大昕亦有別解，姑録顔、中二説。

〔七〕【索隱】晉灼云：「太官常以十月作沸湯燖羊胃，以末椒薑粉之訖，暴使燥，則謂之脯，故易售而致富。」【正義】案：胃脯，謂和五味而脯美，故易售。

〔八〕【考證】楓本「方」下有「也」字。

由是觀之，富無經業，則貨無常主，能者輻湊，不肖者瓦解。千金之家，比一都之君，巨萬者乃與王者同樂。豈所謂「素封」者邪？非也？〔一〕

〔二〕【考證】凌稚隆曰：結應前。

【索隱述贊】貨殖之利，工商是營。廢居善積，倚市邪贏。白圭富國，計然强兵。倮參朝請，女築懷清。素封千户，卓、鄭齊名。

史記會注考證卷一百三十

太史公自序第七十　　史記一百三十

【考證】盧文弨曰：太史公自序即史記之目録也，班固之敘傳即漢書之目録也。古書目録往往置於末，淮南之要略，法言之十三篇序，皆然。吾以爲易之序卦傳，非即六十四卦之目録歟？史、漢諸序殆昉於此。俞樾曰：紀事之體，本於尚書，故太史公作自序一篇，云爲某事作某本紀、某表、某書、某世家、某列傳，猶尚書之有序也。古人之文，其體裁必有所自。愚按：史公百三十篇序倣書序。

昔在顓頊，命南正重以司天，北正黎以司地。〔二〕唐、虞之際，紹重、黎之後，使復典之，至于夏、商，故重、黎氏世序天地。其在周，程伯休甫其後也。〔三〕當周宣王時，失其守而爲司馬氏。〔四〕司馬氏世典周史。〔五〕惠、襄之閒，司馬氏去周適晉，〔六〕晉中軍隨會奔秦，而司馬氏入少梁。〔七〕

〔二〕【索隱】南正重以司天，火正黎以司地。案：張晏云「南方，陽也。火，水配也。水爲陰，故命南正重司天，火正黎兼地職」。臣瓚以爲重黎氏是司天地之官，司地者宜曰北正，古文作「火」字，非也。楊雄、譙周並以爲然。案：國語「黎爲火正，以淳曜敦大，光照四海」，又幽通賦云「黎淳曜於高辛」，則「火正」爲是也。【考證】梁玉繩曰：此本楚語。然今本國語及經疏中所引，皆作「火正」。漢書遷傳同。自史公有「北正」之文，後儒如鄭康成、韋昭、臣瓚皆從之。隋天文志同。其實史曆書序仍是「火正」。顏師古、司馬貞據鄭語與班固幽通賦作「火正」爲是。

〔三〕【集解】應劭曰：「封爲程國伯。休甫，字也。」【索隱】案：重司天，而黎司地，是代序天地也。據左氏，重是少昊之子，黎乃顓頊之胤，二氏二正，所出各別，而史遷意欲合二氏爲一，故總云「在周，程伯林甫其後」，非也。然後案彪之序及干寶皆云「司馬氏，黎之後」是也。今總稱伯休甫是重黎之後者，凡言地即舉天，稱黎則兼重，自是相對之文，其實二官亦通職。然休甫則黎之後也，亦是太史公欲以史爲己任，言先代天官，所以兼稱重耳。【正義】括地志云：「安陵故城，在雍州咸陽東二十一里，周之程邑也。」

〔四〕【正義】司馬彪序云：「南正黎，後世爲司馬氏。」【考證】楓、三本「時」下有「官」字，與漢書合。楚語云：「少皞之衰也，九黎亂德，顓頊受之，乃命南正重司天以屬神，命火正(重)〔黎〕司地以屬民，使復舊常，無相侵瀆。其後三苗，復九黎之德，堯復重黎之後不忘舊者，使復典之，以至于夏、商。故重黎氏世敍天地，而別其分主者也。其在周，程伯(林)〔休〕父其後也。當宣王時，失其官守，而爲司馬氏。」愚按：此史公所據。又按：楚語已以重、黎爲二族，又以休父爲重黎後，語欠分明。索隱非之，綦是。而司馬氏之出於休父則無疑也。譜牒多類此者，何止史公敍傳？何焯曰：詩常武「王謂尹氏，命程伯休父」，毛傳尹氏掌命卿氏。程伯(林)〔休〕父始命爲大司馬，正當宣王之時，已失典司天地之守，故僅以時王所命之官別爲司馬氏也。

〔五〕【索隱】案：司馬，夏官卿，不掌國史，自是先代兼爲史。衛宏云「司馬氏，周史佚之後」，不知何據。【考證】

世典周史，未知何據。中井積德曰：嘗有爲司馬者，因氏焉，其後世不必司馬。索隱仍以夏官解，何哉？又曰：宣王之時失職，後更復之也。

〔六〕【集解】張晏曰：「周惠王、襄王有子穨、叔帶之難，故司馬氏奔晉。」

〔七〕【索隱】案：左氏隨會自晉奔秦，後乃奔魏，自魏還晉，故漢書云會奔秦、魏也。少梁，古梁國也。秦滅之，改曰少梁，後名夏陽。【正義】案：春秋隨會奔秦，其後自秦入魏而還晉也。隨會爲晉中軍將。少梁，古梁國也，嬴姓，在同州韓城縣南二十二里，是時屬晉。【考證】隨會奔秦，左傳文公七年。梁玉繩曰：齊召南云「『奔秦』，漢書誤作『奔魏』。又隨會奔秦時，未爲中軍將，史文以後官冠其名」。

自司馬氏去周適晉，分散，或在衛，或在趙，或在秦。其在衛者，相中山。〔一〕在趙者，以傳劍論顯，〔二〕蒯聵其後也。〔三〕在秦者，名錯，與張儀爭論，於是惠王使錯將伐蜀，遂拔，因而守之。〔四〕錯孫靳，事武安君白起。〔五〕而少梁更名曰夏陽。〔六〕靳與武安君阬趙長平軍，〔七〕還而與之俱賜死杜郵，〔八〕葬於華池。〔九〕靳孫昌，昌爲秦主鐵官，當始皇之時。〔一〇〕蒯聵玄孫卬，爲武信君將，而徇朝歌。〔一一〕諸侯之相王，王卬於殷。漢之伐楚，卬歸漢，以其地爲河內郡。〔一二〕昌生無澤，無澤爲漢市長。〔一三〕無澤生喜，喜爲五大夫，卒，皆葬高門。〔一四〕喜生談，談爲太史公。〔一五〕

〔一〕【集解】徐廣曰：「名喜也。」【考證】中山策云司馬憙三相中山。

〔二〕【集解】服虔曰：「世善傳劍也。」蘇林曰：「傳手搏論而釋之。」晉灼曰：「史記吴起贊曰『非信仁廉勇，不能傳劍論兵書』也。」【索隱】案：何法盛晉書及司馬氏系本名凱。服虔云「代善劍也」。按：解所以稱傳也。

云名凱。

蘇林云「傳」作「搏」，言手搏，論而釋之，所以知名也。【正義】何法盛晉書及晉譙王司馬無忌司馬氏系本皆

〔三〕【正義】聵，五怪反。如淳云：「刺客傳之蒯聵也。」【考證】沈欽韓曰：淮南主術訓「握術劍鋒以離，北宮司馬蒯聵不使應敵」，非刺客傳中人。張文虎曰：刺客傳「荆軻嘗游過榆次，與蓋聶論劍」，疑「蓋聶」即「蒯聵」之誤。榆次本趙地，蓋傳寫錯亂。如淳魏時人，或尚見史記舊文。

〔四〕【集解】蘇林曰：「守，郡守也。」【考證】中井積德曰：已拔之，留而鎮之，不必郡守。

〔五〕【集解】徐廣曰：「靳，一作『蘄』。」【索隱】錯孫靳。上音七各反，下音紀釁反。漢書作「蘄」。

〔六〕【考證】沈欽韓曰：秦紀「惠文王十二年，更名少梁曰夏陽」。張儀傳「說魏王入上郡少梁以謝秦」，是入秦即名夏陽。上句云「事武安君白起」，則爲昭襄王時。此語殊乖次第。王先謙曰：少梁更名尚在惠文後九年錯拔之前，此文補述之也。愚按：夏陽，史公先塋之地，故詳之。

〔七〕【集解】文穎曰：「趙孝成時。」【考證】楓本「阬」作「拔」。

〔八〕【索隱】下音尤。李奇曰「地名，在咸陽西」。按三秦記，其地後改爲李里者也。

〔九〕【集解】晉灼曰：「地名，在鄠縣。」【索隱】晉灼云在鄠縣，非也。案：司馬遷碑在夏陽西北四里。【正義】括地志云：「華池在同州韓城縣西南七十里，在夏陽故城西北四里。」

〔一〇〕【考證】漢書「主」作「王」，恐非。

〔一一〕【集解】徐廣曰：「張耳傳云武臣自號武信君。」【索隱】案：晉譙國司馬無忌作司馬氏系本云蒯聵生昭豫，昭豫生憲，憲生卬也。案：漢書武臣號武信君。

〔一二〕【索隱】漢書云項羽封卬爲殷王。

〔一三〕【索隱】漢書作「毋擇」，並音亦也。【考證】今本漢書作「毋懌」。王先謙曰：百官表長安四市有四長。

〔一四〕【集解】蘇林曰：「長安北門也。」瓚曰：「長安城無高門。」【索隱】案：蘇説非也。案遷碑在夏陽西北，去華池三里。【正義】括地志云：「高門原俗名馬門原，在同州韓城縣西南十八里。漢司馬遷墓在韓城縣南二十二里。夏陽縣故城東南有司馬遷冢，在高門原上也。」

〔一五〕【集解】如淳曰：「漢儀注太史公，武帝置，位在丞相上。天下計書，先上太史公，副上丞相，序事如古春秋。遷死後，宣帝以其官爲令，行太史公文書而已。」瓚曰：「百官表無太史公。茂陵中書司馬談以太史丞爲太史令。」【索隱】案茂陵書，談以太史丞爲太史令，則「公」者，遷所著書尊其父云「公」也。然稱「太史公」，皆遷稱述其父所作，其實亦遷之詞，而如淳引衛宏儀注，稱「位在丞相上」，謬矣。案百官表又無其官。且修史之官，國家別有著撰，則令州縣所上圖書皆先上之，而後人不曉，誤以爲在丞相上耳。【正義】虞喜志林云：「古者主天官者皆上公，自周至漢，其職轉卑，然朝會坐位猶居公上。尊天之道，其官屬仍以舊名，尊而稱也。」案：下文「太史公既掌天官，不治民，有子曰遷」，又云「卒三歲而遷爲太史公」，又云「太史公遭李陵之禍」，又云「汝復爲太史，則續吾祖矣」，觀此文，虞喜説爲長。乃書談及遷爲「太史公」者，皆遷自書之。漢舊儀云「太史公秩二千石，卒史皆秩二百石」。然瓚及韋昭、桓譚之説，皆非也。以桓譚之説，釋在武本紀也。【考證】宋祁曰：遷與任安書自言「僕之先人，文史星曆，近乎卜祝之間，故上所戲弄，倡優畜之，流俗之所輕也」。若其位在丞相上，安有此言耶？吳仁傑曰：韋昭云「史記稱遷爲太史公者，外孫楊惲所稱。志林以爲古者主天官皆上公。至漢，官屬仍以舊名，尊而稱公。案遷報任少卿書亦以「太史公」自稱，則非官屬與外孫尊之矣。李慈銘曰：太史公自是當時官府通稱，非官名，亦非尊加。如後世之稱太史氏，非有此官名也。流俗相沿，如晉之中令稱令君，唐之御史稱端公，不必以其尊官也。衛説不過因公字而附會之。朱一新曰：衛宏所説謂「位在丞相上」者，蓋謂朝會之位，以其國史所關，使之密邇至尊，以便記注，非以其爵秩，亦非必以尊寵也。百官志「太史令六百石」，而漢舊儀言太史公秩二千石，此則或談任職時，增其秩以示寵，或官秩尊卑，隨時升降，或記者偶失其實，闕疑可矣。愚按：說又見五帝本紀。

太史公學天官於唐都，〔一〕受易於楊何，〔二〕習道論於黃子。〔三〕太史公仕於建元、元封之閒，愍學者之不達其意而師悖，乃論六家之要指曰：〔四〕

〔一〕【正義】天官書云：「星則唐都也。」【考證】王鳴盛曰：自談爲太史公一段，叙其父談事，凡六稱「太史公」，皆指談也。

〔二〕【集解】徐廣曰：「菑川人。」【正義】何字叔元，菑川人，見儒林傳也。

〔三〕【集解】徐廣曰：「儒林傳曰黃生，好黃老之術。」

〔四〕【正義】悖，布内反。顏云：「悖，惑也。各習師書，惑於所見也。」【考證】李笠曰：師悖者，謂以悖爲師也。

易大傳：「天下一致而百慮，同歸而殊塗。」〔一〕夫陰陽、儒、墨、名、法、道德，此務爲治者也，直所從言之異路，有省不省耳。〔二〕嘗竊觀陰陽之術，大祥而衆忌諱，使人拘而多所畏。〔三〕然其序四時之大順，不可失也。儒者博而寡要，勞而少功，是以其事難盡從。〔四〕然其序君臣父子之禮，列夫婦長幼之別，不可易也。〔五〕墨者儉而難遵，〔六〕是以其事不可偏循。〔七〕然其彊本節用，不可廢也。法家，嚴而少恩，然其正君臣上下之分，不可改矣。〔八〕名家使人儉而善失真。然其正名實，不可不察也。〔九〕道家使人精神專一，動合無形，贍足萬物。〔一〇〕其爲術也，因陰陽之大順，采儒墨之善，撮名法之要，與時遷移，應物變化，立俗施事，無所不宜，指約而易操，事少而功多。儒者則不然。以爲人主，天下之儀表也，主倡而臣和，主先而臣隨。如此，則主勞而臣逸。至於大道之要，去健羨，〔一一〕絀聰明，〔一二〕釋此而任術。夫神大用則竭，形大勞則敝。形神騷動，欲與天地長久，非所聞也。〔一三〕

〔一〕【集解】張晏曰：「謂易繫辭。」【正義】張晏云：「謂易繫辭。」案：下二句，是繫辭文也。【考證】漢書「傳」下有「曰」字。

〔二〕【索隱】案：六家同歸於正，然所從之道殊塗，學或有傳習省察，或有不省者耳。【考證】顏師古曰：直，但也。郭嵩燾曰：言六家同務爲治，而所施異宜，不相爲用，務此則忽彼。故曰「有省有不省」。

〔三〕【集解】徐廣曰：「祥，一作『詳』。」駰案：李奇曰「月令星官，是其枝葉也」。【索隱】案：漢書作「大詳」，言我觀陰陽之術大詳。而今此作「祥」，於義爲疏也。【正義】顧野王云：祥，善也，吉凶之先見也。拘而多畏，言拘束於日時，令人有所忌畏也。【考證】詳，亦讀爲祥。衆，多也。漢書無「所」字，與下文合。藝文志「陰陽家者流，蓋出於羲和之官，敬順昊天，歷象日月星辰，敬授民時，此其所長也。及拘者爲之，則牽於禁忌，泥於小數」。「陰陽二十一家三百六十九篇」。李楨曰：褚補史記日者傳言孝武時聚會占家問之，某曰：「可取婦乎？」五行家曰：「可。」堪輿家曰：「不可。」建除家曰：「不吉。」叢辰家曰：「大凶。」曆家曰：「小凶。」天人家曰：「小吉。」太一家曰：「大吉。」辨訟不決，以狀聞。制曰：「避諸死忌，以五行家爲主。」人取諸五行者也。据此知忌諱拘畏，西漢時已如是。

〔四〕【考證】中井積德曰：當時儒者多趙綰、王臧之倫，治國以明堂辟雍爲首務，其他莫非制度文飾。訓詁名物，不知儒術爲何物，宜乎毀之曰「寡要少功」也。

〔五〕【考證】司馬談亦依孟子。

〔六〕【正義】韋云：「墨翟之術也，尚儉。後有隨巢子傳其術也。」【考證】漢書藝文志「墨六家八十六篇」。

〔七〕【索隱】偏，音遍。偏循，言難盡用也。

〔八〕【考證】漢傳「矣」作「也」。藝文志「法家者流，出於理官，信賞必罰，以輔禮制。易曰：『先王以明罰飭法。』此其所長也。及刻者爲之，則無教化，去仁義，專任刑法以致治，至於殘害至親，傷恩薄厚」。「法十家二百一十七篇。」

〔九〕【索隱】案：名家流出於禮官。古者名位不同，禮亦異數，孔子「必也正名乎」。案：名家知禮，亦異數，是儉也，受命不受辭，或失其真也。【考證】慶長本標記引劉伯莊云「儉」當作「檢」，謂拘檢人。中井積德曰：拘於名而離於情，故曰失其真也。愚按：儉、檢通用，下文所謂「苛察」是也。失真，合同異，離堅白，使人失真，下文所謂「繳繞」是也。又按：索隱前案，依藝文志文。志又云「名七家三十六篇」。

〔一〇〕【索隱】贍，音市豔反。漢書作「澹」，古今字異也。

〔一一〕【集解】如淳曰：「『知雄守雌』，是去健也。『不見可欲，使心不亂』，是去羨也。」【考證】老子二十九章：「聖人去甚，去奢，去泰。」

〔一二〕【索隱】如淳云：「『不尚賢』，『絶聖弃智』也。」【考證】漢書「絀」作「黜」。

〔一三〕【考證】老子五十九章「治人事天，莫若嗇，長生久視之道」。七章「天長地久。天地所以能長且久者，以其不自生」。以上略敍六家，歸重道德，以爲下論地。漢書「騷動」作「蚤衰」，義殊。

夫陰陽四時、八位、十二度、二十四節，各有教令，順之者昌，逆之者不死則亡，未必然也，故曰「使人拘而多畏」。〔一〕夫春生夏長，秋收冬藏，此天道之大經也。弗順則無以爲天下綱紀，故曰「四時之大順，不可失也」。〔二〕

〔二〕【集解】張晏曰：「八位，八卦位也。十二度，十二次也。二十四節，就中氣也。各有禁忌，謂日月也。」【考證】楓本「令」下有「曰」字，與漢書合。

〔三〕【考證】以上陰陽。

夫儒者以六蓺爲法。六蓺經傳以千萬數，累世不能通其學，當年不能究其禮，故曰「博而寡要，勞而少功」。〔一〕若夫列君臣父子之禮，序夫婦長幼之別，雖百家弗能易也。〔二〕

〔一〕【正義】六藝，謂五禮、六樂、五射御、六書、九數也。【考證】六藝，六經也。晏子春秋外篇載晏子沮景公封仲尼云「兼壽不能殫其教，當年不能究其禮」。墨子非儒篇云「累壽不能盡其學，當年不能行其禮」，是史談所本。當年，猶言當生、當身。列子楊朱篇「且趣當生，奚遑死後。當身之事，或聞或見」。孫氏墨子閒詁以爲丁壯之義，恐非。

〔二〕【考證】以上儒。

墨者，亦尚堯、舜道，言其德行，曰：「堂高三尺，〔一〕土階三等，茅茨不翦，〔二〕采椽不刮。〔三〕食土簋，〔四〕啜土刑，〔五〕糲粱之食，〔六〕藜藿之羹。〔七〕夏日葛衣，冬日鹿裘。」〔八〕其送死，桐棺三寸，〔九〕舉音不盡其哀。教喪禮，必以此爲萬民之率。使天下法若此，則尊卑無別也。〔一〇〕夫世異時移，事業不必同，故曰「儉而難遵」。要曰彊本節用，則人給家足之道也。此墨子之所長，雖百家弗能廢也。〔一一〕

〔一〕【索隱】案：自此已下韓子之文，故稱「曰」。【考證】此依韓子以舉墨者之說也。

〔二〕【正義】屋蓋曰茨，以茅覆屋。

〔三〕【索隱】韋昭云：「采椽，櫟榱也。」【正義】採取爲椽，不刮削也。【考證】刮，漢書作「斲」。始皇紀作「刮」。注云：「一作『斲』」，言質素也。」韓非子亦作「斲」。

〔四〕【集解】徐廣曰：「一作『塯』。」駰案：服虔曰「土簋，用土作此器」。

〔五〕【正義】顔云：「簋，所以盛飯也。刑，所以盛羹也。土，謂燒土爲之，即瓦器也。」

〔六〕【集解】張晏曰：「一斛粟，七斗米，爲糲。」瓚曰：「五斗粟，三斗米，爲糲。音剌。」韋昭曰：「糲，礲也。」【索隱】服虔云：「糲，麤米也。」三倉云：「粱，好粟。」【正義】糲，麤米也，脱粟也。粱，粟也。謂食脱粟之麤飯也。【考證】王念孫曰：「『粱』當作『粢』。粢與糲皆食之粗者。李斯傳「堯之有天下也，粢糲之食，藜藿之羹」。韓子五蠹篇「堯之王天下也，糲粢之食，藜藿之羹」。淮南精神訓「珍怪奇味，人之所美也，而堯糲粢之飯，藜藿之羹」。皆其證也。

〔七〕【正義】藜，似藿而表赤。藿，豆葉也。

〔八〕【考證】以上用韓非五蠹篇文。

〔九〕【正義】以桐木爲棺，厚三寸也。

〔一〇〕【考證】漢書「法」作「共」。韓非子顯學篇云「墨者之葬也，冬日冬服，夏日夏服，桐棺三寸，服喪三月」。

〔一一〕【考證】以上墨家。

法家，不別親疏，不殊貴賤，一斷於法，則親親尊尊之恩絶矣。〔一〕可以行一時之計，而不可長用也，故曰「嚴而少恩」。若尊主卑臣，明分職，不得相踰越，雖百家弗能改也。〔二〕

〔一〕【索隱】案：禮，親親父爲首，尊尊君爲首也。【考證】漢書「一」作「壹」。

〔二〕【考證】以上法家。

名家，苛察繳繞，使人不得反其意，專決於名，而失人情，〔一〕故曰「使人儉而善失真」。若夫控名責實，參伍不失，此不可不察也。〔二〕

〔一〕【集解】服虔曰：「繳，音近叫呼，謂煩也。」如淳曰：「繳繞，猶纏繞，不通大體也。」【考證】苛察，上文所謂「儉」。繳繞，使善失其真。漢書「而」作「時」。

〔二〕【集解】晉灼曰：「引名責實，參錯交互，明知事情。」【考證】以上名家。沈欽韓曰：鄧析子無厚篇「循名責實，君之事也」。

道家，無爲，又曰「無不爲」，〔一〕其實易行，〔二〕其辭難知。〔三〕其術以虛無爲本，以因循爲用。〔四〕無成埶，無常形，故能究萬物之情。不爲物先，不爲物後，故能爲萬物主。〔五〕有法無法，因時爲業；〔六〕有度無度，因物與合。〔七〕故曰「聖人不朽，時變是守」。〔八〕虛者，道之常也；因者，君之綱也。〔九〕羣臣並至，使各自明也。〔一〇〕其實中其聲者謂之端，實不中其聲者謂之窾。〔一一〕窾言不聽，姦乃不生，賢不肖自分，白黑乃形。在所欲用耳，何事不成。乃合大道，混混冥冥。光燿天下，復反無名。〔一二〕凡人所生者神也，所託者形也。神大用則竭，形大勞則敝，形神離則死。死者不可復生，離者不可復反，故聖人重之。由是觀之，神者生之本也，形者生之具也。〔一三〕不先定其神，而曰「我有以治天下」，何由哉？〔一四〕

〔一〕【正義】無爲者，守清浄也。無不爲者，生育萬物也。【考證】老子三十七章：「道常無爲，而無不爲。侯王若能守之，萬物將自化。化而欲作，吾將鎮之以無名之樸。」四十八章：「爲學日益，爲道日損。損之又損，以至於無爲，無爲而無不爲。」

〔二〕【正義】各守其分，故易行也。

〔三〕【正義】幽深微妙，故難知也。

〔四〕【正義】任自然也。【考證】老子十一章：「有之以爲利，無之以爲用。」二十五章：「人法地，地法天，天法道，道法自然。」慎子因循篇云「天道因則大，化則細。因也者，因人之情也，人莫不自爲也。化而使之爲我，則莫可得而用矣」。楊倞云：慎子本黄、老，歸刑名。

〔五〕【集解】韋昭曰：「因物爲制。」【考證】漢書作「不爲物先後」，蓋脱文。

〔六〕【正義】因時之物，成法爲業。【考證】王先謙曰：法度與時物爲變通，神而明之。

〔七〕【正義】因其萬物之形，成度與合也。【考證】因物與合，漢書作「因物興舍」。後漢書馮衍傳下引作「與物趨舍」。愚按：「因物與合」與「因時爲業」相對成文。業、合，韻。史文爲長。

〔八〕【索隱】「故曰聖人不朽」至「因者君之綱」，此出鬼谷子。遷引之以成其章，故稱「故曰」也。【正義】言聖人教迹不朽滅者，順時變化。【考證】漢書「朽」作「巧」。顔師古曰：無機巧之心，但順時也。王念孫曰：史記原文蓋亦作「巧」，今文作「朽」者，後人以「巧」與「守」韻不相協而改之也。不知「巧」者古讀若「糗」，正與「守」爲韻。愚按：索隱引鬼谷子，今本無之。

〔九〕【正義】言因百姓之心以教，唯執其綱而已。【考證】承虚無因循。

〔一〇〕【考證】常、綱、明，韻。

〔一一〕【集解】徐廣曰：「音款，空也。」駰案：李奇曰「聲則名也」。【索隱】窾，音款。漢書作「款」。款，空也。故申子云「款言無成」是也。聲者，名也。以言實不稱名，則謂之空，空有聲也。【考證】端、窾，韻。李奇、司馬貞解聲爲名。名，「形名」之「名」，非「名譽」之「名」。端，正也。

〔一二〕【正義】混，胡本反。混混者，元氣神者之貌也。【考證】聽、生、形、成、冥、名，韻。

〔一三〕【集解】韋昭曰：「聲氣者，神也。枝體者，形也。」

〔一四〕【考證】漢書「神」下有「形」字。顔師古曰：凡此皆言道家之教爲長也。中井積德曰：司馬談喜道家者，故著六家指要而主張道家也。遷直述其言於自序，冀其不朽也。其實遷之學，未必同於父也。王鳴盛曰：太史公自序述其父談論六家要指，其意以五家各有所長，亦各有所短，並致其不滿之詞。而獨推崇老氏道德，謂其能兼有五家之長而去其所短。且又特舉道家之指約易操，事少功多，與儒之博而寡要，勞而少功兩兩相校，以明孔不如老，此談之學也。而遷意則尊儒，父子異尚，猶劉向好穀梁而子歆明左氏也。觀下文稱引董仲舒之言，隱隱以己上承孔子，其意可見。又曰：漢初黃、老之學極盛。君如文、景，宫闈如竇太后，宗室如劉德，將相如曹參、陳平，名臣如張良、汲黯、鄭當時、直不疑、班嗣，處士如蓋公、鄧章、王生、黃子、楊王孫、安丘望之等，皆宗之。東方朔戒子以首陽爲拙，柱下爲工，是亦宗黃、老。而遷獨不然。漢書司馬遷傳贊謂遷謂論大道先黃、老而後六經，此本班彪之言，見後漢本傳，而固述之。桓譚謂大司空王邑納言嚴尤曰「老聃著虛無之言兩篇，薄仁義，非禮樂。然好之者，以爲過於五經。自漢文、景之君，及司馬遷皆有是言」。班彪、桓譚皆誤以談之言即遷之意。

太史公既掌天官，不治民。有子曰遷。〔一〕

〔一〕【考證】王鳴盛曰：張守節云「司馬遷字子長」。案：遷之自序及漢書本傳不見，惟見法言寡見篇、後漢張衡傳、晉書干寶傳，文選載其報任安書亦著司馬子長，魏收魏書附收上書啓亦稱之。班氏豈有所不知，而竟不著於本傳？蓋史例雖至班氏而定，每人概冠以字某，而遷傳則用自序元文，例不畫一，故漏其字。愚按：子長之稱，又見法言君子篇，論衡變動、須頌二篇，漢紀，後漢書，潘岳西征賦。説詳梁氏志疑。

遷生龍門，〔一〕耕牧河山之陽。〔二〕年十歲則誦古文。〔三〕二十而南游江、淮，上會稽，探禹穴，〔四〕闚九疑，〔五〕浮於沅、湘；〔六〕北涉汶、泗，〔七〕講業齊、魯之都，觀孔子之遺風，鄉射鄒、嶧，戹困鄱、薛、彭城，過梁、楚以歸。〔八〕於是遷仕爲郎中，奉使西征巴、蜀以南，南略邛、筰、昆明，還報命。〔九〕

〔一〕【集解】徐廣曰：「在馮翊夏陽縣。」駰案：蘇林曰「禹所鑿龍門也」。【正義】括地志云：「龍門，在同州韓城縣北五十里。其山更黄河，夏禹所鑿者也。龍門山，在夏陽縣，遷即漢夏陽縣人也，至唐改曰韓城縣。」【考證】龍門在今陝西同州韓城縣。

〔二〕【正義】河之北，山之南也。案：在龍門山南也。

〔三〕【索隱】案：遷及事伏生，是學誦古文尚書。劉氏以爲左傳、國語、系本等書，是亦名古文也。【考證】古文，古書以古文書者，以分今文也。下文云「周道廢，秦撥去古文」，五帝紀贊「不離古文」者近是。儒林傳「孔氏有古文尚書，安國以今文讀之」。許慎説文序「易孟氏、書孔氏、詩毛氏、禮、周官、春秋左氏、論語、孝經皆古文也」，皆同。周壽昌曰：遷生於景帝後元年，距鼂錯之死十一年。錯孝文時受書伏生，生已九十餘。孝文在位二十三年，計伏生當遷生時應百三十餘歲。遷十歲誦古文及事伏生，生不已百四十餘耶？伏生不聞有此大年，揆之情事亦不合。史公從安國問故，索隱蓋誤以孔爲伏。

〔四〕【集解】張晏曰：「禹巡狩至會稽而崩，因葬焉。上有孔穴，民閒云禹入此穴。」【索隱】越絶書云：「禹上茅山大會計，更名曰會稽。」張勃吴録云：「本名苗山，一名覆釜。禹會諸侯計功，改曰會稽。上有孔，號曰禹穴也。」【正義】括地志云：「石箐山，一名玉笥山，又名宛委山，即會稽山一峯也，在會稽縣東南十八里。吴越春秋云『禹案黄帝中經九山，東南天柱號曰宛委，赤帝左闕之填，承以文玉，覆以盤石，其書金簡，青玉爲字，編以白銀，皆瑑其文。禹乃東巡，登衡山，血白馬以祭。禹乃登山，仰天而笑，忽然而臥，夢見繡衣男子，自稱玄夷倉水使者，卻倚覆釜之山，東顧謂禹曰：「欲得我山神書者，齊於黄帝之岳岩（岩）之下，三月季庚，登山發石。」禹乃登宛委之山，發石乃得金簡玉字，以水泉之脈。山中又有一穴，深不見底，謂之禹穴』。史遷云『上會稽，探禹穴』，即此穴也。」

〔五〕【索隱】山海經云：「南方蒼梧之丘，蒼梧之泉，在營道南。其山九峯，皆相似，故曰九疑。」張晏云：「九疑舜葬，故窺之。」尋上探禹穴，蓋以先聖所葬處有古册文，故探窺之，亦搜採遠矣。【正義】九疑山在道州。

〔六〕【正義】沅水出朗州。湘水出道州北，東北入海。

〔七〕【正義】兩水出兖州東北，而南歷魯。

〔八〕【集解】徐廣曰：「嶧，音亦，縣名，有山也。鄱，音皮。鄒、鄱、薛三縣屬魯。」【索隱】鄱，本音蕃，今音皮。案：田褒魯記云「靈帝末有汝南陳子游，爲魯相。子游，大尉陳蕃子也，國人諱而改焉」。若如其說，則「蕃」改「鄱」，鄱、皮聲相近，後漸訛耳。然地理志魯國蕃縣，應劭曰：「邾國也，音皮。」【正義】鄒，縣名。嶧，山名。嶧山在鄒縣北二十二里，地近曲阜，於此行鄉射之禮。括地志云：「徐州滕縣，漢蕃縣，音翻。漢末陳蕃子逸爲魯相，改音皮。田褒魯記曰『靈帝末，汝南陳子游爲魯相，陳蕃子也，國人爲諱而改焉』。」

〔九〕【集解】徐廣曰：「元鼎六年，平西南夷，以爲五郡。其明年，元封元年是也。」

是歲，天子始建漢家之封，而太史公留滯周南，不得與從事，〔一〕故發憤且卒。〔二〕而子遷適使反，見父於河、洛之閒。太史公執遷手而泣曰：「余先，周室之太史也。自上世嘗顯功名於虞、夏，典天官事。後世中衰，絕於予乎？汝復爲太史，則續吾祖矣。今天子接千歲之統，封泰山，而余不得從行，是命也夫，命也夫！余死，汝必爲太史；爲太史，無忘吾所欲論著矣。且夫孝始於事親，中於事君，終於立身。揚名於後世，以顯父母，此孝之大者。〔三〕夫天下稱誦周公，言其能論歌文、武之德，宣周、邵之風，達太王、王季之思慮，爰及公劉，以尊后稷也。〔四〕幽、厲之後，王道缺，禮樂衰，孔子脩舊起廢，論詩、書，作春秋，則學者至今則之。自獲麟以來，四百有餘歲，〔五〕而諸侯相兼，史記放絕。今漢興，海內一統，明主賢君忠臣死義之士，余爲太史而弗論載，廢天下之史文，余甚懼焉，汝其念哉！」〔六〕遷俯首流涕曰：「小子不敏，請悉論先人所次舊聞，弗敢闕。」〔七〕

〔二〕【集解】徐廣曰：「摯虞曰古之周南，今之洛陽。」【索隱】張晏云：「自陝已東，皆周南之地也。」【正義】與，音預。【考證】從事，猶言佐史也。

〔二〕【正義】且卒，言欲將死。【考證】中井積德曰：按封禪書武帝初，與諸儒議封事，命草其儀。及且封，盡罷諸儒不用。談之滯周南，以罷不用之故也，非疾。又曰：封禪出乎術士之妄，豈儒者所可言哉？談罷，可謂幸矣，乃發憤至死，何惑之甚！雖遷亦未知封禪之爲非也，是漢儒之通病矣。梁玉繩志疑引眾聞録云「太史談且死，以不及與封禪爲恨；相如且死，遺封禪書以勸。當時不獨世主有侈心，士大夫皆有以啓之」。

〔三〕【考證】孝經首章之文。

〔四〕【考證】漢書「稱」下無「誦」字。

〔五〕【集解】駰案：年表魯哀公十四年獲麟，至漢元封元年，三百七十一年。【考證】「百」下「有」字，各本脫。依楓本淩引一本補。漢書亦有。梁玉繩曰：獲麟至元封元年，凡三百七十二年。

〔六〕【考證】漢書「死義之士」作「義士」，「之」下無「史」字。

〔七〕【考證】先人，猶言父祖。司馬氏世爲史官，故云。非斥談。

卒三歲，而遷爲太史令，〔一〕紬史記石室金匱之書。〔二〕五年而當太初元年，〔三〕十一月甲子朔旦冬至，天曆始改，建於明堂，諸神受紀。〔四〕

〔一〕【索隱】博物志：「太史令，茂陵顯武里大夫司馬遷，年二十八，三年六月乙卯，除六百石。」【考證】周壽昌曰：談卒於元封元年。錢大昕曰：「令」當作「公」。

〔二〕【集解】徐廣曰：「紬，音抽。」【索隱】如淳云：「抽，徹舊書故事而次述之。」徐廣音抽。小顏云：「紬，謂綴集之也。」案：石室、金匱，皆國家藏書之處。【考證】李慈銘曰：「紬」即「籀」，字亦作「抽」。詩鄘風「不可讀也」，毛傳「讀，抽也」。說文「籀，讀書也」。方言「抽，讀也」。故亦曰「紬繹」，言讀而尋繹之也。

〔三〕【集解】李奇曰：「遷爲太史後五年，適當於武帝太初元年，此時述史記。」【正義】案：遷年四十二歲。

〔四〕【集解】徐廣曰：「封禪序曰『封禪則萬靈罔不禋祀』。」駰案：韋昭曰：「告於百神，與天下更始，著紀於是。」【索隱】虞喜志林云：「改曆於明堂，班之於諸侯。諸侯，羣神之主，故曰『諸神受紀』。」孟康云：「句芒、祝融之屬，皆受瑞紀。」【考證】漢書「紀」作「記」。何焯曰：天曆始改，謂自此初用夏正也。

太史公曰：「先人有言：〔一〕『自周公卒，五百歲而有孔子。孔子卒後，至於今五百歲，〔二〕有能紹明世，正易傳，繼春秋，本詩、書、禮、樂之際？』意在斯乎，意在斯乎！小子何

敢讓焉！」〔三〕

〔一〕【索隱】先人，謂先代賢人也。【正義】太史公，司馬遷也。先人，司馬談也。【考證】王鳴盛曰：自太史公曰「先人有言」以下，既述父談之言，又與上大夫壺遂相往復，又自述遭李陵之禍作史記事，凡四稱「太史公」皆自謂。

〔二〕【索隱】按：孟子稱堯、舜至湯五百餘歲，湯至文王五百餘歲，文王至孔子五百餘歲。按：太史公略取於孟子，而揚雄、孫盛深所不然，所謂多見不知量也。以爲淳氣育才，豈有常數，五百之期，何異瞬息。是以上皇相次，或有萬齡爲閒，而唐堯、舜、禹比肩並列。降及周室，聖賢盈朝；孔子之没，千載莫嗣，安在於千年五百乎？具述作者，蓋記注之志耳，豈聖人之倫哉？【正義】案：孔子卒五百歲者，欲取孟子以應一聖符也。不言文王而言周公者，孔子是述作設教之聖，故方於己。【考證】上文云「自獲麟以來四百有餘載」。中井積德曰：孔子卒至元封元年，三百七十五年，而云「五百歲」，牽合誇張之言耳。王鳴盛曰：此言雖夸，而其尊慕孔子則可以解「先黄、老後六經」之疑矣。崔適曰：云「五百歲」者，此以祖述之意相比。所謂斷章取義，不必以實數求也。由今觀之，有孔子而堯、舜藉以祖述，文、武藉以憲章；有太史公，而孔子列於世家，儒林表其經業。是孔子後不可無太史公，猶周公後不可無孔子也。下文「正易傳，繼春秋，本詩、書、禮、樂之際」等語，惟以述作相比耳，豈謂比其聖德哉？索隱謂揚雄、孫盛深所不然，以爲述作者記注之志耳，豈聖人之倫，非通論也。

〔三〕【索隱】讓，漢書作「攘」。晉灼云：「此古『讓』字。言己當述先人之業，何敢自嫌值五百歲而讓也。」【考證】漢書「紹明世」作「紹而明之」。索隱「嫌」當作「謙」。讓，「退讓」之「讓」。

上大夫壺遂曰：「昔孔子何爲而作春秋哉？」〔一〕太史公曰：「余聞董生曰：〔二〕『周道

哀廢，孔子爲魯司寇，諸侯害之，大夫壅之。孔子知言之不用，道之不行也，是非二百四十二年之中，以爲天下儀表，〔三〕貶天子，退諸侯，討大夫，以達王事而已矣。』〔四〕子曰：『我欲載之空言，〔五〕不如見之於行事之深切著明也。』〔六〕夫春秋，上明三王之道，下辨人事之紀，別嫌疑，明是非，定猶豫，善善惡惡，賢賢賤不肖，存亡國，繼絶世，補敝起廢，王道之大者也。〔七〕易，著天地陰陽四時五行，故長於變；〔八〕禮，經紀人倫，故長於行；〔九〕書，記先王之事，故長於政；詩，記山川谿谷禽獸草木牝牡雌雄，故長於風；樂，樂所以立，故長於和；春秋，辯是非，故長於治人。〔一〇〕是故禮以節人，樂以發和，書以道事，詩以達意，易以道化，春秋以道義。〔一一〕撥亂世反之正，莫近於春秋。春秋文成數萬，其指數千。〔一二〕萬物之散聚，皆在春秋。〔一三〕春秋之中，弒君三十六，亡國五十二，諸侯奔走不得保其社稷者，不可勝數。察其所以，皆失其本已。〔一四〕故易曰：『失之豪釐，差以千里。』〔一五〕故曰：『臣弒君，子弒父，非一旦一夕之故也，其漸久矣。』〔一六〕故有國者，不可以不知春秋，前有讒而弗見，後有賊而不知。爲人臣者，不可以不知春秋，守經事而不知其宜，遭變事而不知其權。〔一七〕爲人君父而不通於春秋之義者，必蒙首惡之名。爲人臣子而不通於春秋之義者，必陷篡弒之誅，死罪之名。其實皆以爲善，爲之不知其義，〔一八〕被之空言而不敢辭。〔一九〕夫不通禮義之旨，至於君不君，臣不臣，父不父，子不子。夫君不君則犯，〔二〇〕臣不臣則誅，父不父則無道，子不子則不孝。此四行者，天下之大過也。以天下之大過予之，則受而弗敢辭。故春秋者，禮義之大

宗也。夫禮禁未然之前，法施已然之後；法之所爲用者易見，而禮之所爲禁者難知。」〔二〕

〔一〕【索隱】案：遂爲詹事，秩二千石，故爲上大夫也。【考證】錢大昕曰：十二諸侯年表稱「上大夫董仲舒」，封禪書敘新垣平云「于是貴平上大夫」。萬石君傳「以上大夫祿歸老于家」。佞幸傳「鄧通官至上大夫」，「韓嫣官至上大夫」。似漢時本有上大夫之官。又封禪書「拜公孫卿爲中大夫」。愚按：韓長孺傳云：「韓安國所推舉皆廉士，賢於己者也。於梁舉壺遂、臧固、郅他，皆天下名士。」又云：「余與壺遂定律曆，遂官至詹事，天子方倚以爲漢相。遂卒，不然壺遂之內廉行修，斯鞠躬君子也。」

〔二〕【集解】服虔曰：「仲舒也。」【考證】漢書「聞」下有「之」字。周壽昌曰：生，先生也。遷自居後學，故稱先生。

〔三〕【索隱】案：是非，謂褒貶諸侯之得失也。【考證】漢書「言」作「時」。

〔四〕【考證】漢書無「天子退」三字。李笠曰：三字衍。孔子作春秋，所以扶君抑臣，明上下之分。故曰「達王事」也。貶天子，非其義矣。

〔五〕【索隱】案：孔子之言，見春秋緯，太史公引之以成説也。空言，謂褒貶是非也。空立此文，而亂臣賊子懼也。

〔六〕【索隱】案：孔子言我徒欲立空言，設褒貶，則不如附見於當時所因之事。人臣有僭侈簒逆，因就此筆削以褒貶，深切著明而書之，以爲將來之誡者也。【考證】春秋繁露俞序篇「仲尼之作春秋也，引史記，理往事，正是非，序王公。史記十二公之間，皆衰世之事，故門人惑。孔子曰：『吾因其行事而加乎王心焉，以爲見之空言，不如行事博深切明。』」吳翌鳳曰：趙岐注孟子曰：「仲尼有云：『我欲託空言，不如載之行事之深切著明也。』蓋取之太史公自序。而太史公又取之春秋繁露。」中井積德曰：孔子言別立言説道理，不如就時事褒貶之道理著明也。又曰：董生之言蓋止于此。

〔七〕【索隱】公羊傳曰：「善善及其子孫，惡惡止其身也。」

〔八〕【考證】顏師古曰：以變化之道爲長也。中井積德曰：易不陳五行，今云然者，豈出於緯書之謬邪？馮班曰：「易著天地陰陽、四時、五行」以下，方是子長言六經與史。談父子意不同。

〔九〕【考證】漢書「經」作「綱」。

〔一〇〕【考證】春秋繁露玉杯篇「詩道志，故長於質；禮制節，故長於文；樂詠德，故長於風；書著功，故長於事；易本天地，故長於數；春秋正是非，故長於治人」。愚按：與史文相似，而意頗異。

〔一一〕【考證】道，言也。

〔一二〕【集解】張晏曰：「春秋萬八千字，當言『減』，而云『成數』，字誤也。」駰謂太史公此辭，是述董生之言。董仲舒自治公羊春秋，公羊經、傳凡有四萬四千餘字，故云「文成數萬」也。不得如張議，但論經萬八千字，便謂之誤。【索隱】案：張晏曰「春秋萬八千字，此云『文成數萬』，字誤也」。裴駰以遷述仲舒所論，公羊經、傳凡四萬四千，故云「數萬」，又非也。小顏云「史遷豈以公羊傳爲春秋乎」？又春秋經一萬八千，亦足稱數萬，非字之誤也。【考證】王觀國曰：今世所傳春秋萬六千五百餘字。張晏云萬八千，非。張文虎曰：說文「數，計也」。徐音爽主切，蓋云文以萬計，指以千計。沈欽韓曰：案公羊春秋爲董生所習，合經與師說，故文有數萬。又其條例舛雜猥瑣，如三科、九旨、五始、七等、六輔、二類、七缺之目，故云「其指數千」。中井積德曰：數萬者謂多也。此元矢口之語，初不用算計，故有不合也。

〔一三〕【考證】郭嵩燾曰：物，猶事也。萬物之散聚，謂會盟侵伐，散見諸國，合而聚之，其事皆可觀，而其義皆可尋。下云「弒君」、「亡國」，舉其重者。

〔一四〕【索隱】案：弒君亡國及奔走者，皆是失仁義之道本耳。已者，語終之辭也。【考證】春秋繁露滅國篇上「弒君三十六，亡國五十二」。蘇輿繁露義證云「舊本『三十六』誤作『三十一』，『弒君』上疑奪『春秋』二字」。滅國篇下「弒君三十六，亡國五十二」。漢書楚元王傳引劉向封事云「春秋二百四十二年之間弒君三十六，亡國五十二，諸侯奔走不得保其社稷者，不可勝數也」，皆與史文同。蓋史公依董生，而劉向襲之也。楚元王傳顏注一一舉其名。梁玉繩駁之云，通經傳而數之，弑君者三十七，亡國止四十一，顏强合其數。說見志疑。

〔一五〕【集解】徐廣曰：「一云『差以毫釐』，一云『繆以千里』。」駰案：今易無此語，易緯有之。【考證】釐、里，韻。大戴禮禮察篇、禮記經解篇並云「易曰君子慎始，差若毫釐，繆以千里」。阮元云：今在易緯通卦驗。

〔一六〕【考證】漢書無「曰」字、「也」字。顏師古曰：易坤卦文言之辭。

〔一七〕【考證】顏師古曰：經，常也。愚按：春秋繁露俞序篇「至於殺君亡國奔走不得保社稷。其所以然，是皆不明於道，不覽於春秋也」。故衛子夏言『有國家者不可不學春秋』」。史公所本。

〔一八〕【正義】其心實善，爲之不知其義理，則陷於罪咎。【考證】漢書作「必陷簒弑誅死之罪，其實皆以善爲之，而不知其義」。史文爲長。

〔一九〕【集解】張晏曰：「趙盾不知討賊，而不敢辭其罪也。」【考證】晉趙盾弑其君夷皐，事詳見宣二年左傳、宣六年公羊傳、春秋繁露玉杯篇。

〔二〇〕【正義】顏云「爲臣下所干犯也」。一云違犯禮義」。【考證】張文虎曰：「夫」字南宋、中統、游、毛本有。

〔二一〕【考證】漢書賈誼傳誼陳政治疏云「夫禮者禁於將然之前，而法者禁於已然之後，是故法之所用易見，而禮之所爲生難知也」。大戴禮禮察篇同。蓋古有此語，而史公用之也。

壺遂曰：「孔子之時，上無明君，下不得任用，故作春秋，垂空文以斷禮義，當一王之法。〔一〕今夫子上遇明天子，下得守職，萬事既具，咸各序其宜，〔二〕夫子所論，欲以何明？」

〔一〕【考證】史儒林傳云：「仲尼因史記作春秋，以寓王法，其辭微而指博。」春秋繁露玉杯篇云「孔子立新法之道」，其義並同。史公既奉公羊說，故壺遂亦依公羊說以問之。

〔三〕【考證】岡白駒曰：一王有法。

太史公曰：「唯唯，否否，不然。〔一〕余聞之先人曰：『伏羲至純厚，作易八卦。堯、舜之盛，尚書載之，禮樂作焉。湯、武之隆，詩人歌之。春秋采善貶惡，推三代之德，褒周室，非獨刺譏而已也。』漢興以來，至明天子，獲符瑞，封禪，改正朔，易服色，受命於穆清，〔二〕澤流罔極，海外殊俗，重譯款塞，請來獻見者，不可勝道。〔三〕臣下百官，力誦聖德，猶不能宣盡其意。且士賢能而不用，有國者之恥；主上明聖而德不布聞，有司之過也。〔四〕且余嘗掌其官，廢明聖盛德不載，滅功臣世家賢大夫之業不述，墮先人所言，罪莫大焉。〔五〕余所謂述故事，整齊其世傳，非所謂作也。而君比之於春秋，謬矣。」〔六〕

〔一〕【集解】晉灼曰：「唯唯，謙應也。否否，不通者也。」

〔二〕【集解】如淳曰：「受天命清和之氣。」【正義】於，音烏。顏云：「於，歎辭也。穆，美也。言天子有美德，而教化清也。」【考證】岡白駒曰：易服色，尚赤。劉攽曰：穆清，天也。愚按：於，語辭。

〔三〕【集解】應劭曰：「款，叩也。皆叩塞門來服從也。」如淳曰：「款，寬也。請除守塞者自保，不爲寇害。」【正義】重譯，更譯其言也。罔，無也。極，止也。【考證】楓本「來」作「求」。

〔四〕【考證】漢書「能」下有「矣」字，「用」下有「也」字。

〔五〕【考證】漢書無「世家」二字。

〔六〕【考證】論語述而篇「述而不作」。

於是論次其文七年，〔一〕而太史公遭李陵之禍，幽於縲紲。〔二〕乃喟然而歎曰：「是余之罪也夫！是余之罪也夫！身毁不用矣。」〔三〕退而深惟曰：「夫詩、書隱約者，欲遂其志之思也。〔四〕昔西伯拘羑里，演周易；〔五〕孔子戹陳、蔡，作春秋；〔六〕屈原放逐，著離騷；左丘失明，厥有國語；〔七〕孫子臏腳，而論兵法；不韋遷蜀，世傳呂覽；韓非囚秦，説難、孤憤；〔八〕詩三百篇，大抵賢聖發憤之所爲作也。〔九〕此人皆意有所鬱結，不得通其道也，故述往事，思來者。」於是卒述陶唐以來，至于麟止，〔一〇〕自黄帝始。

〔一〕**【集解】**徐廣曰：「天漢三年。」**【正義】**案：從太初元年至天漢三年，乃七年也。**【考證】**漢書「七年」作「十年」。瞿鴻禨曰：乾道本漢書作「七年」。

〔二〕**【正義】**太史公舉李陵，李陵降也。**【考證】**朱一新曰：李陵降在天漢二年冬，豈史公受刑以三年春歟？梁玉繩曰：七年者，自太初之元至天漢三年也。觀報任安書，史公征和中尚存，其史成于天漢，而實以太初爲限。漢書遷傳贊「史訖天漢」。張守節正義序、吴仁傑刊誤補遺從之，殊失攷。史公高祖功臣表序云「至太初」，此傳云「漢興至太初百年」，又云「至太初而訖」，他若荀紀、後書班彪傳及史通六家篇、古今正史篇皆云「訖太初」，即漢書敍傳亦云「太初以後，闕而不録」。則遷傳贊辭明屬妄談，蓋誤以李陵之降爲斷，復見諸處後人增加之語，遂認史不終太初矣。

〔三〕**【考證】**孝經「身體髮膚，不敢毁傷」。

〔四〕**【索隱】**案：謂其意隱微而言約也。**【正義】**詩、書隱微而約省者，遷深惟，欲依其隱約而成其志意也。**【考證】**岡白駒曰：欲遂其志之思，而不能顯言，故隱約焉。中井積德曰：詩、書，通舉諸書之意。下文所列皆是。唯尚書於隱約無所當，是以意逆之可也，不當泥文作解。愚按：下文「昔西伯拘羑里」一段，班史以其與答任安書複刪之，大失情意。

〔五〕【集解】徐廣曰：「羑里在湯陰。」

〔六〕【考證】梁玉繩曰：春秋之作，史公于孔子世家、儒林傳序言作「獲麟之歲」，此又言作于「戹陳、蔡」之年，孔叢子居衛篇爲子思之言曰「祖君屈于陳、蔡作春秋」。史通探賾篇從之，謂「攫莓而創辭，乃泣麟而絶」。其然豈其然乎？愚按：答任安書無「羑里」、「陳蔡」四字。

〔七〕【考證】崔述曰：史記自序云「左丘失明，厥有國語」。由是世儒皆謂國語與春秋傳爲一人所撰。東漢之儒遂題之曰春秋外傳。余按：左傳之文，年月井井，事多實録；而國語荒唐誣妄，自相矛盾者甚多。左傳紀事簡潔，措詞亦多體要；而國語文詞支蔓，冗弱無骨，斷不出於一人之手明甚。且國語周、魯多平衍，晉、楚多尖穎，吳、越多恣放，即國語亦非一人之所爲也。蓋左傳一書，采之各國之史，師春一篇其明驗也。國語則後人取古人之事，而擬之爲文者，是以事少而詞多。左傳一言可畢者，國語累章而未足也。故名之曰國語。語也者，則別於紀事而爲言者也。黑白迥殊，雲泥遠隔，而世以爲一人所爲，亦已異矣。又按：史記自序自文王、孔子以下凡七事。文王羑里之誣，余固已辨之矣。孔子之作春秋，亦不在於陳、蔡。離騷、兵法、吕覽、説難之作，皆與本傳之説互異。然則此言亦未可信也。且列左丘於屈原後，言失明，而不言名明，尚未知其意果以爲作傳之左丘明否，不得强指爲一人也。梁玉繩曰：左傳哀十三年疏引傅玄云「國語非丘明作」，當是。困學紀聞六引劉炫説同。

〔八〕【正義】吕覽，即吕氏春秋也。【考證】張文虎曰：案列傳，吕覽之作，在不韋相秦時，説難、孤憤亦韓非未入秦時所作。

〔九〕【考證】楓、三本無「篇」字。

〔一〇〕【集解】張晏曰：「武帝獲麟，遷以爲述事之端。上紀黃帝，下至麟止，猶春秋止於獲麟也。」【索隱】服虔云：「武帝至雍獲白麟，而鑄金作麟足形，故云『麟止』。遷作史記止於此，猶春秋終於獲麟然也。」史記以黄帝爲首，而云「述陶唐」者，案五帝本紀贊云「五帝尚矣，然尚書載堯以來。百家言黄帝，其文不雅馴」，故述黄帝爲本紀之首，而以「尚書雅正，故稱起於陶唐」。【考證】梁玉繩曰：「案史公作史，終于太初，而成于天漢，其歿在征和間。一部史記，惟自序傳後定。其曰『至太初而訖』者，史作始于太初元年，即以太初終也。曰論次其文七年遭禍者，明未遭禍以前，已爲史記，至是乃成也。若所稱『麟止』者，取春秋絶筆獲麟之意也。武帝因獲白麟改號元狩，下及太初四年，凡廿二歲。再及太始二年，凡廿八歲。後三歲而爲征和之元。太始二年，更黄金爲麟趾褭蹏，蓋追紀前瑞焉。而史公借以終其史，假設之辭耳。」愚按：梁説略是，但以史公歿在征和間，特無確證。當作「至征和尚存」。又按：近時崔適著史記探源，解「麟止」爲「獲麟」，云：「『元狩元年冬十月以後紀事，皆後人所竄入。』而高祖功臣表序『至太初百年』，此傳『漢興至太初百年』等語，終不可解，故今不取。

維昔黄帝，法天則地，四聖遵序，各成法度；〔一〕唐堯遜位，虞舜不台；〔二〕厥美帝功，萬世載之。作五帝本紀第一。〔三〕

〔一〕【集解】徐廣曰：「四聖：顓頊、帝嚳、堯、舜。」

〔二〕【索隱】台，音怡。悦也。或音胎，非也。

〔三〕【索隱】應劭云：「有本則紀，有家則代，有年則表，有名則傳。」【考證】帝、地、序、度，位、台、載，韻。

維禹之功，九州攸同，光唐虞際，德流苗裔；夏桀淫驕，乃放鳴條。作夏本紀第二。〔一〕

〔一〕【考證】功、同、際、裔，驕、條，韻。

維契作商，爰及成湯；〔一〕太甲居桐，德盛阿衡；武丁得説，乃稱高宗；帝辛湛湎，諸侯不享。作殷本紀第三。〔二〕

〔一〕【正義】契，音薛也。

〔二〕【考證】商、湯、桐、衡、宗、享，韻。

維弃作稷，德盛西伯；武王牧野，實撫天下；幽、厲昏亂，既喪酆、鎬；陵遲至赧，洛邑不祀。作周本紀第四。〔一〕

〔一〕【考證】稷、伯、野、下，韻。

維秦之先，伯翳佐禹；穆公思義，悼豪之旅；〔一〕以人爲殉，詩歌黄鳥；〔二〕昭襄業帝。作秦本紀第五。〔三〕

〔一〕【索隱】案：豪，即「崤」之異音。旅，師旅也。【正義】穆公封崤山軍旅之尸。

〔二〕【正義】傳云：「秦伯任好卒，以子車氏之三子奄息、仲行、鍼虎爲殉，國人哀之，作黄鳥之詩也。」

〔三〕【考證】「業帝」下疑脱一句。崔適曰：禹、旅爲韻，無與「鳥」字爲韻者。下文惟云「昭襄業帝」，語不可解，脱誤明矣。自此以下至列傳第六十九，或失韻，或不可句讀，無從校訂。間有完密者。

始皇既立，并兼六國，銷鋒鑄鐻，〔一〕維偃干革，尊號稱帝，矜武任力；二世受運，子嬰降虜。作始皇本紀第六。〔二〕

〔一〕【集解】徐廣曰：「嚴安上書，銷其兵，鑄以爲鍾鐻也。」【索隱】下音巨。鐻，鍾也。

〔二〕【考證】國、革、力，韻。

秦失其道，豪桀並擾；項梁業之，子羽接之；殺慶救趙，〔一〕諸侯立之；誅嬰背懷，天下非之。作項羽本紀第七。〔二〕

〔一〕【集解】徐廣曰：「宋義爲上將，號慶子冠軍。」【正義】子羽，項羽也。【考證】張文虎曰：中統、游本、吴校金板「慶」作「卿」。

〔二〕【考證】道、擾、業、接、立、懷、非，韻。

子羽暴虐，漢行功德；憤發蜀、漢，還定三秦；誅籍業帝，天下惟寧，改制易俗。作高祖本紀第八。〔一〕

〔一〕【考證】虐、德、漢、秦、帝、寧，韻。

惠之早霣，諸呂不台；〔一〕崇彊禄、産，諸侯謀之；〔二〕殺隱幽友，大臣洞疑，遂及宗禍。作呂太后本紀第九。〔三〕

〔一〕【集解】徐廣曰：「無台輔之德也。一曰怡，懌也，不爲百姓所説。」【索隱】徐廣音胎，非也。案：一音怡，此贊本韵，則怡懌爲是。【正義】霣，音殞。【考證】上文云「虞、舜不台」，索隱亦讀台爲怡。

〔二〕【考證】王念孫曰：諸侯謀之，本作「諸侯之謀之」，是也。言呂后崇彊禄、産，而謀劉氏。故下文即云「殺隱幽友」也。「謀」字古讀若媒，正與台、疑爲韻。且呂后稱制之時，諸侯未敢謀之也。

〔三〕【集解】徐廣曰：「趙隱王如意，趙幽王友。」【索隱】案：洞，是洞達爲義，言所共疑也。【考證】中井積德曰：洞、恫通。王引之曰：恫疑，恐懼也。呂后殺隱王、幽王，而大臣皆恐也。梁玉繩曰：案「太」字衍。漢書遷傳是「呂后」。蓋「太后」乃一時臣下之稱。不曰「高后」者，不與其爲高帝之后也。愚按：史本紀亦無「太」字。

漢既初興，繼嗣不明，迎王踐祚，天下歸心；蠲除肉刑，開通關梁，廣恩博施，厥稱太宗。作孝文本紀第十。〔一〕

〔一〕【考證】明、心、梁、宗，韻。

諸侯驕恣，吳首爲亂，京師行誅，七國伏辜，天下翕然，大安殷富。作孝景本紀第十一。

漢興五世，隆在建元，外攘夷狄，内脩法度。封禪，改正朔，易服色。作今上本紀第十二。

維三代尚矣，年紀不可考。蓋取之譜牒舊聞，本于茲。於是略推，作三代世表第一。

幽、厲之後，周室衰微，諸侯專政，春秋有所不紀；而譜牒經略，五霸更盛衰，欲睹周世相先後之意，作十二諸侯年表第二。〔一〕

〔一〕【考證】岡白駒曰：譜牒經略，案：譜牒所載之經略也。愚按：微、紀、衰、意，韻。

春秋之後，陪臣秉政，彊國相王；以至于秦，卒并諸夏，滅封地，擅其號。作六國年表第三。

秦既暴虐，楚人發難，項氏遂亂，漢乃扶義，征伐八年之間，天下三嬗，事繁變衆，故詳著秦楚之際月表第四。〔一〕

〔一〕【考證】張文虎曰：南宋、毛本作「嬗」，它本作「擅」。中井積德曰：表作「嬗」。梁玉繩曰：案：擅與嬗、禪同，荀子正論凡禪讓皆作「擅」字。岡白駒曰：三禪，謂陳涉、項氏、漢高祖也。愚按：楓、三本「繁」作「煩」。

漢興已來，至于太初百年，諸侯廢立分削，譜紀不明，有司靡踵，彊弱之原云以世。〔一〕作漢興已來諸侯年表第五。〔二〕

〔一〕【集解】徐廣曰：「一作『云已也』。(天)漢序(傳)曰『敞、義依霍，庶幾云已』。」【索隱】案：踵，謂繼也。「以」字當作「已」，「世」當作「也」，並誤耳。云、已、也，皆語助之辭也。【正義】言漢興已來百年，諸侯廢立分削，譜紀不能明其嗣，有司無所踵繼其後，乃云「彊弱之原云以世」相代，(相)不能有所録紀也。【考證】張文虎曰：集解「敞義」二句，見漢書序傳。「天」字衍，「序」下脱「傳」字。又曰：正義「相不能」之「相」疑衍。

〔二〕【考證】梁玉繩曰：案遷傳無「興已來」三字，是也。此後人所增。而索隱本「侯」下有「王」字，凡兩見。并引應劭曰「雖名爲王，其實如古諸侯」。各本脱之。史文必云「漢諸侯王年表」。

維高祖元功，輔臣股肱，剖符而爵，澤流苗裔，忘其昭穆，或殺身隕國。作高祖功臣侯者年表第六。〔一〕

〔一〕【考證】王念孫曰：文選注引此「維高祖」作「維祖」。應劭漢文帝紀曰：「始取天下者高祖，故唯言『祖』」，而其義已明，無庸加『高』字。下文述荊燕世家云『維祖師旅，劉、賈是與』，又其一證也。」愚按：功、肱，穆、國，韻。

惠、景之閒，維申功臣宗屬爵邑。作惠景閒侯者年表第七。〔一〕

〔一〕【考證】梁玉繩曰：此表不曰「功臣」者，蒙前表省之也。遷傳作「惠景間功臣年表」，非。

北討彊胡，南誅勁越，征伐夷蠻，武功爰列。作建元以來侯者年表第八。〔一〕

〔一〕【考證】楓、三本「列」作「烈」。越、列，韻。

諸侯既彊，七國爲從，子弟衆多，無爵封邑，推恩行義，其埶銷弱，德歸京師。作王子侯

者年表第九。〔一〕

〔一〕【考證】李笠曰：「封」字當在「邑」下，與上句韻。梁玉繩曰：「王」字上無「建元以來」四字，承前表省之。

國有賢相良將，民之師表也。維見漢興以來將相名臣年表，賢者記其治，不賢者彰其事。作漢興以來將相名臣年表第十。

維三代之禮，所損益各殊務，然要以近情性，通王道，故禮因人質爲之節文，略協古今之變。作禮書第一。

樂者，所以移風易俗也。〔一〕自雅、頌聲興，則已好鄭、衛之音，鄭衛之音，所從來久矣。〔二〕人情之所感，遠俗則懷。〔三〕比樂書以述來古，〔四〕作樂書第二。

〔一〕【考證】孝經：「移風易俗，莫善於樂。」

〔二〕【考證】詩三百篇既采鄭、衛。

〔三〕【集解】徐廣曰：「樂者所以感和人情。人情既感，則遠方殊俗，莫不懷柔向化也。」

〔四〕【索隱】案：來古，即古來也。言比樂書以述自古已來樂之興衰也。【正義】比，次也。【考證】王念孫曰：來古，即往古也。

非兵不彊，非德不昌，〔一〕黃帝、湯、武以興，桀、紂、二世以崩，可不慎歟？〔二〕司馬法所從來尚矣。〔三〕太公、孫、吳、王子能紹而明之，切近世，極人變。作律書第三。〔四〕

〔一〕【索隱】案：此律書之贊，而云「非兵不强」者，則此「律書」即「兵書」也。古者師出以律，則凡出軍皆聽律聲，故云「聞聲效勝負，望敵知吉凶」也。

〔二〕【索隱】黃帝有阪泉之師，湯、武有鳴條、牧野之戰，而克桀、紂。【考證】彊、昌，興、崩，韻。

〔三〕【正義】古者師出以律，凡軍出皆吹律聽聲。律書云「六律爲萬事根本，其於兵械尤所重。望敵知吉凶，聞聲效勝負」。故云「司馬兵法所從來尚矣」乎？

〔四〕【集解】徐廣曰：「王子成甫。」

律居陰而治陽，曆居陽而治陰，律曆更相治，間不容翲忽。〔一〕五家之文怫異，維太初之元論。作曆書第四。〔二〕

〔一〕【索隱】案：忽者，總文之微也。翲者，輕也。言律曆窮陰陽之妙，其閒不容絲忽也。言「翲」恐衍字耳。【正義】翲，匹遥反，今音匹沼反。字當作「秒」。秒，禾芒表也。忽，一蠶口出絲也。言律曆相治之閒，不容此微細之物也。【考證】大戴禮曾子天圓篇云「律居陰而治陽，曆居陽而治陰，律曆迭相治也，其間不容髮」。方苞曰：神化之幽潛爲陰，形象之顯見爲陽，律存天地微妙之神，而能感神人，格鳥獸，知吉凶勝負。故曰「居陰而治陽」。曆用象數之顯，以推步日月星辰之行，四時五氣之變，故曰「居陽而治陰」。更相治，即治陰治陽也。律失之忽微，則氣不應。曆失之忽微，則度必忒。故曰「間不容翲忽」。中井積德曰：翲，即秒也，不必改字。又曰：翲忽，是算數之至少者。此舉算數之微細爲言，猶言毫釐也，非指微細之物。

〔二〕【集解】徐廣曰：「論，一作『編』。」【索隱】怫，音悖。一音扶物反。怫，亦悖也。言金、木、水、火、土五家之文，各相悖異不同也。【正義】五家，謂黃帝、顓頊、夏、殷、周之曆。其文相戾，乖異不同，維太初之元論曆律爲是，故曆書自太初之元論之也。【考證】五家，正義爲是。

星氣之書，多雜禨祥，不經；推其文，考其應，不殊。比集論其行事，驗于軌度以次，作天官書第五。

受命而王，封禪之符罕用，〔一〕用則萬靈罔不禋祀。追本諸神名山大川禮，作封禪書第六。

〔一〕【集解】徐廣曰：「一云『荅應』。」

維禹浚川，九州攸寧；爰及宣防，決瀆通溝。作河渠書第七。〔一〕

〔一〕【考證】岡白駒曰：宣防，或宣通之，或堤防之。

維幣之行，以通農商；〔一〕其極則玩巧，并兼茲殖，爭於機利，去本趨末。作平準書以觀事變，第八。〔二〕

〔一〕【索隱】維獘之行。上「獘」音「幣帛」之「幣」，錢也。

〔二〕【索隱】杬巧，上五官反；下苦孝反。【正義】玩，謂替也。巧，濫惡也。爭於機利，謂機巧之利也。【考證】楓、三本「玩」作「杬」，與索隱本合。王念孫曰：「『其極則玩巧』句，『兼并茲殖』句，『爭於機利』句。貨殖傳曰「其民益玩好而事末也」。愚按：茲讀爲滋。

太伯避歷，江蠻是適；文、武攸興，古公王跡。闔廬弒僚，賓服荊楚；夫差克齊，子胥鴟夷；信嚭親越，吳國既滅。嘉伯之讓，作吳世家第一。〔一〕

〔一〕【考證】歷、適、跡、越、滅，韻。

申、呂肖矣，尚父側微，卒歸西伯，文、武是師；〔一〕功冠羣公，繆權于幽；〔二〕番番黃髮，爰饗營丘。〔三〕不背柯盟，桓公以昌，九合諸侯，霸功顯彰。田闞爭寵，姜姓解亡。〔四〕嘉父之謀，作齊太公世家第二。〔五〕

〔一〕【集解】徐廣曰：「肖音痟。痟猶衰微。」【索隱】案：徐廣注「肖音痟，痟猶衰微」，其音訓不可知從出也。今案：肖謂微弱而省少，所謂「申、呂雖衰」也。【正義】肖，音痟。呂尚之祖，封於申。申、呂後痟微，故尚父微賤也。【考證】楓、三本「側」作「則」。顧炎武曰：「肖」即「削」字，脱其旁耳。與孟子「魯之削也滋甚」義同。愚按：楓、三本「肖」作「省」。

〔二〕【集解】徐廣曰：「繆，錯也，猶云纏結也。權智潛謀，幽昧不顯，所謂太公陰謀。」【索隱】案：繆謂綢繆也，音亡又反。又謂太公綢繆，爲權謀於幽昧不明著，謂太公之陰謀也。【正義】繆，音武彪反。言呂尚綢繆於幽權之策，謂六韜、三略、陰符、七術之屬也。

〔三〕【集解】番，音婆。毛萇云「番番，威勇武貌」也。案：黃髮，言老人髮白而更黄也。【考證】中井積德曰：「番番」與「皤皤」同，白貌。岡白駒曰：爰饗營丘，封於齊營丘。

〔四〕【集解】徐廣曰：「闞，一云『監』。解，一作『遷』。」【考證】謂田恒與闞止争寵，弑簡公專齊政，而姜姓滅亡也。解，讀如「瓦解」之「解」。微、師、幽、丘、盟、昌、彰、亡，韻。

〔五〕【考證】父，尚父。

依之違之，周公綏之；憤發文德，天下和之；輔翼成王，諸侯宗周。隱、桓之際，是獨何哉？〔一〕三桓争彊，魯乃不昌。〔二〕嘉旦金縢，作周公世家第三。〔三〕

〔一〕【考證】違、綏、和、王、周、際、哉，韻。

〔二〕【考證】彊、昌，韻。

〔三〕【考證】桓公弑兄，三桓争彊，與周公代武王死者異。索隱本「周公」上有「魯」字，與世家及漢書合。

武王克紂，天下未協而崩。成王既幼，管、蔡疑之，淮夷叛之，於是召公率德，安集王室，

以寧東土。燕易之禪，乃成禍亂。〔一〕嘉甘棠之詩，作燕世家第四。〔二〕

〔一〕【索隱】謂王噲禪其相子之，後卒危亂也。【考證】梁玉繩曰：禪位致亂者，是王噲非易王也。「易」字必「噲」之誤。

〔二〕【考證】索隱本、世家及漢書「燕」下有「召公」二字。

管、蔡相武庚，將寧舊商；及旦攝政，二叔不饗；殺鮮放度，周公爲盟；〔一〕大任十子，周以宗彊。〔二〕嘉仲悔過，作管蔡世家第五。〔三〕

〔一〕【索隱】案：系家云管叔名鮮，蔡叔名度，霍叔名處也。【考證】岡白駒曰：饗、享通，奉上謂享。

〔二〕【索隱】太任，文王妃。十子，伯邑考、武王、管、蔡、霍、魯、衛、毛、聃、曹是也。【考證】庚、商、政、饗、盟、彊，韻。

〔三〕【正義】蔡叔度之子蔡仲也。

王後不絕，舜、禹是說；維德休明，苗裔蒙烈。百世享祀，爰周陳、杞，楚實滅之。齊田既起，舜何人哉？作陳杞世家第六。〔一〕

〔一〕【考證】陳，舜之後。杞，禹之後。至周得封，皆爲楚所滅，而田氏以陳後篡齊。絶、說、烈、祀、杞、起、哉，韻。楓、三本「享」作「禋」。

牧殷餘民，叔封始邑，〔一〕申以商亂，酒材是告，及朔之生，衛傾不寧；〔二〕南子惡蒯聵，子父易名。周德卑微，戰國既彊，衛以小弱，角獨後亡。〔三〕嘉彼康誥，作衛世家第七。〔四〕

〔一〕【考證】楓、三本、柯本、毛本「牧」作「收」。周紀亦云「收殷餘民」。各本作「牧」。

〔二〕【索隱】衛頃公也。【考證】傾，索隱本作「頃」。愚按：頃侯，惠公朔五世之祖，事不相涉，索隱誤。傾，傾危也。言朔讒殺太子，而衛亂也。

〔三〕【考證】角，衛元君名。生、寧、名、彊、亡，韻。

〔四〕【考證】索隱本、世家、漢書作「衛康叔世家」。梁玉繩曰：康誥乃書名，何嘉之有。

嗟箕子乎！嗟箕子乎！正言不用，乃反爲奴。武庚既死，周封微子。襄公傷於泓，君子孰稱。〔一〕景公謙德，熒惑退行。剔成暴虐，宋乃滅亡。〔二〕嘉微子問太師，作宋世家第八。〔三〕

〔一〕【正義】泓，水名。公羊傳云：「宋與楚人期戰於泓之陽，宋師大敗，君子大其不鼓不成列，臨大事而不忘禮，雖文王之戰亦不過此也。」

〔二〕【集解】徐廣曰：「一云『偃』，宋剔成君生偃。」【索隱】上音逷成。【考證】梁玉繩曰：暴虐滅亡者王偃，非剔成君也。疑「剔成」乃「王偃」之譌。乎、奴、死、子、泓、稱、行、亡，韻。

〔三〕【考證】索隱本、世家、漢書作「宋微子世家」。

武王既崩，叔虞邑唐。君子譏名，卒滅武公。〔一〕驪姬之愛，亂者五世；〔二〕重耳不得意，乃能成霸。六卿專權，晉國以秏。〔三〕嘉文公錫珪鬯，作晉世家第九。〔四〕

〔一〕【正義】謂晉穆侯太子名仇，少子名成師也。【考證】岡白駒曰：曲沃武公滅晉，卒代之也。愚按：唐、公，韻。

〔二〕【考證】愛、世，韻。

〔三〕【正義】六卿，智伯、范、中行、韓、魏、趙。

〔四〕【考證】索隱本作「晉唐叔世家」。梁玉繩曰：當書「唐叔世家」。

重黎業之，吴回接之；殷之季世，粥子牒之。〔一〕周用熊繹，熊渠是續。莊王之賢，乃復國陳；〔二〕既赦鄭伯，班師華元。懷王客死，蘭咎屈原；好諛信讒，楚并於秦。〔三〕嘉莊王之義，作楚世家第十。

〔一〕【考證】楚世家云殷末世滅彭祖氏，其後中微，其苗裔曰粥熊。從此世次可牒。

〔二〕【正義】楚莊王都陳。【考證】余有丁曰：按楚莊克陳，以申叔之諫而復之，故曰「復國陳」。

〔三〕【考證】業、接、牒、繹、續，賢、陳、元、原、秦，韻。

少康之子，實賓南海，〔一〕文身斷髮，黿鱓與處，〔二〕既守封禺，奉禹之祀。〔三〕句踐困彼，乃用種、蠡。〔四〕嘉句踐夷蠻，能脩其德，滅彊吴以尊周室，作越王句踐世家第十一。〔五〕

〔一〕【正義】吴越春秋云：「啓使歲時祭禹於越，立宗廟南山之上，封少康庶子無餘於越，使祠禹，至句踐遷都山陰，立禹廟爲始祖廟，越亡遂廢也。」案：今禹廟在會稽山下。【考證】張文虎曰：賓，當讀爲擯。岡白駒曰：封遠避地，如棄之，故曰「賓」。

〔二〕【索隱】蚖鱓，元鼉二音。

〔三〕【集解】徐廣曰：「封禺山在武康縣南。」

〔四〕【考證】子、海、祀、蠡，韻。

〔五〕【考證】漢書作「越世家」。

桓公之東，太史是庸。〔一〕及侵周禾，王人是議。祭仲要盟，鄭久不昌。〔二〕子產之仁，紹世稱賢。三晉侵伐，鄭納於韓。〔三〕嘉厲公納惠王，作鄭世家第十二。

〔一〕【考證】岡白駒曰：庸，用也。桓公問太史而從其言。

〔二〕【考證】楓本「要」作「屨」。

〔三〕【考證】岡白駒曰：爲韓所滅。愚按：東、庸、禾、議、盟、昌、仁、賢、韓，韻。

維驥騄耳，乃章造父。趙夙事獻，衰續厥緒。〔一〕佐文尊王，卒爲晉輔。〔二〕襄子困辱，乃禽智伯。主父生縛，餓死探爵。王遷辟淫，良將是斥。〔三〕嘉鞅討周亂，作趙世家第十三。

〔一〕【正義】衰，楚爲反。【考證】獻，晉獻公。衰，趙衰，夙子。

〔二〕【考證】文，晉文公。

〔三〕【考證】良將，李牧。父、緒、輔、辱、伯、縛、爵、斥，韻。

畢萬爵魏，卜人知之。及絳戮干，戎翟和之。文侯慕義，子夏師之。惠王自矜，齊、秦攻之。既疑信陵，諸侯罷之。卒亡大梁，王假廝之。〔一〕嘉武佐晉文申霸道，作魏世家第十四。〔二〕

〔一〕【考證】岡白駒曰：秦虜魏王假爲廝養卒。愚按：六「之」字，語助。

〔二〕【考證】楓本「嘉」下有「魏」字。

韓厥陰德，趙武攸興。紹絶立廢，晉人宗之。昭侯顯列，申子庸之。疑非不信，秦人襲之。〔一〕嘉厥輔晉，匡周天子之賦，作韓世家第十五。

〔一〕【考證】申子，申不害。非，韓非。興、宗、庸、襲，韻。

完子避難，適齊爲援，陰施五世，齊人歌之。成子得政，田和爲侯。王建動心，乃遷于

共。嘉威、宣能撥濁世而獨宗周，作田敬仲完世家第十六。〔一〕

〔一〕【考證】索隱本作「田敬叔世家」。漢書作「田完世家」。梁玉繩曰：史記篇題未有名謚兼書者，此必後人妄增。滑稽傳曰「語在田完世家中」，尤可證已。

周室既衰，諸侯恣行。仲尼悼禮廢樂崩，追脩經術，以達王道，〔一〕匡亂世反之於正，見其文辭，爲天下制儀法，垂六蓺之統紀於後世。作孔子世家第十七。

〔一〕【考證】楓本「追」作「退」。

桀、紂失其道，而湯、武作。周失其道，而春秋作。〔一〕秦失其政，而陳涉發迹，諸侯作難，風起雲蒸，卒亡秦族。〔二〕天下之端，自涉發難。作陳涉世家第十八。〔三〕

〔一〕【正義】周失其道，至秦之時，諸侯力事乎爭强。

〔二〕【考證】楓本「難」作「亂」。作、迹、族，韻。

〔三〕【考證】岡白駒曰：三代已來，無以匹夫起兵者，自陳涉創之。太史公比之湯、武、春秋，雖非倫乎，著所始則一也。

成臯之臺，薄氏始基。〔一〕詘意適代，厥崇諸竇。栗姬偩貴，王氏乃遂。〔二〕陳后太驕，卒尊子夫。〔三〕嘉夫德若斯，作外戚世家第十九。

〔一〕【考證】岡白駒曰：漢王坐成臯臺，兩美人笑薄姬，漢王憐之，召幸。

〔二〕【正義】負，恃也。【考證】正義本「偩」作「負」。錢大昕曰：偩與負同，恃也。武安侯傳贊「武安負貴而好權」與此同義。下文述梁孝王云「偩愛矜功」亦同。岡白駒曰：遂爲皇后。

〔三〕【考證】岡白駒曰：衛夫人，字子夫。陳皇后以太驕廢，子夫代爲皇后。

漢既譎謀，禽信於陳；越、荆剽輕，乃封弟交爲楚王，爰都彭城，以彊淮、泗，爲漢宗藩。戊溺於邪，禮復紹之。嘉游輔祖，作楚元王世家第二十。〔一〕

〔一〕【正義】游，楚王交字也。祖，高祖也。【考證】中井積德曰：「爲楚王」句疑脱一字也。上下皆四言，此不得獨作三言。

維祖師旅，劉賈是與；〔一〕爲布所襲，喪其荆、吴。營陵激吕，乃王琅邪；〔二〕怵午信齊，往而不歸。〔三〕遂西入關，遭立孝文，獲復王燕。〔四〕天下未集，賈、澤以族，爲漢藩輔。作荆燕世家第二十一。〔五〕

〔一〕【考證】維祖師旅，高祖興兵也。

〔二〕【考證】岡白駒曰：營陵侯劉澤，激吕后，封琅邪王。

〔三〕【正義】謂祝午也。【考證】岡白駒曰：齊王使祝午怵琅邪王，留齊不還。

〔四〕【考證】楓本「遭」作「連」。旅、與、吴、邪、齊、歸、關、文、燕，韻。

〔五〕【考證】漢書作「荆燕王世家」。梁玉繩曰：此脱「王」字。

天下已平，親屬既寡；悼惠先壯，實鎮東土。哀王擅興，發怒諸吕，駟鈞暴戾，京師弗許。厲之内淫，禍成主父。〔一〕嘉肥股肱，作齊悼惠王世家第二十二。

〔一〕【考證】岡白駒曰：厲王與其姊姦，主父偃發其事。愚按：寡、土、吕、許、父，韻。

楚人圍我滎陽，相守三年；蕭何填撫山西，〔一〕推計踵兵，給糧食不絶，使百姓愛漢，不樂爲楚。作蕭相國世家第二十三。
〔一〕【正義】謂華山之西也。【考證】顧炎武曰：古之所謂山西，即今關中。史記太史公自序「蕭何填撫山西」，方言「自山而東，五國之郊」，郭璞解曰「六國惟秦在山西」。王應麟地理通釋曰：「秦、漢之間稱『山北』、『山南』、『山東』、『山西』者，皆指太行，以其在天下之中，故指此山以表地勢。」正義以爲華山西，非也。
與信定魏，破趙拔齊，遂弱楚人。續何相國，不變不革，黎庶攸寧。嘉參不伐功矜能，作曹相國世家第二十四。〔一〕
〔一〕【考證】老子上經「不自伐，故有功；不自矜，故長」。
運籌帷幄之中，制勝於無形，子房計謀其事，無知名，無勇功，圖難於易，爲大於細。作留侯世家第二十五。〔一〕
〔一〕【考證】孫子虛實篇：「形兵之極，至於無形，人皆知我所以勝之形，而莫知吾所以制勝之形。」形篇：「善戰者之勝也，無智名，無勇功。」老子下經：「圖難於其易，爲大於其細。」
六奇既用，諸侯賓從於漢；呂氏之事，平爲本謀，終安宗廟，定社稷。作陳丞相世家第二十六。〔一〕
〔一〕【考證】楓、三本「平」作「卒」。中井積德曰：此多不押韻，不曉其意。
諸呂爲從，謀弱京師，〔一〕而勃反經合於權；吴、楚之兵，亞夫駐於昌邑，以戹齊、趙，而出委以梁。〔二〕作絳侯世家第二十七。
〔一〕【正義】從，足松反。

〔三〕【正義】以梁付吳、楚也。【考證】楓、三本「駐」作「拄」。

七國叛逆，蕃屏京師，唯梁爲扞；〔一〕偩愛矜功，幾獲于禍。嘉其能距吳、楚，作梁孝王世家第二十八。

〔一〕【考證】楓、三本「屏」作「蔽」。

五宗既王，親屬洽和，〔一〕諸侯大小爲藩，爰得其宜，僭擬之事，稍衰貶矣。作五宗世家第二十九。

〔一〕【考證】凌本「洽」作「協」。

三子之王，文辭可觀。作三王世家第三十。

末世争利，維彼奔義；讓國餓死，天下稱之。作伯夷列傳第一。〔一〕

〔一〕【考證】利、義、死、之，韻。

晏子儉矣，夷吾則奢；齊桓以霸，景公以治。作管晏列傳第二。

李耳無爲自化，清淨自正；韓非揣事情，循埶理。作老子韓非列傳第三。

自古王者而有司馬法，穰苴能申明之。作司馬穰苴列傳第四。

非信廉仁勇，不能傳兵論劍，與道同符，〔一〕内可以治身，外可以應變，君子比德焉。作孫子吳起列傳第五。

〔一〕【考證】王念孫曰：上文在趙者以傳劍論顯。集解晉灼曰：「史記吳起贊曰『非信仁廉勇不能傳劍論兵書也』。」史記原文如此，今本錯誤。信仁爲一類，廉勇爲一類，劍論與兵書對文。言非信仁廉勇之人，不能傳此二術也。愚按：楓、三本無「劍」字，亦通。孫吳傳未嘗及劍論。

維建遇讒，爰及子奢，尚既匡父，伍員奔吴。〔一〕作伍子胥列傳第六。

〔一〕【考證】匡，救也。

孔氏述文，弟子興業，咸爲師傅，崇仁厲義。作仲尼弟子列傳第七。

鞅去衛適秦，能明其術，彊霸孝公，後世遵其法。作商君列傳第八。

天下患衡，秦毋饜，而蘇子能存諸侯，約從以抑貪彊。作蘇秦列傳第九。

六國既從親，而張儀能明其説，復散解諸侯。作張儀列傳第十。

秦所以東攘雄諸侯，樗里、甘茂之策。〔一〕作樗里甘茂列傳第十一。

〔一〕【集解】徐廣曰：「攘，一作『襄』。」

苞河山，圍大梁，〔一〕使諸侯斂手而事秦者，魏冄之功。作穰侯列傳第十二。

〔一〕【集解】徐廣曰：「苞，一作『施』。」

南拔鄢郢，北摧長平，遂圍邯鄲，武安爲率；〔一〕破荆滅趙，王翦之計。作白起王翦列傳第十三。

〔一〕【考證】率，帥也。

獵儒、墨之遺文，明禮義之統紀，絶惠王利端，列往世興衰。〔一〕作孟子荀卿列傳第十四。〔二〕

〔一〕【集解】徐廣曰：「一作『壞』。」

〔三〕【考證】何焯曰：「獵儒墨」句，謂附見諸子也。明禮義，謂荀；絶利端，謂孟。李笠曰：「獵儒墨遺文，明禮儀統紀」二句，總孟、荀而言。下絶利端，始專指孟子；列興衰，始專指荀子。孟、荀與墨子，宗旨雖相反，學理則相因也。愚按：王氏困學紀聞、方氏補正、梁氏志疑各有別解，李説較長。

好客喜士，士歸于薛，爲齊扞楚、魏。作孟嘗君列傳第十五。

争馮亭以權，〔一〕如楚以救邯鄲之圍，〔二〕使其君復稱於諸侯。作平原君虞卿列傳第十六。

〔一〕【集解】徐廣曰：「以，一作『反』。太史公譏平原曰『利令智昏』，故云争馮亭反權。」

〔二〕【正義】如，往也。言平原君往楚求救邯鄲之圍。

能以富貴下貧賤，賢能詘於不肖，唯信陵君爲能行之。作魏公子列傳第十七。〔一〕

〔一〕【考證】列傳「魏公子」作「信陵君」。

以身徇君，遂脱彊秦，使馳説之士南鄉走楚者，黄歇之義。作春申君列傳第十八。

能忍訽於魏齊，而信威於彊秦，〔一〕推賢讓位，二子有之。作范睢蔡澤列傳第十九。

〔一〕【集解】徐廣曰：「訽，音逅。」【索隱】訽，火候反。訽，辱也。

率行其謀，連五國兵，爲弱燕報彊齊之讎，雪其先君之恥。作樂毅列傳第二十。

能信意彊秦，而屈體廉子，用徇其君，俱重於諸侯。〔一〕作廉頗藺相如列傳第二十一。

〔一〕【正義】以身從物曰徇。

湣王既失臨淄而奔莒，唯田單用即墨破走騎劫，遂存齊社稷。作田單列傳第二十二。

能設詭說，解患於圍城，輕爵祿，樂肆志。作魯仲連鄒陽列傳第二十三。〔一〕

〔一〕【考證】漢書無「鄒陽」二字。

作辭以諷諫，連類以爭義，離騷有之。作屈原賈生列傳第二十四。

結子楚親，使諸侯之士斐然爭入事秦。〔一〕作呂不韋列傳第二十五。

〔一〕【考證】斐、靡，通。

曹子匕首，魯獲其田，齊明其信；豫讓義不爲二心。作刺客列傳第二十六。〔一〕

〔一〕【考證】梁玉繩曰：史詮謂儒林、循吏、酷吏、刺客、游俠、佞倖、滑稽、醫方、日者、龜策、貨殖，雜傳也，以類相從，合在後。此說甚是。蓋十一傳當在司馬相如傳後，以儒林、循吏、酷吏、貨殖、刺客、游俠、滑稽、佞倖、醫方、日者、龜策爲次。愚按：刺客傳以荊軻爲主，以終六國事也，故其次在呂不韋、李斯間。說在本傳。

能明其畫，因時推秦，遂得意於海内，斯爲謀首。作李斯列傳第二十七。

爲秦開地益衆，北靡匈奴，據河爲塞，因山爲固，建榆中。作蒙恬列傳第二十八。

填趙，塞常山，以廣河内，弱楚權，明漢王之信於天下。作張耳陳餘列傳第二十九。

收西河、上黨之兵，從至彭城；〔一〕越之侵掠梁地，以苦項羽。作魏豹彭越列傳第三十。

〔一〕【考證】毛本「西」作「兩」。

以淮南叛楚歸漢，漢用得大司馬殷，卒破子羽于垓下。〔一〕作黥布列傳第三十一。

〔一〕【集解】徐廣曰：「隄塘之名也。」

楚人迫我京、索，而信拔魏、趙，定燕、齊，使漢三分天下有其二，以滅項籍。作淮陰侯列

傳第三十二。〔一〕

〔一〕【考證】梁玉繩曰：漢書遷傳「侯」下有「韓信」二字，非也。蓋史公于本朝諸臣以罪誅黜者，例不稱爵，惟淮陰之死爲冤，故書其降貶之爵而不名，以微見意云。愚按：極稱淮陰之功，不及其貶誅之事，史公之意可見。

楚、漢相距鞏、洛，而韓信爲填潁川，盧綰絶籍糧餉。〔一〕作韓信盧綰列傳第三十三。〔二〕

〔一〕【考證】楓、三本「餉」作「饟」。

〔二〕【考證】張文虎曰：南宋、游、凌本「韓」下有「王」字。梁玉繩曰：索隱本無「王」字，震澤本同。則遷傳及諸史記本有「王」字者，妄加之也。蓋叛臣削爵，即盧綰不稱燕王可見。

諸侯畔項王，唯齊連子羽城陽，漢得以間遂入彭城。〔一〕作田儋列傳第三十四。

〔一〕【考證】王、陽、城，韻。

攻城野戰，獲功歸報，噲、商有力焉，非獨鞭策，又與之脱難。〔一〕作樊酈列傳第三十五。〔二〕

〔一〕【考證】焉、難，韻。

〔二〕【考證】世家、索隱單本、漢書「酈」下有「滕灌」二字，此脱。

漢既初定，文理未明，蒼爲主計，整齊度量，序律曆。作張丞相列傳第三十六。〔一〕

〔一〕【考證】楓、三本「整」作「正」。梁玉繩曰：遷傳誤「相」下增「倉」字。

結言通使，約懷諸侯；諸侯咸親，歸漢爲藩輔。作酈生陸賈列傳第三十七。

欲詳知秦、楚之事，維周緤常從高祖，平定諸侯。作傳靳蒯成列傳第三十八。〔一〕

〔一〕【索隱】蒯成，上音裴，其字音從崩邑，又音浮。【正義】蒯，古怪反。括地志曰：「蒯亭，洛州河南縣西十四里苑中也。」【考證】梁玉繩曰：遷傳「成」下有「侯」字，非。合傳無書「侯」者。

徙彊族，都關中，和約匈奴，明朝廷禮，次宗廟儀法。作劉敬叔孫通列傳第三十九。

能摧剛作柔，卒爲列臣，欒公不劫於埶而倍死。作季布欒布列傳第四十。

敢犯顏色，以達主義，不顧其身，爲國家樹長畫。作袁盎朝錯列傳第四十一。〔一〕

〔一〕【考證】游本作「晁錯」。

守法不失大理，言古賢人，增主之明。作張釋之馮唐列傳第四十二。

敦厚慈孝，訥於言，敏於行，務在鞠躬，君子長者。〔一〕作萬石張叔列傳第四十三。

〔一〕【考證】論語里仁篇「君子欲訥於言而敏於行」。鄉黨篇「入公門，鞠躬如也」。儀禮聘禮記「執圭入門鞠窮」。釋文云「窮，又作『躬』」。群經音辨云「鞠躬，容謹也」。

守節切直，義足以言廉，行足以厲賢，任重權，不可以非理撓。作田叔列傳第四十四。

扁鵲言醫，爲方者宗，守數精明；後世修序，弗能易也，而倉公可謂近之矣。〔一〕作扁鵲倉公列傳第四十五。

〔一〕【考證】楓本「修」作「循」。王念孫曰：修，當作「循」。序，緒也。言後世皆循其緒，莫之能易也。

維仲之省，厥濞王吳，〔一〕遭漢初定，以填撫江、淮之閒。〔二〕作吳王濞列傳第四十六。

〔一〕【集解】徐廣曰：「吳王之王，由父省。」【考證】錢大昕曰：省，訓善。言仲以罪奪王爵，而高帝猶善之，故又封其子也。

〔三〕【考證】楓本「以」下有「族」字。

吳、楚爲亂，宗屬唯嬰賢而喜士，士鄉之，率師抗山東滎陽。作魏其武安列傳第四十七。〔一〕

〔一〕【考證】全祖望曰：竇、田薰蕕，相去遠甚。史公喜道人盛衰榮枯之際，自寫其不平，而不論史法，故以灌夫之故，强合竇、田爲一傳也。

智足以應近世之變，寬足用得人。作韓長孺列傳第四十八。

勇於當敵，仁愛士卒，號令不煩，師徒鄉之。作李將軍列傳第四十九。

自三代以來，匈奴常爲中國患害；欲知彊弱之時，設備征討。作匈奴列傳第五十。〔一〕

〔一〕【考證】楓、三本「備」作「脩」。梁玉繩曰：史詮謂匈奴、南越、東越、朝鮮、西南夷、大宛，四夷也，以類相從當在雜傳之後，此說是。小司馬亦云：司馬相如、汲鄭不宜在西夷下，大宛不合在酷吏、游俠之閒。又遷傳「衛將軍驃騎列傳第五十，平津主父列傳第五十一，匈奴列傳第五十二」，則今本史記有譌。正義反謂舊本匈奴傳在第五十，非也。說者遂言司馬相如開西南夷者，故次西南夷後，匈奴傳後繼以衛霍、公孫弘，而全録主父偃諫伐匈奴書，史公有深意。並曲解耳。愚按：後說得之。梁氏以爲曲解，非也。

直曲塞，廣河南，破祁連，通西國，靡北胡。作衛將軍驃騎列傳第五十一。

大臣宗室，以侈靡相高，唯弘用節衣食，爲百吏先。作平津侯列傳第五十二。〔一〕

〔一〕【考證】列傳「侯」下有「主父」二字。梁玉繩曰：案索隱本作「平津侯主父傳」，遷傳亦作「平津主父」，但缺

「侯」字耳。則此脱「主父」二字。史詮云「太史公平津傳附主父偃、徐樂、嚴安三人，然行事終不相合。主父以下，當別爲一傳」。

漢既平中國，而佗能集楊越以保南藩，納貢職。作南越列傳第五十三。

吴之叛逆，甌人斬濞，葆守封、禺爲臣。〔一〕作東越列傳第五十四。〔二〕

〔一〕【集解】徐廣曰：「甌，今之永寧，是東甌也。」【索隱】葆守，上音保，言東甌被越攻破之後，保封、禺之山，今在武康縣也。【正義】封、禺二山，在湖州武康縣之西也。然案年表、東越傳云東越徙處盧江郡而守禺，未詳也。

〔二〕【考證】漢書「東越」作「閩越」。

燕丹散亂遼間，滿收其亡民，厥聚海東，以集真藩，葆塞爲外臣。〔一〕作朝鮮列傳第五十五。

〔一〕【集解】徐廣曰：「『真蕃』作『莫蕃』。音普寒反。」

唐蒙使略通夜郎，而邛、笮之君請爲内臣受吏。作西南夷列傳第五十六。

子虛之事，大人賦説，靡麗多誇，然其指風諫，歸於無爲。作司馬相如列傳第五十七。

黥布叛逆，子長國之，以填江、淮之南，安剽楚庶民。作淮南衡山列傳第五十八。

奉法循理之吏，不伐功矜能，百姓無稱，亦無過行。作循吏列傳第五十九。

正衣冠立於朝廷，而羣臣莫敢言浮説，長孺矜焉；〔一〕好薦人，稱長者，壯有溉。〔二〕作汲黯列傳第六十。

〔一〕【考證】楓、三本「羣」作「君」，「浮」作「淫」。

〔二〕【集解】徐廣曰：「一作『慨』。」【正義】溉，量也。【考證】楓、三本「壯」作「莊」。凌稚隆曰：按上文以長孺推之，則「壯」當作「莊」，此鄭當時字也。「溉」字下疑有闕文。陳仁錫曰：「溉」下缺「乎」字。張文虎曰：疑有「焉」字，與上「長孺矜焉」對。岡白駒曰：慨，氣節也。

自孔子卒，京師莫崇庠序，唯建元、元狩之閒，文辭粲如也。作儒林列傳第六十一。

民倍本多巧，姦軌弄法，善人不能化，〔一〕唯一切嚴削，爲能齊之。作酷吏列傳第六十二。

〔一〕【考證】軌，讀爲宄。

漢既通使大夏，而西極遠蠻，引領內鄉，欲觀中國。作大宛列傳第六十三。

救人於戹，振人不贍，仁者有乎；〔一〕不既信，不倍言，義者有取焉。〔二〕作遊俠列傳第六十四。

〔一〕【考證】楓、三本「乎」作「采」。

〔二〕【集解】徐廣曰：「一云『不慨信』。」【考證】岡白駒曰：既，失也。王念孫曰：方言、廣雅並云「既，失也」。

夫事人君，能說主耳目，和主顏色，而獲親近，非獨色愛，能亦各有所長。作佞幸列傳第六十五。

不流世俗，不爭勢利，上下無所凝滯，人莫之害，以道之用。作滑稽列傳第六十六。〔一〕

〔一〕【考證】楓本「以」作「似」，當依改。

齊、楚、秦、趙，爲日者，各有俗所用。欲循觀其大旨，〔一〕作日者列傳第六十七。

〔一〕【集解】徐廣曰：「循，一作『總』。」【索隱】案：日者傳「亡無以知諸國之俗」，今褚先生唯記司馬季主之事也。【考證】方苞曰：「『各有俗所用』爲句，言日者因其國俗，各有所用卜筮之法，欲循觀其大旨，故作此傳也。」天官書「國殊窟穴，家占物怪」，即「各有俗所用」之謂。

三王不同龜，四夷各異卜，〔二〕然各以決吉凶。略闚其要，作龜策列傳第六十八。〔三〕

〔二〕【考證】楓、三本無「各」字。愚按：「各」字與下文複。然褚少孫龜策補傳引太史公傳亦有「各」字。索隱本亦有。

〔三〕【索隱】三王不同龜，四夷各異卜，其書既亡，無以紀其異。今褚少孫唯取太卜占龜之雜説，詞甚煩蕪，不能裁剪，妄皆穿鑿，此篇不才之甚也。

布衣匹夫之人，不害於政，不妨百姓，取與以時，而息財富，智者有采焉。作貨殖列傳第六十九。

維我漢繼五帝末流，接三代統業。〔一〕周道廢，秦撥去古文，焚滅詩、書，〔二〕故明堂石室、金匱玉版，圖籍散亂。〔三〕於是漢興，蕭何次律令，韓信申軍法，張蒼爲章程，叔孫通定禮儀，則文學彬彬稍進，詩、書往往閒出矣。〔四〕自曹參薦蓋公言黃、老，〔五〕而賈生、晁錯明申、商，〔六〕公孫弘以儒顯，百年之閒，天下遺文古事，靡不畢集太史公。〔七〕太史公仍父子相續纂其職。曰：「於戲！余維先人嘗掌斯事，顯於唐虞，至于周，復典之，故司馬氏世主天官。至於余乎，欽念哉！欽念哉！」〔八〕罔羅天下放失舊聞，〔九〕王迹所興，原始察終，見盛觀衰，論考之行事，〔一〇〕略推三代，録秦、漢，上記軒轅，下至于兹，著十二本紀，既科條之矣。〔一一〕並時異世，年差不明，作十表。〔一二〕禮樂損益，律曆改易，兵權、山川、鬼神，天人之際，承敝通變，作八書。〔一三〕二十八宿環北辰，三十輻共一轂，運行無窮，〔一四〕輔拂股肱之臣配焉，忠信行道，以奉主上，作三十世家。〔一五〕扶義俶儻，不令已失時，立功名於天下，作七十列傳。〔一六〕凡百三十篇，〔一七〕五十二萬六千五百字，爲太史公書。〔一八〕序略，以拾遺補蓺，成一家之言，〔一九〕厥協六經異傳，〔二〇〕整齊百家雜語，〔二一〕藏之名山，副在京師，〔二二〕俟後世聖人君子。〔二三〕第七十。〔二四〕

〔一〕【考證】漢書「統」作「絶」。王念孫曰：「『絶業』與『末流』相對成文。」文選李善注引史作「絶業」。

〔二〕【考證】漢書「道」下有「既」字。

〔三〕【集解】如淳曰：「刻玉版以爲文字。」

〔四〕【集解】如淳曰：「章，曆數之章術也。程者，權衡丈尺斛斗之平法也。」瓚曰：「『茂陵書』『丞相爲工用，程數其中』，言百工用材多少之量，及制度之程品者是也。」【考證】漢書無「於是」二字。漢藝文志兵書略權謀家「韓信三篇」。又云「漢興，張良、韓信序次兵法，凡百八十二家，删取要用，定著三十五家。諸呂用事而盜取之」。上文張丞相傳序云「蒼爲主計，整齊度量，序律曆」。

〔五〕【索隱】蓋，姓也，古合反。【考證】見曹相國世家。

〔六〕【考證】漢書「申商」作「申韓」。賈誼傳云「誼居河南守吴公門下。吴公與李斯同邑，嘗學事焉」。而漢書藝文志列「賈誼五十八篇」於儒家，傳所謂「通諸子百家」者邪。鼂錯傳云「錯學申、商刑名於軹張恢先所」。藝文志亦列「鼂錯三十一篇」於法家。梁玉繩曰：史公言賈生明申、商，與鼂並稱，似未當。

〔七〕【考證】楓、三本無「公」字。漢書無「太史公」三字。愚按：楓、三本爲長。

〔八〕【索隱】案：此天官，非周禮冢宰天官，乃謂知天文星曆之事爲天官。且遷實黎之後，而黎氏後亦總稱重黎，以重本司天，故太史公代掌天官，蓋天官統太史之職。言史是歷代之職，恐非實事。然衛宏以爲司馬氏，周史佚之後，故太史談云「予之先人，周之太史」，蓋或得其實也。【考證】太史公，史遷自謂。索隱引衛宏云司馬氏，史佚之後，臆説不足據。岡白駒曰：「纂」亦「續」也，與「纘」通。何焯曰：敍當代文獻足徵，以見述而不作之意。仍推本先世，以終前文之意。

〔九〕【索隱】案：舊聞有遺失放逸者，網羅而考論之也。

〔一〇〕【考證】史公報任安書敍以言獲罪之由，且云「僕竊不遜，近自託於無能之辭，網羅天下放失舊聞，考之行事，稽其成敗興壞之理，凡百三十篇。欲以究天人之際，通古今之變，成一家之言。草創未就，適會此禍，惜其不成，是以就極刑而無愠色。僕誠已著此書，藏之名山，傳之其人通邑大都，則僕償前辱之責，雖萬被戮，豈有悔哉」？比之史文，情事特詳。據此，征和二年任安得罪時，編摩未竣功也。

〔一一〕【考證】王先謙曰：科分條例，大綱已舉也。

〔一二〕【索隱】案：並時，則年曆差殊，亦略言，難以明辯，故作表也。【正義】言本紀、世家及諸傳，年月差別不同，故作十表以明之也。

〔一三〕【索隱】案：兵權，即律書也。其曰兵，今律書亦略言兵也。山川，即河渠書也。鬼神，封禪書也，故云山川鬼神也。【考證】梁玉繩曰：兵權即律書，似複出，當衍「兵權」二字。愚按：三注合刻本索隱「律書也」下無「其曰兵」三字，有「遷没之後亡褚少孫以律書補之」十三字，今依單本。李笠曰：案漢傳云「十篇缺，有録無書」，注張晏謂遷没後亡兵書。師古曰：序目本無兵書，張云亡失，非也。劉奉世云：兵書即律書。

今案：上文序律書云「非兵不强」，索隱云「此律書之贊」，而云「非兵不强」者，則此律書即兵書也。此注云「兵書亡，少孫以律書補之」，是復以兵、律歧而爲二，非僅爲小顏所非，抑亦前後矛盾矣。索隱本即兵書也。「兵」作「律」，無「遷没」至「補之」十三字。「今」上有「其云兵」三字，較是。然贊云「百三十篇」，索隱亦云「兵書亡不補，畧述而言兵」，誤同。

〔一四〕【集解】駰案：漢書音義曰「象黃帝以下三十世家，老子言車三十輻，運行無窮，以象王者如此」。【正義】顏云：「此説非也，言衆星共繞北辰，諸輻咸歸車轂，羣臣尊輔天子也。」【考證】顏説得之。三十輻共一轂，老子上經文。二十八、三十，概言，不必拘。

〔一五〕【考證】漢書「拂」作「弼」。梁玉繩曰：諸侯有國，大夫有家，古之制也。史以諸侯王爲世家，王若虛曾譏之。今既定公侯傳國曰「世家」，卿士特起曰「列傳」，則當條次不紊，編著無遺。蓋周時，列邦當先吳、魯、管、蔡、衛、晉、燕、鄭，乃及陳、杞、宋、越、楚、齊、韓、趙、魏、田氏，而以孔子殿焉。漢代以外戚居首，乃及楚、荆、燕、齊、梁、五宗、三王，然後蕭、曹、張、陳、周，而陳涉附焉，此條次也，史似不得其序。若編著，則郳、莒並春秋時次國，世系足攷，其事迹較詳于曹、杞，安得云滕、薛、騶以小弗論耶？又吳芮至忠，著于令甲，五代稱王，侯封支庶，何獨缺如乎？愚按：太史公敍帝王則曰「本紀」，公侯傳國曰「世家」，卿士特起曰「列傳」，此宋人王安石之語，史公未嘗自言之也。諸人據之以論史公，既失其本末。梁氏志疑三十六卷，史評中最稱精善，而亦襲此誤，何也？

〔一六〕【索隱】己，音紀。言扶義倜儻之士，能立功名於當代，不後於時者也。【考證】梁玉繩曰：史公自序在七十列傳中。索隱本作「太史公自序傳」，各本篇題俱缺「傳」字。愚按：漢書録是序云「遷之自敍」云爾，則班氏所見之本無「傳」字。

〔一七〕【考證】梁玉繩曰：史通雜説仍班彪之論，謂太史公上起黃帝，下盡宗周，事跡殊略。戰國已下，始有可觀。

其間詳備者，唯漢興而已。余謂此但議其煩省失宜爾，豈知史公變編年之例，突起門户，著目曰本紀，曰表，曰書，曰世家，曰列傳，史臣相續，稱爲正史，蓋鑿荒難，而遵塗易，創始恒不若續撰之精密也。班固本其父彪之語，譏史公「是非頗繆于聖人。論大道，則先黄、老而後六經；序游俠，則退處士而進姦雄；述貨殖，則崇勢利而羞賤貧」。晁公武郡齋讀書志曾辨之。補筆談亦云：班固所譏甚不慊。夫史公攷信必于六藝，造次必衷仲尼，是以孔子儕之世家，老子置之列傳，尊孔子曰「至聖」，評老子曰「隱君子」。六家指要之論歸重黄、老，乃司馬談所作，非子長之言。不然，胡以次李耳在管、晏下，而窮其弊于申、韓乎？固非先黄、老而後六經矣。游俠傳首云「以武犯禁」，又云「行不軌于正義」，而稱季次、原憲爲「獨行君子」，蓋見漢初公卿以武力致貴，儒術未重，舉世任俠干禁，歎時政之缺失，使若輩無所取材也。豈退處士而進姦雄者哉？貨殖與平準相表裏，敍海内土俗物産，孟堅地理志所本。且掘冢博戲，賣漿胃脯，並列其中，鄙薄之甚。三代貧富不甚相遠，自井田廢，而稼穡輕，貧富懸絶，漢不能挽移，故以諷焉。其感慨處，乃有激言之。識者讀其書，因悲其遇，安得斥爲崇勢利而羞貧賤耶？況孟堅於史公舊文未嘗有所增易，不退處士，不羞賤貧，何以不立逸民傳，又何以仍傳游俠、貨殖？此文人之習氣，各自彈射，遞相瘡痏，蹈襲抵牾，目睫不見，所謂笑他人之未工，忘己事之有拙。晉張輔論漢書三不如史記，有以也。

〔一八〕【索隱】案：桓譚云「遷所著書成，以示東方朔，朔皆署曰『太史公』」，則謂『太史公』是朔稱也，亦恐其説未盡。蓋遷自尊其父著述，稱之曰『公』。或云遷外孫楊惲所稱，事或當爾也」。【正義】史記起黄帝，訖漢武帝天漢四年，合二千四百一十三年，百三十篇，象一歲十二月及閏餘也。後漢書楊終受詔，删太史公書爲十餘萬言。【考證】漢書藝文志春秋略云「太史公百三十篇」，注云「十篇有録無書」。隋經籍志史部正史云「史記一百三十篇」，注云「目録一卷，漢中書令司馬遷撰」。梁玉繩曰：遷傳同。通考百九十一引李方叔師友談記作「七十萬言」。余三番計之，字數都不能合，因今本史記歷經後人增删，非史公之舊，增者猶可辨，其僞删者無從得其真。如朱建傳述平原君諫淮南王反事云「語在黥布語中」，而布傳無之。滑稽傳叙淳于髡以隱説齊威王事云「語在田完世家中」，而世家無之。皆裁割未盡者。是以晉書張輔傳、西京雜記、史通並稱史記五十萬字，但舉成數言爾。至於逸文墜句，往往見于他書。如漢書五行志中上、中下屢稱「史記」，師古謂皆指遷所撰，或未盡然。但志中下引史記曰「秦武王三年，渭水赤者三日。昭王三十四年，渭水又赤三日」。水經注十九引之，明言是史記秦本紀。御覽五十九、六十二引史並同。又論衡禄命篇引太史公曰「富貴不違貧賤，貧賤不違富貴」，此皆漢人所引，得毋被楊終删之，而世猶有真本在耶？左傳僖五年注「傅説星」，孟子離婁疏「西施入市」，經典釋文「莊子字子休」及駢拇音義「師曠無目」，史通叙事篇之「立轄」，説文繫傳「杲」字注之「反景桑榆」，「償」字注之「代王償債」，今本俱無。他若水經注、後漢書注、文選注、廣韻注、太平御覽、初學記、藝文類聚、通志氏族略等書均有引史之語，不能盡録，而御覽尤多。雖未免舛譌，究難盡没，豈歷經傳寫，復有損削歟？」錢大昕曰：案太史公以官名書。桓譚云，遷著書示東方朔，朔署曰「太史公」。署之者，書其名也。漢志太史公百三十篇，馮商所續太史公七篇，俱入春秋家。後漢范升傳、楊終傳俱稱「太史公」，無稱「史記」者。梁玉繩曰：史記之名，當起叔皮父子。觀漢五行志及後書班彪傳可見。蓋取古史記之名，以名遷之書，尊之也。愚按：正義依玉海四十六注所引補。

〔一九〕**【集解】**李奇曰：「六蓺也。」**【索隱】**案：漢書作「補闕」，此云「蓺」，謂補六蓺之闕也。**【考證】**「序」字，通行本皆屬上讀，漢書同。張文虎曰：索隱本引「爲太史公書」五字，不連「序」字，疑當屬下句。董份曰：「序略」句。愚按：今本漢書亦作「補蓺」，與下文「六經」複。作「補闕」義長。

〔二〇〕**【索隱】**遷言以所撰，取協於六經異傳諸家之説耳，謙不敢比經蓺也。異傳者，如子夏易傳、毛公詩及韓嬰外傳、伏生尚書大傳之流者也。**【考證】**王先謙曰：協，合也。言稽合同異，折衷取裁。

〔二一〕**【正義】**太史公撰史記，言其協于六經異文，整齊諸子百家雜説之語，謙不敢比經藝也。異傳，謂如丘明春秋外傳、國語、子夏易傳、毛公詩傳、韓詩外傳、伏生尚書大傳之流也。

〔二二〕【索隱】言正本藏之書府，副本留京師也。穆天子傳云「天子北征，至于羣玉之山，阿平無險，四徹中繩，先王所謂策府」。郭璞云「古帝王藏策之府」。則此謂「藏之名山」是也。【考證】顏師古曰：藏於山者，備亡失也。其副貳本迺留京師也。

〔二三〕【索隱】以俟後聖君子。此語出公羊傳。言夫子制春秋，以俟後聖君子，亦有樂乎此也。【考證】王念孫曰：俟後世聖人君子，本作「俟後聖君子」。哀十四年公羊傳曰「制春秋以俟後聖，以君子之爲，亦有樂乎此也」。史公之語，即本於此。索隱本出「以俟後聖君子」六字曰「此語出公羊傳」，是其證。漢書正作「以俟後聖君子」。愚按：玉海引史亦作「俟後聖君子」。

〔二四〕【集解】駰案：衛宏漢書舊儀注曰「司馬遷作景帝本紀，極言其短，及武帝過，武帝怒而削去之。後坐舉李陵，陵降匈奴，故下遷蠶室。有怨言，下獄死」。【考證】自「維我漢（維）〔繼〕五帝末流」以下，史第七十自序序。王鳴盛曰：今觀景紀，絶不言其短。又遷下蠶室，在天漢三年，後爲中書令，尊寵任職。其卒在昭帝初，距獲罪被刑蓋已十餘年矣。何得謂「下蠶室有怨言，下獄死」乎？與情事全不合，皆非是。

太史公曰：余述歷黃帝以來至太初而訖，百三十篇。〔一〕

〔一〕【集解】駰案：漢書音義曰「十篇缺，有録無書」。張晏曰「遷没之後，亡景紀、武紀、禮書、樂書、律書、漢興已來將相年表、日者列傳、三王世家、龜策列傳、傅靳蒯成列傳。元、成之閒，褚先生補闕，作武帝紀、三王世家、龜策、日者列傳，言辭鄙陋，非遷本意也」。【索隱】案：漢書曰「十篇有録無書」。張晏曰「遷没之後，亡景紀、武紀、禮書、樂書、兵書、將相表、三王世家、日者、龜策傳、傅靳等列傳也」。案：景紀取班書補之，武紀專取封禪書，禮書取荀卿禮論，樂書取禮樂記，兵書亡，不補，略述律而言兵，遂分曆述以次之。三王系家，空取其策文，以緝此篇，何率略且重？非當也。日者不能記諸國之同異，而論司馬季主。龜策直太卜所得占龜兆雜說，而無筆削之功，何蕪鄙也？【考證】中井積德曰：「述歷」當作「歷述」。又曰：末段似歇後而意複，無所發明，無所結束，豈下脱數句耶？不然，是一段全屬衍文，何妙之有？漢書亦無此一段。方苞曰：序既終，而復出此十六字，蓋舉其凡計，綴於篇終。猶衛霍列傳特標左方兩大將軍及諸裨將名目。

【索隱述贊】太史良才，寔纂先德。周游歷覽，東西南北。事覈詞簡，是稱實録。報任投書，中李下獄。惜哉殘缺，非才妄續！

史記總論

日本出雲瀧川資言考證

太史公事歷

漢書司馬遷傳云：「昔在顓頊，命南正重司天，火正黎司地。唐、虞之際，紹重、黎之後，使復典之，至於夏、商。故重、黎氏世序天地。其在周，程伯休甫其後也。當宣王時，官失其守，而爲司馬氏。以上敘司馬氏所自出。司馬氏世典周史。惠、襄之間，司馬氏適晉。晉中軍隨會犇魏，而司馬氏入少梁。

「自司馬氏去周適晉，分散，或在衛，或在趙，或在秦。其在衛者，相中山。在趙者，以傳劍論顯，蒯聵其後也。在秦者錯，與張儀爭論，於是惠王使錯將兵伐蜀，遂拔，因而守之。錯孫蘄事武安君白起。史記太史公自序「蘄」作「靳」。而少梁更名夏陽。蘄與武安君阬趙長平軍，還而與之俱賜死杜郵，葬於華池。蘄孫昌爲秦王鐵官。當始皇之時，史記「王」作「主」。蒯聵玄孫卬爲武信君將而徇朝歌。諸侯之相王，王卬於殷。漢之伐楚，卬歸漢。漢以其地爲河内郡。昌生毋懌，史記作「無澤」。毋懌爲漢市長。毋懌生喜，喜爲五大夫，卒，皆葬高門。以上敘父祖。喜生談，談爲太史公。

「太史公學天官於唐都，受易於楊何，習道論於黄子。仲尼弟子列傳云：「東武人王同傳易菑川人楊何。何元朔中，以治易爲漢中大夫。」儒林傳「元朔」作「元光」。黄子，儒林傳所謂「黄生」。太史公仕於建元、元封之間，愍學者不達其意而師誖，史記「誖」作「悖」。乃論六家之要指曰」云云。文全與史記同，今略。

「太史公既掌天官，不治民。有子曰遷。以上敘父太史公談事。史公字子長，見揚雄法言、王充論衡。

「遷生龍門，耕牧河山之陽。年十歲，則誦古文。二十而南游江、淮，上會稽，探禹穴，窺九疑，浮沅、湘。北涉汶、泗，講業齊、魯之都，觀夫子遺風，鄉射鄒嶧；敘齊、魯事特詳。阨困蕃、薛、彭城，過梁、楚以歸。於是遷仕爲郎中，奉使西征巴、蜀以南，略邛、筰、昆明，還報命。史公游涉之蹟，具之别條。

「是歲，天子始建漢家之封，而太史公留滯周南，不得與從事，太史公，司馬談，下同。發憤且卒。而子遷適反，見父於河、洛之間。太史公執遷手而泣曰：『予先，周室之太史也。自上世嘗顯功名虞、夏，典天官事。後世中衰，絶於予乎？汝復爲太史，則續吾祖矣。今天子接千載之統，封泰山，而予不得從行，是命也夫，命也夫！予死，爾必爲太史；爲太史，毋忘吾所欲論著矣。且夫孝始於事親，中於事君，終於立身；揚名於後世，以顯父母，此孝之大也。夫天下稱周公，史記「稱」下有「誦」字。言其能論歌文、武之德，宣周、召之風，達大王、王季思慮，爰及公劉，以尊后稷也。幽、厲之後，王道缺，禮樂衰，孔子脩舊起廢，論詩、書，作春秋，則至今則之。自獲麟以來，四百有餘載，而諸侯相兼，史記放絶。今漢興，海内壹統，明主賢君，忠臣義士，予爲太史而不論載，史記「忠臣義士」作「死義之士」。廢天下之文，予甚懼焉，爾其念哉！』史記「文」上有「史」字。遷俯首流涕曰：『小子不敏，請悉論先人所次舊聞，不敢闕。』卒三歲，而遷爲太史令，紬史記石室金鐀之書。索隱本史記「紬」作「抽」，「鐀」作「匱」。談卒於元封元年。五年而當於太初元年，十一月甲子朔旦冬至，天曆始改，建於明堂，諸神受記。史公爲太史令五年。史記「記」作「紀」。

「太史公曰：『先人有言：太史公，史公自稱，下同。先人謂談。「自周公卒五百歲而有孔子，孔子至於今五百歲，有能紹而明之，正易傳，繼春秋，本詩、書、禮、樂之際。」意在斯乎，意在斯乎！小子何敢攘焉！』史記「至」上有「卒後」二字，「紹而明之」作「紹明世」。「攘」作「讓」。讓，謙也。

「上大夫壺遂曰：『昔孔子爲何作春秋哉？』壺遂，見下文史公交游條。太史公曰：『余聞之董生：董生即董仲舒，見史公交游條。「周道廢，孔子爲魯司寇，諸侯害之，大夫壅之。孔子知時之不用，道之不行也，是非二百四十二年之中，以爲天下儀表，貶諸侯，討大夫，以達王事而已矣。」子曰：「我欲載之空言，不如見之於行事之深切著明也。」春秋上明三王之道，下辨人事之經紀，史記無「紀」字。別嫌疑，明是非，定猶與，善善惡惡，賢賢賤不肖，存亡國，繼絕世，補弊起廢，王道之大者也。易，著天地陰陽四時五行，故長於變；禮，綱紀人倫，故長於行；書，記先王之事，故長於政；詩，記山川、谿谷、禽獸、草木、牝牡、雌雄，故長於風；樂，樂所以立，故長於和；春秋，辯是非，故長於治人。是故禮以節人，樂以發和，書以道事，詩以達意，易以道化，春秋以道義。撥亂世反之正，莫近於春秋。春秋文成數萬，其指數千。萬物之散聚，皆在春秋。春秋之中，弒君三十六，亡國五十二，諸侯奔走不得保社稷者，不可勝數。察其所以，皆失其本已。故易曰「差以豪氂，謬以千里」。史記「氂」作「釐」。釐、里，韻。故「臣弒君，子弒父，非一朝一夕之故，其漸久矣」。有國者，不可以不知春秋，前有讒而不見，後有賊而不知。爲人臣者，不可以不知春秋，守經事而不知其宜，遭變事而不知其權。爲人君父而不通於春秋之義者，必蒙首惡之名。爲人臣子不通於春秋之義者，必陷篡弒誅死之罪。其實皆以善爲之，而不知其義，被之空言不敢辭。夫不通禮義之指，至於君不君，臣不臣，父不父，子不子。夫君不君則犯，臣不臣則誅，父不父則無道，子不子則不孝，此四行者，天下之大過也。以天下大過予之，受而不敢辭。故春秋者，禮義之大宗也。夫禮禁未然之前，法施已然之後；法之所爲用者易見，而禮之所爲禁者難知。』壺遂曰：『孔子之時，上無明君，下不得任用，故作春秋，垂空文以斷禮義，當一王之法。今夫子上遇明天子，下得守職，萬事既具，咸各序其宜，夫子所論，欲以何明？』太史公曰：『唯唯，否否，不然。余聞之先人曰：

「虙戲至純厚，作易八卦。堯、舜之盛，尚書載之，禮樂作焉。湯、武之隆，詩人歌之，春秋采善貶惡，推三代之德，褒周室，非獨刺譏而已也。」漢興已來，至明天子，獲符瑞，封禪，改正朔，易服色，受命於穆清，澤流罔極，海外殊俗，重譯款塞，請來獻見者，不可勝道。臣下百官，力誦聖德，猶不能宣盡其意。且士賢能矣而不用，有國者恥也；主上明聖，德不布聞，有司之過也。且余掌其官，廢明聖盛德不載，滅功臣賢大夫之業不述，墮先人所言，罪莫大焉。余所謂述故事，整齊其世傳，非所謂作也。」

「十年而太史公遭李陵之禍，幽於縲紲。乾道本「十年」作「七年」，與史記合，當依訂。李陵降在天漢二年冬，史公受刑，以三年春歟。迺喟然而歎曰：『是余之辠夫！身虧不用矣。』史記作「是余之罪也夫」，重一句。「虧」作「毀」。退而深惟曰：『夫詩書隱約者，欲遂其志之思也。』史記此下有「昔西伯拘羑里」一段，班氏删之。卒述陶唐以來，至於麟止，自黄帝始。五帝本紀第一，中略。貨殖列傳第六十九。

「惟漢繼五帝末流，接三代絶業。史記「漢」上有「我」字，「絶」作「統」。秦撥去古文，焚滅詩、書，故明堂石室金鐀玉版圖籍散亂。史記「鐀」作「匱」。漢興，蕭何次律令，韓信申軍法，張倉爲章程，叔孫通定禮儀，史記「漢興」上有「於是」二字。則文學彬彬稍進，詩、書往往間出。史記「出」下有「矣」字。自曹參薦蓋公言黄、老，而賈誼、朝錯明申、韓，公孫弘以儒顯，百年之間，天下遺文古事，靡不畢集。史記「集」下有「太史」二字。太史公仍父子相繼纂其職，曰：『於戲！余維先人嘗掌斯事，顯於唐、虞。至於周，復典之。故司馬氏世主天官，至於余乎，欽念哉！』史記重「欽念哉」

三字。罔羅天下放失舊聞，王迹所興，原始察終，見盛觀衰，論考之行事，略三代，録秦、漢，史記「略」下有「推」字。上記軒轅，下至於兹，著十二本紀，既科條之矣。並時異世，年差不明，作十表。禮樂損益，律曆改易，兵權、山川、鬼神，天人之際，承敝通變，作八書。二十八宿環北辰，三十輻共一轂，運行無窮，輔弼股肱之臣配焉，忠信行道，以奉主上，作三十世家。扶義俶儻，不令己失時，立功名於天下，作七十列傳。凡百三十篇，五十二萬六千五百字，爲太史公書。序略，以拾遺補藝，成一家言，史記「家」下有「之」字。協六經異傳，齊百家雜語，史記「協」上有「厥」字，「齊」上有「整」字。藏之名山，副在京師，以俟後聖君子。第七十，以上皆史記太史公自序之辭，以下乃班氏傳語。遷之自叙云爾。而十篇缺，有録無書。張晏曰：遷没之後，亡景紀、武紀、禮書、樂書、兵書、漢興以來將相年表、日者列傳、三王世家、龜策列傳、傅靳列傳。元、成之間，褚先生補缺，作武帝紀、三王世家、龜策、日者傳，言辭鄙陋，非遷本意也。顔師古曰：序目本無兵書，張云亡失，此説非也。愚按：史記存佚具于各篇題下及下文，此唯録舊説。

「遷既被刑之後，爲中書令，尊寵任職。故人益州刺史任安責以古賢臣之義。遷報之曰：

少卿足下：少卿，任安字。征和二年，安坐戾太子事繫獄。文選起句作「太史公牛馬走司馬遷再拜言，少卿足下」。曩者辱賜書，教以慎於接物，推賢進士爲務，意氣勤勤懇懇，若望僕不相師用，而流俗人之言。文選「用」、「而」二字倒，義長。包世臣曰：「推賢薦士」非少卿來書中本語。史公諱少卿求援，故以四字約來書之意，而斥少卿爲天下豪雋以表其冤。中間述李陵事者，明與陵非素相善，尚力爲引救，況少卿有許死之誼乎？實緣自被刑後，所爲不死者，以史記未成之故。是史公之身，乃史記之身，非史公所得自私。史公可爲少卿死，而史記必不能爲少卿廢也。結以「死日是非乃定」，則史公與少卿所共者，以廣少卿而釋其私憾。是故文瀾雖壯，而滴水歸源，一線相生，字字皆有歸著也。僕非敢如是也。雖罷駑，亦嘗側聞長者遺風矣。文選「者」下有「之」字。顧自以爲身殘處穢，動而見尤，欲益反損，是以抑鬱而無誰語。諺曰：『誰爲爲之，孰令聽之？』蓋鍾子期死，伯牙終身不復鼓琴。事見呂氏春秋、列子。何則？士爲知己用，女爲説己容。趙策豫讓曰：「士爲知己者死，女爲悦己者容。」若僕大質已虧缺，雖材懷隨、和，行若由、夷，隨，隨侯珠。和，和氏璧。由，許由。夷，伯夷。終不可以爲榮，適足以發笑而自點耳。

書辭宜答，會東從上來，又迫賤事，相見日淺，卒卒無須臾之間，得竭指意。今少卿抱不測之罪，涉旬月，迫季冬。僕又薄從上上雍，文選不重「上」字。恐卒然不可諱。是僕終已不得舒憤懣以曉左右，則長逝者魂魄私恨無窮。戾太子事，在征和二年七月。三年正月，武帝行幸雍。任安以懷貳心要斬，而猶繫至冬盡。漢法蓋異於後也。請略陳固陋。闕然不報，幸勿過。

僕聞之，修身者，智之府也；文選「府」作「符」。愛施者，仁之端也；取予者，義之符也；文選「符」作「表」。恥辱者，勇之決也；立名者，行之極也。士有此五者，然後可以託於世，列於君子之林矣。故禍莫憯於欲利，悲莫痛於傷心，行莫醜於辱先，而詬莫大於宮刑。刑餘之人，無所比數，非一世也，所從來遠矣。昔衛靈公與雍渠載，孔子如陳；商鞅因景監見，趙良寒心；同子參乘，爰絲變色：同子，宦者趙同。爰絲，袁盎。自古而恥之。夫中材之人，事關於宦豎，莫不傷氣，況忼慨之士乎！如今朝雖乏人，柰何令刀鋸之餘，薦天下豪儁哉！承上文「推賢進士」。「天下豪儁」言任安。僕賴先人緒業，得待罪輦轂下，二十餘年矣。所以自惟：上之，不能納忠效信，有奇策材力之譽，自結明主；次之，又不能拾遺補闕，招賢進能，顯巖穴之士；外之，不能備行伍，攻城戰野，有斬將搴旗之功；下之，不能累日積勞，取尊官厚祿，以爲宗族交遊光寵。四者無一遂，苟合取容，無所短長之效，可見於此矣。鄉者，僕亦厠下大夫之列，陪外廷末議。百官志：「太史令六百石。」不以此時引維綱，盡思慮，今已虧形爲埽除之隸，在闒茸之中，迺欲卬首信眉，論陳是非，不亦輕朝廷，羞當世之士邪！嗟乎，嗟乎，如僕尚何言哉！尚何言哉！

且事本末未易明也。僕少負不羈之材，長無鄉曲之譽，主上幸以先人之故，使得奉薄技出入周衛之中。僕以爲戴盆何以望天，故絶賓客之知，忘室家之業，日夜思竭其不肖之材力，務壹心營職，以求親媚於主上。而事迺有大謬不然者。夫僕與李陵俱居門下，李陵侍中，則史公亦以太史令侍中也。素非相善也，趣舍異路，未嘗銜盃酒，接殷勤之歡。然僕觀其爲人自奇士，事親孝，與士信，臨財廉，取予義，分別有讓，恭儉下人，常思奮不顧身，以徇國家之急。其素所畜積也，僕以爲有國士之風。夫人臣出萬死不顧一生之計，赴公家之難，斯已奇矣。今舉事壹不當，而全軀保妻子之臣，隨而媒孽其短，僕誠私心痛之。且李陵提步卒不滿五千，深踐戎馬之地，足歷王庭，垂餌虎口，橫挑彊胡，卬億萬之師，北方地高，故曰仰。與單于連戰十餘日，所殺過當。虜救死扶傷不給，旃裘之君長咸震怖，迺悉徵左右賢王，舉引弓之民，一國共攻而圍之。轉鬬千里，矢盡道窮，救兵不至，士卒死傷如積。然李陵一呼勞軍，士無不起躬流涕，沬血飲泣，張空弮，冒白刃，北首爭死敵。空弮，無弦之弓。陵未沒時，使有來報，漢公卿王侯皆奉觴上壽。後數日，陵敗書聞，主上爲之食不甘味，聽朝不怡。大臣憂懼，不知所出。僕竊不自料其卑賤，見主上慘悽怛悼，誠欲効其款款之愚。以爲李陵素與士大夫絶甘分少，能得人之死力，雖古名將不過也。身雖陷敗，彼觀其意，且欲得其當而報漢。事已無可柰何，其所摧敗，功亦足以暴於天下。僕懷欲陳之，而未有路。適會召問，即以此指推言陵功，欲以廣主上之意，塞睚眦之辭。廣，猶開也。未能盡明，明主不深曉，以爲僕沮貳師，而爲李陵游說，遂下於理。貳師將軍李廣利。李善曰：「漢書曰：『初上遣貳師李廣利，出令李陵爲助兵。及陵與單于相值，而貳師少功。上以遷誣罔欲沮貳師，而爲陵遊説，下遷腐刑。』」顏師古曰：「沮，毁壞也。」拳拳之忠，終不能自列。因爲誣上，卒從吏議。家貧，財賂不足以自贖，交游莫救，左右親近，不爲壹言。身非木石，獨與法吏爲伍，深幽囹圄之中，誰可告愬者！此正少卿所親見，僕行事，豈不然邪？李陵既生降，隤其家聲，而僕又茸以蠶室，重爲天下觀笑。文選「茸」作「佴」。佴，次也。悲夫，悲夫！

夫事未易一二爲俗人言也。僕之先人非有剖符丹書之功，文史星曆，近乎卜祝之閒。固主上所戲弄，倡優畜之，流俗之所輕也。假僕伏法受誅，若九牛亡一毛，與螻蟻何異？而世又不與能死節者比，特以爲智窮罪極，不能自免，卒就死耳。何也？素所自樹立使然。人固有一死，死有重於泰山，或輕於鴻毛，用之所趨異也。太上不辱先，其次不辱身，其次不辱理色，理，肌膚之文理。色，顏色。其次不辱辭令，其次詘體受辱，其次易服受辱，其次關木索被箠楚受辱，其次鬄毛髮嬰金鐵受辱，其次毀肌膚斷支體受辱，謂劓、刖、臏、黥之屬。最下腐刑極矣。傳曰「刑不上大夫」，傳，禮記。此言士節不可不厲也。猛虎處深山，百獸震恐。及其在穽檻之中，搖尾而求食，積威約之漸也。「威約」二字連文，人以威制約之也。故士有畫地爲牢，勢不入，削木爲吏，議不對，定計於鮮也。鮮，明也。其身未受辱也。今交手足，受木索，暴肌膚，受榜箠，幽於圜牆之中，當此之時，見獄吏則頭槍地，視徒隸則心惕息。何者？積威約之勢也。及已至此，言不辱者，所謂彊顏耳，曷足貴乎！且西伯，伯也，拘牖里；李斯，相也，具五刑；淮陰，王也，受械於陳；彭越、張敖，南鄉稱孤，繫獄具罪；文選「具」作「抵」。顏師古曰：「或繫於獄，或至大罪也。」絳侯誅諸呂，權傾五伯，囚於請室；魏其，大將也，衣赭關三木；季布爲朱家鉗奴；灌夫受辱居室。此人皆身至王侯將相，聲聞鄰國，及罪至罔加，不能引決自財。財、裁通。古今一體，安在其不辱也！由此言之，勇怯，勢也；彊弱，形也。審矣，曷足怪乎！「勇怯」二語，孫子兵勢篇。且人不能蚤自財繩墨之外，先罪至罔加，引決自裁也。已稍陵夷至於鞭箠之間，迺欲引節，不亦遠乎！古人所以重施刑於大夫者，殆爲此也。夫人情莫不貪生惡死，念親戚，顧妻子，至激於義理者不然，迺有不得已也。今僕不幸，蚤失二親，無兄弟之親，獨身孤立。少卿視僕於妻子何如哉？言已輕妻子。且勇者不必死節，怯夫慕義，何處不勉焉！僕雖怯耎欲苟活，亦頗識去就之分矣，何至自湛溺累紲之辱哉！且夫臧獲婢妾猶能引決，況若僕之不得已乎！不得已，言當須自裁也。所以隱忍苟活，函糞土之中而不辭者，恨私心有所不盡，鄙没世而文采不表於後也。函，讀爲陷。鄙，恥也，與「恨」相對。文選「鄙」下有「陋」字，屬上句讀。

古者富貴而名摩滅，不可勝記，唯俶儻非常之人稱焉。蓋西伯拘而演周易；仲尼戹而作春秋；屈原放逐，迺賦離騷；左丘失明，厥有國語；孫子臏脚，兵法修列；不韋遷蜀，世傳呂覽；韓非囚秦，說難、孤憤；詩三百篇，大氐賢聖發憤之所爲作也。此人皆意有所鬱結，不得通其道。故述往事，思來者。及如左丘明無目，孫子斷足，文選「及」作「乃」。終不可用，退論書策，以舒其憤思，垂空文以自見。僕竊不遜，近自託於無能之辭，網羅天下放失舊聞，考之行事，稽其成敗興壞之理，凡百三十篇，稽，計也。文選「事」下有「綜其終始」四字。「理」作「紀」，「紀」下有「上計軒轅下至于茲爲十表本紀十二書八章世家三十列傳七十」二十六字。亦欲以究天人之際，通古今之變，成一家之言。草創未就，適會此禍。惜其不成，是以就極刑而無慍色。僕誠已著此書，藏之名山，傳之其人通邑大都，則僕償前辱之責，雖萬被戮，豈有悔哉！然此可爲智者道，難爲俗人言也。文選「智」作「知」。且負下未易居，下流多謗議。負下，猶言所憑汙下。僕以口語遇遭此禍，重爲鄉黨戮笑，汙辱先人，亦何面目復上父母之丘墓乎？雖累百世，垢彌甚耳！是以腸一日而九回，居則忽忽若有所亡，出則不知所如往。顏師古曰：「如亦往也。」文選作「不知其所往」。每念斯恥，汗未嘗不發背霑衣也。身直爲閨閤之臣，寧得自引深藏於巖穴耶！故且從俗浮湛，與時俯仰，以通其狂惑。今少卿迺教以推賢進士，無迺與僕之私指謬乎！今雖自彫琢，曼辭以自解，無益於俗不信，祇取辱耳。要之死日，然後是非迺定。書不能盡意，故略陳固陋。

愚按：史公觸武帝怒，不敢引決自裁，甘下蠶室，遂編太史公書一百三十卷，以就父之志。其情誠可悲也。史記自序、答任安書說之甚悉，而史中往往有言及此事者，見老子韓非傳、韓非知說之難，作說難之書甚具。然死於秦，不能脫。申子、韓子皆著書傳於後世，學者多有，「余獨悲韓子爲說難書，而不能自脫耳」。孫子吳起傳贊、孫子籌策龐涓明矣，然不能蚤救患於被刑。伍子胥傳贊、怨毒之於人，甚矣哉！王者尚不能行之於臣下，況同列乎？向令伍子胥俱死，何異螻蟻？棄小義雪大恥，名垂後世，悲夫！方子胥窘於江上道乞食，志豈嘗須臾忘郢邪？故隱忍就功名，非烈丈夫孰能致此哉！平原君虞卿傳贊、虞卿料事揣情，爲趙畫策，何其工也！及其不忍魏齊，卒苦於大梁。庸夫且知其不可，況賢人乎？然虞卿非窮愁，亦不能著書以自見於後世云。范雎蔡澤傳贊、士亦有偶合，賢者多如此二子。不得盡意，豈可勝道哉？然二子不困戹，惡能激哉？廉頗藺相如傳贊、知死必勇，非死者難也，處死者難。魏豹彭越傳贊、魏豹、彭越雖故賤，然已席卷千里，南面稱孤，喋血乘勝，日有聞矣。懷畔逆之意，及敗不死，而虜囚身被刑戮，何哉？中材已上，且羞其行，況王者乎？彼無異故，智略絶人，獨患無身耳。得攝尺寸之柄，其雲蒸龍變，欲有所會其度，以故幽囚，而不辭云。季布欒布傳贊。以項羽之氣，而季布以勇顯，身屨典軍搴旗者數矣，可謂壯士。然被刑戮爲人奴，而不死，何其下也！彼必自負其材，故受辱而不羞，欲有所用，其材未足也，故終爲漢名將，賢者誠重其死。夫婢妾賤人，感慨而自殺者，非能勇也，其計畫無復之耳。

「遷既死後，其書稍出。宣帝時，遷外孫楊惲祖述其書，遂宣布焉。」漢書楊敞傳：「敞薨，子忠嗣。忠弟惲，字子幼，以忠任爲郎，補常侍騎。惲母，司馬遷女也。惲始讀外祖太史公記，頗爲春秋，以材能稱。好交英俊諸儒，名顯朝廷，擢爲左曹。」後坐大逆無道腰斬。王楙野客叢書云：「司馬遷報任安書情事淵深，委蛇遜避，使人讀之，爲之傷惻。可以想像其當時亡聊之況。蓋抑鬱之氣，隨筆發露，初非矯爲故爾。厥後其甥楊惲以口語坐廢，其友人孫會宗與書，戒以大臣廢退闔門皇懼之意。惲報書委曲敷敍，其怏怏不平之氣，宛然有外祖風致。蓋其平日讀外祖太史公記，故發詞旨，不期而然。人之筆力高下，本於其材，然師友淵源，未有不因漸染而成之者。」至王莽時，求封遷後，爲史通子。史公未刑時既有子女，上文「視僕妻子」一語可證。

「贊曰：自古書契之作，而有史官，載籍博矣。至孔氏纂之，上繼唐堯，下訖秦繆。唐、虞以前，雖有遺文，其語不經，故言黄帝、顓頊之事，未可明也。及孔子因魯史記而作春秋，而左丘明論輯其本事以爲之傳，又纂異同爲國語。又有世本，録黄帝以來至春秋時，帝王公侯卿大夫祖世所出。春秋之後，七國並争，秦兼諸侯，有戰國策。漢興，伐秦定天下，有楚漢春秋。故司馬遷據左氏、國語，采世本、戰國策，述楚漢春秋，接其後事，訖於天漢。諸本「天漢」作「大漢」。史記集解序、漢興將相年表集解並云「班固云『司馬遷記事訖于天漢』」，此裴駰所見漢書作「天漢」，今依訂。其言秦、漢詳矣。至於采經摭傳，分散數家之事，甚多疏略，或有抵梧。梧，讀曰牾。亦其涉獵者廣博，貫穿經傳，馳騁古今上下數千載間，斯以勤矣。又其是非頗繆於聖人，論大道，則先黄、老而後六經；序遊俠，則退處士而進姦雄；述貨殖，則崇勢利而羞賤貧：此其所蔽也。然自劉向、揚雄博極羣書，皆稱遷有良史之材，服其善序事理，辨而不華，質而不俚，其文直，其事核，不虛美，不隱惡，故謂之實録。烏呼！以遷之博物洽聞，而不能以知自全，既陷極刑，幽而發憤，書亦信矣。迹其所以自傷悼，小雅巷伯之倫。巷伯，奄官名，遇讒作巷伯詩，列在小雅。夫唯大雅『既明日哲，能保其身』，詩大雅烝民。難矣哉！」

梁玉繩曰：「班固本其父彪之言，見後漢書班彪傳。譏史公『是非繆于聖人』。晁公武郡齋讀書志曾辨之。補筆談亦云：『班固所譏甚不慊。夫史公考信必于六藝，造次必衷仲尼。是以孔子儕之世家，老子置之列傳。尊孔子曰「至聖」，評老子曰「隱君子」。六家指要之論，歸重黄、老，乃司馬談所作，非子長之言。不然，胡以次李耳在管、晏下，而窮其弊於申、韓乎？固非先黄、老而後六經矣。游俠傳首云「以武犯禁」，又云「行不軌于正義」，而稱季次、原憲爲「獨行君子」，蓋見漢初公卿以武力致貴，儒術未重，舉世任俠干禁，歎時政之缺失，使若輩無所取材也。豈退處士而進姦雄者哉？貨殖與平準相表裏，敍海内土俗物産。孟堅地理志所本。且掘冢博戲、賣漿胃脯並列其中，鄙薄之甚。三代貧富不甚相遠，自井田廢而稼穡輕，貧富懸絶，漢不能挽移，故以諷焉。其感慨處，乃有激言之。識者讀其書因悲其遇，安得斥爲崇勢利而羞貧賤耶？』」史記志疑。

趙翼曰：「司馬遷報任安書謂身遭腐刑，而隱忍苟活者，恐没世而文采不表於後世也。論者遂謂遷遭李陵之禍，始發憤作史記，而不知非也。其自序謂父談臨卒屬遷論著列代之史。父卒三歲，遷爲太史令，即紬石室金匱之書。爲太史令五年，當太初元年，改正朔，正值孔子春秋後五百年之期，於是論次其文。會草創未就，而遭李陵之禍。惜其不成，是以就刑而無愠。是遷爲太史令即編纂史事，五年爲太初元年，則初爲太史令時，乃元封二年也。元封二年至天漢二年遭李陵之禍，已十年。又報任安書内謂安抱不測之罪，將迫季冬，恐卒然不諱，則僕之意終不得達，故畧陳之。安所抱不測之罪，緣戾太子以巫蠱事斬江充，使安發兵助戰，安受其節而不發兵，武帝聞之，以爲懷二心，故詔棄市。此書正安坐罪將死之時。則征和二年間事也。自天漢二年至征和二年，又閲八年。統計遷作史記，前後共十八年。況安死後，遷尚未亡，必更有删訂改削之功。蓋書之成，凡二十餘年也。其自敍末謂『自黄帝以來至太初而訖』，乃指所述歷代之事，止於太初，非謂作史歲月至太初而訖也。」二十二史劄記。

王鳴盛曰：「司馬遷自言『生長龍門，二十，南游江、淮，上會稽，探禹穴，闚九疑，浮沅、湘。北涉汶、泗，講業齊、魯之都，鄉射鄒嶧，戹困鄱、薛、彭城，過梁、楚以歸』。此游所涉歷甚多，閱時甚必久，約計當有數年。歸後始仕爲郎中。又奉使巴、蜀，南略邛、笮、昆明，還報命。徐廣以爲平西南夷，在元鼎六年。其明年，爲元封元年。約計是時遷之年必在四十左右。元封初，其父談卒，遷使還見父。父卒三歲，始爲太史令，而紬石室金匱書。又五年，當太初元年。始論次其文。是時遷之年，蓋已五十。又七年，遭李陵之禍，徐廣以爲天漢三年。既腐刑，乃卒述黃帝至太初，則書成時必六十餘矣。後爲中書令卒，必在武帝之末，或更至昭帝也。」十七史商榷。

修太史公祠碑：太史公爲記録之宗，表表而矜文辭者，皆不能出其囿。吾得觀其書矣。至于廟像冢藏之古，吾弗得而見之。宣和七年秋，予始官韓城。尋遺訪古，乃在少梁之南，芝川之西，得太史公之遺像焉。予咨嗟而致式之，因低徊周覽，則棟宇其傾頹，階圮其卑壞，埏隧其荒茀，惟是享嘗缺然不至。予乃愀然發喟，屬其耆老而告之曰：「司馬公文爲百世之英，而所居不能蔽風雨；學爲繼述之源，而所藏不能去荆榛。今洪河汩流漾乎前也，中條崛起峙乎東也。河嶽深崇，氣象雄渾，公文實似之。而家廟卑庳如此，其不稱公之辭與學也甚矣！猶不爲邦人之恥歟？」予乃率芝川之民，擇其俶儻而好事者，凡一楹一桷，至于瓦甓門疏之用，悉以資之。即公之墓，爲五架四楹之室，又爲複屋以崇之。既宏既完矣。於是直榮光之澳，覘禹鑿之山，面汾陰之脽，縱望遐觀，豈不快哉！嗚呼！惟公之文，大肆于炎漢之間，馳騁于千世之前，其力贔屭，實幹造物。欲談而悉之，吾所不敢動吾喙。觀其卜葬於兹，豈非洪河巨嶽，實稱公之文也哉？乃作述事享神之歌，俾邦人習之，歲時以樂公之神。其（祠）〔詞〕曰：公詞有如黄河流，黄河吐溜崑崙丘。上貫星躔經斗牛，下連地軸横九州。崩崖搏石轉洑流，騰煙跳霧飛蛟虬。邇來宏放三千秋，班沿范襲非公儔。公鑿混沌開雙眸，力敵造化窮冥搜。公祠慘澹連古丘，甍摧瓦落風蕭颼。我獨來兮爲公愁，新公祠兮去榛杞。殽甚豐兮酒甚旨，民髣髴兮公燕喜。韓之原兮山之趾，雲亭亭兮河瀰瀰，公之來兮歲豐美。雲爲車兮飈爲轡，公之來兮福滂被。雲滅没兮風不留，公曷往兮俾我憂。宋尹陽。依高似孫史略，古今圖書集成經籍典。

太史公年譜

漢景帝中元五年丙申 日紀五一六，西紀前一四五　一歲

獲麟之後三百三十六年，叔孫通、伏勝、陸賈、張蒼、賈誼、鼂錯諸人皆既卒。史記儒林傳云：「孝文本好刑名之言，及至孝景，不任儒者，而竇太后又好黄老之術，故諸博士具官待

問，未有進者。博士轅固稱老子爲『家人言』，竇太后怒，使入圈刺豕。」

自序「生於龍門」。

中元六年丁酉 日紀五一七，西紀前一四四　二歲

後元元年戊戌 日紀五一八，西紀前一四三　三歲

衞綰爲丞相。

後元二年己亥 日紀五一九，西紀前一四二　四歲

後元三年庚子 日紀五二〇，西紀前一四一　五歲

景帝崩，武帝即位。枚乘死。

武帝建元元年辛丑 日紀五二一，西紀前一四〇　六歲

儒林傳云：「今上即位，趙綰、王臧之屬明儒學，上亦鄉之。○詔丞相、御史、列侯、中二千石、二千石、諸侯相舉賢良方正直言極諫之士。丞相衞綰奏，所舉賢良，或治申、韓、蘇、張之言，亂國政者，請旨罷。奏可。」愚按：衞綰不及黃老者，蓋憚竇太后也。○武帝善董仲舒對，爲江都王相。莊助亦以對策爲中大夫。○丞相衞綰免。竇嬰爲丞相，田蚡爲太尉，嬰、蚡俱好儒術。趙綰爲御史大夫，王臧爲郎中令。綰請立明堂以朝諸侯，薦其師申公。

建元二年壬寅 日紀五二二，西紀前一三九　七歲

淮南王安來朝。安爲人好書，招致賓客方術之士數千人，作爲内書二十一篇。外書甚

衆。初入朝，獻所作，上使爲離騷傳。○竇太后治黄老言，不好儒術，以事下趙綰、王臧獄。綰、臧皆自殺。丞相竇嬰、太尉田蚡免。

建元三年癸卯日紀五二三，西紀前一三八　八歲

中山王勝上聞樂對。○武帝即位，招選文學材智之士。莊助先進，後又得朱買臣、吾丘壽王、司馬相如、東方朔、終軍等，並在左右，每令與大臣辨論。

建元四年甲辰日紀五二四，西紀前一三七　九歲

自序：「耕牧河山之陽。」

建元五年乙巳日紀五二五，西紀前一三六　十歲

置五經博士。

自序：「年十歲則誦古文。」按：司馬談仕於建元、元封間，是歲當既入官，公亦隨父在京師。

建元六年丙午日紀五二六，西紀前一三五　十一歲

竇太后崩，田蚡爲丞相，絀黄老刑名百家之言，延文學儒者數百人。愚按：至此始絀黄老，以竇太后崩也。○擊閩、越。淮南王安上書。○汲黯爲主爵都尉。

司馬談論六家指要當在此前。○自序：「太史公學天官於唐都，受易於楊何，習道論於黄子。太史公仕於建元、元封之間，愍學者不達其意，而師悖，乃論六家之指要。」太史公，司

馬談。

元光元年丁未 日紀五二七，西紀前一三四 十二歲

從董仲舒言，初令郡國舉孝廉各一人，又詔舉賢良文學，親策之。○詔吾丘壽王從董仲舒受春秋。○楊何以易徵，官至中大夫。○李陵生。

元光二年戊申 日紀五二八，西紀前一三三 十三歲

太平御覽卷二百三十五引漢舊儀云：「武帝置太史公。司馬遷父談，世爲太史。遷年十三，使乘傳行天下，求古諸侯之史。」十三，年少，不宜有此事，姑録備考。

元光三年己酉 日紀五二九，西紀前一三二 十四歲

元光四年庚戌 日紀五三〇，西紀前一三一 十五歲

竇嬰刑死。○田蚡卒。○河間獻王德修古，招求四方善書。是時淮南王安亦好書，所招致率多浮辨。獻王所得書，皆古文先秦舊書。

元光五年辛亥 日紀五三一，西紀前一三〇 十六歲

河間獻王德薨。○通西南夷，司馬相如等諭巴、蜀民。○以張湯爲太中大夫，與趙禹共定諸律令。○徵吏民有明當世之務，習先聖之術者。天子擢公孫弘策爲第一，拜爲博士。轅固年九十餘，亦以賢良徵。

元光六年壬子 日紀五三二，西紀前一二九 十七歲

匈奴入寇，衛青等擊却之。

元朔元年癸丑 日紀五三三，西紀前一二八　十八歲

定不舉孝廉罪。○主父偃、嚴安、徐樂皆上書，武帝拜爲郎中。主父偃尤親幸。

元朔二年甲寅 日紀五三四，西紀前一二七　十九歲

孔臧爲太常，其從弟孔安國爲侍中，孔子十三世孫。

漢書儒林傳云：「孔氏有古文尚書。孔安國以今文字讀之，因以起其家逸書得十餘篇。蓋尚書茲多於是矣。遭巫蠱，未立於學官。安國授都尉朝，而司馬遷亦從安國問故。故遷書載堯典、禹貢、洪範、微子、金縢諸篇，多古文說。」不詳史公從游之年，錄于是年。

元朔三年乙卯 日紀五三五，西紀前一二六　二十歲

公孫弘爲御史大夫。張湯爲廷尉。儒林傳云「公孫弘以春秋白衣爲天子三公，天下學士靡然鄉風」。酷吏傳云「上方鄉文學，張湯決大獄，欲傅古義。諸博士弟子治尚書、春秋，補廷尉史」。○漢書馮衍傳云：「仲舒言道德，見嫉於公孫弘。」

自序：「二十而南游江、淮，上會稽，浮沅、湘；北涉汶、泗，阨困蕃、薛、彭城，過梁、楚以歸。於是遷爲郎中。」遊涉之廣，想當費歲月，是歲必不還家。爲郎中，又在其後。

元朔四年丙辰 日紀五三六，西紀前一二五　二十一歲

元朔五年丁巳日紀五三七，西紀前一二四　二十二歲
公孫弘爲丞相。○董仲舒爲膠西王相。

元朔六年戊午日紀五三八，西紀前一二三　二十三歲
公孫弘請爲博士置弟子員。

元狩元年己未日紀五三九，西紀前一二二　二十四歲
行幸雍，祠五時，獲白麟。○淮南王謀反，事覺自殺。

元狩二年庚申日紀五四〇，西紀前一二一　二十五歲
丞相公孫弘卒。○董仲舒免歸。○張湯爲御史大夫。○霍去病爲票騎將軍。匈奴渾邪王降。

元狩三年辛酉日紀五四一，西紀前一二〇　二十六歲
得神馬。上方立樂府，使司馬相如等造爲詩賦。

元狩四年壬戌日紀五四二，西紀前一一九　二十七歲
前將軍李廣從大將軍衛青伐匈奴，軍不利，自殺。廣，陵父也。○李少翁以鬼神方見武帝。

元狩五年癸亥日紀五四三，西紀前一一八　二十八歲
武帝病鼎湖。上郡有巫，能下鬼神，帝祠之甘泉壽宮。病愈，幸甘泉。

封禪書贊：「余從巡祭天地諸神名山川，而封禪焉。入壽宮侍祠神語，究觀方士祠官之意。」史公先是已爲郎中，故得從巡祭天地諸神也。

元狩六年甲子 日紀五四四，西紀前一一七　二十九歲

票騎將軍霍去病卒。遣博士褚大、徐偃等分循郡國，諭三老孝弟，以爲民師。

元鼎元年乙丑 日紀五四五，西紀前一一六　三十歲

元鼎二年丙寅 日紀五四六，西紀前一一五　三十一歲

御史大夫張湯有罪自殺。○起柏梁臺。○桑弘羊爲大農中丞，稍置均輸。○張騫自西域還，拜爲大行。

元鼎三年丁卯 日紀五四七，西紀前一一四　三十二歲

元鼎四年戊辰 日紀五四八，西紀前一一三　三十三歲

武帝幸雍，祠五畤，立后土祠於汾陰。○得大鼎於汾陰。○方士欒大爲五利將軍。○中山靖王勝薨。

封禪書：「有司與太史公、祠官寬舒等議祠后土。始立后土祠汾陰脽上，如寬舒等議。」太史公即司馬談。

元鼎五年己巳 日紀五四九，西紀前一一二　三十四歲

列侯坐酎祭宗廟不如法，奪爵者百六人。○欒大以誣罔腰斬。

封禪書：「天子始郊，拜太一。太史公、祠官寬舒等曰：『宜因此地立太畤壇。』三歲天子一郊見。詔從之。」太史公，司馬談。

元鼎六年庚午日紀五五〇，西紀前一一一　　三十五歲

司馬相如有遺書，言封禪。武帝與公卿諸生議封禪，絀徐偃、周霸等，而盡罷諸儒不用。

元封元年辛未日紀五五一，西紀前一一〇　　三十六歲

武帝登封泰山。

自序：「奉使西征巴、蜀以南，南畧邛、筰、昆明，還報命。是歲天子始建漢家之封。而太史公司馬談留滯周南，不得與從事。故發憤且卒。而子遷使反，見父於河、洛之間。太史公執遷手而泣。

元封二年壬申日紀五五二，西紀前一〇九　　三十七歲

河決瓠子。武帝自泰山還，自臨決河，令羣臣從官自將軍以下，皆負薪塞河隄，築宮其上，名曰宣房。○作明堂於汶上。

河渠書贊：「余從負薪塞宣房，悲瓠子之詩。」

元封三年癸酉日紀五五三，西紀前一〇八　　三十八歲

史公繼職爲太史令。○史記自序索隱「博物志：『太史令，茂陵顯武里大夫司馬遷，年

二十八，三年六月乙卯除六百石』」也。二十八，當作「三十八」，傳寫誤。

元封四年甲戌 日紀五五四，西紀前一〇七　三十九歲

元封五年乙亥 日紀五五五，西紀前一〇六　四十歲

大將軍衛青卒。○詔令州郡察吏民有茂才異等可爲將相及使絕國者。

元封六年丙子 日紀五五六，西紀前一〇五　四十一歲

太初元年丁丑 日紀五五七，西紀前一〇四　四十二歲

造漢太初曆，以正月爲歲首，色尚黃，數用五，定官名，協音律，定宗廟百官之儀。○先是董仲舒卒。

史韓長孺傳贊：「余與壺遂定律曆。」漢書律曆志：「武帝元封七年，漢興百二歲矣。大中大夫公孫卿、壺遂、太史公司馬遷等，言曆紀壞廢，宜改正朔。上詔兒寬與博士賜等共議」，「其以七年爲元年。卿、遂、遷與侍御尊、大典星射姓等議，造漢曆。」即太初曆。史記自序太初元年正義云「遷年四十二歲」。

太初二年戊寅 日紀五五八，西紀前一〇三　四十三歲

太初三年己卯 日紀五五九，西紀前一〇二　四十四歲

御史大夫兒寬卒。

太初四年庚辰 日紀五六〇，西紀前一〇一　四十五歲

自序：「余述歷黄帝，至太初而訖。」○史記記事止於是歲。班固、司馬貞、張守節並云「訖於天漢」，蓋讀後人改修之書也。

天漢元年辛巳日紀五六一，西紀前一〇〇　四十六歲

中郎將蘇武使匈奴。

天漢二年壬午日紀五六二，西紀前九九　四十七歲

侍郎李陵戰敗降匈奴。

資治通鑑：「李陵降匈奴。羣臣皆罪陵。上以問太史令司馬遷。遷盛言陵事親孝，與士信，常奮不顧身，以徇國家之急。其素所畜積也，有國士之風。今舉事一不幸，全軀保妻子之臣隨而媒蘗其短，誠可痛也。且陵提步卒不滿五千，深蹂戎馬之地，抑數萬之師。虜救死扶傷不暇，悉舉引弓之民共攻圍之。轉鬬千里，矢盡道窮，士張空拳，冒白刃，北首爭死敵。得人之死力，雖古名將不過也。身雖陷敗，然其所摧敗亦足暴於天下。彼之不死，宜欲得當以報漢也。上以遷爲誣罔，欲沮貳師，爲陵游説，下遷腐刑。」

天漢三年癸未日紀五六三，西紀前九八　四十八歲

史公悲士不遇賦云：「悲夫士生之不辰，愧顧影而獨存。恒克己而復禮，懼志行之無聞。諒才韙而世戾，將逮死而長勤。雖有形而不彰，徒有能而不陳。何窮達之易惑，信美惡之難分。時悠悠而蕩蕩，將遂屈而不伸。使公于公者彼我同兮。私于私者自相悲兮。天道

微哉，嚴可均曰：「文選張衡歸田賦注作『天道悠昧』。又司馬彪贈山濤詩注、陸機塘上行注作『天道悠昧人理促兮』，則跨涉下句。」吁嗟闊兮！人理顯然相傾奪兮。好生惡死，才之鄙也。好貴夷賤，哲之亂也。炤炤洞達，胸中豁也。昏昏罔覺，内生毒也。我之心矣，哲已能忖。我之言矣，哲已能選。没世無聞，古人惟恥。朝聞夕死，孰云其否。逆順還周，乍没乍起。理不可據，智不可恃。嚴可均曰：「二句從文選江淹詣建平王上書注補。」無造福先，無觸禍始。委之自然，終歸一矣。」藝文類聚三十。○史公尤好詞賦，讀屈原、賈生、司馬相如諸傳所收，可以知之。漢書藝文志云「司馬遷賦八篇」。今止存此一篇，而亦殘缺。今録之是歲，以悲公志云。

天漢四年甲申 日紀五六四，西紀前九七　四十九歲

漢書司馬遷傳「遷既刑之後，爲中書令，尊寵任職」。

太始元年乙酉 日紀五六五，西紀前九六　五十歲

太始二年丙戌 日紀五六六，西紀前九五　五十一歲

太始三年丁亥 日紀五六七，西紀前九四　五十二歲

太始四年戊子 日紀五六八，西紀前九三　五十三歲

征和元年己丑 日紀五六九，西紀前九二　五十四歲

征和二年庚寅 日紀五七〇，西紀前九一　五十五歲

巫蠱獄起，戾太子據舉兵斬使江充，自殺。司直田仁、護北軍使者任安坐腰斬。

益州刺史任安，贈書史公。史公答之。書見漢書史公傳、文選。其書云「僕薄從上上雍」。此武帝祠雍五時，而史公從之也。又云「僕近自託於無能之辭，網羅天下放失舊聞，考之行事，稽其成敗興壞之理，凡百三十篇」，據此，則此時百三十篇草稿粗畢，但未經潤飾也。

征和三年辛卯日紀五七一，西紀前九〇　五十六歲

征和四年壬辰日紀五七二，西紀前八九　五十七歲

後元元年癸巳日紀五七三，西紀前八八　五十八歲

後元二年甲午日紀五七四，西紀前八七　五十九歲

孝武帝崩，孝昭帝即位。

史公没年不詳。或昭帝即位之後猶在。

史記資材

史記一百三十篇，五十餘萬言，其依文籍勿論也已，又得諸遊涉，徵之交游。

文籍　史公自序云：「周道既廢，撥去古文，焚滅詩、書。故明堂石室金匱玉版圖籍散亂。漢興，蕭何次律令，韓信申軍法，張倉爲章程，叔孫通定禮義，則文學彬彬稍進，詩書閒出。自曹參薦蓋公言黄、老，而賈誼、朝錯明申、韓，公孫弘以儒顯。百年之間，天下遺文古事靡不畢集太史公。太史公父子，相續纂其職。」此史公自敘其官職當徵當代文獻也。漢書

史公本傳云史公資左氏、國語、世本、戰國策、楚漢春秋。

世本。漢書藝文志云：「世本十五篇，即史記所采也。」史記集解序索隱引劉向曰：「世本，古史官明於古事者所記。録黄帝以來帝王諸侯及卿大夫系謚名號，凡十五篇。」史通正史篇云：「楚、漢之際，有好事者録自古帝王公侯卿大夫之世，終乎秦末，號曰『世本』十五篇。」所傳不同，其書今亡。清孫馮翼、雷學淇、張澍、秦嘉謨各有世本輯本。

戰國策。漢書藝文志云：「戰國策三十三篇，劉向校定。」史公所資，未經校定者，且未有「戰國策」之名。漢書傳贊從劉向所稱也。劉向序録云：「中書本。號或曰『國策』，或曰『國事』，或曰『短長』，或曰『事語』，或曰『長書』，或曰『修書』。臣向以爲戰國時游士，輔所用之國，爲之策謀，宜爲『戰國策』」。王應麟曰：隋志『三十四卷，劉向録』。唐志缺二卷。今世所傳三十三卷。史通「其篇有東西二周、秦、齊、燕、楚、三晉、宋、衛、中山合十二國，分爲三十二篇」。姚氏校正總四百八十餘條。太史公所采九十餘條，其事異者止五六條。朱一新曰：「今高誘、姚宏注本雖分三十三卷，實已缺一篇。蓋後人分析以求合三十三篇之數也。愚按：史記田儋傳云「蒯通者，善爲長短説，論戰國之權變，爲八十一首」。後人或采其書入之於戰國策中，亦未可知。近時吴汝綸疑今本戰國策云：昔者嘗怪子長能竄易尚書及五帝德、帝繫姓等之文，成一家言。獨至戰國策，則一因舊文，多至九十餘事，何至乖異如是？及紃察國策中，若趙武靈王、平原、春申君、范雎、蔡澤、魯仲連、蘇秦、荆軻諸篇，皆取太史敍論之語而并載之。而曾子固亦稱崇文總目有高誘注者，僅八篇，乃知劉向所校戰國策亡久矣。後之人反取太史公書充之，非史公盡取材於戰國策，決也。説見吴摯甫文集。愚按：史公竄易尚書、五帝德、帝繫姓，以今文易古文也。至國策則時代甚近，詞氣相似，故多仍其舊。而樂毅傳毅答燕惠王書、蔡澤傳澤説應侯諸條，竄易之迹，昭然不可掩。史取策，非策取史也。荆軻傳非悉取策，昔人既論之，吴説非。愚又按：韓策序聶政事云：「政姊嫈聞之曰：『弟至賢，不可愛妾之軀滅弟之名，非弟意也。』乃之韓視之曰：『勇哉！氣矜之行。是其軼賁、育而高成荆矣』云云。乃抱屍而哭之曰：『此吾弟軹深井里聶政也。』亦自殺於屍下。」方苞評之云：「韓、衛懸隔，聶政自刑以絶蹤，其姊非聞而駭且疑，無緣遂如韓市也。國策之文疏且拙。刺客傳『其姊嫈聞之』下補『乃於邑曰『其是吾弟與。唯嚴仲子知吾弟』』數語，辭意始完，遠過本文。」書刺客傳後。

此亦以史爲出于策者，示其裁割更易之法也。

楚漢春秋。楚漢春秋，漢志「九篇」。注云：「陸賈所記。」隋志「九卷」。舊唐志「二十卷」。御覽引之。經籍考不載。蓋亡於南宋也。章宗源曰：後書班彪傳「漢興，大中大夫陸賈記録時功，作楚漢春秋九篇。」文心雕龍史傳篇曰：「漢滅嬴、項，武功積年。陸賈稽古，作楚漢春秋。」史通内篇曰：「晏子、虞卿、呂氏、陸賈，其書篇第本無年月，而亦謂之『春秋』。」又曰：「呂、陸二氏，乃子書雜記，而皆號曰『春秋』。」又外篇曰：「劉氏初興，書惟陸賈而已。子長述楚、漢之事，專據此書。譬夫行不由徑，出不由户，未之聞也。然觀遷之所載，往往與舊不同。如酈生之初謁沛公，高祖之長歌鴻鵠，非惟文句有別，遂乃事理皆殊。又韓王名信都，而輒去『都』留『信』，用使稱其名姓，全與淮陰不別。」史記序索隱云：「楚漢春秋陸賈撰。記項氏與漢高祖，及説惠、文間事。」又云：「高祖功臣侯者年表，楚漢春秋與史記、漢書不同者，陸賈記事，高祖、惠帝時，漢書是後定功臣等列。及陳平受呂后命而定，或已改邑號，故人名亦別。」愚按：水經渭水注：「項王在鴻門，亞父曰：『吾使人望沛公，其氣衝天，五色相謬，或似龍，或似雲，此非人臣之義，可誅之。』」藝文類聚地部：「沛公遣將軍閉函谷關，亞父至關不得入，怒曰：『沛公欲反耶？』即令家發薪一束，欲燒關門，關門乃開。」史記劉敬叔孫通傳索隱「蕭何云：『臣三諫不從，請以身當之。』撫劍將自殺，上離席云：『吾定計不易太子。』」太平御覽兵部、人事部「上過陳留，酈生求見。使者入通，公方洗足，問『何如人』？曰：『狀類大儒。』上曰：『吾方以天下爲事，未暇見大儒也。』使者出告，酈生瞋目按劍曰：『入言高陽酒徒，非儒者也。』」又兵部「高祖向咸陽，南趣宛，匿其旌旗，人銜枚，馬束口，龍舉而翼奮。鷄未鳴，圍宛城三匝。宛城降」。史記高祖紀索隱語較略。人事部「薛人丁固追上，上被髮顧曰：『丁公何相急之甚？』乃罵而去。上即位，欲陳功。上曰：『使項王失天下，是子也。爲人臣兩心，非忠也。』下吏笞之。」又曰：「項梁陰養士，最高者，多力拔樹以擊地。」又云：「淮陰、武王反，上自擊之，張良居守。上體不安，臥輼車中。行三四里，留侯走東追上，簪墮被髮。及輼車，排户曰：『陛下即棄天下，欲以王葬乎？以布衣葬乎？』上罵曰：『若翁天子也，何故以王及布衣葬乎？』良曰：『淮南反於東，淮陰害於西，恐陛下倚溝壑而終也。』」刑法部「正疆數言事而當，上使參乘，解玉劍以佩之。天下定，以爲守。有告之者。上曰：『天下方急，汝何在？』曰：『亡。』上曰：『正疆沐浴霜露，與我從事，而汝亡告之，何也？』下廷尉劓。」服章部「北郭先生獻帶於淮陰侯曰：『牛爲人任用，力盡猶不置其革。』」資産部「項梁陰養士九十人。參木者，所與計謀者也。木佯疾，於室中鑄大錢，以具甲兵」。此十一事，並引楚漢春秋，多班、馬所不載。亞父、酈生、丁公事，詞義相殊。困學紀聞所引四事，項羽美人和歌，見史記羽紀正義。高祖封侯，賜丹書鐵券詞，見御覽治道部。東陽侯諫呂太后爲惠帝高墳，見藝文類聚人部。御覽人事部同。下蔡亭長詈淮南王，見文選五等論注。惟史通所稱高祖鴻鵠歌，未見徵引。漢書注引「韓申都」作「信都」。高惠高侯文功臣表注、史記韓彭傳索隱曰：「楚漢春秋『韓王信都』恐謬也，諸書不言有『韓信都』。」擊項籍孔將軍居左。同上表注。高祖之臣，別有絳灌。禮樂志注、陳平傳注。舍人謝公得罪韓信。韓彭傳注、史記索隱引晉灼言，亦同。齊人田生字子春。荆燕吳傳注。丁公薛人，名固。季布傳注。鮿生，鮿姓也。張良傳注，史記集解、索隱並同。封緤爲憑城侯。周緤傳注。叔孫通名何。叔孫通傳注、史記索隱同。會稽假守通姓殷。項籍傳注、史記集解同。史記索隱「樊噲請殺秦王」，高祖紀。解先生云「遣守函谷，無内項王」，同上。項燕爲王翦所殺」。項羽本紀。定侯王吸爲清陽侯王隆。「陽陵景侯」作「陰陵」。漢興諸侯年表。南宮侯張耳。高祖功臣表。高祖封許負爲鳴雌亭侯，絳侯周勃世家。「幾是乎」作「豈是乎」黥布傳。「南昌亭長」作「新昌亭長」。淮陰侯傳。「簞山」作「卑山」。同上。「蒯成侯」作「憑成侯」。傅靳蒯成列傳。吳太子名賢，字德明。吳王濞傳。又韓生説項王居關中。裴駰集解案：「楚漢春秋云『説者是蔡生。』」皆足考異。文選移書太常博士注引云：「漢定天下，論羣臣，破敵禽將，活死不衰，絳、灌、樊噲是也。功成名立，臣爲爪牙，百世無邪，世世相屬，絳侯周勃是也。」此可作漢書注高祖臣別有絳灌之證。

而史公所資，不止於此。

詩。孔子世家：「古者詩三千餘篇。及至孔子，去其重，取可施行於禮義。上采后稷，中述殷、周之盛，至幽、厲之缺云云。三百五篇，孔子皆弦歌之，以求合韶、武之音。禮樂自此可得而述。」愚按：史記殷、周以後記事，采諸三百篇尤多，今不一一列舉之。

韓詩內、外傳。儒林傳：「韓生推詩之意，而爲內外傳數百言。其語頗與齊、魯閒異。」

書。儒林傳：「伏生故爲秦博士。秦時焚書，伏生壁藏之。其後兵大起流亡。漢定，伏生求其書，亡數十篇，獨得二十九篇，即以教于齊、魯之閒。學者由是頗言尚書。」

古文尚書。儒林傳：「孔氏有古文尚書，而孔安國以今文讀之，因以起其家逸書，得十餘篇，蓋尚書滋多於是矣。」漢書儒林傳：「司馬遷從安國問故，遷書載堯典、禹貢、洪範、微子、金縢諸篇，多古文説。」

書序。三代世表序：「孔子至於序尚書，則無日月。」愚按：史公堯、舜、三代記事，采書序尤多。書序蓋周史官之筆，非孔子也。

易。孔子世家：「孔子晚而喜易，序彖、繫、象、説卦、文言，讀易韋編三絶。曰：『假我數年，若是，我於易則彬彬矣。』」儒林傳：「自魯商瞿受易孔子。孔子卒，商瞿傳易，六世至田何。漢興，田何傳東武人王(同)〔同〕子仲，子仲傳菑川人楊何。何以元光元年徵，官至中大夫。」太史公自序：「太史公(司馬談)受易於楊何。」

禮。儒林傳：「諸學者多言禮，而魯高堂生本。禮固自孔子時，而其經不具。及秦焚書，書散亡益多，於今獨有士禮，高堂生能言之。」愚按：士禮即儀禮。史記中引禮者，見今大、小戴記者甚多。

周官。封禪書序：「周官曰：『冬日至，祀天於南郊，迎長日之至。夏日至，祭地祇，皆用樂舞，而神乃可得而禮也。』」愚按：此約言周禮大師文。

春秋，春秋左氏傳，春秋公羊傳，春秋穀梁傳，國語。三代世表序：「孔子因史文，次春秋，紀元年，正時日月，蓋其詳哉。」十二諸侯年表序：「孔子明王道，干七十餘君，莫能用，故西觀周室，論史記舊聞，興於魯而次春秋。上記隱，下至哀之獲麟，約其辭文，去其繁重，以制義法。王道備，人事浹，七十子之徒，口受其傳指，爲有所刺譏褒諱挹損之文辭，不可以書見也。魯君子左丘明，懼弟子人人異端，各安其意失其真，故因孔子史記，具論其語，成左氏春秋。」孔子世家「乃因史記作春秋，上至隱公，下訖哀公十四年，十二公。據魯，親周，故殷，運之三代，約其辭，而指博」。匈奴傳贊「孔子著春秋，隱、桓之間則章，至定、哀之際則微。爲其切當世之文，罔褒忌諱之辭也」。吴太伯世家贊「余讀春秋古文，乃知中國之虞，與荊蠻勾吴兄弟也」。儒林傳「漢興至於五世之間，唯董仲舒名爲明於春秋，其傳公羊氏也。瑕丘江生爲穀梁春秋，自公孫弘得用。嘗集比其義，卒用董仲舒」。五帝本紀贊「予觀春秋、國語，其發五帝德、帝繫姓章矣」。太史公自序「左丘失明，厥有國語」。愚按：春秋古文，言左氏傳也。史記記事，取左氏傳、國語最多，而其義則概用公羊傳。曆書云「周襄公二十六年，閏三月」，而春秋非之，事止見左氏傳。陳世家「甲戌己丑，陳桓公鮑卒，國亂再訃」，亦左氏之說也。孔子世家「夾谷之會，本穀梁傳。史公蓋并用三傳也。

鐸氏微。十二諸侯年表序：「鐸椒爲楚威王傳，爲王不能盡觀春秋，采取成敗，卒四十章，爲鐸氏微。」漢藝文志云「鐸氏微三卷」，今亡。

虞氏春秋。十二諸侯年表序：「趙孝成王時，其相虞卿上采春秋，下觀近世，亦著八篇，爲虞氏春秋。」平原君虞卿傳：「虞卿既以魏齊之故，不重萬户侯卿相之印，與魏齊間行，卒去趙，困於梁。魏齊已死，不得意，乃著書。上採春秋，下觀近世，曰節義、稱號、揣摩、政謀，凡八篇，以刺譏國家得失。世傳之，曰『虞氏春秋』。」愚按：左氏傳正義引别録云「九卷」。漢藝文志儒家「虞氏春秋，十五篇」，今佚。

呂氏春秋。十二諸侯年表序：「呂不韋者，秦莊襄王相。亦上觀尚古，删拾春秋，集六國時事，以爲八覽、六論、十二紀，爲呂氏春秋。」呂不韋列傳「是時諸侯多辯士如荀卿徒，著書布天下。呂不韋乃使其客人人著所聞，集論以爲八覽、六論、十二紀，二十餘萬言，以爲備天地萬物古今之事，號曰『呂氏春秋』。」太史公自序：「不韋遷蜀，世傳呂覽。」愚按：今存。秦本紀繆公脱晉軍圍一條，他書不載，蓋依呂氏春秋愛士篇。

春秋雜説。平津侯主父列傳：「公孫弘年四十餘，乃學春秋雜説。」漢書藝文志春秋「公羊雜説八十三篇」。儒家「公孫弘八篇」，今佚。

董仲舒春秋災異記。儒林列傳：「董仲舒以春秋災異之變，推陰陽所以錯行，故求雨，閉諸陽，縱諸陰。其止雨反是。中廢爲中大夫，居舍災異之記，以修學著書爲事。」漢書藝文志「公羊董仲舒治獄十六卷」，儒家「董仲舒百二十三篇」。

論語，孝經，中庸，弟子籍。仲尼弟子列傳：「論言弟子籍，出孔子古文者，近是。余以弟子姓名文字，悉取論語弟子問，并次爲篇，疑則闕焉。」又云：「曾參作孝經。」孔子世家「子思作中庸」。

五帝德，帝繫姓。五帝本紀贊：「孔子所傳宰予問五帝德及帝繫姓，儒者或不傳。予觀春秋、國語，其發明五帝德、帝繫姓章矣。」仲尼弟子列傳：「宰予問五帝之德。子曰：『予非其人也。』」愚按：五帝德、帝繫姓二篇，見大戴禮記。

夏小正。夏本紀：「孔子正夏時，學者多傳夏小正云。」愚按：夏小正，見大戴禮記。

王制。封禪書：「文帝使博士取六經作王制。」

諜記，五帝繫諜，尚書集世，春秋歷譜牒，五德歷譜。三代世表序：「余讀諜記，黄帝以來，皆有年數。稽其歷譜諜，終始五德之傳，古文咸不同乖異。夫子之弗論次其年月，豈虚哉？於是以五帝繫諜、尚書集(成)〔世〕紀黄帝以來訖共和，爲世表。」十二諸侯年表序：「太史公讀春秋歷譜諜至周厲王，未嘗不廢書而歎也。」「譜諜獨記世謚，其辭略，欲一觀諸要難。」「漢相張蒼歷譜五德。」愚按：或云，諜記即世本。

禹本紀，山海經。大宛列傳贊：「禹本紀言『河出崑崙。崑崙其高二千五百餘里，日月所相避隱爲光明也。其上有醴泉、瑤池』。今自張騫使大夏之後也，窮河源，惡睹本紀所謂崑崙者乎？故言九州山川，尚書近之。至禹本紀、山海經所有怪物，余不敢言之也。」

秦記。六國表序：「太史公讀秦記，至犬戎敗幽王，周東徙洛邑，秦襄公始封爲諸侯，作西畤，用事上帝，僭端見矣。」又云：「秦既得意，燒天下詩書，諸侯史記尤甚」「獨有秦記，又不載日月，其文略不具。」又云：「余因秦記，踵春秋之後，起周元王，表六國時事，訖二世，凡二百七十年，著諸所聞興壞之端。」

蒯通長短説。田儋列傳贊：「蒯通者善爲長短説，論戰國之權變，爲八十一首。」愚按：蒯通八十一首，今不傳。或云後人採入之於戰國策。

令甲，功令。惠景間侯者年表：「長沙王著令甲，稱忠焉。」儒林傳：「余讀功令，至厲學官之路，未嘗不廢書而歎也。」

列侯功籍。高祖功臣侯者年表序「余讀高祖功臣，審其首封」。惠景間侯年表序「太史公讀列侯至便侯，曰：有以夫」。愚按：當時諸臣上其功狀，下某城，取某邑，斬某將之類，此也。樊、酈、滕、灌諸人列傳，蓋取事於此。以事言之曰「狀」，以書言之曰「籍」，故曰「讀」也。

太公兵法。齊世家：「後世之言兵，及周之陰謀，皆宗太公爲本謀。」留侯世家「視其書，乃太公兵法也」。太史公自序「司馬法所由來尚矣，太公、孫、吳、王子能紹之」。漢書藝文志「齊太公二百三十七篇，謀八十一篇，言七十一篇，兵八十五篇」。

司馬法。司馬穰苴傳「齊威王用兵行威，大放穰苴之法」，「威王使大夫追論古者司馬兵法而附穰苴於其中，因號曰司馬穰苴兵法」。贊：「余讀司馬兵法，閎廓深遠，雖三代征伐，未能竟其義，如其文也，亦少褒矣。若夫穰苴區區爲小國行師，何暇及司馬兵法之揖讓乎？世多司馬兵法，故以不論，著穰苴之列傳焉。」太史公自序：「司馬兵法所從由來尚矣，太公、孫、吳、王子能紹而明之。」

管子，晏子春秋。管晏列傳：「管仲既用任政於齊」，「其稱曰：『倉廩實而知禮節，衣食足而知榮辱，上服度則六親固，四維不張，國乃滅亡。下令如流水之原，令順民心。』云云。故曰：『知與之爲取，政之寶也。』」贊：「吾讀管氏牧民、山高、乘馬、輕重、九府，及晏子春秋，詳哉其言之也。既見其著書，欲觀其行事，故次其傳。至其書，世多有之。故論其軼事。」貨殖傳：「齊中衰，管仲修之，設輕重九府。」

　孫子，吳子。孫子吳起列傳「孫子武者，齊人也。以兵法見於吳王闔閭。闔閭曰：『子之十三篇，吾盡觀之矣。』」世傳其兵法。又云：「孫臏以此名顯天下，世傳其兵法。」贊：「世俗所稱師旅，皆道孫子十三篇。吳起兵法世多有，故論行事所施設者。」

　魏公子兵法。魏公子列傳「魏公子名振天下，諸侯之客進兵法，公子皆名之。故世稱魏公子兵法」。

　老子，老萊子。老莊申韓列傳「老子去至關，關令尹喜曰：『子將隱矣，彊爲我著書。』於是老子迺著書上下篇，言道德之意五千餘言而去」。又云「老萊子亦楚人也。著書十五篇，言道家之用，與孔子同時」。

　墨子。孟子荀卿列傳「蓋墨翟，宋大夫，善守禦，爲節用。或曰並孔子時，或曰在其後」。

　李悝、李克書。孟子荀卿列傳「魏有李悝盡地力之教」。貨殖傳「當魏文侯時，李克務盡地力之教」。愚按：漢食貨述李悝之法頗詳。或云：貨殖傳「李克」當作「李悝」。或云，李克爲相，行李悝之法也。

　商君書。商君列傳「余讀商君開塞耕戰書，與其人行事相類」。

　申子。老莊申韓列傳「申子學本黃老，而主刑名，著書二篇，號曰『申子』」。

　莊子。老莊申韓列傳「莊子者，蒙人也」。「其學無所不闚。然其要本歸於老子之言。故其著書十餘萬言，大抵率寓言也。作漁父、盜跖、胠篋以詆訿孔子之徒，以明老子之術。畏累虛、亢桑子之屬，皆空語無事實」。

孟子。孟子荀卿列傳「天下方務於合從連衡，以攻伐爲賢，而孟軻乃述唐、虞、三代之德，是以所如者不合。退而與萬章之徒序詩、書，述仲尼之意，作孟子七篇」。又云「余讀孟子書，至梁惠王問『何以利吾國』，未嘗不廢書而歎也」。

騶衍子，騶奭子。孟子荀卿列傳齊有三騶子。其前騶忌，先孟子。其次騶衍，後孟子。「騶衍睹有國者益淫侈，不能尚德」，「乃深觀陰陽消息，作怪迂之變，終始、大聖之篇十餘萬言」云云。「自騶衍與齊之稷下先生，如淳于髡、慎到、環淵、接子、田駢、騶奭之徒，各著書言治亂之事，以干世主」。又云「騶奭者，齊諸騶子，亦頗采騶衍之術以紀文。於是齊王嘉之，自如淳于髡以下，皆命曰列大夫，爲開第康莊之衢，高門大屋，尊寵之」。曆書序「其後戰國並爭。是時獨有騶衍明於五德之傳，而散消息之分」。

淳于子。孟子荀卿列傳「淳于髡，齊人也。博聞强記，學無所主。其陳說，慕晏嬰之爲人也」云云。梁惠王欲以卿相位待之，髡因謝去，終身不仕。愚按：滑稽傳所載髡對齊威王問，全篇有韻之文，或是淳于子遺佚。

慎子，田駢子，接子，環淵子，劇子，尸子，長盧子，吁子。孟子荀卿列傳「慎到，趙人。田駢、接子，齊人。環淵，楚人。皆學黃老道德之術」，「慎到著十二論，環淵著上下篇，而田駢、接子皆有所論焉」。又云「楚有尸子、長盧，阿之吁子焉」。

公孫固子。十二諸侯年表序「如荀卿、孟子、公孫固、韓非之徒，各往往捃摭春秋之文以著書」。漢志「公孫固一篇十八章」，今亡。班固云：「齊閔王失國問之，公孫固爲陳古今成敗也。」

公孫龍子。孟子荀卿列傳「趙有公孫龍，爲堅白同異之辯」。平原君虞卿列傳「平原君厚待公孫龍。公孫龍善爲堅白之辯，及鄒衍過趙言至道，乃絀公孫龍」。

荀子。孟子荀卿列傳「荀卿，趙人。年五十，始來游學於齊」。「襄王之時，荀卿最爲老師。齊尚脩列大夫之缺，而荀卿三爲祭酒焉。齊人或讒荀卿，荀卿乃適楚，而春申君以爲蘭陵令」。「李斯嘗爲弟子，已而相秦。荀卿嫉濁世之政，亡國亂君相屬」云云，「於是推儒、墨、道德之興壞，序列著數萬而卒。因葬蘭陵」。

韓子。老莊申韓列傳「韓非，韓諸公子也」。「爲人口吃，不能道說，而善著書」云云。「故作孤憤、五蠹、内外儲、説林、説難十餘萬言」。「人或傳其書至秦，秦王見孤憤、五蠹之書曰：『嗟乎，寡人得見此人與之遊，死不恨矣。』李斯曰：『此韓非之所著書也。』秦因急攻韓」。韓王乃遣非使秦。秦王下吏治非，李斯使人遺非藥，使自殺。

新語。酈生陸賈列傳「高帝乃謂陸生曰：『試爲吾著秦所以失天下，吾所以得之者何，及古今成敗之國。』陸賈乃粗述存亡之徵，凡著書十二篇。每奏一篇，高帝未嘗不稱善，左右呼萬歲，號其書曰『新語』」。又云「余讀陸生新語，書十二篇，固當世之辯士」。

離騷。屈原賈生傳「屈原憂愁幽思作離騷」，「乃作懷沙之賦」。又云「余讀離騷、天問、招魂、哀郢」。

宋玉、唐勒、景差賦。屈原賈生傳「屈原既死之後，楚有宋玉、唐勒、景差之徒，皆好辭而以賦見稱」。

賈誼賦及論著。屈原賈生傳「及度湘水，爲賦以弔屈原」。「有鵩飛入賈生舍，乃爲賦以自廣」。愚按：秦本紀贊、陳涉世家贊載賈誼過秦論。

司馬相如賦。司馬相如傳「乃著子虛之賦」云云。「請爲天子游獵賦」云云。「臣嘗爲大人賦」。愚按：傳中又載喻巴蜀檄、難蜀父老、諫獵書、過宜春宫賦、封禪文。

右略舉史記所引文籍，使知史公所據。孔子世家云「適魯，觀仲尼廟堂車服禮器」，留侯世家云「余以爲其人計魁梧奇偉，至見其圖，狀貌如婦人好女」，是以車服圖畫資史也。魏其武安侯傳所謂田蚡所學槃盂諸書，亦在所不棄。禹域金石之學，既胚胎乎此矣。但所謂「天下遺文古事靡不畢集太史公」者，今不可復見，尤爲可憾。

遊涉　太史公自序云：「遷生龍門，耕牧河山之陽。」「年二十而南遊江、淮，上會稽，探禹穴，闚九疑，浮沅、湘。北涉汶、泗，講業齊、魯之都，觀孔子之遺風，鄉射鄒嶧；戹困鄱、薛、彭城，過梁、楚以歸。」又云：「奉使西征巴、蜀以南，略邛、笮、昆明」。史公遊涉之迹，略具于此。又見五帝本紀、「余嘗西至空峒，北過涿鹿，東漸於海，南浮江、淮矣，至長老皆各往往稱黄帝、堯、舜之處，風教固殊焉。」封禪書、「余從巡祭天地諸神名山川，而封禪焉。入壽宫侍祠神語，究觀方士祠官之意。」河渠書、「余南登廬山，觀禹疏九江，遂至于會稽太湟，上姑蘇，東闚洛、汭、大邳，迎河，行淮、泗、濟、漯洛渠，西瞻蜀之岷山及離碓；北自龍門至于朔方。曰：甚哉，水之爲利害也！余從負薪塞宣房，悲瓠子之詩，而作河渠書。」齊太公世家、「吾適齊，自泰山屬之琅邪，北被于海，膏壤千里。其民闊達多匿知，其天性也。以太公之聖，建國本，桓公之盛，修善政，以爲諸侯會盟稱伯，不亦宜乎。洋洋哉，大國之風也！」魏世家、「吾適大梁之墟，墟中人曰：『秦之破梁，引河溝而灌大梁，三月城壞，王請降，遂滅魏。』」孔子世家、「余讀孔氏書，想見其爲人。適魯，觀仲尼廟堂車服禮器，諸生以時習禮其家，余祇回留之，不能去云。」伯夷列傳、「余登箕山，其上蓋有許由冢云。」孟嘗君列傳、「吾嘗過薛，其俗閭里率多暴桀子弟，與鄒、魯殊。問其故，曰：『孟嘗君招致天下任俠，姦人入薛中，蓋六萬餘家矣。』世之傳孟嘗好客自喜，名不虛矣。」魏公子列傳、「吾過大梁之墟，求問其所謂夷門。夷門者，城之東門也。」春申君列傳、「吾適楚，觀春申君故城宮室，盛矣哉！」屈原賈生傳、「余適長沙，觀屈原所自沈淵，未嘗不垂涕想見其爲人」。蒙恬列傳、「吾適北邊，自直道歸，行觀蒙恬所爲秦築長城亭障，塹山堙谷通直道，固輕百姓力矣。」淮陰侯傳、「吾如淮陰，淮陰人爲余言，韓信雖爲布衣時，其志與衆異。其母死，貧無以葬，然乃行營高敞地，令其旁可置萬家。余視其母冢，良然。」樊酈灌嬰列傳、「吾適豐、沛，問其故老，觀故蕭、曹、樊噲、滕公之家，及其素，異哉所聞！」龜策列傳、「余至江南，觀其行事，問其長老，云：龜千歲乃遊蓮葉之上，蓍百莖共一根。又其所生，獸無虎狼，草無毒螫。江傍家人，常畜龜，飲食之，以爲能導引致氣，有益於助衰養。」讀貨殖列傳所敍，土地開塞，產業盛衰，物貨聚散，人民醇醨，多得諸目睹。凡全漢郡國，概莫不有史公足迹。蘇轍云：「太史公行天下，周覽四海名山大川，與燕、趙間豪俊交遊。故其文疏蕩頗有奇氣。」上樞密韓太尉書。顧炎武云：「秦、楚之際，兵所出入之塗，曲折變化，唯太史公序之如指掌。以山川郡國不易明，故曰東曰西，曰南曰北，一言之下，而形勢瞭然。蓋自古史書兵事地形之詳，未有過此者。太史公胸中固有一天下大勢，非後代書生之所能幾也。」日知録二十六。此言其一端耳。史公所獲於遊涉，固不止乎此。

交游　史公交游必廣，今不能悉知之。就史文所引，得若而人，又補以漢書。

周生。周生蓋周霸。項羽本紀贊：「吾聞之周生曰『舜目蓋重瞳子』，又聞項羽亦重瞳子。」衛將軍列傳「議郎周霸」，儒林傳「魯人周霸，以易至二千石」。

馮遂。趙世家贊：「吾聞馮王孫曰：『趙王遷，其母倡也，嬖於悼襄王。悼襄王廢適子嘉而立遷。遷素無行，信讒，故誅其良將李牧，用郭解。』」張釋之馮唐列傳贊：「馮唐子遂，字王孫，亦奇士，與余善。」

賈嘉。屈原賈生傳：「賈生之孫二人，至郡守，而賈嘉最好學，世世其家，與余通書。」

公孫季功。刺客傳贊：「世言荆軻其稱太子丹之命，『天雨粟，馬生角』也，太過。又言荆軻傷秦王，皆非也。始公孫季功、董生與夏無且游，具知其事，爲余道之。」

樊他侯。樊酈滕灌列傳贊：「余與他侯通，爲言高祖功臣起時若此。」愚按：他侯，樊噲孫，承後爲舞陽侯，後廢爲庶人。

平原君子。酈生陸賈傳贊「至平原君子，與余善，是以得論之」。愚按：平原君朱建。

田仁。田叔列傳贊「仁與余善，余故并論之」。漢書田叔傳：「田叔少子仁，以壯勇爲衛將軍舍人，數從擊匈奴。衞將軍進言仁，爲郎中，至二千石丞相長史，失官後使刺三河還。奏事稱意，拜爲京輔都尉，月餘遷司直。數歲，戾太子舉兵，仁部閉城門，令太子得亡，坐縱反者，族。」愚按：田仁，田叔子。曾國藩云：「壺遂、田仁皆與子長交，故敍梁、趙事多深切。」

壺遂。韓長孺列傳贊：「余與壺遂定律曆，觀韓長孺之義，壺遂之深中隱厚。世之言梁多長者，不虛哉！壺遂官至詹事，天子方倚以爲漢相，會遂卒。不然，壺遂之內廉行修，斯鞠躬君子也。」傳又云韓安國「爲人多大略」，「所推舉皆廉士賢於己者也。於梁舉壺遂、臧固、郅他，皆天下名士」。太史公自序「上大夫壺遂曰：『昔孔子何爲而作春秋哉？』太史公曰：『余聞董生曰：周道衰廢，孔子爲魯司寇』」云云。

李廣。李將軍傳贊：「余睹李將軍，悛悛如鄙人，口不能道辭。」

蘇建。衞將軍驃騎列傳贊「蘇建語余曰：吾嘗責大將軍至尊重，而天下賢士大夫毋稱焉，願將軍觀古名將所招選擇賢而勉之哉」云云。

郭解。游俠傳贊：「吾視郭解，狀貌不及中人，言語不足採者。然天下無賢與不肖，知與不知，皆慕其聲，言俠者，皆引以爲名。」

董仲舒。儒林傳董仲舒，廣川人也。以春秋，孝景時爲博士。今上即位，爲江都相。相膠西王，疾免，居家至卒。漢興至于五世之間，惟董仲舒名爲明於春秋，其傳公羊氏也。太史公自序「太史公曰：『余聞董生曰：周道衰廢，孔子爲司寇，諸侯害之，大夫壅之。孔子知言之不用，道之不行也，是非二百四十二年之中，以爲天下儀表』」云云。

孔安國。漢書儒林傳：「孔氏有古文尚書，孔安國以今文字讀之，因以起其家逸書，得十餘篇，蓋尚書兹多於是矣。遭巫蠱，未立於學官。安國爲諫大夫，授都尉朝，而司馬遷亦從安國問故。故遷書載堯典、禹貢、洪範、微子、金縢諸篇，多古文説。」孔子世家「孔安國爲今帝博士，至臨淮太守，蚤卒」。

李陵。太史公自序「太史公遭李陵之禍，幽於縲紲。乃喟然而歎曰：『是余之罪也夫！是余之罪也夫！身毁不用矣。』」愚按：史公遭禍本末，見答任安書。

任安。衛將軍驃騎列傳「官令，令驃騎將軍秩禄與大將軍等。自是之後，大將軍青日退，而驃騎日益貴。舉大將軍故人門下，多去事驃騎，唯任安不肯」。褚少孫田叔補傳田仁故與任安相善。任安，滎陽人也。少孤貧困，爲衛將軍舍人，與田仁會，俱居門下，有詔召見衛將軍舍人，此二人前見，武帝使任安護北軍，使田仁護田穀於河上，其後任安爲益州刺史，田仁爲丞相司直。逢太子有兵事，司直下吏誅死，任安爲北軍使者護軍，太子立車北軍南門外，召任安，與節令發兵。安拜受節，入閉門不出。武帝以爲佯邪，下吏誅死。愚按：史公答任安書，見漢書史公傳。

史記名稱

朱筠曰：古之王者必有史官。其所書爲史記，尚矣。記曰「動則左史書之，言則右史書記之」。藝文志曰「左史記言，右史記事。事爲春秋，言爲尚書」。史記之名，不始于遷。猶春秋不始于孔子也。杜預云「春秋者，魯史記之名。楚謂之『檮杌』，晉謂之『乘』，而魯謂之『春秋』」。

其實一也」。孔穎達云「據周世法，則國有史記，當同名『春秋』。獨言『魯史記』者，仲尼修魯史所記，以爲春秋也」。賈逵云「周禮盡在魯矣，史法最備，故史記與周禮同名」。如三說者信，可謂史記始于遷乎？不獨「史記」之名，不自遷始，而遷書之名「史記」，或反出於後世。遷之自序其父談之書曰「自獲麟以來四百餘載，諸侯相兼，史記放絶」。又曰「遷爲太史令，紬史記石室金匱之書」。李奇注亦云「遷爲太史令五年，適當武帝太初元年」。此時述史記，曰「放絶」，曰「紬」，曰「述」，則知當時實有其書，而非遷始作之明甚。至其歷舉所著本紀、表、書、世家、列傳之名，既皆列于篇，而又曰「凡百三十篇，五十二萬六千五百字，爲太史公書」。未嘗自列之爲「史記」也。班固作傳亦仍之云「遷死後其書稍出。宣帝時，遷外孫平通侯楊惲祖述其書，遂宣布焉」。贊稱遷有良史之材，其善序理，謂之「實録」。而藝文志春秋家有「太史公百三十篇。十篇有録無書」。未嘗云「史記百三十篇」也。至隋經籍志云「史記、漢書師法相傳，並有解釋」。於是並列裴駰、徐野民、鄒誕生三家注撰，始以遷書謂之「史記」。然遷書自名「太史書」，不名「史記」。而後人特重其書，以爲自黄帝以來，訖於楚、漢，古史記之書皆賴是以存，遂以「史記」之名當之，相傳於世。與賈雲臣論史記書。梁玉繩曰：漢藝文志亦云「太史公百三十篇」，又云「馮商所續太史公七篇」，蓋史公作書，不名「史記」。史記之名，當起叔皮父子。觀漢五行志及後書班彪傳可見。蓋取古史記之名以名遷之書，尊之也。史記志疑。愚按：史記之名，朱氏以爲始於隋書，梁氏以爲出於班彪父子。後説爲是。

史記記事

漢興以來諸侯年表序云：「臣遷謹記高祖以來至太初諸侯。」高祖功臣侯者年表序云：「天下初定，至太初，百年之間，見侯五。」太史公自序云：「述陶唐以來至于麟止。」又云：「漢興已來，至於太初百年，諸侯廢立分削，譜記不明。」又云：「太史公曰：『余述歷黃帝以來至太初而訖。』」服虔解「麟止」云：「武帝至雍獲白麟，而鑄金作麟足形。故曰『麟止』。遷作史記止於此。猶春秋終於獲麟然也。」史記索隱引。梁玉繩申服説云：「武帝因獲白麟改號元狩，下及太初四年，凡廿二歲。再及太始二年，凡廿八歲。更黃金爲麟趾褭蹏，蓋紀前瑞焉。而史公借以終其史，假設之辭耳。」史記志疑。愚按：史訖於太初，史公自言，不待辨説。麟止，依元狩事，假周南詩，以表作史之時，非言訖史之年也。與太始二年黃金鑄麟趾，元無交涉。其不言獲麟者，避嫌也。崔適史記探源以麟止爲元狩元年獲白麟事，以史記嗣後記事，爲後人附益。若然，則漢興以來諸侯、高祖功臣侯者年表兩序，太史公自序皆可廢乎？求奇競新，務爲異説，以驚人耳目。近時講學之徒，往往而然，不獨崔氏。非實事求是之旨也。班固曰：「司馬遷據左氏、國語，采世本、戰國策，述楚漢春秋，接其後事訖於天漢。」漢書司馬遷傳。裴駰、集解序、漢興將相年表集解。司馬貞、索隱序、索隱後序。張守節正義序。皆從之，蓋就後人附益之書而言。

史記體製

史公自序云：「略推三代，録秦、漢，上記軒轅，下至于兹，著十二本紀，既科條之矣。並時異世，年差不明，作十表。禮樂損益，律曆改易，兵權山川鬼神天人之際，承敝通變，作八書。二十八宿環北辰，三十輻共一轂，運行無窮，輔弼股肱之臣配焉。忠信行道，以奉主上，作三十世家。扶義俶儻，不令己失時，立功名於天下，作七十列傳。凡百三十篇。」索隱補史記序云：「本紀十二，象歲星之一周。八書有八篇，法天時之八節。十表放剛柔十日。三十世家，比月有三旬。七十列傳，取懸車之暮齒。百三十篇，象閏餘而成歲。」愚按：或取之天象，或徵諸人事，附會末巧，固非史公之意也。

趙翼曰：「古者左史記言，右史記事。言爲尚書，事爲春秋。其後沿爲編年記事二種。記事者以一篇記一事，而不能統貫一代之全。編年者又不能即一人而各見其本末。司馬遷參酌古今，發凡起例，創爲全史，本紀以序帝王，世家以記侯國，十表以繫時事，八書以詳制度，列傳以誌人物。然後一代君臣政事賢否得失，總彙於一編之中。自此例一定，歷代作史者，遂不能出其範圍。信史家之極則也。」二十二史劄記。

鄭樵曰：「仲尼既没，諸子百家興焉。各效論語，以空言著書。至於歷代實迹，無所統繫。迨漢建元、元封之後，司馬氏父子出焉。世司典籍，工於制作。故能上稽仲尼之意，會詩、書、左傳、國語、世本、戰國策、楚漢春秋之言，通黄帝、堯、舜至於秦、漢之世，勒成一書，分爲五體。本紀紀年，世家傳代，表以正曆，書以類事，傳以著人，使百代而下，史官不能易其法，學者不能捨其書。六經之後，惟有此作。故謂周公五百歲而有孔子，孔子五百歲而在斯乎？是其所以自待者已不淺。」通志序。

本紀　大宛列傳引禹本紀，則本紀之目，自古有之。但與書、表、世家、列傳並稱，自史公創也。敍帝王當國者事。

十二本紀，以先後次第。王子嬰未降之前，天下之權在秦，既降之後在楚，故列項羽於本紀也。不爲孝惠立本紀，併之於吕后者，由政之所出也。

表　索隱引禮記鄭注云：「表，明也。」趙翼曰：「史記作表，昉之譜牒。」沈濤曰：「表猶言譜。表、譜，一聲之轉。」

趙翼曰：「史記作十表，昉於周之譜牒，與紀傳相爲出入。凡列侯將相、三公九卿、功名表著者，既爲立傳。此外大臣無功無過者，傳之不勝傳，而又不容盡没，則於表載之。作史體裁，莫大於是。故漢書因之，亦作七表。以史記中三代世表、十二諸侯年表、六國表，皆無與於漢也。其餘諸侯，皆本史記舊表，而增武帝以後沿革以續之。惟外戚恩澤侯表，史記所無。又增百官公卿表，最爲明晰。别有古今人表，既非漢人，何煩臚列？且所分高下，亦非定評，殊屬贅設也。」二十二史劄記。梁章鉅曰：「史之有表，經緯相牽，或連或斷，可以考證，而不可以誦讀。學者往往不觀。故劉知幾史通有廢表之論。其實表之爲用，與紀、傳相爲表裏。凡王侯、將相、公卿，其功名表著者，既爲立傳。此外無積勞，又無顯過，傳之不可勝書。而姓名爵里存没盛衰之跡，要不容以遽泯，則於表乎載之。又其功罪事實，傳中有未能悉備者，亦於表乎載之。年經月緯，一覽了然。作史體裁，莫大於是。」退菴隨筆。愚謂史記以人紀，不以年編。三代、秦、漢事蹟，先後錯出，彼是互見。史公自序所謂「並時異世，年差不明」者，安能知之？史記之有表，以紀傳兼編年也。趙、梁二氏，專就將相表言之，未悉。

書　趙翼曰：「八書乃史遷所創。以紀朝章國典也。漢書因之作十志。律曆志，則本於律書、曆書也；禮樂志，則本於禮書、樂書也；食貨志，則本於平準書也；郊祀志，則本於封禪書也。天文志，則本於天官書也；溝洫志，則本於河渠書也；此外又增刑法、五行、地理、藝文四志。」二十二史劄記。

世家　孟子云「仲子，齊之世家也」，猶言世禄之家。以爲史目，與本紀、列傳並稱，蓋自史公創。

三十世家，亦皆以先後次第。其以孔子爲世家者，自伯魚、子思以下，學業功勳，不墜其緒，以至于漢，與管、晏、衛、李輩自別。陳涉起於謫戍蜂起，侯王將相皆奉其命，非區區管、蔡、陳、杞之比，何得不爲世家乎？

列傳　趙翼曰：「古書凡記事立論及解經者，皆謂之傳，非專記一人事蹟也。其專記一人爲一傳者，則自遷始。又於傳之中，分公卿將相爲列傳。其儒林、循吏、酷吏、刺客、游俠、佞幸、滑稽、日者、龜策、貨殖等，又别立名目，以類相從。自後作史者，各就一朝所有人物傳之，固不必盡拘遷史舊名也。」二十二史劄記。

蘇洵曰：「遷之傳廉頗也，議救閼與之失不載焉，見之趙奢傳。傳酈食其也，謀橈楚權之繆不載焉，見之留侯傳。夫廉頗、酈食其皆功十而過一者也。後之庸人，必曰『智如廉頗，辨如酈食其，而十功不能贖一過』，則將苦其難而怠矣。是故本傳晦之，而他傳發之，則其與善也，不亦隱而彰乎？遷論蘇秦，稱其知過人，不使獨蒙惡聲。論北宫伯子，多其愛人長者。夫秦、伯子皆過十而功一者也。苟舉十以廢一，後之凶人必曰『蘇秦、北宫伯子，雖有善不録矣。吾復何望哉？』是窒其自新之路，而堅其肆惡之志者也。故於傳詳之，於論於贊復明之。則其懲惡也，不亦直而寬乎？」諫論。

李笠曰：「史臣敘事，有闕於本傳而詳於他傳者，是曰『互見』。史公則以屬辭比事而互見焉。以避諱與嫉惡，不敢明言其非，不忍隱蔽其事，而互見焉。游俠傳不詳朱家之事，而述於季布傳。高祖紀不言過魯祀孔子，而著於孔子世家。此皆引物連類而舉遺漏者也。封禪書盛推神鬼之異。而大宛傳云『張騫通大夏，惡睹本紀所謂崑崙者乎』，又云『所有怪物，余不敢言之也』。高祖紀謂高祖豁達大度。而佞幸傳云『漢興，高祖至暴抗也』。此皆恐犯忌諱，以雜見錯出，而見正論也。」史記訂補。

七十列傳，略以先後次第。而索隱云司馬相如、汲黯傳不宜在西南夷之下，大宛傳不宜在酷吏、游俠之間。愚謂相如事與西南夷涉，故相次。儒林、酷吏二傳叙崇文教嚴刑法，大宛傳述通西域，武帝大業於是略備，故次之以游俠、滑稽諸雜傳。蓋先大後小，自上及下也。趙翼云「史記列傳次第，皆無意義，可知隨得編次」。二十二史劄記。豈其然乎哉？梁玉繩引程一枝云：「儒林、循吏、酷吏、刺客、游俠、佞幸、滑稽、醫方、日者、龜策、貨殖，雜傳也。以類相從，合在後。匈奴、南越、東越、朝鮮、西南夷、大宛，四夷也。以類相從，當在雜傳之後。」史記志疑。愚謂此欲使史記法漢書也，未得史公之旨。

盧文弨曰：「史、漢數人合傳，自成一篇文字。雖間有可分析者，實不盡然。蓋數人同一事，彼此互見，自無重複之弊。即如史記廉藺列傳，首敍廉頗事，無幾即入藺相如事，獨多。而後及二人之交驩，又閒以趙奢，末又以頗之事終之。此必不可分也。漢書張周趙任申屠傳，皆爲御史大夫，遷丞相，則又詳敍其始末，乃終之以申屠嘉，此一本史記之舊。唯申屠爲可分，其餘皆不可分也。後世史成於衆人，若删彼傳以入此傳，則有欲掩其名之嫌。以故史、漢之法，不可復覩耳。」鍾山札記。愚按：史記合傳，原是一篇之文。各本或分儒林、酷吏、大宛、游俠諸傳，以人以國提行，皆非史公之舊。盧說得之。

柯維騏曰：「按：太史公自序云作老子韓非列傳，其莊子、申子特附載之耳。凡世家、列傳附載者極多，如陳平世家附王陵，如楚元王世家附趙王，如張儀傳附陳軫、犀首，如樗里甘茂傳附甘羅，如孟子荀卿傳附淳于髡、慎到、騶奭，如廉頗藺相如傳附趙奢、李牧，如韓王信盧綰傳附陳豨，如樊酈傳附滕公、灌嬰，如傅靳傳附周緤，如張丞相傳附周昌、任敖、申屠嘉，如酈生陸賈傳附朱建，如萬石張叔傳附衛綰、直不疑、周文，如平津傳附主父偃，如魏其武安傳附灌夫。其論贊，或專或兼，無定體也。」史記考要。

論贊　賴襄曰：「史中論贊，自是一體，不可與後人史論同視也。史氏本主敍事，不須議論。特疏己立傳之意，又補傳所未及。而有停筆躊躇俯仰今古處，足以感發讀者心，是論贊所以有用。子長以後，少得此意者。」山陽先生書後。

汪師韓曰：「史記贊往往有用韻者。若南越尉佗傳、循吏兩贊，人共知之。又若魏其武安侯列傳贊，其用亦顯然者。前以變、遯、亂爲韻，中以權、賢、延爲韻，後以哉、來爲韻。」詩學纂聞。

王鳴盛曰：「司馬遷創立本紀、表、書、世家、列傳體例。後之作史者，遞相祖述，莫能出其範圍。即班、范稱『書』，陳壽稱『志』，李延壽南北朝稱『史』，歐陽子五代稱『史記』，小異其目。書之名，各史皆改稱『志』。五代又改稱『考』。世家之名，晉書改稱『載記』。要皆不過小小立異，大指總在司馬氏牢籠中。司馬取法尚書及春秋内、外傳，自言述而非作，其實以述兼作者。」十七史商榷。

齋藤正謙曰：「史記張耳、陳餘、魏豹、彭越、樊噲、灌嬰之類直舉姓名。蕭相國、陳丞相，則稱其官。留侯、絳侯、淮陰侯，則稱其爵。至萬石君，則從其諱名稱之。雖質朴可喜，似無定例。漢書盡書其姓名，傳中又皆去其姓曰信曰耳之類，並爲後世史氏之式。」拙堂文話。愚按：史公依人立題，或舉姓名，或稱官爵，不必一律。韓信與彭越同誅，仍稱淮陰侯。石奮曰萬石君，依景帝言。讀史者，當求史公所以立題之意。

袁枚曰：「史遷敍事，有明知其不確，而貪所聞新異，以助己之文章。則通篇以幻忽之語序之，使人得其意于言外。讀史者不可無識也。即如屠岸賈一事，三傳所無。史遷不忍割愛，故趙世家入手，即序鳥身人面之中衍，隨即序周穆王見西王母，以下將妖夢鬼神之事，重疊言之。皆他世家所無也。若曰屠岸賈之有無亦若是云爾。張良傳曰黄石公，曰滄海君，曰赤松子，皆莫須有之人。以見四皓之傳聞亦如是云爾。」隨園隨筆。愚按：史中多此類，揚雄所謂子長愛奇者。愚又按：史記以堯、舜、禹爲黄帝後，以殷爲契後，以周爲后稷後，以秦、趙爲伯翳後，以齊爲四嶽後，以楚爲顓頊後，以陳、田齊爲舜後，以杞、越、匈奴、閩越爲禹後。項羽本紀云：「舜目蓋重瞳子。項羽亦重瞳子。羽豈其苗裔邪？何其興之暴也？」鯨布列傳云：「英布者，其先春秋所見楚滅英六，皐陶之後哉？身被刑法，何其拔興之暴也？」史公蓋以爲王侯將相，起身建國者，皆其父祖積善餘慶所致也。白起王翦列傳武安君引劍將自剄，曰：「我何罪于天而至此哉？」良久曰：「我固當死。長平之戰，趙卒降者數十萬人，我詐而盡阬之。是足以死。」又云：「陳勝之反秦，秦王翦之孫王離擊趙，圍趙王及張耳鉅鹿城。或曰：『王離，秦之名將也。今將彊秦之兵，攻新造之趙，舉之必矣。』客曰：『不然。夫爲將三世者必敗。必敗者何也？以其所殺伐多矣，其後受其祥。今王離已三世將矣。』居無何，項羽救趙擊秦軍，果虜王離。」李將軍傳「李廣嘗與望氣王朔燕語，曰：『自漢擊匈奴，而廣未嘗不在其中，然無尺寸之功以得封邑者，何也？』朔曰：『將軍自念，豈嘗有所恨乎？』廣曰：『吾嘗爲隴西守，羌嘗反，吾誘而降，降者八百餘人，吾詐而同日殺之。至今大恨獨此耳。』朔曰：『禍莫大於殺已降，此乃將軍所以不得侯者也。』」陳丞相世家「陳平曰：『我多陰謀，是道家之所禁。吾世即廢，亦已矣，終不能復起，以吾多陰禍也。』」韓世家「韓厥之感晉景公，紹趙之孤子武，以成程嬰、公孫杵臼之義，此天下之陰德也。韓氏之功，於晉未覩其大者也。然與趙、魏終爲諸侯十餘世，宜乎哉！」蓋積善餘慶，陰謀陽禍，史記一貫之旨。而於伯夷事，不得其説，遂爲未了之語云「儻所謂天道是邪非邪」，史公不敢自斷，使人思之。

史記文章

揚雄曰：「或問周官曰『立事』，左氏曰『品藻』，太史遷曰『實録』。」揚子法言重黎篇。又曰：「淮南説之用，不如太史公之用也。太史公，聖人將有取焉。淮南鮮取焉爾，必也儒乎？」又曰：「乍出乍入，淮南也。文麗用寡，長卿也。多愛不忍，子長也。仲尼多愛，愛義也。子長多愛，愛奇也。」君子篇。

班固曰：「自劉向、揚雄，博極羣書，皆稱遷有良史之材，服其善序事理，辨而不華，質而不俚。其文直，其事核，不虛美，不隱惡。故謂之實録。」漢書司馬遷傳。

劉知幾曰：「人之著述，雖同自一手，其間則有善惡不均，精麤非類。若史記之蘇、張、蔡澤等傳，是其美者。至於三、五本紀，日者、太倉公、龜策傳，固無所取焉。觀子長之敘事也，自周已往，言所不該。其文闊略，無復體統。洎秦、漢已下，條貫有倫，則焕炳可觀，有足稱者。衛青傳後，太史公曰『蘇建嘗責大將軍不薦賢待士』，此傳之與紀並所不書。而史臣發言別出其事，所謂假讚論而自見者。」史通敘事篇節録。

洪邁曰：「太史公不待稱説。若云褒贊其高古簡妙處，殆是摹寫星日之光輝，多見其不知量也。然予每展讀至魏世家、蘇秦、平原君、魯仲連傳，未嘗不驚呼擊節，不自知其所以然。魏公子無忌與王論韓事曰『韓必德魏愛魏，重魏畏魏，韓必不敢反魏』，十餘語之間，五用『魏』字。蘇秦説趙肅侯曰：『擇交而得，則民安；擇交而不得，則民終身不安。齊、秦爲兩敵，而民不得安。倚秦攻齊，而民不得安。倚齊攻秦，而民不得安。』平原君使楚，毛遂願行。君曰：『先生處勝之門下，幾年于此矣？』曰：『三年于此矣。』君曰：『先生處勝之門下，三年于此矣。左右未有所稱誦，勝未有所聞，是先生無所有也。先生不能，先生留。』遂力請行，面折楚王再，言吾君在前，叱者何也？至左手持盤血，而右手招十九人於堂下。其英姿雄風，千載下尚可想見，使人畏而仰之。卒定從而歸至于趙，平原君曰：『勝不敢復相士。勝相士，多者千人，寡者百數。今乃于毛先生而失之。毛先生一至楚，而使趙重于九鼎大呂。毛先生以三寸之舌，强于百萬之師。勝不敢復相士。』秦圍趙，魯仲連見平原君曰：『事將奈何？』君曰：『勝也何敢言事！魏客新垣衍令趙帝秦。今其人在是，勝也何敢言事！』仲連曰：『吾始以君爲天下之賢公子也。吾今然後知君非天下之賢公子也。』魯仲連見新垣衍。衍曰：『吾視居此圍城之中者，皆有求于平原君者也。今吾觀先生之玉貌，非有求于平原君者也。』又曰：『始以先生者爲庸人。吾乃今日知先生爲天下之士也。』是數者，重沓熟復，如駿馬下駐千丈坡。其文勢正爾風行于上而水波，真天下之至文也。」容齋五筆。

羅大經曰：「太史公伯夷傳、蘇東坡赤壁賦，文章絕唱也。其機軸略同。伯夷傳以『求仁得仁，又何怨』之語設問，謂夫子稱其不怨，而采薇之詩猶若未免於怨，何也？蓋天道無親，常與善人。而達觀古今、操行不軌者多富樂，公正發憤者每遇禍。是以不免於怨也。雖然，富貴何足求？節操爲可尚。其重在此，則其輕在彼。况君子疾没世而名不稱。伯夷、顔子得夫子而名益彰，則所得亦已多矣。又何怨之有？赤壁賦因客吹簫而有怨慕之聲，以此設問，謂舉酒相屬，凌萬頃之茫然，可謂至樂。而簫聲乃若哀怨，何也？蓋此乃周郎破曹公之地。以曹公之雄豪，亦終歸於安在，况吾與子寄蜉蝣於天地，哀吾生之須臾，宜其託遺響而悲怨也。雖然，自其變者而觀之，雖天地曾不能以一瞬。自其不變者而觀之，則物與我皆無盡也。又何必羨長江而哀吾生哉？矧江風山月，用之無盡。此天下之至樂。於是洗盞更酌，而向之感慨風休冰釋矣。東坡步驟太史公者也。」鶴林玉露。

王世貞曰：「太史公之文有數端焉。帝王紀，以己釋尚書者也，文多引圖緯子家言，其文衍而虛。春秋諸世家，以己損益諸史者也，其文暢而雜。儀、秦、鞅、雎諸傳，以己損益戰國者也，其文雄而肆。劉、項紀，信、越傳，志所聞也，其文宏而壯。河渠、平準諸書，志所見也，其文核而詳，婉而多風。刺客、游俠、貨殖諸傳，發所寄也，其文精嚴而工篤，磊落而多感慨。」史記評林。

賴襄曰：「遷史入漢敍事變最大者兩次，諸呂之亂與七國之反是也，事散在諸處。而呂后紀、文帝紀、吳王濞傳、周亞夫傳其薈蕞處。彼覩天下事勢機會緩急之際，明如掌紋。故順敍、倒敍、正敍、側敍，而讀者無不了然，然而平淡看過。余修私史，每敍到大事，輒取法于此。」山陽先生書後。

齋藤正謙曰：「入崑崙之山，滿目莫非美玉。然有千金之珍，有連城之寶，不能無差等。一部史記，固爲羣玉圃。然本紀則高祖、項羽，世家則陳涉、蕭、曹、留侯，列傳則伯夷、屈原、范蔡、廉藺、張陳、淮陰、李廣、刺客、貨殖諸篇，殊爲絶佳，是連城之寶也。」

又曰：「子長同敍智者，子房有子房風姿，陳平有陳平風姿。同敍勇者，廉頗有廉頗面目，樊噲有樊噲面目。同敘刺客，豫讓之與專諸，聶政之與荆軻，纔出一語，乃覺口氣各不同。高祖本紀，見寬仁之氣動於紙上。項羽本紀，覺喑噁叱咤來薄人。讀一部史記，如直接當時人，親覩其事，親聞其語。使人乍喜乍愕，乍懼乍泣，不能自止。是子長敘事入神處。」

又曰：「史記敘事議論，淋漓盡致。故有重沓者，漢書或删之，以取齊整。此可以見班、馬之優劣也。史記張耳傳寫趙王謹敬之狀曰『朝夕袒韝蔽，自上食。禮甚卑，有子壻禮』，以反襯高祖倨慢。而漢書删『袒韝蔽』三字。又寫泄公與貫高相問勞之狀曰『箯輿前，仰視曰：「泄公邪？」』『泄公邪』三字，極有情致，而漢書删去之。韓信傳敘信出少年袴下曰『俛出袴下蒲伏』。『蒲伏』二字，騃狀如見，所以反襯他日榮達，而漢書又删之。張良傳，敘良進履老人曰『父曰「履我」』。良業爲取履，因長跪履之』，極力摹寫良之卑屈，所以反襯老人倨傲。而漢書盡删之，唯曰『因跪進』而已。如此之類，皆不若其舊也。」

又曰：「文章有斷續之法。史記屈原傳『屈平既嫉之』云云下，插『人君無愚智賢不肖』數十句，接上文『屈平既嫉之』一段，是續法也。乍斷乍續，有雲擁中峯之態。宋景濂讀本以爲位置失宜，移其『繫心懷王』一段于後，移其『人君無愚知賢不肖』一段于前，又删其『楚人既咎子蘭勸王入秦』三句。或謂潔净明爽，诚勝原本。何不深察耶？果如其説，則平平無奇，凡手所辨耳。歐陽公王彦章畫像記論德勝之戰曰：『莊宗之善料，公之出奇，何其神哉？』其下忽曰『今國家罷兵四十年』云云，説入時事，俯仰感慨。其言未畢，又忽曰『及讀公家傳』云云，以接前段。猶黄河之水，伏而復見，妙不可言。是蓋得於太史者也。」拙堂文話。

長野確曰：「修史者，知記歷代事實及文物制度，而不知摸寫其人之氣象、好尚、文章、言語之各殊，固不足以爲史矣。故修史之難，在不失其時世之本色，使千載之下讀者如身在其時，親見其事也。司馬子長作史記，自黄帝迄漢武，上下三千餘年，論著纔五十餘萬言。而三代之時自是三代之時，春秋戰國之時自是春秋戰國之時，下至秦、漢之際，又自是別樣。時人之氣象好尚，各時不同，使讀者想見其時代人品，是所以爲良史也。」松陰快談。

梁章鉅曰：「今考據家作文字，率喜繁徵博引，以長篇炫人，然氣不足以舉之，每令閲者不終篇而倦。其意自謂源於史、漢，然史公文字精采，雖長不厭，漢書則冗沓處實多。馬、班之高下，即在於此。史記中長短亦不一律，如項羽本紀長八千八百餘字，趙世家長一萬一千一百餘字，而顔淵列傳僅二百四十字，仲弓列傳僅六十三字，何嘗以長爲貴乎？」退庵隨筆。

史記殘缺

漢書司馬遷傳云：「著十二本紀、十表、八書、三十世家、七十列傳，凡百三十篇。而十篇缺，有録無書。」西京雜記云：「司馬遷作景帝本紀，極言其短，及武帝之過。帝怒而削去之。後坐舉李陵降匈奴，下遷蠶室。有怨言，下獄死。」西京雜記葛洪録劉歆遺書也。魏王肅亦引此事，見魏書。裴駰注（漢書）〔史記〕云：「衛宏漢（書）〔舊〕儀注云『司馬遷作景帝本紀，極言其短，及武帝過。武帝怒而削去之。後坐舉李陵，陵降匈奴，故下蠶室。有怨言，下獄死』。」此依西京雜記。

張晏曰：「遷没之後，亡景紀、武紀、禮書、樂書、兵書、漢興以來將相年表、日者列傳、三王世家、龜策列傳、傅靳蒯成列傳。元、成之閒，褚先生補缺，作武帝紀、三王世家、龜策、日者列傳，言辭鄙陋，非遷本意也。」此漢傳所謂所缺十篇之目也。序目無兵書，兵書即律書，觀史公自序自明。

張守節曰：「褚少孫補景、武紀、將相表、禮、樂、律書、三王世家、傅靳、日者、龜策傳。」司馬貞曰：「景紀取班書補之。武紀專取封禪書。禮書取荀卿禮論。樂書取禮樂記。兵書亡不補，略述律而言兵，遂分歷述以次之。三王世家空取其策文續此篇。日者不能記諸國之同異，而論司馬季主。龜策直太卜所得占龜兆雜説，而無筆削功。何蕪鄙也！」

李陵降匈奴，在天漢二年。其後六年，征和二年。史公與任安書言編史事，則非坐李陵事死也。西京雜記所記非事實。漢傳所謂「十篇有目無書」之言，亦未可信。據今本考之，孝景本紀、漢興以來將相年表太初以前紀事，依例，此表當有序，失之。禮書序、樂書序、律書序、張晏所謂兵書。三王世家贊、傅靳蒯成列傳、龜策列傳序，仍是史公之筆。説詳于各篇。

史記附益

楊惲。漢書司馬遷傳「司馬遷既死後，其書稍出。宣帝時，遷外孫楊惲祖述其書，遂宣布焉」。楊惲事，漢書楊敞傳附載。

褚少孫。張晏曰：「遷歿之後，元、成之間，褚先生補缺，作武帝紀、三王世家、龜策、日者列傳，言辭鄙陋，非遷本意也。」四庫全書提要云：「日者、龜策二傳並有『太史公曰』，又有『褚先生曰』，有『臣爲郎時』云云，是補綴殘稿之明證，必當經奏進。」愚按：漢書儒林傳云王式爲昌邑王師。昌邑王廢，羣臣皆下獄誅。式得減死論，歸家。山陽張長安幼君先事式，後東平唐長賓、沛褚少孫亦來事式。唐生、褚生應博士弟子選詣博士，頌禮甚嚴，試誦說有法。諸博士驚問何師。對曰「事式」。共薦式，詔爲博士。張生、唐生、褚生皆爲博士。由是魯詩有張、唐、褚氏之學。褚少孫事，詳于三代世表考證。

漢書云「祖述」者，其義未詳。各篇改「今上」爲「武帝」，天漢以後所死諸王，往往書其謚，賈生列傳「昭帝時列爲九卿」等語，或是楊惲所附益。秦本紀「孝明帝十七年至死生之義備矣」，平津侯主父偃列傳後「太皇太后詔大司徒大司空」至「亦其次也」，司馬相如列傳贊「揚雄以爲」以下二十八字，非褚少孫所補。蓋附益史記者，非一人也。今略條列之，說詳各篇。劉知幾史通古今正史篇云：「史記所書年，止漢武太初，已後闕而不録。其後劉向、向子歆及諸好事者，若馮商、衛衡、揚雄、史岑、梁審、肆仁、晉馮、段肅、金丹、馮衍、韋融、蕭奮、劉恂等，相續迄於哀、平間，猶名『史記』。至建武中，司徒班彪以爲『其言鄙俗，不足以踵前史』云云，於是採其舊事，旁貫異聞，作後傳六十五篇。其子固以『父所撰未盡』云云，爲漢書紀、表、志、傳百篇。蓋馮、衛諸人紀天漢至哀、平，上以續史公，下以起班椽者，於史記文字，無所增損也」。

秦始皇本紀贊　「秦并兼諸侯」至「攻守之勢異也」一段，賈誼過秦論上篇，史公取以爲陳涉世家論，此後人附益。贊後「襄公立享國十二年」，至「至二世六百一十歲」，蓋秦記文，「孝明帝十七年」至「嬰死生之義備矣」一段，亦皆後人附益。

今上本紀　後人附益。「漢興已六十餘歲」以下，全采封禪書文。

三代世表　篇後「張先生問褚先生」至「豈不偉哉」，褚少孫附益。

漢興諸侯年表　孝景前四年第十二格「是爲孝武帝」五字，後人附益。下文「孝武」皆當作「今上」。五年第十五格「廣川王彭祖徙趙。四年，是爲敬肅王」。彭祖大始四年薨。史訖於太初，作史時，彭祖未卒。安得稱謚乎？「是爲敬肅王」五字，亦後人附益。表中多類此者，今不一一載之。

高祖功臣侯者年表　表首第六格「太初元年盡後元二年十八」十一字，後人附益。

惠景間侯者年表　表首第八格「太初已後」，「已後」二字，後人附益。

漢興以來將相年表　天漢以後紀事，後人附益。

建元以來侯者年表　表首第八格「太初已後」，「已後」二字，後人附益。表後「右太史公本表」至卷末，後人附益。

禮書　首序，史公手筆。「禮由人起」至卷末，後人取荀子禮論篇附益。

樂書　首序，史公手筆。「凡音之起自人心生也」至「夫樂不妄興也」，後人取荀子、禮記、韓非子附益。「太史公曰」卷末論贊亦然。

律書　首序，史公手筆。「書曰七正二十八舍」至卷末，後人附益。

曆書　曆術甲子篇「焉逢攝提格」至「祝犁大荒建始四年」，年號年數，後人附益。

天官書　卷末「蒼帝行德」至「客星出天廷有奇令」，後人附益。

封禪書　卷末「其後五年復至泰山脩封還過祭恒山」十五字及「今上封禪其後十二歲而還徧於五岳四瀆矣」十八字，後人附益。

陳涉世家　贊「褚先生曰」當作「太史公曰」，秦始皇本紀附載班氏奏事可證。蓋後人誤改。

外戚世家　「李夫人有寵有男一人爲昌邑王」，後人附益。卷末「褚先生曰」至「謚爲武豈虛哉」，褚少孫附益。

楚元王世家　「王純立地節二年中人上表告楚王謀反王自殺國除入漢爲彭城郡」二十七字，後人附益。

齊悼惠王世家　「是爲惠王」至「十五歲」四十八字、「是爲頃襄王」至「十一歲卒」四十四字，後人附益。

曹相國世家　「征和二年中」至「國除」十一字，後人附益。

梁孝王世家　「襄立三十九年卒」至「立爲襄王也」十九字，後人附益。卷末「褚先生曰」至「少見之人如從管中闚天也」，褚少孫附益。

三王世家　「褚先生曰」至「以奉燕王祭祀」，褚少孫附益。

賈生列傳　卷末「孝武皇帝立，舉賈生之孫二人，至郡守，而賈嘉最好學，世其家，與余通書。至孝昭時，列爲九卿」，「孝武」宜作「今上」。「至孝昭時列爲九卿」八字，後人附益。

酈商列傳　「爲太常坐法國除」七字，後人附益。

張丞相列傳　卷後「孝武時丞相多甚不記，至困戹不得者，衆甚也」，前不言「褚先生曰」，亦褚少孫附益。

酈生陸賈列傳　平原君傳末「初沛公引兵過陳留」至「遂入破秦」一段，既與酈生本傳有出入，其文與御覽三百四十二所引楚漢春秋相合，後人附益。

田叔列傳　「數歲爲二千石」至「陘城今在中山國」，後人附益。「褚先生曰」至「後進者慎戒之」，褚少孫附益。

李將軍列傳　「李陵既壯選爲建章監」至「皆以爲耻焉」，後人附益。

衛將軍驃騎列傳　卷末録從軍諸將事，後人附益。

平津侯主父偃列傳　「太皇太后詔」至「朕親臨拜焉」，「班固稱曰」至「亦其次也」，皆後人附益。

司馬相如列傳　贊「揚雄以爲靡麗之賦」至「不已虧乎」二十八字，後人附益。

酷吏列傳　「周中廢」至「家貲累數百萬矣」，後人附益。

滑稽列傳　「褚先生曰」至「辯治者當能別之」，褚少孫附益。

日者列傳　卷首至「余志而著之」，或是褚少孫附益。「褚先生曰」至「人取於五行者也」，亦少孫之筆。

龜策列傳　「褚先生曰」至「内高而外下也」，褚少孫附益。

史記流傳

史公既著史記，藏之名山，副在京師。宣帝時，公外孫楊惲祖述其書，遂宣布焉。當時有桓寬，既引其言，鹽鐵論毁學篇云：「大夫曰司馬子言『天下穰穰皆爲利往』，蓋用貨殖傳語。」褚少孫亦補其遺。獻帝時，揚雄評其書。揚子法言。自此其後，流傳益盛，至今莫不家藏人讀。略述史藉所記。

禹域　漢楊惲述史記。漢書楊敞傳：「敞子忠，忠弟惲，惲母司馬遷女也。惲始讀外祖太史公記，頗爲春秋，以材能稱，好交英俊諸儒，名顯朝廷。」

褚少孫補史記。史記龜策傳：「褚先生曰：『臣以通經術，受業博士，以高第爲郎，幸得宿衛，出入宫殿中十有餘年，竊好太史公傳。』」

後漢東平王請史記。東平思王宇傳：「元帝崩後三載，詔復所削縣，後年來朝，上疏求諸子及太史公書。上以問大將軍王鳳。對曰：『臣聞諸侯朝聘，考文章，正法度，非禮不言。今東平王幸得來朝，不思制節謹度，以防危失，而求諸書，非朝聘之義也。諸子書，或反經術，非聖人，或明鬼神信物怪。太史公書有縱横權譎之謀。漢興之初，謀臣奇策，天官災異，地形阸塞，皆不宜在諸侯王。不可予。不許之，辭宜曰「五經聖人所制，萬事靡不畢載。王審樂道，傳相皆儒者，旦夕講誦，足以正身虞意。夫小辨破義，小道不通，致遠恐泥，皆不足以留意。諸益于經術者，不愛于王」。』對奏。天子如鳳言，遂不與。」

范升奏太史公違戾。范升傳：「建武二年，遷博士。時韓歆欲爲費氏易、左氏春秋立博士。升退而奏左氏之失，凡十四事。時難者，以太史公多引左氏。升又上太史公違戾五經，謬孔子，言及左氏春秋不可録三十一事，詔以下博士。」

楊終删史記。楊終傳：「顯宗時徵詣蘭臺，拜校書郎。後受詔删太史公書爲十餘萬言。」

張衵史記注。龍城録：「沈休文有龍山史記注，即張衵著。衵後漢末大儒，世亦不稱譽。余少時在江南，李育之來訪，余求借此文。後爲火所焚，更不復得。豈斯文天欲祕耶？」

王肅對魏帝問。三國志魏書王肅傳：「肅以常侍領祕書監。帝問司馬遷以受刑之故，内懷隱切著史記，非貶孝武，令人切齒。對曰：『司馬遷記事，不虚美，不隱惡。劉向、揚雄服其善叙事，有良史之才，謂之「實録」。漢武帝聞其述史記，取孝景及己本紀覽之，于是大怒，削而投之。于今此兩紀有録無書。後遭李陵事，遂下遷蠶室。此爲隱切在孝武，而不在于史遷也。』」説本劉歆西京雜記。

張裔涉史、漢。蜀書張裔傳：「裔字君嗣，蜀郡成都人也。治公羊春秋，博涉史、漢。汝南許文休入蜀，謂裔幹理敏捷，是中夏鍾元常之倫也。」

張輔論班、馬異同。晉書張輔傳：「輔歷梁州刺史，嘗論班固、司馬遷云：『遷之著述，辭約而事舉，叙三千年事，唯五十萬言。班固叙二百年事，乃八十萬言，煩省不同，不如遷一也。良史述事，善足以奬勸，惡足以監誡。人道之常，中流小事，亦無取焉。而班皆書之，不如二也。毁貶晁錯，傷忠臣之道，不如三也。遷既造創，固又因循，難易蓋不同矣。又遷爲蘇秦、張儀、范雎、蔡澤作傳，逞辭流離，亦足以明其大才。故述辯士則辭藻華靡，敘實録則隱核名檢，此所以遷稱良史也。』」

劉殷授一子史記。晉書孝友傳：「劉殷有七子，五子各授一經，一子授太史公，一子授漢書，一門之内，七業俱興，北州之學，殷門爲盛。」

裴駰史記集解。宋書裴松之傳：「松之子駰，南中郎參軍，注司馬遷史記行於世。」今存。

崔慰祖欲注史、漢。南齊書文學崔慰祖傳：「慰祖與從弟緯書云：『常欲更注遷、固二史，採史漢書漏二百餘事在廚簏，可檢寫之以存大意。』」

曹景宗讀穰苴、樂毅傳。梁書曹景宗傳：「景宗字子震，頗愛史書。每讀穰苴、樂毅傳，輒放卷嘆息曰：『丈夫當如是。』」

袁峻抄史記、漢書。梁書文學傳：「袁峻字孝高。天監六年，直文德學士省，抄史記、漢書名爲二十卷。」

陸從典續史記，陸慶學史記。陳書陸瓊傳：「第三子從典，仕隋除著作佐郎。右僕射楊素奏從典續司馬遷史記迄于隋。其書未就。」蘇州府志：「陸慶字士季，從同郡顧野王學司馬史，仕陳桂陽府左常侍。」

包愷通史記。隋書儒林傳：「包愷從王仲通受史記，尤稱精究。」李密傳：「密師事國子助教包愷受史記，勵精忘倦，愷門徒皆出其下。」

齊顔之推顔氏家訓書證篇：「梁劉勰文心雕龍史傳、封禪諸篇頗言史記。」至唐中宗景龍四年，劉知幾著史通二十卷，論述史記尤博。其自序云：「昔漢世諸儒集論經傳，定之於白虎觀，因名曰『白虎通』。予既在史館而成此書，故便以『史通』爲目。且漢求司馬遷後，封爲『史通子』，是知史之稱通，其來自久。博采衆議，爰定兹名。」其後玄宗開元中司馬貞有史記索隱，張守節有史記正義。二人事，既具本書。

王綝受史記。唐書王綝傳：「綝字方慶，以字顯，起越王府參軍，受司馬遷、班固二史于記室任希古。希古它遷，就卒其業。」

郗士美誦史記。郗士美傳：「父純字高卿，舉進士，拔萃制策，皆高弟。士美年十二，通史記、漢書，皆能成誦。」

陸士季學史記。孝友傳：「陸南金祖士季，從同郡顧野王學司馬史。仕隋爲越王侗記室，兼侍讀。貞觀初學士。」

劉伯莊撰史記音義、史記地名考。舊唐書劉伯莊傳：「龍朔中兼授崇賢館學士，撰史記音義、史記地名各二十卷，行于代。」

劉氏史記音義既佚，索隱、正義多取之。

高子貢精史記。唐書儒學傳：「高子貢弱冠游太學，偏涉六經，尤精史記。」

王元感注史記。舊唐書王元感傳：「元感雖年老，猶能燭下看書，通宵不寐。長安三年，表上其所撰尚書糾繆、春秋振滯、禮記繩愆，并所注孝經、史記藁草，請官給紙筆，寫上祕書閣。詔令弘文、崇賢兩館學士及成均博士詳其可否。」

褚無量著講史記至言。舊唐書儒學褚無量傳：「刻意墳典，尤精禮、司馬史記。殁後有於書殿得講史記至言十二篇，上之，帝歎息，以絹五百匹賜其家。」事在玄宗開元中。

殷侑言三史。日知録：「唐穆宗長慶三年二月，諫議大夫殷侑言：『司馬遷、班固、范曄三史，爲書勸善懲惡，亞於六經。比來史學廢絶，至有身處班列，而朝廷舊章無能知者。』於是立三史科及三傳科。通典舉人條例，其史書史記爲一史，漢書爲一史，後漢書爲一史，三國史爲一史，李延壽南史爲一史，北史爲一史。習南史者，兼通宋、齊志。習北史者，通後魏、隋書志。自宋以後，史書煩碎冗長，請但問政理成敗所因，及人物損益，關於當代者，其餘一切不問。國朝自高祖以下及睿宗實録并貞觀政要共爲一史。今史學廢絶，又甚於唐時。若能依此法舉之，十年之間，可得通達政體之士，未必無益於國家也。」

杜鎬等校史記。玉海：「淳化五年七月，詔選官分校史記，前、後漢書。杜鎬、舒雅、吴淑潘謹修校史記，朱昂再校。陳充、阮思道、尹少連、趙況、趙安仁、孫何校前、後漢書。」

摹印史記。文獻通考：「石林葉氏曰：『唐以前，凡書籍皆寫本，未有模印之法。』『五代時馮道始奏請官鏤版印行。國朝淳化中，復以史記，前、後漢書付有司摹印。自是書籍刊鏤者益多。』」

任隨等上覆校史記刊誤。玉海：「景德元年正月丙午，任隨等上覆校史記刊誤文字五卷。」

真宗作讀史記詩。玉海：「大中祥符八年七月辛未，作史記詩三首。其讀十九史也，起八年七月辛未，成于天禧元年二月辛未。」

仁宗校正史記。玉海：「景祐元年九月癸卯，詔選官校正史記。」

劉敞進講史記。劉敞傳：「敞進讀史記，至『堯授舜以天下』，拱而言曰：『舜至側微也，堯禪之以位，天神享之，百姓戴之，非有他道，惟孝友之德光于上下耳。』帝竦體改容，知其以義理諷也。」

高宗親寫史記。玉海：「紹興十二年十二月庚辰，上曰：『朕一無所好，惟閱書作字，自然無倦。尚書、史記、孟子寫畢。尚書寫兩過。左傳亦節一本。』」

(宣)〔高〕宗御書史記列傳。玉海：「紹興十三年二月，内出御書左氏春秋及史記列傳于祕書省，宣示館職。觀畢，皆作詩以進。」

王涉校史記。宋史王涉傳：「涉爲國子監説書，改直講，校史記。」

高斯得罷自實田。高斯得傳：「遷福建路計度轉運副使，朝廷行自實田，斯得言『按史記秦始皇三十一年，令民自實田。主上臨御適三十一年，而異日書之史册，自實之名，正與秦同』。丞相謝方叔大媿，即爲之罷。」

婁機著班馬字類。婁機傳：「機所著有班馬字類，人多藏焉。」

馮椅著讀史記。馮去非傳：「父椅家居授徒，著孔子弟子傳、讀史記等書。」

徐得之著史記年紀。儒林傳：「徐夢(父)〔莘〕弟得之字思叔，淳熙十年進士，著史記年紀。」

崔遵度問史、漢紀傳。文苑傳：「崔遵度七歲，受經于叔父憲，嘗以春秋編年，史、漢紀傳之例問于憲。憲曰：『此兒他日成令名矣。』」

姚寬注史記。揮麈後録：「姚宏弟寬，字令威，問學詳博，注史記。」

頒史記裴駰集解。金廢帝天德三年，置國子監，史記用裴駰註，自國子監印之，授諸學校。按：選舉志：「凡養士之地曰『國子監』。史記用裴駰註，自國子監印之，授諸學校。」

以女真字譯史記。世宗大定六年進所譯史記，詔頒行之。按：徒單鎰傳：「大定四年，詔以女直字譯書籍。五年，翰林侍講學士徒單子温進所譯貞觀政要等書。六年，復進史記、西漢書，詔頒行之。」

蕭貢注史記。金史蕭貢傳：「貢好學讀書，至老不倦，有注史記一百卷。」

李汾讀史記、左傳。文藝傳：「李汾元光間游大梁，爲史館書寫。汾既爲之，殊不自聊，趙秉文爲學士，雷淵、李獻能皆在院。刊修之際，汾在旁，正襟危坐，讀太史公、左丘明一篇，或數百言，音吐洪暢，旁若無人。」

柯維騏、歸有光。明(外)史儒林傳：「柯維騏惟嗜讀書，著史記考要，行于世。」「歸有光爲古文，原本經術，好太史公書，得其神理。」以上概依古今圖書集成別補數條。

日本　近藤守重曰：續日本紀云：「天平寶字元年十一月癸未勅曰：『須講經者。經生者五經，傳生者三史。』」又神護景雲三年冬十月，太宰府言：府庫但蓄五經，未有三史正本。勅賜史記、漢書、後漢書、三國志、晉書各一部。續日本後紀云：「承和九年九月丙申，勅使相摸、武藏、常陸、上野、下野、陸奥等國，寫進三史。」拾芥抄云：「史記、前漢書、東漢記，謂之三史。吉備大臣三史櫃，入此三史。」守重案初學記，世以史記、班固漢書及東觀漢紀爲三史矣。又案：吉備大臣三史櫃，蓋言吉備大臣唐土將來之櫃也。三代實録云：「貞觀十七年四月廿八日，帝始讀史記。」扶桑略記云：「延喜六年五月十六日，天皇始讀史記。延長三年五月，伊豫權守公統講史記於北堂。」天慶二年記云：「十一月十四日，主上始讀史記。」岡屋關白記云：「建長三年八月十一日，小童六歲。初有讀書事。前中納言經光卿授之五帝本紀。」可以知當時已有史記鈔本也。」台記云：「久安六年四月廿八日，皇后權大夫初讀五帝本紀，立黑漆書机，其上敷紙，以檀紙二枚裹五帝本紀置其上，其右置角筆。」是亦疑卷子鈔本。久安六年，值南宋紹興二十年。觀其講筵之式，亦可以知古人尊重經史矣。右文故事。愚按：寬平中，陸奧守藤原佐世所著日本國現在書目云：「史記八十卷，漢中書令司馬遷，宋南中郎兵參軍裴駰集解。史記音，梁輕車録事參軍鄒誕生撰。史記音義廿卷，唐大中大夫劉伯莊撰。史記索隱卅卷，唐朝散大夫司馬貞撰。史記新論，陸蒙撰。太史公史記問一卷。」寬平先久安二百五十年，值唐昭宗時，而集解、音義、索隱諸書既傳於我邦。本朝文粹卷九載後江相公大江朝綱，村上天皇時人。春日侍前鎮西都督大王讀史記序云：「古人有言，荊山之璞雖美，不琢不成其寶。顏、閔之才雖茂，非學非弘其量。是故鎮西都督大王受史記於吏部江侍郎。蓋尋聖訓也。大王仁義有餘，百行無失。雖習馬遷之史，不忘車胤之勤。復樂在爲善，豈非東平之後身？業只好文，則是曹子建之再誕。于時緑觴頻傾，絃管緩調。春花面面，欒入酣暢之筵；晚鶯聲聲，與參講誦之座。朝綱質謝水，光文慙雕虎。猥奉大王之教，聊獻小子之詞。謹序。」台記康治二年九月二十九日條記講習書目云「史記五十一卷，保延三年本紀一至六，世家一至十七，列傳一至廿八」。此諸王諸臣亦講史記也。史記桃源鈔識語云：「余昔壯年就牧中翁而學史記。本紀至周之半，列傳及相如之末，書其所聞者。今也講之，抄以補其缺也。文明丁酉孟夏十又二，書于翠微所深軒。」又云：「余舊所聞，止乎相如傳之半矣。今世季玉藏主就余講此書，且又講補所抄缺者。鄉者鵜記所聽焉耳。今之抄者，百倍于昔焉。豈無小司馬譏褚（小）〔少〕孫之言哉？余亦不敢辭之。蓋貽于後世所不愧者。余之言，乃自彊、北禪、玉渚三大老，及一條臺閣、一條兼良。清家環翠翁清原宣賢。之言也。知我罪我，其唯春秋乎？季玉復并書余之所講之與所抄，可謂勤矣。吾史記之意，其在季玉乎？文明丁酉夏五初九日，亦庵村僧書于翠微深處之軒。」此僧徒亦講史記也。兵範記云：「今日仁平四年三月二十五日。依入學吉日，冠者信政，同車向文章博士第受寮試，讀書三卷端端。高祖本紀、蕭相國世家、張儀列傳，已上各十行許，讀始之。」此入學試史記也。又見源氏物語乙女篇。明治二年，副知學事兼侍讀秋月種樹序增訂史記評林云：「新刊史記評林，鶴牧藩主水野忠順命田中篤實、豐田一貫等校正刊刻者。蓋字畫之楷正，校勘之精到，較之從前坊刻諸本，太完善矣。余以謭劣，忝備員今皇帝侍讀。嚮與三條右府謀，進讀史記，以世無善本爲憾。欲別刊一本以具御前。適忠順蒙官准，此本刊始成，將獻呈一本，乞序於余。余大善資維新文明之皇治也，爲題數言。」（雜）〔維〕新之後，朝廷講筵用史記，蓋仍古例也。明治天皇御製云：「古乃史見留度邇思布哉！己加治牟留國波何如邇登。治國之道，讀書之法，皆備于此矣。」

史記鈔本刊本

鈔本　隋、唐以來，刊刻文籍，至宋益盛。蘇軾云：「余猶及見老儒先生，自言少時欲求史記、漢書而不可得。幸而得之，皆手自書，日夜誦讀，惟恐不及。近市人轉相摸刻，諸子百家之書，日傳萬紙。」李氏山房藏書記。蓋刊史記，自北宋始也。而隋、唐之舊不可復見。我邦幸有古鈔本數種，概皆卷子。仍存往時面目，文字閒與今本異，可以資於校勘。

五帝本紀。宫内省圖書寮藏。

夏本紀。求古樓舊藏，今歸岩崎文庫。

殷本紀。高山寺舊藏，今歸内藤文庫。羅振玉景印。

文字與今本異者，「太丁」、「太甲」、「太庚」、「太戊」字皆作「大」。「有娀氏之女」下有「也」字。「簡狄取吞之」，「取」下有「而」字。「殷復興」，「殷」下有「道」字。「盤庚乃告諭諸侯大臣」，「乃」下有「偏」字。「決冢宰」，「決」上有「事」字。「帝甲」作「帝祖甲」，「弟沃甲」作「帝沃甲」。「白旗」上有「大」字。愚草殷本紀考證時，景印未行，補記。

周本紀。經籍訪古志云：「正和五年鈔本，崇蘭館藏。」

秦本紀。高山寺舊藏，今歸岩崎文庫。

高祖本紀。宫内省圖書寮藏。

吕后本紀。毛利文庫藏，有延久五年學生大江家國識語。

文帝本紀。東北帝國大學文庫藏，有延久五年學生大江家國識語。

景帝本紀。野村氏舊藏，今歸久原文庫，亦有大江家國識語。

孝武本紀。經籍訪古志云：「崇蘭館藏。」

河渠書。神田文庫藏，藤原忠平手澤本。或云唐人鈔，羅振玉景印。

范雎蔡澤列傳。宮内省圖書寮藏。

張丞相列傳。高山寺藏，羅振玉景印。

酈食其陸賈列傳。同上。

官庫私倉，所存尚多。録予所聞見。

刊本　北宋刊本存于今者數種。南渡之後，乾道有蔡夢弼本，淳熙有耿（平）〔秉〕本，而或卷帙既缺，或行密字小，或諸注不備。黄善夫本最稱完好。

宋黄善夫本。經籍訪古志云：「史記一百三十卷。宋槧本，米澤上杉氏藏。宋裴駰集解，唐司馬貞索隱，張守節正義。天禄琳琅書目云：「史記六十册。宋裴駰集解，唐司馬貞索隱，並補張守節正義。集解、索隱、正義本各單行，至宋始合刻。據校書官張文潛，知元祐時槧。」愚按：據此，北宋既合刻三注。每半版十行，行十八字，注二十三字。序、目録每半版九行，行十五字，注二十字。界長六寸五分，幅四寸一分。四周雙邊，烏絲外標題。「玄」、「貞」、「讓」、「愼」、「殷」、「徵」、「弘」等字闕筆。每卷末，記史、注字數。集解序後有「建安黄善夫刊于家塾之敬堂」木記。傳稱此本係直江兼續遺物。」訪古志又録黄善夫本漢書云：「目録末有識語云『集諸儒校本三十餘家，及五六友，澄思静慮，讎對同異，是正舛訛。始甲寅之春，畢丙辰之夏。建安黃宗仁善夫謹啓』。宗仁其名，善夫其字。列傳第一卷末有「建安黃善夫刊于家塾之敬室」記。甲寅，蓋即宋紹熙五年；丙辰，則慶元二年也。行款體式，一與史記同。」愚按：史、漢二書，黃氏並行，但未詳其上梓先後。而松崎明復慊堂日歷稱曰「慶元本史記」。愚又按：明嘉靖六年，震澤王延喆覆刻黃善夫本。跋云：「吳中刻左傳，郢中刻國語，閩中刻漢書，而史記未版行。延喆因取舊藏宋刻史記，重加校讎翻刻於家塾，與三書並行於世。工始嘉靖乙酉蜡月，迄丁亥之三月。林屋山人王延喆識於七十二峯深處。」目録後有篆書「震澤王氏刻梓」六字。至清同治九年，崇文書局重雕王本，而去真逾遠。上海商務印書館藏黃刻零本。近者請上杉伯以補其闕，景印行之。於是人人得掬古香，亦快事也！

劉氏百衲宋本史記。清錢曾恨不得獲史記宋槧全帙，輯綴零本斷册合爲一百三十卷，稱曰「百衲本」。其書今不傳。劉喜海亦倣之，因作此書。蓋輯宋槧四種。一、北宋本，但有集解。「桓」字不避，知北宋刊本。二、宋本。但有集解。「桓」字、「愼」字不避。蓋南宋以前刊本。三、南宋本。有集解、索隱。「桓」字、「愼」字避，缺。四、南宋蔡夢弼刊本。有集解、索隱。三皇本紀後有「建溪三峯蔡夢弼傅卿親校刊於家塾，時歲乾道七年春王正上日書」識語。説詳於錢泰吉甘泉鄉人稿、張文虎札記。上海商務印書館景印。

元中統本。張文虎曰：「有集解、索隱。述贊首有中統二年校理董浦序，稱平陽道參幕段子成刊行，蓋當宋理宗景定時。」明豐城游明刻本蓋自此本出。

元彭寅翁本。經籍訪古志云：「首有中統二年董浦序、補史記序、集解序、索隱序、論例、謚法解、目録。卷首體例與黄善夫本同。但注文間加删略。每半板十行，行十六字至十七八字。界長六寸二分，幅四寸二分，左右雙邊，目録末雙邊。篚中題「安成郡彭寅翁栞于崇道精舍」。列傳十三卷末又題「時至元戊子安成彭寅翁新栞」。年表第二卷末題「安成郡彭寅翁鼎新刊行」。正義序後有「□同寅翁」、「翠峯」、「彭氏」三印。求古樓藏。現存四十二本，缺三十一卷。按楓山文庫亦藏足本。卷末有「至元戊子菖節吉州安福彭寅翁刊于崇道精舍」木記，即與此同種。朝鮮國刊本及今行活字板俱原此本。愚按：楓山文庫本、求古樓本，今皆入宮内省圖書寮。永正中，三條西實隆手寫彭本。一百三十卷，首一卷，四十三册。亦入圖書寮。圖書寮善本書目云：「景鈔元彭寅翁本全册，係三條西實隆手筆。本紀末副葉有實隆跋云：『史記本紀，加補史記九册。去冬以來凌老眼染惡筆，使諫議羽林郎公條卿模點了。所謂舊本者，紀傳朱點也。而今爲令易讀，傚江湖之新樣。蓋非不存固實，於其點者無毫釐之差，後昆可知之而已。永正辛未孟秋上澣，槐陰逃虚子。』」辛未，後柏原天皇永正八年。實隆永正三年任内大臣，敍正二位，致仕祝髮，號堯空。槐陰逃虚子，其别號。公條，其子。近藤守重右文故事又紀三條本事云：「七十卷末有識語云『本云著雍困敦之曆，仲秋月夕天，臨鶴髪五旬有六載之頽齡，終馬氏一百三十篇之就寫。細書欺老眼，苦學樂貧身而已。

上章蕤念點畢。英房』。蓋實隆公以至元本寫，又以英房本校，即舊本此也。遊仙窟有文保三年四月十四日文章生英房跋。」愚按：文保三年，即後醍醐天皇元應元年。以此推之，著雍困敦，後村上天皇正平三年戊子。史記博士異字所引楓山本，蓋英房手校本。我邦得存中古師儒之學者，賴有此本耳。

明柯維熊校本。有集解、索隱、正義。嘉靖四年九月，費懋中序。金臺汪諒得舊本重刻。大行人柯維熊偏求諸家舊本，參互考訂，歷兩載而始成。世稱柯本。

明秦藩刻本。有集解、索隱、正義。首有嘉靖十三年秦藩鑒抑道人序。每册以千字文爲次，自「天」字至「往」字止，凡二十字。行款大小字數大致與王本、柯本同。蓋皆俱從一宋本出。

明南監本。張氏札記又稱南雍本。有集解、索隱、正義，多删削。首萬曆二十四年南京國子監祭酒檇李馮禎新鐫史記序。次萬曆丙申司業江夏黄汝良南雍重刻史記序。每葉板心上方標「萬曆二十四年刊」，下方標字數刻工姓名。四庫提要稱南監本。又有北監本，亦萬曆二十四年刊。國子祭酒劉應秋等校刊。比諸南監本較劣。

明凌稚隆評林本。有集解、索隱、正義。吴郡王世貞序，無年月。萬曆五年歲丁丑八月，天目徐中行序。萬曆四年，丙子冬〻十二月歸安茅坤序。半葉界長九寸，幅四寸九分，左右雙邊，十行，行十九字。注雙行，標記「評林」，二十四行，行七字。稚隆評林凡例云：「史記刻本，自宋、元迄今不下數十家。但近時見行杭本無索隱述贊，白鹿本無正義，柯本費懋中序云：「江西有白鹿書院新刻本。」

陝西本，缺封禪、河渠、平準三書。惟金臺汪本，蒲田柯氏所校，頗少差謬。茲刻以宋本與汪本字字詳對，間有不合者，又以他善本參之，反覆讐校。」又云：「史記舊本每相牴牾。涉于兩是者，不敢妄爲改竄，悉依宋本，仍傍注一本某字作某字，以俟博古者訂之。」錢泰吉論評林本云：「評林本，藏書家不以爲重。今以乾隆四年殿本校勘，乃知勝明監本多矣。凡例以宋本與汪本詳對，非虚語也。」

明李光縉增補史記評林。是本全依凌稚隆本，標補吴國倫、徐中行數人説，無所發明。我邦所行八尾版、寬永十三年，八尾助左衛門尉初版。紅屋版、寬文十二年初版。鶴牧版、明治二年，水野忠順校。鳳文館版，明治十六年，依張裕釗本補記歸、方二家説。皆依李本。

明徐孚遠、陳子龍同撰史記測義。徐、陳，明史有本傳。陳子龍自序署云「庚辰」。庚辰，崇禎十三年。依凌氏評林，删略注文，間有發明。

清乾隆四年經史館本附考證。或稱館本、官本、殿本，首有乾隆十二年朔御製重刻二十一史序。蓋明監本爲據，校以各本，考證成於張照、杭世駿等，間有發明。

同治十一年金陵書局校刊史記集解、索隱、正義，附張文虎札記。集解、索隱多據毛晉本，正義多據王延喆本。金陵本參以明豐城游明刻本、明金臺汪諒刻本、明吴興凌稚隆刻本、北宋本、宋本、南宋本、南宋建安蔡夢弼刻本、元中統本、明南雍本、明秦藩刻本、錢塘汪小米舍人遠孫校宋本、海寧吴子撰春照校柯本、乾隆四年經史館校刊本。校訂頗精。愚著史記會注考證以金陵本爲底本，正文以我邦所存鈔本校，正義以僧幻雲所録補。

史記集解索隱正義

依隋書經籍志、日本現在書目、唐書藝文志，隋、唐以前注史記者，裴駰集解八十卷，徐廣音義二十卷，王元感注一百三十卷，義林二十卷，劉伯莊注一百三十卷，地名二十卷，陳伯宣注一百三十卷，韓琬續史記一百三十卷，司馬貞索隱三十卷，張守節正義三十卷，竇羣名臣疏三十四卷，裴安纂訓二十卷，陸蒙史記新論，見在書目不載卷數。太史公史記問一卷，現在書目不著作者。概皆亡佚，今止存集解、索隱、正義三書。徐廣、鄒誕生、劉伯莊音義，散見三書中。

宋裴駰史記集解八十卷。

四庫全書提要曰：「史記集解一百三十卷，宋裴駰撰。駰字龍駒，河東聞喜人。官至南中郎參軍，其事蹟附見於宋書裴松之傳。宋書裴松之傳云：「子駰，南中郎參軍，注司馬遷史記，行於世。」駰以徐廣史記音義粗有發明，殊恨省略。乃採九經諸史，并漢書音義及衆書之目，別撰此書。其所引證，多先儒舊説。張守節正義嘗備述所引書目次。然如國語多引虞翻注，孟子多引劉熙注，韓詩多引薛君注，而守節未著於目，知當日援據浩博，守節不能徧數也。原本八十卷，隋、唐志著録並同。此本爲毛氏汲古閣所刊，析爲一百三十卷，原第遂不可考。然註文猶仍舊本。自明代監本以索隱、正義附入其後，又妄加刪削，訛舛遂多。」愚按：合刻三注，蓋始於北宋。

毛本史記集解　明常熟毛晉刊。晉記重鐫緣起云：「崇禎辛巳開雕司馬遷史記一百三十卷，裴駰集解。順治甲午補緝脱簡周本紀一卷，禮、樂、律、曆書四卷，儒林傳五、六、七葉。」蓋據宋板也。會注集解多據此本。

唐司馬貞史記索隱三十卷　四庫全書提要曰：「唐司馬貞撰。貞，河内人，開元中官朝散大夫、弘文館學士。貞初受史記於崇文館學士張嘉會。病褚少孫補司馬遷書，多傷(騲)〔踳〕駁。又裴駰集解舊有音義，年遠散佚，諸家音義，延篤音隱，鄒誕生、柳顧言等書亦失傳，而劉伯莊、許子儒等又多疎漏。乃因裴駰集解撰爲此書。首注駰序一篇，載其全文。其注司馬遷書，則如陸德明經典釋文之例，惟標所注之字。蓋經傳別行之古法。凡二十八卷。末二卷爲述贊一百三十篇，及補史記條例。欲降秦本紀、項羽本紀爲系家，而呂后、孝惠各爲本紀。補曹、許、邾、吴芮、吴濞、淮南系家，而降陳涉於列傳，蕭何、曹參、張良、周勃、五宗、三王各爲一傳，而附國僑、羊舌肸於管晏，附尹喜、莊周於老子，附鄒陽、枚乘於賈生。又謂司馬相如、汲鄭傳，不宜在西南夷後。大宛傳不合在游俠、酷吏之間。欲更其次第。其言皆有條理。〔一〕至謂司馬遷述贊不安，而别爲之，則未喻言外之旨。終以三皇本紀自爲之註，亦未合闕疑傳信之意也。此書本於史記之外别行。及明代刊刻監本，合裴駰、張守節及此書，散入句下，恣意删削。〔二〕如高祖本紀『母媪』、『母温』之辨，有關考證者，乃以其有異舊說除去不載。又如燕世家啓攻益事，貞註曰『經傳無聞，未知其由』。雖失於考據竹書，亦當存其原文。乃以爲冗句，亦删汰之。此類不一，漏略殊甚，然至今沿爲定本。與成矩所刊朱子周易本義，人人明知其非，而積重不可復返。此單行之本爲北宋祕省刊板，毛晉得而重刻者，録而存之。猶可以見司馬氏之舊，而正明人之疎舛焉。」

〔一〕**【考證】**史公編次極有深意，小司馬不解其旨，以己刺譏。提要以爲皆有條理，非也。說既詳于各篇。

〔二〕**【考證】**集解、索隱、正義合刻之書，宋時既有，提要似爲創明監本者，非也。

毛本史記索隱。此書四庫全書提要所謂北宋祕省刊板，而毛晉重刻者也。毛晉跋其後云：「讀史家多尚索隱，宋儒尤推小司馬史記與小顏氏漢書，如日月並照。中略。遂訂裴駰集解而重新焉。每讀至舛逸同異處，宰我未嘗不從田常之類，不能忘情于小司馬。幸又遇一索隱單行本子，凡三十卷。自序綴於二十八卷之尾，後二卷，爲贊述，爲三皇本紀。乃北宋祕省大字刊本。晉亟正其譌謬，重刻附于裴駰集解之後。真讀史第一快事也。倘有問張守節正義者，有王震澤先生行本在。」愚按：會注索隱多據此本。

唐張守節史記正義一百三十卷。

四庫全書提要曰：「唐張守節撰。守節始末未詳。據此書所題，則其官爲諸王侍讀率府長史也。是書據自序三十卷，晁公武、陳振孫二家所録則作『二十卷』。蓋其標字列注亦必如索隱。後人散入句下，已非其舊。至明代監本，採附集解、索隱之後，更多所删節，失其本旨。」四庫全書提要云張守節所長在於地理，故自序曰「郡國城邑，委曲詳明」。而監本於周本紀「子帶立爲王」句下脱「左傳云周與鄭人蘇忿生十二邑温其一也」十七字，秦本紀「反秦於淮南」句下脱「楚淮北之地盡入於秦」九字，項羽本紀「項王自立爲西楚霸王」句下脱「孟康云舊名江陵爲南楚吴爲東楚彭城爲西楚」十九字，吕后本紀「吕平爲扶柳侯」句下脱「漢扶柳縣也有澤」七字，孝景本紀「遂西圍梁」句下脱「梁孝王都睢陽今宋州」九字，「立楚元王子平陸侯」句下脱「應劭云平陸西河縣」八字，孝武本紀「見五時」句下脱「或曰在雍州雍縣南孟康曰時者神靈上帝也」十八字，晉世家「是爲晉侯」句下脱「其域南半入州城中削爲坊城牆北半見在」十七字，趙世家「吾國東有河薄洛之水」句下脱「案安平縣屬定州也」八字，「餓死沙邱宫」句下脱「括地志云趙武靈王墓在蔚州靈邱縣東三十里應説是也」二十三字，韓世家「得封於韓原」句下脱「古今地名云韓武子食采於韓原故城也」十六字，淮陰侯列傳「家在伊盧」句下脱「韋昭及括地志皆説之也」十字。貨殖列傳「殷人都河西」句下脱「盤庚都殷墟地屬河西也」十字，「周人都河南」句下脱「周自平王以後都洛陽」九字，自序「戹困鄱」句下脱「漢末陳蕃子逸爲魯相改音皮田褎魯記曰靈帝末汝南陳子游爲魯相陳蕃子也國人爲諱而改焉」三十九字。又如秦本紀「樗里疾相韓」句下，此本作「福昌縣東十四里」，監本脱「十四里」三字。貨殖傳「夫燕亦勃碣之間」句下，此本作「碣石渤海在西北」，監本脱「北」字。又守節徵引故實，頗爲賅博，故自序曰「古典幽微，竊探其美」。而監本夏本紀「皋陶作士」句下脱「士若大理卿也」六字，「於是夔行樂」句下脱「應劭云太僕周穆王所置蓋大御衆僕之長中大夫也」二十一字，「以應爲太后養地」句下脱「太后秦昭之母宣太后芈氏」十一字。秦始皇本紀「爲我遺鎬池君」句下脱「張晏云武王居鎬鎬池君則武王也伐商故神云始皇荒淫若紂矣今武王可伐矣」三十二字，「敘論孝明皇帝」句下脱

「班固典引云後漢明帝永平十七年詔問班固太史遷贊語中寧有非耶班固上表陳秦過失及賈誼言奏之」四十二字。項羽本紀「會稽守」句下脱「守音狩景帝中二年七月更郡守爲太守」十六字。孝景本紀「伐馳道樹殖蘭池」句下脱「案馳道天子道秦始皇作之丈而樹」十四字。孝武本紀「是時上求神君」句下脱「漢武帝故事云起柏梁臺以處神君長陵女子也先是嫁爲人妻生一男數歲死女子悼痛之歲中亦死而靈宛若祠之遂聞言宛若爲主民人多往請福説家人小事有驗平原君亦祠之至後子孫尊貴及上即位太后延於宮中祭之聞其言不見其人至是神君求出爲營柏梁臺舍之初霍去病微時自禱神君及見其形自修飾欲與去病交接去病不肯謂神君曰吾以神君精潔故齊戒祈福今欲婬此非也自絶不復往神君慙之乃去也」一百七十字，「見安期生」句下脱「列仙傳云安期生瑯琊阜鄉亭人也賣藥海邊秦始皇請語三夜賜金數千萬出於阜鄉亭皆置去留書以赤玉舄一量爲報曰後千歲求我於蓬萊山下」五十九字，「李少君病死」句下脱「漢書起居注云李少君將去武帝夢與共登嵩高山半道有使乘龍時從雲中云太一請少君帝謂左右將舍我去矣數月而少君病死又發棺看惟衣冠在也」六十一字，「史寬舒受其方」句下脱「姓史名寬舒」五字。禮書「疏房牀第」句下脱「疏謂窗也」四字。律書「其於十二支爲丑」句下脱「徐廣曰此中闕不説大吕及丑也案此下闕文或一本云丑者紐也言陽氣在上未降萬物厄紐未敢出也」四十一字。天官書「氐爲天根」句下脱「星經云氐四星爲露寢聽朝所居其占明大則臣下奉度合誠圖云氐爲宿宮也」三十一字，「其内五星五帝坐」句下脱「羣下從謀也」五字。楚世家「伐申過鄧」句下脱「服虔云鄧曼姓也」七字。趙世家「事有所止」句下脱「爲人君止於仁爲人臣止於敬爲人子止於孝爲人父止於慈與國人交止於信」三十一字，「封廉頗爲信平君」句下脱「言篤信而平和也」七字。韓世家「公何不爲韓求質於楚」句下脱「質子蟣蝨」四字，又脱「公叔嬰知秦楚不以蟣蝨爲事必以韓合於秦楚王聽入質子於韓」二十六字，又脱「次下云知秦楚不以蟣蝨爲事重明脱不字」十七字。田叔列傳「相常從入苑中」句下脱「堵牆也」三字。田蚡列傳「其春武安侯病」句下脱「然夫子作春秋依夏正」九字。衛將軍列傳「平陽人也」句下脱「漢書云其父鄭季河東平陽人以縣吏給事平陽侯之家也」二十三字。至守節於六書五音，至爲詳審。故書首有論字例、論音例二條。而監本於周本紀「懼太子釗之不任」句下脱「釗音招又吉堯反任而針反」十一字。秦始皇本紀「彗星復見」句下脱「復扶富反見行見反」八字，「以發縣卒」句下脱「子忽反下同」五字，「佐弋竭」句下脱「弋音翊」三字，「二十人皆梟首」句下脱「梟古堯反懸首於木上曰梟」十一字，「體解軻以徇」句下脱「紅賣反」三字，「東收遼東而王之」句下脱「玉于放反」四字，「故歸其質子」句下脱「質音致」三字，「衣服旄旌節旗」句下脱「旌音精旄音毛旗音其」九字，「祇誦功德」句下脱「祇音脂」三字，「赭其山」句下脱「赭音者」三字，「僕射周青臣」句下脱「音夜」二字，「上樂以刑殺爲威」句下脱「五孝反」三字，「二世紀以安邊竟」句下脱「音境」二字，「敍論爲君討賊」句下脱「于僞反」三字。項羽本紀「將秦軍爲前行」句下脱「胡郎反」三字。高祖本紀「時時冠之正義音館」句下脱「下同」二字。孝景紀「天下乂安」句下脱「乂音魚廢反」五字，「龍頷拔墮」句下脱「徒果反」三字，「攀龍胡頷號」句下脱「户高反下同」五字，「爲且用事泰山」句下脱「爲于僞反將爲封禪也」九字。鄭世家「段出奔鄢」句下脱「音偃」二字。田叔列傳「喜游諸公」句下脱「喜許記反諸公謂丈人行也」十一字。其他一兩字之出入，殆千有餘條，尤不可毛舉。苟非震澤王氏刊本具存，無由知監本之妄刪也。

史記正義佚存

張守節正義不傳，四庫全書提要既論之矣。錢大昕十駕齋養新録亦云：吴郡志人物門云：「前漢(角)〔甪〕里先生，吴人。」史記正義引周樹洞曆云：「姓周，名術，字元道，太伯之後。漢高祖時，與東園公、綺里季、夏黄公俱出定太子，號『四皓』。」史記正義：「甪里先生一號霸上先生。」又云：「今太湖中洞庭山西南中有禄里村是。」今史記南、北雍刻，於留侯世家但載索隱説，以周術爲河内軹人，初不載正義之文。蓋正義之散落多矣。圈稱陳留耆舊傳自序：「圈公爲秦博士。避地南山。惠太子以爲司徒。至稱十一世。」洪氏隸釋有「圈公神坐」、「圈公神祚机」。此即四皓之東園公也。會稽典録載虞仲翔云：「鄞大里黄公潔己，暴秦之世，高祖即阼，不能一致。惠帝恭讓，出則濟難。此即四皓之黄公也。」稱，漢人。自述其先代，仲翔生於漢末，追溯鄉賢。所言皆當不妄。而索隱止載東園公姓庾，黄公姓崔，於圈氏、虞氏説，置而不取。愚謂四皓之姓名里居，太史公既無明文，安知庾、崔之必是，而圈、黄之必非乎？安知周術之必居河内，而不居吴乎？史記正義失傳，宋人合索隱、正義兩書散入正文之下，妄加删削，使不得見守節真面目。良可歎也！錢泰吉甘泉鄉人稿亦云：

楚世家「悼王二年，三晉來伐我，至乘邱」，誤也，解在年表中。今年表無正義，可見正義之殘闕。伍子胥列傳正義於「姑蘇」、謂當作「檇李」。「夫湫」皆云解在吴世家，今本吴世家「檇李」但有集解，「姑蘇」有集解有索隱，「夫椒」有集解有索隱，皆無正義。太史公自序「太史公」下正義云「以桓譚之説，釋在武本紀」。今武本紀亦未見，皆缺失也。張文虎史記札記亦云：

吴郡志考證門引史記正義云「吴地記云笠澤江，松江之別名」。又云「笠澤即太湖」。今本正義此文失。吾讀三家書，益知三注本所録正義多削落甚多也。偶繙東北大學所藏慶長、寬永活字本史記，狩野亨吉舊藏，蓋依元彭寅翁本。上欄標記正義一千二三百條，皆三注本所無。但缺十表。其後又得桃源史記抄，僧桃源，名瑞仙，又號竹處、萬菴、蕉雨、亦菴、春雨、村僧。永享九年生於近江。寬正中作梅岑軒於相國寺居之。應仁中，避亂江州飯高山下，依京極氏小倉將監。延德元年寂，年五十七。東京帝國大學藏其原稿。館長云獲諸相國寺。卷首有漢文史記源流考一卷，其餘皆國文，與今時講義録相似。大正震災失之。近藤守重云：「寬永三年，陰山立佐活刷發行。」余未見其書。米澤文庫、足利學校皆藏其零本，皆合綴幻雲抄。幻雲抄、幻雲名壽桂，亦五山僧徒，後於桃源。博士家史記異字，或題天朝傳本史記説。前田侯爵藏，説詳後章。所載正義略與此合。幻雲標記桃源抄云：「幻謂小司馬、張守節皆唐明皇時人也。而索隱不知正義，正義不知索隱，各出己意而注正之。今合索隱、正義爲一本者，出于何人乎哉？蕉了翁亦未詳焉。蕉了即蕉雨，桃源別號。況其餘哉！吾邦有索隱本，有正義本。索隱與此注所載大同，正義者此注所不載者夥。故諸本之上書之。」識語，依米澤文庫藏桃源抄。余於是知大學本標記之所由，欣喜不能措手，録以爲二卷，題曰史記正義佚存。留侯世家「上有不能致天下有四人」條下云「皇甫謐高士傳，四皓，一曰東園公，二曰綺里季，三曰用里先生，四曰夏黄公。皆河内軹人」。漢書外傳云：「園公，陳留園縣。是其先則爲園公。」陳留風俗傳云：「園唐字宣明。公羊春秋□□。東園家單父，爲秦博士，遭秦亂，避地於南山。惠帝爲太子，即拜園公爲司徒。遜位，太子封廣襄邑南鄉侯。」陳留志云：「唐始常居園中，因謂之園公。」周(榭)〔樹〕洞曆云：「用里先生名術，字元道，太伯之後，京師號霸上先生。」周氏世譜云：「用里先生河内軹人。太伯之後。姓周氏，名術，字元道。京師號曰『霸上先生』，一曰『用里先生』。」□□俗云：「是黄人。今太湖中西有□□禄里村是。」漢書外傳云：「秦聘之，逃匿南山。歌曰：『商洛，深谷咸夷，暐暐誤脱。紫芝，可以療飢。四馬高蓋，其憂甚大。富貴而畏人，如貧賤而樂肆志。』」夏黄公或爲大里黄公。會稽典録云：「書佐朱育對鄧將濮陽府君云：『大里黄公墓，在鄞縣。』」輿地云：「鄞有大里，夏黄公所居也。今鄞縣有黄公廟。」崔氏譜云：「夏里黄公，姓崔，名廣，字子連。齊人。隱居夏里，修道。故曰『黄公』。用音禄。」此養新録所謂佚者也。吴太伯世家「報姑蘇也」條下云：「越世家云吴師敗於檇李。言『報姑蘇』，誤也。姑蘇乃是夫差敗處。太史公甚疎。」「笠澤」條下云：「笠澤江，松江之别名，在蘇州南三十五里。」不云笠澤即太湖。封禪書「太史公」條下云：太史公自序正義云「武本紀」者，偶失之。「按二家之説，皆非也。如淳云：『漢儀注太史公武帝置，位在丞相上。天下計書，先上太史公，副上丞相。』茂陵中書司馬談以太史丞爲太史公。』自叙傳云：『喜生談爲太史公，仕於建元、元封之閒。』又云：『太史公既掌天官，不治民。有子曰遷。』又云：『太史公遭李陵之禍。』又云：『余述黄帝以來至太初訖。凡百三十篇。』後此而料明司馬遷父子爲太史公。「後」字疑訛。『太史公』乃司馬遷自題。」吴世家正義無夫湫解，鈔者失之。此鄉人稿札記所謂佚者也。我邦幸存之。

豈不亦愉快乎？宋世家「害于而家，凶于而國」條下云：「孔安國曰：『家謂臣，國謂君也。爲上無制，爲下逼上，凶害之道。』」今本孔安國書傳無此文。讀經者，當講其異同。又引括地志者若干條，可以補孫星衍、岱南閣叢書。曹元啓南菁札記。輯本。引世本、七略、七録者亦若干條，可以資于考據。其餘一千餘條，不可悉舉。今録之會注正義各條，略復張氏之舊云。

司馬貞張守節事歷 裴駰事歷，見上文。

錢大昕曰：「司馬貞、張守節二人，新、舊唐書皆無傳。守節正義序稱『開元二十四年八月，殺青斯竟』，而貞前、後序不見年月。按唐書劉知幾傳『開元初，嘗議孝經鄭氏學非康成注，當以古文爲正；易無子夏傳；老子無河上公注，請存王弼學。宰相宋璟等不然其論奏，與諸儒質辨。博士司馬貞等阿意共黜其言，請二家兼存，唯子夏易傳請罷。詔可』。今補史記序自題『國子博士弘文館學士』。唐制，弘文館皆以他官兼領，五品以上爲學士，六品以下曰直學士。國子博士係正五品上，故得學士之稱。神龍以後，避孝敬皇帝諱，或稱『昭文』，或稱『修文』。開元七年，仍爲『弘文』。以題銜驗之，貞除學士，當在開元七年以後也。高祖本紀『母劉媪』，索隱云：『近有人云「母温氏」，貞時打得班固泗水亭長古碑，其字分明作「温」字，云「母温氏」，貞與賈膺復、徐彦伯、魏奉古等執對，反覆沈歎。』膺復，當是『膺福』之譌，先天二年，爲右散騎常侍昭文館學士，以預太平公主逆謀誅。見唐書公主傳。今河内縣有大雲寺碑，即膺福書也。徐彦伯卒於開元二年。見唐書本傳。貞與賈、徐諸人談議，當在中、睿之世，計其年輩，蓋在張守節之前矣。唐書藝文志又稱貞開元潤州别駕，蓋由文館出爲别駕，遂蹭蹬以終也。」十駕齋養新録。愚按：索隱後序云：「崇文館學士張嘉會獨善此書，而無注義。貞少從張學，晚更研尋。」此小司馬師張嘉會也。梁孝王世家「郎中尹霸等士通(辭)〔亂〕」，正義云「張先生舊本有『士』字。先生疑是衍文，又不敢除，故以朱大點其字中心。今按：食官長及郎中尹霸等是士人。太后與通亂，其義亦通也」。匈奴列傳題下正義云「今第五十者，先生舊本如此。劉伯莊音亦然」。張守節不名其師。筆迹所存，一朱點且不敢忽之，其尊師重史誠可尚也！所謂張先生，無乃索隱所謂張嘉會乎？則馬、張二人同其師也。

史記考證引用書目舉要

索隱、正義以後，宋王應麟、洪邁，明柯維騏、陳仁錫、徐孚遠、顧炎武，清方苞、王鳴盛、趙翼、錢大昕、梁玉繩、王念孫、沈家本、錢泰吉、張文虎、李笠各有著作，訂補漸精。在我邦，中井積德甄采尤詳，發明甚多。其餘可資於參考者數百種。今揭其要。

日本：

恩田仲任。稱新治，號蕙樓，尾張人。　史記考

村尾元融。　讀史記稿本

岡白駒。字千里，號龍洲。播磨人，居京都。　史記觿

皆川愿。字伯恭，號淇園，京都人。　史記戾柁

中井積德。字處叔，稱德三，號履軒。大阪人。　史記左傳雕題

近藤守重。號正齋，稱重藏，江户人。　右文故事、正齋書籍考

龜井昱。字元鳳，號昭陽，稱昱太郎。福岡人。　左傳纘考、國語考

豬飼彦博。字文卿，號敬所。京都人。　史記三書管窺

古賀煜。字季曄，稱小太郎。江户人。　史記匡謬稿本

安藤維寅。尾張人。　扁鵲倉公傳割解

多紀元堅。字廉夫，號桂山。江户人。元簡字安叔，號茝亭。　扁鵲倉公傳補注

僧瑞仙。號桃源。　史記桃源抄

僧壽桂。號幻雲。　史記幻雲抄

編者未詳。　博士家本史記異字

又題曰天朝傳本史記説、天朝傳本史記異文。引楓山本、三條本、中彭本、南化本、中韓本以校今本。其曰楓山本者，文章生京房所手校。三條本，永正中三條西實隆手寫。南化本，僧南化所藏。中彭本，蓋彭寅翁本。中韓本，蓋朝鮮刊本。天保十三年，松崎明復贈林大學頭書云「去今二十七年前，加賀藩有校

刊二十一史之議。使藩儒大島忠藏當其事，偏校各本，遂請及楓山文庫本」。此書蓋忠藏手録。

岡本保孝。稱縫殿介，號況齋。江户人。　史記傳本考

安井朝衡。字仲平，號息軒。日向人，居江户。　左傳輯釋、論語集説

竹添光鴻。字漸卿，稱進一郎，號井井。天草人，居東京。　左氏會箋

新城新藏。福島人，居京都。　東洋天文學史研究

禹域：

唐劉知幾。字子玄。彭城人。　史通

洪邁。字景盧，號容齋。鄱陽人。　容齋五筆

王觀國。長沙人。　學林

吳仁傑。字斗南。崑山人。　兩漢刊誤補遺

鄭樵。字漁仲，號夾際。莆田人。　通志

倪思。字正甫。歸安人。　班馬異同

婁機。字彦發。嘉興人。　班馬字類

王應麟。字伯厚。祥符人。　困學紀聞、藝文志考證、通鑑地理通釋、玉海

金王若虛。字從之。藁城人。
元馬端臨。字貴與。樂平人。
胡三省。字身之。天台人。
明楊慎。字用修，號升庵。新都人。
柯維騏。字奇純。莆田人。
程一枝。字仲木，號巢父。休寧人。
凌稚隆。字以棟。吳興人。
胡應麟。字元瑞。蘭谿人。
焦竑。字弱侯。江寧人。
陳子龍。字臥子。徐孚遠。字闇公。華亭人。
陳仁錫。字明卿。
顧炎武。字甯人，號亭林。崑山人。
清高宗。乾隆皇帝。
馬驌。字宛斯。鄒平人。
全祖望。字紹衣，號謝山。鄞縣人。
方苞。字靈皋，號望溪。桐城人。

滹南遺老集
文獻通考
資治通鑑注
丹鉛總録
史記考要依評林所引。
史詮依志疑所引，與陳氏史記考略同。
史記評林
少室山房筆叢
焦氏筆乘
史記測義
史記考與史詮略同。
日知録
御批通鑑輯覽
繹史
經史問答
史記注補正、望溪文集

何焯。字屺瞻，號義門。長洲人。
顧祖禹。字景范，號宛溪。崑山人。
顧棟高。字震范，又復初。無錫人。
汪越。字師退。春穀人。
王懋竑。字予中，號白田。寶應人。
趙翼。字崧松，號甌北。陽湖人。
王鳴盛。字鳳喈，號西莊。嘉定人。
查慎行。字悔餘，號初白。海寧人。
張照。字得天。華亭人。
杭世駿。字太宗，號堇浦。仁和人。
趙一清。字誠夫。仁和人。
沈濤。字西雍。嘉興人。
錢大昕。字曉徵，號辛楣，一號竹汀。嘉(興)〔定〕人。
錢大昭。大昕弟，字晦之，號竹廬。
王元啓。字惺齋。嘉興人。
崔述。字武承，號東壁。大名人。

義門讀書記
讀史方輿紀要
春秋大事表
讀史記十表
白田山房雜著
廿二史劄記、陔餘叢考
十七史商榷
得樹樓雜鈔
館本史記考證
史記考證
水經注釋
銅熨斗軒隨筆
廿二史考異、三史拾遺、十駕齋養新録
漢書辨疑
三書正譌月表正譌
補上古唐虞夏商豐鎬洙泗考信録、孟子

梁玉繩。字曜北。錢塘人。
洪頤煊。字筠軒。臨海人。
王昶。字德甫，號述菴，一字蘭皐。松江人。
洪亮吉。字稚存，號北江。陽湖人。
桂馥。字未谷。曲阜人。
姚範。字南青，號薑塢。桐城人。
姚鼐。字姬傳，範姪。桐城人。
汪中。字容甫，江都人。
盧文弨。字紹弓，號抱經堂。杭州人。
孫星衍。字淵如。陽湖人。
戴震。字慎終，號東原。休寧人。
王念孫。字懷祖。高郵人。
惲敬。字子居。陽湖人。
章宗源。字逢之。會稽人。
沈欽韓。字文起，號小宛。吳縣人。

事實録
史記志疑、瞽記
讀書叢録
金石萃編
四史發伏
晚學集、札樸
援鶉堂筆記
惜抱軒筆記
述學
龍城札記、鍾山札記
問字堂、岱南閣諸集
東原文集
讀書雜志
大雲山房文集
隋書經籍志考證
漢書疏證

林春溥。字鑑塘，號三山居士。閩中人。	竹柏山房十五種
包世臣。字慎伯。涇人。	藝舟雙楫
俞正燮。字理初。黟人。	癸巳存稿、類稿
黄式三。字薇香，號儆居。定海人。	周季編年、儆居集
黄以周。式三子，字儆季。定海人。	儆季雜著
沈家本。字子惇，號枕碧樓。歸安人。	史記漢書瑣言、刑法總考分考、赦考
吴裕垂。字以燕。涇縣人。	史案
吴熙載。字讓之。儀徵人。	資治通鑑地理今釋
李兆洛。字申耆。武進人。	歷代地理韻編
張惕愉。儀徵人。	史記功比説
成孺。寶應人。	史漢駢枝
丁晏。字儉卿。山陽人。	史記毛本正譌
曾國藩。字伯涵，號滌笙。湘鄉人。	求闕齋讀書録
俞鴻漸。號印雪軒。德清人。	印雪軒文鈔
俞樾。字蔭甫，號曲園。德清人。	湖海筆談
周壽昌。字荇農。長沙人。	漢書注補正

梁章鉅。字閎中，號退菴。福州人。	退菴隨筆
錢泰吉。字輔宜，號警石。嘉興人。	甘泉鄉人稿、曝書雜記
張文虎。字孟彪，又字嘯山。南匯人。	校史記札記、舒藝室隨筆
孫詒讓。字仲容。瑞安人。	述林
王先謙。字益吾，號葵園。長沙人。	漢書補注
李慈銘。字炁伯。會稽人。	越縵堂日記
丁謙。字益甫。仁和人。	漢書匈奴西南夷兩粵西域傳地理考證
朱錦綬。字建侯。吳縣人。	讀史記漢書日記
查德基。字南鄉。長洲人。	讀史記日記
徐鴻鈞。字圭菴。吳縣人。	讀漢書日記
崔適。字觶甫。歸安人。	史記探源
李笠。瑞安人。	史記訂補
梁啓超。字任公。新會人。	史傳今義

書史記會注考證後

大正二年，予得史記正義遺佚於東北大學，始有纂述之志。編摩多年。仙臺齋藤報恩會捐財以充資料採訪之費，久保得二君校古鈔於祕閣，藤塚鄰君購新刊於燕京以贈，服部宇之吉、市村瓚次郎二君，謀之東方文化學院，刷印行世。校讎之勞，前則阿部吉雄君，後則勝又憲治郎君當之。諸君子之誼，不可諼也。

昭和九年孟春，君山瀧川資言識，時年七十。